5-7, rue de l'Ecole-Polytechnique, 75005 Paris

www.editions-harmattan.fr

ISBN : 978-2-343-16579-0
EAN : 9782343165790

JUGER LES LOIS

Logiques Juridiques

Fondée par Gérard Marcou
Dirigée par Jean-Claude Némery et Thomas Perroud

Le droit n'est pas seulement un savoir, il est d'abord un ensemble de rapports et pratiques que l'on rencontre dans presque toutes les formes de sociétés. C'est pourquoi il a toujours donné lieu à la fois à une littérature de juristes professionnels, produisant le savoir juridique, et à une littérature sur le droit, produite par des philosophes, des sociologues ou des économistes notamment.

Parce que le domaine du droit s'étend sans cesse et rend de plus en plus souvent nécessaire le recours au savoir juridique spécialisé, même dans des matières où il n'avait jadis qu'une importance secondaire, les ouvrages juridiques à caractère professionnel ou pédagogique dominent l'édition, et ils tendent à réduire la recherche en droit à sa seule dimension positive. À l'inverse de cette tendance, la collection « Logiques juridiques » des éditions L'Harmattan est ouverte à toutes les approches du droit. Tout en publiant aussi des ouvrages à vocation professionnelle ou pédagogique, elle se fixe avant tout pour but de contribuer à la publication et à la diffusion des recherches en droit, ainsi qu'au dialogue scientifique sur le droit. Comme son nom l'indique, elle se veut plurielle.

Dernières parutions

Balla CISSÉ, *Le juge, la doctrine et le contrôle des lois de révision de la constitution,* 2019.
Mathieu BAUCHARD, *Emmanuel Macron et l'imposition de la richesse, La politique fiscale des hauts revenus et patrimoines entre 2019 et 2019*, 2020.
Virginie LANCERON, *La fonction de coordination en droit public,* 2019.
Mohamed Jamal BENNOUNA, *Responsabilité civile extracontractuelle et assurance des constructeurs, Droit comparé*, 2019.
Yaya DIALLO, *Les sûretés et garanties réelles dans les procédures collectives,* 2019.
Sangoné THIAM, *Droits de la défense et enquête policière*, 2019.
Georges-Philippe ZAKHOUR, *Les investissements étrangers, Droit application et tribunal compétent*, 2019.
Rachid EL BAZZIM, *Conseil de la concurrence au Maroc*, 2019.
Bienvenu OKIEMY, *L'OMC, une ingénierie juridique et commerciale à reconfigurer*, 2019.
Didier JAMOT, *Annuaire des engagements internationaux ayant fait l'objet d'une loi d'autorisation sous la Ve République*, 2019.

Newton TAVARES FILHO

JUGER LES LOIS

L'activisme du Tribunal suprême du Brésil

Avant-propos de Jean-Pierre Camby

Préface de Michel Verpeaux

L'Harmattan

DU MÊME AUTEUR

O legislador em face do juiz constitucional: lições da experiência francesa. In *Diálogos Brasil-França de Direito Constitucional*. ROUSSEAU, Dominique; ARAÚJO, Marcelo L. C.; ARAÚJO, Luiz H. D. (dir.). Belo Horizonte: Arraes Ed., 2019, p. 123-142.

"Que outro valor mais alto se alevanta": o Supremo Tribunal Federal sob a Constituição de 1988. In *30 Anos da Constituição: Evolução, Desafios e Perspectivas para o Futuro*, SILVA, Rafael Silveira (dir.). Brasília: Senado Federal, 2018, p. 74-93.

Ainda a Raposa-Serra do Sol: terras indígenas, segurança jurídica e propriedade privada. In *Doutrinas Essenciais - Direitos Humanos*. PIOVESAN, Flávia Cristina; GARCIA, Maria (dir.). São Paulo: Revista dos Tribunais, 2011, p. 253-276.

Subcomissão do Poder Judiciário e do Ministério Público. In *Audiências públicas na Assembleia Nacional Constituinte: a sociedade na tribuna*. BACKES, Ana Luísa; AZEVEDO, Débora Bithiah; ARAÚJO, José Cordeiro de (dir.). Brasília: Edições Câmara, 2009, p. 219-238.

REMERCIEMENTS

Une thèse est loin d'être un travail solitaire. Je n'aurais en effet pu réaliser ce travail doctoral sans le soutien d'un grand nombre de personnes dont la générosité et l'intérêt porté à mes recherches m'ont permis de progresser dans cette phase aussi passionnante que délicate de l' « apprenti-chercheur ».

Mes premiers remerciements vont à mes directeurs de recherche, M. Jean-Claude Colliard (*in memoriam*) et M. Michel Verpeaux, pour la confiance qu'ils m'ont accordée en acceptant d'encadrer ce travail doctoral, leurs multiples conseils et toutes les heures qu'ils ont consacrées à diriger cette recherche. J'aimerais également leur dire à quel point j'ai apprécié leur grande disponibilité, ainsi que leurs qualités humaines d'écoute et de compréhension tout au long de cette période. Je n'aurais pu imaginer meilleurs guides pour accompagner mes pas dans le monde de la recherche scientifique.

Je remercie chaleureusement M. Alain Delcamp, Secrétaire général du Sénat. Son aide et sa disponibilité m'ont permis de prendre un premier contact avec l'Université Paris 1 Panthéon-Sorbonne, m'ouvrant ainsi les portes de l'Université française.

Je suis particulièrement reconnaissant envers les professeurs Bruno Amaral Machado et Jean-Pierre Camby pour leur contribution aux développements des idées exposées dans ce travail de recherche.

Je souhaiterais aussi adresser ma gratitude à mes amis Ana Luisa Rivera, Philippe Jabaud, Éléonore Jabaud, Yan-Gaël Poncet, Marie C. Poncet, Philippe Roux, Nicolas Paquet, Guillaume Arditti et Lilian Hanania pour leur accueil chaleureux à chaque fois que j'ai sollicité leur aide, ainsi que pour leurs multiples encouragements.

Enfin, j'adresse un grand merci à Marcio et à ma famille pour leur soutien constant durant ces années de thèse.

J'ajouterais que les études ayant conduit à l'élaboration de ce travail de recherche n'auraient pu être réalisées sans le soutien de la Chambre des députés brésilienne.

SOMMAIRE

SECONDE PARTIE
Les manifestations de l'activisme : le Tribunal fédéral suprême, puissance juridictionnelle dynamique

TABLE DES ABRÉVIATIONS

Les intitulés des décisions du Tribunal fédéral suprême citées dans cette étude sont ceux du « Diário da Justiça » (Journal officiel) et du site Internet du Tribunal (http://www.stf.jus.br)

ADC	*Ação declaratória de constitucionalidade*
ADI	*Ação direta de inconstitucionalidade*
ADPF	*Arguição de descumprimento de preceito fundamental*
AgR	*Agravo regimental*
AI	*Agravo de instrumento*
AP	*Ação penal*
ARE	*Recurso extraordinário com agravo*
ED	*Embargos de declaração*
EDv	*Embargos de divergência*
HC	*Habeas corpus*
IF	*Intervenção federal*
MC	*Medida cautelar*
MI	*Mandado de injunção*
MS	*Mandado de segurança*
Pet	*Petição*
QO	*Questão de ordem*
Rcl	*Reclamação*
RE	*Recurso extraordinário*
RHC	*Recurso ordinário em habeas corpus*
RMS	*Recurso ordinário em mandado de segurança*
RP	*Representação*
STA	*Suspensão de tutela antecipada*

AVANT-PROPOS

En 2014, par l'intermédiaire d'un ami commun, j'ai eu l'occasion de rencontrer M. Newton Tavares Filho, et de suivre la phase ultime de l'élaboration de sa thèse. Heureuses amitiés que celles qui permettent de telles rencontres ! J'ai eu aussi le plaisir, sous la présidence du professeur Michel Verpeaux de siéger parmi les membres du jury, qui n'a eu aucun mal à décerner le titre de docteur en droit à M. Tavares Filho, et de découvrir le rôle joué par le Tribunal constitutionnel du Brésil. La présentation de l'activisme d'une « jeune » Cour, dans le cadre de la Constitution de 1988, même si elle s'appuie sur l'existence antérieure de l'action juridictionnelle directe, a en effet de quoi surprendre tout observateur qui a pu constater que la jurisprudence constitutionnelle ne s'est imposée, en Europe, que par une construction progressive, et, partout dans le monde, par la recherche du soutien de l'opinion publique. La thèse n'a donc aucun mal à démontrer l'originalité de la justice constitutionnelle au Brésil, tant le Tribunal y paraît animé par une dynamique propre, *« résistante à toute espèce de critique, comme si en questionnant sa jurisprudence on portait atteinte au régime démocratique brésilien lui-même »*.

Onze juges ont ainsi le pouvoir de concrétiser un ordre juridique immuable issu de l'article 60 de la Constitution : la forme fédérale de l'État, le suffrage universel, la séparation des pouvoirs dans un cadre parlementaire original, les droits et garanties individuels. L'activisme du Tribunal, même s'il s'inscrit dans le seul pouvoir d'empêcher et non dans celui d'édicter des normes générales, repose en premier lieu sur la combinaison d'un mode de saisine abstrait- action directe en inconstitutionnalité, action en inconstitutionnalité par omission, empruntée à la Constitution portugaise, et action déclaratoire en inconstitutionnalité- et d'un mode de saisine concret et diffus, inspiré des États-Unis et ici en vigueur depuis 1890. Il repose également, depuis 2004, sur l'édiction de synthèses qui forment des arrêts de principe, limités dans leur effet à l'autorité de chose jugée.

Dès 2008, le Tribunal confirme l'obligation de fidélité des élus à leur parti politique, ce qui justifie le bien-fondé du contrôle juridictionnel de constitutionnalité. Ni la forme, ni le fond, ni l'autorité des décisions ne peuvent donc ressembler aux constructions jurisprudentielles européennes. Ainsi, en 2005, c'est par une décision de 653 pages que le tribunal reconnaît la régularité de la démarcation de la terre indigène *Raoposa Serra do sol*, question dont il confirme qu'elle relève de la compétence de l'exécutif, et, du même mouvement, il affirme la primauté du droit des Indiens sur la gestion des réserves naturelles. En 2013, puis en 2014, cette même solution s'appliquera à d'autres territoires.

M. Tavares Filho montre que le volontarisme du tribunal ne connaît que bien peu de limites, autres que celles des réactions parlementaires. Ceci vaut en premier lieu, *rationae materiae* au regard de la diversité des sujets d'intervention : en 2008, par une décision de synthèse, la Cour interdit les emplois familiaux dans l'administration publique ou les pouvoirs publics. Au même moment, contrairement à ce que le texte prévoit à titre d'exception, elle juge contraire à la Constitution la possibilité de condamner à une peine de prison pour dettes. En 2011, en dépit de la formulation explicite de l'article 226 de la Constitution, le Tribunal étend la notion de « couple stable » aux couples homosexuels.

L'un des intérêts majeurs de la thèse est son exhaustivité, ce qui n'est pas une tâche facile lorsqu'on est confronté à une telle diversité : droit de grève des fonctionnaires ou dans le secteur privé , régimes spéciaux de retraite, organisation synchrone des élections, droit de manifester pour la dépénalisation de la marijuana , pouvoirs d'investigation des commissions d'enquête parlementaires en application de l'article 58 de la Constitution, et reconnaissance à cette occasion d'un droit de l'opposition à la création de ces commissions, Institut de conservation de la biodiversité, prononcé d'astreintes par les juridictions civiles, etc. sont autant d'objets de décisions.

On mesure également, à la lecture, à quel point lės institutions sont conduites à se répondre, voire à s'affronter. Ainsi la Chambre des députés réagit en suspendant les décisions qu'elle juge les plus hardies, ou en comblant l'« omission législative » qui lui est reprochée par le Tribunal, même si la posture de la confrontation n'est pas, jusqu'ici , la plus fréquente. Le travail minutieux de M. Tavares Filho permet de mesurer cette dynamique des pouvoirs au Brésil, et derrière la complexité foisonnante du système juridictionnel, la richesse de la construction jurisprudentielle du Tribunal constitutionnel.

L'auteur mène à la fois une carrière universitaire, et le bilinguisme est à cet égard plus que précieux, de praticien, puisqu'il a été référendaire au Tribunal, mais exerce également des fonctions à la Chambre des députés, et de constitutionnaliste. Le projet avait été accueilli sans réserve par Jean Claude Colliard, lequel, malheureusement n'en aura pas vu l'issue, puis par Michel Verpeaux, qui a ainsi permis son aboutissement. Cet ouvrage témoigne de cette continuité et également de la capacité d'analyse et de travail de Newton Tavarès Filho. Que cet avant-propos soit l'occasion de remercier l'auteur d'avoir ainsi pu assister à l'élaboration de cette thèse et participer à ce jury, dont les membres ont tous apprécié un travail aussi dense, et à une réflexion sur l'ampleur, la portée, les limites et le bien-fondé de l'activisme des Cours constitutionnelles, dont le Brésil est un exemple emblématique.

Jean-Pierre Camby
Professeur associé à l'université de Versailles Saint-Quentin

PRÉFACE

C'est avec une émotion certaine que l'auteur de ces lignes est conduit à rédiger une préface à la belle thèse de M. Tavares Filho, brillant docteur en droit de l'Université Panthéon-Sorbonne depuis le 2 juin 2016, un jour de grève parisienne, devant un jury composé des professeurs Agnès Roblot-Troizier, Professeur à l'Université Paris 1(Panthéon-Sorbonne), Bruno do Amaral Machado, Professeur à l'Université Uni CEUB (Rapporteur) Jean-Pierre Camby, professeur associé à l'Université de Versailles-St-Quentin en Yvelines, Pierre de Montalivet, Professeur à l'Université Paris Est Paris XII (Rapporteur) et Michel Verpeaux, Professeur à l'Université Paris 1 (Panthéon-Sorbonne, Directeur de la recherche). C'est un autre préfacier, plus légitime et plus compétent, qui aurait dû tenir la plume, en la personne du très regretté Jean-Claude Colliard. M. Tavares Filho s'était en effet tourné vers ce dernier pour diriger ses recherches qui lui tenaient à cœur et qui avaient séduit le grand professeur qu'il était mais aussi l'ancien membre, à cette époque, du Conseil constitutionnel français. Sentant que la direction de la recherche de M. Tavares était susceptible de le solliciter plus qu'il ne le pouvait, Jean-Claude Colliard avait néanmoins souhaité que le présent préfacier participe de manière informelle à cette tâche, par des conseils et des discussions avec le doctorant. Quinze jours avant son décès, le président Colliard lui avait fait part de son accord pour lui succéder, au cas où il ne pourrait plus assurer cette direction. Cette échéance est arrivée, malheureusement, plus rapidement que prévu. Le professeur Verpeaux a souhaité alors dédier à la mémoire du professeur Jean-Claude Colliard cette direction et cette soutenance à laquelle il aurait dû prendre toute sa part.

M. Tavares Filho réunissait toutes les qualités pour travailler sur un tel sujet. En effet, après de brillantes études de droit, il est devenu Administrateur de la Chambre des députés en 1994, au sein du Congrès national qui est le pouvoir législatif fédéral, à Brasília, et où il exerce en tant que spécialiste du droit constitutionnel. Il alliait ainsi les compétences du juriste et une connaissance de l'intérieur des institutions fédérales brésiliennes.

Soucieux de parfaire sa culture juridique et professionnelle, M. Tavares est venu en France en 2010 pour suivre une formation sur « L'organisation du travail parlementaire », qui s'est déroulée à l'E.N.A. C'est à cette occasion qu'il fut amené à entrer en contact avec le président Jean-Claude Colliard, à qui M. Tavares a présenté son projet de thèse, et qui a accepté d'être son directeur à l'Université Panthéon-Sorbonne. Une fois admis en doctorat, ce qui ne posait pas de problème compte tenu de son parcours, M. Tavares est arrivé à Paris en mars 2011. C'est dans cette ville que sa recherche a été conduite et qu'il a rédigé l'essentiel de sa thèse.

La thèse réalisée dans les conditions mentionnées représente un travail très accompli et rédigé dans une langue française parfaitement maîtrisée. L'ouvrage qui en est issu porte sur l'activisme juridictionnel du Tribunal fédéral suprême, cour de justice au sommet de l'organisation judiciaire au Brésil. L'enjeu était d'étudier l'exercice de la fonction juridictionnelle par le Tribunal, mais aussi ses limites, par rapport aux autres pouvoirs, législatif, exécutif et judiciaire, tels qu'ils sont reconnus par la Constitution brésilienne de 1988. L'objet « activisme juridictionnel » se situe à la croisée des notions telles que l'État de droit, la démocratie représentative, la séparation des pouvoirs et la fonction juridictionnelle. Une telle étude pouvait alors faire l'objet d'approches très différentes selon les variables privilégiés. L'auteur a choisi de l'étudier en utilisant les concepts développés par la doctrine française, les plaçant dans le contexte de la séparation des pouvoirs consacrée par la Constitution du Brésil de 1988.

La première partie s'attache à présenter les conditions de l´activisme juridictionnel du Tribunal fédéral suprême, afin de démontrer que ce phénomène a eu lieu en raison de la rencontre de diverses circonstances historiques, institutionnelles, normatives et doctrinales, au nombre desquelles les plus importantes ont été les innovations apportées par la Constitution de 1988 et l´adoption de nouvelles conceptions doctrinales de la fonction du juge constitutionnel dans un État de droit démocratique. L'ouvrage analyse ainsi la place du Tribunal suprême dans la structure institutionnelle de l´État brésilien, en référence au cadre normatif établi par la Constitution de 1988 et par les lois brésiliennes, pour expliquer les contours de la séparation des pouvoirs, en tant que principe constitutionnel positif. Au Brésil, et c'est l'une des conséquences du rétablissement de la démocratie après la dictature militaire en 1988, le pouvoir judiciaire occupe une place spécifique en tant que véritable pouvoir d´État et qui exerce une partie de la souveraineté populaire. Il était dès lors nécessaire d'analyser le statut juridique du Tribunal fédéral suprême ainsi que sa composition, les prérogatives de ses juges et les mécanismes destinés à conférer une légitimité démocratique à la cour suprême. C'est ce que fait fort bien M. Tavares Filho.

Depuis la promulgation de la Constitution de 1988, le Tribunal suprême a connu ce que l'auteur appelle fort justement une ascension institutionnelle. La forte constitutionnalisation du droit et la judiciarisation de la vie politique survenues au Brésil à la fin des années 1980, aussi bien que l´expansion de la justice constitutionnelle par le biais de vagues successives de réformes des mécanismes de contrôle de la constitutionnalité, ont conduit à l´élargissement du champ d´intervention du Tribunal suprême, lui permettant une interférence croissante dans des domaines qui jusqu´alors étaient du ressort exclusif du législateur et de l´administration. Le Tribunal suprême se retrouve alors au centre de deux logiques, entre celle de l´affirmation de l´autolimitation et celle de l´accroissement de ses pouvoirs face au législatif et à l´exécutif. D´un côté, embrassant la conception kelsenienne de la justice constitutionnelle, le Tribunal se présente en qualité de législateur purement négatif, fonction renforcée par les limites que la législation affecte à ses décisions. Mais, d´un autre côté, le Tribunal fédéral suprême s´approprie les conceptions théoriques proposées par le néoconstitutionnalisme – courant doctrinal qui connaît un grand succès dans le milieu juridique brésilien – pour étendre les frontières de ses activités, en invoquant fréquemment la nature politique de la justice constitutionnelle. Le nouveau cadre institutionnel créé par la Constitution de 1988, comme la référence à de nouvelles visions de la force normative du texte constitutionnel et de la fonction du juge constitutionnel au sein de la séparation des pouvoirs et de la démocratie, ont ainsi fourni au Tribunal fédéral suprême les fondements normatifs et doctrinaux pour la réalisation d´un élargissement graduel de son activité décisionnelle. Cet activisme a été pratiqué bien souvent au prix d´une immixtion dans les compétences des pouvoirs législatif, exécutif et des instances inférieures du pouvoir judiciaire.

La thèse, dans un second temps, se consacre à identifier et à analyser les manifestations concrètes de l´activisme de la cour. Partant des motifs du juge, elle expose les grandes orientations et l´évolution des politiques jurisprudentielles du Tribunal fédéral suprême, mises en perspective avec les compétences des autres pouvoirs d´État. La configuration normative et doctrinale de la séparation des pouvoirs au Brésil, comme l´identification des compétences attribuées au Tribunal suprême, servent ainsi d´instrument d'analyse.

En diverses occasions, le Tribunal suprême a, selon cette logique, refusé au pouvoir législatif la primauté dans la mise en œuvre de la Constitution de 1988, en développant et en règlementant directement le texte constitutionnel sans l'intervention du Congrès national. La cour en est ainsi venue à créer des normes générales et abstraites *ex novo*, au fil de concrétisations qui ont largement dépassé les limites interprétatives posées par le texte déjà très ouvert de la Constitution, et qui sont fréquemment en contradiction avec les lois déjà édictées par le Parlement.

C´est ainsi que des nouvelles dispositions normatives ont été ajoutées à la législation par le biais de décisions judiciaires, sans qu´il y ait d´altération formelle du droit en vigueur. Le Tribunal suprême a également innové en amplifiant les limites du contrôle de constitutionnalité de l´omission des pouvoirs publics, nouveauté introduite par la Constitution de 1988 et dont la procédure et les effets n´ont jamais été entièrement définis par le Congrès national dans une loi. En l´absence de dispositions législatives en la matière, la cour, par sa jurisprudence, a développé un nouvel instrument de façon à permettre l´exercice direct de droits qui restent indéterminés dans la Constitution, indépendamment de l´intermédiation du pouvoir législatif – et cela quoique la Constitution n´autorise en aucune manière une telle conclusion. Des décisions importantes liées aux modalités, moyens, bénéficiaires et limites de l´exercice de ces droits ont alors été prises par le Tribunal suprême, génératrices d´effets généraux, sans que le législateur ait eu la parole en quoi que ce soit sur le sujet, et sans que le président de la République puisse opposer son veto. Allant même plus loin, le Tribunal a aussi interféré dans le droit constitutionnel positif, par l´adjonction de nouvelles normes au texte constitutionnel lui-même ou par des décisions directement contraires à des dispositions constitutionnelles spécifiques. En procédant ainsi, la cour a agi en qualité de pouvoir constituant dérivé, procédant à des modifications de la Constitution sans que la procédure formelle de l´amendement à son texte soit respectée.

L'ouvrage montre ainsi que le Tribunal fédéral suprême a interféré activement dans la sphère de l´autonomie organique des autres pouvoirs, en restreignant la capacité du Congrès national, du président de la République et des tribunaux ordinaires d´exercer leurs compétences en toute indépendance constitutionnelle. Cette interférence s´est réalisée grâce aux possibilités offertes par l´indétermination des dispositions constitutionnelles relatives à l´autonomie des trois pouvoirs, caractéristique qui donne au juge constitutionnel un large pouvoir discrétionnaire et lui permet d´agir de manière plus ou moins interventionniste face aux autres organes de l'Etat. De cette façon, la cour a amplifié son autonomie face aux pouvoirs législatif et exécutif, qui sont ceux qui sont, constitutionnellement, responsables de la proposition, de la délibération et de l'édiction des normes procédurales. Cet agissement du Tribunal suprême, par-delà ou en complément du cadre normatif applicable, s´est manifesté de façon plus marquante dans le domaine du contentieux constitutionnel et de la concentration des pouvoirs face aux instances judiciaires ordinaires.

L'auteur de ces lignes peut enfin témoigner du grand intérêt du sujet étudié par M. Tavares Filho auprès de la communauté des jeunes chercheurs brésiliens présents dans les universités françaises, et notamment à Paris 1. Le thème de l'activisme juridictionnel continue de susciter des recherches et des développements académiques à la suite de l'ouvrage préfacé. Preuve, s'il en était besoin, de la qualité de la thèse de Newton Tavares Filho et de la nécessaire continuité de la recherche scientifique.

Michel Verpeaux
Professeur à l'Université Panthéon-Sorbonne (Paris-1)

INTRODUCTION

« Le premier juge dit :
— Je m'en tiens à ce qui est écrit. La première loi fut écrite sur la pierre, en signe qu'elle durerait autant que le monde.
L'autre juge répondit :
— Toute loi écrite est déjà périmée. Car la main du scribe est lente et l'esprit des hommes est agile et leur destinée mouvante. »
Anatole France, *Les juges intègres*
« Quand les lois sont obscures, les juges se trouvent naturellement au-dessus d'elles, en les interprétant comme ils veulent. Il y a dans chaque application de la loi une partie imprévue abandonnée à leur sagacité. »

Antoine de Rivarol, *Pensées inédites*

D'après l'article 102 de la Constitution fédérale brésilienne de 1988, « il revient au Tribunal fédéral suprême d'être essentiellement le gardien de la Constitution ». La simplicité de cette formulation ne laisse pourtant pas entrevoir la complexité de la mission du Tribunal fédéral suprême au sein de l'État brésilien. Née en même temps que la République, à la fin du XIXème siècle, la plus haute Cour de justice brésilienne a succédé au Tribunal suprême de justice[1] de l'Empire pour exercer, pour la première fois dans l'histoire du Brésil, le contrôle de constitutionnalité, de type concret et diffus. La création d'une Cour suprême par la Constitution de 1891, au lendemain de la proclamation de la République en 1889, s'est inscrite dans le contexte de l'influence exercée à l'époque par la Constitution nord-américaine sur les pays d'Amérique latine, et c'est en s'inspirant principalement de la *Supreme Court* que le nouveau tribunal a été institué comme organe souverain du pouvoir judiciaire. Ses membres, nommés par le président de la République, avec l'accord du Sénat, étaient – et sont jusqu'à aujourd'hui – investis d'une fonction à vie, pour exercer les multiples compétences qu'attribuent à la Cour le statut de tribunal fédéral, de haute

[1] « Le Tribunal suprême de justice, installé créé le 9 janvier 1829 et composé de dix sept ministres (loi du 18 septembre 1828), avait une compétence limitée, qui se restreignait fondamentalement au jugement des recours en révision, des conflits de juridiction et des actions pénales contre les occupants de charges publiques déterminées. ». Mendes, Gilmar Ferreira, Inocêncio Mártires Coelho et Paulo Gustavo Gonet Branco. *Curso de direito constitucional*. 4. ed. São Paulo: Saraiva, 2009, p. 972.

cour de justice et de garant de la Constitution fédérale. Tout au long du XXème siècle, le Tribunal suprême a vu augmenter graduellement le champ de ses compétences, au nombre desquelles l'attribution la plus importante a été l'adoption du contrôle de constitutionnalité concentré, d'inspiration européenne, dans les années 1960. La Cour s'est affirmée ainsi comme composante centrale du régime politique brésilien, bien qu'elle ait souffert de réformes ponctuelles qui cherchaient à diminuer son rôle, durant les gouvernements dictatoriaux qui ont affecté le Brésil au cours du siècle passé.

L'expansion actuelle de l'influence du Tribunal fédéral suprême a lieu dans un contexte qui voit, partout dans le monde, les cours constitutionnelles assumer des positions toujours plus affirmées face aux parlements. Les tribunaux constitutionnels prononcent fréquemment des jugements qui interfèrent directement dans l'application concrète des lois soumises à leur contrôle, et se positionnent ainsi comme des protagonistes vis-à-vis du pouvoir législatif, qui influent directement sur le sens et l'exécution des normes juridiques, dans les domaines les plus variés. Bien que le postulat selon lequel les juges ne peuvent produire des lois *ex novo* continue à être affirmé dans la doctrine juridique, les cours constitutionnelles et les cours suprêmes en sont venues à exercer des rôles nouveaux dans les dernières décennies, outrepassant crucialement leurs anciennes limites circonscrites à l'annulation de la législation non conforme à la Constitution. [2] Des techniques telles que l'interprétation conforme à la Constitution, ou des principes comme la conservation de la validité des lois, basés sur la présomption de constitutionnalité, ont permis au juge constitutionnel d'éviter de créer un vide législatif et, dans certains cas, de remplir de façon permanente ou temporaire les espaces que la déclaration d'inconstitutionnalité pouvait produire. Des principes comme la progressivité et la prévalence des droits de l'homme ont aussi été mobilisés pour justifier la production de normes quand les lois régulant les cas soumis aux cours étaient inexistantes.

Le juge constitutionnel en est venu notamment à assumer lui-même la fonction de législateur positif. Il habilite le pouvoir législatif à produire pour le futur des normes suivant des stipulations énoncées dans ses sentences, et interfère dans les compétences de production normative du législateur en lui adressant des lignes directrices (orientations non obligatoires) ou des injonctions (de caractère obligatoire) qui précisent quel contenu la future législation devra avoir pour être conforme au texte constitutionnel. [3] De nouvelles approches doctrinales ont fini par considérer les tribunaux et cours constitutionnels comme de véritables corps législatifs qui interagissent avec d'autres corps également législatifs au sein du procès d'élaboration des lois,

---

[2] Brewer-Carias, Allan-Randolph. *Constitutional courts as positive legislators : a comparative law study*. Cambridge ; New York, Royaume-Uni : Cambridge University Press, 2011, p. 891 sq.

[3] Behrendt, Christian. *Le juge constitutionnel, un législateur-cadre positif : une analyse comparative en droit français, belge et allemand*. Bruxelles ; Paris : Bruylant, LGDJ, 2006.

que ce soit par l'impact formel et direct qui leur revient (tel que le pouvoir d'annuler une loi ou de formuler des interprétations contraignantes à propos de dispositions législatives déterminées), ou sous l'effet de l'impact pédagogique et indirect de leurs décisions sur le législateur – étant donné que celui-ci cherche à s'adapter aux décisions du juge constitutionnel en modifiant son futur comportement.[4]

Ces nouvelles formes de manifestations de la justice constitutionnelle dans les dernières décennies s'opposent nettement aux concepts établis par la tradition démocratique classique, qui établit le pouvoir législatif au centre de la légitimité démocratique et reconnaît en lui l'expression maximale – sinon exclusive – de la volonté du peuple. La « sacralisation » de la loi comme expression de la volonté générale a été pendant longtemps le principal obstacle au développement de la justice constitutionnelle dans de nombreux pays, surtout en Europe,[5] et il faut rappeler à cet égard que le principe de légitimité consacré jusqu'à aujourd'hui dans toutes les constitutions modernes, est celui de la souveraineté populaire.[6] Le surgissement de la justice constitutionnelle a marqué une rupture dans cette logique, en instaurant une nouvelle configuration politique au sein de laquelle la manifestation de la souveraineté populaire serait dorénavant jugée au regard de la constitution incarnée par la volonté du juge constitutionnel. Le pouvoir exclusif de dire le droit a été ainsi mis en question, et la loi en est venue à partager avec la jurisprudence du juge constitutionnel le centre de la manifestation du pouvoir normatif de l'État.

L'évolution conceptuelle vers la création de la justice constitutionnelle a également impliqué le questionnement du paradigme, formulé par Montesquieu, selon lequel le juge n'est rien de plus que la bouche qui prononce les paroles de la loi. Abandonnant cette conception mécaniciste, la doctrine juridique a progressivement reconnu au travail du juge une fonction créatrice de droit, notamment quand celui-ci peut détecter plusieurs significations dans le texte normatif et choisir l'une d'entre elles. L'interprétation n'est pourtant pas neutre, et cette fonction créatrice n'a pas seulement une incidence sur la norme de référence – la Constitution – mais aussi sur la norme contrôlée – la loi.[7]

Au plan normatif, s'est opérée la diffusion des normes constitutionnelles à travers l'ordre juridique entier, par le biais d'une irradiation ou d'une irrigation des diverses branches du droit par le droit constitutionnel.[8] La

---

[4] Stone Sweet, Alec. *Governing with judges : constitutional politics in Europe*. Oxford ; New York (N.Y.): Oxford University Press, 2000, p. 63.

[5] Favoreu, Louis. *As cortes constitucionais*. São Paulo: Landy Editora, 2004, p. 20. Cf. Molfessis, Nicolas. « L'irrigation du droit par les décisions du Conseil constitutionnel. » *Pouvoirs, revue française d'études constitutionnelles et politiques*, n° 105, 2003, p. 89-101.

[6] Rousseau, Dominique. *La justice constitutionnelle en Europe*. *Op. cit.* p. 9.

[7] Cf. Just, Gustavo. *Interpréter les théories de l'interprétation*. Ouverture Philosophique. Paris : L'Harmattan, 2005.

[8] Favoreu, Louis. *La Constitution et son juge*. Paris : Economica, 2014, p. 1088.

conséquence directe de cette constitutionnalisation du droit a été l'accroissement de la présence et de l'influence du juge constitutionnel sur la vie politique des pays qui ont connu un phénomène de cette nature, et où les juges en sont généralement venus à dicter l'élaboration de politiques publiques qui, jusqu'alors, étaient – ou devaient être, comme beaucoup le pensaient – du ressort du pouvoir législatif ou exécutif.[9] Au Royaume Uni, les juges, contrairement à leurs traditions, contrôlent aujourd'hui plus fréquemment les actes discrétionnaires des administrateurs publics, et c'est le pouvoir judiciaire italien qui a été à l'origine de la découverte et du procès des grands scandales de corruption. En France et en Allemagne, les autorités politiques modifient fréquemment leurs actions en anticipant la décision des cours, et des exemples de la prévalence du pouvoir judiciaire peuvent être trouvés dans des pays aussi divers qu'Israël et l'Inde. [10] La constitutionnalisation du droit et la judiciarisation de la politique sont bien ainsi une réalité aujourd'hui, avec pour effet non seulement l'interférence du judiciaire dans des sphères à chaque fois plus amples de la vie sociale, mais aussi l'influence croissante de méthodes quasi judiciaires pour la prise de décisions dans les domaines les plus divers de la sphère publique.

Tous ces phénomènes, qui démarquent non seulement un nouveau lieu pour le juge constitutionnel dans le cadre de la séparation des pouvoirs, mais aussi une expansion inédite du pouvoir judiciaire face aux autres organes de l'État dans les démocraties contemporaines, se sont manifestés avec une acuité particulière au Brésil à partir de la promulgation de la Constitution de 1988. Adopté comme garant du nouveau régime démocratique inauguré après une dictature militaire qui s'est prolongée pendant vingt-cinq ans, le Tribunal fédéral suprême ne s'est pas contenté d'exercer son rôle, mais a revendiqué pour lui la tâche d'imprimer la force normative maximale au texte constitutionnel et de concrétiser les valeurs qu'il recouvre. L'action de la Cour a alors eu pour conséquence de mettre en évidence la tension entre l'exercice de la justice constitutionnelle et la démocratie représentative brésilienne naissante, soulevant ainsi des interrogations capitales pour la détermination de la fonction d'une cour suprême au sein d'un régime où la souveraineté populaire est la source exclusive de tout le pouvoir politique. La place du Tribunal fédéral suprême dans l'État démocratique de droit brésilien, au regard de la Constitution de 1988, sera à cet égard la question principale qui alimentera le présent travail de recherche.

[9] Tate, Chester Neal, et Torbjörn Vallinder, éd. *The Global expansion of judicial power*. New York: New York University Press, 1995, p. 2 sq.
[10] *Ibid.*

1. DÉMOCRATIE ET JUSTICE CONSTITUTIONNELLE AU BRÉSIL APRÈS 1988

La dictature militaire qui a gouverné le Brésil de 1964 à 1985 a affaibli le Tribunal fédéral suprême et violé l'État de droit, en cassant la normalité institutionnelle à l'œuvre dans le pays dans le cadre du régime de la Constitution de 1946. Les interventions dictatoriales dans la composition et les prérogatives de la Cour ont été relativement fréquentes. L'acte institutionnel n°2, du 27 octobre 1965, a élevé la composition du Tribunal suprême à seize membres et – fait plus important encore – a suspendu les garanties constitutionnelles de nomination à vie, d'inamovibilité et de stabilité de ses juges, lesquelles ont ensuite été restaurées par la Constitution dictatoriale de 1967. L'acte institutionnel n°5, du 13 décembre 1968, a néanmoins à nouveau suspendu les garanties constitutionnelles des juges. Dans un coup brutal porté à l'autonomie et à la dignité de la Cour, le gouvernement militaire a mis à la retraite d'office trois de ses juges : Victor Nunes Leal, Evandro Lins et Silva Hermes Lima. Finalement, l'acte institutionnnel n° 6, du 1er février 1969, en est revenu à fixer à onze le nombre des juges du Tribunal suprême et à en modifier, quoique superficiellement, le champ de compétence. [11]

La dictature militaire a ensuite connu un lent et graduel assouplissement à partir du milieu des années 1970 qui a culminé avec l'élection présidentielle de 1989. De fait, les deux derniers présidents de la République qui étaient des militaires, les généraux Ernesto Geisel et João Figueiredo, ont conduit le régime dictatorial à une ouverture progressive: diminuant la répression politico-idéologique, supprimant la censure, révoquant l'acte institutionnel n°5 qui restreignait les libertés civiles, ainsi qu'une série d'autres actes institutionnels, promulguant une amnistie politique, permettant un retour à la pluralité des partis et favorisant de cette manière une plus grande liberté d'expression et de participation de la société civile à la reconstruction d'un État démocratique. Le mouvement civique dénommé « Diretas Já » (*élections directes immédiates*), qui a eu lieu en 1983-84, a rassemblé dans les rues des milliers de Brésiliens pour soutenir un amendement constitutionnel qui instituait le droit de vote pour la présidence de la République, et a conduit à la victoire, dans le cadre d'une élection au suffrage indirect, du candidat d'opposition, Tancredo Neves, évènement qui a marqué le retour à la démocratie en 1984. Le 27 novembre 1985 a été promulgué l'amendement constitutionnel n°26, qui a convoqué les députés et les sénateurs à se réunir en une assemblée nationale constituante, installée par le président du Tribunal fédéral suprême de l'époque, juge José Carlos Moreira Alves. Cette assemblée a conclu ses travaux le 5 octobre 1988, date de promulgation de la Constitution. Luis Carlos Martins Alves Jr. observe

[11] Dias Corrêa, Oscar. *O Supremo Tribunal Federal, corte constitucional do Brasil*. Rio de Janeiro: Forense, 1987, p. 17.

qu'« il y a eu, comme jamais auparavant, une intense participation de secteurs variés de la société à la défense de ses intérêts, corrélativement à la prise en compte des propositions populaires. La couverture médiatique a été immense et la télévision, principal canal d'information de l'actualité, a été mise à disposition des constituants. Le peuple a eu accès aux débats et propositions. Malgré les pressions de divers bords, les constituants ont été libres et souverains dans l'élaboration du texte constitutionnel. Le 5 octobre 1988 était promulguée la septième Constitution du Brésil ».[12]

1.1. La Constitution de 1988, expression du nouveau régime

La Constitution de 1988 constitue l'expression normative de l'expérience de retour à la démocratie de la société brésilienne. Son préambule affirme d'emblée l'objectif de l'assemblée constituante d'instituer « un État démocratique, destiné à assurer l'exercice des droits sociaux et individuels, la liberté, la sécurité, le bien-être, le développement, l'égalité et la justice comme valeurs suprêmes d'une société fraternelle, pluraliste et sans préjugés, fondée sur l'harmonie sociale et engagée, au plan interne et international, dans la résolution pacifique des conflits ». Le texte introductif met en évidence la haute charge symbolique[13] d'une Constitution qui conclut vingt-cinq ans d'expérience dictatoriale, période qui a laissé de profondes marques dans l'imaginaire du peuple brésilien, comme correspondant à un temps d'oppression et d'absence de libertés civiles. Ses premiers articles sont marqués du sceau d'un grand idéalisme, démonstration de la préoccupation de l'assemblée constituante pour les aspects sociaux et l'importance du citoyen, en qualité de principal destinataire de l'action de l'État, dans le nouveau régime constitutionnel. Est également mise en avant l'affirmation solennelle que « tout pouvoir émane du peuple » (art. 1) comme base du régime démocratique représentatif qui se mettait alors en place, exercé par l'intermédiaire des trois pouvoirs constitués de l'État, le législatif, l'exécutif et le judiciaire (art. 2).

Au sein des trois pouvoirs, le pouvoir législatif a été distingué et s'est vu attribuer un rôle central dans l'exercice de la souveraineté populaire, dans la mesure où lui sont revenues les tâches principales de légiférer et contrôler l'exercice des autres pouvoirs. Le modèle du bicamérisme des constitutions antérieures, traditionnel dans le régime républicain brésilien, a été conservé, avec le Sénat en tant que représentant des États fédérés, sur une base

---

[12] Martins Alves Junior, Luis Carlos. *O Supremo Tribunal Federal nas Constituições Brasileiras*. Belo Horizonte : Mandamentos Editora, 2004, p. 371.

[13] Ce point est bien illustré par le discours du député Ulisses Guimarães, leader de la redémocratisation, à l'occasion de la promulgation solennelle de la Constitution de 1988 : « Quant à elle [la Constitution], manifester son désaccord, oui. Diverger, oui. Ne pas respecter, en aucun cas. (…) La persistance de la Constitution est la survie de la démocratie ». *Apud* Martins Alves Junior, Luís Carlos. *O Supremo Tribunal Federal nas Constituições Brasileiras*. Belo Horizonte : Mandamentos Editora, 2004, p. 435.

paritaire,[14] et la Chambre des députés représentant la population du pays sur une base proportionnelle.[15] Les commissions parlementaires ont été substantiellement renforcées, pouvant être temporaires ou permanentes, et régulées par les régimes internes de chacune des chambres du Congrès national. D'amples prérogatives ont notamment été données aux commissions parlementaires d'enquête, qui en sont arrivées à disposer de pouvoirs d'investigation propres aux autorités judiciaires, avec pour conséquence un renforcement du pouvoir de surveillance et de contrôle du pouvoir législatif.[16] Est revenu aussi au Congrès national l'exercice du contrôle externe de l'administration publique, à travers la réalisation d'une surveillance comptable, financière, budgétaire, opérationnelle et patrimoniale de l'Union (gouvernement central) et des entités de l'administration directe et indirecte, contrôle qui peut compter sur la collaboration du Tribunal des comptes de l'Union. Le pouvoir exécutif, de son côté, s'est vu octroyer des compétences mitigées en relation aux pouvoirs dictatoriaux que possède le régime militaire, mais a été doté de la prérogative d'édicter des mesures provisoires – dispositions normatives édictées avec force de loi, sujets à confirmation par le Congrès national dans un délai déterminé, sous peine de perte de validité. Il lui est aussi revenu, suivant la tradition du droit constitutionnel brésilien, la direction de l'administration publique de l'Union. Le pouvoir judiciaire, pour sa part, a vu son autonomie renforcée face à l'exécutif et au législatif, notamment pour ce qui concerne l'initiative privative des lois qui régulent sa propre organisation et son fonctionnement, ainsi que celle de la loi organique de la magistrature.

Le texte constitutionnel de 1988 a comme principale caractéristique le fait de promouvoir une forte constitutionnalisation du droit dans le système juridique brésilien, étant donné l'amplitude et la variété de ses dispositions. En effet, la nouvelle Constitution est extrêmement minutieuse, disposant en pratique sur tous les aspects de la vie sociale, avec un grand souci du détail. En outre, son texte recourt à des affirmations de principe génériques et de grande portée, réussissant à être simultanément détaillé et d'une grande généralité. Des principes importants du droit constitutionnel contemporain,

[14]Le Sénat fédéral est composé de trois représentants de chaque État fédéré et du District fédéral, élus au système majoritaire. Le mandat des sénateurs est de huit ans, et le Sénat est renouvelé tous les quatre ans, à raison d'un tiers et de deux tiers respectivement.

[15] Actuellement, la Chambre des députés compte 513 représentants élus au scrutin proportionnel, sachant que chaque unité fédérée possède au moins huit représentants et au plus soixante-dix. Le mandat des députés fédéraux est de quatre ans, ce qui correspond à la durée de chacune des législatures du Congrès national.

[16] Comme l'indique Gilmar Ferreira Mendes, il est de la compétence des commissions parlementaires d'enquête de « déterminer les diligences estimées nécessaires, convoquer les ministres d'État, prendre les dépositions des autorités, entendre les personnes mises en examen et les témoins, ceux-ci sur rendez-vous, réquisitionner des informations ou documents des organes publics, se déplacer vers tout lieu où l'on considère nécessaire d'être ». Mendes, Gilmar Ferreira. *Curso de Direito Constitucional*. 10. ed. São Paulo: Saraiva, 2015, p. 895.

tels que la protection de la dignité de la personne humaine et le principe de l'égalité, s'inscrivent aux côtés d'articles qui stipulent des points particuliers comme l'âge de la retraite pour les fonctionnaires ou le financement des activités universitaires de recherche et de formation. Dans le domaine des droits et garanties fondamentaux, la Constitution consacre à ce thème les articles 5 à 17, adoptant une liste extensive de droits et devoirs individuels et collectifs (article 5, incluant 78 incises), ainsi que de droits sociaux (articles 6 à 11), droits de la nationalité (articles 12 et 13), et droits politiques (articles 14 à 17), au sein de laquelle la grande innovation a été l'attribution du droit de vote aux analphabètes. Les droits sociaux ont été protégés, suivant l'orientation adoptée par le constitutionnalisme brésilien à dater de la Constitution de 1934, et significativement amplifiés, incluant le droit à la santé, à l'éducation, au travail, au logement, au loisir, à la sécurité, à l'assurance sociale, à la protection de la maternité et de l'enfance ainsi qu'à la protection des plus faibles (article 6) entre autres. Les associations de classe et les entités syndicales ont été renforcées, les travailleurs ruraux ont reçu des droits qui jusqu'alors avaient été réservés aux travailleurs urbains, et les travailleurs domestiques se sont vu octroyer de nouveaux droits qui jusque-là leur avaient été refusés. Parmi d'autres thèmes associés aux relations professionnelles abordés par le texte constitutionnel, on trouve une clause spécifiquement consacrée à l'ordre social ainsi que des dispositions relatives à la sécurité sociale. Toujours sous l'intitulé spécifique de l'ordre social, la nouvelle Constitution aborde des dispositions consacrées à l'éducation, la culture et le sport, ainsi qu'à la science, la technologie, la communication sociale, l'environnement, la famille, l'enfant et l'adolescent, le jeune et le vieux, comme aussi finalement les Indiens en tant que détenteurs de droits et bénéficiaires de la protection et de l'assistance de l'État.[17]

1.2. Un nouveau juge constitutionnel pour une nouvelle démocratie

La constitutionnalisation de tous les aspects de la vie sociale brésilienne s'est vu accompagnée de l'attribution par la Constitution d'une position plus que privilégiée au Tribunal fédéral suprême, en qualité de gardien de la Constitution (article 102). Le plus ancien tribunal brésilien, selon la tradition

---

[17] Étienne Picard avertit des dangers de cette constitutionnalisation de la vie politique, critiquant le discours panjuridique qui aboutit à attribuer au juge constitutionnel le monopole de la vérité juridique absolue. Selon lui, « il est impossible de considérer que tout serait susceptible d'être justiciable et donc déférable au juge. Il y a une part des décisions que le juge doit se contenter de ne contrôler que lorsque certains intérêts essentiels ou majeurs sont en cause. Sinon la hiérarchie des valeurs se perd et il y a un risque de voir le juge se considérer comme le titulaire du monopole de la vérité. ». Brondel, Sévérine ; Foulquier, Norbert et Heuschling, Luc (*dir.*). *Gouvernement des juges et démocratie*. Paris: Publications de la Sorbonne, 2001, p. 244.

républicaine, a continué d'être compétent pour l'exercice du contrôle de constitutionnalité, aussi bien diffus que concentré, mais ses compétences ont été élargies sur deux points importants. L'une des principales innovations a été l'élargissement du droit de saisir le Tribunal dans le cas du contrôle de constitutionnalité concentré, qui antérieurement était de la compétence exclusive du procureur général de la République, chef du ministère public fédéral. De très nombreuses autorités ont ainsi obtenu le pouvoir d'interpeller la Cour suprême, tels que les gouverneurs des États, les bureaux du Sénat fédéral et de la Chambre des députés et, principalement, diverses entités de la société civile, comme le conseil fédéral de l'Ordre des avocats du Brésil, les partis politiques qui sont représentés au Congrès national et les confédérations syndicales ou les entités de classe de dimension nationale.

Les possibilités d'interpellation du Tribunal suprême pour se prononcer sur des questions de société se sont trouvées ainsi considérablement élargies, transformant fréquemment ce dernier en une troisième chambre législative, tout particulièrement dans la continuité de son interpellation par des partis minoritaires au Congrès national.

Une nouvelle modalité de contrôle de constitutionnalité a été instituée, qui s'inspire de la Constitution portugaise, et la Cour suprême est ainsi devenue compétente pour juger de la conformité à la Constitution de l'omission des pouvoirs législatif et exécutif (article 103, § 2). De nouveaux instruments processuels de défense de l'intérêt des citoyens ont été créés, tels que l'*habeas data* – action judiciaire destinée à garantir la connaissance ou la rectification d'informations relatives à la personne de l'impétrant, à des contenus de dossiers ou des banques de données d'entités gouvernementales ou de caractère public (art. 5, LXXII) – et l'ordonnance d'injonction – par lequel un citoyen peut actionner le pouvoir judiciaire chaque fois que le déficit de norme réglementaire rend impraticable l'exercice des droits et libertés constitutionnels et des prérogatives relatives à la nationalité, la souveraineté et la citoyenneté (art. 5, LXXI). Postérieurement, par le biais d'un amendement constitutionnel, a été instituée l'action déclaratoire de constitutionnalité, dont l'objectif est de déclarer conforme à la Constitution la législation fédérale – et d'offrir ainsi un brevet de constitutionnalité à la législation qui serait contestée dans les instances ordinaires du pouvoir judiciaire. Autre innovation significative, la Constitution de 1988 a créé l'ordonnance de sûreté collective, action qui permet à des personnes juridiques la défense des intérêts collectifs de ses membres et associés, ou encore de la société comme un tout, contre les actes ou omissions illégaux, ou contre l'abus de pouvoir des autorités.

Cette expansion du rôle du Tribunal fédéral suprême au sein des trois pouvoirs au Brésil est l'expression d'une nouvelle position de la Constitution de 1988 qui, bien que demeurant fidèle au constitutionnalisme brésilien, a « fortifié », comme l'observe Luís Carlos Martins Alves Junior, «les canaux participatifs de la société et de la citoyenneté, cessant de mettre la société sous tutelle et de la traiter comme cliente de la prestation de ses services au profit d'une démarche de collaboration entre la société et l'État. (...) Le divorce qui existait [entre l'État et le peuple], spécialement dans le cadre des régimes constitutionnels autocratiques, est dépassé par l'union du pouvoir public et de la société, en faveur de la citoyenneté et de la dignité de la personne humaine. L'État et la société s'unissent, conformément au texte [constitutionnel] en vigueur, autour de la promotion et de l'inclusion de ceux qui ont été et sont exclus par un modèle économico-social profondément inégalitaire ».[18] Il faut souligner que le nouveau texte constitutionnel a attribué son indépendance fonctionnelle au Ministère public (articles 127 à 130), augmentant son importance institutionnelle face au pouvoir exécutif, et a fait de l'avocature et du défenseur public ainsi que de l'avocature privée des institutions essentielles à la justice. Ces institutions ont obtenu ainsi une plus grande capacité à interpeller la Cour suprême et à lui soumettre les demandes suscitées par la société. Le Tribunal suprême est alors devenu un instrument à la disposition de la société pour revendiquer la mise en œuvre des promesses contenues dans la Constitution de 1988, et sa montée en puissance reflète l'usage croissant qu'en ont fait le peuple brésilien et les institutions qui le représentent.

Toutes les circonstances qui viennent d'être recensées ont contribué à la formation au Brésil de ce cadre identifié par Arthur Dyèvre, au sein duquel les sociétés contemporaines se trouvent confrontées à un phénomène de judiciarisation croissante. Selon cet auteur, dans le monde entier « le droit jurisprudentiel semble connaître une expansion continue ; les majorités législatives voient les juges constitutionnels invalider un nombre toujours plus important de leurs mesures ; les parlementaires constatent également une multiplication des décisions attachant à leurs lois des réserves d'interprétation ; et dans certains pays, les juges constitutionnels leur adressent de véritables injonctions. En outre, là où leurs décisions peuvent faire l'objet d'un recours devant la juridiction constitutionnelle, la situation des cours et des tribunaux ordinaires apparaît similaire à celle du législateur : les juges constitutionnels censurent une portion croissante de leurs arrêts et jugements ou limitent, par le jeu des 'réserves d'interprétation', les marges de manœuvre que leur laisse autrement la loi. Enfin, pour couronner le tout, beaucoup de décisions des juridictions constitutionnelles s'avèrent difficiles à réconcilier avec une interprétation plausible des textes constitutionnels et, donc, avec les orientations retenues par le pouvoir constituant ».[19] C'est ainsi qu'au Brésil, comme dans le reste du monde, le pouvoir judiciaire en général, et le Tribunal fédéral suprême en particulier, en sont venus à occuper graduellement une place croissante dans la vie politique et sociale, et ce phénomène s'est manifesté de façon particulièrement marquante avec la promulgation de la Constitution de 1988.

---

[18] Martins Alves Junior, Luís Carlos. « O Supremo Tribunal Federal nas Constituições Brasileiras ». Belo Horizonte : Mandamentos Editora, 2004, p. 383.

[19] Dyèvre, Arthur. « L'activisme juridictionnel en droit constitutionnel comparé : France, États-Unis, Allemagne. » Thèse de doctorat, Université Paris I Panthéon-Sorbonne, 2008.

L'influence croissante du Tribunal fédéral suprême est cependant présentée par cette instance elle-même comme étant étroitement inscrite dans un schéma selon lequel il ne reviendrait pas aux tribunaux de créer le droit, mais seulement de l'appliquer. D'innombrables décisions du Tribunal suprême affirment catégoriquement que la fonction de législateur positif ne lui revient pas, mais qu'il doit uniquement invalider les lois jugées non conformes à la Constitution. C'est ainsi que la Cour suprême a décidé que « le pouvoir judiciaire ne peut pas, en référence à une mise en cause du principe d'isonomie, agir dans le rôle anomal de législateur positif »,[20]ou encore qu'il est interdit au pouvoir judiciaire d' « intervenir en qualité de législateur positif pour établir des exemptions d'impôts non prévues par la loi »[21], concluant que « la jurisprudence de cette Cour est ferme sur l'impossibilité du pouvoir judiciaire à agir comme législateur positif ».[22]Au Brésil comme ailleurs, les juges rejettent systématiquement les accusations d'excès jurisprudentiel auxquelles ils sont sujets et nient avec emphase le phénomène de la judiciarisation. Pour ce qui concerne particulièrement le Tribunal fédéral suprême, la consécration de la Constitution de 1988 comme symbole de la démocratisation a affecté un caractère quasi incontestable aux décisions de cette Cour, qui s'est montrée résistante à toute espèce de critique comme si, en questionnant sa jurisprudence, on portait atteinte au régime démocratique brésilien lui-même. Cette résistance à toute contestation se manifeste fréquemment dans la formule employée par les hommes politiques, selon laquelle « la décision de justice ne se discute pas, elle s'exécute ». C'est ainsi que se sont formées au Brésil les conditions pour que soient posées les questions clés formulées par A. Dyèvre, à propos de la position des juges au sein de la démocratie constitutionnelle contemporaine : « quelle est la part des juges constitutionnels dans la production des normes juridiques ? Les décisions de ces juges sont-elles conformes à la Constitution ? (...) Quelles sont les implications de l'activité des juges constitutionnels pour le législateur et, donc le principe démocratique ? Quelles sont ses implications pour l'administration et les autres juridictions ? »[23] En d'autres termes, quelles limites s'imposent au Tribunal suprême dans le cadre de son activité juridictionnelle, qui le séparent des autres pouvoirs d'État et garantissent le respect du principe de la démocratie représentative, préservant ainsi la manifestation de la souveraineté populaire ? C'est afin de trouver des réponses à ces questions que la doctrine juridique a formulé le concept d'activisme juridictionnel, qui a été développé

[20] Tribunal fédéral suprême. RE 867468 AgR, *Diário da Justiça Eletrônico* n° 091, 18/05/2015.

[21] Tribunal fédéral suprême. RE 852409 AgR, *Diário da Justiça Eletrônico* n° 080, 30/04/2015.

[22] Tribunal fédéral suprême. RE 599.850 AgR, *Diário da Justiça Eletrônico* n° 156, 14/08/2014.

[23] Dyèvre, Arthur. « L'activisme juridictionnel en droit constitutionnel comparé : France, États-Unis, Allemagne. » *Op. cit.*

tant aux États-Unis (*judicial activism, government by judiciary*) qu'en France (gouvernement des juges).

2. Activisme juridictionnel et autolimitation : origines et développement d'un concept

Selon le *Black's Law Dictionary*, l'activisme juridictionnel (*judicial* activism) correspond à une « philosophie judiciaire qui motive les juges à s'éloigner de la stricte obédience aux précédents de justice, au profit de politiques sociales nouvelles et progressistes, ce qui n'est pas toujours conforme à l'autolimitation attendue des tribunaux d'appel. [L'activisme] est communément marqué par des décisions qui appellent à une nouvelle ingénierie sociale et qui représentent fréquemment une intrusion dans des domaines de compétence des pouvoirs législatif et exécutif ». [24] L'autolimitation (*self-restraint*), de son côté, est définie comme « une discipline auto-imposée par les juges, à l'occasion de l'arbitrage de litiges, qui leur interdit de prendre en considération des idées ou des préférences personnelles qui puissent entrer en contradiction avec la jurisprudence consolidée ou avec le droit légiféré ».[25] Les deux notions marquent ainsi l'idée d'un excès ou, au contraire, d'une déférence du pouvoir judiciaire à l'égard des pouvoirs législatif et exécutif, en contradiction notamment avec la jurisprudence établie par les tribunaux ou avec les textes normatifs.

2.1. Quel rôle pour la Cour suprême ? L'activisme juridictionnel dans la doctrine américaine

L'activisme juridictionnel et l'autolimitation ont reçu leur formulation la plus connue et divulguée dans les termes de l'article de Arthur Schlesinger Jr. paru dans la revue *Fortune*, en janvier 1947, sous l'intitulé « *The Supreme Court : 1947* ». Cet article a défini les profils des neuf juges de la Cour suprême américaine, à l'époque et cherché à expliquer les alliances et divisions entre eux.[26] D'après Schlesinger, les juges Black, Douglas, Murphy et Rutlege seraient des « *judicial activists* » (activistes judiciaires), alors que les juges Frankfurter, Jackson et Burton seraient « *the champions of self-restraint* » (champions de l'autolimitation), les juges Reed et Vinson constituant un groupe intermédiaire. La Cour était divisée sur la fonction du pouvoir judiciaire la plus appropriée dans une démocratie, et Schlesinger décrit ainsi les idées opposées des deux groupes : « ce conflit peut être décrit de diverses manières. Le groupe Black-Douglas croit que la Cour suprême

---

[24] Black, Henry Campbell. *Black's Law Dictionary*. Saint Paul : West Publishing Co., 1990.
[25] *Ibid.*
[26] Kmiec, Keenan D. « The origin and current meanings of « judicial activism » ». *California Law Review*, n° 92, 2004, p. 1441-78.

peut jouer un rôle affirmatif dans la promotion du bien-être social ; le groupe Frankfurter-Jackson plaide pour une politique d'autolimitation du judiciaire. Un groupe est plus préoccupé par l'usage du pouvoir judiciaire en faveur de la promotion de sa propre conception du bien commun ; l'autre cherche à étendre l'espace juridictionnel attribué au législateur, même si cela implique de défendre des conclusions que l'on condamne en privé. Un groupe voit dans la Cour un instrument pour atteindre les résultats sociaux désirés, le second [groupe] un instrument pour permettre aux autres pouvoirs de l'État de pouvoir atteindre les résultats désirés par le peuple, pour le meilleur ou pour le pire. En somme, le groupe Black-Douglas semble plus se préoccuper de trancher les cas particuliers en accord avec ses propres conceptions sociales ; le groupe Frankfurter-Jackson, à maintenir le pouvoir judiciaire dans les termes de son rôle établi, mais limité, dans le système américain. » [27] Selon le point de vue Black-Douglas, l'argumentation juridique est malléable et non scientifique, dans la mesure où il ne peut y avoir de réponse « certaine », les considérations politiques occupant la position principale dans le scénario décisionnel. En revanche, pour le groupe défenseur de l'autolimitation judiciaire, les lois possèdent des sens déterminés (ou déterminables) et le détournement de ce sens est inapproprié, quel que soit le groupe qui pourrait en être bénéficiaire. Le groupe Frankfurter-Jackson cherche de cette façon à « résister à la suprématie judiciaire », manifestant sa « foi dans la séparation des pouvoirs et le processus démocratique ». Ses juges estiment que les lois et la Constitution sont dotées de sens, offrant une réponse certaine dans chaque cas, et que la tentative d'imposer le point de vue d'un groupe particulier à la majorité des citoyens entraînerait un « état de despotisme judiciaire qui menacerait le processus démocratique ». [28] Pour Schlesinger, l'activisme judiciaire devrait se limiter aux cas liés aux libertés civiles américaines. Il affirme en effet que les « décisions de base sur toutes les questions, excepté celles liées aux droits fondamentaux, devraient relever le plus complètement possible des institutions qui dépendent directement du contrôle populaire. D'après lui, ce qui est en jeu en matière d'activisme juridictionnel, c'est : « les juges non élus *versus* les lois démocratiquement promulguées ; les jugements orientés par un résultat spécifique *versus* les décisions judiciaires guidées par des principes ; l'usage strict *versus* l'usage créatif des précédents ; la suprématie de la démocratie *versus* les droits de l'homme ; le droit *versus* la politique ».

L'analyse faite par A. Schlesinger a eu un grand succès et s'est répandue dans toute la doctrine juridique mondiale au cours des décennies suivantes. De fait, une étude menée dans le cadre de la base de données Westlaw, qui concentre la production de la science juridique, tout particulièrement dans le champ du *common law*, indique que le terme « *judicial activism* » est présent dans 10000 articles de périodiques. Rien que dans les dernières années, le

[27] *Ibid.*
[28] *Ibid.*

terme a été rencontré dans 5806 documents, preuve, s'il en faut, de la large pénétration de la formule créée par Schlesinger.[29]

Son analyse, néanmoins, ne s'est pas accompagnée d'une formulation précise du concept d'activisme juridictionnel, ni de son concept complémentaire, l'autolimitation ou la déférence.

Un juriste en particulier a été responsable de la migration de la notion de*judicial activism* vers le monde universitaire : Edward McWhinney, avocat et professeur de l'université de Toronto, qui a convoqué la perspective du droit comparé pour donner une densité académique au concept durant les années 1950. Ce travail s'est fait principalement par le biais de deux articles: *The Supreme Court and the Dilemma of Judicial Policy-making*, de 1955, et *The Great Debate: Activism and Self-restraint and Current Dilemmas in Judicial Policy-making*, de 1958.[30] Théorisant l'activisme juridictionnel, E. McWhinney propose, en référence à des questions d'opportunité et de technique, qu'il est possible de tracer le profil des juges d'un tribunal précis, en déterminant quand et comment ils sont activistes. Pour E. McWhinney, le contrôle de constitutionnalité n'est pas une forme efficiente pour la détermination des politiques publiques. Les juges connaissent bien la législation mais manifestement ne sont pas bien équipés pour traduire les valeurs communautaires en politiques constitutionnelles ». En outre, le procès judiciaire de nature litigieuse et l'autorité relative de la chose jugée limitent fortement la portée de l'activisme juridictionnel. En effet, E. McWhinney cite le juge Frankfurter pour souligner que « seuls des fragments d'un problème social sont entrevus à travers les fenêtres étroites du procès judiciaire », et le pouvoir judiciaire n'a pas à sa disposition les moyens adéquats pour construire des solutions socialement efficaces. L'activisme judiciaire affaiblit en conséquence le principe de gouvernement de la majorité, imposant « la volonté des neuf anciens » aux principaux représentants du peuple – le pouvoir législatif.[31]

Prenant acte de la multiplicité des approches du thème qui courent dans la doctrine juridique, Keenan D. Kmiec formule une synthèse des positions existantes, qui identifie cinq définitions principales de ce que peut être l'activisme juridictionnel. En premier lieu, peuvent être considérées comme activistes les décisions de tribunaux qui invalident des actions potentiellement constitutionnelles des autres pouvoirs. C'est la position adoptée par Cass Sunstein et Bruno Graglia, pour qui l'activisme judiciaire correspond « purement et simplement à la pratique des juges d'invalider les choix politiques faits par d'autres agents de gouvernement ou d'institutions,

---

[29] Enquête réalisée le 01/08/2015 sur la base de données Westlaw International, à partir du terme « *judicial activism* », dans le cadre d'une recherche libre dans l'espace textuel des articles.

[30] *Apud* Kmiec, Keenan D. « The origin and current meanings of « judicial activism » ». *Op. cit.*, p. 1441-78.

[31] *Ibid.*

mais que la Constitution ne prohibe pas clairement ».[32] Dans ce cas, le concept central est la reconnaissance que le texte constitutionnel possède des ambiguïtés ou indéterminations dans ses énoncés, en conséquence de quoi il y aurait une marge de manœuvre permettant de reconnaître comme constitutionnels les choix politiques des autres pouvoirs de l'État – ce qui néanmoins n'est pas fait par le juge constitutionnel. Autrement dit, le tribunal agirait en termes d'activisme juridictionnel, quand il prend des décisions qui vont au-delà du sens premier ou évident du texte constitutionnel, restreignant de cette façon le champ d'interventions du législatif et de l'exécutif, au détriment de la séparation des pouvoirs. Pour Keenan D. Kmiec, néanmoins, la difficulté attachée à cette conception réside dans le fait que le juge constitutionnel ne peut pas abdiquer de son devoir de dire le droit et d'interpréter la Constitution, même dans des cas difficiles ou politiquement sensibles. Il a en vérité le devoir de « dire ce que dit la Constitution ». En outre, cette définition de l'activisme juridictionnel dépend du point de vue du sujet parlant (c'est-à-dire de celui qui réalise l'analyse) sur la question de savoir si la Constitution prohibe ou non tel ou tel choix politique dans un secteur spécifique du droit – ce qui, en pratique, sera toujours sujet à discussions et questionnements, sachant qu'il est improbable qu'en résulte une réponse unique ou « correcte ».

Une deuxième manifestation possible de l'activisme juridictionnel consiste à ignorer ou à déconsidérer les précédents judiciaires qui devraient autrement nourrir et orienter les décisions d'un tribunal déterminé. À cet égard, c'est tout particulièrement le choix d'ignorer les précédents établis par les tribunaux les plus haut placés dans la hiérarchie du pouvoir judiciaire (précédents « verticaux ») qui apparaît comme une manifestation claire d'activisme, alors que la non-prise en compte de précédents de même niveau juridictionnel (précédents horizontaux »), édités par le même tribunal que celui auquel il incombe de résoudre un litige judiciaire déterminé, paraît être tolérée comme une forme minorée – voire conseillée, suivant les cas – du même phénomène. C'est la position exprimée par Gary Lawson, Ahkil Amar e Vikram Amar, pour lesquels la doctrine anglaise du *stare decisis* ne peut pas être invoquée pour bloquer l'évolution du droit, et qui recommandent le dépassement du précédent « horizontal ».[33]

Une troisième manifestation de l'activisme juridictionnel identifiée par Keenan D. Kmiec renvoie à ladite « législation judiciaire », quand les magistrats produisent des normes *ex novo*, dont le contenu ne peut être imputé aux normes qu'ils disent interpréter. Cette conception de l'activisme apparaît dans des décisions variées de la Cour suprême des États-Unis, comme par exemple dans cette opinion divergente du juge Stevens, au moment où il affirme qu'il « fait partie de la fonction judiciaire de faire de nouvelles règles juridiques, en tant que sous-produit nécessaire du processus

[32] *Ibid.*
[33] *Ibid.*

de prise de décisions dans des controverses et des litiges. Mais s'obliger de façon aussi flagrante et non nécessaire à produire des règles *ex novo* dans des cas de ce type, caractérise explicitement l'activisme juridictionnel ». [34] Malgré tout, beaucoup de décisions taxées d'activisme juridictionnel ont fini par être acceptées, et même l'exercice impropre de la fonction judiciaire peut avoir des conséquences positives ou établir des précédents dont les effets sont désirables. Ainsi, l'usage du concept d'activisme juridictionnel comme équivalent de « mauvais » ou « indésirable » ne peut que produire des confusions et suspendre l'élucidation des modalités qui spécifient une décision judiciaire comme impropre, dommageable ou simplement erronée.

La quatrième manifestation de l'activisme juridictionnel coïncide avec l'abandon de méthodologies interprétatives consacrées et acceptées par la doctrine juridique comme un modèle à suivre. Ces méthodologies seraient, par exemple, l'exploitation de l'histoire législative, de l'analyse structurale du texte, de la prudence interprétative et des opinions de la doctrine juridique comme instruments pour éclairer le sens des énoncés normatifs. Toute décision de justice prise sans considération attentive de ces critères serait ainsi considérée comme activiste. Un problème se présente cependant à ce stade : la communauté des juristes elle-même diverge sur ce que serait un ensemble de méthodes « appropriées » d'interprétation, ce qui laisse une grande marge de liberté pour caractériser une décision judiciaire comme activiste ou non.

Finalement, la cinquième forme d'expression de l'activisme juridictionnel serait l'énoncé de sentences visant à l'obtention de résultats spécifiques. L'activisme juridictionnel désignerait dans ces conditions non seulement le fait de ne pas agir avec toute la déférence due aux autres pouvoirs de l'État, mais aussi d'agir pour faire prévaloir un objectif non officiel (c'est-à-dire non supporté par une norme juridique). En d'autres termes, un jugement serait activiste quand « (a) le juge a un motif ultérieur [ou secondaire] pour prendre la décision et (b) la décision s'éloigne d'un modèle de correction [déterminé ou déterminable] ».[35] La critique qui peut néanmoins être faite tient à ce que la formulation en question est composée d'éléments hautement subjectifs, qui ne permettent pas une définition claire et concrète.

Confronté aux multiples manifestations de l'activisme judiciaire exposées ci-dessus, on a tout intérêt à se souvenir de l'observation de K. D. Kmiec selon laquelle « aujourd'hui, une accusation d'activisme juridictionnel, considérée isolément, ne signifie pas grand-chose ou même rien du tout, puisque l'expression s'est chargée de trop de significations souvent contradictoires. Malgré cela, quand elle est expliquée avec soin, la formule peut être le point de départ d'une discussion significative sur la fonction des

---

[34] *Ibid.* Cf. Florida v. Wells, 495 U.S. 1 (1990).
[35] *Ibid.*

juges, l'occasion de poser des questions qui vont au-delà du superficiel ».[36] Le concept d'activisme, bien que multiple et divers dans ses formes, peut ainsi être un instrument utile d'analyse de l'action des juges dans un système juridique donné, pour peu que soient explicités les éléments qui le constituent. Par ailleurs, il devient évident que l'activisme juridictionnel n'est pas un concept univoque, mais qu'il recouvre en vérité différentes manifestations liées au dépassement par les juges des paramètres qui délimitent leurs fonctions dans le contexte de la séparation des pouvoirs – dépassement qui peut être entrepris de différentes manières. Quel que soit donc son sens, l'activisme juridictionnel conduit implicitement à la reconnaissance du rôle créateur du juge, refusant de le maintenir dans une fonction purement passive. Abandonnant l'idée de Montesquieu selon laquelle le magistrat ne serait rien d'autre que la bouche qui prononce les paroles de la loi, la notion d'activisme admet la capacité du pouvoir judiciaire de participer effectivement à l'exercice du pouvoir d'État, tout en cherchant néanmoins à faire ressortir des limitations – effectives ou seulement recommandables – à l'exercice de la fonction juridictionnelle.

Un autre travail doctrinal digne d'être mentionné, pour l'effort de synthèse qu'il réalise, est le texte de Leonardo Pierdominici, « *Constitutional adjudication and the dimensions of judicial activism : legal and institutional heuristics* ».[37] L'auteur y produit en effet une taxinomie des conceptions critiques du procès de décision judiciaire, en se concentrant spécifiquement sur l'exercice de la juridiction constitutionnelle. À cet égard, la question centrale est de reconnaître la nature créative de la fonction juridictionnelle, d'identifier alors les dimensions de cette créativité, son degré, ses modalités et les limites à l'intérieur desquelles ces manifestations seraient acceptables. Cette analyse se réalise dans le contexte actuel de répudiation des thèses de Montesquieu (la figure dépassée du juge « bouche-de-la-loi ») et d'expansion et de légitimité de la justice constitutionnelle par le monde, parallèlement à l'accroissement du rôle du pouvoir judiciaire dans les sociétés contemporaines. Pour L. Pierdominici, la « révolte contre le formalisme » et la transformation de la fonction de l'État dans les systèmes post-modernes du bien-être social ont créé un nouveau rôle pour les tribunaux, et notamment pour les cours suprêmes et tribunaux constitutionnels, qui sont devenus chaque fois plus importants pour l'arbitrage des conflits politiques et sociaux. Dans le cadre de ce nouveau paradigme, l'interprétation judiciaire est donnée comme « inévitablement créative », jusque dans les cas où la clarté du langage facilite la tâche de l'interprète tenu d'extraire le sens des textes normatifs.

[36] *Ibid.*

[37] Pierdominici, Leonardo. « Constitutional Adjudication and the 'Dimensions' of Judicial Activism : Legal and Institutional Heuristics ». *Sant'Anna Legal Studies (STALS) Research Paper*, n° 3, 2011, p. 1-33.

D'après L. Pierdominici, les dimensions de l'activisme juridictionnel sont au nombre de six.[38] La première concerne le « majoritairianisme » : un tribunal peut être considéré activiste quand il remplace une donnée politique publique élaborée et mise en vigueur par des représentants élus, constitués en corps représentatif. Dans le cadre de cette dimension, la source de la légitimité démocratique est clairement établie comme étant les élections. La deuxième dimension identifiée de l'activisme juridictionnel concerne la distinction entre les interventions judiciaires liées d'un côté au procès démocratique en soi, et de l'autre, aux politiques substantives. Les tribunaux doivent ainsi s'en tenir à la fonction d'assurer les conditions nécessaires pour garantir une représentation politique efficiente et s'abstenir d'intervenir dans la formulation des politiques publiques substantives, sous peine de tomber dans l'activisme. La troisième dimension correspond à la spécificité des compétences attribuées aux tribunaux dans un système juridique donné : ceux-ci ne doivent intervenir dans la formulation des politiques publiques que pour annuler les lois inconstitutionnelles, en qualité de « législateur négatif », selon le concept proposé par Hans Kelsen. Ainsi, les cours ne doivent être appelées à anticiper ou concevoir *ex novo* aucune politique publique. Sous peine d'adopter un comportement activiste, il leur revient seulement de les revoir après leur élaboration. Cette conception, cependant, n'est pas exempte de quelques problèmes : la séparation stricte des fonctions proposée par Kelsen est difficilement compatible avec la reconnaissance du rôle toujours plus créatif assumé par les tribunaux dans leurs procès interprétatifs et, des concepts tels que les droits fondamentaux, par exemple, sont utilisés aujourd'hui pour transformer les cours en législateurs positifs. En effet, quand un tribunal constitutionnel déclare ou reconnaît un droit fondamental, il se voit dans l'obligation d'en éclaircir la signification dans le processus graduel de construction de son sens, à l'occasion de décisions postérieures. En outre, les constitutions contiennent des commandements, et pas seulement des prohibitions, et l'indétermination de leurs énoncés normatifs, qui laisse à l'interprétation une large liberté créative, constitue en fin de compte une délégation d'autorité au pouvoir judiciaire, qui en vient à détenir la maîtrise quasi absolue du sens du texte constitutionnel. Malgré toutes ces critiques, la conception kelsenienne du législateur négatif, en tant que limite imposée à l'action des tribunaux, demeure l'un des instruments les plus importants et précis pour l'identification et la caractérisation de l'activisme juridictionnel. La quatrième dimension de l'activisme juridictionnel prend en compte l'existence d'organes gouvernementaux alternatifs pour la formulation de politiques publiques. Les tribunaux doivent ainsi faire preuve de déférence et d'autolimitation face aux tentatives d'autres instances gouvernementales de formuler des politiques publiques relatives à des problèmes sociaux importants, sachant qu'ils peuvent ne pas être aussi bien équipés institutionnellement pour faire de tels choix. De fait,

[38] *Ibid.*

fréquemment, les tribunaux ne possèdent ni le savoir-faire, ni l'accès aux informations nécessaires pour prendre des décisions politiques, soit parce que les juges sont relativement isolés du corps social, soit parce que le pouvoir judiciaire ne prête pas toute l'attention requise à l'impact de ses décisions. La cinquième dimension de l'activisme juridictionnel est celle du respect de la fidélité interprétative par les tribunaux : les décisions activistes ne sont en accord ni avec le sens ordinaire des termes employés dans le texte normatif, ni avec ce qui est consensuellement entendu comme étant l'intention des auteurs du texte. À ce sujet, il faut noter que les tribunaux ne peuvent pas réformer la Constitution par l'intermédiaire de l'interprétation ; il existe des procédures de réforme, prévues par la Constitution elle-même, dont la compétence est donnée au pouvoir législatif et non au judiciaire. Enfin, la sixième dimension concerne la stabilité interprétative : par le jeu de la cohérence et de l'obéissance aux précédents, les tribunaux promeuvent l'égalité des parties en litige face à la loi, garantissant la stabilité et la sécurité juridiques dans les relations entre l'État et l'individu.

L'analyse de l'activisme juridictionnel, alors que celui-ci ne peut être envisagé comme un concept univoque, et de l'identification de la diversité de ses manifestations, est également proposée par Bradley C. Canon.[39] L'auteur souligne la fréquente absence, dans la doctrine américaine, de définitions précises de l'activisme juridictionnel, ce qui affecte à la discussion du thème un caractère éminemment idéologique ; l'activisme en vient à être considéré comme une manifestation de posture, libérale ou conservatrice, selon les cas, et sa condamnation peut n'exprimer qu'une désapprobation politique de la doctrine juridique à l'égard d'une orientation déterminée assumée par les cours. Reprenant la littérature de référence en la matière, Bradley C. Canon propose également la reconnaissance de six dimensions expressives de l'activisme juridictionnel: majoritairianisme (degré d'invalidation judiciaire des politiques approuvées et mises en œuvre par les institutions représentatives), stabilité interprétative (degré d'altération de décisions judiciaires préalables, ou de doctrines établies par les tribunaux), fidélité interprétative (degré d'existence d'interprétations contraires au sens évident des énoncés normatifs ou à la volonté des auteurs du texte), distinction entre décisions sur le procès démocratique et sur les politiques publiques substantives (degré d'interférence judiciaire dans l'élaboration des politiques publiques substantives, au lieu de se limiter à la protection de la régularité du procès démocratique en soi), spécificité des compétences (degré d'élaboration judiciaire des politiques publiques, au lieu que cette tâche discrétionnaire soit laissée à d'autres agents de l'État) et, enfin, disponibilité d'une instance d'État alternative pour élaborer les politiques publiques (degré de prise en compte des motifs invoqués par d'autres instances d'État pour formuler les politiques publiques).

[39] Canon, Bradley C. « Defining the dimensions of judicial activism. » *Judicature* 66, 1983-1982, p. 236-47.

Toutes les analyses exposées ci-dessus ont pour vertu de souligner que l'activisme juridictionnel est un concept à manifestations multiples, qui ne peut être ramené à une formulation simple ou unique. Par ailleurs, son élaboration dépend du contexte d'insertion de l'analyse, en référence avec les particularités du système juridique dans lequel il se manifeste. Procéder d'une autre manière, c'est assumer le risque de transformer le concept en pure expression de désapprobation des orientations adoptées par la Cour suprême ou un tribunal constitutionnel, affectant ainsi à la discussion une forte teneur idéologique qui lui retire son objectivité. En somme, comme le synthétise Béatrice Delzangles, « les notions d'activisme et d'autolimitation servent à marquer une tendance excessive du juge (...), mais ne préjugent pas de l'objet de ces excès. Elles sont, en effet, indifféremment employées pour désigner l'élargissement ou la restriction par les juges de leur puissance à l'égard de la volonté générale, du pouvoir représentant cette volonté, des lois adoptées par l'ancien ou l'actuel législateur, des actes de l'administration, du sens des termes de la Constitution, des principes guidant les auteurs de ce texte ou des buts qu'ils entendaient poursuivre, des interprétations de la Constitution établies par le précédent ou encore des droits individuels. Utilisées tantôt pour décrire le comportement du juge, tantôt pour le saluer ou le critiquer, les deux notions d'activisme et d'autolimitation peuvent poursuivre un réel souci de clarification ou seulement servir à marquer un désaccord avec la jurisprudence de la Cour suprême ».[40]

2.2. Un juge qui ne gouverne pas : l'activisme juridictionnel dans la doctrine française

Le concept américain d'activisme juridictionnel a pour équivalent dans la doctrine française la formule « gouvernement des juges », qui signifie– et dénonce – « l'empiètement des juges sur les pouvoirs politiques (et notamment sur le pouvoir législatif, expression directe de la volonté populaire dans les démocraties constitutionnelles libérales) ».[41] L'expression – une association de termes contradictoires – a reçu d'emblée une connotation clairement négative: le gouvernement des juges heurterait frontalement le sacro-saint principe de la séparation des pouvoirs consacré par la Déclaration des droits de l'homme et du citoyen. En France, la notion de gouvernement des juges exprime donc « une immixtion abusive des juges dans la conduite des affaires politiques qui, dans toute démocratie bien

---

[40] Delzangles, Béatrice. *Activisme et autolimitation de la Cour européenne des droits de l'homme*. Clermont-Ferrand, France : Fondation Varenne, 2009, p. 18-19.

[41] Franck Moderne, *apud* Lambert, Édouard. *Le gouvernement des juges et la lutte contre la législation sociale aux États-Unis : l'expérience américaine du contrôle judiciaire de la constitutionnalité des lois*. Bibliothèque Dalloz. Paris, France : Dalloz, 2005, p. VII. On observe ici une étroite relation avec la notion de gouvernement, entendue comme étant « l'exercice du pouvoir décisionnel ou la conduite de la Nation ». Avril, Pierre et Gicquel, Jean. *Lexique de droit constitutionnel.* 3. éd. Paris : P.U.F. 2012, p. 56.

comprise, doit rester l'apanage des pouvoirs législatif et exécutif, seuls légitimement investis par le peuple d'une telle mission ».[42]

Le principal formulateur du concept français de gouvernement des juges a été Édouard Lambert dans son ouvrage « Le Gouvernement des Juges »,[43] dont la renommée s'est rapidement imposée dans la doctrine française, et où il analyse l'action de la Cour suprême des États-Unis à partir de la fin du XIXème siècle.[44] Pour E. Lambert, le plus haut tribunal américain ne s'en est pas tenu à un paradigme de prudence et de modestie, avec la déférence qu'il implique à l'égard des prérogatives politiques des pouvoirs législatif et exécutif, mais en est venu au contraire à « confisquer » le rôle prééminent de la scène politique à des moments cruciaux au cours de l'évolution sociale et économique des États-Unis. C'est surtout à partir de 1883 que la Cour suprême en est arrivée à utiliser le contrôle de constitutionnalité comme « instrument d'exercice de la suprématie politique du pouvoir judiciaire », qui assure au plus conservateur des trois pouvoirs – le judiciaire américain de la fin du XIXème et du début du XXème siècle – les moyens pour réguler, filtrer et contenir l'activité des deux autres branches coordonnées du gouvernement, mais surtout du législatif.[45] En se réclamant d'une interprétation fortement élargie de la clause du *due process of law*, par exemple, la Cour en est venue à réaliser un contrôle en profondeur des mesures législatives qui lui ont été soumises, à partir de concepts facilement manipulables, se transformant ainsi en législateur.[46]

La crainte la plus forte de E. Lambert était que la Cour suprême américaine évolue dans le sens d'une auto-attribution du contrôle de constitutionnalité des amendements à la Constitution, « dernier développement logique du contrôle judiciaire de constitutionnalité », ce qui rendait donc nécessaire d'alerter le public français sur le danger d'une transposition du modèle américain du *judicial review* au système juridique français. Selon Lambert, l'attribution du pouvoir de contrôler la constitutionnalité des lois à la magistrature française ouvrirait la porte à une utilisation de la Déclaration des droits de l'homme et du citoyen, comme cela s'était produit avec la clause *due process of law* aux États-Unis, comme

---

[42] *Ibid.*

[43] Lambert, Édouard. *Le gouvernement des juges et la lutte contre la législation sociale aux États-Unis : l'expérience américaine du contrôle judiciaire de la constitutionnalité des lois.* Paris, France : Dalloz, 2005.

[44] Comme origine de l'expression « gouvernement des juges », E. Lambert renvoie à l'étude de droit constitutionnel « *Government by Judiciary* », publiée par L. B. Boudin en 1911 dans le numéro 26 de *Political Science Quarterly*, p. 238-270, ainsi qu'au discours « *Government by Judges* », proféré par le juge M. Walter Clark, président de la Cour suprême de Caroline du Nord, à la Cooper Union le 27 janvier 1914. L'auteur mentionne également les expressions « oligarchie judiciaire » et « aristocratie de la robe ». Lambert, Édouard. *Le gouvernement des juges et la lutte contre la législation sociale aux États-Unis : l'expérience américaine du contrôle judiciaire de la constitutionnalité des lois. Op. cit* p. 8-9.

[45] *Idem*, p. 221.

[46] *Idem*, p. 51 sq.

instrument pour superposer aux législatures la suprématie judiciaire. Pour E. Lambert, « le même jeu subreptice et patient des décisions constitutionnelles, qui a permis à la jurisprudence américaine entre 1883 et 1900 d'enserrer la législation dans un réseau chaque jour plus dense de limitations constitutionnelles, permettrait sans doute à la nôtre [judicature] d'arriver dans le même délai à ligoter aussi solidement le législateur français. (...) Aux constitutions rigides bâties par les conventions ou les assemblées constituantes, [le contrôle de constitutionnalité] substitue des constitutions judiciaires (...), il greffe sur l'antique Constitution populaire une Constitution judiciaire, plus neuve et plus vivante, qui peu à peu recouvre et étouffe sous ses frondaisons luxuriantes l'œuvre primitive des constituants ».[47]

Le contrôle de constitutionnalité se révélait ainsi être une claire menace à la démocratie représentative et majoritaire et elle pouvait faire le lit de la même suprématie judiciaire que celle constatée aux États-Unis.

La crainte des abus engendrés par le contrôle de constitutionnalité, idée centrale dans le travail de E. Lambert, s'est répandue dans la doctrine française et a pris de nouvelles formes tout au long du XXème siècle jusqu'à nos jours. Arthur Dyèvre, dans sa thèse sur l'activisme juridictionnel, fait une synthèse critique des positions existantes, et met principalement en avant la charge négative et la connotation péjorative qui pèsent sur l'expression « gouvernement des juges ».[48] Il y aurait ainsi quatre approches doctrinales du gouvernement des juges en France. La première d'entre elles, formalisée entre autres par Georges Vedel et Guy Carcassonne, considère qu'on a affaire à un gouvernement des juges dès que les juges constitutionnels « ne citent pas les textes juridiques qui servent de fondements à leurs décisions ». D'après Vedel, « le gouvernement des juges commence quand ceux-ci ne se contentent pas d'appliquer ou d'interpréter des textes, mais imposent des normes qui sont en réalité le produit de leur esprit ».[49] La seconde approche considère qu'il y a gouvernement des juges à partir du moment où ceux-ci en viennent à contrôler la conformité des lois de révision constitutionnelle (« là où les juridictions constitutionnelles opposent des interdictions de réviser au pouvoir constituant, il y a gouvernement des juges »).[50] La troisième approche, adoptée par exemple par Léo Hamon, articule le début d'un gouvernement des juges à l'éventualité que ceux-ci agissent sans convoquer les parties (autosaisine): « il y a gouvernement des juges si, et seulement si, la juridiction constitutionnelle peut s'autosaisir ».[51]Une quatrième et dernière

---

[47]*Idem*, p. 227-29.

[48] Dyèvre, Arthur. « L'activisme juridictionnel en droit constitutionnel comparé : France, États-Unis, Allemagne. » Thèse de doctorat, Université Paris I Panthéon-Sorbonne, 2008.

[49] Vedel Georges. « Neuf ans au Conseil constitutionnel ». *Apud* Dyèvre, Arthur. « L'activisme juridictionnel en droit constitutionnel comparé : France, États-Unis, Allemagne. ». *Op. cit.*, p. 14.

[50]*Idem*, p. 15.

[51]*Ibid.*

approche, selon A. Dyèvre, consiste à « éviter tout critère précis, préférant des descriptions 'impressionnistes'. » C'est ainsi que Philippe Ardant considère qu'il y aurait un gouvernement des juges quand le juge « se comporte en supérieur des représentants de la Nation, il est au-dessus de la volonté nationale ».[52] François Luchaire[53] et Pierre Pactet[54] associent le gouvernement des juges à une « interprétation audacieuse » des textes normatifs par le pouvoir judiciaire.

L'analyse d'Arthur Dyèvre n'épuise pas la doctrine française sur le gouvernement des juges. Philippe Ardant et Bertrand Mathieu, par exemple, alertent sur la nécessité d'empêcher que le juge constitutionnel se substitue au pouvoir politique, « notamment en ce qui concerne l'appréciation de l'intérêt général (...) [vu que] indépendance ne veut pas dire autonomie et comme le relevait Montesquieu, un pouvoir qu'aucun autre pouvoir n'arrête est par nature dangereux ».[55] De façon comparable, Jean-Pierre Colin pose qu'il y aurait un gouvernement des juges au cas où ceux-ci réagissent contre de nouvelles lois économiques et sociales, en bloquant les innovations approuvées par les représentants élus du peuple.[56] Pierre Vialle affirme que « les juges gouvernent s'ils substituent leur volonté à celle des organes politiques et notamment du législateur ».[57] De la même manière, pour Patrick Juillard, le gouvernement des juges peut se manifester en sens inverse, quand le juge fait preuve d'autolimitation et se refuse à juger les conflits qui lui sont présentés.[58] Quant à Jean-Paul Costa, il considère que le juge doit faire preuve de modération devant l'expression de la volonté générale et avant tout « s'incliner devant le pouvoir constituant: le dernier mot ne lui appartient pas ».[59] D'après Denys de Béchillon, « un juge qui gouverne est un usurpateur, quelqu'un qui en fait beaucoup trop et qui confisque à son profit une compétence fondamentalement politique, qui ne peut ni ne doit lui appartenir ».[60] Il observe que « cette vision des choses engage toute une philosophie du 'bon' travail juridictionnel, qui suppose

[52] Ardant, Philippe. *Institutions politiques et droit constitutionnel. Apud* Dyèvre, Arthur. « L'activisme juridictionnel en droit constitutionnel comparé : France, États-Unis, Allemagne. ». *Op. cit.*, p. 15.
[53] Luchaire, François. *Le Conseil Constitutionnel. Ibid.*
[54] Pactet, Pierre. *Institutions politiques – Droit constitutionnel. Ibid.*
[55] Ardant, Philippe, et Bertrand Mathieu. *Institutions politiques et droit constitutionnel.* 25e éd. Paris : LGDJ, 2013, p. 51.
[56] Colin, Jean-Pierre. « Le gouvernement des juges dans les Communautés européennes. » Université de Nancy, 1963.
[57] Vialle, Pierre, et Jean-Pierre Lassale. *La Cour suprême et la représentation politique aux États-Unis : nouvel essai sur le gouvernement des juges*. Paris, France : Librairie générale de droit et de jurisprudence, 1972, p. 13.
[58] Juillard, Patrick. « La politique d'autolimitation de la Cour Suprême des Etats-Unis ou une technique méconnue du gouvernement des juges : le refus de juger. » Thèse, 1966.
[59] Costa, Jean-Paul. « La Cour européenne des droits de l'homme : un juge qui gouverne ? » In *Études en l'honneur de Gérard Timsit*, 622. Bruxelles : Bruylant, 2004, p. 68-69.
[60] de Béchillon, Denys. « Le gouvernement des juges : une question à dissoudre. » *Recueil Dalloz*, 2002, p. 973.

justement que le juge, lorsqu'il n'excède pas les pouvoirs qui lui ont été expressément attribués ne crée rien, soit la 'bouche de la' loi et ne soit que cela ». Le « bon » juge, par conséquent, ne créerait pas de normes nouvelles de sa propre autorité, et son interprétation des normes préexistantes se limiterait à une « reconnaissance du sens objectif du texte ».[61] Le travail d'Arthur Dyèvre souligne la nature essentiellement rhétorique de ces stratégies argumentatives, précisant que ces approches doctrinales sont utilisées pour détecter l'existence d'un gouvernement des juges exercé par le Conseil constitutionnel. De fait, l'objectif des doctrinaux serait plus politique qu'analytique, cherchant à « éviter que les décisions et la jurisprudence du conseil soient dévalorisées par l'emploi de l'expression gouvernement des juges », en écartant l'existence du « spectre du gouvernement des juges ».[62]

Outre l'étude d'Arthur Dyèvre, mérite également une mention le texte de Michel Troper, « Existe-t-il un concept de gouvernement des juges ? », qui réalise aussi une synthèse des positions doctrinales existantes sur le thème du gouvernement des juges.[63] Pour M. Troper, il y aurait trois acceptions du gouvernement des juges : *latissimo sensu*, *stricto sensu* e *strictissimo sensu*, chacune recouvrant de son côté diverses variantes. Dans la version *latissimo sensu*, « il existe un gouvernement des juges dès lors que des magistrats font un certain usage de leur pouvoir ». Suivant une première variante de cette conception, fondée sur la théorie réaliste de l'interprétation, les juges ont toujours le pouvoir de prendre des décisions politiques, parce qu'elles sont nécessairement discrétionnaires, et il y aurait donc toujours un gouvernement des juges. Dans une seconde variante, les juges excèderaient leurs attributions en cessant de contrôler exclusivement la légalité pour en venir à contrôler l'opportunité des actes des autres pouvoirs. Autrement dit, il y aurait un gouvernement des juges dans le cas où ceux-ci « pourraient prendre des décisions politiques qui iraient à l'encontre des décisions politiques des élus » – c'est la position de Roger Pinto.[64] D'un autre côté, dans son acception *stricto sensu*, il y aurait un gouvernement des juges quand ceux-ci exercent au moins en partie le pouvoir législatif, comme l'affirment Edouard Lambert en 1921 ou plus récemment Bernard Chantebout, ou s'ils peuvent agir sans convoquer les parties, comme le relève Léo Hamon, s'auto saisir, s'ils peuvent appliquer des principes vagues, comme le défendent Kelsen et Eisenmann, s'ils n'obéissent pas à leurs propres précédents jurisprudentiels, dans l'optique de Jacques Robert et Georges Vedel, s'ils contrarient la volonté du législateur, comme l'indique Philippe Ardant, ou encore s'ils exercent la fonction de législateur positif (« le juge constitutionnel constitue seulement un élément d'équilibre au

---

[61] *Ibid.*

[62] Dyèvre, Arthur. « L'activisme juridictionnel en droit constitutionnel comparé : France, États-Unis, Allemagne. ». *Op. cit.*, p. 14.

[63] Troper, Michel et Pfersmann, Otto. « Existe-t-il un concept de gouvernement des juges ? In *Gouvernement des juges et démocratie*. Paris : Publications de la Sorbonne, 2001.

[64] *Ibid.*

pouvoir législatif »), comme on peut le lire dans le manuel de Jean et Jean Éric Gicquel. Enfin, dans son acception *strictissimo sensu*, il y aurait un gouvernement des juges, dès lors que ceux-ci disposeraient de la totalité du pouvoir, soit à travers le contrôle de la validité des amendements à la Constitution (Edouard Lambert et Maurice Hauriou), soit par l'exercice du pouvoir constituant (Jean Gicquel et Georges Vedel). Pour Michel Troper, comme pour A. Dyèvre, la notion de gouvernement de juges *strictissimo sensu* possède particulièrement une fonction avant tout rhétorique, sans caractère scientifique, permettant à la doctrine de récuser l'existence d'une implication excessive du Conseil constitutionnel et de renforcer son autorité en tant que contrôleur de la constitutionnalité des lois, et son acceptation institutionnelle au sein du régime constitutionnel français.[65]

3. ACTIVISME JURIDICTIONNEL ET AUTOLIMITATION : DÉVELOPPEMENTS DOCTRINAUX RÉCENTS

Dans une période plus récente, la doctrine française a été innervée par la parution de trois ouvrages qui ont beaucoup contribué à l'élaboration du concept d'activisme juridictionnel, dont les manifestations, comme on l'a déjà entrevu, sont multiples et variées. Ces ouvrages présentent conjointement l'intérêt d'analyser l'action des tribunaux en prenant en considération les compétences qui leur sont concrètement attribuées, et en évitant les considérations de nature politique ou philosophique sur ce que devrait être le rôle idéal du juge constitutionnel dans un système juridique donné. Leur importance pour le présent travail de recherche est fondamentale, puisque ces trois ouvrages vaudront comme source principale du cadre théorique de référence pour apprécier l'activisme juridictionnel du Tribunal fédéral suprême brésilien.

La première de ces références scientifiques, déjà citée de nombreuses fois dans les pages précédentes, est la thèse de Arthur Dyèvre sur l'activisme juridictionnel du Conseil constitutionnel français, du *Bundesverfassungsgericht* allemand et de la *Supreme Court* américaine.[66] Après une analyse critique des conceptions doctrinales existantes, l'auteur vise à théoriser un concept propre de l'activisme juridictionnel et de son concept complémentaire, qu'il dénomme déférence, au sein d'un cadre théorique normativiste.[67] Considérant que la production normative des tribunaux est médiatisée par une relation d'imputation entre normes supérieures et inférieures, hiérarchiquement organisées, l'auteur reconnaît l'existence de « normes fautives », c'est-à-dire des normes qui sont valides

[65] *Ibid.*
[66] Dyèvre, Arthur. « L'activisme juridictionnel en droit constitutionnel comparé : France, États-Unis, Allemagne. » Thèse de doctorat, Université Paris I Panthéon-Sorbonne, 2008.
[67] *Idem*, p. 27.

(produites selon les conditions formelles de production), mais non conformes (en désaccord avec le contenu des normes supérieures qui régulent leur production). [68] L'idée centrale est de démontrer que les tribunaux – en dépit de leur liberté d'interprétation – peuvent produire des normes particulières qui ne correspondent pas à une concrétisation effective[69] des instructions normatives contenues dans la norme générale supérieure qui a été concrétisée.[70] Arthur Dyèvre constate que les normes constitutionnelles sont en général fortement indéterminées, à l'égard du grand nombre de cas qu'elles doivent réguler, et il souligne que, dans ce contexte, les tribunaux débordent fréquemment le cadre normatif – en lui-même déjà très large – configuré par ces textes, dans un mouvement qu'il dénomme activisme juridictionnel au sens fort. Les juges constitutionnels, dans ce cas, adoptent des décisions qui sont proprement contraires à la Constitution, au fil d'un procès qui marginalise le pouvoir constituant, qui est le seul unique habilité à procéder à l'adaptation du texte constitutionnel, et qui viole l'État de droit (qui requiert que la production normative ne se réalise pas de manière imprévisible).

À part cela, au sein du spectre de possibilités interprétatives offert par les normes constitutionnelles indéterminées, les tribunaux substituent leur concrétisation de la Constitution à celle retenue par le législateur, les administrations ou les juridictions inférieures ou prescrivent, pour le futur, certaines concrétisations de la Constitution, dans un mouvement que A. Dyèvre dénomme l'activisme juridictionnel au sens faible.[71] Dans ce cadre, les tribunaux cessent d'adopter la posture de déférence qui les conduirait à préserver la concrétisation de la Constitution choisie par les pouvoirs législatif et exécutif, et imposent leur propre concrétisation, violant la démocratie, entendue celle-ci comme la participation des destinataires des normes juridiques à la production de ces mêmes normes, par l'intermédiaire de représentants élus.

---

[68] *Ibid.*

[69] Pour Arthur Dyèvre, la concrétisation organique constitue par elle-même la décision juridictionnelle et exprime la norme formulée par le dispositif. Produit d'une activité normative (l'application d'une norme générale à un cas particulier), la décision est elle-même une norme. Dyèvre, Arthur. « L'activisme juridictionnel en droit constitutionnel comparé : France, États-Unis, Allemagne. » p. 93.

[70] Le travail d'Arthur Dyèvre confirme ainsi la constatation de Laurent Pech, pour lequel la problématique de l'activisme juridictionnel se développe aujourd'hui, non plus autour de l'acceptation ou du refus de contrôle de constitutionnalité (suivant les formes développées par E. Lambert), mais du degré de la créativité exercée par les juges dans l'interprétation des textes normatifs, et des limites et de la légitimité de la création du droit par les juges. La question centrale devient alors d'investir le degré d'interventionnisme du juge constitutionnel, en lui reconnaissant d'emblée une activité créatrice de droit. Cf. Pech, Laurent. « Le remède au gouvernement des juges : le *judicial self restraint* ? In *Gouvernement des juges et démocratie.* Paris, Publications de la Sorbonne, 2001, p. 71.

[71] Dyèvre, Arthur. « L'activisme juridictionnel en droit constitutionnel comparé : France, États-Unis, Allemagne. ». *Op. cit.*, p. iv.

En définitive, la motivation des décisions des tribunaux étudiés cherche à dissimuler ses aspects activistes et à minimiser, ou même à nier l'indétermination de la norme constitutionnelle. En effet, les tribunaux ne distinguent pas les aspects intra-juridiques (cognitifs) des aspects extra-juridiques (volitifs) de la concrétisation des normes, et tendent à présenter la décision comme une déduction syllogistique du texte constitutionnel.[72] Il faut signaler que, pour A. Dyèvre, le procès d'interprétation *sensu largo* – la mise en relation d'un ensemble de départ, les signes linguistiques, et d'un ensemble d'arrivée, les actions conséquentes – possède une dimension cognitive (l'établissement de la signification d'un énoncé régie par des conventions linguistiques) et une dimension volitive (le choix opéré entre les diverses possibilités offertes par le texte concrétisé). La norme juridique possède ainsi une existence objective, ce qui présuppose une indépendance cognitive en relation avec les croyances, jugements et perceptions de l'interprète. Le sens du texte est alors, au moins partiellement, extérieur à l'interprète, ce qui permet d'établir objectivement qu'une norme a été produite de façon valide, mais non conforme.[73] Arthur Dyèvre refuse ainsi autant le formalisme interprétatif, suivant lequel la norme juridique serait totalement déterminée et le juge seulement la bouche de la loi, que le scepticisme qui postule l'indétermination totale des textes normatifs et concède aux juges le pouvoir discrétionnaire absolu.[74]

Le deuxième travail qui aborde le thème de l'activisme juridictionnel dans la doctrine française récente est la thèse de Béatrice Delzangles, « Activisme et autolimitation de la Cour européenne des droits de l'homme ».[75] Le propos de l'auteure est de savoir si, dans l'utilisation de son pouvoir, la Cour européenne des droits de l'homme dépasse « un cadre censé conditionner son interprétation mais que la Cour choisit pourtant de ne pas respecter ». L'auteure fonde ainsi son analyse sur la corrélation des forces et l'équilibre entre les États parties à la Convention et la Cour, cherchant à identifier les excès jurisprudentiels (interprétations valides qui déséquilibrent la structure du système européen) et à envisager la stratégie jurisprudentielle dans laquelle s'inscrivent ces excès (la justification des décisions de façon à les faire accepter par son auditoire). Les prémisses principales de l'analyse sont l'admission d'un rôle créateur de l'interprétation et l'abandon du paradigme mécaniciste d'un juge qui n'est que la « bouche de la loi », ainsi que la reconnaissance d'une ample marge de manœuvre due à l'indétermination normative. La Cour est pourtant soumise à des contraintes

---

[72] *Ibid.*

[73] *Idem*, p. 83 sq.

[74] Dans le même sens, Eric Millard souligne la dimension objective de l'interprétation, mais précise que le normativisme « reconnaît que cette interprétation scientifique ne peut pas rendre compte d'interprétations réelles (…). » Millard, Eric. Qu'est-ce qu'une norme juridique ? Cahiers du Conseil constitutionnel n° 21 (Dossier : La normativité), janvier 2007.

[75] Delzangles, Béatrice. *Activisme et autolimitation de la Cour européenne des droits de l'homme*. Clermont-Ferrand, France : Fondation Varenne, 2009.

juridiques, sous l'éclairage de la perspective réaliste adoptée au cours de l'analyse.

Deux caractéristiques sont fondamentales dans la conception de l'activisme et de l'autolimitation formulée par B. Delzangles : la neutralité et la contextualité. En effet, l'activisme et l'autolimitation des juges sont présents comme des concepts neutres: ils marquent « une tendance excessive du juge (...) mais ne préjugent pas de l'objet de ces excès. Elles sont, en effet indifféremment employées pour désigner l'élargissement ou la restriction par les juges de leur puissance à l'égard de la volonté générale, du pouvoir représentant cette volonté, des lois adoptées par l'ancien ou l'actuel législateur, des actes de l'administration, du sens des termes de la Constitution, des principes guidant les auteurs de ce texte ou des buts qu'ils entendaient poursuivre, des interprétations de la Constitution établies par le précédent ou encore des droits individuels. »[76] D'un autre côté, l'activisme et l'autolimitation sont des concepts contextuels: « l'activisme et l'autolimitation sous-tendent l'idée d'excès jurisprudentiels, dans un sens ou dans l'autre. Mais ces excès n'ont une signification qu'au regard des caractéristiques propres au juge qui les réalisent. (...) les notions anglo-saxonnes d'activisme et d'autolimitation doivent donc être adaptées à la structure particulière dans laquelle s'exerce l'activité juridictionnelle. »[77]

Enfin, le troisième ouvrage français important qui aborde le thème de l'activisme juridictionnel correspond aux annales « Gouvernement des juges et démocratie », publiées en 2001 et fruit d'un séminaire international organisé par Séverine Brondel, Norbert Foulquier et Luc Heuschling.[78] L'œuvre collective, extrêmement riche en formulations conceptuelles, s'apparente à une synthèse des trois principales conceptions du « gouvernement des juges »: initialement, un premier sens neutre et descriptif, défendu par Michel Troper et Otto Pfersmann qui, admettant que les juges effectivement gouvernent, cherchent à décrire l'extension des pouvoirs judiciaires dans un système juridique donné ainsi que l'usage concret de ces pouvoirs par les tribunaux. Pour ces auteurs, le questionnement de la légitimité des juges dans un système démocratique importe dans une perspective idéologique, mais pas dans celle des sciences juridiques. Ensuite, est traité un deuxième sens, fondé sur la notion de dépassement d'une limite de compétence, et défendu par Etienne Picard : il y a un gouvernement des juges si « les juges *ont trop de pouvoir* dans un régime qui se veut démocratique ». Leur pouvoir est admis « à condition que celui-ci ne dépasse pas un seuil critique ».[79] Enfin, c'est un troisième sens, centré sur l'usage que les juges font de leur pouvoir d'interprétation, qui est défendu par Guy Scoffoni et Gérard Timsit : il y aurait un gouvernement des

---

[76] *Idem*, p. 18-19.
[77] *Idem*, p. 20.
[78] Brondel, Sévérine ; Foulquier, Norbert et Heuschling, Luc (*dir.*). *Gouvernement des juges et démocratie*. Paris : Publications de la Sorbonne, 2001.
[79] *Idem*, p. 17.

juges quand ceux-ci abandonnent les valeurs communes et font prévaloir leurs propres idéaux et intérêts corporatifs.[80]

Comme l'indique Louis Favoreu, le thème du gouvernement des juges a gagné en importance au fur et à mesure de l'accroissement contemporain du rôle du pouvoir judiciaire: la problématique du gouvernement des juges n'est que l'expression d'une insertion beaucoup plus marquante des juges dans la sphère des pouvoirs publics, bien plus forte qu'à d'autres époques en France et dans le monde.[81] Les origines de cet accroissement sont intimement liées, comme le fait observer Robert Badinter, d'une part à la constitutionnalisation de l'État de droit, avec la reconnaissance du fait que le contrôle de constitutionnalité encadre, limite et censure la majorité parlementaire et donc le Parlement, et d'autre part aussi à l'internationalisation du droit, puisque les cours européennes imposent leur interprétation aux gouvernements nationaux. L'autolimitation judiciaire devient alors un concept nécessaire et une action préférable, dans la mesure où elle limite à un degré moindre l'exercice des compétences par les autres pouvoirs d'État.[82] Actuellement, remarque Laurent Pech, la problématique du gouvernement des juges ne concerne plus la simple acceptation ou le seul refus du contrôle de constitutionnalité – qui a déjà été inconditionnellement adopté par la grande majorité des systèmes juridiques contemporains –, mais bien le degré de créativité du juge constitutionnel, les limites qui lui sont imposées et sa légitimité dans la création du droit, au regard surtout de l'indétermination des textes normatifs.[83] Par ailleurs, alerte Luc Heuschling, il s'agit de questionner une posture qui élève le juge constitutionnel à une position supérieure à la démocratie elle-même, comme si les hommes politiques, voire le peuple lui-même, n'étaient plus capables de protéger l'autonomie politique de l'individu, et devaient être remplacés par un juge qui serait meilleur garant de la liberté que le citoyen lui-même.[84] L'imposition d'un discours pan-juridique, qui soumet tout au droit (« tout est justiciable »), transforme le juge en détenteur du monopole de la vérité et détermine ainsi une nouvelle concentration du pouvoir, comme le déplore Étienne Picard.[85] Il est donc nécessaire d'établir une limite à l'activité juridictionnelle, mais, comme le reconnaît Françoise Dreyfus, la difficulté de cette tâche réside dans le fait que ni la loi, ni la Constitution ne définissent avec précision la compétence exacte du juge « c'est-à-dire comment juger ». La détermination d'un dépassement de la propre compétence du juge devient ainsi dépendante de « la représentation que l'on a de ce que le juge est censé faire ».[86]

---

[80] *Idem*, p. 17-18.
[81] *Idem*, p. 289.
[82] *Idem*, p. 290-292.
[83] *Idem*, p. 71-72.
[84] *Idem*, p. 242.
[85] *Idem*, p. 244.
[86] *Idem*, p. 367.

Parmi les différentes conceptions de l'activisme juridictionnel présentées par les contributeurs à l'ouvrage en question, il faut faire ressortir, pour le présent travail de recherche, celle élaborée par le professeur Otto Pfersmann. Cette conception possède l'avantage de définir et de délimiter la fonction juridictionnelle exercée par les juges, dans le système de différenciation organique qui caractérise la différenciation des pouvoirs, et de rendre possible la détermination d'un éventuel dépassement de leurs compétences par ces autorités. Laissant de côté une approche sous un point de vue politique, qui cherche à répondre à la question « est-ce qu'il est bien d'attribuer une telle compétence à un organe juridictionnel ? », l'auteur propose une analyse avec un point de vue juridique, qui vise à répondre au questionnement suivant : « est-ce qu'un organe-limite tel que le juge constitutionnel rend ses décisions conformément aux règles qu'ils sont chargés d'appliquer ? Ses compétences sont-elles correctement exercées ? ». À cet égard, la question clé devient de « savoir si ces juges, une fois institués, font leur travail en accord avec les règles qui les instituent ».[87] Pour le professeur Pfersmann, il semble « difficile de nier qu'effectivement certaines cours, je ne les nommerai pas, se sont attribuées pouvoirs prétoriens qui allaient au-delà de ceux qui leur sont impartis ».[88] Le franchissement des limites établies pour l'exercice de la fonction juridictionnelle devient un constat de fait. Le même auteur, néanmoins, reconnaît et condamne l'usage rhétorique et idéologique de l'expression « gouvernement des juges » – qui ne définit pas quels éléments composent le concept – et qui est conditionné par la finalité de susciter les émotions d'un auditoire déterminé et d'adopter une connotation normative négative.

Abandonnant la stratégie généralement utilisée par la doctrine française – qui consiste à adopter une définition de la démocratie, et ensuite à expliciter les critères de transgression de ce qui n'est pas admissible en démocratie –, O. Pfersmann centre la formulation du concept de gouvernement des juges sur la classification des compétences des divers organes d'État, considérant que tout juge exerce un pouvoir, et que ce pouvoir est constitutif de compétences spécifiques. Pour lui, le gouvernement des juges serait la situation où des « juges » exercent en dehors de leurs attributions proprement juridictionnelles des compétences caractérisant habituellement des « gouvernants ».[89] Si les juges exercent des compétences spécifiques, le point de départ d'une approche théorique de l'activisme juridictionnel sera alors la différenciation des modes de participation des juges à la production normative dans le cadre d'une démocratie. L'analyse proposée est, dans cette optique juridique, entendue ici comme exclusivement normative. Est ainsi rejetée l'approche réaliste qui prend en considération les contraintes qui

[87] *Idem*, p. 323.
[88] *Idem*, p. 314.
[89] *Idem*, p. 44.

pèsent sur la fonction juridictionnelle, puisque celles-ci sont vues comme un phénomène sociologique.

Dans son ouvrage, Otto Pfersmann définit autant l'agent public qui exerce une parcelle du pouvoir d'État – le juge – que la fonction qui lui est attribuée – la juridiction. Pour lui, les « juges » sont des « organes », qui sont ainsi des « ensembles des compétences pour modifier le système juridique (introduire, détruire ou modifier des normes), avec les propriétés suivantes: ne sont pas soumis à des instructions individuelles; sont habilités et obligés de produire des normes particulières en application des normes plus générales, en vue de résoudre une question de droit; sont obligés de justifier leur production normative selon une argumentation juridique (la concrétisation des normes juridiques ne peut pas être arbitraire); n'encourent pas de sanction (révocation, déplacement, suspension) sauf les cas définis par des normes générales; sont soumis à la condition d'un acte formel de saisine sur une question de droit; et, finalement, ne sont pas sanctionnables en dehors de voies juridictionnelles ni politiquement responsables ».[90] Par ailleurs « juger » (c'est-à-dire la fonction juridictionnelle) consiste à « produire (ou détruire) des normes par *particularisation justifiée* en réponse à une question de droit ». [91] Par contraste, le « gouvernement » est « l'ensemble des organes habilités en matière de production, destruction ou modification normative *sans être assujettis à l'exigence de la particularisation ponctuelle justifiée* ».[92] Reconnaissant le pouvoir effectif des juges, l'auteur propose alors une classification selon le degré d'intervention de ces autorités dans un système juridique donné: « les juges auront bien évidemment plus de pouvoir (compétences de produire, de détruire ou de modifier des normes), si on leur demande de contrôler les concrétisations les plus élevées hiérarchiquement [le contrôle de constitutionnalité] ». Néanmoins, « ces juges même suprêmes ne pourront jamais 'gouverner' puisque, même au degré le plus élevé, ils ne peuvent que procéder à la *concrétisation justifiée et ponctuelle de normes qu'ils n'auront pas eux-mêmes produites* ».[93] Il vaut la peine de noter que la conception de la démocratie adoptée par l'auteur a pour composante fondamentale la participation des destinataires des normes juridiques à la production de ces dernières, et ce normalement par le biais de leurs représentants élus.[94] La formulation *ex nihilo* par les tribunaux de nouvelles normes juridiques

---

[90] *Idem*, p. 46 sq.

[91] *Idem*, p. 47 (italique ajouté).

[92] *Ibid.* (italique ajouté).

[93] *Idem*, p. 48.

[94] *Idem*, p. 322. Otto Pfersmann partage ici la conception de Hans Kelsen sur la démocratie, suivant laquelle celle-ci serait définie par la participation des gouvernés à la création de normes juridiques applicables à la communauté politique. D'après Kelsen, « *participation in the government, and that means in the creation and application of the general and individual norms of the social order constituting the community, must be considered as the essential characteristic of democracy* ». Kelsen, Hans. « Foundations of democracy » *Ethics* LXVI, n° 1, part II : Foudations of Democracy, octobre 1955, p. 1-101.

générales et abstraites n'est à cet égard pas acceptée. Est ainsi exclue la conception de Dominique Rousseau, qui voit la démocratie comme un « *régime d'énonciation concurrentielle* de la volonté normative ou de la parole constituante » auquel participent non seulement les représentants du peuple, dans le cadre du pouvoir constituant ou du pouvoir législatif, mais tous les différents lecteurs de la Constitution, tels que les juges constitutionnels ou le pouvoir constitutionnel comme un tout.[95]

En guise de synthèse, on dira que, dans ses développements récents, la doctrine française fournit quelques-unes des prémisses conceptuelles de base à l'analyse qui sera développée dans le présent travail. Ne perdant pas de vue que les concepts d'activisme juridictionnel et d'autolimitation ou de déférence ne sont pas univoques, mais bien multidimensionnels et contextuels, il est possible d'identifier des éléments théoriques importants dans les doctrines américaine et française, et tout particulièrement dans les analyses d'Arthur Dyèvre, de Béatrice Delzangles et d'Otto Pfersmann.

L'analyse interne du procès de concrétisation des normes juridiques réalisée par Arthur Dyèvre autorise à prendre comme prémisse la possibilité de l'existence de concrétisations contraires au texte constitutionnel, dans le cadre de la manifestation d'un activisme juridictionnel fort qui, débordant les multiples possibilités offertes par les énoncés normatifs indéterminés, se substitue au pouvoir constituant. Si l'on considère la concrétisation comme un procès d'imputabilité entre normes supérieures et inférieures, dans une structure normative hiérarchisée, on établit l'objectivité et l'autonomie de la norme en relation avec le subjectivisme de l'interprète, rejetant autant le formalisme que le scepticisme interprétatif. Ces instruments conceptuels permettent d'identifier la possibilité de l'existence de normes fautives (valides mais non conformes), étant donné que le texte normatif impose une limite à la créativité de l'interprète.

D'un autre côté, l'analyse externe au procès de concrétisation explore l'interrelation du juge constitutionnel et des pouvoirs législatif et exécutif ainsi que des instances inférieures du pouvoir judiciaire. Tant le travail d'Arthur Dyèvre que celui de Béatrice Delzangles recourent à des concepts qui permettent d'identifier un degré plus ou moins grand d'intervention des tribunaux (juge constitutionnel ou Cour européenne des droits de l'homme) face aux organes d'État – que ceux-ci soient organisés suivant un schéma de séparation des pouvoirs, au sein d'un ordonnancement juridique interne, ou qu'ils appartiennent à divers pays qui intègrent le système européen de protection des droits de l'homme, au plan international. À cet égard, les deux auteurs font référence aux notions d'activisme faible (A. Dyèvre) ou simplement d'activisme (B. Delzangles), en les confrontant à la possibilité de déférence ou d'autolimitation de la part des tribunaux. Selon qu'ils sont

[95] *Idem*, p. 336-7. Pour Dominique Rousseau, « à côté du Parlement, en concurrence avec lui, il y a une multitude d'acteurs qui participent à la lecture des mots inscrits par le peuple souverain dans la Constitution et peuvent donc donner d'autres interprétations [du texte constitutionnel]. Voilà pourquoi je dis 'concurrentielle' ».

activistes ou déférents, les juges choisiraient expressément d'intervenir à un degré plus ou moins grand, avec comme objectif d'étendre, ou au contraire de restreindre, la portée de leur pouvoir face aux autres acteurs de l'État. Cependant, l'analyse du degré de cette intervention ne représente pas une condamnation purement subjective ou volontaire de l'action des tribunaux, mais se présente comme neutre et descriptive.

Le travail du professeur Otto Pfersmann, de son côté, définit la fonction exercée par les juges en termes de compétences, permettant d'en établir les limites et d'identifier d'éventuels dépassements. De fait, juger c'est réaliser des particularisations ponctuelles et justifiées de normes juridiques supérieures, mais générales et abstraites. C'est en cela que se manifeste la spécificité du pouvoir des tribunaux, qui ne sont pas, comme le proposait Montesquieu, une pure bouche qui prononce les paroles de la loi, mais qui exercent effectivement une parcelle du pouvoir d'État, « gouvernant » selon les compétences qui leur sont attribuées. La conceptualisation proposée par Otto Pfersmann permet ainsi de dépasser la définition originale du concept de « gouvernement des juges », telle qu'on la trouve dans la doctrine française plus ancienne, comme, par exemple, chez Édouard Lambert, et d'éviter son usage exclusivement rhétorique ou idéologique.

En définitive, il convient d'insister sur une donnée qui apparaît comme une caractéristique générale de beaucoup d'analyses théoriques envisagées ici : le caractère contextuel de l'activisme juridictionnel, qui produit les résultats les plus consistants quand son analyse est inscrite dans le contexte du système juridique où il opère. Cette insertion passe avant tout par l'identification et l'explicitation des compétences qui sont attribuées à chacun des acteurs responsables de l'exercice des fonctions gouvernementales dans un système déterminé. Le présent travail de recherche, néanmoins, n'a pas la prétention de développer un concept universel d'activisme juridictionnel. Il cherche, au contraire, à appliquer les développements doctrinaux sur le thème à la réalité spécifique de la Cour suprême du Brésil, en les enrichissant des contributions qui peuvent être retirées de l'activité pratique de l'un des tribunaux les plus complexes et dotés des compétences les plus vastes, que l'on connaisse actuellement dans le monde.

4. L'activisme juridictionnel du Tribunal fédéral suprême dans le contexte de la séparation des pouvoirs

Le concept d'activisme juridictionnel a comme foyer cognitif central l'excès ou l'expansion du pouvoir judiciaire vis-à-vis des pouvoirs législatif et exécutif. La séparation des pouvoirs – qui présuppose l'identification de fonctions exercées par l'État et leur attribution à différents organes spécialisés, dans les limites établies par le propre système juridique – offre ainsi un contexte approprié à l'étude de l'activisme du Tribunal fédéral suprême dans le cadre institutionnel brésilien. L'article 2 de la Constitution de 1988 dispose que les « pouvoirs de l'Union sont le législatif, l'exécutif et le judiciaire, indépendants et harmonieux entre eux ». La séparation des pouvoirs est, à cet égard, un principe positif dans l'ordre constitutionnel brésilien, qu'il est interdit au Congrès national de révoquer, y compris par un amendement à la Constitution.[96] Ce principe innerve tout l'ordre juridique brésilien : développé par la Constitution elle-même, on le retrouve à l'œuvre dans la législation ordinaire et dans les normes de nature spéciale, comme les régimes internes des tribunaux. Le droit positif brésilien reconnaît ainsi l'existence de différentes fonctions d'État, les identifiant et les attribuant – sous forme de compétences – à un ensemble d'organes publics spécialisés dans l'accomplissement de chacune d'entre elles.

Il faut relever que la conception brésilienne de la séparation des pouvoirs attribue au pouvoir judiciaire un *status* de véritable pouvoir d'État, lui reconnaissant les prérogatives d'indépendance et d'autonomie institutionnelles qui reviennent, à parité, au législatif et à l'exécutif. Les juges et tribunaux sont ainsi des agents publics qui exercent une parcelle du pouvoir de l'État en qualité d'organes suprêmes ou constitutionnels, distincts des organes dits dépendants ou administratifs, qui se trouvent à un plan hiérarchique inférieur et dont l'ensemble forme l'administration publique. En ce sens, le pouvoir judiciaire brésilien participe de plein droit au gouvernement de la nation, exerçant une des fonctions par lesquelles le pouvoir politique se manifeste – la fonction juridictionnelle – et intégrant l'« ensemble des organes par lesquels la volonté de l'État se trouve formulée, exprimée et réalisée ».[97] Et, en qualité d'organe souverain, le pouvoir judiciaire jouit de la pleine indépendance institutionnelle, n'étant pas subordonné aux autres pouvoirs. Ce *status* est attribué par la Constitution elle-même, notamment dans ses articles 95 et 96, qui établissent les garanties de la magistrature (charge à vie, inamovibilité et irréductibilité des salaires) et l'indépendance institutionnelle, financière et administrative du pouvoir judiciaire, qui n'est en aucune manière subordonné au président de la République ou au ministre de la justice.

Au nombre de leurs prérogatives, il revient alors en propre aux tribunaux d'élire leurs organes directeurs, organiser leurs services, pourvoir leurs fonctions, disposer sur l'organisation judiciaire et élaborer leurs propositions budgétaires. La position du pouvoir judiciaire au Brésil se trouve ainsi en net contraste avec la conception française, dont la Constitution de 1958 fait à peine allusion à l' « autorité judiciaire » et dont la justice « n'a cessé d'être soumise à des status fragiles, mouvants, exprimant sa subordination ».[98]

---

[96] La séparation des pouvoirs est une clause d'éternité au Brésil. L'article 60, § 4, III de la Constitution de 1988 prohibe au Congrès national de délibérer sur toute proposition d'amendement à la Constitution qui tend à abolir la séparation des pouvoirs.

[97] *Idem*, p. 110.

[98] Bredin, Jean-Denis. Un gouvernement des juges ? *Pouvoirs*, nº 68 (Dossier « Qui gouverne la France ? »), janvier 1994, p. 77-85.

La reconnaissance de la séparation des pouvoirs comme principe positif de la Constitution de 1988, a deux conséquences importantes pour la conduite de ce travail de recherche. La première concerne le rôle du Tribunal fédéral suprême en tant qu'agent de l'activisme juridictionnel, puisque cela implique d'identifier et de délimiter ses compétences. La deuxième concerne les compétences des autres pouvoirs en tant qu'objet de l'activité juridictionnelle du Tribunal fédéral suprême, car, en exerçant ses fonctions, la Cour par ses décisions statue sur les activités du Congrès national et de la présidence de la République.

Quant au rôle du Tribunal fédéral suprême, objet de cette étude, la délimitation constitutionnelle et légale de ses compétences s'est inspirée des doctrines qui ont historiquement conceptualisé l'activité d'une Cour suprême, inscrivant ses fonctions dans deux modèles bien déterminés. En premier lieu, comme dans le système nord-américain qui lui a servi de modèle initial, le Tribunal suprême a constitué un tribunal proprement judiciaire, réalisant des particularisations ponctuelles justifiées de normes générales supérieures, ayant pour objectif de solutionner une question juridique spécifique, moyennant la convocation des parties. Il s'agit de la fonction juridictionnelle typique, attribuée à tout juge ou tribunal brésilien, quel qu'il soit. C'est de cette manière que le Tribunal suprême décide par exemple des conflits entre les membres de la fédération brésilienne ou juge le président de la République pour des délits communs, ou encore concède l'*habeas corpus* contre les actions des tribunaux supérieurs. C'est aussi cette logique qui oriente l'exercice de la juridiction constitutionnelle dans son modèle diffus, dont les effets sont strictement limités par les lois processuelles au cas concret – ce sont les limites de l'autorité de la chose jugée qui, en référence à une instruction légale expresse, ne produit d'effets qu'en relation avec les parties engagées dans un procès et à la question qui y est tranchée. Il en résulte que la grande majorité des cas décidés par le Tribunal fédéral n'a que des effets concrets et particuliers (*inter partes*).[99] En second lieu, le Tribunal fédéral est compétent pour déclarer la non-conformité des actes normatifs à la Constitution, retirant leur efficacité à des normes déclarées inconstitutionnelles, avec une efficience *erga omnes*. C'est la fonction propre du législateur négatif du contrôle de constitutionnalité concentré, inspirée de la conception kelsenienne d'origine européenne. Au Brésil, cette fonction est tempérée par la reconnaissance par la loi des décisions interprétatives,[100] qui permettent au Tribunal suprême de réaliser des interprétations conformes à la Constitution et de déclarer

[99] Cette logique connaît une exception à partir de l'amendement constitutionnel nº 45, de 2004, qui a habilité le Tribunal suprême à édicter des précédents contraignants, obligatoires pour l'administration et les tribunaux ordinaires, suivant des conditions strictement établies par le texte constitutionnel, comme on le verra plus loin.

[100] La loi nº 9.868, de 1999, octroie au Tribunal fédéral suprême la compétence de réalisation d'interprétations conformes à la Constitution et de déclarations partielles d'inconstitutionnalité sans réduction de texte.

l'inconstitutionnalité partielle des normes soumises à son contrôle. La conception brésilienne de la séparation des pouvoirs attribue ainsi au Tribunal fédéral suprême la double fonction de tribunal judiciaire et de juge constitutionnel, mais réserve au pouvoir législatif l'édiction de normes dites primaires, parce qu'elles ont leurs fondements directement dans la Constitution, de nature générale et abstraite. En ce sens, l'article 5, II de la Constitution de 1988 établit le principe de légalité, suivant lequel personne ne sera obligé de faire ou de cesser de faire quelque chose, si ce n'est en vertu de la loi. L'autorité relative de la chose jugée et la fonction de « législateur négatif » sont donc les bornes fondamentales pour la définition du rôle du Tribunal suprême dans le cadre institutionnel brésilien : le dépassement de ces bornes caractérise la manifestation de l'activisme. La Cour elle-même a embrassé cette conception puisque, comme on l'a vu, elle a refusé à diverses reprises d'agir en qualité de « législateur positif».[101]

Quant aux compétences des autres pouvoirs, et du pouvoir judiciaire lui-même comme un tout, l'expression de l'activisme juridictionnel du Tribunal suprême est intimement liée à la forme de la répartition des fonctions de l'État dans le système juridique brésilien. En effet, la Constitution de 1988 adopte une conception fondée sur deux éléments: la spécialisation fonctionnelle – qui attribue à chacun des pouvoirs, dans les trois sphères fédérales, l'exercice de fonctions d'État spécialisées – et l'indépendance organique – ensemble de prérogatives institutionnelles qui garantit « que chaque organe soit effectivement indépendant des autres, ce qui présuppose l'absence de moyens de subordination ».[102] C'est ainsi qu'il revient par exemple au pouvoir exécutif d'exécuter les services publics (compétence réservée), le président de la République choisissant et nommant les ministres d'État sans interférence des autres pouvoirs (autonomie institutionnelle). Ou encore, qu'il incombe aux tribunaux d'appliquer le droit à des cas concrets, afin de résoudre des conflits d'intérêts (compétence réservée), et donc d'élire ses organes de direction et de recruter les juges qui leur sont subordonnés (autonomie institutionnelle). L'existence d'une sphère de compétences réservées et d'une sphère d'autonomie institutionnelle au sein de la séparation brésilienne des pouvoirs peut à cet égard servir d'instrument heuristique, constituant le fil conducteur qui organisera le présent travail de recherche. L'activisme du Tribunal fédéral suprême se présente en ce sens comme l'expansion de l'activité juridictionnelle du tribunal, non nécessairement contraire au droit positif, en vue d'intervenir dans des domaines attribués aux autres pouvoirs, que ce soit par l'exercice direct de compétences accordées en propre au Congrès national, au président de la République ou aux instances inférieures du pouvoir judiciaire, ou par

[101] Cf. *exempli gratia* Tribunal fédéral suprême. RE 599850 AgR, *Diário da Justiça Eletrônico* n° 156, 14/08/2014.

[102] Silva, José Afonso da. *Curso de Direito Constitucional Positivo.* 38. éd. São Paulo : Malheiros Editores, 2015, p. 111.

l'interférence dans l'autonomie institutionnelle de ces mêmes organes, pour l'augmenter ou la restreindre.

5. Les conditions de réalisation de l'étude

Après un début modeste en 1891, le Tribunal fédéral suprême a évolué tout au long du XXème siècle, pour devenir une juridiction d'une grande complexité, exerçant de multiples fonctions qui englobent, par exemple, les procès civils et criminels, les questions fédératives, les litiges impliquant des États étrangers et, principalement, le contrôle de constitutionnalité diffus et concentré. Même dans le contexte actuel qui voit l'influence du pouvoir judiciaire s'accroître toujours plus dans le monde, le plus important tribunal brésilien se révèle particulièrement puissant, intervenant de façon intensive et en profondeur dans tous les domaines de la vie politique brésilienne. Comment aborder, alors, l'action d'une cour de justice si influente, dans le contexte de l'organisation institutionnelle de l'État ?

5.1. Intérêt de la recherche

Considérant l'importance du Tribunal fédéral suprême dans le cadre institutionnel brésilien, on constate que les normes qui régissent l'action de cette Cour offrent un ensemble original et précieux de solutions juridiques qui se sont développées durant plus d'un siècle, et dont l'intérêt pour qui étudie la science juridique est inégal. L'hybridation des modèles a marqué l'évolution historique du Tribunal fédéral suprême, tant au moment de l'élaboration des normes qui l'ont organisé que dans l'action quotidienne du Tribunal tout au long du siècle dernier. L'adoption imparfaite du modèle américain de contrôle diffus en 1891 – sans qu'aient été établies des restrictions à l'accès à la Cour suprême ni l'efficacité contraignante (*stare decisis*) de ses décisions – a entraîné une surcharge organisationnelle à l'origine d'une crise importante, qui a persisté tout au long du XXème siècle et menacé de bloquer le fonctionnement de la Cour. Pour répondre à cette crise, on a importé dans les années 1960 le modèle concentré européen, mais l'innovation n'a pas été en mesure de freiner l'escalade du nombre des procès. La logique du contrôle brésilien de constitutionnalité a néanmoins gagné en originalité, par la création de techniques et mécanismes innovateurs qui ont distingué le système brésilien des autres modèles de justice constitutionnelle contemporaine. La Constitution de 1988 a été responsable d'une augmentation vertigineuse des actions et recours judiciaires, et le constituant dérivé, cherchant à solutionner le problème, a institué l'efficacité contraignante des précédents du Tribunal suprême et restreint le droit de saisine en cas de contrôle diffus de constitutionnalité, mélangeant ainsi les caractéristiques du système romano-germanique et du *common law*. Par ailleurs, le Tribunal suprême a toujours été ouvert à l'influence doctrinale étrangère, empruntant fréquemment dans ses décisions des concepts formulés surtout aux États-Unis et en Europe. Les opinions de la Cour ont incorporé toute cette richesse d'éléments, jusqu'à s'étendre quelquefois sur des centaines de pages, s'inscrivant ainsi dans une tradition de dialogue juridique entre les positions impliquées, mais aussi de verbiage, contradictions, obscurité et complexité. L'ouverture conceptuelle aux dispositions étrangères, le dialogue des juges et la circulation des idées juridiques sont ainsi des éléments importants de l'activité du Tribunal suprême – sachant qu'ils ont été souvent instrumentalisés pour justifier des décisions dont la politisation est évidente, quoique non avouée. Beaucoup des questions soulevées par ces croisements conceptuels sont encore sans réponse, incertitude qui, bien que perturbante, ouvre des opportunités d'exploration et d'étude du rôle du Tribunal suprême dans l'État de droit brésilien, qui mettent en lumière de nouvelles constellations de concepts, tels que la démocratie représentative, la justice constitutionnelle et la fonction juridictionnelle.

L'amplitude des compétences du Tribunal fédéral suprême accentue aussi son intérêt comme objet d'étude, au regard notamment de la complexité croissante des instruments juridiques conçus par le constituant et le législateur ordinaire, et mis à la disposition de la Cour. C'est ainsi que des nouveautés telles que le contrôle d'inconstitutionnalité par omission, les synthèses de jurisprudence contraignantes (*súmulas vinculantes*) *et* les décisions interprétatives – outils tous prévus de façon lacunaire ou imparfaite par la Constitution et les lois – ont ouvert les portes à l'établissement par le Tribunal suprême lui-même, à travers sa jurisprudence, des conséquences de ses décisions, très souvent au détriment des compétences des organes élus. L'extension des pouvoirs du Tribunal suprême est encore plus importante quand on considère la grande autorité dont jouit la Cour au sein du régime républicain brésilien. L'implantation des innovations construites par le tribunal a été assurée par l'utilisation de la réclamation, qui est une action constitutionnelle destinée à sauvegarder la compétence de la Cour suprême face aux empiètements des tribunaux ordinaires et à garantir l'autorité de ses décisions.[103] Dans ce contexte, le Tribunal suprême n'a pas hésité à affirmer son autorité, réclamant pour lui-même le « dernier mot » dans l'interprétation de la Constitution.[104] En d'autres mots, le Tribunal suprême a su non seulement utiliser les instruments qui lui ont été octroyés par la Constitution de 1988 pour étendre son pouvoir face au législatif et à l'exécutif, mais a aussi pu s'imposer à ceux qui, d'une manière ou d'une autre, résistaient à ses décisions.

---

[103] L'article 101, I, *l* de la Constitution de 1988 donne au Tribunal fédéral suprême la compétence pour juger « la réclamation visant à préserver ses compétences et à garantir l'autorité de ses propres décisions ».

[104] Cf. *exempli gratia* Tribunal fédéral suprême. RE 477554 AgR, *Diário da Justiça Eletrônico* 164, 26/08/2011; AI 733387, *Diário da Justiça Eletrônico* 022,01/02/2013.

Le moment historique que marque la mise en vigueur de la Constitution de 1988 au Brésil est également un centre d'intérêt pour le juriste. L'enthousiasme découlant du rétablissement de l'État de droit a conduit le constituant brésilien à déposer une foi inconditionnelle dans le nouveau texte fondamental, par la prévision de très nombreux droits et la concession de toutes sortes d'avantages. Cherchant à éviter un texte excessivement long, dans de nombreux cas le constituant a renvoyé aux lois la règlementation des normes constitutionnelles. L'histoire a cependant montré que la seule constitutionnalisation de la vie sociale ne suffit pas: vingt ans après la promulgation de la Constitution, 142 de ses dispositions (39%) attendaient encore l'édiction de lois et de règlements qui leur conférerait pleine efficacité et applicabilité.[105] Jusqu'à présent, les pouvoirs élus n'ont pas été capables de concrétiser toutes les promesses faites par le constituant en 1988, et la configuration de cet ensemble d'omissions, quelles qu'en soient les causes, a ouvert la voie à l'intervention, à chaque fois plus incisive, du tribunal suprême, mettant en cause les définitions traditionnelles de la fonction juridictionnelle qui attribuaient à cette Cour un rôle exclusivement négatif ou limité à un cas concret.

Au plan conceptuel, il faut mettre en avant les profondes transformations engendrées par l'arrivée du néoconstitutionnalisme au Brésil, ses postulats ayant servi de fondement théorique à l'expansion du champ d'activités du Tribunal fédéral suprême face aux autres pouvoirs. Ce courant doctrinal, qui cherche à analyser et expliquer les Constitutions élaborées dans la deuxième moitié du XXème siècle, insiste sur la force normative du texte constitutionnel, affirmant ainsi la garantie judiciaire de la Constitution et son application directe par les tribunaux. Le nouveau paradigme introduit par le néoconstitutionnalisme a permis au Tribunal fédéral suprême d'abandonner – encore que de manière sélective et irrégulière – les doctrines traditionnelles du constitutionnalisme brésilien, qui fixaient des limites plus strictes à l'action de la Cour. L'idée, notamment, que la primauté de la mise en œuvre de la Constitution reviendrait au pouvoir législatif, procédant à sa règlementation par des lois qui seraient, à leur tour, développées et concrétisées par le pouvoir exécutif, a été sérieusement mise en cause. En effet, à compter des années 1990, le Tribunal suprême en est venu à prendre des décisions chaque fois plus expansionnistes, invoquant pour cela les constructions théoriques d'auteurs comme Robert Alexy, Ronald Dworkin, Luigi Ferrajoli, Jürgen Habermas, Carlos S. Nino, Gustavo Zagrebelsky, Luis Roberto Barroso, Miguel Carbonell, Paolo Comanducci, Luis Prieto Sanchís, Susana Pozzolo et Mauro Barberis. Les nouvelles compétences, le moment historique singulier et le nouveau fondement doctrinal ont alors convergé pour fournir au Tribunal fédéral suprême les éléments nécessaires à

[105] JusBrasil. 142 dispositifs de la Constitution en attente d'une règlementation [en ligne]. Disponible sur http://oab-rj.jusbrasil.com.br/noticias/127814/142-dispositivos-da-constituicao-a-espera-de-regulamentacao (consulté le 14/09/2015).

l'adoption d'une nouvelle position dans la séparation brésilienne des pouvoirs.

Pour terminer, il faut noter que c'est autant le Tribunal fédéral suprême que l'originalité du système juridique brésilien dans le cadre de la Constitution de 1988 qui ont retenu l'attention de la doctrine française dès les années 1990. La thèse de Joaquim B. Barbosa Gomes, qui a intégré le Tribunal suprême et l'a présidé, jette une première lumière sur la place de cet organe dans le système politique brésilien, en traçant un panorama détaillé de son fonctionnement et de sa spécificité comme cour constitutionnelle et tribunal judiciaire.[106] Publiée en 1994, cette thèse a la vertu de situer le Tribunal fédéral suprême dans le système politique brésilien durant les premières années d'entrée en vigueur de la Constitution de 1988. Récemment sorti de la dictature de l'époque, le Tribunal suprême cherchait alors encore sa place exacte dans le nouveau régime démocratique qui débutait, et les incertitudes sur son action et son fonctionnement étaient nombreuses. M. Barbosa se lance ainsi dans l'analyse des « péripéties propres aux pays en voie de consolidation institutionnelle »,[107] dans l'intention d'étudier surtout l'évolution et l'enracinement d'un tribunal inspiré d'un système politique et juridique étranger, et transposé de forme abrupte dans le régime brésilien au moment de la proclamation de la République en 1891.

À côté du travail de M. Barbosa, la thèse de Thomas Passos Martins, publiée en 2013, propose de « redéfinir le régime démocratique brésilien à l'aune des exigences de l'État de droit, pour ainsi décrire son fonctionnement tel qu'il résulte du contrôle de constitutionnalité exercé par la Cour suprême ».[108] Se fondant sur une conception de la démocratie qui ne s'épuise pas dans la manifestation de volonté des gouvernants, mais qui inclut l'interprétation de la Constitution par la justice constitutionnelle (« démocratie réflexive »), M. Passos Martins considère que « les attributions constitutionnelles de la Cour suprême font de celle-ci un organe législatif partiel », qui participe à la formation de la volonté générale et redéfinit par son travail le régime démocratique lui-même. Partant de cette prémisse, l'auteur mène une réflexion extensive sur l'organisation politique brésilienne, en référence à la jurisprudence du Tribunal fédéral suprême, considérant son impact sur la séparation des pouvoirs, la représentation politique, l'expression de la volonté générale, le régime fédératif et les droits fondamentaux.

---

[106] Gomes, Joaquim B. Barbosa. *La Cour suprême dans le système politique brésilien.* Bibliothèque constitutionnelle et de science politique. Paris, France : Librairie générale de droit et de jurisprudence, 1994.

[107] Idem, p. 1.

[108] Passos Martins, Thomas. *La Cour suprême du Brésil et l' « État démocratique de droit »: contribution à une théorie de la démocratie réflexive.* Bayonne : Institut universitaire Varenne, 2013.

C'est dans ce contexte doctrinal que s'insère le présent travail de recherche, souhaitant y ajouter une troisième perspective qui considère la position du Tribunal fédéral suprême face aux pouvoirs législatif, exécutif et judiciaire, vingt-cinq ans après l'entrée en vigueur de la Constitution de 1988, de façon à enrichir encore plus le débat sur le Brésil dans la doctrine française. La réalisation de cette recherche à deux décades de distance de la thèse de M. Barbosa, inscrit l'analyse dans une perspective historique profondément diversifiée et en référence à une définition de la démocratie représentative sensiblement distincte de celle invoquée par M. Passos Martins.

5.2. Caractéristiques, limite et méthode de la recherche

Comme annoncé antérieurement, cette étude aborde l'extension de l'activité juridictionnelle du Tribunal fédéral suprême brésilien face aux pouvoirs législatif et exécutif, ainsi qu'aux instances inférieures du pouvoir judiciaire lui-même. C'est à la notion d'activisme juridictionnel qu'on se réfèrera pour étudier la jurisprudence de la Cour suprême, en adoptant comme bornes temporelles la période en vigueur de la Constitution de 1988. Le cadre temporel se justifie par le fait que, malgré une ancienneté de plus d'un siècle, ce n'est que dans le sillage de cette Constitution que la Cour suprême brésilienne a vu ses compétences sensiblement élargies et s'est transformée en un tribunal puissant, capable de se prononcer sur les thèmes les plus variés de la vie politique et sociale brésilienne. En outre, c'est durant ce dernier cycle historique que se sont formées les conditions institutionnelles, normatives et doctrinales pour que le Tribunal suprême assume une nouvelle position de prééminence plus importante dans l'organisation politique brésilienne. Le très grand nombre de décisions prononcées chaque année par le Tribunal fédéral suprême, qui peut dépasser les 100000 arrêts, a également joué comme facteur crucial pour inscrire la recherche dans une périodicité historique relativement courte.

Sachant que l'objet de cette étude est l'activité juridictionnelle du Tribunal suprême, c'est sa jurisprudence qui constitue le principal terrain d'analyse de cette thèse. Les décisions de la Cour suprême recouvrent un dispositif auquel la loi processuelle confère la force de la chose jugée, et deux autres éléments pertinents pour ce travail : le fondement (ou motifs) et le résumé (*ementa*). Le fondement est en général très long, pouvant atteindre dans les cas extrêmes plusieurs centaines de pages, et il constitue l'élément obligatoire de chaque décision suivant une détermination constitutionnelle expresse – l'article 93, IX de la Constitution de 1988 dispose que « tous les jugements des organes du pouvoir judiciaire seront publics et toutes les décisions fondées, sous peine de nullité ». Le fondement explicite ainsi la connexion logique entre la norme générale applicable et la particularisation effectuée par le tribunal, avec pour objectif d'empêcher les décisions arbitraires. En règle générale, les décisions sont prises collégialement, chaque juge rédigeant sa propre opinion, et leur assemblage forme « l'arrêt ». Les opinions dissidentes sont admises, la fréquence de leurs manifestations révélant l'existence de débats serrés entre les juges de la Cour suprême. Dans la rédaction des opinions des juges, prédomine un style soutenu et recherché, qui privilégie les longues citations doctrinales et d'abondantes références au droit comparé et aux théories étrangères. Traditionnellement, le Tribunal suprême fait un gros effort d'argumentation pour convaincre les justiciables que ses décisions ne s'écartent pas du cadre normatif applicable, mais représentent au contraire la stricte application d'une norme ou d'un principe juridique, dans le cadre d'un modèle syllogistique. En plus du fondement obligatoire, chaque décision est publiée précédée d'une *ementa*,[109] qui est un résumé des positions adoptées par la Cour, servant d'introduction à l'arrêt et qui correspond fréquemment à la partie la plus diffusée et la plus connue de chaque jugement. Ce n'est que le dispositif, dont la rédaction est extrêmement synthétique, qui possède la force de chose jugée. Néanmoins, les positions exprimées dans le résumé et le fondement sont considérées par les acteurs juridiques comme la manifestation d'une politique jurisprudentielle adoptée par le Tribunal suprême pour les cas futurs, orientant et conditionnant, en tant que telle, l'activité postérieure des parties privées et organes publics, et notamment celle des juges et tribunaux. Le résumé et le fondement des décisions du Tribunal fédéral suprême produisent, de cette manière, des effets qui vont bien au-delà de chaque cas concret soumis à la Cour, renforçant à cet égard la nécessité de leur accorder une attention toute particulière. Ce sont le dispositif, le résumé et les motifs des décisions sélectionnées qui ont donc composé le champ objet de la présente analyse.

Considérant l'amplitude de la jurisprudence du Tribunal suprême – qui juge des milliers d'actions et de recours tous les ans –, on a fait le choix de retenir des décisions pertinentes pour le thème de l'étude dans l'histoire constitutionnelle brésilienne. Néanmoins, à la différence de ce qui se passe en France, les publications qui, au Brésil, étudient le droit constitutionnel en s'appuyant principalement sur la jurisprudence du Tribunal fédéral suprême, sont rares, et cette pénurie doctrinale a constitué une difficulté considérable pour la présente recherche. Dans ces conditions, le moteur de recherche du *site* du Tribunal fédéral suprême a été un instrument précieux pour localiser et examiner les jugements pertinents, principalement parce que c'est là qu'est publiée dans sa version intégrale la majeure partie des jugements de la Cour. Le fil conducteur de cette recherche de la jurisprudence a été la séparation des pouvoirs, entendue, conformément à ce qui a été dit antérieurement, comme le principe constitutionnel positif qui garantit l'attribution d'une sphère de compétences ainsi qu'une sphère d'autonomie institutionnelle à chacun des pouvoirs de l'État. Après qu'on a identifié les

[109] Du latin *ementum*, lié au verbe *eminiscor*, « se rappeler ».

décisions pertinentes, il a été procédé à une analyse qualitative[110] de chacune d'entre elles, excluant une conception quantitative qui étudierait l'activisme juridictionnel à partir du nombre de fois que le tribunal invalide les politiques publiques établies par les pouvoirs élus.[111]

Bien que le travail de recherche se centre sur l'identification et l'analyse des décisions du Tribunal fédéral suprême, le fait que cette thèse s'adresse à un public qui ne connaît pas nécessairement le système juridique et politique brésilien, a induit la nécessité d'aborder également les aspects historiques, institutionnels et organisationnels du pays, pour exposer le lecteur au contexte dans lequel se déroule l'action du Tribunal suprême. Ce n'est pas pour autant, bien sûr, que le travail ne demeure pas essentiellement une recherche de droit positif, qui investit l'expansion de l'action du Tribunal suprême dans le cadre de la séparation des pouvoirs, telle que la formalise la Constitution de 1988.

5.3. Plan

En hommage à la méthodologie du plan binaire, si chère à la tradition des facultés de droit françaises, cette thèse se divise en deux parties. La première partie traite des conditions de l'activisme juridictionnel du Tribunal suprême fédéral. Elle a pour objectif de démontrer que ce phénomène a eu lieu en raison de la confluence contextuelle de diverses circonstances historiques, institutionnelles, normatives et doctrinales, au nombre desquelles les plus importantes ont été les innovations apportées par la Constitution de 1988 et l'adoption de nouvelles conceptions de la fonction du juge constitutionnel dans l'État démocratique de droit. La conception brésilienne de la séparation des pouvoirs est particulièrement mise en exergue, dans ses dimensions normatives aussi bien que doctrinales, ayant pour référence notamment les influences conceptuelles américaines, européennes et autochtones qui ont contribué à façonner historiquement la place institutionnelle et les compétences du Tribunal fédéral suprême dans le système juridique brésilien. La première partie cherche donc à étudier comment le cadre institutionnel créé par la nouvelle Constitution, ainsi que le recours à de nouvelles visions de la force normative du texte constitutionnel et de la fonction du juge constitutionnel au sein de la séparation des pouvoirs et de la démocratie représentative, ont pu fournir au Tribunal fédéral suprême les fondements normatifs et doctrinaux pour la réalisation d'un élargissement

---

[110] D'après Jean-Louis del Bayle, le souci de l'analyse qualitative est de « rechercher la signification du document, aussi bien la signification évidente que la signification implicite. (...) C'est donc à partir de l'agencement logique du texte que sera déterminée sa signification après une analyse raisonnée de celui-ci par le chercheur. » DEL BAYLE, Jean-Louis Loubet. *Initiation aux méthodes de sciences sociales*. Paris : l'Harmattan, 2000, p. 127.

[111] Pour un résumé de la littérature quantitative sur l'activisme juridictionnel, cf. Svandis Nina Jónsdóttir, Studying judicial activism : a review of the quantitative literature. *Stjórnmál og stjórnsýsla*, 5 (1), 2009, p. 159-179.

graduel de son activité décisionnelle, bien souvent au prix d'une interférence dans les compétences des pouvoirs législatif, exécutif et des instances inférieures du pouvoir judiciaire.

Une fois effectuée cette mise en évidence des conditions qui ont permis la montée en puissance du Tribunal fédéral suprême après 1988, la deuxième partie consiste à identifier et analyser les manifestations concrètes de l'activisme de la Cour suprême. Partant des motifs des décisions judiciaires, les grandes orientations et l'évolution des politiques jurisprudentielles activistes du Tribunal fédéral suprême sont exposées, et elles sont mises en perspective avec les compétences des autres pouvoirs d'État. La configuration normative et doctrinale de la séparation des pouvoirs au Brésil, comme l'identification des compétences attribuées au Tribunal suprême, servent ainsi d'instrument heuristique pour l'exposition du thème abordé. L'impact de l'activité juridictionnelle du Tribunal sur les principes de base de la conception brésilienne de la séparation des pouvoirs est particulièrement pris en considération, notamment en ce qui concerne la doctrine de la primauté du pouvoir législatif dans la mise en œuvre de la Constitution, ainsi que la capacité des pouvoirs législatif et exécutif à exercer leurs fonctions selon un jugement d'opportunité et de convenance. La recherche porte alors sur deux grands axes, concernant l'action du Tribunal fédéral suprême dans la sphère des compétences des pouvoirs législatif, exécutif et judiciaire, aussi bien que dans la sphère de leur autonomie institutionnelle.

PREMIÈRE PARTIE

Les conditions de l'activisme : le Tribunal fédéral suprême, puissance juridictionnelle constituée

« L'établissement judiciaire n'est donc qu'un système de moyens pour faire exécuter les lois ; et la *fidélité à la loi* est la première obligation des tribunaux. En effet, c'est sur la loi que se règlent les attentes des citoyens, et quand les jugements correspondent à ces attentes, la confiance publique en est l'heureux résultat. »

Jérémie Bentham, *De l'organisation judiciaire et de la codification*

« We are under a Constitution, but the Constitution is what the judges say it is. »

Justice Charles Evans Hughes

TITRE 1

La place institutionnelle du Tribunal fédéral suprême au Brésil

« Nous vivons dans un système de primauté du pouvoir judiciaire. Le dernier mot n'appartient pas au secteur politique, il appartient au pouvoir judiciaire, l'organe au sommet [des pouvoirs constitutionnels]. Le gardien de la Constitution, c'est le Tribunal fédéral suprême. » La déclaration du juge Marco Aurélio Mello du Tribunal fédéral suprême dans la presse du 24 avril 2013[112] illustre un nouveau sentiment vis-à-vis de la place occupée par le juge constitutionnel au Brésil depuis la promulgation de la Constitution de 1988. En qualité de cour de justice la plus importante du pays, le Tribunal a été accusé à plusieurs reprises de s'attribuer une position de plus en plus prédominante au sein des pouvoirs étatiques.

D'après José Joaquim Gomes Canotilho, juriste portugais professeur à l'Université de Coimbra, le Tribunal fédéral suprême ferait preuve d'« un activisme sans précédent » et possèderait une méthodologie « unique au monde », car ses jugements ne porteraient pas sur le bien-fondé des lois au regard des normes constitutionnelles, mais traiteraient de problèmes pratiques auxquels ils affecteraient des solutions concrètes. L'existence d'une telle cour, qui établirait des politiques publiques et déciderait d'une façon si audacieuse, serait inenvisageable en Europe, selon le professeur portugais. L'omission des pouvoirs constitués, notamment du législatif, dans le contexte d'une Constitution fort détaillée et programmatique, serait à l'origine d'un tel expansionnisme des attributions du Tribunal fédéral.[113]

La critique de l'activisme du Tribunal fédéral suprême a gagné en intensité autant dans les termes du débat théorique que dans les articles de divulgation de la presse brésilienne. Évoquée en général plutôt discrètement durant les décennies précédentes, la Cour est devenue progressivement une des institutions les plus médiatisées de la nouvelle démocratie brésilienne,

---

[112] *O Estado de São Paulo*, 24/04/2013.

[113] Basile, Juliano. « STF tem ativismo sem paralelo, diz jurista ». *Valor Econômico*. 4 novembre 2009, sect. Política.

notamment au long des années 2000.[114] Pour le juriste Luiz Flávio Gomes, la légitimité démocratique du pouvoir judiciaire découle de son obéissance aux décisions du législateur. Avec l'expansion de son pouvoir juridictionnel, le Tribunal fédéral suprême risquerait alors de perdre sa légitimité en créant des normes générales *ex novo* et donc sans références connues au préalable. Le spectre d'une aristocratie judiciaire serait donc bien réel.[115] Selon Denis de Castro Halis, l'activisme de la Cour impliquerait une délégation de pouvoir à un acteur qui n'est que formellement neutre ou impartial, « au détriment des représentants politiques professionnels ». Une éventuelle suprématie judiciaire pourrait être exploitée par des juges dans un moment historique spécifique et utilisée comme instrument d'oppression. L'auteur a cependant signalé que, dans le cas brésilien, où un grand écart existe entre la constitution normative formelle (i.e.le texte promulgué) et la constitution réelle (le rapport entre les forces politiques), le pouvoir judiciaire joue souvent un rôle progressiste en tant que vecteur de changement à la portée des citoyens.[116] Le professeur Luiz Roberto Barroso, à son tour, a souligné que, même si un tel activisme est un phénomène répandu dans le monde actuel, le cas brésilien est spécial en raison de son ampleur et de son volume, notamment sous l'effet de la médiatisation des jugements du Tribunal fédéral suprême, retransmis à la télévision. Cette implication croissante du Tribunal dans la vie politique pourrait porter atteinte à la légitimité démocratique des juges, exposant le pouvoir judiciaire aux risques à la fois d'une politisation de ses décisions et d'une surcharge fonctionnelle qui grèverait ses capacités d'intervention.[117]

En outre, la généralisation de l'emploi de principes de droit fort indéterminés, produits d'emprunts partiels à des systèmes juridiques aussi divers que ceux des Etats-Unis et de l'Allemagne, a permis au Tribunal fédéral suprême d'amplifier son contrôle sur le pouvoir de décision du législateur et de l'administration, notamment par le biais de la proportionnalité, la pondération et la raisonnabilité (*reasonableness*) des

---

[114]Une recherche dans la base de données des journaux de la Chambre des députés montre 283 articles publiés dans la presse concernant l'activisme du Tribunal fédéral suprême depuis 2001. Il faut aussi souligner que, d'après la Constitution et la loi procédurale, la publicité des débats et des séances du pouvoir judiciaire, ainsi que des délibérés des toutes les cours de justice au Brésil est obligatoire. Les séances du Tribunal fédéral suprême sont transmises par la télévision (la TV Justice) et ont souvent une large audience. Cette publicité est probablement un facteur d'engagement du Tribunal fédéral suprême au regard de l'opinion publique.

[115]Gomes, Luiz Flávio. « STF: ativismo sem precedentes? » *O Estado de São Paulo*, 30 mai 2009, sect. Espaço Aberto.

[116] Halis, Denis de Castro. « A supremacia judicial em debate: ativismo, fabricação de decisões e democracia ». *Direito, Estado e Sociedade* n° 24, jan.-juin 2004, p. 32-66.

[117] Barroso, Luis Roberto. « Judicialização, ativismo judicial e legitimidade democrática » [en ligne] . Disponible sur http://www.plataformademocratica.org/Publicacoes/12685_Cached.pdf. (Consulté le 1 avril 2014).

mesures législatives et du *substantive due process of law* [118]. Dans le domaine du droit privé, les principes de l'équilibre du contrat et de la bonne foi des parties, mais aussi la défense du consommateur prévue par la Constitution, ont été mobilisés pour assouplir le principe de l'autonomie de la volonté. L'utilisation de ces principes a accordé un pouvoir substantiel nouveau au juge constitutionnel, au détriment néanmoins de la sécurité juridique, selon les critiques. Le Tribunal fédéral suprême s'est accordé une compétence d'action vis-à-vis de l'action en jouant sur une omission jusqu'alors inédite des autres pouvoirs.[119]

---

[118] « Ce terme est difficilement traduisible en raison de l'ambiguïté de sa définition ; c'est pourquoi il sera conservé ici sous sa dénomination anglo-saxonne. On peut toutefois tenter de le comprendre sous la forme 'd'une procédure juste et équitable en bonne et due forme de loi', ou 'selon les règles de droit'. » Arnaud, André-Jean. « Due process of law ». *Dictionnaire encyclopédique de théorie et de sociologie du droit*. Paris: L.G.D.J., 1993.

[119] De Paola, Leonardo Sperb. « O Poder Judiciário e o ativismo judicial », *op. cit.*

CHAPITRE 1

Le cadre normatif : la séparation des pouvoirs en tant que principe constitutionnel positif

La nouvelle position du Tribunal fédéral suprême s'inscrit cependant dans un contexte qui établit la limitation du pouvoir dans l'ordre juridique brésilien, phénomène que la référence à la norme constitutionnelle positive peut suffire en elle-même à faire comprendre. En effet, la Constitution de 1988 consacre la séparation des pouvoirs en tant que principe constitutionnel positif dans son article 2, selon lequel « Les pouvoirs de l'Union, mutuellement *indépendants* et *en harmonie*, sont le législatif, l'exécutif et le judiciaire » (italiques ajoutés). L'analyse de l'expression concrète de cette séparation est donc impérative pour comprendre les limites de l'action du Tribunal.

L'article 2 de la Constitution de 1988 prend place dans la tradition constitutionnelle brésilienne, qui remonte au premier quart du XIXème siècle. La première Constitution du Brésil indépendant, en date du 25 mars 1824, consacre déjà dans son article 9 la « division » et « l'harmonie » des pouvoirs en tant que « principe conservateur des droits des citoyens, et le moyen le plus sûr de rendre effectives les garanties offertes par la Constitution ». D'origine despotique, octroyée par l'Empereur Dom Pedro I, cette Constitution s'est inspirée du libéralisme et de Benjamin Constant[120] pour instituer les trois fonctions identifiées par Montesquieu, ainsi qu'un pouvoir modérateur, accordé à l'Empereur en tant que « clef de toute l'organisation politique » de la monarchie. [121] Dans les termes de la

---

[120] Un pouvoir neutre attribué au roi a été conceptualisé par Benjamin Constant dans son ouvrage Principes de politique. Cf. Constant, Benjamin. *Principes de politique applicables à tous les gouvernements représentatifs et particulièrement à la Constitution actuelle de la France* [en ligne]. Disponible sur http://books.google.be/books?id=LyUVAAAAQAAJ&printsec=titlepage&hl=fr#v=onepage&q&f=false (Consulté le 28/03/2014).

[121] Ramos, Carlos Roberto. « Origem, conceito, tipos de Constituição, Poder Constituinte e história das Constituições brasileiras ». *Revista de Informação Legislativa* 24, n° 93, mars 1987, p. 65-98.

Constitution de 1824, le pouvoir modérateur était délégué à l'Empereur, « chef suprême de la nation et son premier représentant ». Celui-ci devait veiller à ce que les pouvoirs étatiques conservent leur « indépendance, équilibre et harmonie ».[122] En tant que détenteur du pouvoir modérateur, l'empereur était compétent, entre autres, pour nommer les sénateurs, dissoudre la Chambre des députés « dans le cas où l'exigerait le sauvetage de l'État », nommer librement les ministres d'État, octroyer l'amnistie et le pardon des peines aussi bien que pour suspendre les magistrats. L'empereur avait ainsi le pouvoir particulier de faire régner l'harmonie entre les autres trois pouvoirs, ce qui du même coup consacrait la souveraineté de son pouvoir sur les trois autres.

La proclamation de la République à la fin du XIXème siècle institue le modèle resté en place jusqu'à présent au Brésil. La première Constitution républicaine, promulguée le 24 février 1891, tire de la Constitution des Etats-Unis son inspiration directe et principale. C'est elle qui se situe à l'origine de l'adoption du principe fédéraliste et du régime présidentiel. La séparation classique des trois pouvoirs, législatif, exécutif et judiciaire, donne lieu à une configuration politique nouvelle, dans le cadre de la suppression du pouvoir modérateur et de la monarchie.

Au sommet du pouvoir judiciaire national, la Constitution de 1891 place un tribunal créé selon le modèle de la Cour suprême américaine, auquel est accordée la compétence de veiller à la constitutionnalité des lois par voie d'exception, en référence à un système de contrôle exclusivement diffus. Dans le prolongement de l'adoption du principe fédéraliste, le pouvoir judiciaire est divisé en deux ordres, l'un renvoyant au pouvoir judiciaire fédéral, compétent pour les affaires dont le protagoniste est le gouvernement central, et l'autre correspondant aux pouvoirs judiciaires des États fédérés. L'introduction d'un nouvel appel, le recours extraordinaire, confère au Tribunal fédéral suprême le dernier mot sur les décisions de constitutionnalité rendues par l'ensemble des juges et tribunaux dans le pays. C'est ce modèle qui sera retenu par les Constitutions suivantes jusqu'à celle de 1988,[123] avec néanmoins de nombreuses innovations, dont la principale est l'adoption du système concentré abstrait de contrôle de constitutionnalité de 1946.

Malgré sa prévision formelle dans les textes constitutionnels, la séparation des pouvoirs n'a en pratique pas été garantie, à plusieurs reprises, dans l'histoire constitutionnelle du Brésil. Cela a notamment été le cas dans les Constitutions dictatoriales de 1937 et 1967, où l'exécutif a pris une place centrale par rapport au législatif et au pouvoir judiciaire, réduits souvent à l'impuissance face au président de la République, non élu par le peuple. Cette prédominance est plus accentuée dans la Constitution de 1937, qui a

[122] Article 98, Constitution de 1824.

[123] Le contrôle diffus de constitutionnalité a été prévu par toutes les Constitutions de la période républicaine : 1934 (art. 76, III), 1937 (art. 101, III), 1946 (art. 101, III) et 1967 (art. 114, III).

rendu possible *de facto* l'accaparement du pouvoir par le dictateur Getúlio Vargas. En effet, le principal instrument de gouvernement pendant la période Vargas a été le décret-loi, dispositif de normes juridiques générales et abstraites édictées sans la participation du Parlement. La dictature Vargas met fin à la première période républicaine brésilienne, dite « vieille République », caractérisée par la prédominance d'une oligarchie axée sur la culture du café située surtout dans les États fédérés de São Paulo et Minas Gerais. La Constitution de 1937 est centralisatrice et autoritaire : elle supprime non seulement la liberté des partis politiques mais aussi l'indépendance entre les pouvoirs, voire l'État fédéral au Brésil. L'ère Vargas a néanmoins apporté des nouveautés importantes : un rôle accru pour l'Etat dans l'économie, la création d'un code du travail (qui subsiste jusqu'à aujourd'hui), l'adoption du suffrage universel, le démantèlement du pouvoir des gouvernements locaux et le renforcement du pouvoir du gouvernement central. Le 29 octobre 1945, Vargas est déposé par un *putsch* et contraint à l'exil dans sa ville natale de São Borja, dans l'État du Rio Grande do Sul.

À la fin de la seconde guerre mondiale, le Brésil se démocratise et une nouvelle Constitution est promulguée en 1946.[124] Les libertés publiques ont été à nouveau consacrées et la séparation des pouvoirs rétablie. Après une période importante de stabilité démocratique liée à cette Constitution, les militaires prennent le pouvoir par un coup d'État en 1964 et imposent la Constitution dictatoriale de 1967. Ils instaurent un régime nationaliste et autoritaire qui a duré du 1er avril 1964, avec la déposition du président élu João Goulart, au 15 mars 1985, date du début du mandat du président José Sarney et de l'instauration de la « nouvelle République ».[125] Une des principales justifications avancées pour le coup d'État a été la peur que le Brésil évolue vers un régime communiste, alimentée par le fait que le président élu a essayé de mettre en œuvre des mesures de gauche telles que l'expropriation des intérêts économiques, la réforme agraire et le rapprochement avec le bloc communiste (les « réformes de base »). Une grande coalition composée des grands propriétaires terriens, de l'Eglise catholique, des politiciens influents et d'une partie de la classe moyenne a alors exigé la déposition du président João Goulart. La « doctrine de la sécurité nationale », selon laquelle il fallait extirper un supposé « ennemi intérieur » par une intervention des forces armées, a été aussi un facteur important de justification du putsch de 1964. Les militaires arrivent au pouvoir, avec le soutien des États-Unis, et légitiment leur gouvernement au moyen des « actes institutionnels », normes juridiques exceptionnelles et dictatoriales, non prévues par la Constitution de 1946. En 1967, ils imposent

---

[124]Bonavides, Paulo. *História constitucional do Brasil.* 3. éd. Rio de Janeiro, Paz e Terra, 1991, p. 347 *et seq.*

[125]Sur la dictature militaire des années 1960-1980, cf. Chagas, Carlos.*A ditadura militar e a longa noite dos generais: 1970-1985*. Rio de Janeiro: Record, 2015; Gaspari, Elio. *A ditadura escancarada: as ilusões armadas*. Rio de Janeiro: Intrínseca, 2014; Paulo Netto, José.*Pequena história da ditadura brasileira (1964 - 1985)*. São Paulo: Cortez, 2014.

la Constitution dictatoriale qui octroie d'amples pouvoirs à l'exécutif, non élu par le peuple, et réduit les pouvoirs du Congrès national.[126]

Il faudra attendre la redémocratisation du Brésil à la fin les années 1980 pour qu'une nouvelle Constitution reprenne la tradition démocratique de 1946, tout en donnant à la séparation des pouvoirs une nouvelle ampleur.

SECTION 1. LES POUVOIRS ÉTATIQUES, « INDÉPENDANTS ET EN HARMONIE »

Se fondant sur l'expérience dictatoriale qui avait précédé l'assemblée constituante, craignant des menaces concrètes pour le fonctionnement régulier des institutions, le congrès constituant de 1987 rédige un texte constitutionnel qui organise de façon détaillée les rapports institutionnels entre les pouvoirs étatiques. Son but est d'assurer l'indépendance et l'harmonie affirmées par l'article 2 du texte constitutionnel.

« Clef de voûte de la République brésilienne », la séparation des pouvoirs prend forme normative dans le Titre IV de la Constitution de 1988.[127] Conçue comme « une technique d'arrangement de la structure politique de l'État » de façon à permettre un contrôle réciproque du pouvoir étatique,[128] elle se traduit concrètement par deux mécanismes normatifs principaux : l'attribution de compétences spécifiques à chaque pouvoir, ainsi que la délimitation d'une sphère d'autonomie assignée à chaque branche (§ 1).

Le rétablissement de l'État de droit, des garanties de la magistrature et de la justiciabilité de toute question de société a pris une place centrale parmi les symboles du nouveau régime démocratique qui s'inaugure à la fin des années 1980, et le pouvoir judiciaire est choisi comme garant de ce nouvel ordre. Dans ce contexte, les compétences attribuées aux tribunaux ont renforcé la conception historique brésilienne, consacrée par la doctrine en la matière, d'un pouvoir judiciaire indépendant qui exerce véritablement la souveraineté populaire (§ 2).

§ 1. Rapports constitutionnels entre les pouvoirs étatiques

Les dispositions constitutionnelles concernant les rapports entre les pouvoirs de l'État ont pour objet d'assurer leur spécialisation fonctionnelle et leur indépendance organique. Celles-ci sont le fondement sur lequel repose la division du pouvoir, permettant ainsi que chaque organe soit spécialisé dans l'exercice d'une fonction étatique, de façon indépendante les

---

[126] Bonavides, Paulo. *História constitucional do Brasil. Op. cit.*, p. 427-447.

[127] Bulos, Uadi Lammêgo. *Curso de direito constitucional.* 4. éd. São Paulo: Saraiva, 2009, p. 921.

[128] Ramos Tavares, André. *Curso de direito constitucional.* 6e éd. São Paulo: Saraiva, 2008, p. 1063.

uns des autres. La Constitution de 1988 consacre ainsi « une forme d'organisation juridique de la manifestation du pouvoir étatique ».[129] Cette organisation prend la forme positive d'une attribution des compétences (A), ainsi que de la création d'une sphère d'autonomie institutionnelle qui assure l'autogouvernement de chaque pouvoir (B).

A. La sphère des compétences privatives

La conception consacrée par la Constitution de 1988 est celle d'une séparation souple des pouvoirs : les organes étatiques sont à la fois indépendants et en harmonie. L'indépendance implique, par exemple, que la nomination et l'investiture de chaque organe ne dépendent ni de la confiance ni de la volonté des autres. Dans l'exercice de ses fonctions, un pouvoir n'a pas besoin de l'autorisation des autres pouvoirs. En outre, chaque branche est autonome dans l'organisation de ses services administratifs.[130]

Quant à l'harmonie, un mécanisme de freins et contrepoids assure le croisement des fonctions, de façon à ce que « le pouvoir arrête le pouvoir » plus efficacement. Adoptés depuis la Constitution de 1891, les *checks and balances* s'apparentent aux influences les plus importantes exercées par la Constitution des États-Unis sur le constitutionnalisme brésilien. Ainsi, bien que le Congrès national exerce à titre principal les compétences législatives de l'Union, l'exécutif participe à l'initiative des lois, exerce le droit de veto et peut édicter des mesures provisoires et des ordonnances, sur délégation du Congrès national. Les tribunaux ne peuvent pas interférer sur le législatif, mais peuvent en revanche déclarer l'inconstitutionnalité des lois et règlements et ont le droit d'initiative pour la loi organique de la magistrature, ainsi que le droit d'élaborer leur propre proposition budgétaire. Le pouvoir judiciaire est indépendant, mais les membres des cours supérieures sont nommés par le président de la République, sur approbation du Sénat. Ces exemples sont l'expression de cette recherche de l'harmonie entre les pouvoirs, consacrée par le texte constitutionnel.[131]

Le régime adopté par la Constitution de 1988 est le présidentialisme, ce qui implique une séparation beaucoup plus nette des pouvoirs qu'au sein d'un régime parlementaire. Le président de la République y est à la fois le chef du gouvernement et le chef de l'État et il n'est pas subordonné à la confiance du législatif. À la différence du régime parlementaire, le pouvoir législatif, représenté par le Congrès national, n'est dans le présidentialisme, pas soumis à dissolution. En outre, la forme fédérative de l'État adoptée depuis 1891 implique une répartition territoriale verticale des compétences

---

[129] Silva, José Afonso da. *Curso de direito constitucional positivo.* 36 éd. São Paulo: Malheiros, 2013, p. 111.

[130] Silva, José Afonso da. *Curso de direito constitucional positivo. Op. cit.* p. 112.

[131] *Ibid.*

en trois niveaux, entre l'Union (gouvernement central), les États fédérés et les communes.[132]

Dans ce contexte, la Constitution procède à une division horizontale des fonctions étatiques au niveau fédéral, attribuant dans son article 44 la compétence législative de l'Union au pouvoir législatif fédéral, figuré par le Congrès national.[133] Cet organe est bicaméral : le Sénat représente les États fédérés, ses membres étant élus au système majoritaire, en nombre égal de trois par État.[134] La Chambre des députés, à son tour, représente les citoyens, ses membres étant élus au système proportionnel.

L'édiction des actes normatifs primaires scelle la principale compétence du Congrès national. [135] L'article 59 énumère les normes primaires en vigueur dans le système juridique brésilien, de l'amendement à la Constitution, en tant que norme la plus élevée, aux résolutions parlementaires et décrets législatifs, bases de la pyramide normative.[136] Au-delà des lois ordinaires comme formes législatives de base,[137] le système prévoit des amendements à la Constitution, des lois complémentaires,[138] des lois déléguées,[139]des mesures provisoires,[140] des décrets législatifs et des résolutions parlementaires.[141]

---

[132] La Constitution de 1988 identifie la commune à une des unités composantes de la fédération brésilienne, pour la première fois dans l'histoire constitutionnelle du Brésil. Cf. Silva, José Afonso da. *Curso de direito constitucional positivo. Op. cit.* p. 474.

[133] « Art. 44. Le pouvoir législatif est exercé par le Congrès national, qui se compose de la Chambre des députés et du Sénat fédéral. » *Constitution de la République fédérative du Brésil*, 1988. Le texte de référence de la Constitution brésilienne sera autant que possible la version française disponible sur le site de l'Organisation mondiale de la propriété intellectuelle (http://www.wipo.int/wipolex/fr/text.jsp?file_id=218254). Comme cette version n'est pas actualisée, on fera appel aussi à des traductions par l'auteur basées sur la version disponible sur le site du Sénat brésilien (http://www.senado.leg.br/legislacao/const/con1988/CON1988_28.11.2013/index.shtm).

[134]Au Brésil, les sénateurs sont élus par la population au même titre que les députés. Ils répondent donc à une logique électorale qui les lie plutôt aux intérêts de la population de chaque État qu'à ceux de l'État en tant qu'entité fédérative abstraite. L'affirmation du dogme constitutionnel selon lequel le Sénat brésilien représenterait les États fédérés reste donc assez détachée de la réalité. Cf. Ferreira Filho, Manoel Gonçalves. *Princípios fundamentais do Direito Constitucional.* São Paulo: Saraiva, 2009, p. 294-295.

[135]Mendes, Gilmar Ferreira, Inocêncio Mártires Coelho, et Paulo Gustavo Gonet Branco. *Curso de direito constitucional.* 4. ed. São Paulo : Saraiva, 2009, p. 915.

[136] D'après l'article 59 de la Constitution de 1988, la procédure législative comprend l'élaboration des amendements à la Constitution, des lois complémentaires, des lois ordinaires, des lois déléguées [ordonnances], des mesures provisoires, des décrets législatifs, et des résolutions.

[137] Art. 61 et ss. *Constitution de la République fédérative du Brésil*, 1988.

[138] Les lois complémentaires, édictées sous prévision expresse de la Constitution sur des matières spécifiques, « sont adoptées à la majorité absolue ». Art. 69, *Constitution de la République fédérative du Brésil*, 1988.

[139] Comme les ordonnances en France, la loi déléguée brésilienne relève de la procédure législative déléguée. Ces lois « sont élaborées par le président de la République, qui doit demander l'habilitation au Congrès national. » Art. 68, *Constitution de la République fédérative du Brésil*, 1988.

Le nombre des matières qui relèvent de la compétence législative du Congrès national est extrêmement élevé, ce qui laisse aux États fédérés et aux communes une autonomie fort réduite. En effet, les articles 22 et 24 énumèrent les compétences législatives fédérales, ainsi que la compétence en concurrence avec celle des États fédérés, dans laquelle l'Union a la primauté, les États fédérés ne disposant que d'une compétence subsidiaire. Cet ensemble englobe la grande majorité des domaines de la vie nationale assujettis à l'autorité de l'État, tels que le droit civil, commercial, pénal, procédural, électoral, agraire, maritime, aéronautique, de l'espace et du travail, fiscal, financier, pénitentiaire, économique et de l'urbanisme.[142]Le centralisme normatif qui favorise le gouvernement central est donc une tendance assez marquée dans la fédération brésilienne.

Outre la compétence constituante et législative qui correspond à sa fonction principale, la Constitution de 1988 reconnaît au Congrès national un ensemble d'attributions, notamment des fonctions délibératives, d'investigation, de contrôle de l'administration et de jugement de responsabilité des hautes autorités de l'État.[143] Les fonctions délibératives sont prévues dans l'article 49, comme par exemple celles de « disposer définitivement sur les traités, accords ou actes internationaux qui entraînent des charges ou des engagements grevant le patrimoine national » (art. 49, I), « d'autoriser le président de la République à déclarer la guerre, à conclure la paix » (art. 49, II), de « suspendre les actes normatifs du pouvoir exécutif qui outrepasseraient les limites du pouvoir réglementaire ou celles d'une délégation législative » (art. 49, V), d'approuver « l'état de défense et l'intervention fédérale, d'autoriser l'état de siège ou de suspendre l'une quelconque de ces mesures » (art. 49, IV), d'autoriser « le référendum et de convoquer le plébiscite » (art. 49, XV), d'approuver « préalablement l'aliénation ou la concession de tout domaine public d'une étendue supérieure à 2500 hectares » (art. 49, XVII) et «d'autoriser le président et le

[140] Inspirées du *decreto legge* italien, les mesures provisoires ont force de loi et sont adoptées par le président de la République en cas d'intérêt particulier et d'urgence. Il est tenu de les soumettre immédiatement au Congrès national. En règle générale, les mesures provisoires perdent leur efficacité *ab initio* si elles ne sont pas transformées en loi dans un délai de 60 jours à compter de leur publication, renouvelables une fois. Le Congrès national est tenu de statuer sur les relations juridiques qui en découlent. Art. 62, *Constitution de la République fédérative du Brésil*, 1988. Cf. Tácito, Caio. As medidas provisórias na Constituição de 1988. *Revista de Direito Administrativo,* vol. 176, p. 1-28, avril-juin 1989.

[141] Les décrets législatifs s'appliquent à des matières énumérées dans l'article 49 de la Constitution de 1988, et qui sont de la compétence exclusive du Congrès national. Leurs effets sont *externes* au Congrès national, comme dans le cas de l'autorisation pour la réalisation des plébiscites et référendums. Les résolutions, de leur côté, portent sur d'autres matières du ressort de la compétence du Congrès national, mais leurs effets ne sont qu'*internes*. Silva, José Afonso da. *Curso de direito constitucional positivo. Op. cit.*, p. 527.

[142] Cf. par exemple le très long article 22, qui énumère les compétences législatives privatives de l'Union, exercées par le Congrès national.

[143]Silva, José Afonso da. *Curso de direito constitucional positivo. Op. cit.*, p. 522-523. Bulos, Uadi Lammêgo. *Curso de direito constitucional. Op. cit.*, p. 926-927.

vice-président de la République à s'absenter du pays, lorsqu'il s'agit d'une absence de plus de quinze jours » (art. 49, III).

Les fonctions d'investigation et de contrôle, à leur tour, ont été sensiblement renforcées par le régime constitutionnel de 1988. Elles comportent notamment la création des commissions parlementaires d'enquête (art. 58, § 3), qui disposent des pouvoirs d'enquête propres aux autorités judiciaires, outre ceux prévus dans les règlements des chambres respectives. Le contrôle parlementaire est aussi du ressort de la Cour des comptes fédérale, institution liée au Congrès national (art. 71). Les commissions parlementaires d'enquête ont pris une position importante dans les rapports du législatif avec les autres pouvoirs, en tant qu'instrument d'investigation mais aussi de judiciarisation de la vie politique brésilienne.[144]

La fonction de jugement englobe l'instruction et le jugement des délits de la responsabilité du président de la République, ainsi que des ministres, des juges du Tribunal fédéral suprême, des membres du Conseil national de justice et du Conseil national du ministère public, du procureur général de la République et de l'avocat général de l'Union (art. 51 et 52).

Le régime de la Constitution de 1988 fait ainsi formellement du pouvoir législatif le pivot du pouvoir normatif de l'État, tant au plan horizontal, par rapport aux pouvoirs judiciaire et exécutif, qu'au plan vertical, face aux États fédérés et aux communes.

En ce qui concerne le pouvoir exécutif, le président de la République a pour fonction d'être à la fois le chef de l'État, du gouvernement et de l'administration fédérale (art. 84). À ce titre, il exerce la haute direction générale de l'administration fédérale, par le relais de ses ministres et gère les affaires internes de l'État fédéral, y compris les organes qui lui sont subordonnés, dans le but « d'éliminer des problèmes [publics] permanents aussi bien que conjoncturels. »[145]

En qualité de chef de l'État, le président de la République gère les relations avec les États étrangers et conclut les traités, conventions et actes internationaux (art. 84, VII et VIII), entre autres. En tant que chef du gouvernement, par exemple, il nomme et démet les ministres d'État et engage la procédure législative (art. 84, I, II et III). Enfin, chef de l'administration fédérale, il assure la haute direction de son organisation et de son fonctionnement et pourvoit les emplois publics et les supprime, conformément à la loi (art. 84, II, VI et XV).

Dans l'exercice de ses fonctions, le président dispose d'une compétence normative qui recouvre l'édiction des normes juridiques primaires à caractère exceptionnel (les mesures provisoires, art. 84, XXVI), la participation à l'édiction des normes primaires par le Congrès national (notamment par la promulgation et le veto, art. 84, IV et V), ainsi que

---

[144] Cf. Zauli, Eduardo Meira. « Judicialização da política, Poder Judiciário e Comissões Parlamentares de Inquérito no Brasil ». *Revista de Informação Legislativa* 47, n° 185, mars 2010, p. 7-25.

[145] Cf. Bulos, Uadi Lammêgo. *Curso de direito constitucional. Op. cit.*, p. 1.091.

l'édiction des normes secondaires (les décrets et règlements, art. 84, IV). En règle générale, il appartient au président d'engager la procédure législative, de sanctionner, promulguer et faire publier les lois ainsi que de prendre les décrets et règlements requis en vue de leur fidèle exécution. Un domaine réglementaire de la prérogative exclusive du président de la République est prévu dans l'article 84, VI de la Constitution de 1988, l'existence du décret autonome étant reconnue dans l'ordre juridique brésilien.

La séparation du domaine réglementaire et du domaine de la loi est une nouveauté introduite par l'amendement à la Constitution n° 32, de 2001. D'après cet amendement, il appartient au président de la République de légiférer par décret sur « l'organisation et le fonctionnement de l'administration fédérale, sauf en cas d'augmentation des dépenses publiques, création ou suppression des organes publics », ainsi que sur « la création et suppression des postes publics, en cas de vacance. » C'est dans ces cas précis qu'on peut reconnaître l'existence du décret autonome dans l'ordre juridique brésilien.[146]

Au fil des décennies qui ont suivi la promulgation de la Constitution de 1988, il faut souligner que le président de la République a pris une position prédominante dans l'activité normative de l'État fédéral. L'édiction des mesures provisoires s'est transformée en mode normal de décision de l'exécutif, en raison notamment de leurs effets immédiats avant même que le Congrès national ne se prononce.[147] L'amendement à la Constitution n° 32, de 2001, a fixé des nouvelles limites, plus restreintes, à cette modalité normative, interdisant expressément sa reconduction plus d'une fois.

B. La sphère d'autonomie organique

La séparation des pouvoirs, telle qu'elle est définie par la Constitution de 1988, crée une sphère de prérogatives organiques destinées à assurer l'autonomie de chaque pouvoir vis-à-vis des autres. Au-delà de la spécialisation fonctionnelle, selon José Afonso da Silva, il faut que « chaque organe soit effectivement indépendant des autres, ce qui exige une absence de moyens de subordination ».[148] Ainsi, en règle générale, chaque pouvoir exerce ses compétences suivant sa libre initiative, sans que soit requise l'autorisation des autres.

---

[146] Cf. Mello do Amaral Júnior, José Levi. « Decreto autônomo: questões polêmicas ». *Revista Jurídica Virtual* 5 [en ligne], n° 49, juin 2003. Disponible sur http://www.planalto.gov.br/civil_03/revista/Rev_49/ (consulté le 10/02/2014).

[147] Entre 1988 et 2007, rien moins que 6615 mesures provisoires ont été édictées ou rééditées. Cf. Tavares Filho, Newton. *Excesso na edição de medidas provisórias* [en ligne]. Câmara dos Deputados, janvier 2008. Disponible sur http://www2.camara.leg.br/documentos-e-pesquisa/fiquePorDentro/temas/temas-anteriores-desativados-com-texto-da-consultoria/medidas_provisorias/Newton%20Tavares%20Filho.pdf (consulté le 10/02/2014).

[148] Silva, José Afonso da. *Curso de direito constitucional positivo. Op. cit.* p. 111.

Le législatif en particulier a été spécialement favorisé, puisque le pouvoir constituant lui a octroyé des prérogatives jusque-là inédites. D'après l'article 51, III et IV, et 52, XII et XIII, il appartient à chaque chambre du Congrès national d'établir son règlement intérieur, ainsi que de légiférer sur son organisation, son fonctionnement, sa police, la création, transformation ou suppression de postes, emplois et fonctions au sein de ses services et la fixation des rémunérations correspondantes, dans le respect des limites établies par la loi de programmation budgétaire. Contrairement à la Constitution dictatoriale qui l'a précédé, le droit parlementaire prend désormais *status* constitutionnel en tant qu'instrument de garantie de l'indépendance du Congrès national. La réalisation de ce statut prend la forme de normes juridiques spécifiques, le décret législatif et la résolution parlementaire, qui ne sont pas assujetties à la sanction de l'exécutif.[149] Il faut souligner que la compétence d'élaboration de son règlement intérieur sans interférence des autres pouvoirs est un outil capital dans l'affirmation de l'autonomie des chambres du pouvoir législatif introduite par le régime constitutionnel de 1988. L'interprétation de ces règlements, cependant, a donné l'occasion au Tribunal fédéral suprême de redessiner les frontières de questions auparavant considérées intouchables car internes au législatif.

Outre la compétence générale attribuée au droit parlementaire, la Constitution pose les lignes générales de l'organisation interne du Congrès national, tout en mettant en valeur son droit à l'auto-organisation. En effet, chaque chambre crée ses organes internes destinés à la direction de ses travaux parlementaires. Les bureaux de la Chambre des députés, du Sénat et du Congrès national sont les trois organes directeurs du législatif et leur composition relève notamment du dispositif règlementaire. Ce sont les plus hautes autorités collégiales du congrès et elles sont nécessairement composées par les membres de ses chambres respectives. Le bureau du Congrès national se compose des parlementaires des deux chambres, en alternance. Chaque bureau est élu pour un mandat de deux ans lors des séances préparatoires au début de la première et de la troisième année législatives.

La Constitution crée aussi les commissions parlementaires, organes chargés d'étudier et de discuter sous forme de rapports les propositions législatives. Leur constitution et compétences relèvent du domaine des résolutions parlementaires. D'après l'article 58, les commissions peuvent être permanentes, temporaires et d'enquête.

Les deux chambres du Congrès national possèdent une police interne, ainsi que des services administratifs, les secrétariats, qui incluent des services d'imprimerie, bibliothèques, un conseil technique etc. La compétence pour leur organisation est aussi du ressort exclusif de chaque chambre, sur la base d'une résolution parlementaire.

[149] En droit brésilien, la sanction est l'acte pour lequel le chef de l'exécutif manifeste son accord avec le texte d'une loi, avant qu'elle ne soit promulguée.

Un statut de la fonction parlementaire est aussi fixé par l'article 53 de la Constitution, dans le but de protéger l'exercice du mandat électif et de préserver l'activité de l'institution parlementaire. Les députés et sénateurs sont jugés par le Tribunal fédéral suprême. Bénéficiant de l'inviolabilité matérielle, ils sont irrévocables pendant l'exercice de leurs mandats, quels que soient leurs opinions, paroles et votes. Du fait de leur immunité parlementaire, les membres du Congrès national ne peuvent être arrêtés, sauf en cas de flagrant délit d'un crime non susceptible de libération sous caution, leur chambre d'appartenance pouvant néanmoins déterminer la suspension du procès.

Les députés et les sénateurs ne sont pas tenus de témoigner à propos d'informations reçues ou fournies durant l'exercice de leur mandat, ou de personnes avec lesquelles ils ont été en communication sur ces thèmes. L'incorporation dans les forces armées des membres du Congrès national, même s'il s'agit de militaires et en temps de guerre, est soumise à l'autorisation préalable de la chambre à laquelle ils appartiennent. Leurs immunités subsistent durant l'état de siège ; elles ne peuvent être suspendues qu'à la majorité des deux tiers des membres de la chambre concernée, dans le cas d'actes incompatibles avec l'exécution de l'état de siège, commis hors du Congrès national.

Le pouvoir exécutif, quant à lui, exerce la fonction de gouvernement dans le cadre du pouvoir de *libre initiative* qui découle de l'autorité qui lui est propre, et a une source distincte du législatif.[150] Ainsi, dans l'exercice du gouvernement, le président de la République ne dépend pas de la confiance du Congrès national ni de l'autorisation du pouvoir judiciaire.

C. La séparation souple des pouvoirs : les exceptions au principe

La séparation des pouvoirs, inscrite dans la Constitution de 1988 est cependant souple. Chacune des trois composantes exerce une fonction étatique principale, mais pratique aussi des actes accessoires qui relèvent des fonctions des autres pouvoirs. Ce mécanisme est inspiré des freins et contrepoids de la Constitution américaine, et inséré dans la tradition constitutionnelle brésilienne depuis la proclamation de la République à la fin du XIXème siècle.

Les exemples de cette interpénétration des fonctions sont multiples. S'il est vrai que la compétence législative appartient au pouvoir Législatif, il n'en reste pas moins que le président de la République y participe au moyen de son droit d'initiative, de la promulgation et du veto, entre autres. En revanche, le droit d'initiative exclusif de l'exécutif en certaines matières est

[150] Carré de Malberg, *apud* Ramos Tavares, André. *Curso de direito constitucional. Op. cit* p. 1177. Un exemple de ce pouvoir est l'envoi du projet de loi qui accorde une augmentation de salaire aux fonctionnaires, prérogative exclusive du président de la République. Cf. Tribunal fédéral suprême, ADI 2.061-DF, Diário de Justiça, 26/06/2001.

contré par le droit d'amendement des parlementaires.[151] Si les tribunaux ne peuvent pas interférer dans les travaux législatifs, ils peuvent en revanche déclarer l'inconstitutionnalité des lois, selon les articles 97 et 102 de la Constitution. Le président de la République ne peut pas interférer dans les décisions de justice, mais peut à son tour choisir et nommer les membres du Tribunal fédéral suprême, sur approbation du Sénat, selon l'art. 101. Le Président nomme aussi les membres de la Cour des comptes fédérale, organe auxiliaire du Congrès national, selon l'article 84. Le pouvoir législatif a la mission de surveiller et contrôler, directement ou par l'une ou l'autre des chambres, les actes du pouvoir exécutif, y compris ceux de l'administration indirecte, selon l'article 49, X. Les pouvoirs législatif et judiciaire exercent tous les deux des fonctions exécutives quand ils gèrent leurs personnels et leurs propres services.

En outre, la Constitution de 1988 introduit un élément du système parlementaire dans le présidentialisme brésilien en prévoyant la comparution des ministres devant le Congrès national dans son article 50. La rigidité du monopole de la fonction législative est aussi assouplie par la possibilité d'édiction des lois déléguées (art. 68) et des mesures provisoires (art. 61) par le Président de la République, même si le Congrès national conserve un rôle central en tant qu'organe autorisateur et de révision. Sur le plan de la séparation des fonctions publiques, bien que les députés et sénateurs ne puissent pas être titulaires de plus d'une charge ou mandat public électifs, le cumul de mandats étant interdit, ils peuvent néanmoins être « investis de la charge de ministre d'État, de gouverneur d'un territoire, de secrétaire d'un État, du District fédéral, d'un Territoire ou de la mairie d'une capitale ou être nommés chef d'une mission diplomatique temporaire » (art. 56).

En raison de la répartition des compétences par la Constitution de 1988 au sein d'un schéma à la fois de séparation et d'harmonie, une certaine flexibilité existera toujours dans les rapports constitutionnels entre les pouvoirs de l'État. Selon Anna Candida da Cunha Ferraz, il y aura « un minimum et un maximum d'indépendance de chaque organe ou pouvoir, sous peine de défigurer la séparation, ainsi qu'un nombre minimal et maximal d'instruments qui favorisent l'exercice harmonieux des compétences ». Cette division des compétences crée par là même un espace d'action sur lequel chaque pouvoir aura une marge de manœuvre plus ou moins importante, selon l'exercice effectif de ses compétences.[152]

---

[151] Silva, José Afonso da. *Curso de direito constitucional positivo. Op. cit.*, p. 112-113

[152] Anna Cândida da Cunha Ferraz, *apud* Ramos Tavares, André. *Curso de direito constitucional. Op. cit.*, p. 1065.

§ 2. Le statut du pouvoir judiciaire : un véritable pouvoir par lequel s'exerce la souveraineté du peuple

Contrairement à la France, où l'autorité judiciaire possède un rôle plus restreint parmi les pouvoirs depuis l'époque révolutionnaire,[153] le pouvoir judiciaire s'est établi au Brésil avec le statut d'un authentique pouvoir étatique depuis la naissance de la République, dès la fin du XIXème siècle. De fait, la Constitution de 1891 a créé le pouvoir judiciaire fédéral comme véritable pouvoir étatique, dans ses articles 55 à 62, mentionnant à peine les pouvoirs judiciaires des États fédérés. La formulation s'est inspirée de celle de la Constitution des États-Unis : le pouvoir judiciaire de l'Union aura pour organe un Tribunal fédéral suprême, siégeant dans la capitale de la République, et autant de tribunaux que prévus par la loi.[154]

Cette autonomie du Tribunal fédéral suprême conçu comme pouvoir étatique, est reprise par toutes les Constitutions brésiliennes postérieures à 1891, jusqu'à celle de 1988.[155] Dans le cadre du régime fédéral adopté au Brésil, le pouvoir judiciaire se caractérise à la fois par son unité et sa pluralité. Son indépendance vis-à-vis des autres pouvoirs est assurée par des garanties très élargies (A), et le juge est considéré comme un « agent politique » exerçant une parcelle de la souveraineté populaire (B).

A. Le pouvoir judiciaire dans une structure fédérale : indépendance et unité

L'expérience dictatoriale a profondément marqué la configuration du pouvoir judiciaire par le texte de la Constitution de 1988, en réaction aux excès du pouvoir militaire. Pendant la période dictatoriale, le gouvernement militaire est intervenu directement sur le Tribunal fédéral suprême en augmentant le nombre de ses membres, par le biais de l'acte Institutionnel n° 2, de 1965.[156] Les garanties de la magistrature ont été suspendues. Les juges

---

[153] La célèbre phrase de Montesquieu selon laquelle le juge ne serait que « la bouche qui prononce les paroles de la loi » est censée traduire cette conception restreinte de la fonction juridictionnelle qui exerce une forte influence sur le constitutionnalisme français jusqu'à présent.

[154] Cf. Constitution des Etats-Unis, art. III : « Le pouvoir judiciaire des États-Unis sera confié à une Cour suprême et à des cours inférieures dont le Congrès pourra périodiquement ordonner l'institution. » (« The judicial Power of the United States, shall be vested in one supreme Court, and in such inferior Courts as the Congress may from time to time ordain and establish. »). *Constitution des Etats-Unis, 1787* [en ligne]. Disponible sur *http://mjp.univ-perp.fr/constit/us1787.htm#3* (consulté le 12/02/2014)

[155] Pour Antoine Pouillieute, ancien ambassadeur de Françe à Brasília, « le pouvoir judiciaire [brésilien] est un vrai pouvoir. » Pouillieute, Antoine. « Regard d'un français sur le Tribunal fédéral suprême ». *Cahiers du Conseil constitutionnel* n° 26 [en ligne], août 2009. Disponible sur http://www.conseil-constitutionnel.fr/conseil-constitutionnel/francais/cahiers-du-conseil/cahier-n-26/regard-d-un-francais-sur-le-tribunal-federal-supreme-stf.51497.html (consulté le 26/02/2014).

[156] *Ato Institucional n° 2*, 1965. Disponible sur

pouvaient être congédiés, mis en disponibilité ou mutés en cas d'« incompatibilité avec les objectifs de la Révolution ». Quelques années plus tard, en 1968, l'acte institutionnel n° 5 consacre l'instrument juridique majeur des « années de plomb », au cœur de la dictature.[157] Outre les mesures déjà mises en vigueur par l'acte institutionnel n° 2, les militaires ferment le Congrès national, facilitent l'intervention fédérale dans les États fédérés sans la participation du pouvoir judiciaire, favorisent la limitation arbitraire des libertés publiques et octroient au président de la République un pouvoir quasi absolu. La dictature interdit aussi toute délibération judiciaire concernant les actions gouvernementales fondées sur ledit acte, mettant ainsi à l'écart de la légalité les actes du régime.

Avec la démocratisation du Brésil, le pouvoir judiciaire, affaibli par le gouvernement militaire qui venait de s'achever, reçoit d'amples garanties dans la Constitution de 1988. Le but du constituant est de renforcer l'indépendance des tribunaux en tant que gardiens de la légalité dorénavant essentielle à l'État de droit qu'elle consacre.

Le statut de pouvoir étatique est accordé au pouvoir judiciaire par la Constitution de 1988 par le biais d'une part de garanties institutionnelles établies pour ses organes, et d'autre part d'une structure adaptée à la forme fédérative de l'État adoptée au Brésil. C'est ainsi que se concrétise l'indépendance fixée par l'article 2. Le système mis en place est celui de l'unité de juridiction : le Brésil ne possède pas un ordre juridictionnel administratif, tous les juges et tribunaux étant réunis sous l'ordre judiciaire.

En ce qui concerne les garanties institutionnelles accordées aux organes judiciaires, le pouvoir judiciaire dispose de plusieurs prérogatives d'autogouvernement, énumérées notamment dans l'article 96 de la Constitution.[158] Ainsi, il appartient exclusivement aux tribunaux d'élire leurs organes de direction et d'élaborer leurs règlements intérieurs, disposant des compétences nécessaires pour la gestion et le fonctionnement des organes respectifs de juridiction et d'administration. Il faut souligner que cette compétence donne aux tribunaux un véritable pouvoir normatif, compte tenu de l'ampleur des matières soumises à leurs règlements intérieurs.[159] Ils disposent aussi du pouvoir d'organiser leur secrétariat et leurs services

---

http://www.planalto.gov.br/ccivil_03/AIT/ait-02-65.htm (consulté le 20/02/2014). Les actes institutionnels ont été l'instrument normatif qui a donné une expression juridique au putsch de 1964 au Brésil. Mécanisme de légitimation du régime dictatorial, non prévu par la Constitution démocratique de 1946, ces actes ont accordé des pouvoirs d'exception au gouvernement militaire. Dix-sept actes institutionnels ont été édictés entre 1964 et 1969.

[157] *Ato Institucional n° 5*, 1968. Disponible sur http://www.planalto.gov.br/ccivil_03/AIT/ait-05-68.htm (consulté le 26/02/2014).

[158] Contrairement à la France, au Brésil le pouvoir judiciaire est lui-même le garant de son autonomie. Une disposition telle que l'article 64 (1) de la Constitution française (« Le Président de la République est garant de l'indépendance de l'autorité judiciaire. ») serait alors considérée comme une violation tout court de la séparation des pouvoirs et un instrument de soumission du judiciaire à l'exécutif.

[159] Cf. Ramos Tavares, André. *Curso de direito constitucional. Op. cit.*, p. 1090.

auxiliaires, ainsi que ceux des instances qui leur sont liées, en veillant à l'exercice de l'inspection qui les concerne; de pourvoir les charges de juges titulaires de chaque juridiction, ainsi que celles de leurs fonctionnaires; et enfin de proposer la création de nouvelles chambres judiciaires.

Comme gage d'indépendance vis-à-vis des autres pouvoirs, la Constitution accorde aux tribunaux de la haute hiérarchie fédérale et des États fédérés un droit exclusif d'initiative législative sur une série de sujets concernant l'autogouvernement du pouvoir judiciaire. Il appartient en effet au Tribunal fédéral suprême et aux cours supérieures de justice de proposer au législatif : la modification du nombre des membres des tribunaux inférieurs; la création et la suppression de charges et la fixation du traitement de leurs membres et des juges, y compris ceux des tribunaux inférieurs là où ils existent, ainsi que des services auxiliaires et des instances qui leur sont liées; la création et la suppression des tribunaux inférieurs; et, finalement, la modification de l'organisation et des divisions judiciaires. Par conséquent, le Congrès national ne peut pas déclencher la procédure législative sans la participation des tribunaux intéressés.

En outre, selon l'article 99 de la Constitution, le pouvoir judiciaire dispose aussi d'une autonomie financière, à travers sa participation à l'élaboration de la proposition budgétaire annuelle. En effet, il appartient aux tribunaux d'élaborer leurs propositions budgétaires dans le respect des limites stipulées conjointement avec les autres pouvoirs dans la loi de directives budgétaires. Une fois que les tribunaux intéressés ont été entendus, ces propositions sont transmises au chef du pouvoir exécutif : a) dans la sphère fédérale, par les présidents du Tribunal fédéral suprême et des tribunaux supérieurs, avec l'approbation des tribunaux respectifs ; b) dans la sphère de chaque État fédéré et dans celle du District fédéral et des différents Territoires, par les présidents des Tribunaux de justice, avec l'approbation de leurs tribunaux respectifs.

Concernant la structure adaptée à la forme d'État fédérative adoptée au Brésil, le pouvoir judiciaire se divise en deux ordres, le fédéral et celui qui ressort aux États fédérés. Ceux-ci organisent leur justice de façon autonome (art. 125 de la Constitution), tandis que l'Union institue et maintient son propre pouvoir judiciaire (articles 101 à 124 de la Constitution). En règle générale, le pouvoir judiciaire fédéral est compétent pour tout litige dans lequel l'Union, un des membres de l'État fédéral ou une entreprise publique fédérale sont impliqués en tant qu'agents, accusés, intervenants ou tiers opposants. En fonction de l'objet en question, le pouvoir judiciaire fédéral est aussi compétent pour les litiges concernant le droit du travail, le droit électoral et le droit militaire.[160]

Cette dualité d'ordres judiciaires a été cependant soumise à une forte tendance centralisatrice de la part du Tribunal fédéral suprême, ce qui a

---

[160] Au Brésil, l'armée et les forces de l'ordre sont soumises à un corpus de législation spécifique et sont jugés par un ordre judiciaire particulier, la justice militaire.

entraîné un contrôle important des pouvoirs judiciaires des États fédérés par celui de l'Union. En effet, dans l'arrêt ADI 3.367 de 2005, le Tribunal fédéral suprême déclare conforme à la Constitution un amendement qui crée le Conseil national de justice, organe de direction supérieure de la magistrature. Le Tribunal affirme expressément que ce Conseil, quoiqu'il soit un organe fédéral, ne constitue pas un empiètement de l'Union sur l'autonomie des États fédérés. Le pouvoir judiciaire brésilien aurait ainsi un « caractère national » et serait soumis à un « régime organique unitaire ». Le Tribunal affirme la supériorité du Conseil national de justice sur tous les juges et tribunaux brésiliens, tout en se mettant à l'écart de son autorité. Le sommet du pouvoir judiciaire national, comme l'arrêt le déclare, c'est le Tribunal fédéral suprême. En outre, il est interdit aux États fédérés de créer leurs propres conseils de magistrature. [161]

Selon le juge Cezar Peluso, rapporteur de l'ADI 3.367-DF, le pacte fédératif n'a pas la même valeur pour le pouvoir judiciaire que pour les autres pouvoirs. La fonction juridictionnelle, en tant que manifestation du pouvoir souverain de l'État, ne peut être qu'« unitaire et indivisible ». Les pouvoirs judiciaires des États fédérés ne seraient que « des métaphores et métonymies » à côté d'un « judiciaire fédéral ». L'unité du pouvoir judiciaire a été affirmée par le Tribunal fédéral suprême en dépit de l'article 125 de la Constitution qui donne aux États fédérés la compétence explicite pour organiser leurs pouvoirs judiciaires : « Les États organisent leur justice dans le respect des principes établis par la présente Constitution. »[162]

En raison donc d'une construction jurisprudentielle, dans le cadre de la Constitution de 1988 le pouvoir judiciaire incorpore une dualité qui se manifeste dans son indépendance vis-à-vis des autres pouvoirs, mais aussi dans les termes de son unité interne au regard du Tribunal fédéral suprême et de l'organe qui lui est subordonné, le Conseil national de justice.[163]

B. Le juge, agent de la souveraineté populaire

Dans le système juridique brésilien, le juge est une autorité qui exerce une parcelle de la souveraineté populaire, au même titre que les membres des pouvoirs exécutifs et législatifs. Il existe une séparation stricte entre la magistrature du siège et le ministère public, les membres de ce dernier

---

[161] Tribunal fédéral suprême. ADI 3.367-DF. Diário da Justiça, 17/03/2006. La décision est très longue : 180 pages !

[162] *Ibid.*

[163] Le conseil national de justice est l'organe disciplinaire et de direction administrative supérieure du judiciaire fédéral et des États fédérés au Brésil, selon l'article 103-B de la Constitution de 1988. Il constitue l'élément centralisateur dans la structure fédérale consacrée par la Constitution de 1988. Cf. Tribunal fédéral suprême. ADI 3.367-DF. Diário da Justiça, 17/03/2006, p. 4.

constituant un organe à part entière, totalement séparé du pouvoir judiciaire.[164]

L'*indépendance* du juge est assurée par un ensemble de prérogatives établi notamment par l'article 95 de la Constitution. Ainsi, le juge jouit d'une nomination à vie, qui, au premier degré de juridiction, n'est acquise qu'après deux ans d'exercice ; la déchéance de la charge, au cours de cette période, ne peut être décidée que par une délibération du tribunal auquel le juge appartient et, dans les autres cas, par une décision de justice devenue définitive. Le juge est inamovible, sauf pour des raisons d'intérêt public, selon les termes établis par la Constitution elle-même. Il profite aussi de l'irréductibilité du traitement. En outre, le régime juridique de la magistrature est établi par une loi spécifique, prévue suivant les principes de l'article 93 : il s'agit de la loi organique de la magistrature, du 14 mars 1979.

L'*impartialité* des organes judiciaires, à son tour, est assurée par un ensemble d'interdictions imposées à la magistrature, établies dans le paragraphe unique de l'article 95. A cet égard, il est interdit aux juges, entre autres, d'exercer, même lorsqu'ils sont en disponibilité, une autre charge ou fonction, sauf comme enseignants ; de recevoir, à quelque titre ou prétexte que ce soit, des indemnités ou participations financières aux procès ; et de se consacrer à une activité politico-partisane. La séparation stricte entre politique représentative et fonction juridictionnelle est donc clairement établie par la Constitution de 1988.

Le juge est pourtant qualifié d'autorité « politique » dans le système brésilien, et cette affirmation a une signification bien précise, même au prix d'une inconsistance terminologique. En effet, dans l'arrêt RE 228.977-SP, le Tribunal fédéral suprême reconnaît au juge un statut d'autorité politique pour exclure sa responsabilité civile en cas d'erreur dans une sentence. Ce statut assure notamment l'indépendance du juge dans sa fonction de dire le droit vis-à-vis des autres pouvoirs et des autres juges et tribunaux. Selon le Tribunal fédéral suprême, « les magistrats sont des autorités politiques, nommées pour l'exercice des attributions constitutionnelles, ayant pleine liberté fonctionnelle dans leurs fonctions. Ils ont des prérogatives propres et une législation spécifique. »[165]

La décision cite le « Droit administratif brésilien », d'Hely Lopes Meirelles, ouvrage clef de droit administratif qui exprime la conception brésilienne sur la position du juge parmi les autorités de l'État : « Les autorités politiques [parmi lesquelles se trouve le juge] exercent des fonctions gouvernementales, judiciaires ou quasi-judiciaires, en édictant des normes juridiques et conduisant les affaires publiques. Elles décident et agissent avec indépendance dans la sphère de leurs compétences. Elles sont

---

[164] Le rapprochement français entre la magistrature du siège et celle du parquet, avec recrutement par voie commune et absence de distinction entre les deux carrières, n'existe donc pas au Brésil. Cf. Zoller, Elisabeth. *Droit constitutionnel.* 2e éd. Paris : Presses universitaires de France, 1999, p. 343.

[165] Tribunal fédéral suprême. RE 228.977-SP. Diário da Justiça, 12/04/2002.

les autorités publiques suprêmes du gouvernement et de l'administration dans leur domaine d'action, car, n'étant pas hiérarchisées, elles ne sont assujetties qu'aux degrés et limites constitutionnels et légaux de la juridiction. »[166]

Le juge est alors au même niveau que les autres membres des pouvoirs et exerce la souveraineté du peuple chaque fois qu'il rend une décision. Il n'est donc pas subordonné aux pouvoirs constitués, ni même aux tribunaux de plus haute hiérarchie – sauf sous l'effet du droit d'appel des parties, dans le contexte de l'exercice de la fonction juridictionnelle.

SECTION 2. LE TRIBUNAL FÉDÉRAL SUPRÊME, « GARDIEN DE LA CONSTITUTION »

La Constitution de 1988 consacre au Tribunal fédéral suprême ses articles 101 à 103-A et lui réserve la place de Cour suprême au sommet de l'organisation judiciaire brésilienne (§1). En tant que tels, le Tribunal ainsi que ses juges jouissent d'un statut particulier (§2).

§ 1. Les compétences en tant que juridiction suprême

Organe juridictionnel à part entière, le Tribunal fédéral suprême partage le caractère de véritable pouvoir étatique attribué au pouvoir judiciaire, comme l'affirme le juge Joaquim Barbosa, du Tribunal fédéral suprême : « Certes, selon la conception brésilienne de la théorie de Montesquieu, la Cour ou bien le pouvoir judiciaire qu'elle incarne constitue l'un des piliers de l'État national, et à ce titre ses actions ne sont point dépourvues des attributs de contrainte qui s'attachent aux déterminations du législatif et de l'exécutif. Elle serait pour ainsi dire un 'organe du gouvernement national', comme l'a signalé dans un discours devant la Cour en avril 1941 le juriste et ex-ministre de la justice du gouvernement Vargas, Francisco Campos (…) ».Selon le juge, « il ne subsiste aucun doute quant au caractère juridictionnel de l'organe, d'une part parce qu'il est depuis toujours majoritairement composé par des juges issus de la magistrature malgré le mode de nomination quelque peu politisé, et d'autre part parce que d'après les textes et dans la réalité il est perçu comme étant le sommet de la hiérarchie judiciaire. Par ailleurs, aussi bien ses méthodes que sa démarche institutionnelle le rapprochent davantage des cours de justice que des organes à caractère politique ».[167]

En tant qu'organe juridictionnel, le Tribunal fédéral suprême statue en droit et non en équité, et l'autorité de la chose jugée s'attache à ses

---

[166] *Ibid.*

[167] Gomes, Joaquim B. Barbosa. *La Cour suprême dans le système politique brésilien*. Paris, France : L.G.D.J., 1994, p. 58, 61.

décisions. En outre, l'article 5, XXXV de la Constitution de 1988 interdit qu'il soit retiré au Tribunal ainsi qu'au pouvoir judiciaire la possibilité d'examiner toute situation susceptible de porter atteinte à un droit ou de menacer celui-ci. Toute question est donc justiciable, ce qui conduit à une judiciarisation sensible de la vie nationale.

Ses compétences sont fixées *numerus clausus* par la Constitution de 1988 dans son article 102. En effet, dans l'affaire PET 1.738-AgRg /MG,[168] le Tribunal refuse une construction expansive de ses compétences et affirme le siège exclusivement constitutionnel de ses pouvoirs. Le législatif et l'exécutif ne peuvent alors ni les étendre ni les restreindre au moyen des lois ou de mesures provisoires.[169]

Placé au sommet de la hiérarchie judiciaire brésilienne[170] en tant que cour de justice la plus puissante du pays,[171] le Tribunal fédéral suprême a des compétences de contrôle de constitutionnalité (A), des compétences liées à la justice constitutionnelle des libertés (B) ainsi que d'autres compétences (C).[172][173]

Cette détermination par la Constitution de 1988 établit le domaine d'action de la Cour et fixe les limites de ses pouvoirs vis-à-vis du législatif, de l'exécutif et du pouvoir judiciaire lui-même. Elle est aussi reprise et développée par la législation infra-constitutionnelle.

A. Contrôle de constitutionnalité

L'article 102 de la Constitution établit que la fonction la plus importante du Tribunal fédéral suprême est celle de « gardien de la Constitution ». Il s'ensuit que le contrôle de constitutionnalité prend une place majeure au cœur des activités de la Cour.

La justice constitutionnelle dans le cadre du contrôle de constitutionnalité au Brésil est un système complexe qui articule trois modalités : le contrôle

[168] Tribunal fédéral suprême. Pet 1.738 AgR. Diário da Justiça, 01/10/1999, p. 42.

[169] *Apud* Bulos, Uadi Lammêgo. *Curso de direito constitucional. Op. cit.*, p. 1150.

[170] Le Tribunal fédéral suprême a déjà affirmé à plusieurs reprises son caractère d'organe au sommet de la hiérarchie judiciaire brésilienne : cf. par exemple les affaires Pet 2.066 AgR-QO, ACO 597 AgR, ACO 641 AgR et AI 407.035 AgR.

[171] Pour le juge Joaquim Barbosa, le Tribunal fédéral suprême « joue dans la pratique, en dehors de ses attributions juridictionnelles, le même rôle réservé au ministère de la Justice dans le système politico-administratif français ». Cf. Barbosa, Joaquim. *La Cour suprême dans le système politique brésilien. Op. cit.*, p. 51.

[172] Cf. Silva, José Afonso da. *Curso de direito constitucional positivo. Op. cit.*, p. 562-3. Cette classification n'est pourtant pas la seule, la doctrine offrant plusieurs alternatives. Elle a été retenue pour son rôle didactique, en fonction de l'autorité intellectuelle de son auteur, un des plus importants constitutionnalistes au Brésil.

[173] La terminologie adoptée dans cette thèse est celle proposée par Guillaume Drago, selon laquelle « justice constitutionnelle » indique la fonction étatique et « juridiction constitutionnelle » signifie l'ensemble d'organes. Cf. Drago, Guillaume. *Contentieux constitutionnel français*. Paris : Presses universitaires de France, 2011, p. 32.

concentré abstrait,[174] le contrôle relatif à l'intervention de l'Union dans les États fédérés [175] et le contrôle diffus et concret. [176] Le contrôle de constitutionnalité au Brésil est exclusivement *a posteriori* et juridictionnel. Les chambres du Congrès national et le président de la République vérifient la constitutionnalité de la loi avant qu'elle soit votée ou promulguée, sans pour autant que cette vérification soit obligatoire.[177]

En premier lieu, par l'exercice du contrôle concentré abstrait, le Tribunal fédéral suprême apparaît comme le seul compétent pour juger, en exclusivité et en premier et dernier ressort, un ensemble d'actions directes concernant la constitutionnalité des normes juridiques édictées par l'Union ou par les États fédérés. Le droit de saisine est réservé à un nombre limité d'autorités publiques et d'entités de la société civile. Ces actions sont au nombre de trois : l'action directe en inconstitutionnalité, l'action directe en inconstitutionnalité par omission et l'action déclaratoire de constitutionnalité.[178]

L'action directe en inconstitutionnalité, l'instrument principal et le premier à avoir été créé pour le contrôle abstrait,[179] permet de saisir le Tribunal pour qu'il se prononce sur l'inconstitutionnalité d'une norme juridique édictée au niveau fédéral ou au niveau des États fédérés. La décision de non-conformité retire la norme contrôlée du système juridique, dans sa totalité ou en partie, avec effet *erga omnes*, et s'impose de façon impérative toute autorité des pouvoirs exécutif et judiciaire[180].

Il revient au Tribunal fédéral suprême de juger aussi la demande préalable en inconstitutionnalité.[181] Cette mesure conservatoire, accessoire par rapport à l'action directe en inconstitutionnalité, permet à la Cour de juger préalablement à l'action directe, « une injonction déterminant la suspension immédiate des effets de l'acte normatif mis en cause, jusqu'à ce que le Tribunal se prononce sur le fond ». [182]

En second lieu, il appartient au Tribunal fédéral suprême de juger l'action directe en inconstitutionnalité par omission. Cette action, empruntée à la

---

[174] Article 102, I, *a* de la Constitution de 1988.

[175] Article 36, III de la Constitution de 1988.

[176] Article 102, III de la Constitution de 1988.

[177] En effet, l'avis de la commission de constitution et justice n'est pas contraignant. En outre, le veto en raison d'inconstitutionnalité opposé par le président de la République peut être surmonté par le Congrès national. Seule une décision d'inconstitutionnalité prise par le pouvoir judiciaire est définitive.

[178] Article 102, I, *a* de la Constitution de 1988.

[179] L'action directe en inconstitutionnalité a été créée par l'amendement n° 16 à la Constitution de 1946, du 06 décembre 1965. A présent, elle est règlementée par la Loi n° 9.868, du 10 novembre 1999, au même titre que l'action directe en inconstitutionnalité par omission et l'action déclaratoire de constitutionnalité.

[180] Article 102, § 2 de la Constitution de 1988, ; Loi n° 9.868, du 10/11/1999, art. 28.

[181] Loi n° 9.868, du 10/11/1999, art. 10.

[182] Cf. Gomes, Joaquim B. Barbosa. *La Cour suprême dans le système politique brésilien. Op. cit.*, p. 53.

Constitution portugaise,[183] a tout simplement pour but de porter à la connaissance des pouvoirs compétents leur retard à prendre des mesures destinées à mettre en œuvre la Constitution.[184][185] En effet, le Tribunal fédéral suprême a refusé, dans le cadre de cette modalité d'action directe, de se substituer au pouvoir en situation d'omission pour ordonner la réalisation d'actions concrètes.[186]

En troisième lieu enfin, incombe au Tribunal fédéral suprême le jugement de l'action déclaratoire de constitutionnalité.[187] Par ce biais, la Cour peut déclarer la conformité d'une norme positive fédérale, au sein d'une décision ayant effet *erga omnes* et contraignant tout organe des pouvoirs exécutif et judiciaire. Selon le juge Joaquim Barbosa, la création de cette action directe par l'amendement à la Constitution n° 3, de 1993, « vise à deux objectifs précis : a) introduire une certaine uniformité dans l'interprétation, par les organes judiciaires fédéraux, de la loi fédérale ; b) couper court aux abus commis par un nombre considérable de juges fédéraux du premier ressort, connus par la largesse et par la légèreté avec lesquelles ils interprètent les lois de nature économique [dans le contrôle de constitutionnalité diffus], occasionnant ainsi assez souvent de très sérieux problèmes pour le gouvernement ».[188][189]

Pour les actions directes du contrôle abstrait, la saisine est ouverte aux autorités et entités suivantes [190]: le président de la République, le bureau du Sénat fédéral, le bureau de la Chambre des députés, le bureau d'une assemblée législative d'un État fédéré ou du District fédéral, le gouverneur d'un État, le procureur général de la République, le conseil fédéral de l'Ordre des avocats du Brésil, tout parti politique ayant une représentation au Congrès national et, enfin, toute confédération syndicale ou organisation catégorielle ayant une représentation nationale. A noter que la Constitution de 1988 ouvre considérablement la saisine de cette action directe, laquelle n'était auparavant accessible qu'au procureur général de la République,

---

[183] Article 283 de la Constitution portugaise de 1976

[184] Article 103, § 2° de la Constitution de 1988 ; Loi n° 9.868, du 10/11/1999, art. 12-H.

[185] Article 103, § 2° de la Constitution de 1988.

[186] Dans l'affaire ADI 1.458-MC, de 1996, le tribunal affirme que la Constitution n'accorde que le pouvoir de notifier le pouvoir dont l'omission a été déclarée. Tribunal fédéral suprême, ADI 1.458 MC, Diário da Justiça, 20/09/1996, p. 34.531.

[187] Article 102, I, *a* de la Constitution de 1988 ; Loi n° 9.868, du 10/11/1999, article 13 et ss.

[188] Cf. Gomes, Joaquim B. Barbosa. *La Cour suprême dans le système politique brésilien. Op. cit.*, p. 53.

[189] La création de l'action déclaratoire de constitutionnalité répond à une contradiction interne du système brésilien de contrôle de constitutionnalité. En effet, le rejet par le Tribunal fédéral suprême d'une action directe d'inconstitutionnalité ne liait pas les juges ordinaires, compétents pour le contrôle diffus, ce qui amenait à des jugements contradictoires concernant la constitutionnalité d'une norme donnée. L'action déclaratoire de constitutionnalité permet ainsi de donner un brevet de constitutionnalité à la norme soumise au contrôle du Tribunal fédéral suprême, l'obéissance à cette détermination étant désormais obligatoire pour les juges ordinaires.

[190] Article 103 de la Constitution de 1988.

nommé par le président de la République et donc potentiellement lié aux intérêts du gouvernement. Le droit de saisine octroyé aux entités de la société civile telles que le conseil fédéral de l'Ordre des avocats du Brésil, tout parti politique ayant une représentation au Congrès national et toute confédération syndicale ou organisation catégorielle ayant une représentation nationale a joué un rôle important dans la judiciarisation de la vie sociale brésilienne depuis 1988.

Par la voie du contrôle de constitutionnalité relatif à l'intervention de l'Union dans les États fédérés, le Tribunal fédéral suprême est le seul organe compétent pour juger, en exclusivité et en premier et dernier ressort, d'une requête déposée par le procureur général de la République visant l'intervention de l'Union dans un État fédéré. Le fondement de l'intervention sera le constat, par le Tribunal fédéral suprême, de la violation d'un ou plusieurs des principes constitutionnels concernant :la forme républicaine, le système représentatif et le régime démocratique ; les droits de la personne humaine ; l'autonomie municipale ; la reddition de comptes de l'administration publique, directe ou indirecte ; et l'affectation de la part minimale de recette des impôts subfédéraux, y compris celle provenant de transferts, à la gestion et au développement de l'enseignement (article 34, VII). Au-delà de la déclaration d'inconstitutionnalité par méconnaissance d'un principe constitutionnel, la décision dans cette action directe autorise l'intervention de l'Union dans l'État fédéré pour que l'ordre constitutionnel violé soit rétabli, avec un effet *erga omnes*.

Par la voie du contrôle de constitutionnalité diffus concret, le Tribunal fédéral suprême est le juge d'appel dans le contentieux constitutionnel pour lequel sont compétents tous les juges brésiliens. Le Tribunal est donc compétent pour juger en appel le recours extraordinaire,[191] dont la question soulevée est une exception d'inconstitutionnalité décidée par les juridictions ordinaires. La saisine est ouverte à tout justiciable. Cette compétence occupe une place centrale dans les activités de la Cour, car le nombre de recours extraordinaires par an est extrêmement élevé, allant, par exemple, jusqu'à 45588 recours décidés en 2006 et 49465 en 2007.[192]

Le contrôle diffus a été adopté à l'aube de la République par la Constitution provisoire du 22 juin 1890 et par le décret n° 848 du 11 octobre 1890. La Constitution du 24 février 1891 reprend ce qui a été prescrit par lesdites normes et prévoit un recours au Tribunal fédéral suprême sur la validité et l'application des traités et des lois fédérales quand «la décision du

[191] Article 101, III de la Constitution de 1988. A part les dispositions constitutionnelles, le recours extraordinaire est réglementé par le Code de procédure civile et par la loi n° 8.038, du 28 mai 1990.

[192] Tribunal fédéral suprême, Statistique, *Processos Protocolados, Distribuídos e Julgados por classe processual - Anos Anteriores* [en ligne]. Disponible sur : http://www.stf.jus.br/portal/cms/verTexto.asp?servico=estatistica&pagina=pesquisaClasse (consulté le 27/02/2014).

tribunal d'un des États fédérés leur est contraire ».[193] Selon Rui Barbosa, juriste qui a eu une grande influence dans la rédaction de la Constitution de 1891, « la relation est très claire », car la nouvelle Constitution reconnaît la compétence de l'Union et des pouvoirs judiciaires des États fédérés pour juger la conformité des lois à la Constitution fédérale : « le principe fondamental est l'autorité reconnue à tous les tribunaux, fédéraux ou locaux, de discuter la constitutionnalité des lois de l'Union et de les appliquer ou d'en nier l'application selon ce critère. » Dans ce contexte, la loi n° 221, du 20 novembre 1894, qui a organisé la justice fédérale, a disposé que : « les juges et tribunaux apprécieront la validité des lois et règlements et nieront l'application aux cas concrets des lois manifestement inconstitutionnelles et des règlements manifestement incompatibles avec les lois ou la Constitution ». [194]

Le contrôle diffus a été repris par toutes les Constitutions brésiliennes suivantes. Celle de 1937 a cependant adopté un mécanisme particulier de freins et contrepoids qui permettait au président de la République de soumettre au Parlement une loi déclarée non conforme par le Tribunal fédéral suprême. Le Parlement pouvait ainsi rendre sans effet le jugement de la Cour par la majorité de deux tiers de chaque chambre. [195]

A l'instar du contrôle diffus américain, la décision d'inconstitutionnalité en recours extraordinaire n'a qu'un effet *inter partes*, pour le cas concret. La loi reste donc valide et applicable jusqu'à ce que le Sénat décide (discrétionnairement) de suspendre son exécution.[196] Cette suspension par le Sénat a été introduite par la Constitution de 1934, avant l'adoption du contrôle concentré, comme forme de conciliation de la souveraineté du législatif avec le contrôle de constitutionnalité. Il appartenait donc exclusivement au législateur d'abroger une loi. L'introduction du contrôle de constitutionnalité abstrait et concentré en 1965 a élargi cette logique, permettant au Tribunal fédéral suprême d'abroger directement une disposition législative.

B. Justice constitutionnelle des libertés

La justice constitutionnelle des libertés est exercée via un certain nombre d'actions prévues par la Constitution de 1988, et destinées à la protection des droits fondamentaux.[197]

Ainsi, le Tribunal fédéral suprême est compétent pour juger, en premier et dernier ressort, *l'habeas corpus* dès lors qu'il concerne le président de la République, le vice-président, les membres du Congrès national, les juges du

---

[193] Article 59, § 1, al. *a* de la Constitution de 1891.

[194] Bittencourt, C. A. Lúcio. *O controle jurisdicional da constitucionalidade das leis*. Arquivos do Ministério da Justiça. Brasília: Imprensa Nacional, 1997, p. 28-29.

[195] Article 96, paragraphe unique de la Constitution de 1937.

[196] Article 52, X de la Constitution de 1988.

[197] Cf. Silva, José Afonso. *Curso de direito constitucional positivo*. *Op. cit.*, p. 563.

Tribunal lui-même et le procureur général de la République, ainsi que *l'habeas corpus* lorsque le demandeur ou le défendeur sont un tribunal, une autorité ou un fonctionnaire dont les actes sont directement soumis à la juridiction du Tribunal fédéral suprême ou s'il s'agit d'un crime soumis à la même juridiction, en instance unique.[198]

Le Tribunal est aussi compétent pour le jugement des *mandados de segurança*[199] (l'ordonnance de sûreté) et des *habeas data*[200] demandés contre les actes de quelques hautes autorités de l'État, à savoir : le président de la République, les bureaux de la Chambre des députés et du Sénat fédéral, le Tribunal des comptes de l'Union, le procureur général de la République et le Tribunal lui-même.

Il incombe au Tribunal fédéral suprême de prononcer le jugement des *mandados de injunção* (les ordonnances d'injonction) accordés dès lors que le défaut de norme réglementaire rend impossible l'exercice des droits et prérogatives inhérents à la nationalité, la souveraineté et la citoyenneté, et lorsque l'élaboration de la norme règlementaire incombe au président de la République, au Congrès national, à la Chambre des députés, au Sénat fédéral, au bureau de l'une de ces chambres législatives, au Tribunal des comptes de l'Union, à l'un des tribunaux supérieurs ou au Tribunal fédéral suprême lui-même.[201] Cette action constitutionnelle permet à n'importe quel justiciable d'accéder au Tribunal pour attaquer l'omission des pouvoirs étatiques dans la mise en œuvre des droits fondamentaux prévus par la Constitution.

Il relève aussi de la compétence du Tribunal de juger, encore en premier et dernier ressort, les extraditions demandées par des États étrangers.

Par ailleurs, le Tribunal est compétent pour juger en appel un certain nombre d'affaires. Il lui appartient de juger en recours ordinaire les demandes *d'habeas corpus*, de *mandado de segurança* (d'ordonnance de sûreté), *d'habeas data* et de *mandado de injunção* (d'ordonnance d'injonction) rejetées en premier et en dernier ressort par un tribunal supérieur, ainsi que les infractions politiques.[202]

---

[198] Article 102, I, *d* et *i* de la Constitution de 1988.

[199] Le mandado de segurança est le « recours par lequel une personne, physique ou morale, nationale ou étrangère, demande à un juge ou à un tribunal l'annulation d'un acte de la puissance publique qu'il considère comme étant entaché d'illégalité et attentatoire à l'un des ses droits individuels, y compris ceux de nature pécuniaire ». Cf. Gomes, Joaquim B. Barbosa. *La Cour suprême dans le système politique brésilien. Op. cit.*, p. 119.

[200] *L'habeas data* est une action constitutionnelle destinée à garantir au justiciable la connaissance d'informations le concernant qui figurent dans les registres ou les banques de données gouvernementales ou à caractère public, ainsi qu'à permettre de rectifier des données. (Article 5, LXXII de la Constitution de 1988).

[201] Article 5, LXXI et 102, I, *q* de la Constitution de 1988.

[202] Article 102, II de la Constitution de 1988.

C. Autres fonctions

Le Tribunal fédéral suprême remplit aussi un grand nombre des fonctions constitutionnelles non liées au contrôle de constitutionnalité des normes.[203]

Il est ainsi juge pénal, compétent pour juger, dans les infractions de droit commun, le président de la République, le vice-président, les membres du Congrès national, ses propres juges et le procureur général de la République. Par ailleurs, il est compétent pour juger les infractions de droit commun et aussi les crimes de responsabilité commis par les ministres d'État, les membres du Tribunal des comptes de l'Union et les chefs de missions diplomatiques à caractère permanent. Il juge le recours en révision des ses propres jugements criminels.[204]

Il est un tribunal de la Fédération, décidant les conflits opposant l'Union et les États fédérés, l'Union et le district fédéral ou les uns et les autres, y compris les entités respectives de l'administration indirecte. Par ailleurs, il décide les litiges entre un État étranger ou un organisme international et une entité de la Fédération brésilienne (un État fédéré, le district fédéral ou un territoire).[205]

Il est juge d'exécution, décidant l'exécution des sentences dans les causes de sa compétence ordinaire, avec la faculté de déléguer ses attributions pour pratiquer les actes de procédure. Le Tribunal est compétent aussi pour la procédure de réclamation, action constitutionnelle dont l'objet est la garantie de l'autorité de ses décisions et la préservation de ses propres compétences. La réclamation permet ainsi au Tribunal d'imposer ses décisions aux juridictions ordinaires, contrairement au Conseil constitutionnel français, qui ne dispose pas d'un tel instrument.[206]

Il est le Tribunal des conflits, décidant les conflits de compétence entre le Tribunal supérieur de justice et quel qu'autre tribunal que ce soit, entre les tribunaux supérieurs, ou entre ces derniers et tout autre tribunal que ce soit.[207]

Il est aussi une juridiction non contentieuse, car il décide l'homologation des sentences étrangères et la concession de *l'exequatur* aux commissions rogatoires, compétences qui peuvent être déléguées à son président par son règlement intérieur.[208]

Enfin, le Tribunal fédéral suprême est compétent pour juger l'action en rétractation de ses propres décisions ; les actions dans lesquelles tous les membres de la magistrature sont directement ou indirectement intéressés et celles dans lesquelles plus de la moitié des membres du tribunal d'origine

---

[203] Le classement de ces fonctions reprend partiellement la classification proposée par Joaquim B. Barbosa Gomes, cf. Gomes, Joaquim B. Barbosa. *La Cour suprême dans le système politique brésilien. Op. cit.*, p. 52-57.

[204] Article 102, I, *b, c* et *j* de la Constitution de 1988.

[205] Article 102, I *e* et *f* de la Constitution de 1988.

[206] Article 102, I, *l* et *m* de la Constitution de 1988.

[207] Article 102, I, *o* de la Constitution de 1988.

[208] Article 102, I, *h* de la Constitution de 1988.

sont empêchés ou sont directement ou indirectement intéressés ; ainsi que les affaires ayant pour partie le Conseil national de justice et le Conseil national du ministère public.[209]

§ 2. Le statut constitutionnel du Tribunal et de ses juges

Successeur du Tribunal suprême de justice, Haute Cour de justice de l'empire brésilien du XIXème siècle, le Tribunal fédéral suprême a été créé à l'image de la Cour suprême américaine par la première Constitution républicaine, celle de 1891. Déjà durant la Monarchie, l'empereur Dom Pedro II avait ordonné à Salvador Mendonça de faire une étude approfondie de la Cour suprême américaine. Cette étude allait servir d'inspiration à la création de la nouvelle Haute Cour républicaine.[210] Le Tribunal fédéral suprême est ainsi l'organe juridictionnel le plus ancien au Brésil.[211]

En tant que juridiction suprême, la Constitution de 1988 accorde au Tribunal nombre de prérogatives destinées à assurer l'indépendance de la Cour vis-à-vis des autres organes étatiques et à renforcer sa position à la tête du pouvoir judiciaire brésilien (A). La Constitution prévoit aussi une organisation institutionnelle conçue de façon à donner à la Cour une légitimité parmi les pouvoirs, ce qui s'inscrit dans la tradition constitutionnelle brésilienne depuis la proclamation de la République (B).

A. L'indépendance par les prérogatives organiques : l'autonomie face aux autres pouvoirs

Comme tout le pouvoir judiciaire au Brésil dans le cadre de la Constitution de 1988, le Tribunal fédéral suprême jouit d'une grande autonomie, administrative aussi bien que financière.[212] Le ministère de la Justice, relevant du pouvoir exécutif, n'a aucun droit d'ingérence dans les affaires administratives ni de la Cour ni du judiciaire fédéral en tant que pouvoir. Il incombe alors au Tribunal fédéral suprême de procéder à l'élection de ses organes de direction et à l'élaboration de son règlement intérieur, en intervenant sur la compétence et le fonctionnement de ses organes respectifs de juridiction et d'administration, et sur l'organisation de son secrétariat et de ses services auxiliaires. La Cour est compétente pour proposer la création de nouvelles chambres judiciaires et pour pourvoir, sur concours public d'épreuves ou d'épreuves et de titres, les postes dans son

---

[209] Article 102, I, *j*, *n* et *r* de la Constitution de 1988.

[210] Ramos Tavares, André. *Curso de direito constitucional. Op. cit.*, p. 1146.

[211] Le Tribunal suprême de justice, composé de dix-sept juges, a été crée en 1828 par la loi du 18 septembre 1828. Le Tribunal fédéral suprême a été créé suite à la proclamation de la République, par le Décret n° 848, du 11 octobre 1890. Sa création a été confirmée par les articles 55 et 56 de la Constitution de 1891.

[212] Cf. Titre 1, Chapitre 1, Section 1. L'article 99 de la Constitution de 1988 dispose que : « L'autonomie administrative et financière est garantie au pouvoir judiciaire. »

organisation administrative, aussi bien que pour accorder les congés, vacances et autres mises en disponibilité à ses membres et aux fonctionnaires qui lui sont immédiatement liés.[213]

En outre, en qualité de clef de voûte de l'organisation judiciaire brésilienne, le Tribunal fédéral suprême dispose de quelques prérogatives spéciales.

Ainsi, le Tribunal a l'initiative législative réservée et exclusive pour la loi organique de la magistrature. Formalisant le statut juridique des juges et douée d'un caractère national, cette loi organique doit respecter nombre de principes constitutionnels concernant la carrière des magistrats, le fonctionnement des tribunaux et les droits des parties concernant la procédure devant les tribunaux. Elle doit, par exemple, prévoir l'obligation de publicité et de fondement des jugements et des décisions administratives des tribunaux ; l'entrée dans la carrière par concours public sur titres et épreuves avec la participation de l'ordre des avocats du Brésil à toutes les étapes , les nominations en fonction de l'ordre du classement ; l'avancement dans la carrière de grade à grade, alternativement à l'ancienneté et au mérite ; ainsi que la réalisation des cours officiels de préparation et de perfectionnement des magistrats à l'entrée et au cours de l'avancement dans la carrière.[214]

En ce qui concerne l'autonomie financière, le Tribunal fédéral suprême transmet au Congrès national la proposition budgétaire du pouvoir judiciaire fédéral, conjointement aux tribunaux supérieurs[215]. En outre, il élabore sa propre proposition budgétaire en toute autonomie.[216]

Le Tribunal fédéral suprême est présidé par un de ses juges, élu par ses pairs. L'autogouvernement et l'indépendance face aux autres pouvoirs sont ainsi assurés, notamment dans le domaine de l'administration des affaires internes de la Cour.

Enfin, le Tribunal fédéral suprême est l'organe préséant par rapport au Conseil national de justice, celui-ci étant présidé par le président de la Cour. Cette prééminence sur le conseil a été affirmée dans l'affaire ADI 3.367-DF, dans laquelle le Tribunal a déclaré la constitutionnalité de la création du Conseil national de justice par l'amendement constitutionnel n° 45, de 2004, tout en le plaçant sous son autorité.[217]

---

[213] Article 96, I de la Constitution de 1988.

[214] Article 93 de la Constitution de 1988.

[215] Les tribunaux supérieurs sont au nombre de quatre : le Tribunal supérieur de justice et les Tribunaux supérieurs électoral, du travail et militaire.

[216] Article 96, II de la Constitution de 1988.

[217] Tribunal fédéral suprême, ADI 3.367-DF, Diário da Justiça,17/03/2006, p. 4.

B. La légitimité par l'organisation institutionnelle : la composition et le statut des membres dans le cadre des « freins et contrepoids »

L'organisation institutionnelle du Tribunal fédéral suprême s'est inspirée de celle de la Cour suprême des Etats-Unis. L'inspiration américaine est visible expressément dans le décret n° 848, du 11 octobre 1890, qui organise le Tribunal pour la première fois, le droit américain ayant une influence directe sur la structuration de la Cour ainsi que sur la fédération brésilienne naissante (article 387 de l'exposition des motifs, par le ministre Campos Sales).[218]Depuis la première Constitution républicaine de 1891, les membres de la Cour sont nommés à vie[219] par le président de la République, avec l'approbation du Sénat. Les seules conditions pour les candidats sont d'avoir « un savoir juridique remarquable » et une « réputation irréprochable ».

Cette forme de composition doit garantir la légitimité de l'action de la Cour en tant qu'organe qui exprime et exerce la souveraineté du peuple,[220] et s'inscrit dans les mécanismes de freins et contrepoids, eux aussi empruntés aux Etats-Unis. En effet, les deux pouvoirs élus du peuple convergent dans le choix et la nomination des juges de la plus haute instance judiciaire brésilienne. Pour réconcilier la légitimité politique requise de toute autorité étatique et l'autonomie nécessaire à la fonction de juger, la nomination à vie est censée assurer l'indépendance des membres de la Cour, selon la conception brésilienne. Le système proposé par Hans Kelsen en Europe pour la composition des cours constitutionnelles n'aura donc aucune influence institutionnelle au Brésil, qui restera fidèle au modèle américain pendant toute son histoire constitutionnelle. Le Tribunal n'a donc jamais été une cour constitutionnelle selon le modèle européen, même s'il exerce un contrôle concentré de constitutionnalité.[221]

La forme de nomination consacrée par la tradition constitutionnaliste brésilienne n'est pourtant pas exempte de critiques. Depuis 1891, trois candidats seulement ont été refusés par le Sénat : en 1893, à l'aube de la République, le médecin Barata Ribeiro et les généraux Inocêncio Galvão de Queiroz et Raimundo Ewerton Castro, ceux-ci n'étant pas des juristes.[222] Contrairement aux Etats-Unis, où la nomination d'un candidat est soumise à une surveillance attentive du Sénat, au Brésil prévaut une acceptation presque automatique des personnes indiquées par le président de la République – qui d'ailleurs détient en général la majorité dans la Haute

---

[218] Bulos, Uadi Lammêgo. *Curso de direito constitucional. Op. cit.*, p. 1.144.

[219] La retraite est cependant obligatoire à l'âge de 70 ans.

[220] Une organisation spécifique est ainsi mise en place pour rendre possible et efficace la solution des litiges politiques au moyen de la méthode juridictionnelle, tout en réconciliant démocratie et justice constitutionnelle. Cf. Favoreu, Louis. « La légitimité du juge constitutionnel ». *Revue internationale de droit comparé* 46, n° 2, juin 1994, p. 557-581 ; Delpérée, Francis. « La légitimité du juge ». In *La convergence des systèmes juridiques au 21 siècle*, p. 241-264. Bruxelles: Bruylant, 2006.

[221] Bulos, Uadi Lammêgo. *Curso de direito constitucional. Op. cit.*, p. 1.148.

[222] *Ibid.*, p. 1.149. Il faut souligner que la Constitution de 1891 ne qualifiait pas comme « juridique » le savoir remarquable demandé aux candidats.

Chambre. En outre, la nomination à vie empêche le renouvellement de la Cour et peut donner un pouvoir important à un président de la République : Luis Inácio Lula da Silva a nommé neuf des onze juges de la Cour, ce qui lui a conféré une large majorité au sein du Tribunal compétent pour juger le président lui-même. Cependant, d'après Saulo Ramos, ex-ministre de la Justice, il est rare qu'un juge reste soumis au président qui l'a nommé.[223]

Gage d'indépendance, les juges du Tribunal fédéral suprême jouissent des garanties de la magistrature fixées par l'article 95 de la Constitution de 1988, à savoir : la nomination à vie, l'inamovibilité et l'irréductibilité du traitement. Il leur est interdit « d'exercer, même lorsqu'ils sont en disponibilité, une autre charge ou fonction, sauf comme enseignants ; de recevoir, à quelque titre ou prétexte que ce soit, des indemnités ou participations financières aux procès ; [et] de se consacrer à une activité politico-partisane. » Après une démission ou un départ en retraite, les juges ne peuvent pas plaider en tant qu'avocat devant le Tribunal pendant une période de trois ans.[224]

Initialement, au moment de la Constitution de 1891, la composition du Tribunal fédéral suprême était de quinze juges. Le décret n° 19.656 du 3 février 1931 réduit le nombre de juges à onze, ce qui devient la règle générale durant l'histoire républicaine postérieure, sauf pour de courtes périodes lors de la dictature des années 1960. En effet, plusieurs actes normatifs de la dictature militaire interfèrent dans la composition du Tribunal fédéral suprême. L'acte institutionnel n° 2, du 27 octobre 1965, porte à seize le nombre des juges, ainsi que la Constitution dictatoriale de 1967. Sur la base de l'acte institutionnel n° 5, du 13 décembre 1968, trois juges sont mis à la retraite. Le 1er février 1969, l'acte institutionnel n° 6 réduit le nombre des juges à onze.

Actuellement, selon l'article 101 de la Constitution de 1988, le Tribuna l « se compose de 11 juges choisis parmi les citoyens âgés de plus de 35 ans et de moins de 65 ans qui possèdent un savoir juridique remarquable et une réputation irréprochable. »

Le délai moyen de permanence des juges dans leur poste s'est élevé de huit ans pour la période 1946-1987 à onze ans entre les années 1989-2006. La permanence individuelle dans le poste est extrêmement variable : certains juges sont restés pendant plus de vingt ans, alors que d'autres n'ont pas dépassé dix mois.[225] L'origine professionnelle est variée, même si la magistrature prévaut en tant que catégorie d'origine : parmi les juges actuels,

---

[223] Cf. Setti, Ricardo. « Lula fará sua nona nomeação para o Supremo, que tem 11 ministros. Isto significa riscos para o tribunal ou para a democracia? ». Revue *Veja* [en ligne], 28 septembre 2010. Disponible sur http://veja.abril.com.br/blog/ricardo-setti/politica-cia/lula-fara-sua-nona-nomeacao-para-o-supremo-que-tem-11-ministro-isto-significa-riscos-para-o-tribunal-ou-para-a-democracia/ (Consulté le 03/03/2014).

[224] Article 95 de la Constitution de 1988.

[225] Cf. Mendes, Gilmar Ferreira, Inocêncio Mártires Coelho, et Paulo Gustavo Gonet Branco. *Curso de direito constitucional. Op. cit.*, p. 989.

cinq sont originaires de la magistrature, tandis que trois viennent du Ministère public et trois étaient avocats de l'État. Deux juges sont des femmes et neuf sont des hommes. Le président du Tribunal fédéral suprême de 2012 à 2014, M. Joaquim Barbosa, est le premier juge noir de l'histoire du Tribunal. En raison de l'exercice de trois mandats présidentiels successifs, le parti des travailleurs a nommé huit des onze juges actuellement en fonction. [226]

Le Tribunal est divisé en deux chambres, chacune composée de cinq juges. L'assemblée plénière « est la formation la plus solennelle de la Cour, à laquelle incombe le jugement des affaires les plus délicates, dont le jugement des actes du président de la République, du vice-président, des parlementaires et ministres d'État dans les crimes communs, des litiges entre l'Union et les Etats, des actions en inconstitutionnalité et des actions intentées contre les actes du chef de l'État, des bureaux de la Chambre des députés, du Sénat et des intervention fédérales ». [227]

Antoine Pouillieute, ancien ambassadeur de France à Brasília, souligne un trait important de la méthode de délibération du Tribunal fédéral suprême : « les séances sont publiques, mais aussi les délibérés qui sont même retransmis sur la chaîne de télévision dédiée au STF ; les opinions dissidentes se font connaître ; le vote de chacun des membres est abondamment commenté dans la presse ; le choix du membre-rapporteur aussi. La collégialité n'a pas du tout le même sens qu'en France où la majorité, une fois acquise, est l'opinion de tous, puisque seule l'institution s'exprime par une décision collective. Dans une récente affaire de corruption d'élus, le membre-rapporteur est ainsi apparu – à juste titre – comme le héraut de la vertu publique sans que le mérite en rejaillisse sur le STF tout entier : les lauriers ne se divisent guère. D'où une institution fonctionnant avec peu de collégialité et moins encore de confidentialité. »[228] Une forte médiatisation est donc la règle et contribue à une grande visibilité de la Cour sur la scène politique nationale brésilienne, ce qui est sans équivalent avec la position et les procédés du Conseil constitutionnel français.

---

[226] « Supremo Tribunal Federal » [en ligne]. *Wikipedia*. Disponible sur : http://pt.wikipedia.org/wiki/Supremo_Tribunal_Federal. (Consulté le 25 février 2014).

[227] Cf. Gomes, Joaquim B. Barbosa. *La Cour suprême dans le système politique brésilien. Op. cit.*, p. 40.

[228] Pouillieute, Antoine. « Regard d'un français sur le Tribunal fédéral suprême ». Cahiers du Conseil constitutionnel [en ligne] n° 26, août 2009. Disponible sur http://www.conseil-constitutionnel.fr/conseil-constitutionnel/francais/cahiers-du-conseil/cahier-n-26/regard-d-un-francais-sur-le-tribunal-federal-supreme-stf.51497.html. (Consulté le 26/02/2014).

CHAPITRE 2

Une nouvelle « ère du pouvoir judiciaire » : la montée en puissance du Tribunal fédéral suprême dans le cadre de la Constitution de 1988

Choisi comme garant de la démocratie incarné par la Constitution de 1988, le Tribunal fédéral suprême connaît depuis une importance institutionnelle inouïe, De fait, cette montée en puissance se constate dans la progression du nombre des décisions rendues par le Tribunal depuis la promulgation de la Constitution de 1988 : de 16313 jugements en 1988 on est passé à 159522 en 2007.[229]

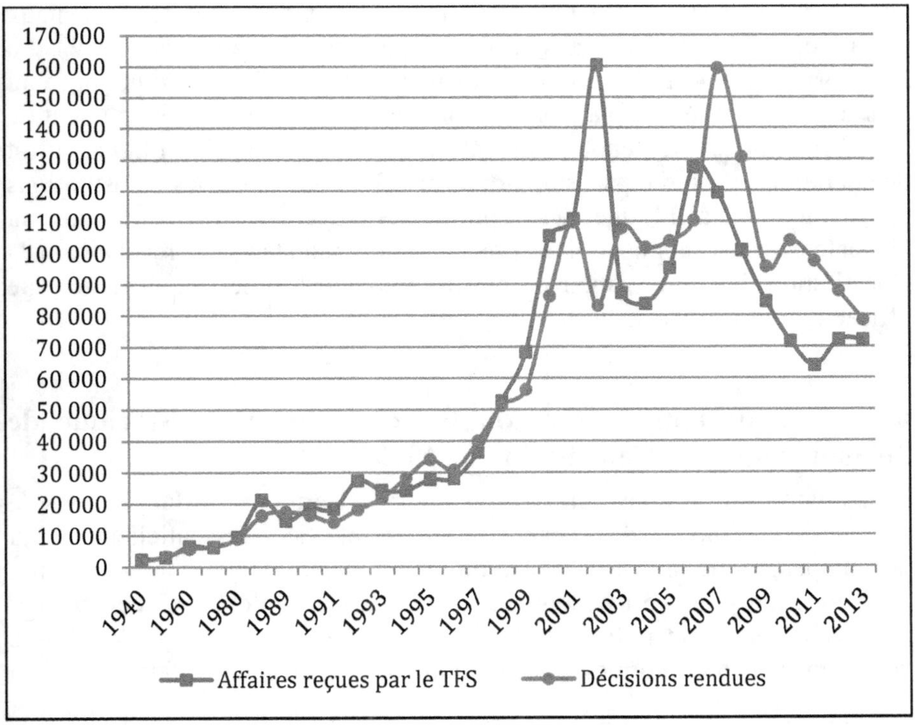

[229] Cf. Tribunal fédéral suprême. Movimento processual [en ligne]. Disponible sur : http://www.stf.jus.br/portal/cms/verTexto.asp?servico=estatistica&pagina=movimentoProcessual (consulté le 25/03/2014).

Chargé d'appliquer un nouveau texte constitutionnel très détaillé, qui dispose sur nombre d'aspects de la vie nationale avec minutie, la Cour accroît son influence grâce à l'ampleur de la norme de référence (Section 1). Cette application du texte se fait par de nouveaux instruments, tels que des nouvelles actions constitutionnelles et des nouveaux acteurs dans le contentieux constitutionnel, qui renforcent encore plus le rôle du Tribunal fédéral suprême parmi les pouvoirs étatiques (Section 2).

SECTION 1. CONSTITUTIONNALISATION DU DROIT ET JURIDICISATION DU POLITIQUE : L'ÉLARGISSEMENT DU CHAMP D'ACTION DU TRIBUNAL PAR LE BIAIS DE LA NORME DE RÉFÉRENCE

La Constitution de 1988 inaugure une ère de profonde constitutionnalisation du droit, en raison notamment du processus historique de son élaboration (§ 1). L'importance de la reprise de la démocratie au Brésil se reconnaît notamment à l'organisation du texte constitutionnel de 1988. Tandis que la Constitution dictatoriale de 1967 s'ouvrait sur un titre dédié à l'« organisation nationale », ne disposant sur les droits fondamentaux que dans son article 150, la Constitution de 1988 inaugure son texte par deux titres consacrés respectivement aux principes fondamentaux de la République (§ 2) et aux droits et garanties fondamentaux (§ 3). La place prioritaire accordée à ces deux sujets témoigne de leur importance au sein du nouveau régime, la Constitution étant tenue d'être un instrument de transformation et de renouvellement social en faveur d' « État de droit démocratique » prévu par son article 1. Si, jusque- là, les constitutions précédentes n'étaient que des « promesses vagues et d'exhortations au législateur, sans applicabilité directe et immédiate », il revenait à la Constitution de 1988 l'espoir de briser ce conservatisme et d'instaurer une efficacité renforcée de la norme constitutionnelle.[230]

§ 1. Constitutionnalisation du droit et contexte historique de l'élaboration de la Constitution de 1988

Comme le note le professeur Bertrand Mathieu, « la constitutionnalisation des branches du droit tient essentiellement au développement de la jurisprudence du juge constitutionnel », instance qui a pour fonction « de vérifier que la loi respecte la volonté du constituant, expression directe et initiale de la souveraineté démocratique ». Ainsi, « le développement des normes constitutionnelles et de leurs effets conduit à

[230] Cf. Barroso, Luis Roberto. « Neoconstitucionalismo e constitucionalização do direito (O triunfo tardio do direito constitucional no Brasil) [en ligne] ». Disponible sur : http://jus.com.br/artigos/7547/neoconstitucionalismo-e-constitucionalizacao-do-direito (consulté le 12 mars 2014).

soumettre, en principe, l'ensemble des lois, des règlements et des jurisprudences à ces règles constitutionnelles. » Ce mouvement est à double sens, dans la mesure où la Constitution est elle aussi imprégnée par des principes issus des différentes branches du droit.[231]

Au Brésil, le développement de la jurisprudence du juge constitutionnel est dû, notamment, à l'adoption de cette Constitution très longue et détaillée de 1988,[232] qui a permis au Tribunal fédéral suprême de se prononcer sur des nouvelles questions jusque-là hors de portée de ses compétences, selon les constitutions précédentes.[233] Formulées dans des termes assez indéterminés et ouverts, ces nouvelles dispositions constitutionnelles ont permis par ailleurs au juge constitutionnel d'étendre son pouvoir au moyen de l'interprétation des textes normatifs. Le processus de juridicisation de la vie politique, entendu ici comme « une formalisation juridique accrue des relations sociales, une extension du droit comme modèle ou référence pratique pour les actions, ou un resserrement des mailles du filet qu'est le droit », est ainsi au cœur de l'expansion de la justice constitutionnelle au Brésil.[234]-[235]

Comme on l'a déjà mentionné, Hans Kelsen a souligné que l'adoption d'un texte constitutionnel long et détaillé a pour conséquence le développement du pouvoir de la justice constitutionnelle, en augmentant le nombre d'actes soumis au contrôle de constitutionnalité. D'après cet auteur, une Constitution détaillée, adoptée pour une raison politique quelconque, serait directement applicable aux cas concrets, entraînant une montée en puissance du Tribunal constitutionnel : « le nombre des actes individuels immédiatement subordonnés à la Constitution peut naturellement être étendu à volonté ; il suffit de revêtir de la forme constitutionnelle, pour des raisons politiques quelconques, des normes juridiques directement applicables aux cas concrets, par exemple de voter les lois sur les associations ou les églises comme lois constitutionnelles. Bien qu'une garantie de la régularité des actes d'exécution de ces lois ait, en la forme, le caractère d'une garantie de la Constitution, il est évident qu'ici, du fait que la notion de Constitution est

---

[231] Mathieu, Bertrand. *Constitution : rien ne bouge et tout change. Op. cit.*, p. 44-45.

[232] D'autres pays ont aussi connu une judiciarisation de la politique en fonction d'une conjoncture historique précise, comme l'Angleterre lors de l'entrée en vigueur du *Human Rigths Act*. Cf. Nicol, Danny. *EC membership and the judicialization of British politics*. Oxford : Oxford University Press, 2001.

[233] Cf. Arantes, Rogério B. « Constitutionalism, the expansion of justice and the judicialization of politics in Brazil ». In *The judicialization of politics in Latin America*. New York : Palgrave Macmillan, 2005, p. 231-262.

[234] Cf. Pélisse, Jérôme. « Juridicisation n'est pas judiciarisation : usages et réappropriations du droit dans la conflictualité au travail » [en ligne]. Disponible sur http://www.afsp.msh-paris.fr/congres2007/ateliers/textes/at15pelisse.pdf. (Consulté le 13 mars 2014).

[235] L'Espagne constitue aussi un exemple de juridicisation de la vie politique à la suite d'une démocratisation. Comme le note Jérôme Montes, « les constituants espagnols de 1978 (…) ont mis sur un piédestal le 'pouvoir' judiciaire. » Montes, Jérôme. « Le retour du 'gouvernement des juges ' Analyse comparée de la juridicisation de la vie politique dans la France et l'Espagne contemporaines ». *Revue de science criminelle*, 2002, p. 293.

étendue par trop au-delà de son domaine originaire et pour ainsi dire naturel – celui qui résulte de la théorie de la structure hiérarchique du droit – la garantie spécifique de la Constitution, dont on doit étudier dans la suite l'organisation technique – la justice constitutionnelle - , ne peut pas sans plus trouver sa place, car le caractère individuel de l'acte inconstitutionnel fonderait un évident concours de la justice constitutionnelle avec la justice administrative, système des mesures destinées à garantir la légalité de l'exécution et en particulier de l'administration ».[236]

L'adoption de la Constitution de 1988 se fait dans le contexte de la démocratisation après la fin de la dictature militaire commencée en 1964 et signale la refondation de l'organisation politique ainsi que la renaissance du droit constitutionnel au Brésil. Depuis ce nouveau texte, le pays connaît la plus longue période de stabilité institutionnelle de son histoire républicaine et un « sentiment constitutionnel » est né au sein de la nation brésilienne.[237]

Fruit d'un développement historique qui débute dans les années 1970 et qui s'achève avec l'attribution des pouvoirs constituants au Congrès national en 1986, la Constitution de 1988 est rédigée de façon à englober les divers tendances politiques présentes au sein du processus de rétablissement de la démocratie. Plusieurs facteurs contribuent à ce que son texte soit analytique et assez long.

D'abord, le président José Sarney a échoué à forger un vaste pacte social et économique capable de réunir les divers courants politiques et sociaux présents au sein de la société brésilienne de l'époque. D'autre part, dans le contexte de l'adoption du pluripartisme en 1979, la fragilité des organisations des partis politiques et l'abolition de l'exigence de fidélité aux partis ont affaibli la stabilité des coalitions politiques et la représentativité des partis eux-mêmes. Ceux-ci ont cessé alors d'être un moyen d'expression des revendications sociales, fonction qui sera reprise par d'autres associations de la société civile, telles que l'église et les syndicats. Enfin, l'absence d'un projet initial de texte a mis en évidence un manque de direction précise dans le processus constituant et a reflété plusieurs points de mésentente entre l'exécutif et le Congrès national. De fait, les travaux d'une commission des notables censée fournir un projet du texte constitutionnel n'ont pas été utilisés, car ils proposaient un système semi-parlementaire et étatisant, contraire à l'orientation favorable aux privatisations et au présidentialisme du gouvernement.[238]

---

236 Kelsen, Hans. « La garantie juridictionnelle de la Constitution (la justice constitutionnelle) ». *Revue du Droit Public et de Science Politique en France et à l'Étranger*, 1928, p. 197-257.

237 Cf. Barroso, Luis Roberto. « Neoconstitucionalismo e constitucionalização do direito (O triunfo tardio do direito constitucional no Brasil) » [en ligne]. Disponible sur : http://jus.com.br/artigos/7547/neoconstitucionalismo-e-constitucionalizacao-do-direito. (Consulté le 12 mars 2014).

238 Cf. Tavares, Ana Lucia de Lyra. « La Constitution brésilienne de 1988 : données à l'intention des comparatistes ». In *Le droit brésilien d'hier, d'aujourd'hui et de demain*. Paris : Société de législation comparée, 2005, p. 327-351.

Par ailleurs, la possibilité pour la population d'incorporer directement des amendements au texte a joué un rôle capital dans sa rédaction. En effet, « de nombreux groupes professionnels, culturels, ethniques, économiques, religieux, syndicaux (...) se sont massivement déplacés des recoins le plus éloignés du pays pour faire pression sur les parlementaires ». Une telle participation populaire était entièrement nouvelle pour une activité de cette nature.[239]

Sans un projet initial, les parlementaires se sont rassemblés en 24 sous-commissions établies selon des thèmes, eux-mêmes répartis entre 8 commissions. La totalité des textes a été reprise par une commission de systématisation, inspirée du modèle constituant portugais de 1976.[240]

Les débats constituants ont débuté sans aucune décision préalable sur la direction à prendre, dans une atmosphère d'indéfinition, ce qui a amené à des solutions de compromis entre les différentes coalitions de force qui composaient le processus de transition démocratique. Il n'y a pas eu donc de conception politique globale, systématique et cohérente pour le nouveau document constitutionnel.[241] Le texte produit par l'assemblée constituante révèle ainsi, par son extension et ses contradictions, l'ambiance politique et l'organisation particulière des travaux constituants.

Pourvue d'un haut degré de légitimité populaire, la nouvelle Constitution n'est pas exempte pour autant des défauts qui poseront de graves problèmes à sa mise en œuvre. Selon l'évaluation de Ana Lucia de Lyra Tavares, « une vue d'ensemble sur les effets de cette procédure de rédaction du document constitutionnel permet de remarquer que la vulnérabilité d'un certain nombre de députés novices, face aux lobbies et aux pressions gouvernementales a laissé des traces corporatistes ; la résolution des conflits au moyen d'accords dans lesquels *les principaux points controversés étaient renvoyés à des lois infra-constitutionnelles*, a attiré maintes difficultés pour la mise en œuvre, dues à la lenteur de la procédure législative ; la décentralisation des travaux, leur transparence, le caractère de pacte dont, sous plusieurs aspects, se revêt le texte, *l'ont rendu très long, avec trois cent quinze articles y compris ceux de l'acte des dispositions constitutionnelles transitoires* ; *l'inclusion des dispositions de nature conjoncturelle, la plupart d'exécution improbable, l'ont rendu de même précocement obsolète* ; la suppression des dispositions de nature parlementariste – vu la victoire, en séance plénière, du système présidentiel, mais le maintien de dispositions pour renforcer le rôle du législatif, sans la prévision de contrepoids pour l'exécutif a eu comme conséquence une réaction de celui-ci tout au long de ces dix-sept ans de mise

[239] *Ibid.*
[240] *Ibid.*
[241] Cf. Vianna, Luiz Werneck, Maria Alice Rezende de Carvalho, Manoel Palacios Cunha Melo, et Marcelo Baumann Burgos. *A judicialização da política e das relações sociais no Brasil*. Rio de Janeiro: Renavan, 1999, p. 39.

en œuvre, au moyen, entre autres, de promulgation fréquente de mesures provisoires (…) ».[242]

En outre, l'impact de la constitutionnalisation du droit sur la séparation des pouvoirs est considérable. En ce qui concerne le législateur, le développement de la norme constitutionnelle limite son pouvoir discrétionnaire et impose des devoirs à la mise en œuvre des dispositions constitutionnelles. Pour l'Administration, la constitutionnalisation crée un devoir d'action indépendant de l'intervention du législateur ordinaire. Pour finir, en ce qui concerne l'ensemble du pouvoir judiciaire, la Constitution élargie sert de paramètre pour le contrôle de constitutionnalité, et elle conditionne l'interprétation de l'ordre juridique.[243] Il a incombé au Tribunal fédéral suprême d'être le principal agent de ce nouveau projet constitutionnel.

§ 2. L'adoption des principes fondamentaux

La Constitution de 1988 consacre dans son article premier les principes fondamentaux, c'est-à-dire un ensemble de règles centrales du système normatif brésilien, dont la formulation a pour particularité d'être hautement indéterminée. En tant que tels, ces principes rayonnent sur l'ensemble du droit positif et conditionnent toutes les autres normes juridiques, correspondant aux prescriptions de base de l'organisation constitutionnelle.[244] Leur indétermination et les variations potentielles de leur champ d'interprétation ont été, depuis 1988, la porte ouverte au développement de la jurisprudence constitutionnelle par le Tribunal fédéral suprême, avec un impact direct sur l'ampleur des fonctions de la Cour face à celle des autres pouvoirs étatiques.

D'après José Afonso da Silva, les principes fondamentaux positifs obéissent à un classement en plusieurs catégories.[245] La première d'entre elles est liée à l'existence et à la structure de l'État, et pour ce qui concerne le Brésil à son statut de République fédérative souveraine, constituée en tant qu'État démocratique de droit.[246]

Deuxièmement, l'article 1 caractérise les principes liés au régime politique. Il établit comme fondement de l'État brésilien « la souveraineté, la citoyenneté, la dignité de la personne humaine, les valeurs sociales du travail et de la libre entreprise » et « le pluralisme politique ». Le texte pose aussi le fondement de la souveraineté populaire en disposant que « tout pouvoir

---

[242] *Ibid.* (italique ajouté).
[243] *Ibid.*
[244] Cf. Silva, José Afonso da. *Curso de direito constitucional positivo. Op. cit.*, p. 94-97
[245] *Ibid.*
[246] Article 1 de la Constitution de 1988.

émane du peuple, qui l'exerce par l'intermédiaire de représentants élus ou directement, selon les termes de la présente Constitution ».[247]

Troisièmement, deux principes établis par les articles 1 e 2 déterminent la forme de gouvernement et l'organisation du pouvoir de l'État : la République et la séparation des pouvoirs.

Quatrièmement, l'article 3 de la Constitution recense les principes relatifs à l'organisation de la société et à la prestation positive de l'Etat. Il établit comme objectifs fondamentaux de la République fédérative du Brésil de « construire une société libre, juste et solidaire », de « garantir le développement national » et « d'éradiquer la pauvreté et la marginalisation et réduire les inégalités sociales et régionales ».

Enfin, l'article 4 établit les principes relatifs à la communauté internationale, en disposant que « la République fédérative du Brésil se conforme pour les relations internationales aux principes suivants : l'indépendance nationale, la primauté des droits de l'homme, l'autodétermination des peuples, la non-intervention, l'égalité entre les États, la défense de la paix, le règlement pacifique des conflits, le refus du terrorisme et du racisme, la coopération entre les peuples pour le progrès de l'humanité, la concession de l'asile politique ». Par ailleurs, le Brésil doit rechercher « l'intégration économique, politique, sociale et culturelle des peuples d'Amérique latine en vue de la formation d'une collectivité latino-américaine de nations. »

§ 3. La multiplication des droits

Influencée par la Constitution portugaise de 1976 et la Constitution espagnole de 1978, la Constitution brésilienne de 1988 incorpore tout un ensemble des thèmes jusque-là absents de la norme constitutionnelle, ce qui fait d'elle la Constitution la plus longue de l'histoire républicaine. Cette amplification de la norme constitutionnelle prend place dans le contexte de la transformation de la Constitution elle-même dans les démocraties occidentales. Comme le note le professeur Bertrand Mathieu, « ce retour du droit constitutionnel, jusqu'alors cantonné aux questions d'organisation politique et de répartition du pouvoir et des compétences au sein de l'État, s'est manifesté par une juridictionnalisation accrue, traduisant d'ailleurs plus généralement l'envahissement du champ social par le juridictionnel. » D'après cet auteur, « le droit constitutionnel est d'abord affecté par la transformation même de l'idée de Constitution », puisque celle-ci « *ne contient pas seulement des règles relatives à l'organisation des pouvoirs*

---

[247] Il faut souligner que l'article 1 dispose que la souveraineté du peuple brésilien s'exerce « selon les termes de la présente Constitution ». Une controverse telle que celle exprimée par la décision du Conseil constitutionnel n° 85-197 DC du 23 août 1985, selon laquelle la loi votée n'exprime la volonté du peuple « que dans le respect de la Constitution », ne serait pas nécessaire au Brésil, la solution étant déjà inscrite dans le texte constitutionnel.

mais constitue aussi un système de valeurs qui s'incarnent dans ce qu'on appellera à l'instar de la terminologie allemande les droits fondamentaux et de ce qu'on appelait en France les droits de l'homme ». [248]

Le texte de la Constitution de 1988 se divise en neuf titres et plusieurs dizaines de chapitres, et comporte aussi un acte des dispositions constitutionnelles transitoires. Les titres recouvrent de larges domaines de la vie et de l'organisation sociale brésilienne, à savoir : les principes fondamentaux (Titre I), les droits et garanties fondamentaux (Titre II), l'organisation de l'État (Titre III), l'organisation des pouvoirs (Titre IV), de la défense de l'État et des institutions démocratiques (Titre V), de la fiscalité et du budget (Titre VI), l'ordre économique et financier (Titre VII), l'ordre social (Titre VIII) et finalement les dispositions constitutionnelles générales (Titre IX).

L'euphorie initiale de l'assemblée constituante, à la suite de la démocratisation du pays, est exprimée dans un document dont la minutie et le détail sont la règle générale. Mais, d'après le professeur Luis Roberto Barroso, aujourd'hui juge du Tribunal fédéral suprême, le texte constitutionnel de 1988 ne traduit pas la maturité institutionnelle du Brésil, car il s'agit d'un document de circonstance. A la fois vice et vertu, le texte consacre un mélange hétéroclite d'intérêts légitimes des classes ouvrière et patronale, entremêlé de paternalisme, réserves de marché et privilèges corporatifs.[249]

Sa caractéristique, la plus marquante peut-être, est l'étendue et l'ampleur de sa déclaration des droits. Pas moins de 78 alinéas et deux paragraphes dans son article 5, dans sa rédaction initiale, assurent une large gamme de droits fondamentaux et créent plusieurs garanties telles que les actions constitutionnelles *d'habeas corpus* et de *mandado de injunção* (l'ordonnance d'injonction). Pour assurer leur permanence et protéger ces droits contre une régression qui menacerait la démocratie naissante, les droits et garanties individuels sont érigés en clause intangible par l'article 60, qui interdit même toute délibération parlementaire tendant à les amender.[250] Par ailleurs,

---

[248] Cf. Mathieu, Bertrand. *Constitution : rien ne bouge et tout change. Op. cit.*, p. 9 (italique ajouté). L'inflation des droits dans les constitutions, formulés souvent dans un langage indéterminé, est aussi reconnue par François Ost et Michel van de Kerchove comme un phénomène à l'origine de la juridictionnalisation de la vie sociale. Ils soulignent « la prolifération des droits subjectifs et des actions en justice qu'on observe dans les systèmes juridiques contemporains. » Ost, François, et Michel van de Kerchove. « De la pyramide au réseau ? Vers un nouveau mode de production du droit ? » [en ligne]. Disponible sur http://www.google.fr/url?sa=t&rct=j&q=&esrc=s&source=web&cd=1&cad=rja&uact=8&ved=0CCAQFjAA&url=http%3A%2F%2Fxa.yimg.com%2Fkq%2Fgroups%2F19791041%2F1678247567%2Fname%2Fostvdkpyram.pdf&ei=JWjXU9XSBqev0QXT4IDoBg&usg=AFQjCNGH6W8wJVB3pE2W6VmrYkX6CvggLg&sig2=ypJ_L3vBXsqspCMriTt_5g. (Consulté le 29/07/2014).

[249] Cf. Barroso, Luis Roberto. « Neoconstitucionalismo e constitucionalização do direito (O triunfo tardio do direito constitucional no Brasil) » [en ligne]. *Op. cit.*

[250] A souligner un manque de systématicité du texte, qui parle à la fois des « droits fondamentaux » et des « droits et garanties individuels ». Cette inconsistance terminologique

l'article 5, § 2 permet au Tribunal d'élargir la liste des droits protégés par la clause intangible, en disposant que « les droits et les garanties inscrits dans la présente Constitution n'en excluent pas d'autres qui découlent du régime et des principes qu'elle adopte ou des traités internationaux desquels la République fédérative du Brésil est partie. » Le pouvoir accordé au Tribunal fédéral suprême d'empêcher le constituant dérivé d'amender la Constitution est donc très important et peut être élargi à la volonté du juge constitutionnel.

La nouvelle déclaration consacre les droits-libertés classiques et y ajoute d'innombrables droits-créances conçus comme des droits sociaux, tels que l'éducation, la santé, le travail, le loisir, la sécurité, la prévoyance sociale, la protection de la maternité et de l'enfance et l'assistance aux indigents. Chacun de ses droits se ramifie en plusieurs autres droits énumérés notamment dans l'article 7, composé de 34 alinéas stipulant, entre autres, la protection de la relation de travail contre le licenciement arbitraire ou sans juste raison, l'assurance-chômage en cas de mise au chômage involontaire, un salaire minimum fixé par la loi, un plancher salarial proportionnel à l'importance et à la complexité du travail, l'irréductibilité du salaire, une rémunération du travail de nuit supérieure à celle du travail de jour, une participation aux bénéfices ou aux résultats de l'entreprise, indépendante de la rémunération et, exceptionnellement, la participation à la gestion de l'entreprise, selon les termes de la loi.

Dans la perspective de faire de la nouvelle Constitution le texte le plus moderne possible, des droits relatifs à l'éducation et à culture ont été prévus, aussi bien que des droits relatifs à l'habitation et à l'environnement, et disséminés dans le texte constitutionnel, hors de la déclaration du droit lui-même. La Constitution affirme ainsi que « chacun a droit à un environnement écologiquement équilibré, bien commun du peuple et essentiel à une saine qualité de vie ; le devoir de le défendre et de le préserver au bénéfice des générations présentes et futures incombe à la puissance publique et à la collectivité » (art. 225). De la même façon, des droits détaillés sont accordés aux personnes âgées, aux enfants et aux personnes handicapées dans les articles 226 et 230.

L'impact d'une telle ampleur du texte constitutionnel sur les compétences du Tribunal fédéral suprême sera immédiat. Sollicité de se prononcer sur une vaste gamme de sujets, notamment sur la procédure d'exception, la Cour prendra une importance inédite dans l'architecture institutionnelle brésilienne par le biais d'un élargissement du contrôle de constitutionnalité. Elle souffrira aussi d'une crise de surcharge sans précédent, ce qui amènera aux réformes législatives des années 1990 et 2000.

---

est à l'origine d'âpres débats doctrinaux au Brésil sur l'extension précise de la protection de la clause d'éternité de l'article 60.

SECTION 2. RENFORCEMENT DE LA SUPRÉMATIE DE LA CONSTITUTION : L'ÉLARGISSEMENT DU CHAMP D'ACTION DU TRIBUNAL PAR L'EXPANSION DE LA JUSTICE CONSTITUTIONNELLE

La promulgation de la Constitution de 1988 marque le développement de la justice constitutionnelle au moyen de la création de nouvelles actions et de l'introduction de nouveaux acteurs dans le contentieux constitutionnel. L'Assemblée constituante de 1987 s'est méfiée du législateur ordinaire et a donc créé nombre d'obligations législatives et des mécanismes de contrôle de la mise en œuvre de ces obligations, tels l'ordonnance d'injonction (*mandado de injunção*) et l'action directe en inconstitutionnalité par omission.[251] (§ 1) Cet élargissement de la justice constitutionnelle est néanmoins à la source d'une grave crise de surcharge du Tribunal fédéral suprême, ce qui amène à la « rationalisation » du contentieux constitutionnel au moyen des réformes législatives durant les années 1990 et 2000 (§ 2).

§ 1. Les innovations de 1988 : de nouvelles actions et de nouveaux acteurs pour la justice constitutionnelle

Le système de contrôle de constitutionnalité de la Constitution dictatoriale de 1967 était axé sur deux instruments principaux : le recours extraordinaire, procédant du contrôle diffus, et l'action directe en inconstitutionnalité, renvoyant exclusivement au contrôle concentré. La Constitution de 1988 introduit trois innovations importantes : le contrôle de l'inconstitutionnalité par omission et l'action en violation d'un précepte fondamental (A), ainsi que l'élargissement du droit de saisine pour l'action directe en inconstitutionnalité (B).

A. L'extension de la protection de la Constitution : nouvelles actions constitutionnelles

La principale innovation introduite par la Constitution de 1988 est le concept de contrôle de constitutionnalité de l'omission des pouvoirs étatiques. La Constitution étant une norme juridique dont les dispositions demandent à être concrétisées par l'État, l'Assemblée constituante de 1987 a décidé de sanctionner tout retard dans la mise en œuvre du texte constitutionnel par les pouvoirs exécutif et législatif. L'omission inconstitutionnelle « présuppose [donc] l'inobservance d'un devoir constitutionnel de légiférer ».[252]

---

[251] Cf. Oscar Vilhena Vieira *apud* Vianna, Luiz Werneck, Maria Alice Rezende de Carvalho, Manoel Palacios Cunha Melo, et Marcelo Baumann Burgos. *A judicialização da política e das relações sociais no Brasil. Op. cit.*, p. 41.

[252] Cf. Mendes, Gilmar Ferreira, Inocêncio Mártires Coelho, et Paulo Gustavo Gonet Branco. *Curso de direito constitucional. Op. cit.*, p. 1076. Le contrôle de l'inconstitutionnalité par

La source d'inspiration directe du contrôle de l'omission constitutionnelle est l'article 283 de la Constitution portugaise, selon lequel « le Tribunal constitutionnel contrôle et constate l'inconstitutionnalité par omission des mesures législatives nécessaires à l'application des normes constitutionnelles, sur saisine du président de la République, du médiateur de la République ou, lorsque les droits des régions autonomes sont remis en cause, des présidents des assemblées législatives des régions autonomes. Quand le Tribunal constitutionnel constate l'existence d'une inconstitutionnalité par omission, elle en informe l'organe législatif compétent. » Au Brésil, au-delà de la notification à l'organe législatif compétent[253], la Constitution prévoit aussi que lorsqu'il s'agit d'un organe administratif identifié en situation d'omission normative, il est tenu de la combler dans un délai de trente jours.

Sous l'influence de la pratique constitutionnelle allemande, la doctrine brésilienne aussi bien que le Tribunal fédéral suprême reconnaissent aujourd'hui deux types d'omission inconstitutionnelle : totale et partielle.[254] Dans l'omission totale, l'organe compétent n'édicte pas la norme réclamée par la Constitution. Dans l'omission partielle, la norme édictée ne répond qu'insuffisamment à l'exigence constitutionnelle. Il faut souligner qu'en raison de sa reconnaissance récente par l'appareil doctrinal et par la norme constitutionnelle, la question des limites et caractéristiques de l'omission inconstitutionnelle reste en débat, requérant l'élaboration d'une théorie plus complète de l'inconstitutionnalité par omission.

Dans le cadre de la Constitution de 1988, le contrôle de l'omission inconstitutionnelle se fait au moyen de deux actions : l'action directe en inconstitutionnalité par omission et l'ordonnance d'injonction (*mandado d injunção*).[255]

L'action en inconstitutionnalité par omission est une modalité d'action directe qui relève du contrôle de constitutionnalité abstrait. Son droit de saisine est attribué aux mêmes autorités et entités que celles responsables de l'action directe en inconstitutionnalité par action. Il s'agit de vérifier l'inconstitutionnalité dans le cas concret, dont l'effet de la déclaration n'est pas *erga omnes* mais bien une instruction directe adressée à un pouvoir étatique de combler l'omission, en référence à l'article 103, § 2. Le Tribunal fédéral suprême n'est donc pas compétent pour édicter la norme manquante, ce qui constitue une limite importante dans la séparation des pouvoirs.

---

omission concerne les actes normatifs primaires, comme la loi, aussi bien que les actes secondaires, comme le règlement.

[253] Article 103, § 2, Constitution de 1988.

[254] Cette influence allemande peut être repérée, par exemple, chez Gilmar Ferreira Mendes, juge du Tribunal fédéral suprême et auteur de plusieurs ouvrages sur le droit constitutionnel. cf. *Curso de direito constitucional. Op. cit.*, p. 1076. Le Tribunal fédéral suprême a déjà déclaré non conforme par omission partielle plusieurs normes, cf. par exemple les affaires RE 580.963, du 18 mars 2013, et ADI 1.442, du 03 novembre 2004.

[255] La traduction adoptée est celle proposée par Michel Fromont, *Justice constitutionnelle comparée. Op. cit.*, p. 62.

L'ordonnance d'injonction (*mandado de injunção*), à son tour, « est lancée dès lors que le défaut de norme réglementaire rend impossible l'exercice des droits et prérogatives inhérents à la nationalité, la souveraineté et la citoyenneté ».[256]

Il faut souligner qu'une loi de réglementation de l'ordonnance d'injonction n'a jamais été édictée par le Congrès national, l'action étant définie alors par la doctrine et la jurisprudence en la matière. En effet, peu après la promulgation de la Constitution de 1988, le Tribunal fédéral suprême a considéré que l'ordonnance d'injonction était d'application immédiate et ne requérait pas une loi règlementaire. Suivant la décision de la Cour, la procédure applicable est par analogie celle de l'action constitutionnelle d'ordonnance de sûreté (*mandado de segurança*).[257]-[258] Contrairement à l'action en inconstitutionnalité par omission, le droit de saisine de l'ordonnance d'injonction appartient à tout justiciable, personne physique ou morale. Son objectif est de rendre effectif et applicable, dans le cas concret et *inter partes*, un droit assuré par la Constitution dont la réglementation n'a pas encore été édictée.[259]

Outre l'adoption du contrôle de l'inconstitutionnalité par omission, la Constitution de 1988 a aussi créé l'action en violation d'un précepte fondamental, renvoyant expressément sa réglementation à la loi ordinaire. Cette loi est la loi n° 9882, du 03 décembre 1999. Le droit de saisine est accordé aux mêmes autorités et entités prévues pour l'action directe en inconstitutionnalité, l'action étant ainsi un moyen de contrôle de constitutionnalité concentré. Son objectif est d'assurer le respect des principes fondateurs de l'ordre constitutionnel et son utilisation est exceptionnelle et subsidiaire par rapport aux autres actions du contrôle concentré.

Le développement de la justice constitutionnelle brésilienne *via* la création des nouvelles actions est associé à l'élargissement du droit de saisine pour l'action directe d'inconstitutionnalité, instrument prévu par le droit constitutionnel brésilien depuis 1965.

B. L'élargissement du droit de saisine : des nouveaux acteurs pour la justice constitutionnelle

Dans la tradition constitutionnelle brésilienne, la principale action du contrôle de constitutionnalité concentré est l'action directe en inconstitutionnalité. Créée par l'amendement n° 16 du 26 novembre 1965, à

---

[256] Article 5, LXXI, Constitution de 1988.

[257] Cf. Tribunal fédéral suprême, MI 107 QO-DF, Diário da Justiça, 23/11/1989, p. 9.782.

[258] Le *mandado de segurança* est rendu pour protéger le droit immédiat et certain, non garanti par l'*habeas corpus* ou par l'*habeas data*, lorsque le responsable de l'illégalité ou de l'abus de pouvoir est une autorité publique ou l'agent d'une personne juridique exerçant une prérogative de la puissance publique. Article 5, LXIX, Constitution de 1988.

[259] Cf. Silva, José Afonso da. *Curso de direito constitucional positivo. Op. cit.*, p. 452.

la Constitution de 1946, cette action intègre dans le droit brésilien le système abstrait d'inspiration kelsenienne, développé en Europe. Depuis sa création, son droit de saisine n'était accordé qu'au procureur général, chef du parquet fédéral, nommé par le président de la République.[260] L'accès au contrôle abstrait était donc fort limité et hors de la portée de la société civile.

La Constitution de 1988 procède à un élargissement important de la saisine du Tribunal fédéral suprême par le biais de l'action directe en inconstitutionnalité. Soucieuse d'ouvrir le contrôle concentré à la société civile mais aussi de garder la cohérence conceptuelle du système, l'Assemblée constituante redessine l'équilibre entre le procès abstrait et la participation populaire en permettant à de nouveaux acteurs de saisir le Tribunal fédéral suprême. Ainsi, dorénavant peuvent entamer une action directe en inconstitutionnalité le président de la République, le bureau du Sénat fédéral, le bureau de la Chambre des députés, le bureau d'une assemblée législative, le gouverneur d'un État ou du district fédéral ainsi que le procureur général de la République. Plus important encore, est le fait que des entités représentatives de la société civile sont admises à participer au contrôle concentré, le droit de saisine étant accordé au conseil fédéral de l'Ordre des avocats du Brésil, à tout parti politique ayant une représentation au Congrès national et à toute confédération syndicale ou organisation catégorielle ayant une représentation nationale.[261]

En l'absence d'unité et de cohérence des forces qui participaient au processus de transition vers la démocratie, une absence qui empêche l'élaboration d'un texte consensuel en phase avec les forces politiques à l'époque, l'Assemblée constituante a prévu une généreuse déclaration des droits et a renvoyé au futur la concrétisation de ses dispositions. Cette concrétisation devrait s'opérer dans le cadre d'une « société ouverte des interprètes de la Constitution », telle que la proposent Peter Häberle et Paulo Bonavides, d'où l'expansion du droit de saisine dans le contrôle concentré.[262]

Ce processus d'expansion est similaire à celui vécu par la France avec la réforme de 1974 ouvrant le Conseil constitutionnel à la minorité parlementaire. L'élargissement de la saisine est vu par Dominique Rousseau comme « une véritable révolution constitutionnelle », car « la limitation du droit de saisine était une garantie de la limitation du rôle du Conseil constitutionnel ». La réforme crée, « pour l'avenir, les conditions d'une dynamique politique qui va accélérer la montée en puissance du Conseil constitutionnel ».[263]

[260] Constitution de 1967, art. 114, I, *l*.
[261] Constitution de 1988, art. 103.
[262] Cf. Vianna, Luiz Werneck *et al. A judicialização da política e das relações sociais no Brasil. Op. cit.*, p. 41.
[263] Cf. Rousseau, Dominique, et Georges Vedel. *Droit du contentieux constitutionnel.* Paris: Montchrestien, 2010, p. 37-38.

Au Brésil, cet élargissement de la saisine du contrôle concentré a été immédiatement reconnue comme un instrument utile par ses bénéficiaires. En effet, le nombre des actions directes en inconstitutionnalité engagées devant le Tribunal fédéral suprême passe de seulement 11 en 1988 à 159 dès 1989 et oscillera toujours entre 159 et 306 par an jusqu'en 2013.[264] D'après Luiz Werneck Vianna, les confédérations syndicales et organisations catégorielles ayant une représentation nationale sont la catégorie qui engage le plus grand nombre d'actions directes devant le Tribunal fédéral suprême, suivies de près par les gouverneurs des États fédérés, les procureurs, les partis politiques et, de plus loin, par le conseil fédéral de l'Ordre des avocats du Brésil. Par ailleurs, les partis de gauche sont ceux qui proposent le plus grand nombre d'actions directes en inconstitutionnalité parmi les associations politiques. Celles-ci ont surtout pour objet les normes juridiques édictées par le pouvoir exécutif.[265] Du point de vue de la participation de la société civile à la justice constitutionnelle, la stratégie conçue par la Constitution de 1988 est donc une vraie réussite.

§ 2. Les réformes normatives post-1988 : la rationalisation de la justice constitutionnelle et le nouvel accroissement du pouvoir du Tribunal fédéral suprême

Le projet de développement de la justice constitutionnelle nourri par la Constitution de 1988 réussit à démocratiser l'accès au Tribunal fédéral suprême. Les nouveaux acteurs du contrôle de constitutionnalité se l'approprient et l'utilisent sans réserve. Gardienne de la constitutionnalité des normes juridiques, la Cour devient le garant du nouveau régime dont l'expression maximale est le texte constitutionnel.

Cette expansion des pouvoirs de la Cour n'est pourtant pas dépourvue de problèmes. La croissance du nombre des appels et actions intentés ont mené le Tribunal fédéral suprême à une grave crise de surcharge qui a mis en péril son fonctionnement. En effet, la Cour passe de 16313 jugements rendus en 1988, quantité en elle-même déjà élevée, à 159522 jugements en 2007.[266] De toute évidence, la tâche est titanesque et dépasse la capacité de travail des onze juges constitutionnels.

---

[264] Cf. Tribunal fédéral suprême. Processos Protocolados, Distribuídos e Julgados por classe processual
1990 à 2013 [en ligne]. Disponible sur :
http://www.stf.jus.br/portal/cms/verTexto.asp?servico=estatistica&pagina=pesquisaClasse (consulté le 25/03/2014).

[265] Vianna, Luiz Werneck *et al. A judicialização da política e das relações sociais no Brasil. p. cit.*, p. 55.

[266] Cf. Tribunal fédéral suprême. *Op. cit.*

Tribunal fédéral suprême – Affaires reçues et décisions rendues 1940-2013		
Année	Affaires reçues par le TFS	Décisions rendues
1940	2419	1807
1950	3091	3371
1960	6504	5.747
1970	6367	6486
1980	9555	9007
1988	21328	16313
1989	14721	17432
1990	18564	16449
1991	18438	14366
1992	27447	18236
1993	24377	21737
1994	24295	28221
1995	27743	34125
1996	28134	30829
1997	36490	39944
1998	52636	51307
1999	68369	56307
2000	105307	86138
2001	110771	109692
2002	160453	83097
2003	87186	107867
2004	83667	101690
2005	95212	103700
2006	127535	110284
2007	119324	159522
2008	100781	130747
2009	84369	95524
2010	71670	103869
2011	64018	97380
2012	72148	87784
2013	72072	78428

Appelé à intervenir, le pouvoir législatif réalise des réformes législatives et constitutionnelles destinées à « rationnaliser » le contentieux constitutionnel. L'action du Congrès national se mène sur trois fronts : la centralisation du contentieux constitutionnel (A), l'adoption des nouvelles techniques de décision (B) et la restriction de l'accès au Tribunal fédéral suprême (C). La nouvelle conformation du système de contrôle de constitutionnalité a pour conséquence l'accroissement encore plus important du pouvoir du Tribunal.

A. La centralisation du contentieux constitutionnel : l'action déclaratoire en constitutionnalité, les synthèses de jurisprudence contraignantes et l'effet contraignant des décisions

La caractéristique la plus importante de la réforme du pouvoir judiciaire et de la justice constitutionnelle des années 1990 et 2000 est la concentration du contentieux constitutionnel dans les mains du Tribunal fédéral suprême. Auparavant axé sur le contrôle diffus de constitutionnalité dans le cadre des constitutions antérieures, le contrôle de constitutionnalité brésilien bascule vers les procédures dites objectives du contrôle abstrait, telles que l'action directe en inconstitutionnalité, dans un processus qualifié par la doctrine d'« objectivation » du contentieux constitutionnel. [267] Ce processus de concentration montre aussi l'inclination du pouvoir législatif à approuver des mesures qui, ayant pour objectif d'aider le pouvoir judiciaire à atteindre un degré d'efficience maximale, donnent de plus en plus de compétences aux tribunaux. En effet, le Congrès national a promulgué plusieurs dispositions normatives qui ont augmenté le pouvoir du Tribunal fédéral suprême et rééquilibré les mécanismes de freins et contrepoids au cœur de la séparation des pouvoirs, démontrant ainsi sa volonté de coopération avec la Cour.

C'est en premier lieu, en 1993, l'amendement constitutionnel n° 3. Il crée l'action déclaratoire en constitutionnalité, dont l'objectif est d'attribuer au bout du compte un brevet de constitutionnalité à un acte normatif fédéral. Les jugements de fond rendus par le Tribunal fédéral suprême dans les actions déclaratoires en constitutionnalité sont opposables à tous (effet *erga omnes*) et obligent le pouvoir judiciaire et le pouvoir exécutif (effet contraignant). La décision a donc un effet *pro futuro* sur tout juge, tribunal et organe administratif.[268]

L'action déclaratoire en constitutionnalité présuppose une controverse généralisée au sein du pouvoir judiciaire sur une question constitutionnelle spécifique. Cette action paralyse donc le débat judiciaire dans les instances ordinaires sur la constitutionnalité d'une norme donnée dans le contrôle diffus. Elle permet ainsi au Tribunal fédéral suprême de mettre fin à une situation d'insécurité juridique, réputée contraire à l'intérêt public.

Il faut souligner que cette action a été fort contestée par la réflexion doctrinale, comme étant en contradiction avec la présomption de constitutionnalité des normes autant que le serait une violation du droit à un procès équitable. En effet, la constitutionnalité des normes étant une présomption qui régit le contentieux constitutionnel, il serait inutile de la déclarer sauf s'il y avait un désir d'imposer l'interprétation du Tribunal relative

---

[267] Ramos Tavares, André. *Curso de direito constitucional.* 6e éd. São Paulo: Saraiva, 2008, p. 280 et ss.

[268] Silva, José Afonso da. *Curso de direito constitucional positivo. Op. cit.*, p. 63.

aux instances ordinaires. Le Tribunal fédéral suprême a cependant déclaré l'amendement constitutionnel n° 3, de 1993, conforme à la Constitution. [269]

Il faut mentionner en second lieu la loi n° 9868, du 10 novembre 1999, qui dans son article 28 étend l'effet contraignant originalement prévu pour l'action déclaratoire en constitutionnalité, à l'action directe en inconstitutionnalité. Cet effet contraignant s'applique aussi dans le cas d'une interprétation conforme à la Constitution faite par le Tribunal fédéral suprême dans les actions directes.

Adopté sous l'inspiration du *Bindungswirkung* du droit allemand, l'effet contraignant attribue une force d'obligation non seulement au dispositif des décisions du Tribunal fédéral suprême, mais aussi aux motifs déterminants (*tragende Gründe)* les décisions de fond. En conséquence, les juges ordinaires et l'administration sont obligés de respecter l'interprétation donnée à la Constitution et de ne pas édicter dans le futur de normes contraires à cette interprétation, mais aussi d'abroger les textes incompatibles jusque-là en vigueur. [270] L'effet contraignant élargit donc l'autorité de la chose jugée. Le législateur, néanmoins, reste indépendant et n'est pas lié *pro futuro* par les décisions du Tribunal.

En troisième lieu, il faut souligner qu'un pas important vers la concentration de pouvoir dans les mains du Tribunal fédéral suprême a été effectué avec l'adoption des synthèses de jurisprudence contraignantes. L'amendement constitutionnel n° 45, de 2004, a donné compétence au Tribunal fédéral suprême pour édicter des synthèses de jurisprudence contraignantes : de brefs énoncés autonomes ayant pour objet la validité, l'interprétation et l'efficacité des normes données, au sujet desquelles il y a une controverse au sein du pouvoir judiciaire, qui entraîne une grave insécurité juridique, en relation avec une multiplication des procès.

Ces synthèses de jurisprudence contraignante se fondent sur un corpus de décisions réitérées rendues par le Tribunal fédéral suprême sur un sujet spécifique, procédure qui est censée empêcher l'édiction des normes générales *ex novo* par le Tribunal et respecter la séparation des pouvoirs. [271]

---

[269] *Ibid.* Selon C. A. Lucio Bittencourt, les tribunaux doivent refuser de juger une loi inconstitutionnelle dès qu'il y a un « doute raisonnable ». Cette présomption est affirmée par le juge Marshall dans l'affaire *Fletcher v. Peck* et conserve une influence importante dans la doctrine brésilienne depuis le XXème siècle. Cf. Bittencourt, C. A. Lúcio. *O controle jurisdicional da constitucionalidade das leis*. Arquivos do Ministério da Justiça. Brasília: Imprensa Nacional, 1997, p. 92.

[270] « O efeito vinculante das decisões do Supremo Tribunal Federal nos processos de controle abstrato de normas » [en ligne]. *Revista Jurídica Virtual* vol. 1, n° 4, août 1999. Disponible sur : http://www.planalto.gov.br/ccivil_03/revista/Rev_04/efeito_vinculante.htm. (Consulté le 26/03/2014)

[271] La pratique de rédaction des synthèses de jurisprudence (*súmula,* du latin *summula*) était consacrée dans le droit brésilien depuis 1964, sans pourtant avoir un effet contraignant. Cf. Tavares, André Ramos. « Perplexidades do novo instituto da súmula vinculante no direito brasileiro » [en ligne]. *Revista Eletrônica de Direito do Estado*, n° 11. Disponible sur: http://www.direitodoestado.com.br/artigo/andre-ramos-tavares/perplexidades-do-novo-instituto-da-sumula-vinculante-no-direito-brasileiro. (Consulté le 27 mars 2014).

Une fois édictées, les synthèses ont un effet *erga omnes,* auquel le pouvoir judiciaire et l'administration doivent se soumettre.[272] Elles forment donc une espèce de résumé de la jurisprudence de la Cour, reflétant des interprétations déjà prises dans des successions de procès répétitifs, et qui visent à procurer de la sécurité juridique au système diffus de contrôle de constitutionnalité en évitant des décisions contradictoires des instances inférieures.

L'innovation des synthèses de jurisprudence contraignantes a eu pour objet de résoudre le problème des procès répétitifs qui arrivaient à la Cour dans le cadre du contrôle de constitutionnalité diffus. En effet, le Tribunal juge une immense quantité de recours extraordinaires, dont une grande partie (jusqu'à 85%) concerne des questions juridiques identiques.[273] Le Brésil ayant adopté le système de droit romano-germanique, les décisions en contrôle de constitutionnalité diffus n'ont que des effets *inter partes* et ne valent pas comme précédent, ce qui oblige la Cour à décider une même question juridique de manière répétitive. Malgré le succès de leur implantation, les synthèses de jurisprudence contraignantes ont été vivement critiquées par une partie des instances doctrinales comme étant une violation de la séparation des pouvoirs et du principe de légalité, ainsi qu'un emprunt maladroit à la règle du précédent en provenance du système du common law (*binding precedent*).[274]-[275]

B. Des nouvelles sources d'inspiration : les techniques empruntées au droit comparé et consacrées par la loi et la jurisprudence

Dans le contexte de l'intervention du législatif pour rationaliser le contentieux constitutionnel, le Congrès national promulgue la loi n° 9868 du 10 novembre 1999, qui règlemente les actions directes en inconstitutionnalité et déclaratoires en constitutionnalité. Cette loi institue dans son article 28 l'interprétation conforme à la Constitution et la déclaration partielle d'inconstitutionnalité sans réduction de texte. De même que dans les réserves d'interprétation du droit français, dans l'interprétation conforme à la Constitution le Tribunal fédéral suprême choisit une interprétation qui rend possible la déclaration de conformité de la disposition contrôlée. Dans la déclaration partielle d'inconstitutionnalité sans réduction

---

272 Article 103-A, Constitution de 1988.

273 Tavares Filho, Newton. « A Emenda constitutional n° 45 e a reforma do Poder Judiciário: algumas observações ». *Plenarium* vol. 2, n° 2, novembre 2005, p. 202-215.

274 Cf. Tavares, André Ramos. « Perplexidades do novo instituto da súmula vinculante no direito brasileiro » [en ligne]. *Revista Eletrônica de Direito do Estado*, n° 11. Disponible sur: http://www.direitodoestado.com.br/artigo/andre-ramos-tavares/perplexidades-do-novo-instituto-da-sumula-vinculante-no-direito-brasileiro. (Consulté le 27 mars 2014).

275 L'adoption des énoncés contraignants de jurisprudence crée une contradiction possible avec la compétence du Sénat pour « suspendre l'exécution, en tout ou en partie, des lois déclarées inconstitutionnelles par décision définitive du Tribunal fédéral suprême » (Article 52, X, Constitution de 1988). Ce mécanisme est censé permettre au Sénat de donner une portée générale aux décisions rendues par le Tribunal fédéral suprême dans le contrôle diffus. Les énoncés adoptés par l'amendement n° 45 permettent au Tribunal, en pratique, de leur donner cette portée générale sans l'intervention du Sénat.

de texte, à son tour, la Cour exclut une ou plusieurs interprétations possibles, tout en laissant intact le texte contrôlé.

L'adoption des nouvelles techniques a eu pour but de dépasser la division binaire nette entre déclaration de conformité et de non-conformité, traditionnelle dans le droit brésilien. Son inspiration est le principe du droit américain, adopté au Brésil, selon lequel le législateur cherche toujours à promulguer des lois conformes à la Constitution, le pouvoir judiciaire devant si possible préférer la déclaration de conformité en cas de doute.[276] En outre, l'interprétation conforme à la Constitution du droit allemand (*verfassungskonforme Auslegung*) a eu aussi une influence directe, d'abord sur la jurisprudence du Tribunal et ensuite sur le législateur.[277]

Il faut souligner que le texte de la loi n° 9868 du 10 novembre 1999, ne fait que mentionner l'interprétation conforme et la déclaration partielle d'inconstitutionnalité sans réduction de texte, dont la définition et la fixation des limites reviennent aux principes doctrinaux et à la jurisprudence. L'omission du texte normatif a donc été une source de l'amplification du pouvoir du Tribunal fédéral suprême, qui a significativement répandu l'interprétation des nouvelles techniques de décision. L'influence du droit comparé est toujours importante, notamment celle en provenance de la Cour constitutionnelle allemande, pour la jurisprudence aussi bien que pour l'appareil doctrinal, le système allemand étant souvent pris comme modèle pour les innovations législatives et doctrinales.[278]

En outre, l'article 27 de la loi n° 9868 du 10 novembre 1999 prévoit la possibilité de modulation temporelle des effets d'une déclaration d'inconstitutionnalité ou de restriction de ses effets, par la majorité qualifiée de deux tiers des membres du Tribunal fédéral suprême. D'après la loi, l'objet de la modulation est d'assurer la sécurité juridique ou l'intérêt général, quand la simple déclaration de non-conformité s'avère déconseillée.

Finalement, le Tribunal fédéral suprême développe aussi, par sa jurisprudence, la technique consistant à faire appel au législateur face à une norme en voie de devenir inconstitutionnelle, procédure inspirée de la *Appellentscheidung* du droit allemand. En effet, dans l'affaire ADI 3.682 – MT notamment, le Tribunal fait appel au Congrès national pour l'édiction d'une loi organique concernant la création des nouvelles communes, exigée par la Constitution.

---

[276] Cf. Mendes, Gilmar Ferreira, et Ives Gandra da Silva Martins. *Controle concentrado de constitucionalidade*. 2e éd. São Paulo : Saraiva, 2005, p. 410.

[277] La *verfassungskonforme Auslegung* est mentionnée expressément comme source d'inspiration jurisprudentielle dans la représentation n° 1417, du Tribunal fédéral suprême, du 09 décembre 1987. Les travaux parlementaires du projet de loi n° 2960, du 1997, à l'origine de la loi n° 9868, du 10 novembre 1999, citent aussi abondamment le droit comparé comme source d'inspiration, notamment le droit américain, portugais et allemand.

[278] Cf. par exemple, Bulos, Uadi Lammêgo. *Curso de direito constitucional*. 4. éd. São Paulo: Saraiva, 2009, p. 373.

C. L'accès au Tribunal restreint : la « répercussion générale de la question discutée » comme condition d'admissibilité du contrôle diffus

Le système de contrôle de constitutionnalité diffus adopté par la Constitution de 1988 prévoit un appel pour soulever une question constitutionnelle devant le Tribunal fédéral suprême : c'est le recours extraordinaire. Sa principale caractéristique est de permettre aux justiciables, dans un cas concret et par le biais d'une exception d'inconstitutionnalité, d'accéder au Tribunal fédéral suprême pour protéger un droit individuel ainsi que pour défendre la Constitution et la hiérarchie normative, tout en laissant le dernier mot au Tribunal fédéral suprême.

À l'origine, aucun système de filtrage n'a été prévu, le recours extraordinaire étant ouvert à tout justiciable, pour peu que les conditions de recevabilité soient respectées. Le recours extraordinaire permettait ainsi au Tribunal de rendre un jugement « sur mesure », selon les particularités de chaque cas concret. L'accès indiscriminé a cependant amené le Tribunal à une grave crise de surcharge dans les années 1990 et 2000, comme les statistiques du Tribunal permettent de s'en rendre compte[279] :

Année	Recours extraordinaires assignés à un rapporteur au Tribunal fédéral suprême	Recours extraordinaires décidés par le Tribunal fédéral suprême
1993	12281	11567
1994	14984	16344
1995	11195	13395
1996	9.265	9937
1997	14841	16219
1998	20595	18205
1999	22280	19730
2000	29196	28898
2001	34728	48872
2002	34719	34396
2003	44478	43054
2004	26540	35793
2005	29483	39768
2006	54575	45588
2007	29796	49465
2008	21532	40794
2009	8347	25208
2010	6735	24353
2011	15049	40111
2012	31877	58229

Cette crise de surcharge est liée aux circonstances historiques du développement du contentieux constitutionnel diffus dans le droit brésilien.

---

[279] Tribunal fédéral suprême. Processos Protocolados, Distribuídos e Julgados por classe processual - 1990 a 2013. Disponible sur : http://www.stf.jus.br/portal/cms/verTexto.asp?servico=estatistica&pagina=pesquisaClasse (consulté le 04/04/2014).

En effet, le Brésil emprunte l'appel en inconstitutionnalité diffus aux États-Unis à partir de la Constitution de 1891. Néanmoins, l'évolution de l'appel dans ces deux pays a été différente, car, aux États-Unis, un instrument de filtrage a permis à la Cour suprême, depuis 1925, de restreindre sensiblement le nombre d'appels jugés chaque année : le *writ of certiorari*.[280] Au Brésil, en revanche, ce n'est que dans le cadre de la Constitution de 1967 que le règlement interne du Tribunal fédéral suprême a prévu un mécanisme similaire, *l'arguição de relevância*, qui permettait au Tribunal de refuser de décider des appels jugés non importants. Cette institution tardive d'un instrument de filtrage est ainsi à l'origine de la crise de surcharge de la Cour. Avec la promulgation de la Constitution de 1988, le règlement interne du Tribunal est abrogé. L*'arguição de relevância* a été jugé être un instrument du régime militaire et a été supprimé du nouveau règlement, ouvrant ainsi la porte à la reproduction de la crise. Dépourvu de mécanisme de contrôle, le Tribunal fédéral suprême a été obligé de juger un nombre de plus en plus croissant de recours extraordinaires, dont une grosse majorité portant sur des questions répétitives.

Il faut souligner que la culture juridique brésilienne est très formaliste et donne souvent l'occasion à des recours fréquents, même dépourvus de fondement. En effet, des appels successifs sont prévus par la législation procédurale dans le même procès et sont largement utilisés par les avocats, ce qui ralentit considérablement le résultat final du litige, notamment dans les tribunaux dits supérieurs comme le Tribunal supérieur du travail, le Tribunal supérieur de justice et le Tribunal fédéral suprême lui-même. Dans ce contexte, l'appel au recours extraordinaire dans un très grand pourcentage des procès engagés dans l'ensemble du pays est la règle générale au Brésil, ce qui fait reposer une charge de travail très lourde sur les onze membres du Tribunal fédéral suprême.

L'amendement n° 45 à la Constitution de 2004, procède à une réforme du pouvoir judiciaire et consacre l'exigence d'un impact général de la question discutée dans tout recours extraordinaire adressé à la Cour. Cette innovation reprend le mécanisme de l'*arguição de relevância*, permettant au Tribunal fédéral suprême de statuer sur l'importance pour l'intérêt public du sujet soulevé dans un recours extraordinaire. Il faut souligner que, contrairement à ce qui se passe en France, l'appréciation de l'importance de la question soulevée reste du ressort du Tribunal lui-même, et non des instances ordinaires telles que le Conseil d'État et la Cour de cassation dans le contrôle français *a posteriori*. Le contrôle exercé par le Tribunal fédéral suprême est ainsi le plus large possible sur les questions à propos desquelles il choisit de statuer.

L'impact général de la question discutée a été réglementée par la loi 11.418 du 19 décembre 2006. D'après cette loi, le Tribunal fédéral suprême se prononce sur l'importance d'un point de vue « économique, politique,

[280] Aux Etats-Unis, le writ of certiorari a été crée par le *Judiciary Act* de 1925.

social ou juridique, allant au-delà de l'intérêt subjectif des parties du procès » de la question soulevée par un recours extraordinaire. Cette importance est aussi reconnue dans le cas où le recours extraordinaire attaque une décision contraire à la jurisprudence du Tribunal fédéral suprême. Comme le *writ of certiorari* du droit américain, au Brésil, pour que la question soit considérée comme importante, il suffit d'un quorum de quatre juges, ce qui établit un cadre plutôt favorable à la recevabilité des appels et réduit l'influence de la subjectivité des critères employés par les juges de la Cour.

L'impact général de la question discutée intègre un ensemble de mesures destinées à « rationnaliser » le contentieux constitutionnel au Brésil, de façon à permettre un fonctionnement plus efficace et plus rapide de la juridiction constitutionnelle, toujours menacée par la crise de surcharge. L'accroissement qui s'en suit du pouvoir du Tribunal fédéral suprême est directement lié à ces réformes législatives, la collaboration du Congrès national étant un facteur central dans la nouvelle place prise par le Tribunal au sein de la séparation des pouvoirs au Brésil dans le cadre de la Constitution de 1988.

TITRE 2

De nouveaux horizons : la nouvelle conception du rôle du Tribunal fédéral suprême dans la mise en œuvre de la Constitution

Les mesures législatives prises par le Congrès national sont un facteur important de l'accroissement du pouvoir du Tribunal fédéral suprême, mais ne sont pas pour autant la seule raison de cette montée en puissance. Dans le cadre de la Constitution de 1988, la Cour passe par une transformation conceptuelle de son rôle au sein des pouvoirs étatiques. Elle se présente dorénavant comme un organe dont la compétence principale est de rendre effective la norme constitutionnelle, en dépit de l'inertie des autres pouvoirs.

Cette nouvelle conception n'est pourtant pas exempte de contradictions. D'une part, soucieux de garder une légitimité vis-à-vis des autres pouvoirs, le Tribunal fédéral suprême se présente dans sa jurisprudence souvent comme un « législateur négatif », selon la réflexion kelsenienne classique, autrement dit un législateur qui n'a que le pouvoir d'empêcher l'édiction de normes incompatibles avec la Constitution. Son rôle serait ainsi très limité, puisqu'il n'inclut pas le pouvoir d'édicter de nouvelles normes générales et abstraites (Chapitre 1). D'autre part, concerné par l'efficacité maximale des dispositions constitutionnelles et confronté à l'omission des pouvoirs exécutif et législatif dans la mise en œuvre de la Constitution, le Tribunal se présente aussi comme un organe politique, dont la mission va bien au-delà de la simple déclaration de non-conformité des normes soumises à son contrôle (Chapitre 2).

CHAPITRE 1

Le paradigme de la retenue : le Tribunal, un législateur négatif

Dans le cadre de la Constitution de 1988, la délimitation de la fonction juridictionnelle du Tribunal fédéral suprême se fait par le droit positif aussi bien que par la jurisprudence de la Cour elle-même. D'un côté, un ensemble des dispositions normatives fixe le cadre d'action du Tribunal, en règlementant les articles 102 et suivants de la Constitution. D'un autre, le Tribunal prend soin de se présenter comme respectueux de la séparation des pouvoirs, principe non seulement positif mais aussi reconnu et développé par sa jurisprudence. Ce souci se manifeste dans le discours justificateur des décisions rendues et prend la forme de la théorie kelsenienne sur le rôle d'un tribunal constitutionnel dans le contrôle de conformité des normes à la Constitution (Section 1).

En outre, l'encadrement de la fonction juridictionnelle du Tribunal fédéral suprême se fait aussi par rapport à la mise en œuvre de la Constitution. La Cour adopte dans les justifications de ses décisions des théories qui affirment la primauté du législateur dans la règlementation et l'exécution des dispositions constitutionnelles. Le principe de légalité, qui établit la loi comme source primaire des droits et des obligations, jouera aussi un rôle important dans cet encadrement (Section 2).

SECTION 1. L'ENCADREMENT DU POUVOIR DU TRIBUNAL FÉDÉRAL SUPRÊME CONCERNANT L'ACTE JURIDICTIONNEL

Le Brésil configure un système extrêmement complexe de contrôle de constitutionnalité qui mélange des mécanismes aux logiques différentes, et même divergentes. D'une part, une logique kelsenienne a été empruntée à l'Europe pour établir un mode concentré de contrôle, dans sa conformation normative aussi bien que dans sa justification théorique et jurisprudentielle (§ 1). D'autre part, l'existence d'un mode diffus emprunté aux États-Unis impose les limites classiques de l'acte juridictionnel propres à la juridiction ordinaire, avec les effets restreints de l'autorité de la chose jugée et la théorie de la nullité de la loi déclarée non conforme (§ 2).

§ 1. Le jugement d'inconstitutionnalité dans le contrôle abstrait : un pouvoir d'empêcher

Dans le cadre des constitutions brésiliennes tout au long du XXème siècle, le contrôle de constitutionnalité abstrait a été construit et théorisé notamment par les principes juridiques et la jurisprudence des tribunaux. En effet, dans l'histoire constitutionnelle brésilienne, la traditionnelle formule normative a consisté à combiner la compétence du Tribunal fédéral suprême à juger l'action directe en inconstitutionnalité, avec une législation très concise sur son application concrète et ce, sans que la Constitution ne la définisse. La Constitution de 1988 inaugure une nouvelle période, avec des lois plus détaillées qui ont réglementé d'une façon plus complète et spécifique le mode abstrait, posant ainsi des limites plus précises à l'action de la Cour (A). Par ailleurs, le Tribunal fédéral suprême déploie une stratégie de légitimation dans les justifications de ses décisions, destinée à le présenter comme respectueux de la séparation des pouvoirs. Cette stratégie transite par l'utilisation du concept kelsénien de « législateur négatif » (B).

A. Les effets de décisions relevant du contrôle abstrait de constitutionnalité dans la législation procédurale

Le cadre normatif de l'action du Tribunal fédéral suprême se trouve d'abord, et d'une manière très concise, dans la Constitution de 1988. Son texte reproduit la systématique des constitutions précédentes pour affecter au Tribunal la compétence de juger, en premier et dernier ressort, les actions directes du contrôle abstrait, ainsi que, en appel, le recours extraordinaire du contrôle diffus.[281] Il n'y a pas d'attribution directe et explicite de compétence pour contrôler la constitutionnalité des normes.

Dans le contrôle abstrait, de même que dans le contrôle diffus, la procédure est juridictionnelle et contentieuse, car « lorsque le Tribunal fédéral suprême doit apprécier l'inconstitutionnalité (...) d'une norme légale ou d'un acte normatif [dans le contrôle abstrait], il cite tout d'abord l'avocat général de l'Union, qui défend l'acte ou le texte contesté. »[282] En effet, même s'il s'agit d'un procès objectif, donc sans parties et non lié à des intérêts concrets,[283] l'avocat général de l'Union a l'obligation

[281] Articles 34, 102 et 103 de la Constitution de 1988.
[282] Article 103, § 3 de la Constitution de 1988.
[283] D'après la jurisprudence du Tribunal fédéral suprême, les actions directes du contrôle concentré de constitutionnalité sont des procès objectifs, c'est-à-dire sans parties, non liés à la violation des droits subjectifs concrets et non assujettis aux règles procédurales ordinaires. Cf. Tribunal fédéral suprême. Rcl 397 MC-QO, Diário de Justiça, 21 mai 1993, p. 9.765 ; ADI 1.254-MC AgR., Diário de Justiça, 19 septembre 1997, p. 45-530.

constitutionnelle d'être le défenseur de l'acte normatif attaqué, la procédure étant contentieuse.[284]

Au niveau de la législation infra-constitutionnelle, la réglementation de l'action directe en inconstitutionnalité et de l'action déclaratoire en constitutionnalité est fixée par la loi n° 9868 du 10 novembre 1999. Pour l'action en violation d'un précepte fondamental, cette réglementation se trouve dans la loi n° 9 882 du 3 décembre 1999. Enfin, pour l'action d'inconstitutionnalité à finalité d'intervention fédérale[285], c'est la loi n° 4377 du 1 mai 1964 et la loi n° 5778 du 16 mai 1972 qui posent les normes applicables.

Principal instrument normatif du contrôle concentré, la loi n° 9868 du 10 novembre 1999 a apporté plusieurs innovations à la procédure déjà existante, héritée de la Constitution de 1967. Si l'on se réfère aux travaux parlementaires du projet de loi envoyé à la Chambre des députés, l'influence des droits allemand, portugais, espagnol et américain a été décisive pour la conception de la nouvelle procédure, la commission de rédaction du projet de loi faisant appel au droit comparé comme source d'inspiration pour la modernisation du contentieux constitutionnel brésilien. En effet, la loi en question adopte, entre autres exemples, la possibilité d'intervention de *l'amicus curiae* emprunté au droit américain, les décisions interprétatives du droit allemand, telles que l'interprétation conforme (*verfassungskonforme Auslegung)* et la déclaration d'inconstitutionnalité sans réduction de texte, aussi bien que la possibilité de modulation des effets temporels de la décision de non-conformité.[286] La jurisprudence du Tribunal fédéral suprême a aussi été une source importante d'influence dans l'élaboration du projet de loi.

Il y a cinq modalités d'actions directes, chacune liée à des effets particuliers établis par la Constitution et la législation ordinaire. Les possibilités de décisions à rendre sont ainsi encadrées par le droit positif. Il faut souligner que, à défaut d'une formulation précise et détaillée de la matière par les normes concernées, l'appareil juridique et la jurisprudence participent substantiellement à la construction des concepts tels que les

---

[284] L'avocat général de l'Union ne peut pas postuler la déclaration de non-conformité de la norme, étant obligé de la défendre. Cf. Tribunal fédéral suprême. ADI 1.254 AgR, *op. cit.*

[285] L'action d'inconstitutionnalité à finalité d'intervention fédérale permet l'intervention de l'Union dans un État fédéré. Son fondement est la violation, reconnue par le Tribunal fédéral suprême, des principes énumérés dans l'article 34, VII de la Constitution de 1988. D'après l'article 34, VII, l'intervention fédérale est autorisée en cas de violation, par un État fédéré, des principes suivants : « a) la forme républicaine, le système représentatif et le régime démocratique; b) les droits de la personne humaine; c) l'autonomie municipale; d) la reddition de comptes de l'administration publique, directe ou indirecte; e) l'affectation de la part minimale de recette des impôts subfédéraux, y compris celle provenant de transferts, à la gestion et au développement de l'enseignement. »

[286] Présidence de la République. Mensagem n° 396 du 7 avril 1997 [en ligne]. Disponible sur http://imagem.camara.gov.br/Imagem/d/pdf/DCD29ABR1997.pdf#page=25. (Consulté le 15/04/2014).

limites et les définitions caractéristiques des actions directes du contrôle concentré.

La première modalité, l'action d'inconstitutionnalité à finalité d'intervention fédérale, introduite dans l'ordre constitutionnel brésilien par la Constitution de 1934, a pour objet d'autoriser l'intervention de l'Union sur l'autonomie d'un État fédéré. Elle présuppose la reconnaissance juridictionnelle de la violation, par un État fédéré donné, d'un ou de plusieurs principes constitutionnels dits « sensibles », énumérés dans l'article 34, VII de la Constitution de 1988 : la forme républicaine, le système représentatif et le régime démocratique ; les droits de la personne humaine ; l'autonomie des communes ; la reddition de comptes de l'administration publique, directe ou indirecte ; et l'affectation de la part minimale de recette des impôts subfédéraux, y compris celle provenant de transferts, à la gestion et au développement de l'enseignement. Le droit de saisine est attribué exclusivement au procureur général de la République. Cette action directe est donc un mécanisme d'équilibre fédératif, permettant à l'Union de briser l'autonomie des États fédérés au profit de l'intégrité de l'ordre constitutionnel national.

La décision rendue a pour objet la reconnaissance (ou non) d'une violation des principes constitutionnels sensibles par le Tribunal fédéral suprême. Une fois reconnue une telle violation, le président de la République est autorisé à décréter l'intervention fédérale de l'Union dans un État fédéré donné. L'intervention de l'Union se fait toujours au moindre degré possible : le décret d'intervention se limite à suspendre l'exécution de l'acte contesté, sans une intervention directe, si cette mesure suffit à rétablir l'état normal des choses.

L'acte contrôlé n'est pas seulement un acte normatif de l'État fédéré en question, mais aussi une situation de fait qui autorise la reconnaissance de la violation des principes constitutionnels sensibles. Cette situation de fait peut inclure une omission aussi bien qu'une action. En effet, le Tribunal fédéral suprême a déjà jugé recevable et décidé une action d'inconstitutionnalité à finalité d'intervention fédérale ayant pour objet la violation des droits de l'homme de personnes mises en garde à vue dans l'État fédéré du Mato Grosso.[287]

La décision de conformité ou de non-conformité d'un acte normatif ou d'une situation de fait oblige le président de la République, et ne constitue pas une simple indication optionnelle. Elle a un effet *inter partes*, n'obligeant que l'Union et l'État fédéré donnés, et se résout dans le questionnement spécifique soumis au contrôle du Tribunal fédéral suprême.

Deuxième modalité, l'action directe en inconstitutionnalité, introduite par l'amendement constitutionnel n° 16 du 6 décembre 1965, est le principal

[287] Tribunal fédéral suprême. IF 114-MT, Diário da Justiça du 27 septembre 1996, p. 36_154. Dans ce cas, des détenus ont été brûlés vivants par la foule sous le regard des policiers, qui n'ont pas empêché le lynchage.

instrument du contrôle abstrait concentré. Elle a pour objectif de déclarer la non-conformité d'une norme juridique à la Constitution de 1988 et de l'éliminer de l'ordre juridique. Selon la tradition constitutionnelle brésilienne, sous l'influence du droit américain, la déclaration de non-conformité entraîne la nullité de la norme contrôlée, avec des effets rétroactifs (*ex tunc*).[288]

Action dont la compétence est du monopole du Tribunal fédéral suprême, son droit de saisine est accordé de façon restreinte à quelques autorités, telles que le président de la République et le procureur général de la République, ainsi qu'à quelques entités de la société civile, telles que les partis politiques et les fédérations syndicales, selon l'article 103 de la Constitution de 1988. Sous l'influence des principes constitutionnels allemands, les principes brésiliens et la jurisprudence du Tribunal fédéral suprême qualifient l'action directe en inconstitutionnalité de « procès objectif » (*objectives Verfahren*), car il n'y a pas de parties liées à l'instance ni litige relatif à un droit subjectif donné. Son objectif est donc la protection de l'ordre constitutionnel dans son ensemble et non des situations juridiques particulières.[289]

La norme contrôlée est une loi ou un acte normatif fédéral, d'un État fédéré ou du district fédéral. Il faut souligner que les amendements à la Constitution de 1988 sont soumis au contrôle de constitutionnalité en raison de l'existence des clauses d'éternité énumérées dans l'article 60, à savoir : la forme fédérative de l'État ; le suffrage direct, secret, universel et périodique ; la séparation des pouvoirs et les droits et garanties individuels. L'ampleur du pouvoir de contrôle sur le pouvoir législatif accordé au Tribunal fédéral suprême est donc considérable. Faute d'une prévision explicite dans le texte constitutionnel, les normes édictées par les communes sont exclues du contrôle concentré au regard de la Constitution fédérale.

Les décisions possibles dans l'action directe en inconstitutionnalité sont prévues par les articles 22 à 28 de la loi n° 9868 du 10 novembre 1999 : le Tribunal fédéral suprême peut déclarer une norme conforme ou non conforme à la Constitution (article 23), dans sa totalité ou en partie. Cette décision a l'effet de chose jugée *erga omnes*, avec effet contraignant pour les pouvoirs judiciaire et exécutif (article 28). Les décisions rendues sur l'inconstitutionnalité ne contraignent pas le législateur, qui reste libre d'édicter un nouvel acte législatif sur la même matière déjà déclarée inconstitutionnelle par le Tribunal fédéral suprême.[290] La décision étant déclaratoire, elle n'apporte aucune innovation à l'ordre juridique : soit la norme est jugée non conforme et abrogée, soit elle est jugée conforme et reste en vigueur.[291] La décision prend effet à partir de sa publication au journal officiel (*Diário da Justiça*).

---

[288] Mendes, Gilmar Ferreira et Ives Gandra da Silva Martins. *Controle concentrado de constitucionalidade*. *Op. cit.*, p. 404.

[289] Cf. Bulos, Uadi Lammêgo. *Curso de direito constitucional. Op. cit.*, p. 167.

[290] Cf. Tribunal fédéral suprême, Rcl 13.109 AgR. Diário de Justiça eletrônico, 12 mars 2014.

[291] Bulos, Uadi Lammêgo. *Curso de direito constitucional. Op. cit.*, p. 217.

Outre les décisions de conformité et non-conformité, la loi n° 9868 du 10 novembre 1999 prévoit, de manière accessoire, deux décisions interprétatives, appelées interprétation conforme et déclaration partielle d'inconstitutionnalité sans réduction de texte (article 28). Néanmoins, la loi n'établit pas une définition desdites décisions, laissant cette tâche à l'appareil juridique et à la jurisprudence. La principale source d'influence a été le droit allemand : l'interprétation conforme et la déclaration partielle d'inconstitutionnalité sans réduction de texte correspondent à la *verfassungskonforme Auslegung* et à l'*Unvereinbarerklärung* allemandes.[292]

La loi n° 9868 du 10 novembre 1999 permet aussi au Tribunal fédéral suprême de moduler les effets dans le temps de la déclaration de non-conformité (article 27), en cas de protection de la sécurité juridique ou de l'intérêt social, par le vote d'une majorité de deux tiers de membres de la Cour. Cette disposition normative abandonne alors le postulat de la nullité *ex tunc* de la loi inconstitutionnelle, traditionnel dans la tradition juridique brésilienne, [293] et apporte une innovation conceptuelle importante au contentieux constitutionnel brésilien.[294]

Troisième modalité, l'action directe en inconstitutionnalité par omission, introduite par la Constitution de 1988 et inspirée du droit constitutionnel portugais, a pour objectif de déclarer l'omission d'un organe législatif ou exécutif dans la mise en œuvre de la Constitution, combattant ainsi l'inertie des pouvoirs publics. Ainsi, « lorsque l'inconstitutionnalité est déclarée par défaut de mesures devant rendre effective une norme constitutionnelle, il en est donné connaissance au pouvoir compétent pour qu'il prenne les mesures nécessaires ; lorsqu'il s'agit d'un organe administratif, il est tenu de le faire dans un délai de trente jours ».[295]

La décision à rendre en action directe en inconstitutionnalité est établie par la Constitution elle-même et réitérée par la loi n° 9868 du 10 novembre 1999 : une fois l'omission déclarée, le Tribunal fédéral suprême ne peut pas édicter la norme manquante, il ne peut qu'avertir l'organe qualifié en omission. Cette conception a été confirmée par le Tribunal dans l'affaire ADI 1.458 – MC/DF.[296] Selon la Cour, « n'incombe pas au Tribunal fédéral suprême, sous l'éclairage des limites fixées par la Constitution elle-même, la

---

[292] *Ibid.*, p. 281.

[293] La jurisprudence du Tribunal fédéral suprême a retenu le postulat de la nullité de la norme inconstitutionnelle : « les actes normatifs inconstitutionnels sont nuls et dépourvus de toute efficacité juridique. La déclaration d'inconstitutionnalité englobe les actes antérieurs pratiqués en raison de la loi inconstitutionnelle ». Cf. Tribunal fédéral suprême. ADI 652-MA. Diário de Justiça, 02 avril 1993, p. 5.615.

[294] L'article 27 et la manipulation des effets dans le temps de la déclaration d'inconstitutionnalité ont été attaqués devant le Tribunal fédéral suprême par l'Ordre des avocats du Brésil (Barreau), sous l'allégation de méconnaissance des principes de la légalité de l'État de droit. La Cour a cependant déclaré ledit article conforme à la Constitution. Cf. Bulos, Uadi Lammêgo. *Curso de direito constitucional. Op. cit.* p. 268.

[295] Article 103, § 2 de la Constitution de 1988.

[296] Tribunal fédéral suprême. ADI 1.458 MC. Diário de Justiça, 20 septembre 1996, p. 34.531.

prérogative d'émettre des normes dans le but de suppléer l'inactivité de l'organe législatif en omission ». La solution est sans doute restrictive, marquant une limite explicite à l'intervention du Tribunal dans la sphère des compétences des pouvoirs législatif et exécutif, en raison de la séparation des pouvoirs.

Quant à la quatrième modalité, l'action déclaratoire en constitutionnalité, elle a pour objectif la déclaration de conformité d'un acte normatif, donnant ainsi un brevet de constitutionnalité à une loi dont l'interprétation est controversée dans les instances ordinaires. L'objet de l'action déclaratoire en constitutionnalité est plus restreint que celui de l'action directe en inconstitutionnalité : les normes contrôlées englobent uniquement des lois ou des actes normatifs fédéraux, les normes édictées par les États fédérés étant exclues.

L'action déclaratoire en constitutionnalité possède les mêmes règles procédurales que l'action déclaratoire en constitutionnalité, et ses décisions sont considérées comme complémentaires par la loi n° 9.868 du 10 novembre 1999 : la déclaration de conformité dans une action déclaratoire en constitutionnalité implique le rejet de l'action directe en inconstitutionnalité et vice-versa (article 23). Les décisions possibles sont donc de conformité ou de non-conformité, avec la possibilité de décisions interprétatives, à effet *erga omnes* et contraignant pour l'administration et les instances inférieures du pouvoir judiciaire.

Enfin, cinquième modalité, l'action en violation d'un précepte fondamental, créée par la Constitution de 1988, a pour objectif de déclarer la violation des principes constitutionnels fondamentaux, dont la définition est laissée à la jurisprudence et à l'appareil juridique. Sa réglementation se trouve dans la loi n° 9882 du 03 décembre 1999. L'objet de cette action est de protéger la suprématie des normes constitutionnelles spécifiques et non de la totalité du texte constitutionnel, à l'instar d'autres actions telles que celles définies en Autriche (*Beschwerde*), Espagne (*recurso de amparo*) et Allemagne (*Verfassungsbeschwerde*).[297] L'action est subsidiaire par rapport aux actions directes en constitutionnalité et inconstitutionnalité.

La protection de l'action en violation d'un précepte fondamental est offerte de façon préventive ou *a posteriori,* contre la violation d'un précepte fondamental par « un acte du pouvoir public », selon la loi n° 9882 du 03 décembre 1999 (article 1), les actes privés étant exclus du contrôle. Le droit de saisine est accordé aux mêmes autorités et entités titulaires de ce droit pour les actions directes en constitutionnalité et inconstitutionnalité. En ce qui concerne son origine, l'acte objet du contrôle peut être fédéral aussi bien qu'édicté par un État fédéré, même s'il est antérieur à la Constitution de 1988, ce qui donne à cette action un champ plus élargi que celui des autres actions directes. Une fois prise, la décision a un effet *erga omnes* et

---

[297] Neves, Daniel Amorim Assumpção. *Ações constitucionais*. São Paulo: Método, 2011, p. 69.

contraignant pour l'administration et les instances judiciaires inférieures (article 10, § 3). La modulation des effets des décisions dans le temps est admise (article 11).

D'après la doctrine juridique, l'action en violation d'un précepte fondamental va au-delà des actions directes en inconstitutionnalité et constitutionnalité, dans la mesure où son objectif, plus que de déclarer la conformité ou la non-conformité d'une norme, est d' « éviter ou de réparer une violation à un précepte fondamental par un acte du pouvoir public ».[298] Ladite action ne serait donc pas qu'un instrument ayant pour objectif la seule déclaration de conformité ou non-conformité des normes.[299] Une recherche sur la base de données du Tribunal fédéral suprême montre cependant que, concernant les onze actions en violation d'un précepte fondamental que nous y avons repérées, les décisions rendues ont été toutes, soit de conformité, soit de non-conformité, y compris les décisions interprétatives. [300] Il faut souligner que, au titre de l'une de ces décisions, le Tribunal a déclaré la non-conformité de plusieurs normes juridiques antérieures à la Constitution de 1988, cas particulier de l'action en violation d'un précepte fondamental.[301]

B. La doctrine du législateur négatif dans la jurisprudence du Tribunal fédéral suprême

D'après la théorie de Hans Kelsen, largement acceptée par la doctrine et la jurisprudence des tribunaux au Brésil, la justice constitutionnelle exerce une fonction législative en tant qu'organe qui annule une norme juridique non conforme à la Constitution. Selon le juriste de Vienne, « l'organe à qui est confiée l'annulation des lois inconstitutionnelles, même s'il reçoit – par l'indépendance de ses membres – l'organisation d'un tribunal, n'exerce cependant pas véritablement une fonction juridictionnelle. (…) Or annuler une loi, c'est poser une norme générale ; car l'annulation d'une loi a le même caractère de généralité que sa confection, n'étant pour ainsi dire que la confection avec un signe négatif, donc elle-même une fonction législative. » Pour que cette fonction n'empiète pas sur celle du Parlement, en méconnaissance de la séparation des pouvoirs, la justice constitutionnelle doit être strictement encadrée par la Constitution, que le juge constitutionnel ne fait qu'appliquer en tant que législateur négatif : « L'annulation d'une loi se produit essentiellement en application des normes de la Constitution. La libre création qui caractérise la législation fait ici presque complètement défaut. Alors que le législateur n'est lié par la Constitution que relativement à sa procédure, d'une façon exceptionnelle seulement quant au contenu des

---

[298] Ferrari, Regina Maria Macedo Nery. *Efeitos da declaração de inconstitucionalidade*. 5. éd. São Paulo, SP: Revista dos Tribunais, 2004, p. 484.

[299] Cf. Bulos, Uadi Lammêgo. *Curso de Direito Constitucional. Op. cit.*, p. 237.

[300] Recherche sur http://www.stf.jus.br/portal/jurisprudencia/ effectuée le 22 avril 2014.

[301] Cf. par exemple l'ADPF 130-DF. Tribunal fédéral suprême. ADPF 130-DF. Diário da Justiça Eletrônico, vol.208, 06/11/2009.

lois qu'il doit édicter et exclusivement par des principes ou directions générales, en revanche, l'activité du *législateur négatif* de la juridiction constitutionnelle, est absolument déterminée par la Constitution. Et c'est précisément en cela que sa fonction ressemble à celle de tout autre tribunal en général ; *elle est principalement application, dans une faible mesure seulement création du droit* ; elle est par suite véritablement juridictionnelle. »[302] La conciliation entre séparation des pouvoirs et contrôle de constitutionnalité se fait donc par l'interdiction d'édiction des normes générales par le tribunal constitutionnel, lequel n'a que le pouvoir d'empêcher l'édiction de normes contraires à la Constitution.

Soucieux de se présenter comme respectueux de la séparation des pouvoirs, le Tribunal fédéral suprême a développé une stratégie de légitimation dans les justifications de ses décisions au regard du pouvoir législatif et du principe constitutionnel de légalité[303], articulée au concept kelsénien de « législateur négatif ».

Tout d'abord, le concept de législateur négatif est employé pour limiter l'activité juridictionnelle du pouvoir judiciaire dans sa totalité, et non seulement celle du Tribunal fédéral suprême. En effet, dans l'affaire ARE 691.852 AgR du 05 novembre 2013, entre autres, le Tribunal a stipulé: « Cette Cour suprême établit qu'il est interdit au pouvoir judiciaire, sous prétexte de respecter le principe d'égalité, d'agir en tant que législateur positif pour créer des exemptions d'impôt non prévues par la loi. »[304]

Par la suite, le Tribunal fédéral suprême a invoqué la séparation des pouvoirs et le principe de légalité comme fondement de sa fonction de législateur négatif. Au Brésil, le principe de légalité est inscrit dans la Constitution de 1988 à l'article 5, II. Ce principe consacre la loi formelle, édictée par le Congrès national, comme source primaire des obligations et des droits dans tous les domaines du système juridique brésilien. Selon le Tribunal fédéral suprême, le pouvoir judiciaire ne peut pas se substituer au jugement objectif et rationnel du législateur, seul autorisé à créer de nouveaux droits et obligations, au moyen de la fonction législative. Dans l'affaire AI 360.461 AgR du 06 décembre 2005, la Cour statue :

---

[302] Kelsen, Hans. « La garantie juridictionnelle de la Constitution (la justice constitutionnelle) ». *Revue de Droit Public et de Science Politique en France et à l'Étranger*, 1928, p. 197-257.

[303] Ce principe, consacré en tant que norme constitutionnelle positive, exige l'édiction d'une loi pour la création d'une obligation ou d'un droit. D'après l'article 5 de la Constitution de 1988, « nul ne peut être contraint à faire, ou empêché de faire, quoi que ce soit si ce n'est en vertu de la loi ».

[304] Tribunal fédéral suprême. ARE 691.852 AgR. Diário de Justiça Eletrônico, vol. 229, 21/11/2013. Dans le même sens, *exempli gratia*, les affaires du Tribunal fédéral suprême ARE 638.634 AgR, Diário da Justiça Eletrônico, vol. 80, 29/04/2014 ; ARE 750.532, Diário da Justiça Eletrônico, vol. 64, 01/04/2014 ; RE 602.890 AgR, Diário de Justiça eletrônico, vol. 58, 25/03/2014 ; RE 551.455 AgR-ED-ED, Diário da Justiça Eletrônico, vol. 251, 19/12/2013 ; ARE 691.852 AgR, Diário da Justiça Eletrônico vol. 229, 21/11/2013 ; AI 629.082 AgR, Diário da Justiça Eletrônico vol. 217, 04/11/2013 ; RE 586.997 AgR, Diário de Justiça Eletrônico vol. 205, 16/10/2013.

« L'exigence constitutionnelle de loi formelle pour la concession d'exemptions d'impôt empêche le pouvoir judiciaire d'étendre ce bénéfice à ceux qui n'ont pas reçu le *favor legis*. L'extension d'une exemption d'impôt, par voie juridictionnelle, trouve une limitation absolue dans le dogme de la séparation des pouvoirs. Les magistrats et les tribunaux ne disposent pas d'une fonction législative – compte tenu du principe de la division fonctionnelle du pouvoir – et ne peuvent pas accorder, même sur le fondement de l'égalité, des exemptions fiscales aux personnes que le législateur, basé sur des critères impersonnels, rationnels et objectifs, n'a pas choisi comme bénéficiaires dudit avantage fiscal. Une conception dissemblable, qui accorde aux magistrats une telle fonction juridique anomale, équivaudrait à convertir le pouvoir judiciaire en inadmissible législateur positif, condition qui lui est refusée par la loi fondamentale de l'État. En ce qui concerne le contrôle de constitutionnalité des actes étatiques, le pouvoir judiciaire ne peut agir qu'en tant que législateur négatif ».[305] De même, dans l'affaire RE 322.348 AgR, la Cour a statué que « le principe de la réserve de loi [*id est*, le principe de légalité] est un postulat au caractère négatif, car il interdit toute intervention d'un organe étatique non-législatif pour créer des normes juridiques primaires. Cette clause constitutionnelle renforce aussi la subordination de l'administration et du pouvoir judiciaire aux normes étatiques issues exclusivement du législateur. Il n'incombe pas au pouvoir judiciaire, dans le domaine de la réserve de loi, d'agir en tant que législateur positif de façon à imposer ses propres critères, au détriment de ceux adoptés par le Parlement (...) en méconnaissance du principe constitutionnel de la séparation des pouvoirs ».[306]

Quant à la déclaration d'inconstitutionnalité ayant pour fondement le principe d'égalité, le Tribunal fédéral suprême a décidé qu'une éventuelle méconnaissance de ce principe ne peut pas entraîner l'extension, par le juge, d'un bénéfice quelconque à une catégorie non prévue par le législateur. Dans l'affaire HC 76.543, la Cour a statué : « S'il y a une inconstitutionnalité, le juge agit en tant que législateur négatif et déclare la non-conformité de la loi. [Il ne peut pas agir en tant que] législateur positif en élargissant les effets [de la loi non conforme] et en les étendant à des hypothèses non comprises [par

---

[305] Tribunal fédéral suprême. AI 360.461 AgR, Diário da Justiça Eletrônico vol. 55, 28/03/2008. Dans le même sens, *exempli gratia* : Tribunal fédéral suprême. RE 181.138. Diário da Justiça, 12/05/1995, p. 13.019; AI 138.344 AgR, Diário de Justiça 12/05/1995, p. 12.989 ; RE 179.026, Diário da Justiça 02/06/1995, p. 16.264 ; RE 179.153 Diário da Justiça 02/06/1995, p. 16.265 ; RE 181.178 Diário da Justiça 02/06/1995 p. 16.275 ; RE 182.129 Diário da Justiça 02/06/1995, p. 16.280 ; RE 182.315, Diário da Justiça 02/06/1995 ; RE 182.483 Diário da Justiça 02/06/1995, p. 16.284 ; RE 182.580 Diário da Justiça 02/06/1995 p. 16.285 ; RE 182.775, Diário da Justiça 02/06/1995 p. 16.288 ; RE 182.786 Diário da Justiça 02/06/1995 p. 16.289 ; RE 182.851 Diário da Justiça 02/06/1995 p. 16.290 ; RE 179.153 ED Diário da Justiça 29/11/1996 p. 47.113 ; RE 191.524 Diário da Justiça 28/02/1997 p. 4.074 ; AI 171.733 AgR Diário da Justiça 02/02/2001 p. 76.

[306] Tribunal fédéral suprême. RE 322.348. Diário da Justiça 06/12/2002, p. 74.

le texte]. (...) [Le traitement plus favorable] ne peut pas être étendu par le juge, en tant qu'interprète de la loi, sous peine d'usurper la compétence du législateur (...). »[307] C'est dans le même sens que l'affaire RE 196.590 signifie : « Si un décret est inconstitutionnel par méconnaissance du principe d'égalité, sa déclaration d'inconstitutionnalité aura pour effet de l'annuler, son texte ne pouvant donc pas être appliqué aux catégories [non prévues par le texte] (...). En ce qui concerne l'inconstitutionnalité d'un acte normatif, le pouvoir judiciaire agit en tant que législateur négatif, jamais comme législateur positif. La prétention des plaideurs est donc impossible (...). »[308]

En ce qui concerne l'objet de la demande, le Tribunal fédéral suprême a statué que celui-ci est « juridiquement impossible »[309] si le résultat réclamé par le plaideur implique la création d'une nouvelle norme au moyen d'une déclaration de non-conformité partielle. La Cour a aussi décidé d'être limitée par l'objet de la cause, dans les limites posées par le plaideur, la saisine blanche n'existant pas dans le système brésilien.[310] En effet, dans l'affaire ADI 896 MC, le Tribunal a affirmé: « Cette Cour est contrainte de se prononcer sur les dispositifs et sur les expressions [de la norme objet de la saisine] dont l'inconstitutionnalité a été soulevée [par les parties]. Elle ne peut pas déclarer l'inconstitutionnalité partielle si celle-ci change le sens ou la portée de la norme soumise au contrôle (dans ce cas, la déclaration de non-conformité doit englober la totalité de la disposition normative), car s'il en allait autrement cette Cour se transformerait en législateur positif, vu que la portée et le sens de la norme auraient été modifiés par la suppression de l'expression attaquée. Or, le contrôle de constitutionnalité des actes normatifs par le pouvoir judiciaire ne permet d'agir qu'en tant que législateur négatif. Par conséquent, (...) la prétention de la demande, la déclaration d'inconstitutionnalité posée [par le plaideur], ne remplit pas l'une des conditions de l'action directe, en l'occurrence sa possibilité juridique ». [311] Dans l'affaire ADI 2.645 MC, le Tribunal a résolu que « la déclaration d'inconstitutionnalité partielle ne peut pas amener à une inversion du sens non équivoque de la norme contrôlée. Une telle inversion de sens – de façon à rendre la loi désavantageuse à ceux auxquels elle devrait bénéficier – subvertit le pouvoir octroyé au Tribunal fédéral suprême par le

[307] Tribunal fédéral suprême. HC 76.543. Diário de Justiça, 17/04/1998, p. 6.

[308] RE 196.590, Diário da Justiça 14-11-1996 p. 44.492.

[309] Ce qui correspond à une irrecevabilité tenant à l'objet de l'action.

[310] Les lois n° 9868 du 10 novembre 1999 et n° 9882, du 3 décembre 1999obligent le plaideur à indiquer précisément les dispositions normatives qui font l'objet de la saisine, ce qui délimite obligatoirement la portée d'une action directe dans le contrôle abstrait. La saisine blanche n'existe donc pas dans le système juridique brésilien. Par ailleurs, le principe dispositif s'applique au contentieux constitutionnel brésilien. Dans l'affaire ADI 4.568, du 03 novembre 2011, la Cour a refusé de se prononcer sur l'inconstitutionnalité des dispositions législatives non attaquées par le plaideur, argumentant qu'un tel procédé méconnaitrait le principe constitutionnel du contradictoire. En effet, l'avocat général de l'Union n'aurait pas pu se prononcer sur les dispositions qui n'ont pas fait l'objet de la saisine.

[311] Tribunal fédéral suprême. ADI 896 MC. Diário de Justiça 16/02/1996, p. 2.997

contrôle concentré de constitutionnalité ».[312] De même, dans l'affaire MS 22.439, la Cour a statué qu'elle « ne peut pas changer le sens non équivoque de la norme, ne pouvant pas agir en tant que législateur positif mais seulement comme législateur négatif». [313] Finalement, d'après la jurisprudence du Tribunal, fédéral, la déclaration de non-conformité d'une partie du texte ne peut pas avoir comme résultat un énoncé normatif plus restrictif que la norme initialement soumise au contrôle de constitutionnalité.[314] En somme, le Tribunal fédéral suprême est soumis au principe dispositif[315] quant à la délimitation de la norme contrôlée, et son action ne peut pas créer un nouvel énoncé normatif qui remplace la norme inconstitutionnelle, avec un sens différent, notamment par la déclaration de non-conformité partielle.

Récusant toujours son pouvoir de législateur positif, la Cour a aussi refusé de combiner des critères contenus dans des lois qui seraient différents, pour créer une troisième – et nouvelle – norme. Dans l'affaire HC 97.977, le Tribunal déclare « inadmissible la combinaison de la peine prévue par la loi n° 6368 de 1976 avec la circonstance atténuante de la loi n° 11343 de 2006, puisque, en agissant ainsi, le juge agirait en tant que législateur positif, en créant une troisième loi, ce qui est interdit par notre ordonnancement juridique.[316]

Enfin, le Tribunal fédéral suprême a refusé d'assumer un rôle de législateur positif en utilisant les nouveaux instruments du contrôle de constitutionnalité adoptés sous le régime de la Constitution de 1988, tels que l'interprétation conforme et l'action directe en inconstitutionnalité par omission. La Cour a jugé que l'interprétation conforme ne peut pas entraîner l'exercice d'une fonction de législation positive : « Le principe de l'interprétation conforme (*verfassungskonforme Auslegung*) est un principe du contrôle de constitutionnalité et non simplement une règle d'interprétation. L'application de ce principe est pourtant limitée, dans la mesure où, en déclarant l'inconstitutionnalité d'une loi en contrôle abstrait, le Tribunal fédéral suprême agit en tant que législateur négatif, n'ayant pas le pouvoir (…) [de] créer une norme juridique différente de celle créée par le pouvoir législatif. Par conséquent, si la seule interprétation possible conforme à la Constitution est contraire au sens donné par le pouvoir

---

[312] Tribunal fédéral suprême. ADI 2.645 MC. Diário de Justiça 29/09/2006, p. 31. Dans le même sens : AI 153.334 AgR-EDv-AgR, Diário de Justiça 23/02/1996, p. 3.629.

[313] Tribunal fédéral suprême. MS 22.439, Diário de Justiça 11/04/2003, p. 27.

[314] Tribunal fédéral suprême. ADI 1.755, Diário da Justiça 18/05/2001 p. 431.

[315] Selon le principe dispositif, « les parties ont seules le pouvoir de déclencher, de conduire et d'arrêter l'instance, ainsi que de déterminer la matière litigieuse ». Les limites du litige sont donc déterminées par les parties, il étant interdit au juge de décider *extra* ou *ultra petita*. Cf. Bergel, Jean-Louis. « Introduction générale ». In Sénat. L'office du juge, 29-30 septembre 2006, Paris [en ligne]. Paris : Sénat, 2006. Disponible sur http://www.senat.fr/colloques/office_du_juge/office_du_juge.pdf [consulté le 15 octobre 2014].

[316] Tribunal fédéral suprême. HC 97.977, Diário da Justiça Eletrônico vol. 91, 21/05/2010.

législatif, [la Cour] ne peut pas employer l'interprétation conforme, ce qui impliquerait une création de norme juridique, du ressort du seul législateur positif. (...) Dans le cas objet de la saisine, l'emploi de l'interprétation conforme n'est pas compatible avec la finalité envisagée, de façon non équivoque, par le législateur, (...) [selon une] interprétation logique. »[317]

En outre, le Tribunal fédéral suprême a refusé de combler l'omission des autres pouvoirs au moyen d'une action en inconstitutionnalité par omission. En effet, dans l'affaire ADI 267 MC, la Cour a considéré que la réglementation de l'article 45, § 1 de la Constitution de 1988, disposant sur la fixation du nombre des députés fédéraux, demandait l'édiction d'une loi organique par le Congrès national. L'omission du pouvoir législatif pour édicter ladite loi organique « ne peut pas être comblée par n'importe quel autre acte étatique, notamment par un acte juridictionnel, même en provenance du Tribunal fédéral suprême. » Le Tribunal a affirmé sa condition de législateur négatif dans le contrôle de constitutionnalité, car la déclaration d'inconstitutionnalité, même en cas d'omission des pouvoirs étatiques, n'entraîne qu'un « jugement d'exclusion, qui enlève de l'ordonnancement juridique l'acte normatif non conforme ». Dans le contrôle de l'inconstitutionnalité par omission, la seule action possible est donc la communication au pouvoir compétent de la déclaration d'inconstitutionnalité par omission effectuée par le Tribunal fédéral suprême, et non le comblement direct de l'omission par la Cour elle-même.

En somme, le concept kelsénien de législateur négatif est très répandu dans la jurisprudence du Tribunal fédéral suprême. La Cour refuse très clairement un rôle créateur de normes *ex novo* en raison de la séparation des fonctions étatiques, face au pouvoir législatif comme au pouvoir exécutif. Ce refus s'applique à tout organe juridictionnel exerçant le contrôle de constitutionnalité, dans le mode abstrait aussi bien que dans le mode concret, compte tenu des particularités du système de contrôle de constitutionnalité à la fois diffus et concentré adopté au Brésil. La déclaration d'inconstitutionnalité n'entraîne par conséquent que l'abrogation de la norme contrôlée, sans que le pouvoir judiciaire puisse édicter une norme nouvelle qui remplace les critères adoptés par le législateur. D'après le Tribunal fédéral suprême, contrôler la constitutionnalité des lois ne confère qu'un pouvoir d'empêchement.

§ 2. L'effet restreint des décisions dans le contrôle concret et dans la juridiction ordinaire

Comme on l'a déjà vu dans le Titre 1, Chapitre 1, section 2, § 1, le Tribunal fédéral suprême exerce des fonctions de contrôle de constitutionnalité, aussi bien que d'autres fonctions en tant que juridiction suprême. La Cour est au sommet du pouvoir judiciaire brésilien et, en tant

[317] Tribunal fédéral suprême. RP 1.417, Diário da Justiça 15/04/1988, p. 8.397.

que telle, est soumise à des limites à la fois spéciales, liées à sa compétence exclusive pour le contrôle concentré, et générales, liées à ses compétences pour le contrôle diffus et pour d'autres litiges.

Alors que la compétence exclusive pour le contrôle concentré est limitée par une logique dite objective (procédure contentieuse ayant pour finalité la préservation de l'ordre juridique abstrait, avec des effets *erga omnes*, dans le cadre d'un procès sans partie), les compétences liées à d'autres litiges, y compris le recours extraordinaire du contrôle diffus de constitutionnalité, sont limitées par la logique générale de la procédure civile et pénale en vigueur au Brésil. La principale caractéristique de cette procédure est d'être circonscrite aux parties du litige, ce qui implique que les décisions ont une efficacité *inter partes*.[318] La Cour exerce ici une compétence strictement juridictionnelle, au sein d'une véritable procédure litigieuse entre deux parties. Il en est ainsi, par exemple, dans les cas des actions pénales contre le président de la République et des litiges opposant les uns aux autres des États fédérés, en particulier dans les recours extraordinaires, le contrôle diffus étant la source du plus grand nombre des questions soulevées devant le Tribunal fédéral.[319]

En dehors du contrôle de constitutionnalité concentré, la délimitation des effets des décisions du Tribunal fédéral suprême est induite par les limites générales imposées à l'autorité de la chose jugée par les codes de procédure. Dans la législation procédurale brésilienne, la chose jugée est définie comme « l'effet qui rend immuable et indiscutable la sentence, n'étant plus assujettie à aucun recours. » Une fois passée en force de chose jugée, la décision a « force de loi dans les limites du litige et des questions décidées ».[320] Autrement dit, « la chose jugée est l'immutabilité de la norme juridique individuelle exprimée dans le dispositif d'une décision judiciaire ».[321] Son objectif est d'assurer la stabilité des relations juridiques soumises à l'appréciation du pouvoir judiciaire, de façon à empêcher qu'elles soient rediscutées *ad infinitum*, sans qu'une décision judiciaire définitive ne soit rendue. De fait, la législation procédurale brésilienne empêche le juge de rediscuter une question déjà tranchée dans un procès donné.[322] Une fois

---

[318] Par exemple, le tribunal affirme, dans l'affaire Rcl 447, du 16 février 1995, que ses jugements dans les recours extraordinaires ne sont valables qu'entre les parties du procès, n'ayant pas un effet *erga omnes*. Cf. Tribunal fédéral suprême. Rcl 447, Diário da Justiça 31/03/1995, p. 7.772.

[319] L'article 102 de la Constitution de 1988 établit les compétences du Tribunal fédéral suprême et les classe en trois catégories : a) la compétence originaire, qui englobe les actions jugées en premier et dernier ressort par le tribunal ; b) la compétence en recours ordinaire, qui englobe les appels contre les décisions des tribunaux supérieurs dans certaines actions, ainsi que les infractions politiques ; et c) la compétence en recours extraordinaire, propre au contrôle diffus de constitutionnalité.

[320] Articles 467 et 468 du Code de procédure civile.

[321] Cf. Didier Jr., Fredie, Paula Sarno Braga, et Rafael Oliveira. *Curso de Direito processual civil*. Vol. 2. 6e éd. Salvador: Editora Podium, 2011, p. 418.

[322] Article 471 du Code de procédure civile.

épuisées toutes les voies de recours, le procès est clos et toute question le concernant est réputée définitivement résolue, dans l'affaire en question et dans n'importe quelle autre. Il faut souligner que, au Brésil, la chose jugée jouit d'une protection constitutionnelle, étant érigée en clause d'éternité par l'article 5, XXXVI de la Constitution de 1988.

L'autorité de la chose jugée n'est cependant pas sans borne, ses limites étant objectives et subjectives. Les limites objectives comprennent le litige, délimité par sa cause et par son objet, et les questions décidées[323]. En effet, l'autorité de la chose jugée ne touche qu'au conflit d'intérêts à résoudre dans le procès, ainsi qu'à toute question controversée concernant les questions juridiques et les faits contestés par les parties devant le juge.[324] Ledit conflit d'intérêt est défini et délimité à partir de ses composants, à savoir : les parties, la cause et l'objet. D'autre part, l'autorité de la chose jugée ne comprend que le dispositif de la sentence, c'est-à-dire la norme individuelle produite par le juge ou tribunal. D'après la législation procédurale, sont exclus de l'autorité de la chose jugée « la vérité des faits, établie en tant que fondement de la sentence », les motifs de la décision aussi bien que « les questions préjudicielles, décidées de façon incidente dans le procès ».[325]-[326]

Les limites subjectives, à leur tour, concernent les personnes atteintes par l'autorité de la chose jugée. En règle générale, l'autorité de la chose jugée ne touche que les parties à l'instance, celles qui ont participé au rapport processuel.[327] Son effet est donc *inter partes*.[328] Dans le système procédural brésilien, en principe, aucune personne ne peut être touchée par l'autorité de la chose jugée si elle n'a pas eu l'occasion d'accéder au pouvoir judiciaire pour se défendre, selon le *due process of law* et le principe du contradictoire.

La législation procédurale brésilienne impose ainsi l'impossibilité d'étendre les effets d'une décision de justice au-delà de ses limites objectives, concernant le litige et les questions décidées, aussi bien que

---

[323] Le code de procédure civile brésilien consacre dans son article 474 le principe *tantum iudicatum disputatum vel quantum disputari debebat,* appliqué au demandeur aussi bien qu'au défendeur. Selon ce principe, les questions décidées englobent aussi toute question qui aurait pu être alléguée par les parties, même si celles-ci ne l'ont pas fait dans le procès. Le demandeur et le défendeur sont alors empêchés de rediscuter ces questions dans une nouvelle action.

[324] Article 468 du code de procédure civile.

[325] Article 469 du code de procédure civile.

[326] Il faut souligner que, dans la procédure pénale, ce sont les faits imputés à l'accusé qui passent en force de chose jugée, et non la qualification juridique donnée aux faits par le parquet (article 110, § 2 du code de procédure pénale).

[327] Dans quelques cas, l'autorité de la chose jugée peut se produire *ultra partes*, comme dans le cas des créanciers solidaires (article 274 do code civil), des actions concernant l'état des personnes (article 472 du code de procédure civile) ou d'une action concernant des droits collectifs (article 103, II du code de protection du consommateur). Dans d'autres cas encore, cette autorité peut se produire *erga omnes*, comme dans l'usucapion et dans le contrôle de constitutionnalité concentré. Cf. Didier Jr., Fredie, Paula Sarno Braga, et Rafael Oliveira. *Curso de direito processual civil. Op. cit.*, p. 431.

[328] Article 472 du code de procédure civile.

subjectives, concernant les parties à l'instance. Ces limites sont applicables au Tribunal fédéral suprême dans le contrôle de constitutionnalité diffus, au moyen du recours extraordinaire, et dans l'exercice de ses compétences non liées au contrôle de constitutionnalité, telles que les actions pénales, l'*habeas corpus* et les conflits fédératifs, entre autres.

SECTION 2. L'ENCADREMENT DU POUVOIR DU TRIBUNAL FÉDÉRAL SUPRÊME RELATIF À LA MISE EN ŒUVRE DE LA CONSTITUTION

Le système juridique brésilien adopte le principe de la suprématie de la Constitution, ce qui est reconnu par l'appareil juridique aussi bien que par la jurisprudence du juge constitutionnel. D'après José Afonso da Silva, la rigidité constitutionnelle a pour conséquence la suprématie de la Constitution de 1988 comme principe fondateur du système politique. La Constitution « se place au sommet du système juridique du pays, auquel elle confère validité, et tous les pouvoirs ne sont légitimes que dans la mesure où elle les reconnaît et dans la proportion où elle les distribue ».[329] Pour Uadi Lammêgo Bulos, cette rigidité a pour conséquence que la Constitution est souveraine dans l'ordonnancement juridique (« *paramountcy* »), puisqu'elle fonde la validité de toute norme juridique dans le système normatif brésilien.[330] D'après Inocêncio Mártires Coelho, encore, la suprématie constitutionnelle entraîne l'abrogation de toute norme juridique non conforme, compte tenu du caractère de norme fondamentale attribué à la Constitution.[331]

Selon le Tribunal fédéral suprême, la suprématie de la Constitution est décisive dans le pouvoir d'organiser l'activité étatique, car la norme constitutionnelle est au fondement de la validité et de l'efficacité de tout acte de l'État.[332] Le pouvoir de signer des traités demeure même subordonné à cette suprématie de la Constitution de 1988, qui prévaut ainsi sur les engagements internationaux du Brésil.[333] Par ailleurs, la Cour a jugé que son intervention pour assurer la suprématie de la Constitution n'empiète pas sur le pouvoir législatif et ne constitue pas une violation de la séparation des pouvoirs.[334] L'activité de la Cour met en valeur le caractère éminemment politique de la justice constitutionnelle, car, en interprétant la Constitution pour assurer sa primauté, elle décide « sur la substance même du pouvoir ».[335] Tout compte fait, la Constitution étant rigide, elle domine

---

[329] Cf. Silva, José Afonso da. *Curso de direito constitucional positivo. Op. cit.*, p. 47.
[330] Cf. Bulos, Uadi Lammêgo. *Curso de direito constitucional. Op. cit.*, p. 56.
[331] Cf. Mendes, Gilmar Ferreira *et al. Curso de direito constitucional. Op. cit.*, p. 14.
[332] Tribunal fédéral suprême. ADI 2.215, *apud* Bulos, Uadi Lammêgo. *Curso de direito constitucional. Op. cit.*, p. 57.
[333] Tribunal fédéral suprême. MI 772 AgR, Diário da Justiça Eletrônico vol. 53, 20/03/2009.
[334] Tribunal fédéral suprême. MS 25.668. Diário da Justiça, 04/08/2006, p. 27.
[335] Tribunal fédéral suprême. ADI 3.345. Diário de Justiça Eletrônico, vol. 154, 20/08/2010.

toutes les autres normes juridiques produites par l'État et sert de fondement au contrôle de constitutionnalité dans les modes diffus et concentré.

En tant que norme suprême, la Constitution établit le mode de production des normes du système juridique brésilien (dimension formelle), aussi bien que le contenu des normes produites (dimension substantielle). C'est tout particulièrement le cas de la Constitution de 1988, dans laquelle cette dimension substantielle est très importante, et dont une grande partie du texte est consacrée à l'établissement des normes de fond concernant des droits de première, deuxième et troisième générations, ainsi que des normes de fond concernant différentes dimensions de la vie sociale brésilienne.

La Constitution de 1988 étant programmative, il faut la mettre en œuvre suivant des normes juridiques infra-constitutionnelles. À qui revient cette tâche, et comment la répartir ? D'après Kelsen, une telle concrétisation se fait par degrés, du plus général au plus particulier, de la Constitution à l'acte d'exécution qui conclut la chaîne normative.[336] La séparation des pouvoirs étant une norme constitutionnelle positive dans la Constitution de 1988, il incomberait au Tribunal fédéral suprême de particulariser de façon justifiée les normes juridiques pour les appliquer à des cas concrets et d'agir en tant que législateur négatif, s'abstenant d'édicter des normes abstraites et générales.

Au Brésil, la doctrine juridique et la jurisprudence ont enrichi cette conception de concepts autochtones, formés à partir du texte constitutionnel lui-même et de la nature de la norme constitutionnelle positive. Ces concepts ont permis aux juristes et aux tribunaux de forger des théories qui affirment à la fois la force normative (c'est-à-dire le caractère obligatoire) de la norme constitutionnelle et la primauté du législateur dans la mise en œuvre de la Constitution (§ 1). Par ailleurs, les conceptions brésiliennes des principes de légalité de l'État de droit, consacrés par la Constitution, contribuent à renforcer l'idée selon laquelle le pouvoir législatif serait le premier et principal agent étatique à devoir mettre en œuvre la Constitution (§ 2). Ces éléments ont un impact direct et immédiat sur l'action du Tribunal fédéral suprême, lequel les utilise pour mesurer l'extension de ses pouvoirs vis-à-vis des pouvoirs législatif et exécutif.

---

[336] « (…) L'ordre juridique est un système de normes générales et de normes individuelles qui sont unies les unes aux autres par le fait que la création de chacune des normes qui appartient à ce système est réglée par une autre norme du système, et, en dernière analyse par sa norme fondamentale. Une norme ne fait partie d'un ordre juridique que parce qu'elle a été posée conformément aux dispositions d'une autre norme de cet ordre. » Kelsen, Hans. *Théorie pure du droit*. Paris : LGDJ ; Bruxelles : Bruylant, 1999, p. 235.

§ 1. La doctrine juridique brésilienne de l'applicabilité des normes constitutionnelles et la primauté du législateur dans la mise en œuvre de la Constitution

En ce qui concerne la mise en œuvre de la Constitution, l'appareil juridique brésilien a développé un ensemble de concepts qui permettent de classer les normes constitutionnelles selon leur applicabilité, tout en leur reconnaissant une « force normative » (*id est*, un caractère obligatoire) en tant que normes juridiques. L'idée centrale est d'établir une gradation des normes constitutionnelles selon leur possibilité de produire des effets juridiques directement ou par intermédiation nécessaire des pouvoirs législatif et exécutif, ce qui est déterminant pour l'intervention du pouvoir judiciaire dans le processus de concrétisation de la Constitution. De tels classements ont leurs racines dans la doctrine juridique étrangère, notamment celle des Etats-Unis avec l'œuvre de Thomas M. Cooley, à laquelle se réfère déjà Rui Barbosa dans la première moitié du XXème siècle (A).

Par ailleurs, cet ensemble de concepts a été employé par le Tribunal fédéral suprême, qui les a utilisés dans sa jurisprudence pour justifier le caractère plus ou moins intense de ses interventions dans le procès de concrétisation de la Constitution de 1988. En effet, c'est sur cet ensemble conceptuel que le Tribunal s'est fondé pour s'autoriser à décider du degré de justiciabilité des matières soumises à son appréciation. Et c'est en référence à cet ensemble que le Tribunal impose des limites à son action vis-à-vis des autres pouvoirs étatiques. Parmi les classements dégagés par la doctrine juridique brésilienne, celui de José Afonso da Silva sur l'applicabilité des normes constitutionnelles est particulièrement important, exerçant une profonde influence dans les justifications des décisions du juge constitutionnel (B).

A. La mise en œuvre de la Constitution et l'intermédiation du législatif dans la doctrine juridique

La théorie brésilienne de l'applicabilité des normes constitutionnelles trouve ses antécédents dans la doctrine juridique étrangère. D'après la synthèse élaborée par André Ramos Tavares,[337] c'est avant tout l'œuvre de l'américain Thomas M. Cooley qui a constitué un apport central au développement de la réflexion brésilienne. Cooley, dans son ouvrage *A treatise on the constitutional limitations which rest upon the legislative power of the states of the American union*, crée la typologie classique qui divise les normes constitutionnelles en « *self-executing* » et «*not self-executing* ». Les premières, d'application directe, sont dotées de tous les éléments normatifs nécessaires pour que le droit prévu soit efficace et protégé. L'application des deuxièmes, au contraire, par manque de ces

[337] Tavares, André Ramos. *Curso de direito constitucional. Op. cit.*, p. 90 et ss.

mêmes éléments, demeure suspendue jusqu'à ce que la législation infra-constitutionnelle les complète, permettant ainsi la jouissance du droit accordé.

Vezzo Crisafulli, à son tour, a développé dans son ouvrage *La constituzione et le sue disposizione di principio* un classement qui divise les normes constitutionnelles en normes d'efficacité pleine (« *immediatamente precettive* »), auto-applicables et normes d'efficacité limitée, dépendantes de complémentation. Le principal atout de l'œuvre de Crisafulli a été de reconnaître un caractère obligatoire à toute norme constitutionnelle, sans exception, comme le souligne André Ramos Tavares. La Constitution est ainsi une véritable norme juridique et non plus un document tout simplement politique, un ensemble de conseils au législateur, sans valeur normative.

Enfin, Gustavo Zagrebelsky, dans son *Diritto constituzionale*, classe les normes constitutionnelles en normes d'efficacité directe et d'efficacité indirecte, celles-ci étant elles-mêmes divisées en normes d'efficacité différée (normes d'organisation qui nécessitent d'être complétées ultérieurement), normes de principe (établissant des principes généraux) et normes programmatiques.

Les théories étrangères sur l'applicabilité de la Constitution ont eu une profonde influence sur la doctrine juridique brésilienne depuis la première moitié du XXème siècle. La typologie proposée par Thomas M. Cooley a été reprise par Rui Barbosa, dans ses *Commentaires de la Constitution fédérale brésilienne*, de 1932, sous forme d'un classement qui divise les normes constitutionnelles en auto-exécutables et non auto-exécutables.

S'appuyant également sur la classification de Cooley, Manoel Gonçalves Ferreira filho propose dans son *Cours de droit constitutionnel* une division entre normes exécutables par elles-mêmes et normes non exécutables par elles-mêmes. Les premières sont indépendantes de toute complémentation pour leur application. Ce sont des « normes complètes », alors que les deuxièmes, « incomplètes », sont divisées en trois catégories : les normes programmatiques d'abord, qui établissent les politiques publiques, dont l'application dépend d'autres normes ; les normes de structuration, ensuite, qui créent des organes publics ; et enfin les normes conditionnées qui dépendent d'une complémentation par expresse détermination du pouvoir constituant.

Celso Bastos et Carlos Ayres Britto proposent, à leur tour, une classification fondée sur « l'immédiateté » de l'incidence de la norme constitutionnelle sur la réalité, tout en affirmant la prémisse selon laquelle toute norme juridique est censée produire des effets concrets. D'après ces auteurs, les « normes d'application » n'ont pas d'interstice et de marge de jeu entre leur édiction et la production de leurs effets. Elles se divisent en normes constitutionnelles qui n'ont pas besoin d'une réglementation (la Constitution elle-même apporte un degré suffisant de « normativité ») et celles qui permettent une complémentation de leur sens par la norme infra-constitutionnelle. En outre, les « normes d'intégration » n'ont pas d'incidence immédiate sur le réel. Elles peuvent requérir soit une complémentation nécessaire, soit une restriction de sens par la norme infra-constitutionnelle.

Luis Roberto Barroso pour sa part classe les normes constitutionnelles en trois grands groupes selon leur finalité : normes d'organisation, normes qui définissent des droits et normes programmatiques. Les premières créent et donnent une structure aux organes publics : elles précèdent toutes les autres, réglant la production des normes juridiques. Les deuxièmes posent les droits fondamentaux et les troisièmes, quant à elles, stipulent les fins et les programmes à réaliser par l'État. Les normes programmatiques ont cependant des effets immédiats, comme par exemple l'abrogation des normes non conformes déjà édictées.

De son côté, Maria Helena Diniz, dans son ouvrage « Normes constitutionnelles et leurs effets », divise les normes constitutionnelles en quatre grandes catégories : les normes à efficacité absolue qui correspondent à des clauses immuables de la Constitution ; les normes à efficacité pleine, qui ne dépendent pas d'une réglementation ultérieure ; les normes à efficacité limitable, en ce qu'elles permettent une restriction de leur sens par la législation infra-constitutionnelle ; les normes à efficacité dépendante de complémentation, qui ont besoin d'une norme infra-constitutionnelle pour produire des effets.

Finalement, la classification la plus importante, car la plus utilisée par la jurisprudence, est celle de José Afonso da Silva, appuyée sur l'œuvre de Crisafulli. Dans son ouvrage « L'applicabilité des normes constitutionnelles », l'auteur part du postulat selon lequel toute norme constitutionnelle est nécessairement pourvue d'efficacité juridique, c'est-à-dire de la possibilité de produire des effets juridiques en réglant directement la situation de fait qu'elle vise.[338] M. Silva reconnaît toutefois une différence de degré dans cette efficacité, ce qui lui sert de fondement pour proposer un classement qui divise les normes constitutionnelles en trois catégories : normes constitutionnelles à efficacité pleine, retenue et limitée ou réduite.

Les normes constitutionnelles à efficacité pleine « produisent, dès leur entrée en vigueur, tous leurs effets essentiels (ou ont la possibilité de les produire), tous leurs objectifs visés par le pouvoir constituant, parce que celui-ci a créé, dès leur édiction, une normativité suffisante ». Leur efficacité est donc « directe, immédiate et intégrale sur les intérêts objet de leur

[338] D'après Silva, contrairement à la doctrine américaine classique qui demande une intervention du législateur pour la mise en œuvre de l'intégralité du texte constitutionnel, « la doctrine moderne reconnaît la pleine efficacité et l'immédiate applicabilité de la majorité des normes constitutionnelles, même celles au caractère socio-idéologique, qui n'étaient jusqu'à récemment que des principes programmatiques. » La norme constitutionnelle est ainsi obligatoire et peut être appliquée en tant que norme juridique, n'étant pas qu'un « conseil » au législateur. Silva, José Afonso da. *Aplicabilidade das normas constitucionais*. 8e éd. São Paulo : Malheiros, 2012, p. 87.

réglementation juridique ».[339] Dans la terminologie de la doctrine classique, ces normes correspondent aux *self-executing norms.*[340] Comme exemple, José Afonso da Silva cite les dispositions constitutionnelles qui définissent les compétences des entités fédératives ou des organes de gouvernement aussi bien que celles qui établissent la fédération et la démocratie comme forme de l'État et du régime de gouvernement au Brésil.[341]

Les normes constitutionnelles à efficacité retenue ont elles aussi une efficacité immédiate et une incidence directe sur leur objet. Néanmoins, contrairement aux normes à efficacité pleine, ces normes prévoient « des moyens ou des concepts qui permettent de restreindre leur efficacité dans certaines limites, dans certaines circonstances ». Ces concepts sont, par exemple, « l'ordre public, la sécurité nationale ou publique, l'intégrité nationale, les bonnes mœurs, la nécessité ou l'utilité publique, le danger public imminent ».[342] Une fois prévues par une loi future, ces circonstances limitent l'efficacité des dispositions constitutionnelles en question, notamment en ce qui concerne les droits subjectifs et les avantages des citoyens. Tant que le législateur n'édicte pas la norme infra-constitutionnelle restrictive concernée, l'efficacité de ces dispositions constitutionnelles est pleine. En règle générale, les normes constitutionnelles à efficacité retenue demandent expressément dans leur texte l'intervention du législateur. Comme exemple, José Afonso da Silva cite la liberté fondamentale d'exercice d'une profession ou d'un métier, qui peut être limitée par des exigences liées à la qualification professionnelle.[343]

Les normes à efficacité limitée, enfin, ne produisent pas tous leurs effets dès leur seule entrée en vigueur. Leur efficacité est donc « indirecte, médiate et réduite » car elles ne produiront pas d'effet avant qu'une loi ultérieure ne soit édictée par le législateur. Pour Silva, le texte des constitutions actuelles reflète un compromis entre le libéralisme capitaliste et l'interventionnisme issu des idéaux socialistes, ce qui a produit comme résultat des textes

---

[339] *Ibid.*, p. 82.

[340] *Ibid.*, p. 100.

[341] Par exemple : « Il est de la compétence commune de l'Union, des États, du District fédéral et des municipalités de préserver les forêts, la faune et la flore » (article 23, VII) ; « Il appartient exclusivement au président de la République de nommer et démettre les ministres d'Etat » (article 84, I); « Le pouvoir législatif est exercé par le Congrès national, qui se compose de la Chambre des députés et du Sénat fédéral » (article 44) ; « La République fédérative du Brésil, formée de l'union indissoluble des États, des communes et du District fédéral, constitue un État démocratique de droit » (article 1er).

[342] Silva, José Afonso da. *Aplicabilidade das normas constitucionains. Op. cit.*, p. 82, 101.

[343] « Tout travail, métier ou activité professionnelle est libre, sous réserve des qualifications professionnelles *exigées par la loi* » (article 5, XIII italique ajouté). D'autres exemples : « Les postes, emplois et fonctions publics sont ouverts aux Brésiliens qui remplissent *les conditions établies par la loi* » (article 37, I, italique ajouté) ; « nul ne peut être privé de ses droits en raison de son adhésion à une croyance religieuse ou de son attachement à une conviction philosophique ou politique, sauf s'il les invoque pour se soustraire à une obligation légale imposée à tous et refuse d'accomplir le service de substitution *prévu par la loi* » (article 5, VIII, italique ajouté).

constitutionnels pleins de principes de droit économique et social. En effet, les constitutions modernes comportent un ensemble de dispositions réglant « tant les droits des travailleurs que la structure de l'économie et le statut du citoyen ». En particulier, d'après Silva, la Constitution de 1988 est un exemple de « Constitution dirigeante », définissant des finalités et des programmes pour instaurer un avenir démocratique pour le Brésil. Néanmoins, sa longueur et sa minutie nuisent à son efficacité et son applicabilité immédiate, car un certain nombre de normes n'ont été introduites dans le texte constitutionnel qu'en tant que principes ou schémas génériques que le législateur devrait développer au moyen de la législation infra-constitutionnelle ultérieure. [344] Telles sont les normes à efficacité limitée.

D'après Silva, les normes à efficacité limitée sont à leur tour classées en deux catégories : normes constitutionnelles de principe institutif ou organisateur et normes constitutionnelles de principe programmatique.

Les normes constitutionnelles de principe institutif ou organisateur contiennent le début ou le schéma des organes et des institutions de l'État. Elles laissent la création, la structuration ou la formation effective dudit organe à une loi organique ou ordinaire. C'est le cas de la structuration des territoires fédéraux[345] par une loi spécifique, issue du Congrès national, selon l'article 33 de la Constitution, ou de la création et organisation du Conseil de la République par la loi. [346] Les normes constitutionnelles en question peuvent être obligatoires, dans le cas où l'exigence d'une législation est impérative[347], ou bien permissives, dans le cas où la législation demandée n'est qu'une option donnée au législateur.[348]

Les normes constitutionnelles de principe programmatique, à leur tour, « sont des normes constitutionnelles pour lesquelles le pouvoir constituant, au lieu de régler immédiatement et directement une catégorie d'intérêts

---

[344] Silva, José Afonso da. *Aplicabilidade das normas constitucionais. Op. cit* p. 133 et ss.

[345] Les Territoires sont des entités territoriales crées par l'Union à partir de la division du territoire d'un ou de plusieurs États fédérés. Ils constituent une unité atypique de la fédération brésilienne. Contrairement aux États fédérés, ils sont subordonnés au gouvernement central et leur gouverneur est nommé par le président de la République.

[346] « La loi dispose sur l'organisation administrative et judiciaire des Territoires. » Les Territoires sont un composant spécial et extraordinaire de la fédération brésilienne. Créés et organisés par l'Union sur un espace géographique donné, ils ont un régime de gestion autonome, sous l'autorité d'un gouverneur nommé par le gouvernement central. Pour le Conseil de la République : « La loi réglemente l'organisation et le fonctionnement du conseil de la République » (article 90, § 2).

[347] Comme par exemple dans le cas de l'article 20, § 2 : « Une bande n'excédant pas 150 kilomètres au long des frontières terrestres est désignée comme 'zone de frontière' et considérée comme fondamentale pour la défense du territoire national ; son occupation et son utilisation *sont régies par la loi* » (italique ajouté).

[348] *Exempli gratia*, l'article 25, § 3 : « Les États *peuvent, par des lois complémentaires*, instituer des régions métropolitaines, des agglomérations urbaines et des microrégions, constituées par regroupement de communes limitrophes, pour intégrer l'organisation, la planification et l'exécution des fonctions publiques d'intérêt commun » (italique ajouté).

donnée, s'est limité à dessiner les principes qui doivent être accomplis par les organes étatiques (…), en tant que programmes des activités respectives, ayant pour but les finalités sociales de l'État ». [349] La Constitution de 1988 en est particulièrement riche, dans la tradition constitutionnelle inspirée de la Constitution de Weimar de 1919 et suivie par toutes les constitutions brésiliennes depuis celle de 1934. Ces normes ont pour objet de régir les intérêts socio-économiques, tels que la justice sociale et le droit à l'existence digne, la valorisation du travail et le développement économique. D'après Silva, les normes de principe programmatique sont classées en trois catégories.

Il identifie tout d'abord les normes programmatiques liées au principe de l'égalité pour lesquelles la Constitution exige de façon expresse l'édiction d'une loi, *exempli gratia* : elles correspondent aux «droits des travailleurs urbains et ruraux, outre ceux qui visent à l'amélioration de leur condition sociale, la participation aux bénéfices ou aux résultats de l'entreprise, indépendante de la rémunération et, exceptionnellement, la participation à la gestion de l'entreprise, *selon les termes de la loi* » (article 7, XI, italique ajouté) et à la « protection du marché du travail féminin par des mesures d'encouragement spécifiques, *selon les termes de la loi* » (article 7, XX, italique ajouté), ou encore à « *la loi* (qui) réprime l'abus de pouvoir économique visant à la domination des marchés, à l'élimination de la concurrence et à l'augmentation arbitraire des bénéfices » (article 173, § 4, italique ajouté).

En second lieu, Silva désigne les normes programmatiques liées aux pouvoirs publics, celles qui visent les pouvoirs publics, soit de l'Union, soit des États-membres et des communes. Comme exemple, l'auteur cite l'habilitation de l'Union à « élaborer et exécuter les plans nationaux et régionaux d'aménagement du territoire et de développement économique et social » (article 21, IX), ou bien encore le fait que « L'État garantit à tous le plein exercice des droits culturels et l'accès aux sources de culture nationale ; il soutient et encourage la valorisation et la diffusion des manifestations culturelles » (article 215).

En troisième lieu enfin, Silva identifie les normes programmatiques centrées sur l'ordre économico-social en général, dans des énoncés du type « l'ordre social a pour base la primauté du travail et pour objectifs le bien-être et la justice sociaux » (article 193) ou bien encore « l'ordre économique, fondé sur la valorisation du travail humain et sur la libre entreprise, a pour but d'assurer à tous une existence digne et conforme aux exigences de la justice sociale, conformément aux principes suivants (…) » (article 170).

Même si les normes programmatiques ne sont pas pourvues de tous les éléments nécessaires à la production directe de leurs effets, Silva leur attribue plusieurs conséquences sur le plan juridique, tout en refusant la théorie selon laquelle elles ne seraient qu'un « devoir moral » plutôt que

---

[349] Silva, José Afonso da. *Aplicabilidade das normas constitucionais. Op. cit.*, p. 135.

juridique.[350] Tout d'abord ces normes expriment l'objet de l'activité étatique et, dotées d'une fonction téléologique, donnent une direction à l'action de l'État. Elles sont aussi des principes généraux qui informent le régime politique et l'ordonnancement juridique, déterminant une orientation axiologique qui permet de comprendre le système juridique brésilien et de l'interpréter. Elles fournissent ainsi le système des valeurs qui rend possible l'interprétation des normes infra-constitutionnelles, tout en dépassant le simple subjectivisme du juge. Plus important, les normes programmatiques ont un impact direct sur la législation, en vigueur ou ultérieure, permettant de déclarer la non-conformité des lois déjà existantes ou qui seront édictées par le Parlement. Elles sont donc une contrainte imposée au pouvoir législatif et établissent des directives pour l'activité législative.[351]

Silva aborde aussi la question posée par le § 1 de l'article 5 de la Constitution de 1988, selon lequel « les normes qui définissent les droits et les garanties fondamentaux sont d'application immédiate ». Après avoir affirmé que cette disposition englobait les droits fondamentaux de l'article 5 et les droits sociaux de l'article 6, l'auteur souligne que la Constitution elle-même subordonne l'efficacité de plusieurs dispositions à l'édiction des lois pour leur mise en œuvre. Le paragraphe en question signifierait donc que les dispositions conditionnées à la complémentation législative sont d'application immédiate « autant que possible », dans la mesure des moyens des institutions, et que le pouvoir judiciaire ne peut pas les laisser sans application dans le cas concret.[352]

En somme, le système juridique brésilien a développé un riche ensemble de concepts permettant de classer les normes constitutionnelles selon leur applicabilité et leur efficacité juridique. Comme le note André Ramos Tavares, l'adoption de ces théories affirme implicitement la primauté du législateur dans la mise en œuvre de la Constitution de 1988 et, d'une certaine façon, l'impuissance du pouvoir judiciaire face à l'incomplétude du texte constitutionnel. Un certain nombre de dispositions de la Constitution de 1988 seraient ainsi non justiciables, et il serait interdit aux juges d'appliquer leur texte sans une intervention obligatoire du législateur.[353] Cette position réflexive sera reprise par le Tribunal fédéral suprême, qui l'emploiera pour mesurer son interaction avec les pouvoirs judiciaire et exécutif dans le cadre de la mise en œuvre de la Constitution.

---

[350] Pour Silva, cette théorie serait tout simplement une façon astucieuse de mettre à l'écart les normes constitutionnelles considérées comme « gênantes » par l'instance de mise en œuvre de la Constitution.

[351] Silva, José Afonso da. *Aplicabilidade das normas constitucionais. Op. cit.*, p. 152 et ss.

[352] *Ibid.*, p. 161.

[353] Cf. Tavares, André Ramos. *Curso de direito constitucional. Op. cit.*, p. 100.

B. La mise en œuvre de la Constitution et l'intermédiation du législatif dans la jurisprudence du Tribunal fédéral suprême

Le principe de l'applicabilité des normes constitutionnelles a été incorporé par le Tribunal fédéral suprême en tant que paradigme de retenue de son action et de celle du pouvoir judiciaire dans son ensemble, vis-à-vis des autres pouvoirs. En effet, la reconnaissance de l'efficacité pleine et de l'applicabilité immédiate de certaines dispositions constitutionnelles a permis au Tribunal de les appliquer directement ou, au contraire, de s'en abstenir dans le cadre de la concrétisation de la Constitution. Il faut souligner que la majorité des dispositions de la Constitution de 1988 ne demande pas expressément une réglementation infra-constitutionnelle[354], laissant par-là au Tribunal une large marge de manœuvre pour les déclarer directement applicables ou pas.

L'incorporation par le Tribunal fédéral suprême du principe de l'applicabilité des normes constitutionnelles se fait au moyen de deux classements dont l'utilisation est la plus fréquente : celui fondé sur l'œuvre de Cooley et Rui Barbosa (normes auto-applicables et non auto-applicables) et celui de José Afonso da Silva (normes à efficacité pleine, à efficacité retenue et à efficacité limitée ou réduite). Une recherche sur la base de données du Tribunal montre que le classement auto-applicable/non auto-applicable est largement plus employé, avec 439 arrêts. La classification de José Afonso da Silva, de son côté, compte 100 arrêts traitant de l' « efficacité pleine », 21 arrêts de l « efficacité retenue » et 38 arrêts renvoyant à l' « efficacité limitée ».[355] Même si les chiffres peuvent être surestimés car ils incluent des décisions répétées sur un même sujet, ils démontrent très clairement l'adhésion du Tribunal à la théorie de l'applicabilité des normes constitutionnelles. La Cour a enrichi ensuite ces concepts à partir de son activité juridictionnelle relative aux cas concrets qui lui ont été soumis.

En ce qui concerne les normes à efficacité pleine, la Cour a jugé que ces dispositions constitutionnelles ne servent pas à fonder une ordonnance d'injonction (*mandado de injunção*) pour combler une omission inconstitutionnelle du législateur.[356]Les normes constitutionnelles peuvent aussi être déclarées à efficacité pleine par l'utilisation de la législation

[354] Pour mémoire, les normes constitutionnelles programmatiques liées au principe de l'égalité demandent expressément dans leur texte l'édiction d'une loi pour en compléter le sens et leur donner ce que l'appareil juridique brésilien appelle de la « densité normative », c'est-à-dire les rendre applicables. On peut citer comme exemple l'emploi par le texte constitutionnel des expressions telles que « dans la forme de la loi », « fixé par la loi », « selon défini par la loi » ou « la loi disposera sur ».

[355] Recherche effectuée le 20 mai 2014 sur le site officiel du Tribunal : http://www.stf.jus.br/portal/jurisprudencia/pesquisarJurisprudencia.asp.

[356] Tribunal fédéral suprême. MI 2.889 AgR, Diário da Justiça Eletrônico vol. 112, 14/06/2013.

antérieure à la promulgation de la Constitution de 1988,[357] dans le cadre du processus que le système brésilien définit comme *réception*.[358]

Le Tribunal reconnaît ensuite comme ayant une efficacité pleine nombre de dispositions constitutionnelles, *exempli gratia*, dans le domaine des droits des citoyens : la gratuité des transports en commun urbains pour les personnes âgées de plus de 65 ans (art. 230, § 1) ;[359] l'accueil médical, hospitalier et scolaire gratuit pour les anciens combattants, étendu aux personnes à charge (art. 53, IV de l'Acte des dispositions constitutionnelles transitoires) ;[360] l'amnistie politique accordée aux personnes atteintes par les Actes institutionnels du régime dictatorial imposé à partir de 1964 (art. 8 de l'Acte des dispositions constitutionnelles transitoires) ; [361] le congé maternité d'au moins 120 jours, sans préjudice pour l'emploi et le salaire (art. 7, XVIII) ;[362] la gratification de Noël en faveur des retraités et pensionnés en référence à la valeur des rémunérations du mois de décembre de chaque année (art. 201, § 6) ;[363] la pension de retraite à 65 ans pour les hommes et 60 ans pour les femmes (art. 202, I).[364]

Dans le domaine de l'organisation de l'État, le Tribunal reconnaît comme ayant une efficacité pleine, entre autres, l'autonomie budgétaire et administrative du Défenseur publique[365](art. 134, § 2) ;[366] la définition des emplois à discrétion du gouvernement et des fonctions de confiance en tant que fonctions exclusivement de direction dans l'administration publique (art. 37, V) ;[367] l'interdiction des congés collectifs pour la magistrature (art. 93, XIII) ;[368]la réduction immédiate des traitements, rémunérations, avantages, suppléments de rémunération et pensions de retraite qui pourraient être perçus contrairement aux limites fixées par les dispositions constitutionnelles (art. 17 de l'Acte des dispositions constitutionnelles transitoires) ; [369] la fixation des traitements des magistrats, dans les limites

---

[357] Tribunal fédéral suprême. RE 169.091. Diário da Justiça, 04/08/1995, p. 22.522.

[358] Dans le système brésilien, les normes juridiques déjà en vigueur qui ne sont pas incompatibles avec une nouvelle Constitution, gardent leur efficacité et ne sont pas abrogées lors de l'entrée en vigueur du nouveau texte constitutionnel. En droit brésilien, ce phénomène est appelé réception.

[359] Tribunal fédéral suprême. AI 707.810 AgR. Diário da Justiça Eletrônico, vol.110, 06/06/2012.

[360] Tribunal fédéral suprême. RE 417.871 AgR. Diário da Justiça, 11/03/2005, p. 31.

[361] Tribunal fédéral suprême. MI 626. Diário de Justiça 18/06/2001, p. 3

[362] Tribunal fédéral suprême. RE 220.613. Diário da Justiça 02/06/2000, p. 13.

[363] Tribunal fédéral suprême. RE 184.147. Diário da Justiça, 25/08/1995, p. 27.457.

[364] Tribunal fédéral suprême. RE 169.815. Diário da Justiça, 11/11/1994, p. 30.649.

[365] Au Brésil, la Défenderie publique est une institution essentielle à la fonction juridictionnelle de l'Etat ; il lui appartient d'assurer le conseil juridique et la défense des indigents à tous les degrés de juridiction.

[366] Tribunal fédéral suprême. ADI 3.965. Diário da Justiça Eletrônico, vol. 065, 30/03/2012

[367] Tribunal fédéral suprême. ADI 3.706. Diário da Justiça Eletrônico, vol. 117, 05/10/2007.

[368] Tribunal fédéral suprême. ADI 3.823 MC. Diário de Justiça Eletrônico, vol. 147, 23/11/2007.

[369] Tribunal fédéral suprême. RE 285.706. Diário da Justiça, 26/04/2002, p. 80.

d'une différence qui ne peut pas dépasser 10 % entre chaque catégorie de magistrats (art. 93, V) ;[370] l'inviolabilité garantie aux conseillers municipaux pour leurs opinions, paroles et votes dans l'exercice de leur mandat (art. 29, VIII) ; [371]la fixation de la rémunération du maire, de l'adjoint au maire et des conseillers municipaux au cours de chaque législature pour la suivante, par le conseil municipal (art. 29, V).[372]

Dans le domaine des droits politiques, le Tribunal statue sur l'efficacité pleine des causes de déchéance ou suspension des droits politiques des citoyens (art. 15 de la Constitution de 1988).[373] Toutes ces dispositions ont donc la possibilité d'être directement appliquées par le pouvoir judiciaire sans requérir une intervention législative préalable.

Il faut souligner que le Tribunal s'écarte parfois de la doctrine juridique pour donner des effets différents à une des catégories du classement de José Afonso da Silva. Ainsi, dans l'article 93, la Constitution exige l'édiction d'une loi organique pour fixer le statut de la magistrature et pose, dans ses alinéas, des règles qui devront être suivies par ladite loi. Dans les affaires RE 272.219et ADI 3.823 MC,[374]la Cour reconnaît l'article en question comme une norme constitutionnelle de principe institutif, donc non directement applicable (selon la doctrine juridique), mais confère une application immédiate aux règles prévues par ses alinéas, avant même que la loi organique ne soit édictée.

En ce qui concerne les normes constitutionnelles à efficacité retenue, soumises aux restrictions ultérieures imposées par la loi ordinaire, le Tribunal fédéral suprême reconnaît en tant que telles notamment la liberté d'exercice de tout travail, métier ou activité professionnelle, sous réserve des qualifications professionnelles exigées par la loi (art. 5, XIII) ;[375] le droit de grève des fonctionnaires, exercé dans les limites posées par une loi organique (art. 37, VII) [376] et l'exercice des emplois à discrétion et les fonctions de confiance de préférence par les fonctionnaires occupant des postes de carrière technique ou professionnelle, dans les cas et conditions prévus par la loi (art. 37, V).[377] Le Tribunal juge par ailleurs que l'efficacité retenue d'une norme donnée n'empêche pas le contrôle de constitutionnalité de la législation qui la réglemente, celle-ci devant obéir aux termes fixés par le texte constitutionnel.[378]

---

[370] Tribunal fédéral suprême. RE 272.219. Diário da Justiça, 08/02/2002, p. 266.

[371] Tribunal fédéral suprême. RE 149544. Diário de Justiça 30/06/1995, p. 20.418.

[372] Tribunal fédéral suprême. RE 122521. Diário da Justiça, 06/12/1991, p. 17.827.

[373] Tribunal fédéral suprême. AP 470. Diário da Justiça Eletrônico, vol. 74, 22/04/2013.

[374]*Op. cit. supra.*

[375] Tribunal fédéral suprême. ADI 3.541. Diário da Justiça Eletrônico, vol. 57, 24/03/2014; RE 635.023 ED. Diário da Justiça Eletrônico, vol. 30, 13/02/2012; RE 414.426. Diário da Justiça Eletrônico, vol. 194, 10/10/2011.

[376] Tribunal fédéral suprême. AI 618.986 AgR. Diário da Justiça Eletrônico, vol. 102, 06/06/2008.

[377] Tribunal fédéral suprême. RMS 24.287. Diário da Justiça, 01/08/2003, p.142.

[378] Tribunal fédéral suprême. ADI 2.549. Diário da Justiça Eletrônico, vol. 189, 03/10/2011.

Concernant les normes constitutionnelles à efficacité limitée, dont l'application ne peut pas se faire sans l'intermédiation du législateur, le Tribunal fédéral suprême reconnaît en tant que telles l'accès des Brésiliens et des étrangers aux postes, emplois et fonctions publiques, selon la forme établie par la loi (art. 37, I) ;[379] l'exercice des emplois à discrétion et des fonctions de confiance de préférence par les fonctionnaires occupant des postes de carrière technique ou professionnelle, dans les cas et conditions prévus par la loi (art. 37, V) ;[380] la création, l'incorporation, la fusion et le démembrement de communes, sous réserve de l'observation des conditions imposées par une loi organique fédérale (art. 18, § 4) ;[381] le taux d'intérêt réel ne pouvant pas dépasser 12% par an (art. 192, § 3) ;[382] le droit de grève des fonctionnaires (art. 37, VII) ;[383] le préavis proportionnel au temps de service, selon les termes de la loi, en aucun cas inférieur à 30 jours (art. 7, XXI) ;[384] l'impôt sur les revenus ne frappant pas, selon les termes et limites fixés par la loi, les revenus des retraites et pensions payés par les systèmes de prévoyance sociale de l'Union, des États fédérés, du District fédéral et des communes à des personnes âgées de plus de 65 ans dont les ressources proviennent exclusivement de revenus du travail (art. 153, § 2, II) ;[385]et la politique agricole planifiée et exécutée selon les formes de la loi avec la participation effective du secteur productif comprenant les producteurs et les travailleurs ruraux, ainsi que des secteurs de commercialisation, de stockage et de transports (art. 187).[386]

Enfin, une recherche sur les nombreux arrêts qui utilisent les catégories de Cooley et Rui Barbosa (auto-applicables, non auto-applicables) montre que celles-ci sont employées comme synonymes du classement de José Afonso da Silva, de façon interchangeable. C'est ainsi que le Tribunal déclare comme non auto-applicables, entre autres, le plafond de la rémunération des fonctionnaires (art. 37, XI) ;[387] la pension de retraite, garantie selon les termes de la loi (art. 202) ;[388] la définition des cas d'inéligibilité et les délais d'extinction de celle-ci afin de préserver la probité dans l'administration, la moralité dans l'exercice du mandat, compte tenu du passé du candidat, ainsi que pour protéger le déroulement normal et légitime des élections de l'influence du pouvoir économique ou de l'exercice abusif

[379] Tribunal fédéral suprême. RE 602.912 AgR. Diário da Justiça Eletrônico, vol. 233, 02/12/2010.
[380] Tribunal fédéral suprême. ADI 3.706. Diário da Justiça Eletrônico, vol. 117, 05/10/2007.
[381] Tribunal fédéral suprême. ADI 3.689. Diário da Justiça Eletrônico, vol. 047, 29/06/2007.
[382] Tribunal fédéral suprême. RE 495.579 AgR. Diário da Justiça, 02/02/2007, p. 149.
[383] Tribunal fédéral suprême. MI 585. Diário da Justiça, 02/08/2002, p. 59.
[384] Tribunal fédéral suprême. MI 278. Diário da Justiça, 14/12/2001, p. 28.
[385] Tribunal fédéral suprême. MS 22.584. Diário da Justiça Eletrônico, vol. 74, p. 25/04/2008.
[386] Tribunal fédéral suprême. ADI 1.330 MC. Diário da Justiça, 20/09/2002, p. 87.
[387] Tribunal fédéral suprême. RE 332.934 AgR, Diário da Justiça Eletrônico, vol. 239, 19/12/2011.
[388] Tribunal fédéral suprême. AI 710.580 AgR. Diário da Justiça Eletrônico, vol. 120, 24/06/2011.

des fonctions, postes ou emplois de l'administration publique directe et indirecte (art. 14, § 9) ;[389] le droit de grève des fonctionnaires (art. 37, VII) ;[390] le taux d'intérêt réel limité à 12% par an (art. 192, § 3) ;[391] et la garantie d'un salaire minimum mensuel aux personnes handicapées et aux vieillards qui démontrent ne pas disposer des moyens de pourvoir à leur propre subsistance ou d'y faire pourvoir par leur famille, conformément à ce que dispose la loi (art. 203, V).[392]

En revanche, sont considérés comme auto-applicables, *exempli gratia*, l'obligation de révision des pensions de retraite à chaque modification de la rémunération des fonctionnaires en activité, dans la même proportion et à la même date (art. 40, § 4) ;[393] le cumul de temps passé dans l'administration publique et celui des activités privées rurales et urbaines, pour le calcul du temps de contribution dans le cadre des prestations de la sécurité sociale ; [394] et les traitements des magistrats fixés avec une différence en aucun cas supérieure à 10 %entre les différentes catégories professionnelles de la magistrature (art. 93, V).[395]

Il faut souligner que le Tribunal fédéral suprême dans la majorité de ses décisions déclare les normes constitutionnelles soumises à son contrôle comme étant non auto-applicables. En effet, un échantillon des décisions rendues sur une période de dix ans, de 2002 à 2012, montre que treize normes ont été déclarées comme non auto-applicables,[396] soit la majorité des dispositions constitutionnelles examinées, tandis que six seulement ont été déclarées auto-applicables.[397] Il est donc possible d'affirmer que la Cour utilise ce classement comme facteur de retenue vis-à-vis des autres pouvoirs, notamment du pouvoir législatif, dans le cadre de la séparation des pouvoirs et des exigences imposées par le principe de légalité.

L'adhésion du Tribunal fédéral suprême au principe de l'applicabilité des normes constitutionnelles est ainsi bien ancrée dans la conception brésilienne de la séparation des pouvoirs. Ce principe sert alors à poser des limites à l'action des tribunaux vis-à-vis des autres pouvoirs dans le cadre de la mise en œuvre de la Constitution, tout en créant un domaine exclusif d'action pour le législateur et l'exécutif. En revanche, d'après le Tribunal, l'application directe des dispositions déclarées auto-applicables par le

---

[389] Tribunal fédéral suprême. Rcl 6.534 AgR. Diário da Justiça Eletrônico, vol. 197, 17/10/2008.

[390] Tribunal fédéral suprême. RE 510.725 AgR. Diário da Justiça Eletrônico, vol. 112 20/06/2008.

[391] Tribunal fédéral suprême. RE 562.723 AgR. Diário da Justiça Eletrônico, vol. 117, 27/06/2008.

[392] Tribunal fédéral suprême. RE 390.966 AgR. Diário da Justiça, 29/09/2006, p. 63.

[393] Tribunal fédéral suprême. RE 434.904 AgR. Diário da Justiça, 24/11/2006, p. 72.

[394] Tribunal fédéral suprême. AI 423.216 AgR. Diário da Justiça, 04/03/2005, p. 26.

[395] Tribunal fédéral suprême. RE 272.219. Diário da Justiça, 08/02/2002, p. 266.

[396] Ces normes sont les articles 37, XI ; 201, § 3 ; 202, *caput*; 192, § 3; 14, § 9; 37, VII; 203, V; 153, § 2, II; 39, § 1; 37, V; 201, § 2; 202, I et 93, X.

[397] Ces normes sont les articles 40, § 8 ; 236, § 3 ; 40, § 5; 29; V; 202, § 2 et 40, § 4.

pouvoir judiciaire ne méconnaît ni la séparation des pouvoirs ni le principe de légalité.[398]

§ 2. Le principe de légalité et l'État de droit : la loi comme source primaire du droit

L'encadrement de l'action du Tribunal fédéral suprême dans le système juridique brésilien se fait aussi par des dispositions normatives de la Constitution de 1988 liées à l'organisation de l'État et à la production des normes juridiques en tant que sources des droits et des obligations pour les citoyens. Dès sa promulgation, le texte constitutionnel a songé à garantir que la nouvelle démocratie ne s'écarte pas de la légalité, qui la ferait basculer vers un retour en arrière dictatorial, et a consacré dans son premier article l'État de droit comme principe phare de l'organisation étatique du nouveau régime. En outre, le principe de légalité a été inscrit parmi les droits fondamentaux de l'article 5, érigé à son tour en clause immuable par l'article 60. L'intention du constituant a été donc d'assurer le respect du droit positif par les pouvoirs qui gouvernent le pays, ainsi que d'inscrire la loi formelle, produite par le Congrès national, au centre du système juridique. La loi démocratiquement votée aura été dorénavant retenue comme seule source des obligations imposées aux citoyens du Brésil dans le cadre du régime démocratique consacré par la Constitution de 1988. Ces principes, dont le texte normatif est assez indéterminé, seront ensuite construits par le discours juridique, qui leur donnera la densité conceptuelle nécessaire à leur application pratique (A).

Le Tribunal fédéral suprême participe lui aussi à cette construction théorique concernant l'État de droit et le principe de légalité, notamment par une jurisprudence qui distille graduellement un concept de loi dépassant largement une définition exclusivement formelle, c'est-à-dire celle de la loi comme norme produite par le pouvoir législatif (B).

A. L'État de droit et le principe de légalité en tant que norme juridique positive

L'article premier de la Constitution de 1988 établit que la République fédérative du Brésil « constitue un État démocratique de droit ».[399] Cette

---

[398] Tribunal fédéral suprême. AI 276.786 AgR. Diário da Justiça, 25/04/2003, p. 35.

[399] L'expression « État démocratique de droit » choisie par le pouvoir constituant de 1988 s'inspire de l'article 2 de la Constitution portugaise de 1976, selon lequel « la République portugaise est un État de droit démocratique ». Sur les origines historiques de la Constitution de 1988, cf. Bonavides, Paulo. *História constitucional do Brasil*. 3. éd. Rio de Janeiro, Paz e Terra, 1991, p. 449 *et seq.;* Barbosa, Leonardo Augusto de Andrade.*História constitucional brasileira : mudança constitucional, autoritarismo e democracia no Brasil pós-1964*.Brasília : Câmara dos Deputados, Edições Câmara, 2016, p. 145-248 ; Barroso, Luís Roberto. Doze anos da Constituição brasileira de 1988: uma breve e acidentada história de

énonciation très nette tient aux circonstances historiques de promulgation de la Constitution de 1988, à la sortie d'un régime dictatorial qui a beaucoup marqué les esprits au Brésil depuis les années 1960. A l'aube de la « nouvelle République » inaugurée par l'ouverture politique des années 1980, le constituant affirme par cette formule très claire, dès le premier article du texte constitutionnel, l'intention de bâtir un nouveau régime de respect de la légalité et de la démocratie. Cette conception est ensuite enrichie par des dispositions constitutionnelles qui définissent les caractéristiques du régime.

La conception brésilienne de l'État démocratique de droit est construite par le discours juridique, d'abord en reprenant les éléments classiques de l'État de droit libéral, dont le principal est la soumission de l'État à la loi. Celle-ci est définie comme acte général et abstrait issu d'un Parlement démocratiquement élu et non plus comme l'expression de la volonté arbitraire d'un dictateur.[400] La séparation des pouvoirs est également capitale, dans un cadre où la production législative est déléguée à un Parlement et où l'impartialité des juges est assurée face aux intérêts privés et autres pouvoirs. Enfin, la garantie des droits de l'homme est aussi fondamentale pour la caractérisation de l'État de droit.[401]

Il faut souligner que le système brésilien marque un refus explicite de la conception kelsénienne, purement formelle, selon laquelle l'État et la loi s'équivalent et tout État serait donc un État de droit. En effet, José Afonso da Silva observe qu'un telle conception est déformatrice du fait qu'elle permet la justification de n'importe quel régime dictatorial, tout en transformant l'État de droit en simple État légal.[402] Le rejet du concept kelsénien est particulièrement compréhensible, compte tenu des deux expériences dictatoriales vécues par le Brésil au cours du XXème siècle, où les dictateurs ont néanmoins gardé un strict lien avec une légalité formelle, même si elle était illégitime, dans l'exercice de leurs pouvoirs. En effet, les constitutions dictatoriales de 1937 et 1967 donnaient une apparence de légalité à de systèmes normatifs qui exprimaient plutôt la volonté d'un *duce* que celle du peuple.

En outre, la conception brésilienne de l'État démocratique de droit incorpore une affirmation des droits sociaux au-delà des droits fondamentaux de première génération du libéralisme du XIXème siècle.[403] La Constitution de 1988 donne suite à la tradition constitutionnelle brésilienne qui, depuis la Constitution de 1934, adopte des éléments du *welfare state*, sous l'inspiration initiale de la Constitution allemande de Weimar. La promotion de l'égalité réelle, fondée sur la dignité humaine, est

---

sucesso. In: *Temas de direito constitucional*. 2. éd. Rio de Janeiro: Renovar, 2006, v. 1, p. 3-48.

[400] Bulos, Uadi Lammêgo. *Curso de direito constitucional. Op. cit.*, p. 412

[401] Cf. Silva, José Afonso da. *Curso de direito constitucional positivo. Op. cit.*, p. 114-115.

[402] *Ibid.*, p. 116.

[403] Mendes, Gilmar Ferreira *et al. Curso de direito constitucional. Op. cit.*, p. 170.

ainsi une valeur centrale dans l'État de droit brésilien et constitue son élément matériel. Plus important, la qualification « démocratique » impose la participation du peuple non seulement dans la composition des instances représentatives, telles que le Congrès national, mais aussi dans le processus continu de gouvernement et de gestion de l'État.

Dans son ensemble, les éléments de la conception brésilienne de l'État démocratique de droit trouvent leur expression dans le texte constitutionnel. C'est ainsi que l'article 1 affirme que « tout pouvoir émane du peuple, qui l'exerce par l'intermédiaire de représentants élus ou directement, selon les termes de la présente Constitution ». Ce pouvoir est exercé dans le but de construire « une société libre, juste et solidaire » (art. 3, I), au moyen d'une participation croissante du peuple aux décisions et à la formation des actes de gouvernement. A cet effet, la Constitution établit une démocratie semi-directe et son article 14 dispose que « la souveraineté populaire s'exerce par le suffrage universel et le scrutin direct, égal et secret et, selon les termes de la loi, par le plébiscite, le référendum et l'initiative populaire [des lois]. » De même, au niveau des communes, le texte constitutionnel établit « la coopération des associations représentatives à la planification municipale » et « l'initiative populaire des projets de loi d'intérêt particulier de la commune, de la ville ou des quartiers, à la demande d'au moins 5 % de l'électorat » (art. 29, XII et XIII). Pour un meilleur contrôle populaire des comptes publics, « les comptes des communes demeurent 60 jours par an à la disposition de tout contribuable pour examen et appréciation ; celui-ci peut en mettre en cause la légitimité, selon les termes de la loi » (art. 31, § 3). En ce qui concerne l'initiative populaire des lois, celle-ci « peut être exercée par le dépôt à la Chambre des députés d'un projet de loi souscrit par au moins 1 % de l'électorat national, réparti sur au moins cinq États fédérés, dont au moins 0,3 % des électeurs de chacun de ceux-ci. » (art. 61, § 2). La participation de la collectivité est aussi obligatoire dans le cadre de l'organisation et la gestion des services publics de santé (art. 198, III), comme dans celui de la définition des politiques et du contrôle des actions à tous les niveaux du domaine de l'aide sociale (art. 204, II).

Le système juridique construit le principe de l'État démocratique de droit comme englobant un certain nombre de principes capitaux énoncés par la Constitution de 1988.[404] Il y a d'abord le principe de constitutionnalité qui fonde l'État sur la légitimité d'une Constitution consolidée, issue de la volonté populaire, pourvue de suprématie dans le système juridique et garantie par le libre exercice de la justice constitutionnelle. Grâce au principe démocratique, le Brésil constitue une démocratie représentative, participative et pluraliste, où les droits fondamentaux individuels, collectifs, sociaux et culturels sont assurés. On trouve ensuite le principe de la justice sociale en tant que principe directeur de l'ordre social et économique (art. 170 et 193). À travers lui, la Constitution ouvre la porte à la réalisation de la démocratie

[404] Cf. Silva, José Afonso da. *Curso de direito constitucional positivo. Op. cit.* p. 124.

sociale et culturelle, sans pourtant avancer jusqu'à la réalisation de la démocratie économique. Apparaissent aussi comme des principes directeurs de l'État démocratique de droit brésilien, le principe d'égalité (art. 5, *caput* et I), de séparation des pouvoirs (art. 2) et de l'indépendance du juge (art. 95), de légalité (art. 5, II) et de sécurité juridique (art. 5, XXXVI à LXXIII).

Le Tribunal fédéral suprême adopte aussi une conception matérielle du principe de l'État démocratique de droit et contribue à sa construction par la jurisprudence. C'est ainsi que la Cour considère le principe de sécurité juridique[405] comme élément de l'État de droit pour protéger la bonne foi et la confiance du citoyen.[406] En outre, dans la saisine de la juridiction pénale, le parquet doit, dans son réquisitoire introductif, décrire les faits de la façon la plus détaillée possible et les qualifier, la description générale des faits étant incompatible avec l'État de droit.[407] Sont aussi considérés comme faisant partie de la conception matérielle de l'État de droit, le droit à la défense dans le cadre d'une poursuite pénale [408], *l'habeas corpus*, l'exercice de la fonction juridictionnelle de façon exclusive par les magistrats[409], le droit à la protection par l'autorité judiciaire[410], l'existence des partis politiques[411], l'exceptionnalité de la détention provisoire[412], le droit de la minorité parlementaire à l'installation d'une commission d'enquête[413], le système de freins et contrepoids et le contrôle de l'administration par le Congrès national[414], la garantie des droits de l'homme[415] et la soumission de l'État lui-même à son pouvoir judiciaire[416].

En définitive, le principe de légalité est l'élément central de l'État démocratique de droit dans le cadre du régime constitutionnel de 1988. De fait l'article 5 consacre la conception brésilienne du principe de légalité en affirmant que « nul ne peut être contraint à faire ou empêché de faire quoi que ce soit si ce n'est en vertu de la loi », celle-ci étant définie comme l'acte juridique abstrait, général, obligatoire et modificatif de l'ordre juridique.[417]

---

405 José Afonso da Silva cite Jorge Reinaldo Vanossi pour définir la sécurité juridique comme « l'ensemble des conditions qui rendent possible aux personnes la connaissance anticipée et réflexive des conséquences directes de leurs actes et de leurs faits, à la lumière de la liberté reconnue [à tous] ». Silva, José Afonso da. *Curso de direito constitucional positivo. Op. cit.*, p. 435. D'après la Constitution de 1988, la sécurité juridique est liée surtout à la stabilité des actes juridiques car « la loi ne peut porter atteinte aux droits acquis, aux actes juridiques parfaits et à la chose jugée » (art. 5, XXXVI).

406 Tribunal fédéral suprême. MS 22.315. Diário da Justiça Eletrônico, vol. 95, 16/05/2012)

407 Tribunal fédéral suprême. HC 89.310. Diário da Justiça Eletrônico, vol. 213, 13/11/2009.

408 Tribunal fédéral suprême. HC 95.009. Diário da Justiça Eletrônico, vol. 241, 19/12/2008.

409 Tribunal fédéral suprême. MS 25.938. Diário da Justiça Eletrônico vol. 172 12/09/2008.

410 Tribunal fédéral suprême. HC 91.524. Diário da Justiça Eletrônico, vol. 74, 25/04/2008.

411 Tribunal fédéral suprême. MS 26.603. Diário da Justiça Eletrônico, vol. 241, 19/12/2008.

412 Tribunal fédéral suprême. HC 91.657. Diário da Justiça Eletrônico, vol. 47, 14/03/2008.

413 Tribunal fédéral suprême. MS 24.849. Diário da Justiça, 29/09/2006, p. 35.

414 Tribunal fédéral suprême. ADI 3.046. Diário da Justiça, 28/05/2004 p. 492.

415 Tribunal fédéral suprême. HC 82.424. Diário da Justiça, 19/03/2004, p. 17.

416 Tribunal fédéral suprême. RE 102.413. Diário da Justiça, 27/06/1986, p. 11617.

417 Silva, José Afonso da. *Op. cit.*, p. 123.

Dans le cadre d'une Constitution analytique, riche en normes programmatiques, la loi est l'instrument majeur d'exécution du programme normatif constitutionnel et le véhicule prioritaire d'imposition des obligations aux citoyens dans le régime démocratique.[418] N'importe quel commandement juridique imposé par l'État est censé obéir aux catégories normatives dûment élaborées selon les règles de procédure législative contenues dans la Constitution.[419]

Il faut souligner que la Constitution dispose expressément qu'un certain nombre de sujets ne pourront être régulés que par la loi formelle, issue du Congrès national, ce que le discours juridique brésilien appelle le principe de la réserve de loi.[420]

Signalons aussi que l'article 37 dispose que l'administration est soumise au droit, tout acte administratif contraire à celle-ci étant invalide. En outre, n'importe quelle intervention de l'administration dans la sphère d'autonomie individuelle du citoyen doit être autorisée par la loi.

B. Le concept de loi matérielle dans la jurisprudence du Tribunal fédéral suprême

Au-delà d'une conception formelle de la loi, selon laquelle celle-ci serait la norme issue du Congrès national suivant les différentes modalités prévues par l'article 59, le Tribunal fédéral suprême a développé dans sa jurisprudence un concept matériel qui présente la loi selon le contenu de la disposition normative. Cette construction se fait notamment à l'occasion du contrôle de constitutionnalité, dans la définition des actes normatifs qui sont soumis à ce contrôle par le Tribunal, d'après l'article 102 de la Constitution de 1988.

Le Tribunal définit alors la loi comme un acte normatif primaire pourvu de généralité et d'abstraction, et refuse cette condition à nombre de normes édictées par les pouvoirs étatiques, considérées comme n'ayant que des effets concrets ou individuels.[421] Elles sont par conséquent exclues du contrôle concentré de constitutionnalité.

Tout d'abord la Cour exclut du concept de loi les dispositions normatives budgétaires issues du pouvoir exécutif et du pouvoir législatif, telles que la loi budgétaire annuelle et les mesures provisoires concernant le budget de l'État. Ces dispositions normatives sont considérées comme « des actes

---

418 Mendes, Gilmar Ferreira *et al. Op. cit.*, p. 180. Pour Gilmar Ferreira Mendes, l'État législatif a été déjà dépassé par l'État constitutionnel, où la Constitution, devenue obligatoire en tant que norme juridique, prend la place centrale de l'ordonnancement juridique et sert, dans les « cas difficiles », à trouver des solutions adéquates pour les cas concrets.

419 Cf. Moraes, Alexandre de. *Direito constitucional*. São Paulo : Atlas, 2001, p. 67. D'après l'article 59 de la Constitution de 1988, ces catégories sont les suivantes : amendements à la Constitution, lois complémentaires [organiques], lois ordinaires, lois déléguées [ordonnances], mesures provisoires, décrets législatifs et résolutions.

420 *Ibid.*

421 Tribunal fédéral suprême. ADI 1.716. Diário da Justiça, 27/03/1998 p. 2.

administratifs d'autorisation, par définition, aux effets concrets et limités », auxquels manquent l'impersonnalité, l'abstraction et la généralité qui sont propres aux lois en tant que normes juridiques.[422]

Ensuite, sont aussi considérés comme actes normatifs aux effets concrets, les actes législatifs qui font don de biens publics à des entités privées[423], les décrets législatifs qui suspendent les appels d'offre effectués par l'État[424], ainsi que les résolutions des assemblées législatives des États fédérés qui ordonnent un référendum à propos de la création des communes[425]. Le Tribunal fédéral suprême parvient alors, par sa jurisprudence, à confirmer la norme générale et abstraite comme étant l'expression majeure de la volonté normative de l'État, ou la principale source d'obligations et des droits.

En somme, l'ordre juridique brésilien est reconnu comme un système normatif où le pouvoir législatif a la primauté dans l'édiction des normes juridiques primaires, ainsi que dans la concrétisation de l'État démocratique de droit. L'activité juridictionnelle du Tribunal fédéral suprême est encadrée et limitée par le droit positif. Celui-ci détermine les décisions possibles et attribue à la Cour la position de législateur négatif dans le contrôle de constitutionnalité concentré. De même, le droit positif fixe les limites de l'autorité de la chose jugée dans le contrôle diffus de constitutionnalité. L'encadrement de l'activité de la Cour se fait aussi par référence aux théories relatives à l'applicabilité des normes constitutionnelles, au nombre desquelles celle de José Afonso da Silva est la plus importante. Ces théories et la jurisprudence du Tribunal fédéral suprême affirment comme règle générale la primauté du législateur dans la mise en œuvre de la Constitution. Par ailleurs, la Constitution consacre les principes de l'État de droit et de légalité dans son texte, ce qui renforce encore le rôle de la loi dans la mise en œuvre de la Constitution. Cet ensemble formé par le droit positif et les constructions doctrinaires et jurisprudentielles constitue le paradigme de retenue employé par le Tribunal fédéral suprême lors de ses jugements, pour se présenter comme respectueux d'une certaine conception de la séparation des pouvoirs. Cette conception ne réserve au pouvoir judiciaire qu'une position secondaire face aux autres pouvoirs de l'État dans la concrétisation des dispositions constitutionnelles.

---

[422] *Ibid.*

[423] Tribunal fédéral suprême. ADI 643. Diário da Justiça 03/04/1992, p. 4.289. Pour le Tribunal, lesdits actes ne sont que des actes administratifs concrets revêtus uniquement de la forme de la loi et n'ont donc pas le caractère de loi matérielle, soumise au contrôle abstrait de constitutionnalité. D'après la Cour, tout acte normatif soumis à son contrôle doit être pourvu « d'abstraction, de généralité et d'impersonnalité. »

[424] Tribunal fédéral suprême. ADI 834 MC. Diário da Justiça 02/04/1993, p. 5.617.

[425] Tribunal fédéral suprême. ADI 1.372 MC. Diário da Justiça Eletrônico vol. 64, 03/04/2009.

CHAPITRE 2

Le paradigme de l'expansion : le Tribunal, organe politique

Si, d'une part, le Tribunal fédéral suprême adopte un paradigme de retenue fondé sur l'image d'un législateur négatif toujours prêt à respecter strictement une séparation classique des pouvoirs, d'autre part il affirme sans hésitation l'ampleur maximale de ses pouvoirs en tant que garant du nouveau régime constitutionnel démocratique qui débute en 1988. Cette affirmation se fait par l'emploi des thèses du néoconstitutionnalisme, théorie apparue et développée depuis la seconde guerre mondiale, qui permet une nouvelle mise en valeur de la justice constitutionnelle (Section 1). En outre, le Tribunal fait appel à la tradition constitutionnelle brésilienne pour se servir du concept de « tribunal politique », issu de la jurisprudence de la Cour suprême des Etats-Unis, de façon à justifier un élargissement de son champ d'action vis-à-vis des pouvoirs législatif et exécutif (Section 2).

SECTION 1. L'INFLUENCE DU NÉOCONSTITUTIONNALISME

Courant théorique qui cherche à expliquer les nouvelles constitutions apparues surtout en Europe après la seconde guerre mondiale, le nouveau constitutionnalisme, ou néoconstitutionnalisme, connaît une énorme influence au Brésil dans le cadre de la Constitution de 1988. Des ouvrages sur ce sujet se multiplient et les postulats de cette nouvelle théorie se répandent dans le système brésilien, fournissant les fondements d'une nouvelle prise de position de la part des tribunaux face au législateur et à l'exécutif (§ 1). Le Tribunal fédéral suprême en particulier incorpore le néoconstitutionnalisme à ses raisonnements, notamment par l'emploi de concepts tels que la reconnaissance de la « force normative » de la norme constitutionnelle et l'emploi de la pondération des principes (§ 2).

§ 1. Le néoconstitutionnalisme en tant que référentiel théorique : une nouvelle « force normative » pour la Constitution

Au Brésil, l'influence du néoconstitutionnalisme sur le système juridique, quoique récente, a été très répandue. De fait, une recherche dans la base de données des bibliothèques de l'administration fédérale permet d'identifier 135 ouvrages et articles écrits au Brésil sur ce sujet depuis les années 2000.[426] Un des plus influents juristes de ce courant théorique, Luis Roberto Barroso, est aujourd'hui juge au Tribunal fédéral suprême. L'origine de cette théorie se trouve cependant ailleurs, notamment en Europe, plus spécifiquement en Italie et en Espagne, et aux États-Unis.

Le néo constitutionnalisme, d'après Miguel Carbonell, est un courant théorique qui essaie d'expliquer un ensemble de constitutions apparues depuis la seconde guerre mondiale et surtout depuis les années 1970 du XXème siècle.[427] Parmi les exemples de ces constitutions, on peut citer celles de l'Espagne de 1978, du Brésil de 1988 et de la Colombie de 1991. Par ailleurs, comme l'indique Luis Roberto Barroso, une des principales références pour le « développement du nouveau droit constitutionnel est la Loi fondamentale de Bonn (Constitution allemande) de 1949, et plus particulièrement, la création du Tribunal fédéral, institué en 1951. Ce fut le début d´une abondante production théorique et jurisprudentielle qui est à l'origine de l'essor du droit constitutionnel dans les pays de tradition romano-germanique. La seconde grande référence est la Constitution italienne de 1947 et l´installation qui en découle de la Cour constitutionnelle en 1956. Au cours des années 70, la re démocratisation et la re constitutionnalisation du Portugal (1976) et de l´Espagne (1978) ajoutent de la valeur et du volume au débat sur le nouveau droit constitutionnel. »[428] Très critique envers le positivisme, comme le note Pierre Brunet, « ce courant théorique entend renouveler profondément la compréhension du phénomène juridique »,[429] et ses chefs de file sont Robert Alexy, Ronald Dworkin, Luigi Ferrajoli, Jürgen Habermas, Carlos S. Nino, Gustavo Zagrebelsky, Luis Roberto Barroso, Miguel Carbonell, Paolo Comanducci, Luis Prieto Sanchís, Susana Pozzolo et Mauro Barberis, entre autres.

Le néo constitutionnalisme, selon Paolo Comanducci, est lié à deux changements importants dans le monde juridique : un changement structurel,

---

[426] Recherche effectuée sur le site de la Chambre des députés brésilienne (http://www2.camara.leg.br/) en utilisant le mot « néoconstitutionnalisme » dans le titre des ouvrages et articles.

[427] Carbonell, Miguel. « Neoconstitucionalismo: elementos para una definición ». In *20 anos da Constituição brasileira*. São Paulo: Saraiva, 2009, p. 197-208.

[428] Barroso, Luis Roberto. « Neoconstitucionalismo e constitucionalização do direito (O triunfo tardio do direito constitucional no Brasil) [en ligne] ». Disponible sur : http://jus.com.br/artigos/7547/neoconstitucionalismo-e-constitucionalizacao-do-direito. (Consulté le 12 mars 2014).

[429] Brunet, Pierre. « Remarques critiques sur le constitutionnalisme contemporain ». In *Droit et économie. Interférences et interactions. Etudes en l'honneur du professeur Michel Bazex*. Paris : LexisNexis, 2009, p. 51-64.

la « constitutionnalisation » du droit, et un changement réflexif. Il s'agit de phénomènes reliés entre eux, dans un processus d'action et réaction.[430]

En effet, dans quelques pays d'Europe continentale (France, Allemagne, Espagne, Italie), aussi bien que dans plusieurs pays d'Amérique latine (Argentine, Brésil, Colombie et Mexique), une progressive « constitutionnalisation » de l'ordre juridique s'est produite depuis la seconde moitié du XXème siècle, sous l'effet notamment de l'activité des tribunaux constitutionnels. Il s'agit, selon Riccardo Guastini, d'un « processus de transformation de l'ordonnancement [juridique] à la fin duquel ledit ordonnancement se trouve totalement 'imprégné' par les normes constitutionnelles. Un ordonnancement juridique 'constitutionnalisé' possède une Constitution extrêmement envahissante [*sic*], capable de conditionner la législation aussi bien que la jurisprudence et le style doctrinal juridique, l'action des acteurs politiques et les relations sociales ».[431]

Ces nouveaux textes constitutionnels, observe Miguel Carbonell, « ne se limitent pas à établir des compétences et à séparer les pouvoirs publics, mais contiennent plutôt de hauts niveaux de normes « matérielles » ou substantives qui règlent l'action de l'État au moyen de l'établissement de certains buts et objectifs ». Ils contiennent aussi « d'amples catalogues des droits fondamentaux, ce qui suppose des relations entre l'État et les citoyens considérablement renouvelées, en fonction surtout de la profondeur et du degré de détail des dispositions constitutionnelles qui consacrent lesdits droits ».[432] Les Constitutions de l'après-guerre, observe Daniel Sarmento, ne sont pas que des chartes procédurales, laissant tout à la décision discrétionnaire du législateur, mais plutôt « des normes imprégnées d'un contenu axiologique élevé, comportant des décisions substantives importantes et traitant d'une ample variété de thèmes qui jadis n'étaient pas inclus dans les constitutions, tels que l'économie, les rapports de travail et la famille. »[433]

D'après Riccardo Guastini, les principales conditions de la constitutionnalisation sont les suivantes : l'existence d'une Constitution rigide qui incorpore les droits fondamentaux, l'existence de la garantie juridictionnelle de la Constitution, une vision qui reconnaît la « force contraignante » de la Constitution (celle-ci aurait des normes prescriptives plutôt que programmatiques), la « surinterprétation » de la Constitution (celle-ci s'interprète extensivement et de son texte se déduisent des principes implicites), l'application directe des normes constitutionnelles aux relations publiques aussi bien que privées (ce qui présuppose une certaine attitude de

---

[430] Comanducci, Paolo, Angeles Ahumada, et Daniel Gonzalez Lagier. *Positivismo juridico y neoconstitucionalismo*. Madrid: Fundacion Coloquio Juridico Europeo, 2009, p. 85.

[431] Guastini, Riccardo. « La « constitucionalización » del ordenamiento jurídico: el caso italiano ». In *Neoconstitucionalismo(s)*, 4e éd. Madrid: Editorial Trotta, 2009, p. 49-73.

[432] Carbonell, Miguel. « Neoconstitucionalismo: elementos para una definición ». *Op. cit.*

[433] Sarmento, Daniel. « O neoconstitucionalismo no Brasil: riscos e possibilidades ». *Revista Brasileira de Estudos Constitucionais*, n° 9, jan./mars 2009.

la part des juges vis-à-vis de la Constitution, conçue désormais comme destinée à régler l'ensemble de la vie sociale plutôt que tout simplement limiter le pouvoir), l'interprétation « constitutionnalisante » des lois (l'emploi de la technique de l'interprétation conforme à la Constitution) et, finalement, l'influence de la Constitution sur le débat politique (ce qui dépend de la posture du juge constitutionnel, et notamment de son degré de respect pour les décisions des pouvoirs législatif et exécutif).[434]

Dans ce contexte, les présupposés juridiques et politiques qui servent de base au néoconstitutionnalisme sont assez différents de ceux du positivisme du XIXème siècle, théorie qui ne servirait plus à expliquer la réalité du nouvel État constitutionnel de droit qui apparaît au long du XXème siècle. Quelles sont alors les caractéristiques de ce nouveau modèle d'État que le néoconstitutionnalisme cherche à élucider ?

D'après Luis Prieto Sanchís, la première caractéristique est « la reconnaissance de l'incontestable force normative de la Constitution ».[435] Celle-ci n'est plus conçue comme un ensemble de dispositions programmatiques dont la nature est éminemment politique, voire un catalogue de bonnes intentions, mais plutôt comme une norme juridique au caractère obligatoire comme n'importe quelle autre, mais dotée d'une force supérieure indiscutable. Le principe selon lequel la Constitution ne serait qu'un manifeste politique dont la concrétisation est du ressort du législateur aurait été donc dépassé. Comme le note Max Möller, citant Riccardo Guastini, le néo constitutionnalisme reconnaît que toute disposition constitutionnelle est une norme et non pas seulement une déclaration d'intentions à l'attention d'un législateur qui la concrétise, et qu'elle est donc contraignante et susceptible de produire des effets juridiques. La Constitution prend ainsi une nouvelle place parmi les sources du droit : elle n'est plus seulement politique, elle est aussi juridique.[436]

La deuxième caractéristique de l'État constitutionnel de droit est l'incorporation d'un contenu matériel à la Constitution. En effet, les nouveaux textes constitutionnels ne consacrent plus seulement des normes formelles de compétence et de procédure, destinées à régler l'exercice du pouvoir politique, « mais aussi et surtout des normes substantielles qui cherchent à fixer des limites négatives et des liens positifs à ce que les pouvoirs peuvent décider de forme légitime ». [437] En contrepoint au modèle proposé par Kelsen, où la Constitution privilégie l'organisation de la production normative et la répartition des compétences, les nouveaux textes

---

434 Guastini, Riccardo. « La « constitucionalización » del ordenamiento jurídico: el caso italiano ». In *Neoconstitucionalismo(s)*, 4e éd. Madrid: Editorial Trotta, 2009, p. 49-73.

435 Prieto Sanchis, Luis. « Neoconstitucionalismos (um catálogo de problemas y argumentos) ». *Anales de la cátedra Francisco Suárez*, 2010, vol. 44, p. 461-506.

436 Möller, Max. *Teoria geral do neoconstitucionalismo: bases teóricas do neoconstitucionalismo contemporâneo*. Porto Alegre: Livraria do Advogado, 2011, p. 33 et ss.

437 Prieto Sanchis, Luis. « Neoconstitucionalismos (um catálogo de problemas y argumentos) ». *Op. cit.*, p. 464.

constitutionnels incorporent des valeurs supérieures, des principes et surtout des droits fondamentaux qui leur donnent une extraordinaire densité normative.[438] Comme le note Mauro Barberis, « la conception de la Constitution comme norme, en accordant un rôle central au contrôle de constitutionnalité des lois, a ouvert la route à une doctrine ou idéologie de la Constitution comme valeur, que d'aucuns, notamment en Italie et en Espagne, appellent néo-constitutionnalisme. »[439] D'après Pierre Brunet, pour le néo constitutionnalisme, la Constitution apparaît comme une norme axiologique. Contrairement au modèle descriptif de la Constitution proposé par Kelsen, axiologiquement neutre (la Constitution désigne dans ce cas « les règles organisant la création des normes juridiques générales et notamment la législation »), la Constitution, telle que se la représente le néo constitutionnalisme, tire sa supériorité « de ce qu'elle contient un ensemble de principes légitimes qui sont la condition des droits fondamentaux des individus et dont nombre de constitutions modernes dressent un catalogue. Bref, la Constitution a une valeur en soi ». Sa suprématie est à la fois formelle et substantielle.[440]

Il faut noter que cela implique l'incorporation des contenus moraux à la Constitution, de façon à ce que la morale « ne flotte plus sur le droit mais émigre à l'intérieur du droit positif ». En effet, le conflit entre morale et droit se déplace à l'intérieur du droit positif et « grâce aux constitutions, la morale – c'est-à-dire les vénérables droits naturels – se sont fait présents dans le droit, plus concrètement au sommet du droit. (...) La morale incorporée à la Constitution se montre alors comme le paramètre non plus de la justice, mais plutôt de la véritable validité des normes ».[441]

La troisième caractéristique qui vaut comme présupposé du néo constitutionnalisme est la garantie judiciaire et l'application directe de la Constitution, toujours selon Prieto Sanchís. En effet, si la Constitution est une norme, son efficacité peut se faire valoir au moyen d'un organe spécifiquement chargé de cette tâche, c'est-à-dire le juge constitutionnel. En ce sens, les États constitutionnels européens ont adopté un système concentré qui donne la compétence de contrôle de constitutionnalité à un tribunal unique, et lui en attribue l'exclusivité. Néanmoins, ce qui est décisif pour le néo constitutionnalisme est l'application directe de la Constitution par les juges ordinaires, « ce qui veut dire que la Constitution déborde les limites du 'monde politique' et la relation entre pouvoirs pour envahir l'ensemble de

---

[438] Pour Kelsen, l'inclusion des normes substantives dans la Constitution pourrait rendre presque omnipotent le juge constitutionnel appelé à les interpréter. Cf. Kelsen, Hans, « *La garantie juridictionnelle de la Constitution* », apud Barberis, Mauro. « Idéologies de la Constitution - Histoire du constitutionnalisme ». In *Traité international de droit constitutionnel*. Paris : Dalloz, 2012, tome I, p. 114-141.

[439] Barberis, Mauro. « Idéologies de la Constitution - Histoire du constitutionnalisme ». *Op. cit.*

[440] Brunet, Pierre. « Remarques critiques sur le constitutionnalisme contemporain ». *Op. cit.*

[441] Prieto Sanchis, Luis. « Neoconstitucionalismos (um catálogo de problemas y argumentos) ». *Op. cit.*, p. 466.

l'ordonnancement juridique ».[442] L'interposition du législateur n'est donc plus nécessaire et les opérateurs juridiques peuvent accéder directement au contenu des normes constitutionnelles. Compte tenu de la matérialisation de la Constitution, cet accès se fait en permanence, car toute question est une question constitutionnelle : « Les droits fondamentaux et d'autres clauses matérielles [de la Constitution] ne se présentent pas que comme condition de validité des lois, mais aussi comme normes qui peuvent régler n'importe quel aspect de la vie sociale », et les juges ordinaires peuvent les utiliser.[443]

En outre, « l'image du tribunal constitutionnel comme législateur strictement négatif mérite aussi d'être révisée ». En effet, les décisions interprétatives mettent en évidence la participation du tribunal constitutionnel à la fonction législative. Notamment, les décisions manipulatives et additives permettent au juge de colmater les lacunes et omissions législatives, donnant au juge constitutionnel une nouvelle fonction quasi législative.

Enfin, la quatrième caractéristique de l'État constitutionnel de droit qui sert de fondement au néo constitutionnalisme est la rigidité constitutionnelle. Cette rigidité en effet est la condition de la suprématie de la Constitution.[444]

En somme, les conditions dans lesquelles se développe le néo constitutionnalisme sont assez différentes de celles du positivisme classique. Comme le note Prieto Sanchís, « face à un constitutionnalisme rhétorique, programmatique, [le néo constitutionnalisme propose] l'affirmation la force normative et contraignante de la Constitution. Face à un constitutionnalisme seulement formel supposant que la Constitution ne devrait parler que de la 'politique', car il incombe au législateur de parler du 'monde', [le néo constitutionnalisme propose] l'affirmation d'une Constitution pourvue d'une extraordinaire densité normative qui fournit des justifications pour [une intervention judiciaire dans] tous les domaines de la vie sociale. Face à une Constitution 'séquestrée' par un tribunal constitutionnel (...), [le néo constitutionnalisme propose] le développement des moyens de 'législation-juridiction' positive, surtout avec l'affirmation d'une Constitution directement applicable par l'ensemble des opérateurs du droit ».[445]

Concernant le changement théorique qui permet l'affirmation du néo constitutionnalisme, il renvoie à un principe doctrinaire qui apparaît en connexion avec la constitutionnalisation du droit et qui a pour objectif de dépasser, soit le positivisme juridique, soit le jusnaturalisme. Tandis que le constitutionnalisme classique originaire de la révolution française a été une idéologie qui visait la limitation du pouvoir et la défense des libertés fondamentales, appuyée sur les théories jusnaturalistes, le néo

---

442 Prieto Sanchis, Luis. « Neoconstitucionalismos (um catálogo de problemas y argumentos) ». *Op. cit.*, p. 466.

443 *Ibid.*

444 *Ibid.*

445 Prieto Sanchis, Luis. « Neoconstitucionalismos (um catálogo de problemas y argumentos) ». *Op. cit.*, p. 466, 469.

constitutionnalisme se présente non seulement comme une idéologie et sa méthodologie correspondante, mais aussi comme une théorie concurrente du positivisme.[446]

Comme source de rénovation de la théorie positiviste du droit, Luis Prieto Sanchís identifie cinq mots-clefs pour le néo constitutionnalisme : constitutionnalisme, « conflictualisme », principes, pondération et argumentation, en lieu et place respectivement des notions de légalisme, « cohérentisme », règles, subsomption et pouvoir discrétionnaire de décision du juge.

En premier lieu donc, le néo constitutionnalisme prône le constitutionnalisme au lieu du légalisme. La notion positiviste fondée sur l'idée selon laquelle la loi est la source suprême du droit est conçue comme dépassée. Cette place centrale dans la hiérarchie normative est désormais prise par la Constitution, ce qui donne à la loi une place secondaire et subordonnée. Pour le néo constitutionnalisme, « le droit et la justice ne se réduisent pas à ce qui établit une loi omnipotente [position typique du « légicentrisme » du XIXème siècle], mais la loi exprime plutôt, au contraire, les combinaisons possibles entre les principes constitutionnels, celle-ci n'étant qu'une expression temporelle d'une majorité temporaire. »[447] Du coup, même si la loi garde une position importante, elle renvoie à présent à une « sphère de configuration » beaucoup plus restreinte, étant soumise à un texte constitutionnel riche en normes substantielles et pouvant toujours être mise en cause devant le juge constitutionnel. Ce nouveau *status* de la loi reflète aussi la crise à laquelle celle-ci a été soumise depuis les premières décennies du XXème siècle. En effet, l'idée de la loi en tant qu'expression de la « volonté générale », très chère à la révolution française, est mise en cause du fait que la loi est plutôt déclinée comme une manifestation de la « volonté du Parlement ». Au lieu de la sécurité juridique, de l'égalité et de la rationalité, promises par les idées des Lumières, la loi s'est avérée finalement prolixe, éphémère, circonstancielle et confuse, n'étant jamais capable de remplir le modèle rationnel et idéalisé de norme juridique impersonnelle et uniforme depuis le XVIIIème siècle. L'abandon du « légicentrisme » ou légalisme est ainsi une marque du néo constitutionnalisme, et une Constitution qui « a une réponse à toute question » remplace la loi au centre de l'ordonnancement juridique. Vu le niveau de détail des textes constitutionnels contemporains, la frontière stricte entre loi et Constitution est en partie effacée, toute question juridique étant désormais à la fois légale et constitutionnelle.

En deuxième lieu, le néo constitutionnalisme prône le « conflictualisme » au lieu du « cohérentisme ». Le paradigme positiviste, fondé sur des critères rigides de résolution d'antinomies qui donnent une cohérence au système

---

[446] Comanducci, Paolo, Angeles Ahumada, et Daniel Gonzalez Lagier. *Positivismo juridico y neoconstitucionalismo*. *Op. cit.*, p. 90.

[447] Prieto Sanchis, Luis. « Neoconstitucionalismos (um catálogo de problemas y argumentos) ». *Op. cit.*, p. 476.

juridique, est perçu comme dépassé. Des principes tels que la norme supérieure (critère hiérarchique) ou plus récente (critère chronologique), au nom desquels il peut être dérogé à une norme inférieure ou plus ancienne, sont abandonnés en faveur d'une vision « conflictualiste » ancrée dans la Constitution. Pour le néo constitutionnalisme, « la Constitution n'est pas comme la loi. Elle n'incarne pas un moment politique unitaire, même éphémère, mais plutôt un étalon normatif plus stable et moins uniforme ou cohérent, appelé à régir des moments politiques successifs ; la Constitution indique ainsi une tendance au pluralisme plutôt qu'au monisme ». Dans son texte, des principes et des droits contradictoires coexistent, sans que des critères de résolution des collisions soient prévus, dans « une pluralité de mondes constitutionnels possibles ». Cette nouvelle Constitution entraîne ainsi une « méta-éthique de Babel » qui invite à la construction coopérative d'un droit « plus liquide et plus fluide », les critères traditionnels de solution d'antinomies étant insuffisants pour résoudre les contradictions constitutionnelles.[448]

En troisième lieu, le néo constitutionnalisme met en valeur les principes au lieu des règles. Le paradigme positiviste selon lequel les normes seraient des règles fermées où la description précise d'un fait est reliée à une conséquence juridique aussi précise, est mis en question. Pour le néo constitutionnalisme, la norme juridique par excellence est le principe, « normes qui ne décrivent pas de façon exhaustive les cas et les exceptions de son utilisation, de sorte que leur collision ne peut pas se résoudre par l'emploi du critère de spécialité, par exemple la liberté de conscience, la liberté d'expression et en général les droits fondamentaux ».[449] Les principes peuvent ainsi concourir entre eux, pouvant soit prévaloir soit « être vaincus » dans leur application au cas concret.

En quatrième lieu, le néo constitutionnalisme valorise la pondération face à la subsomption. Si les principes sont en permanente « compétition », la proportionnalité ou pondération est la méthode pour résoudre leurs conflits. La subsomption, opération par laquelle une conséquence juridique est appliquée aux faits qui présentent les conditions décrites par l'énoncé normatif, est considérée comme propre aux règles et donc inappropriée aux principes, ceux-ci étant des normes dont la conséquence juridique est ouverte ou indéterminée. La pondération consiste à « attribuer un poids relatif aux principes applicables à la lumière des circonstances des cas concrets, c'est-à-dire, consiste à préciser la condition d'application (dans le cas des principes au sens strict) ou la conséquence juridique (dans les cas des directives) lesquels sont indéterminés dans l'énoncé constitutionnel ».[450] Il s'agit alors de répondre à la question : quel principe doit prévaloir à la lumière des

---

448 Prieto Sanchis, Luis. « Neoconstitucionalismos (um catálogo de problemas y argumentos) ». *Op. cit.*, p. 480.

449 Prieto Sanchis, Luis. « Neoconstitucionalismos (um catálogo de problemas y argumentos) ». *Op. cit.*, p. 481.

450 *Ibid.* p. 483.

circonstances du cas concret et dans quelle mesure ce qui est exigé par chacun des principes en conflit reste exigible. La pondération établit donc une hiérarchie mobile où le changement des circonstances détermine le changement de la priorité d'application de chaque principe.

En cinquième lieu enfin, le néo constitutionnalisme prône l'argumentation au lieu du pouvoir discrétionnaire du juge. L'exercice de la pondération étant un processus fort, basé sur des jugements de valeur, il doit être informé par une théorie de l'argumentation juridique pour éviter de tomber dans le pouvoir de décision discrétionnaire du juge. En effet, l'application par le juge des normes matérielles de la Constitution n'est tolérable que dans la mesure où elle est soumise à une argumentation rationnelle. Cette exigence d'argumentation empêche l'arbitraire du juge constitutionnel et le déficit de légitimation démocratique du juge est compensé ainsi par un principe de légitimation argumentative ou rationnelle.[451]

L'adoption des thèses néo constitutionnalistes n'est pourtant pas sans risques. Notamment dans le domaine de la séparation des pouvoirs, le néo constitutionnalisme est un facteur qui accroît le rôle du pouvoir judiciaire en général et l'activisme juridictionnel en particulier, comme le note Max Möller.[452] D'abord, par un déplacement du rôle central du pouvoir législatif vers le contrôle de l'activité législative par le pouvoir judiciaire, au risque d'un déséquilibre institutionnel nuisible à la démocratie et à l'expression de la souveraineté populaire par l'intermédiaire des élus du peuple.

Ensuite, un autre risque important est le subjectivisme du juge, qui peut faire prévaloir son point de vue personnel ou ses propres convictions politiques, au lieu d'appliquer le concept de justice consacré par la Constitution, les lois et la communauté juridique. En effet, tandis qu'il s'occupe d'examiner l'inconstitutionnalité des normes, le juge constitutionnel, notamment dans le contrôle diffus, peut s'éloigner des critères juridiques et manquer de respect envers les décisions politiques prises par les organes compétents. Il cherche alors à imposer la décision politique qu'il entend la plus adéquate, sans prendre en compte l'avis des autres pouvoirs dans la sphère de leurs compétences.

Comme le note Humberto Ávila, ce subjectivisme est aggravé par le paradigme de la pondération, très chère au néo constitutionnalisme : c'est seulement après la pondération qu'on pourra savoir ce qui aurait dû être fait avant, car la pondération n'a pas de critères intersubjectifs fournis *ex ante*. Sans une justification rigoureuse, la pondération explique tout et n'importe quoi, mais n'oriente rien, tombant dans le « décisionnisme ». Le mépris pour les règles amène au mépris pour les solutions préalablement conçues par les

---

[451] Prieto Sanchis, Luis. « Neoconstitucionalismos (um catálogo de problemas y argumentos) ». *Op. cit.*, p. 485.

[452] Cf. Möller, Max. *Teoria geral do neoconstitucionalismo: bases teóricas do neoconstitucionalismo contemporâneo. Op. cit.*, p. 204 et ss.

autorités compétentes, portant atteinte aux compétences du législateur et à la sécurité juridique.[453]

Un autre risque identifié par la critique à l'activisme juridictionnel entraîné par le néo constitutionnalisme est la présomption, injustifiée, selon laquelle une décision de justice pourrait fournir la rationalité et la justice que la loi ne serait pas capable d'atteindre. Le « légicentrisme » inspiré des idées des Lumières et de la révolution française a fait de la loi l'expression majeure de la rationalité, de la sécurité juridique et de la limitation du pouvoir étatique. Il transfère le centre du pouvoir de l'exécutif vers le législatif, exprimant aussi une forte méfiance vis-à-vis de l'activité du pouvoir judiciaire. Néanmoins, la crise de la loi survenue au XXème siècle a mis en cause cette conception et a montré que la loi, loin d'être une expression neutre et naturelle, souvent ne révèle pas la « volonté générale ». Le risque du néo constitutionnalisme est ainsi de reproduire la même erreur qui a eu lieu à l'occasion de la substitution de l'État absolu par l'État législatif, en construisant un État judiciaire avec une nette suprématie du pouvoir judiciaire, basée sur une présomption qui ne correspond pas à la réalité.

En ce qui concerne l'argument de la connexion entre morale et droit, il s'agit d'une association qui élargit la portée de la décision de justice tout en réduisant les limites imposées au juge par les autres pouvoirs dans leur quasi-totalité. L'absence de contrôle démocratique produit alors la possibilité d'une « souveraineté du judiciaire » et le monopole de l'interprétation de la Constitution par les tribunaux peut entraîner la suprématie du pouvoir judiciaire et non plus celle de la Constitution. Ainsi, le pouvoir judiciaire peut échapper à tout contrôle social en faisant prévaloir son idée d'un droit supérieur, doté d'attributs moraux, sur les choix faits par les organes représentatifs de la société. Par ailleurs, existe le risque d'incorporation de critères supra légaux à la décision de justice, le juge se transformant en oracle au-dessus de la loi et même de la démocratie.

La prépondérance du pouvoir judiciaire présente aussi un risque pour l'autonomie privée. En interprétant des principes ouverts et dont la formulation est assez indéterminée, tels que la dignité de la personne humaine, les tribunaux peuvent se permettre de régler *a posteriori* plusieurs domaines de la vie sociale, sous prétexte que la solution est toujours prévue dans la Constitution. Le pouvoir judiciaire accroît ainsi son domaine de régulation, tout en réduisant la certitude de l'application du droit existant au cas concret. Comme le note Mauro Barberis, « alors que dans un cas soumis au jugement de la Cour, la liberté d'expression peut prévaloir sur la protection de la vie privée (*privacy*), dans un autre cas l'inverse peut se produire : oscillation qui, il faut le souligner, ne peut être imputée seulement

---

[453] Ávila, Humberto. « Neoconstitucionalismo: entre a ciência do direito e o direito da ciência » [en ligne]. *Revista Eletrônica de Direito do Estado*, n° 17, mars 2009. Disponible sur http://www.direitodoestado.com/revista/REDE-17-JANEIRO-2009-HUMBERTO%20AVILA.pdf (consulté le 23/06/2014).

aux mouvantes inclinations des juges. »[454] En effet, il devient de plus en plus difficile pour les avocats de prévoir quel sera le résultat de leurs demandes et d'assurer aux clients une probabilité de succès, compte tenu de l'imprévisibilité de l'action des juges. En outre, ce problème est particulièrement sensible dans le cas où les juges ordinaires ne respectent pas la hiérarchie judiciaire et décident, sans garder une cohérence avec les décisions des tribunaux supérieurs.

Dans le domaine des politiques publiques, l'application directe de la Constitution, alliée à la prévision de droits-créances fort généreux par les Constitutions de l'après-guerre, entraîne souvent la détermination des actions étatiques par les tribunaux. En effet, le pouvoir judiciaire ordonne souvent la réalisation des politiques publiques par les autres pouvoirs, notamment l'exécutif, dans un jugement qui va bien au-delà de la simple vérification de la légalité des actions de l'administration. Cela se fait sans respect pour l'opportunité des décisions prises par les pouvoirs compétents et surtout sans considération des moyens financiers disponibles ou des limitations légales et constitutionnelles auxquelles est soumis le pouvoir exécutif.

La prépondérance du pouvoir judiciaire entraînée par le néo constitutionnalisme crée une tension entre l'activisme juridictionnel et le mécanisme traditionnel de légitimation du pouvoir judiciaire. En effet, celui-ci est légitimé par sa neutralité vis-à-vis des causes qui lui sont soumises, et cette neutralité est le fondement du mécanisme de choix et de l'investiture des juges (absence d'élection et, par conséquent, de contrôle populaire par le vote). Le subjectivisme et le « décisionnisme » entraînés par les thèses néo constitutionnalistes subvertissent la raison d'être du pouvoir judiciaire en tant que pouvoir composé de juges choisis pour leur compétence technique – et non pour leurs convictions politiques – et ébranle les contrôles de l'activité juridictionnelle destinés à éviter une aristocratie judiciaire.

En outre, d'après Humberto Ávila, le rôle plus important accordé aux principes, qui prennent une place prédominante dans l'ordonnancement juridique, met à l'épreuve la hiérarchie des normes juridiques : tout devient constitutionnel et les normes infra-constitutionnelles deviennent inutiles. Il en résulte que la démocratie représentative, qui s'exprime au moyen de l'édiction des lois et règlements par le Parlement et le pouvoir exécutif, est mise en danger, ainsi que les principes de légalité et de séparation des pouvoirs.[455] Par la seule interprétation de la Constitution, le pouvoir judiciaire en général, et le juge constitutionnel en particulier, risquent de prendre la place centrale dans la définition de ce qui est l'expression de la volonté générale.

Enfin, le paradigme néo constitutionnaliste ne reconnaît pas la supériorité du pouvoir législatif dans la tâche de prendre en considération toutes les

---

[454] Barberis, Mauro. « Idéologies de la Constitution - Histoire du constitutionnalisme ». In *Traité international de droit constitutionnel*. *Op. cit.*

[455] Ávila, Humberto. « Neoconstitucionalismo: entre a ciência do direito e o direito da ciência » [en ligne]. *Op. cit.*

opinions possibles dans le contexte du pluralisme de la société contemporaine. De fait, pour Humberto Ávila, il n'y a que le pouvoir législatif qui vaut comme forum où toutes les voix de la société peuvent être entendues.[456]

Nonobstant ces contradictions, le néo constitutionnalisme s'est imposé comme paradigme de la théorie du droit dans de pays aussi divers que l'Espagne, l'Italie et les démocraties récentes comme la Colombie et d'autres pays de l'Amérique du sud. Son succès au Brésil a été aussi remarquable, et le Tribunal fédéral suprême a incorporé le canon néo constitutionnaliste avec grand enthousiasme.

§ 2. Le néo constitutionnalisme au Brésil : de nouvelles frontières pour le Tribunal fédéral suprême

Au Brésil, les caractéristiques signalées par Luis Prieto Sanchis comme présupposés juridiques et politiques pour le développement du néo constitutionnalisme sont apparues très clairement avec la Constitution de 1988. D'abord à travers la rigidité du texte constitutionnel, qui rend plus difficile toute procédure d'amendement de la Constitution et prévoit en outre des clauses d'éternité qui touchent les droits fondamentaux, la fédération, le vote et la séparation des pouvoirs (art. 60).

Mais l'activation de ces présupposés tient aussi au fait que, étant tributaire de la tradition américaine de contrôle de constitutionnalité, le Brésil a reçu la nouvelle Constitution en acceptant sans hésitation sa force normative, celle-ci étant considérée comme une véritable norme juridique dotée d'une force supérieure et indiscutable, contraignante et imposable à tous. En ce sens, le Tribunal fédéral suprême a reconnu expressément cette force normative du texte constitutionnel et l'a utilisée pour imposer sa jurisprudence aux juges ordinaires, notamment dans le cas du contrôle diffus. Selon la Cour, l'existence « des décisions des instances inférieures divergentes de la jurisprudence du Tribunal fédéral suprême [et, dans ce sens, des décisions qui s'opposent à la politique jurisprudentielle dictée par le Tribunal] est un attentat à la force normative de la Constitution et au principe de l'efficacité maximale de la norme constitutionnelle ».[457] La Cour se reconnaît aussi comme mission d'assurer cette force normative, autrement dit elle reconnaît l'effet contraignant de la Constitution comme norme juridique, et par là-même sa « responsabilité juridico-politique » vis-à-vis les autres pouvoirs étatiques.[458] Ce qui signifie aussi bien qu'il ne suffit pas que la Constitution possède une force normative maximale : il faut par ailleurs que cette norme corresponde strictement à l'interprétation qu'en donne le

---

[456] *Ibid.*

[457] Tribunal fédéral suprême. RE 328.812 ED. Diário de Justiça Eletrônico, 02/05/2008.

[458] Tribunal fédéral suprême. AI 733387. Diário de Justiça Eletrônico, vol. 22, 01/02/2013.

Tribunal fédéral suprême, interprète ultime et définitif de la volonté du pouvoir constituant.

Le texte constitutionnel de 1988 a incorporé par ailleurs une vaste panoplie de normes substantives qui règlent une large gamme de sujets concernant la vie sociale brésilienne, ainsi qu'un grand nombre de droits-créances et de prestations positives. Parmi ces droits, certains sont formulés dans un langage extrêmement ouvert et indéterminé, ce qui a laissé un grand pouvoir discrétionnaire au juge constitutionnel et a demandé un travail de réglementation titanesque au législateur. On trouve des exemples de cette formulation ouverte de nombreux droits sociaux dans les articles 193 (« L'ordre social a pour base la primauté du travail et pour objectifs le bien-être et la justice sociaux ») et 196 (« La santé est le droit de tous et un devoir de l'État garanti par des politiques sociales et économiques qui visent à réduire les risques de maladies et d'autres accidents et à assurer l'accès universel et égalitaire aux actions et services visant à l'améliorer, la protéger et la recouvrer »).

En outre, la tâche de concrétisation de la Constitution a été prise en charge par le pouvoir judiciaire à travers ses compétences de contrôle de constitutionnalité de type diffus et concentré, le Brésil reconnaissant la garantie juridictionnelle de la Constitution depuis le XIXème siècle. La tradition brésilienne, en effet, veut que le pouvoir judiciaire soit un véritable agent de la souveraineté du peuple et reconnaît depuis la première Constitution républicaine de 1891 la compétence de contrôler la constitutionnalité des lois aux juges ordinaires ainsi qu'au Tribunal fédéral suprême, celui-ci ayant le dernier mot sur toute question de conformité à la Constitution.

Cette concrétisation a été réalisée y compris par l'application directe de la Constitution par les tribunaux, les droits fondamentaux et les clauses matérielles étant des normes qui règlent n'importe quel aspect de la vie sociale. L'application directe de la Constitution a entraîné, par exemple, la détermination des politiques publiques par les tribunaux, qui se sont appuyés sur des droits-créances consacrés par la Constitution. En ce sens, le pouvoir judiciaire s'est fondé sur le droit à l'éducation pour ordonner la construction d'écoles ou la réalisation des traitements médicaux non disponibles dans le réseau public d'hôpitaux, sans que le législateur n'intervienne pour élaborer un plan préalable et sans que le pouvoir exécutif ne puisse alléguer un manque de ressources budgétaires.[459] Ainsi, les juges brésiliens n'accèdent plus à la Constitution par l'intermédiaire du législateur, mais ils mettent directement en œuvre les droits consacrés par le texte constitutionnel.

Il faut souligner que la théorie néo constitutionnaliste a rencontré un champ fertile au Brésil, à cause notamment des difficultés auxquelles a dû

[459] Les décisions concernant la concrétisation du droit à la santé et du droit à l'éducation seront étudiées en détail ultérieurement, dans le chapitre dédié à la manifestation concrète de l'activisme du Tribunal fédéral suprême.

faire face le pouvoir législatif depuis la promulgation de la Constitution de 1988. En effet, sous l'effet de son texte détaillé et riche en nouveaux droits-créances, la nouvelle Constitution a requis du Congrès national un grand effort de réglementation pour sa mise en œuvre. Néanmoins, le législateur a tardé dans sa tâche et une série de dispositions constitutionnelles sont restées sans lois de réglementation pendant plusieurs années, voire plus d'une décennie, ce qui a alimenté « une méfiance croissante à l'égard du pouvoir législatif et une confiance accrue dans les vertus thaumaturgiques de la magistrature ». Les juges seraient alors « devenus les principaux protagonistes du processus de concrétisation des normes constitutionnelles, dans la mesure où ils détiennent la méthode rationnelle adéquate à l'application desdites normes, (…) la pondération des valeurs ».[460]

En ce qui concerne la doctrine juridique, le néo constitutionnalisme est devenu la théorie dominante au Brésil et a connu un énorme succès notamment auprès des auteurs du droit constitutionnel. Comme le note le professeur de l'Université de São Paulo, Sergio Nojiri, auteur de l'ouvrage « Néoconstitutionnalisme versus démocratie : un regard positiviste », le néologisme *néo constitutionnalisme* « fait partie de façon presque obligatoire du discours de tous ceux qui cherchent à avoir des opinions nouvelles et sophistiquées sur l'interprétation et l'application du droit en général, et du droit constitutionnel en particulier. (…) Au Brésil, le néo constitutionnalisme a acquis le *status* d'une façon innovatrice de penser le droit, acceptée par une bonne partie de la communauté juridique. L'adhésion à ces thèses est tellement grande et véhémente qu'on peut penser même à une croyance, un dogme religieux qui ne peut pas être questionné ni discuté, [mais qui doit être plutôt] respecté ». Cette acceptation souvent inconditionnelle du néo constitutionnalisme se fait au prix d'un possible « dépassement du paradigme positiviste » par une théorie « plus actuelle et compatible avec les valeurs suprêmes de l'ordre juridique ».[461]

Dans ce contexte, une grande quantité des travaux sur le thème du néo constitutionnalisme ont été produits au Brésil depuis les années 1990, parmi lesquels les ouvrages et articles de Luis Roberto Barroso (« Néoconstitutionnalisme et constitutionnalisation du droit : le triomphe tardif du droit constitutionnel au Brésil »), Lenio Luiz Streck (« Hier les codes, aujourd'hui les constitutions : le rôle de l'herméneutique dans le dépassement du positivisme par le néo constitutionnalisme ») , Ecio Oto Ramos Duarte (« Néoconstitutionnalisme et positivisme juridique »), Eduardo Moreira Ribeiro (« Néoconstitutionnalisme : l'invasion de la Constitution »), Ives Gandra da Silva Martins (« Le néo constitutionnalisme et la Constitution de 1988), Daniel Sarmento (« Le néo constitutionnalisme au Brésil : risques et possibilités »), Regina Quaresma (organisatrice du

---

[460] Nojiri, Sergio. *Neoconstitucionalismo versus democracia: um olhar positivista.* Curitiba: Juruá, 2012, p. 305.
[461] *Ibid.* p. 11.

mélange « Néoconstitutionnalisme »), Max Möller (« Théorie générale du néo constitutionnalisme : bases théoriques du constitutionnalisme contemporain ») , Eduardo Cambi (« Néoconstitutionnalisme et néoprocéduralisme ») et Amelia Sampaio Rossi (« Néoconstitutionnalisme : dépassement ou relecture du positivisme juridique ? »).

Pour les auteurs brésiliens qui adhèrent à la théorie néo constitutionnaliste, le dépassement du paradigme positiviste serait un fait accompli, consécutif aux atrocités perpétrées par les régimes totalitaires de la première moitié du XXème siècle. D'après eux, le positivisme a été bel et bien abandonné car il ne permettait pas aux juges de prendre en compte les exigences de justice et de légitimation, son discours servant à cacher le contenu idéologique de l'activité juridictionnelle.[462] Fondamentalement, le positivisme n'aurait pas été capable d'ériger « une barrière de valeurs contre l'émergence du nazi-fascisme des années 1920 à 1940, (...) [ni contre les] régimes bureaucratico-autoritaires de l'Amérique ibérique des années 1960 à 1970 ». [463] La réflexion de Luis Roberto Barroso offre un exemple particulièrement significatif de ce point de vue : « à la recherche d'objectivité scientifique, le positivisme a mis sur un même pied le droit et la loi, a écarté le droit de la philosophie et des discussions sur la légitimité et la justice et a dominé la pensée juridique durant la première partie du XXe siècle. Sa chute est associée de manière emblématique à la déroute du fascisme en Italie et du nazisme en Allemagne, régimes qui promouvaient la barbarie sous la protection de la légalité. À la fin de la seconde guerre mondiale, l'éthique et les valeurs se sont de nouveau rapprochées du droit. »[464]

La large acceptation des idées néo constitutionnalistes au Brésil n'a pas empêché quelques auteurs d'en faire la critique. D'après Humberto Avila, professeur de l'Université fédérale de Rio Grande do Sul, la Constitution de 1988 ne serait pas une Constitution où les principes auraient un rôle principal, n'étant pas une « Constitution principiologique » comme le soutiennent les auteurs néo constitutionnalistes. Dans son ensemble, et du point de vue quantitatif, le nouveau texte constitutionnel de 1988 serait composé plutôt de règles, étant une « Constitution régulatrice ». En effet, selon Avila, à l'exception des principes expressément prévus dans le titre I, « presque tout le reste du texte est composé de quelques principes et de beaucoup de règles », l'option du constituant transitant « primordialement

---

[462] Nojiri, Sergio. *Neoconstitucionalismo versus democracia: um olhar positivista. Op. cit.*, p. 52.

[463] Vianna, Luiz Werneck. « Poder Judiciário, positivação do direito natural e política [en ligne]. Disponible sur http://bibliotecadigital.fgv.br/ojs/index.php/reh/article/viewFile/2033/1172 (consulté le 18/07/2014).

[464] Barroso, Luis Roberto. « Neoconstitucionalismo e constitucionalização do direito (O triunfo tardio do direito constitucional no Brasil) » [en ligne]. Disponible sur http://jus.com.br/artigos/7547/neoconstitucionalismo-e-constitucionalizacao-do-direito (consulté le 12/03/2014).

par l'institution de règles et non de principes ».[465] La défense néo constitutionnaliste de l'emploi de la pondération comme principale méthode d'application juridictionnelle de la Constitution de 1988 ne se justifie donc pas, dans la mesure où elle correspond plutôt à une importation inadéquate des idées applicables dans des pays qui possèdent des constitutions « principiologiques », tels que les Etats-Unis ou l'Allemagne.

Marcelo Neves, professeur à l'Université de Brasília, dénonce une utilisation abusive des principes et de la pondération qu'il juge être à l'origine des « déficiences théoriques et pratiques qui entravent, au Brésil, le développement d'un droit constitutionnel qui s'oriente vers la prise de décisions qui soient juridiquement consistantes et socialement adéquates ».[466] D'après lui, « l'absolutisme des principes » et l'emploi démesuré de la pondération par la justice constitutionnelle auraient « des effets dévastateurs pour la relation d'autonomie et d'influence réciproque entre politique et droit dans l'État constitutionnel. [Ils conduisent] à une juridictionnalisation de la politique et à une politisation du droit ». Le jeu politique entre le gouvernement et l'opposition, de même que le recours périodique à la légitimation par le peuple, seraient ainsi affectés par l'excès d'interventions juridictionnelles, les juges étant amenés « trop étroitement à rendre des réponses politiquement légitimatrices, rattachées fortement à la différence entre gouvernement et opposition ». Il s'ensuit que les limites opérationnelles entre droit et politique seraient diluées, au risque (grave) de la « corruption politique de la magistrature » et des « liens particularistes et diffus des membres de la magistrature avec les agents politiques ». Selon Neves, « la pondération peut, dans ces conditions, se transformer en un moyen de conforter les intérêts qui circulent à la marge de l'État de droit et de la démocratie, sous la couverture rhétorique des principes ». La « compulsion pondératrice », en tant que « modèle simplificateur » du droit, pourrait ainsi servir « au camouflage stratégique des pratiques tournées vers la satisfaction d'intérêts contraires à la légalité et à la constitutionnalité ».[467]

Par ailleurs, Neves déplore l'utilisation *ad hoc* de la pondération par le Tribunal fédéral suprême, ce qui nuit à la cohérence et à la prévisibilité de la jurisprudence de la Cour. En effet, au Brésil, l'emploi de la pondération se fait sans que les justifications utilisées dans chaque cas concret puissent être généralisées, ce qui empêche, par conséquent, son utilisation comme critère

---

[465] Ávila, Humberto. « Neoconstitucionalismo: entre a ciência do direito e o direito da ciência » [en ligne]. *Op. cit.*

[466] Neves, Marcelo. « Utilisation et abus de principes : de la doctrine à la pratique juridico-constitutionnelle brésilienne ». In *Droit français et droit brésilien - Perspectives nationales et comparées*. Bruxelles : Bruylant, 2012, p. 566-611.

[467] Neves signale notamment que l'emploi de la pondération peut conduire aux particularismes et à l'imposition des préférences personnelles ou de groupe. D'après lui, « un modèle *ad hoc* de pondération, aux contours flous, (…) se prête plus à une décision sur les préférences particulières des individus et des groupes, qu'à un raisonnement normatif sur le plan constitutionnel au sein d'une société hypercomplexe, dans laquelle les préférences évaluatives varient grandement d'un groupe à l'autre ». *Ibid.*

pour la solution des cas futurs. Selon Neves, les principes et le modèle de pondération sont adoptés « de manière trop malléable et techniquement imprécise », opérant comme « un stimulateur d'un 'casuisme' désengagé de la force normative de la Constitution et de l'autoconsistance constitutionnelle du système juridique ». [468] Les particularismes de chaque cas concret dominent ainsi les décisions du Tribunal et fondent un processus décisionnel *ad hoc* dont la justification ne peut être ni reproduite ni conciliée avec d'autres décisions rendues par la Cour. Selon Neves, ce modèle de justification *ad hoc* « ne prend pas au sérieux les précédents juridictionnels et ne contribue pas à la construction de précédents qui puissent servir de base à la résolution des nouvelles espèces ».[469] Cela a pour conséquence l'érosion, au cas par cas, de la cohérence de l'ordre constitutionnel, ainsi que l'augmentation de l'imprévisibilité des décisions du Tribunal.

Enfin, Neves dénonce l'utilisation rhétorique des principes et de la pondération comme instrument qui permet d'écarter l'application des règles spécifiques applicables au cas concret. D'après lui, le Tribunal fédéral suprême aurait une tendance à invoquer les principes, dont la formulation indéterminée permet une grande liberté interprétative, comme panacée générale permettant de résoudre n'importe quel problème constitutionnel important, au détriment de l'application des règles constitutionnelles particulières au cas d'espèce. Des principes comme ceux de la solidarité ou de la dignité de la personne humaine servent ainsi comme outil rhétorique de légitimation dans les justifications des décisions du Tribunal, « en couvrant les particularismes les plus divers ».[470]

Daniel Sarmento, professeur à l'Université de l'État de Rio de Janeiro, envisage à son tour trois objections au néo constitutionnalisme. Premièrement, la pratique judiciaire brésilienne n'aurait intégré que partiellement les concepts étrangers liés au néo constitutionnalisme. Au Brésil, d'après Sarmento, la valorisation des principes et de la pondération, aussi bien que celle des concepts tels que la réserve du possible (*Vorbehalt des Möglichen*) du droit allemand, ne sont pas accompagnées d'une préoccupation pour la justification soignée des décisions de justice. De nos jours, la communauté juridique brésilienne applaudit et valorise les décisions basées sur des principes et déplore celles basées sur des règles, celles-ci étant vues comme bureaucratiques ou, pire, positivistes – le positivisme étant « presque un gros mot ».[471] Selon Sarmento, « dans ce contexte, les juges sont stimulés à invoquer toujours des principes très indéterminés dans leurs décisions, même si cela n'est absolument pas nécessaire, compte tenu de l'existence de règles claires et valides qui régissent le cas concret. Les champions sont les principes de la dignité humaine et de la raisonnabilité. Le

[468] *Ibid.*
[469] *Ibid.*
[470] *Ibid.*
[471] Sarmento, Daniel. « O neoconstitucionalismo no Brasil: riscos e possibilidades ». *Revista Brasileira de Estudos Constitucionais*, n° 9, mars 2009.

premier est employé pour rendre imposant le 'décisionnisme' judiciaire, habillant d'un langage pompeux n'importe quelle décision considérée comme politiquement correcte, et le deuxième, pour permettre que les juges remplacent librement les jugements de valeur des autres agents publics par les leurs. »[472] L'application non judicieuse des principes se heurte à la logique de l'État démocratique de droit, car elle entraîne l'arbitraire du juge en même temps que l'insécurité juridique et nuit à la séparation des pouvoirs. Or, d'après Sarmento, les règles sont indispensables car elles confèrent de la stabilité et de la prévisibilité au système juridique et ne transfèrent pas autant de pouvoir au judiciaire, diminuant d'autant le pouvoir de l'interprète. Au cas où l'application des principes serait nécessaire, cela doit se faire de façon plus rationnelle et justifiée, avec une obligation accrue de justification pour l'interprète.

La deuxième objection argumentée par Sarmento renvoie au fait que la constitutionnalisation du droit, très chère au néo constitutionnalisme, peut réduire de façon excessive la liberté du législateur, au détriment de la démocratie. La Constitution brésilienne de 1988 est excessivement analytique et très détaillée. Elle reconnait non seulement les droits fondamentaux mais aussi des intérêts corporatifs et temporaires, sans que ceux-ci possèdent l'importance ou la dignité, nécessaires pour figurer dans un texte constitutionnel. Dans ce contexte, la constitutionnalisation excessive du droit peut conduire à un cadre où tout aurait été déjà décidé par le constituant, le législateur n'étant que l'exécuteur des politiques imposées par la Constitution. La liberté de décision démocratique du peuple, à chaque moment de son histoire, serait ainsi sérieusement menacée. Dans la sphère privée notamment, une telle constitutionnalisation excessive peut amener à un « perfectionnisme moral », ouvrant la porte à l'imposition aux citoyens des comportement ou des styles de vie qu'ils refusent, au détriment de leur liberté existentielle, sous prétexte de l'exercice d'un « paternalisme antilibéral » fondé sur des actions « politiquement correctes ».

Troisième et dernière critique, mais non des moindres, l'inclination du néo constitutionnalisme pour le pouvoir judiciaire peut être antidémocratique. En effet, le néo constitutionnalisme confère au pouvoir judiciaire une place centrale dans la concrétisation des droits reconnus par les constitutions contemporaines. Pourtant les juges ne sont pas élus et ne répondent pas devant le peuple. Si la démocratie contemporaine a pour caractéristique la limitation de la majorité par les droits des minorités, cette limitation, si elle est exagérément imposée par les tribunaux, peut être nuisible à la capacité d'un peuple à faire ses propres choix pour le futur. Cette inclination « judiciarisante » prônée par le néo constitutionnalisme confère aux juges « une espèce de pouvoir constituant permanent », leur permettant de modeler la Constitution selon leurs préférences politiques. Au Brésil, de nos jours, l'association du pouvoir judiciaire à des postures

[472] *Ibid.*

progressistes est presque automatique, mais un regard sur l'histoire d'autres pays montre que ce n'est pas toujours le cas, la Cour suprême des Etats-Unis étant une force conservatrice durant ladite ère Lochner.[473]

Par ailleurs, la judiciarisation du politique peut amener à l'oubli d'autres espaces de réalisation et de concrétisation de la Constitution de 1988, tels que le pouvoir législatif et les associations de la société civile, au détriment de la mobilisation civique des citoyens. Le pouvoir judiciaire ne peut pas effacer le rôle central des autres instances de définition du sens de la Constitution et former une sorte de gouvernement platonique composé d'un aréopage de sages paternalistes. Sans compter qu'une telle vision idéalisée du juge n'est pas compatible avec la réalité du pouvoir judiciaire au Brésil, compte tenu des problèmes auxquels font face les juges brésiliens, notamment la surcharge de travail, qui souvent empêche la justification adéquate des décisions[474], une formation juridique formaliste et non multidisciplinaire, ainsi qu'un manque d'expertise dans des domaines qui demandent des connaissances très spécialisées comme l'économie et les politiques publiques. En somme, le pouvoir judiciaire ne peut pas être envisagé comme le seul interprète de la Constitution, au mépris des possibilités de dialogue avec les autres pouvoirs et la société civile.

L'acceptation des thèses néo constitutionnalistes est aussi clairement identifiable dans la jurisprudence du Tribunal fédéral suprême. Tout d'abord, par la détermination des politiques publiques dans la continuité de l'application directe des dispositions constitutionnelles, sans l'intermédiation du législateur ni du pouvoir exécutif, comme par exemple dans la concrétisation du droit à la santé. Dans l'important précédent RE 271.286 AgR, dans le cadre du contrôle diffus, la Cour a reconnu en 2000 l'obligation de la commune de Porto Alegre de fournir gratuitement des médicaments à un patient porteur du VIH qui n'avait pas de moyens de payer son traitement. D'après la Cour, « l'interprétation d'une norme programmatique ne peut pas[en] faire une promesse constitutionnelle sans conséquence. Le caractère programmatique de la norme de l'article 196[475] –

[473] L'ère Lochner désigne une période de l'histoire des Etats-Unis, des années 1890 aux années 1930, durant laquelle la Cour suprême s'est opposée à toute législation réglementant le travail au nom d'un laissez-faire inspiré du libéralisme du XIXème siècle. Son arrêt le plus important est *Lochner v. New York*, de 1905, dans lequel la cour a déclaré non conforme à la Constitution américaine une législation de l'État de New York limitant les horaires hebdomadaires de travail.

[474] D'après Sarmento, Il faut souligner que l'adoption du néoconstitutionnalisme a amené quelques fois à l'arbitraire du juge constitutionnel : les principes constitutionnels servent à justifier n'importe quelle décision sans une justification adéquate, au détriment de la sécurité juridique. Cf. Sarmento, Daniel. « O STF não é o centro do constitucionalismo » [en ligne]. *Os Constitucionalistas*. Disponible sur http://www.osconstitucionalistas.com.br/o-stf-nao-e-o-centro-do-constitucionalismo (consulté le 21/07/2014).

[475] « La santé est le droit de tous et un devoir de l'État garanti par des politiques sociales et économiques qui visent à réduire les risques de maladies et d'autres accidents et à assurer

qui a pour destinataire toutes les entités qui composent l'organisation fédérative de l'État brésilien – ne peut pas se convertir en promesse constitutionnelle sans conséquence, sous peine (...) d'infidélité de la part du gouvernement envers ce qui détermine en propre la loi fondamentale de l'État. (...) La reconnaissance, par le judiciaire, de la validité juridique des programmes de distribution gratuite de médicaments aux personnes démunies, porteuses du virus VIH/AIDS incluses, rend effectifs les principes constitutionnels de la Constitution de la République (articles 5 et 196). » La Cour fonde alors sa décision sur le principe de la dignité humaine et le droit à la santé.[476] A la suite de cet arrêt, plusieurs décisions ont réaffirmé les devoirs de l'État en ce qui concerne le droit à la santé de la population.[477]

Le droit à l'éducation est aussi un exemple de la détermination des politiques publiques par l'application directe des dispositions constitutionnelles. Dans l'affaire ARE 639.337 AgR, par exemple, la Cour ordonne à la commune de São Paulo l'inscription obligatoire à la crèche des enfants de 0 à 5 ans, justifiant sa décision en référence à l'application du droit à l'éducation prévu dans l'article 208 de la Constitution de 1988, qui consacre le droit à l'accueil des enfants âgés de 0 à 5 ans dans des crèches et des établissements préscolaires. Dans cet arrêt, la Cour affirme la légitimité de l'intervention du pouvoir judiciaire pour déterminer l'exécution des politiques publiques, cette intervention ne signifiant pas une méconnaissance du principe de la séparation des pouvoirs.[478] Dans le même sens, d'autres décisions de la Cour réaffirment les devoirs de l'État en ce qui concerne le droit à l'éducation.[479]

L'acceptation des thèses néo constitutionnalistes par le Tribunal fédéral suprême se repère aussi à l'accommodement des concepts liés à l'interprétation et à l'application des principes, empruntés notamment au droit allemand. En effet, la Cour emploie assez généreusement des notions telles que la « réserve du possible » (*Vorbehalt des Möglichen*), le « minimum existentiel » (*Existenzminimum*), la pondération et la proportionnalité (*Verhältnismäßigkeit*), pour appliquer des principes formulés de façon très indéterminée dans le texte de la Constitution de 1988. En ce sens, par exemple, le Tribunal refuse l'application de la clause de la

---

l'accès universel et égalitaire aux actions et services visant à l'améliorer, la protéger et la recouvrer. »

[476] Tribunal fédéral suprême. RE 271.286 AgR. Diário da Justiça, 24/11/2000, p. 101.

[477] Voir, *exempli gratia*, du Tribunal fédéral suprême, les arrêts RE 393.175 AgR, Diário da Justiça 02/02/2007, p. 140; STA 223 AgR, Diário da Justiça Eletrônico vol. 70, 09/04/2014 ; AI 734.487 AgR, Diário da Justiça Eletrônico, vol. 154, 20/08/2010; RE 668.724 AgR, Diário da Justiça Eletrônico, vol. 95, 16/05/2012; RE 665.764 AgR, Diário da Justiça Eletrônico, vol. 68, 09/04/2012; ARE 746.380 AgR, Diário da Justiça Eletrônico, vol. 63, 31/03/2014

[478] Tribunal fédéral suprême. ARE 639.337 AgR. Diário de Justiça Eletrônico, vol. 177, 15/09/2011.

[479] Voir, *exempli gratia*, du Tribunal fédéral suprême, les arrêts RE 410.715 AgR, Diário da Justiça, 03-02-2006, p. 76; RE 464.143 AgR, Diário da Justiça Eletrônico, vol. 30, 19/02/2010; RE 463.210 AgR, Diário da Justiça, 03/02/2006, p. 79.

réserve du (financièrement) possible quand elle peut nuire au minimum existentiel nécessaire au bien-être de la femme enceinte, compte tenu de l'obligation constitutionnelle étatique d'assistance à la mère et à l'enfant.[480] De même, la Cour refuse l'emploi de la réserve du possible (*Vorbehalt des Möglichen*) pour justifier la non-installation du Défenseur public[481] dans l'État fédéré du Ceará, compte tenu de l'obligation qu'a l'État de fournir de l'assistance juridique aux personnes démunies.[482] Elle effectue aussi une pondération entre les principes du minimum existentiel (*Existenzminimum*) et de la réserve du possible (*Vorbehalt des Möglichen*) pour affirmer que le pouvoir judiciaire est légitimé à intervenir dans la sphère du pouvoir exécutif pour assurer la réalisation des politiques publiques en direction du secteur de santé, sous condition de ne pas innover dans l'ordonnancement juridique.[483] Le concept de minimum existentiel est aussi employé pour justifier des décisions de la Cour qui ordonnent des mesures destinées à concrétiser le droit à l'éducation et à la santé, déjà exposées ci-dessus.[484]

Quant à la pondération des principes et la proportionnalité, clefs de voûte du canon interprétatif néo constitutionnaliste, celles-ci sont largement employées par le Tribunal fédéral suprême. Ainsi, dans l'affaire ADC 29, la Cour refuse de déclarer non conforme à la Constitution une loi organique qui empêche les citoyens n'ayant pas un casier judiciaire vierge de poser leur candidature à un poste électif. La Cour effectue une pondération entre le principe de la présomption d'innocence et le principe de la probité dans l'administration pour limiter l'incidence du premier exclusivement à la sphère pénale, excluant le domaine électoral.[485] En outre, la Cour invoque aussi le principe de la raisonnabilité (formulation américaine qui correspond à-peu-près à la proportionnalité européenne) et la pondération pour ne pas appliquer la peine, dans le cas d'une poursuite pénale, quand l'objet d'un délit n'a pas de valeur économique élevée.[486] De même, la Cour effectue une pondération de plusieurs principes, tels que le droit à la santé et à l'environnement sain, ainsi que le droit à la liberté d'initiative des agents économiques, pour déclarer la conformité de la loi interdisant l'importation des pneus usagés.[487] La Cour va même plus loin pour réaliser, de façon très

[480] Tribunal fédéral suprême. RE 581.352 AgR, Diário da Justiça Eletrônico, vol. 230, 22/11/2013.
[481] La Défenderie publique est l'organe gouvernemental chargé de l'assistance juridique aux personnes démunies. Elle est prévue par l'article 134 de la Constitution de 1988.
[482] Cf. Tribunal fédéral suprême. RE 763.667 AgR, Diário da Justiça Eletrônico vol. 246, 13/12/2013.
[483] Tribunal fédéral suprême. RE 642.536 AgR, Diário da Justiça Eletrônico, vol. 38, 27/02/2013.
[484] Voir, *exempli gratia*, les arrêts ARE 639.337 AgR, *op. cit* concernant le droit à la crèche des enfants de 0 à 5 ans, et STA 223 AgR, *op. cit* concernant le droit à la santé.
[485] Tribunal fédéral suprême. ADC 29, Diário da Justiça Eletrônico, vol. 127, 29/06/2012. Voir notamment le vote du juge Ricardo Lewandowski.
[486] Tribunal fédéral suprême. HC 107184. Diário da Justiça Eletrônico, vol. 220, 21/11/2011.
[487] Tribunal fédéral suprême. ADPF 101. Diário da Justiça Eletrônico, vol.108, 04/06/2012.

créative, une pondération des normes et non des principes. En effet, dans l'affaire IF 164, le Tribunal fédéral a libéré l'État fédéré de São Paulo de l'obligation de payer ses dettes en vertu des décisions judiciaires, conforme l'article 100,[488] en se fondant sur le respect d'autres règles de la Constitution de 1988, notamment l'obligation d'investissement en éducation et santé.[489]

Le recours du Tribunal fédéral suprême au droit comparé, notamment à la jurisprudence du *Bundesverfassungsgericht* allemand, s'inscrit dans le cadre d'un phénomène mondial. En effet, comme le note Thierry di Manno, « la montée en puissance du phénomène du recours au droit comparé par le juge est, de fait, concomitante de l'intensification de la mondialisation qui fait que certains problèmes ne peuvent plus être appréhendés de manière autre que globale, c'est-à-dire à une échelle mondiale. (...) Dans ce contexte de mondialisation du droit où les interconnexions normatives se multiplient et se complexifient, le juge, en tant que principal acteur de régulation des différentes sources normatives, voit son rôle considérablement rehaussé. Dans l'accomplissement rendu plus difficile de son office, le juge trouve ainsi dans le recours au droit comparé un bon outil, un outil indispensable pour appréhender l'enchevêtrement des sources normatives et trouver une solution juridique adaptée ». Confronté à des questions de plus en plus complexes, le Tribunal fédéral suprême fait appel au droit comparé en tant que « juge comparatiste de conviction », celui dont le comportement « relève davantage de la conviction qu'il y trouvera un réconfort à la décision qu'il doit prendre », sans une relation nécessaire de dépendance au droit comparé.[490] Dans ce contexte, l'emploi des techniques empruntées aux cours étrangères correspond, pour le Tribunal fédéral suprême, à l'exigence d'une décision de justice constitutionnelle « éclairée », où, selon Fanny Jacquelot, le droit comparé serait « un élément du processus de prise de décision du juge constitutionnel dont il ne peut se départir sans amputer une large part de son champ de réflexion ». La « mise en commun des expériences et des solutions » permettrait ainsi, incontestablement, au juge constitutionnel brésilien de surmonter des difficultés liées à des « problématiques communes et difficiles à résoudre ».[491] Par ailleurs, il faut souligner que le recours intensif au droit comparé par le Tribunal fédéral suprême est le résultat d'un manque d'expérience de la cour dans la concrétisation d'une

---

[488] Au Brésil, « à l'exception des crédits de nature alimentaire, les paiements dus par les Finances fédérales, subfédérales ou municipales en vertu d'une sentence judiciaire sont effectués exclusivement dans l'ordre chronologique de présentation des injonctions de payer et sous les rubriques respectives ». (article100 de la Constitution de 1988).

[489] Tribunal fédéral suprême. IF 164. Diário da Justiça, 14/11/2003, p. 14. Cf. Falcão Maia, Mario Sergio. « A recepção da teoria neoconstitucionalista pelo Supremo Tribunal Federal brasileiro ». *Revista Internacional de Direito e Cidadania*, n° 5, octobre 2009, p. 151-163.

[490] Di Manno, Thierry. Les figures du juge comparatiste. In *Le recours au droit comparé par le juge*. A la croisée des droits. Bruxelles : Bruylant, 2014, p. 11.

[491] Jacquelot, Fanny. L'ambivalence du recours au droit comparé par le juge constitutionnel. In *Le recours au droit comparé par le juge*. A la croisée des droits. Bruxelles : Bruylant, 2014, p. 157.

Constitution nouvelle et riche en innovations normatives. En effet, le nouveau régime démocratique qui s'installe en 1988 permet à la population de poser à la Cour des questions pour lesquelles le système juridique brésilien n'a pas encore de réponses. L'emploi des solutions trouvées par des cours constitutionnelles étrangères et plus anciennes se présente ainsi comme une source d'inspiration qui vient suppléer l'absence de jurisprudence et de constructions doctrinales dans la nouvelle démocratie brésilienne, d'autant plus que la Constitution elle-même trouve son inspiration dans le droit comparé.[492]

C'est pourtant son l'inclination « judiciarisante » et sa foi dans le pouvoir judiciaire comme interprète majeur, sinon exclusif, de la Constitution qui marquent que la jurisprudence du Tribunal fédéral suprême accueille les thèses du néo constitutionnalisme avec le plus d'énergie. Le Tribunal n'hésite pas à affirmer sa primauté en tant qu'organe responsable de l'interprétation de la Constitution, même au prix d'un effacement des pouvoirs législatif et exécutif. Dans l'affaire RE 477554 AgR, un des plus importants arrêts rendus depuis 1988, qui crée *ex novo* l'union civile entre personnes du même sexe, la Cour proclame sa prééminence, tout en se réservant « le monopole du dernier mot en matière d'interprétation constitutionnelle ». [493] D'après la Cour, cette prééminence est une conséquence de sa « responsabilité politico-juridique dans le processus de valorisation de la force normative de la Constitution ».[494] De même, dans l'affaire MS 26.603, la Cour affirme avoir un pouvoir constituant, statuant que « dans le pouvoir d'interpréter la loi fondamentale se trouve la prérogative extraordinaire de la reformuler, vu que l'interprétation judiciaire est un processus informel de mutation constitutionnelle, cela signifiant que la Constitution est en constante élaboration par les tribunaux chargés de l'appliquer. (...) L'interprétation constitutionnelle qui résulte des décisions du Tribunal fédéral suprême – qui a l'éminente fonction de gardien de la Constitution – prend un rôle fondamental dans l'organisation institutionnelle de l'État brésilien, ce qui justifie la reconnaissance d'un modèle politico-juridique en vigueur au Brésil et qui confère à la Cour suprême la prérogative de disposer du monopole du dernier mot sur l'exégèse des normes du texte de la loi fondamentale ».[495]

---

[492]Cf. Le Quinio, Alex. La légitimité contrastée d'une technique juridictionnelle : le recours au droit comparé par le juge. In *Le recours au droit comparé par le juge*. A la croisée des droits. Bruxelles: Bruylant, 2014, p. 29.

[493] Tribunal fédéral suprême. RE 477554 AgR. Diário da Justiça Eletrônico, vol. 164, 26/08/2011.

[494] Tribunal fédéral suprême. AI 733387. Diário da Justiça Eletrônico, vol. 22, 01/02/2013.

[495] Tribunal fédéral suprême. MS 26603, Diário da Justiça eletrônico, vol. 241, 19/12/2008. Dans le même sens, ADI 3345, Diário da Justiça Eletrônico, vol. 154, 20/08/2010. Il faut souligner que, selon le Tribunal fédéral suprême, l'interprétation des textes normatifs par le pouvoir judiciaire n'empiète pas sur les compétences de production normative des autres pouvoirs. D'après la cour, « l'ordonnancement normatif n'est rien d'autre que sa propre interprétation, notamment quand l'exégèse des lois et de la Constitution est faite par le

L'usage très élargi que fait le Tribunal fédéral suprême des thèses du néo constitutionnalisme n'est pas pour autant sans problèmes. Comme le note Marcelo Neves, la Cour a quelquefois employé des principes de manière incongrue ou même arbitraire.[496] Dans l'affaire HC 82424, par exemple, concernant la publication des ouvrages antisémites, la Cour a fait prévaloir le principe de la dignité humaine sur celui de la liberté d'expression, utilisant la méthode de la pondération, pour déclarer conforme à la Constitution la loi brésilienne antiracisme.[497] Pour autant, dans l'affaire ADPF 130, la Cour décide que la liberté d'expression n'est pas un principe et, en tant que tel, n'est pas soumise à la pondération.[498]

En outre, les juges du Tribunal fédéral suprême ont déjà employé des principes de manière extravagante et disparate. Par exemple, dans l'affaire ADI 1.856, concernant une loi de l'État fédéré de Rio de Janeiro interdisant le combat de coqs, un des juges de la Cour a déclaré que le combat de coqs méconnait la dignité de la personne humaine. Selon le juge, cette pratique « implique, d'une certaine façon, un stimulus aux pulsions les plus primitives et irrationnelles de l'être humain » et, en tant que tel, nuit à la dignité de la personne humaine.[499] Dans l'affaire ADI 4.638, la Cour fait appel au principe de la dignité humaine et à l'autorité de Ronald Dworkin pour assurer le jugement secret des magistrats par les tribunaux, fixé par la loi organique de la magistrature, en dépit d'un amendement à la Constitution qui a imposé expressément la règle de la publicité de tous les jugements du pouvoir judiciaire.[500]

En définitive, la Cour invoque les principes comme panacée pour tous les problèmes de la pratique juridique et institutionnelle du Brésil, risquant d'écarter des règles claires pour prendre des décisions relatives à la satisfaction des intérêts particuliers, justifiées par la fluidité des principes et l'abus de leur utilisation. Le Tribunal fédéral suprême a emprunté de façon non critique quelques concepts étrangers développés dans des contextes bien

---

pouvoir judiciaire, dont les décisions sont définitives. L'interprétation, quelle que soit la méthode employée, a pour objectif de définir le sens et la portée d'un précepte donné, et ne se confond pas avec la production étatique des normes. En somme : l'exercice de l'interprétation de la Constitution et des textes des lois – ce qui caractérise l'activité typique des juges et des tribunaux – n'usurpe pas les compétences normatives des autres pouvoirs de la République. » Cf. AI 258049 AgR, Diário da Justiça 04/05/2001, p. 8.

[496] Neves, Marcelo. « O abuso de princípios no Supremo Tribunal Federal [en ligne] ». *Os Constitucionalistas*, 27 octobre 2012. Disponible sur http://www.osconstitucionalistas.com.br/o-abuso-de-principios-no-supremo-tribunal-federal (consulté le 23/07/2014).

[497] Tribunal fédéral suprême. HC 82424. Diário da Justiça 19/03/2004, p. 17.

[498] Tribunal fédéral suprême. ADPF 130. Diário da Justiça Eletrônico, vol. 208, 06/11/2009.

[499] Tribunal fédéral suprême. ADI 1856, vol. 198, 14/10/2011

[500] Cf. Neves, Marcelo. « O abuso de princípios no Supremo Tribunal Federal [en ligne] ». *Op. cit.*

divers, non adaptés à la pratique judiciaire brésilienne, ce qui représente un risque pour l'État de droit. Le médicament se transforme alors en poison.[501]

Le nouveau constitutionnalisme est alors un des facteurs de l'accroissement du pouvoir du Tribunal fédéral suprême dans le cadre de la Constitution de 1988, mais il n'est pas le seul. Tributaire de la tradition américaine et héritier de sa justification doctrinale, la Cour s'attribue aussi une fonction politique dans l'exercice du pouvoir, ce qui lui permet de justifier son autorité de façon plus approfondie, notamment pour ce qui concerne l'interférence dans la sphère de compétences des pouvoirs législatif et exécutif.

SECTION 2. L'INVOCATION DU CARACTÈRE POLITIQUE DE LA JURIDICTION CONSTITUTIONNELLE PAR LE TRIBUNAL FÉDÉRAL SUPRÊME

Comme on l'a déjà vu, l'exercice de la justice constitutionnelle au Brésil appartient dans sa totalité au pouvoir judiciaire. C'est le Tribunal fédéral suprême qui a le dernier mot sur l'interprétation et l'application de la Constitution. Le contrôle de constitutionnalité est donc exclusivement juridictionnel. Dans ce contexte, la Cour a songé à se présenter comme un législateur négatif, à l'écart du processus politique de prise de décision. Pour autant, elle a aussi cherché à justifier son degré d'interférence dans des processus décisionnels qui peuvent être perçus comme politiques, associant ainsi un caractère politique à sa fonction.

L'inspiratrice de cette affirmation politique du Tribunal fédéral suprême est la Cour suprême des États-Unis, depuis longtemps reconnue comme organe politique dans la pratique constitutionnelle américaine. Comme le note Lino A. Graglia, « demander si les juges américains peuvent faire de la politique équivaudrait à demander s'il y a de la gravité dans le système solaire. On peut dire que la Cour suprême [des États-Unis] a été une des institutions de gouvernement les plus importantes du dernier tiers du siècle, décidant des questions de base de la politique sociale intérieure. Le juge Brennan, membre le plus important de la Cour pendant cette période, a été le dirigeant politique national le plus important, même si la majorité des américains ne reconnaîtraient même pas son nom. De fait, la portée et la signification de l'élaboration des politiques publiques [par la Cour] n'a cessé de s'accroître. De nos jours, les juges américains décident littéralement des questions de vie et de mort, telles que l'avortement et la peine capitale, ou qui touchent à la morale, telles que la pornographie, la danse nue et des démonstrations qui portent atteinte aux bonnes mœurs. (...) L'essentiel concernant le rôle actuel des tribunaux américains c'est, bien sûr, l'établissement du pouvoir de contrôler la constitutionnalité des lois. (...) Il

---

[501] Cf. Neves, Marcelo. « O abuso de princípios no Supremo Tribunal Federal [en ligne] ». *Op. cit.*

est irréaliste de penser que des juges nommés à vie, avec un tel pouvoir d'invalidation, ne seraient pas tentés de déclarer non conformes à la Constitution des lois avec lesquelles ils ne sont pas d'accord ».[502] Le Tribunal fédéral suprême revendique donc le même *status* que celui de la cour qui a servi de modèle à sa création, pour s'affirmer comme cour politique face aux pouvoirs législatif et exécutif.

L'arrêt par lequel le Tribunal fédéral suprême établit le plus clairement son rôle politique est le MS 26.603, qui traite de la fidélité aux partis politiques.[503] Il y confirme la constitutionnalité d'une décision rendue par le Tribunal supérieur électoral et qui prescrit l'obligation de fidélité de tout candidat au parti politique dont il est l'élu selon le système proportionnel, sous peine de perte de son mandat dans le cas inverse. D'après le Tribunal fédéral suprême, la fidélité au parti politique découle en effet implicitement du fonctionnement du système électoral proportionnel prévu par la Constitution dans son article 45, le candidat, une fois élu, ne pouvant pas changer de parti politique « sans une raison légitime », sous peine de perte de son mandat. Dans cette très longue décision (348 pages !) la Cour affirme : « Il faut garder à l'esprit que l'exercice de la justice constitutionnelle par cette Cour suprême a pour but de préserver la suprématie de la Constitution, ce qui démontre la dimension essentiellement politique de l'activité du Tribunal fédéral suprême – cette 'dimension politique' étant entendue dans son sens hellénique, car c'est dans le processus de questionnement constitutionnel que réside la prérogative octroyée à cette Cour de se prononcer, en dernier ressort, sur la substance même du pouvoir ». La préservation de la suprématie de la Constitution justifie alors l'intervention du Tribunal face au pouvoir législatif, même si celle-ci implique la création d'une norme juridique générale et abstraite (celle de la fidélité au parti politique) en prise directe sur la Constitution, sans l'intermédiation du législateur.

A propos de la séparation des pouvoirs et du respect des compétences du pouvoir législatif, la Cour statue ainsi dans l'affaire MS 26.603 : « On ne peut pas dire que le Tribunal fédéral suprême pourrait usurper la compétence du Congrès national. Décidément non, car il incombe au Tribunal fédéral suprême, en qualité de gardien de la Constitution, d'interpréter et d'extraire [du texte constitutionnel] l'efficacité la plus haute possible, en respectant les grands principes qui régissent le système de notre loi fondamentale. En effet, la force normative de la Constitution, pour ce qui touche aux questions liées au modèle de représentation populaire, à la légitimité du processus électoral, à l'intégrité de la volonté souveraine du corpus électoral (du citoyen électeur, donc), à la fidélité aux partis politiques et, aussi, au système électoral proportionnel, représente dans notre système politico-institutionnel une

[502] Graglia, Lino A. « Do judges have a policy-making role in the American system of government? » *Harvard Journal of Law and Public Policy*, vol. 17, 1994, p. 119-130.
[503] Tribunal fédéral suprême. MS 26.603. Diário da Justiça Eletrônico, vol. 241, 19/12/2008.

valeur qui doit prévaloir et doit être respectée par cette Cour suprême ». Le Tribunal écarte donc une possible méconnaissance de la séparation des pouvoirs et la violation des compétences du Congrès national, affirmant sa « préoccupation pour la préservation, la plus intégrale possible, de la force normative de la Constitution, (…) dont l'intégrité, l'efficacité et l'applicabilité doivent être valorisées ».

En outre, le Tribunal fédéral suprême affirme aussi expressément la nature politique de son activité dans l'affaire AI 733.387.[504] La décision porte sur une question procédurale, car le Tribunal supérieur électoral n'avait pas déclaré recevable un recours au Tribunal fédéral suprême relatif à l'exigence de fidélité aux partis politiques. Le Tribunal fédéral suprême a confirmé l'irrecevabilité du recours déterminée par le juge *a quo*, et a défendu la constitutionnalité de la décision du Tribunal supérieur électoral qui instaure l'engagement de fidélité aux partis politiques. La Cour a réaffirmé le caractère éminemment politique de sa fonction dans le cadre des pouvoirs étatiques. Cette fonction politique se fonde sur la nécessité de garantir la force normative de la Constitution à travers un travail d'interprétation du texte constitutionnel requis pour lui conférer le plus d'efficacité possible. Suivant la décision en question, le Tribunal est tenu à sa mission constitutionnelle, en référence notamment au « monopole du dernier mot » dont l'exercice lui revient en matière d'interprétation du texte constitutionnel.

Enfin, le Tribunal fédéral suprême souligne le caractère politique de son principal instrument d'exercice de la justice constitutionnelle, l'action directe en inconstitutionnalité. Dans l'affaire RP 1.016, la Cour statue comme suit sur l'action directe en inconstitutionnalité : « Il s'agit, en vérité, d'une action au caractère exceptionnel, dont la nature est politique, puisqu'elle a pour objectif le jugement, non d'une relation juridique concrète, mais plutôt de la validité de la loi et de sa thèse, raison pour laquelle l'instance – arbitre de son opportunité – est un organe politique (le Procureur général de la République)[505], et la compétence exclusive du jugement de validité appartient au Tribunal fédéral suprême, en qualité d'organe souverain d'un des pouvoirs de l'Union ». En référence à sa définition comme action politique, l'action directe en inconstitutionnalité n'implique ni litige ni parties, son objet étant l'intégrité de l'ordre juridique plutôt qu'un conflit concret d'intérêts.[506]

En somme, en invoquant le caractère politique de sa juridiction, le Tribunal fédéral suprême se place sur un pied d'égalité avec les pouvoirs législatif et exécutif, et justifie ainsi son pouvoir d'intervention dans la sphère de la législation et de l'exécution exclusives du Congrès national et

[504] Tribunal fédéral suprême. AI 733.387. Diário de Justiça Eletrônico, vol. 22, 01/02/2013.
[505] Cette décision a été rendue dans le cadre de la Constitution de 1967. À l'époque, le droit de saisine du Tribunal fédéral suprême dans le contrôle concentré de constitutionnalité appartenait exclusivement au procureur général de la République.
[506] Bulos, Uadi Lammêgo. Curso de Direito Constitucional. *Op. cit.*, p. 167.

du président de la République. Il revendique la compétence d'assurer la suprématie de la Constitution de 1988, compétence qu'il présente comme un pouvoir mais aussi comme une responsabilité et surtout comme un devoir. La Constitution est alors présentée comme véritable norme juridique suprême de l'État, légitimant sans conteste l'exercice de la justice constitutionnelle, de façon à interdire la contestation de l'autorité du Tribunal face à la légitimité démocratique des autres pouvoirs étatiques.

Par ailleurs, la Cour se présente non seulement comme l'organe responsable du contrôle de constitutionnalité, mais aussi détenant le dernier mot sur l'interprétation constitutionnelle, et qui se trouve ainsi placée au-dessus des autres instances politiques dans l'organisation de l'État brésilien. La jurisprudence du Tribunal détermine en effet la subordination du législateur et du pouvoir exécutif à la Constitution, identifiant clairement le juge constitutionnel comme l'organe chargé de contrôler cette hiérarchie. C'est particulièrement par rapport au pouvoir législatif que le Tribunal s'affirme comme garant de la démocratie elle-même, en s'attribuant le pouvoir de décider de thèmes relatifs à la représentation parlementaire et à l'exercice du mandat représentatif, tels que la fidélité des membres du Parlement à leurs partis politiques. L'affirmation de cette préséance du Tribunal se retrouve dans une série d'arrêts touchant une vaste gamme de sujets et démontre la détermination de la Cour à ne pas renoncer à son *status* constitutionnel, et à son renforcement dans le cadre dela Constitution de 1988. Le Tribunal fédéral s'emploie donc bien à ancrer son autorité pour apparaître comme l'institution gouvernementale habilitée à avoir le dernier mot sur « la véritable essence du pouvoir ».

SECONDE PARTIE

Les manifestations de l'activisme : le Tribunal fédéral suprême, puissance juridictionnelle dynamique

« Au sein du Tribunal [fédéral suprême] nous ne rendons pas de compte à Montesquieu ou à Kelsen ; nous déployons plutôt nos efforts pour vivifier le système judiciaire. »

Eros Roberto Grau, juge du Tribunal fédéral suprême,
Cahiers du Conseil Constitutionnel n° 26, août 2009

« The Constitution is not a panacea for every blot upon the public welfare, nor should this Court, ordained as a judicial body, be thought of as a general haven for reform movements. »

Justice John Marshall Harlan II, *Reynolds v. Sims* (1964)

TITRE 1

L'activisme comme concrétisation : l'action du Tribunal fédéral suprême dans la sphère des compétences des pouvoirs

Symbole majeur et instrument principal de la nouvelle démocratie qui surgit au Brésil après l'expérience dictatoriale des années 1960 à 1980, la Constitution de 1988 a consacré l'État démocratique de droit et adopté la séparation des pouvoirs comme principe constitutionnel positif.[507] Cette séparation a pris la forme d'un réseau complexe de compétences attribuées à chacun des pouvoirs étatiques, composant un mécanisme de freins et contrepoids censé équilibrer l'exercice de la puissance de l'État et empêcher l'abus de pouvoir. A chacun des trois pouvoirs, une fonction typique (législation, administration, juridiction) a donc été attribuée, tempérée par l'exercice à titre exceptionnel des fonctions atypiques des autres pouvoirs.[508]

Pour assurer cette séparation des pouvoirs, le constituant a octroyé un ensemble de prérogatives organiques privatives et de garanties institutionnelles à chaque branche du pouvoir étatique. Chacun des pouvoirs a vu son indépendance garantie, notamment par l'autonomie budgétaire, ainsi que par l'exclusivité de ses compétences pour le choix de son dirigeant (président du Congrès national, du Tribunal fédéral suprême, etc.) et pour la formation et la composition de ses organes internes. Dans la continuité de la tradition républicaine qui remonte à la Constitution de 1891, le texte constitutionnel de 1988 reconnaît le pouvoir judiciaire comme véritable pouvoir étatique, tout en lui conférant une indépendance sans précédent dans l'histoire constitutionnelle du Brésil. Les tribunaux sont organisés selon un modèle fédéral, avec le Tribunal fédéral suprême au sommet de la hiérarchie judiciaire. Dans ce contexte, c'est à ce dernier qu'incombe l'exercice de la fonction juridictionnelle, la garantie de la suprématie de la Constitution étant sa principale mission.

---

507 Cf. Première partie, Titre 1, Chapitre 1.

508 Cf. Première partie, Titre 1, Chapitre 1, Section 1.

Avec la démocratisation, la Constitution de 1988 a inauguré une nouvelle ère d'influence pour le pouvoir judiciaire en général, et pour Tribunal fédéral suprême en particulier. En effet, le texte constitutionnel a pris une forme très détaillée et analytique, qui donne une place élargie au Tribunal, conçu comme son interprète majeur. Prenant appui sur une multiplication des droits et des principes qui constitutionnalise la vie sociale et toutes les branches du droit, le Tribunal a profité d'un élargissement de ses compétences pour diffuser son influence dans le cadre institutionnel brésilien, se prononçant sur une grande variété de sujets, auparavant en dehors de celle-ci. Ce développement a été encore renforcé par des réformes législatives et constitutionnelles destinées à résoudre le grave problème de surcharge du Tribunal, d'où a résulté une rationalisation de la justice constitutionnelle ainsi qu'une centralisation accrue du contentieux constitutionnel.[509]

En référence à un paradigme de retenue face aux autres pouvoirs, la Cour se présente dans sa jurisprudence comme un législateur négatif, fidèle à la conception kelsénienne et à la tradition juridique européenne, n'ayant pas d'autre pouvoir que celui d'empêcher l'édiction des normes non conformes au texte constitutionnel.[510] Par ailleurs, la production *ex novo* des normes juridiques générales et abstraites est reconnue comme prérogative propre du Congrès national, et le jugement en opportunité dans l'exécution des mesures administratives comme monopole du pouvoir exécutif.

Pour ce qui est du cadre normatif, l'activité du Tribunal est déterminée par un ensemble de normes qui établit des limites à sa juridiction, et qui est constitué notamment des lois qui régissent le contrôle de constitutionnalité. Cette législation prévoit pour le contrôle concentré un ensemble de décisions possibles, y compris celles de conformité, de non-conformité et des décisions interprétatives. Inspirée du système américain, la législation impose aussi des limites à l'activité de la Cour dans le contrôle diffus de constitutionnalité. L'autorité de la chose jugée est ainsi, en règle générale, limitée aux partis d'un procès donné.[511] Par ailleurs, dans toute activité non liée au contrôle de constitutionnalité, la Cour est liée par la législation procédurale applicable à l'ensemble du pouvoir judiciaire, en tant que tribunal intégrant la hiérarchie judiciaire.[512] La juridiction exercée par le Tribunal fédéral suprême est censée être ainsi distinguée des fonctions législative et administrative, la Cour étant toujours respectueuse de la séparation des pouvoirs configurée par le constituant.

En outre, le paradigme de retenue a été renforcé par l'adoption par la Cour des théories qui affirment la primauté du législateur dans la mise en œuvre de la Constitution, notamment celle de José Afonso da Silva, juriste dont l'œuvre a eu une profonde influence sur la jurisprudence des tribunaux brésiliens. L'intervention du législateur a été considérée comme nécessaire

---

509 Cf. Première partie, Titre 1, Chapitre 2.
510 Cf. Première partie, Titre 2, Chapitre I, Section 1.
511 *Idem.*
512 *Idem.*

pour la concrétisation des dispositions constitutionnelles exprimant des principes indéterminés, position solidement ancrée dans la doctrine juridique brésilienne.[513]

Cette image d'un législateur négatif qui ne fait que déclarer la non-conformité des normes, ou d'un juge que ne fait que prononcer les paroles de la loi, ne correspond pourtant plus à la réalité dans le cadre de la Constitution de 1988. S'inspirant du néo constitutionnalisme et invoquant le caractère politique de son activité, le Tribunal fédéral suprême a emprunté de nouveaux chemins en qualité de « gardien de la Constitution », pour donner une forme nouvelle à la séparation des pouvoirs et prendre une place accrue au sein des pouvoirs étatiques.

Dans la sphère de compétences propres aux différents pouvoirs, la Cour interpelle la primauté du pouvoir législatif dans la mise en œuvre de la Constitution en appliquant directement des normes constitutionnelles indéterminées à des cas concrets et en créant de nouvelles normes générales et abstraites. Elle questionne aussi le gouvernement et sa prégnance administrative, en mettant en œuvre directement des droits, surtout des droits-créances, assurés par le texte constitutionnel et imposant des contraintes au budget de l'État (Chapitre 1).

Dans la sphère d'autonomie organique des pouvoirs, le Tribunal recompose les limites de l'autogouvernement du législatif et de l'exécutif, tout en revendiquant le dernier mot sur la séparation des pouvoirs elle-même (Chapitre2). Interprète ultime de la Constitution, la Cour se retrouvera aussi avoir le rôle capital de redéfinir l'équilibre des pouvoirs tout au long du processus de consolidation de la démocratie au Brésil.

---

[513] Cf. Première partie, Titre 2, Chapitre 1, Section 2.

CHAPITRE 1

La primauté du législatif dépassée

En se fondant notamment sur le principe de légalité,[514] le Tribunal fédéral suprême, par sa jurisprudence tout au long de l'histoire républicaine, a placé le Congrès national au cœur de la fonction législative et affirmé la primauté du législateur dans la mise en œuvre de la Constitution, selon une conception classique de la séparation des pouvoirs. Cependant l'avènement de la démocratie dans les années 1980 et la promulgation d'une nouvelle Constitution ont permis à la Cour de repenser sa place au sein des pouvoirs étatiques. Sous l'influence du néo constitutionnalisme, le Tribunal a adopté une position plus active face au Congrès national, compte tenu notamment du retard de celui-ci dans la règlementation des dispositions constitutionnelles qui demandent une complémentation législative.

En dépit de la mise en avant de son statut de législateur négatif et de son respect du principe de légalité, à partir des années 1990, le Tribunal fédéral suprême rend des décisions de plus en plus audacieuses. Sollicitée de se prononcer sur de nouvelles questions de société, grâce à la constitutionnalisation du droit et à l'ampleur du texte constitutionnel de 1988, la Cour se réclame des normes constitutionnelles indéterminées pour mettre en œuvre la Constitution sans l'intervention du législateur, tout en brisant le dogme de la primauté de celui-ci dans la réglementation du texte constitutionnel (Section 1). Le jugement du pouvoir législatif dans la concrétisation de la Constitution est aussi mis en question, et la Cour impose de nouvelles contraintes, jusque-là inédites, à la liberté de conformation et au pouvoir de décision du Congrès national en matière de production législative (Section 2). Une nouvelle séparation des pouvoirs commence dorénavant à se former.

[514] Selon l'article 5, II de la Constitution de 1988, « nul ne peut être contraint à faire ou empêché de faire quoi que ce soit si ce n'est en vertu de la loi ». Cette disposition constitutionnelle fonde ainsi la conception brésilienne du principe de légalité, selon laquelle la loi matérielle est la seule source d'obligations et de droits. Le Congrès national est donc le seul organe à pouvoir édicter des normes générales et abstraites (sauf quelques exceptions, énumérées dans la Constitution elle-même).

Section 1. La mise en œuvre de la Constitution sans l'intermédiation du législatif

D'après l'article 44 de la Constitution de 1988, le pouvoir législatif est exercé par le Congrès national. C'est à lui qu'il appartient « de disposer sur les matières de compétence fédérale », en édictant des actes normatifs primaires énumérés dans l'article 59, tels que les amendements à la Constitution et les lois. A l'exception des quelques cas prévus par le texte constitutionnel lui-même, le Congrès national a donc le monopole de la fonction législative, l'édiction des normes générales et abstraites étant son attribution principale.[515] Le texte constitutionnel contenant d'innombrables dispositions qui demandent une complémentation législative pour qu'elles prennent intégralement effet, il incombe au Congrès national de le mettre en œuvre à travers l'édiction des normes infra-constitutionnelles.

La primauté du pouvoir législatif qui résulte de ce cadre normatif a été cependant nuancée, et même supplantée, à plusieurs reprises par le Tribunal fédéral suprême. Dans l'exercice de sa fonction d'interprète ultime de la Constitution, la Cour a pris des décisions qui, dans la pratique, édictent des normes générales et abstraites et se substituent au Congrès national comme source des innovations législatives, en dépit d'un discours qui affirme sa position de législateur négatif (§ 1).

Le contrôle de constitutionnalité de l'omission inconstitutionnelle a connu, lui aussi, une nouvelle direction imposée par la Cour qui, à partir d'une position d'autolimitation vis-à-vis du législateur, évolue vers une responsabilité de réparation directe des omissions inconstitutionnelles. En effet, suivant l'omission en cause du Congrès national dans la réglementation d'ordonnance d'injonction, la Cour a représenté celle-ci de façon à permettre la satisfaction directe de l'intérêt des parties dans des procès spécifiques (§ 2).

Enfin, la Cour a innové en interférant dans le texte constitutionnel lui-même, se plaçant ainsi au niveau du pouvoir constituant originaire (§ 3) et donnant une nouvelle configuration à la rigidité de la Constitution de 1988.

§ 1. La création des normes abstraites et générales *ex novo*

A partir des années 1990, le Tribunal fédéral suprême a été sollicité de se prononcer sur un nombre croissant de sujets. Appelé par un texte constitutionnel très détaillé, le nombre de procès devant la Cour a augmenté et, avec lui, l'importance du plus haut tribunal au sein de la société brésilienne. La création de nouveaux instruments de contrôle de constitutionnalité, tels que l'action déclaratoire en constitutionnalité et le

---

[515] Comme déjà vu dans la Première partie, Titre 2, Chapitre 1, Section 2, le système juridique brésilien, sous l'effet de la jurisprudence du Tribunal fédéral suprême, adopte une conception matérielle de la loi, celle-ci relevant d'un acte normatif général et abstrait édicté par le pouvoir législatif.

contrôle de l'inconstitutionnalité par omission, ont permis au Tribunal de décider sur d'innombrables sujets jusque-là hors de sa portée. Comme le note le professeur Luis Roberto Barroso, juge du Tribunal fédéral suprême, la Constitution de 1988 a engendré une « vertigineuse ascension institutionnelle » pour le pouvoir judiciaire, grâce notamment à l'augmentation de la demande de la part de la population, qui s'est emparée des tribunaux comme d'un instrument d'exercice de la citoyenneté et a demandé la concrétisation du texte constitutionnel.[516]

Cette montée en puissance a amené le Tribunal fédéral suprême à changer, dans des situations données, sa façon de décider. Même si la législation établit des limites restreintes aux modalités de décisions admissibles, la Cour a fait appel à la créativité pour rendre des décisions qui vont au-delà du simple binôme conformité/non-conformité ou de l'emploi de la subsomption,[517] tout en créant de nouvelles normes générales et abstraites sans l'intermédiation du pouvoir législatif.

C'est ainsi que, dans le domaine des droits fondamentaux, la Cour établit le droit à l'avortement des fœtus en cas d'anencéphalie, non prévu par le code pénal (A), et dispose sur l'utilisation des menottes pour les détenus, ignorant le pouvoir réglementaire du président de la République et les dispositions du code de procédure pénale (B). En outre, elle établit des conditions minutieuses pour la démarcation des réserves indigènes (C), tout en appliquant directement des dispositifs de la Constitution de 1988.

Dans le domaine des droits politiques et du droit électoral, la Cour ordonne la « verticalisation » des alliances préélectorales des partis politiques dans la fédération (D). Enfin, dans le domaine de l'organisation de l'État, la Cour interdit le népotisme au sein de l'administration publique, par application directe des principes constitutionnels, sans aucune intervention du Congrès national (E).

A. Le droit à l'avortement en cas de fœtus anencéphale

Au Brésil, l'avortement est criminalisé par les articles 124 à 127 du code pénal. En cas d'interruption volontaire de grossesse, une peine de prison d'un à trois ans est encourue par la femme enceinte (art. 124), ainsi que d'un à quatre ans par le médecin qui l'a pratiquée (art. 126). L'article 128 du code pénal, à son tour, distingue deux cas, *numerus clausus*, dans lesquels l'avortement est licite : en cas d'absence d'autre moyen de sauver la vie de la femme enceinte (dit « avortement thérapeutique » ou « nécessaire ») ou en cas de grossesse résultant d'un viol (dit « avortement sentimental »). Dans le

---

[516] Basile, Juliano, et Maira Magro. « Carta gerou cultura de direitos fundamentais ». *Valor Econômico*, 4 octobre 2013, sect. Especial, p. A16.

[517] La subsomption est une technique de raisonnement juridique proche du syllogisme, décrivant le cheminement intellectuel qui passe de l'état de fait à la règle de droit. Elle est l'opération intellectuelle permettant d'appliquer la solution générale prévue par une règle de droit à une situation de fait qui en remplit les conditions.

deuxième cas, l'avortement doit être consenti par la femme concernée ou par son représentant légal.

Le 17 juin 2004, la Confédération nationale des travailleurs de la santé[518] a saisi le Tribunal fédéral suprême dans l'action en violation d'un précepte fondamental n° 54,[519] ayant pour objet les précités articles 124, 126 et 128, alinéas I et II, du code pénal. D'après le requérant, lesdites dispositions législatives auraient méconnu les principes constitutionnels de la dignité de la personne humaine (art. 1, IV de la Constitution de 1988),[520] de la légalité, de la liberté et de l'autonomie de la volonté (art. 5, II),[521] ainsi que le droit à la santé (arts. 6 et 196)[522] des femmes enceintes de fœtus anencéphales, compte tenu du fait que plusieurs juges et tribunaux empêchaient à l'époque l'interruption de la grossesse dans ce cas, sous peine d'une condamnation pénale. Considérant que les médecins et professionnels de la santé étaient eux-mêmes soumis au risque d'une action pénale pour la pratique de l'avortement, la Confédération a affirmé avoir intérêt à agir en leur défense. Le requérant a demandé, par conséquent, l'interprétation conforme à la Constitution des articles concernés du code pénal, de façon à exclure la criminalisation de l'avortement dans le cas d'anencéphalie du fœtus, argumentant que celui-ci n'a pas la possibilité de survivre à l'accouchement.

Le sujet ayant suscité très vite une grande polémique dans l'opinion publique, plusieurs entités représentatives de différents courants de la société civile se sont portées *amici curiae*,[523] sollicitant le droit de témoigner en audience publique devant la Cour. Le rapporteur du procès, le juge Marco Aurélio, a donc autorisé l'intervention de nombreuses personnalités et organisations d'orientations idéologiques et religieuses diverses, telles que des représentants d'une église évangélique et de la Conférence national des évêques du Brésil, ainsi que des professeurs de médecine, des chercheurs, le

---

518 D'après l'article 103 de la Constitution de 1988, peuvent saisir le Tribunal fédéral suprême, dans le contrôle concentré de constitutionnalité, « toute confédération syndicale ou organisation catégorielle ayant une représentation nationale ».

519 Tribunal fédéral suprême. ADPF 54. Diário da Justiça Eletrônico, vol. 80, 30/04/2013.

520 « Article premier. La République fédérative du Brésil, formée de l'union indissoluble des États, des communes et du district fédéral, constitue un État démocratique de droit et a pour fondements : (...) III - la dignité de la personne humaine ; »

521 « Article 5, II. Nul ne peut être contraint à faire ou empêché de faire quoi que ce soit si ce n'est en vertu de la loi ».

522 « Article 6. L'éducation, la santé, le travail, le loisir, la sûreté, la prévoyance sociale, la protection de la maternité et de l'enfance, l'assistance aux indigents constituent, selon les termes de la Constitution, des droits sociaux ».

« Article 196. La santé est le droit de tous et un devoir de l'État garantis par des politiques sociales et économiques qui visent à réduire les risques de maladies et d'autres accidents et à assurer l'accès universel et égalitaire aux actions et services visant à l'améliorer, la protéger et la recouvrer ».

523 L'institution de l'*amicus curiae* permet à une personnalité ou à un organe non-partie dans une procédure du contrôle concentré de constitutionnalité de donner des informations, notamment techniques, de façon a renseigner le tribunal sur des questions de fait ou de droit. Elle est prévue dans la loi 9882, du 03 décembre 1999, qui dispose sur la procédure de l'action en violation d'un précepte fondamental.

ministre de la Santé, des entités féministes, des spécialistes en bioéthique, des sociologues et des politologues, entre autres. Leurs interventions, sous forme de rapport oral, ont eu lieu au long de quatre séances plénières du Tribunal, en août et septembre 2008.

La décision, très attendue, a été rendue le 12 avril 2012,[524] dans un document de 433 pages. Le texte suit la structure générale des arrêts du Tribunal fédéral suprême, ce qui consiste à diviser l'arrêt en un rapport initial élaboré par un rapporteur assigné, contenant un résumé du parcours procédural du procès, suivi des opinions individuelles de chaque juge (les « votes ») et, finalement, du dispositif, la seule partie normative de la décision.[525] La pratique des opinions dissidentes est non seulement admise par les tribunaux brésiliens mais aussi très répandue. En règle générale, la décision est prise par votation, l'opinion du rapporteur, qui vote en premier, se transformant en décision de la Cour si elle est acceptée par la majorité simple des juges.[526] L'opinion de chaque juge est souvent très longue, émaillée de références au droit comparé, notamment à la jurisprudence de la Cour constitutionnelle allemande et de la Cour suprême des Etats-Unis, ainsi qu'à la doctrine juridique étrangère et brésilienne. Une fois la décision prise, le rapporteur est chargé de rédiger un résumé de la décision rendue (l'*ementa*) qui est publié en tête de l'arrêt, n'intégrant pas le dispositif.[527]

La décision en question a été prise par majorité. Dans le dispositif, le Tribunal utilise la technique de l'interprétation conforme à la Constitution pour déclarer la non-conformité de l'interprétation selon laquelle l'interruption volontaire de grossesse d'un fœtus anencéphale constituerait le crime d'avortement puni pas les articles 124, 126 et 128, I et II du Code pénal. Le résumé de la décision rendue statue dans ces termes : « Le Brésil est une République laïque, absolument neutre vis-à-vis des religions. S'avère inconstitutionnelle l'interprétation selon laquelle l'interruption de la grossesse d'un fœtus anencéphale constitue le crime prévu par les articles 124, 126 et 128, I et II du code pénal ».

La position majoritaire a été exprimée par le juge rapporteur, Marco Aurélio. S'y sont ajoutés plusieurs arguments exprimés par les juges qui ont intégré le groupe majoritaire. Tout d'abord, le rapporteur a signalé que, jusqu'à 2005, les tribunaux brésiliens avaient déjà donné leur aval à environ 3000 autorisations d'interruption volontaire de grossesse en cas

---

[524] Il faut souligner l'immense écart de temps entre la saisine du tribunal par la confédération et la date à laquelle la décision a été rendue. Ce retard n'est pas rare au Brésil, étant même systématique, compte tenu de la crise de surcharge à laquelle est soumis le Tribunal fédéral suprême, malgré les réformes constitutionnelles de 2004. Cf. Première partie, Titre 1, Chapitre 2, Section 2.

[525] D'après l'article 469 du code de procédure civile, le dispositif est la seule partie normative d'une décision de justice, les motifs n'ayant pas l'autorité de la chose jugée.

[526] Si l'opinion du rapporteur n'est pas acceptée par la majorité des juges, un autre juge sera choisi pour rédiger la décision exprimant la position adoptée par la cour.

[527] Le résumé de la décision rendue est obligatoire d'après l'article 563 du Code de procédure civile.

d'anencéphalie du fœtus, ce qui rendait impérative une décision du Tribunal fédéral suprême, notamment pour unifier la jurisprudence en la matière sur l'ensemble du territoire brésilien.

La décision a eu pour fondement normatif, premièrement, la laïcité de l'État brésilien, clef de voûte de la liberté de conscience et de croyance ainsi que de la séparation entre l'église et l'État, ordonnées par les articles 5, VI et 19, I de la Constitution de 1988.[528] D'après le rapporteur, la laïcité de l'État « empêche que des dogmes religieux déterminent le contenu des actes étatiques. En d'autres termes, des conceptions morales religieuses, fussent-elles unanimes, majoritaires ou minoritaires, ne peuvent pas guider les décisions étatiques et doivent être circonscrites à la sphère privée. » En effet, la laïcité, « au-delà d'obliger à une distance de l'État face aux religions, empêche que celui-ci soutienne des conceptions morales et religieuses pour contraindre, même indirectement, les citoyens à les observer ».[529] Le fait que le préambule de la Constitution de 1988 fasse mention à la « protection de Dieu » n'a pas d'incidence, car le préambule n'a pas de force normative selon la jurisprudence de la Cour. Par ailleurs, la position adoptée en faveur de la laïcité a été cohérente avec la jurisprudence du Tribunal fédéral suprême sur le sujet. Le rapporteur a rappelé que, dans l'affaire ADI 3.510,[530] qui a déclaré la constitutionnalité de la loi disposant sur les recherches sur des cellules souches (loi de biosécurité), la Cour avait affirmé la laïcité de l'Etat pour refuser des arguments fondés sur la religion, liés à une supposée sacralité de la vie humaine.

Le deuxième fondement normatif de la décision concerne la limitation du droit à la vie, protégé par l'article 5 de la Constitution de 1988.[531] Le rapporteur a d'abord fait appel au témoignage des experts entendus en tant qu'*amici curiae* pour récuser le droit à la vie du fœtus anencéphale, compte tenu du fait que celui-ci ne résiste pas à l'accouchement, n'ayant donc pas « la potentialité de la vie ». Ensuite, il a mentionné les deux cas où le code pénal admet l'avortement pour affirmer que le droit à la vie ne prévaut pas sur d'autres droits prévus par la Constitution, n'ayant pas « un caractère absolu ».

Le troisième fondement normatif de la décision concerne les droits de la femme enceinte, que le rapporteur a opposés à ceux du fœtus. Il a fait encore appel à l'opinion des *experts* pour affirmer que la grossesse d'un fœtus

---

[528] « Art. 5, VI - la liberté de conscience et de croyance est inviolable ; le libre exercice des cultes religieux est garanti, ainsi que la protection des lieux de culte et des liturgies ; »
« Art. 19. Il est interdit à l'Union, aux États, au district fédéral et aux communes : I - d'établir des cultes religieux ou des églises, de les subventionner, d'entraver leur fonctionnement, d'entretenir avec elles ou leurs représentants des relations de dépendance ou d'alliance, sans préjudice, selon les formes de la loi, de la collaboration d'intérêt public ; (...) »

[529] Tribunal fédéral suprême. ADPF 54. *Op. cit*, p. 42-43.

[530] Tribunal fédéral suprême. ADI 3.510. Diário da Justiça Eletrônico, vol. 96, 28/05/2010.

[531] « Art. 5. Tous sont égaux devant la loi ; est garantie à tout brésilien et à tout étranger résidant au Brésil l'inviolabilité du droit à la vie, à la liberté, à l'égalité, à la sûreté et à la propriété (...) ».

anencéphale peut porter atteinte à la santé physique et psychologique de la femme, et que l'intégrité de la santé du fœtus anencéphale ne pouvait pas prévaloir « à n'importe quel prix » sur les droits fondamentaux de la femme enceinte. En outre, la grossesse concernée porterait aussi atteinte aux droits à la dignité, à la liberté, à l'autonomie et à l'intimité de la femme. « Même si on reconnaît le droit à la vie du fœtus anencéphale », a affirmé le rapporteur, « il devrait céder la place, dans une pondération, à la dignité de la personne humaine, à la liberté sexuelle, à l'autonomie, à l'intimité, à l'intégrité physique, psychologique et morale, ainsi qu'à la santé » prévus par la Constitution.

L'existence de l'article 128 du code pénal et les possibilités d'avortement qu'il autorise a pourtant opposé les juges et nourri la plus importante polémique au sein de la Cour à l'occasion du jugement de l'ADPF 54. En effet, deux juges ont considéré que l'élargissement des hypothèses d'avortement admises par la loi serait un empiétement sur la compétence du pouvoir législatif, compte tenu du fait que le texte de loi établit une énumération exhaustive, tandis que d'autres se sont manifestés favorables à une décision interprétative additive. D'après le juge Ricardo Lewandowski, « le Congrès national, représentant ultime de la volonté du peuple, au vu des moyens scientifiques à disposition des obstétriciens depuis des années, aurait pu changer la législation pénale en vigueur pour y inclure l'avortement eugénique parmi les hypothèses autorisées d'interruption de grossesse. Pourtant, jusqu'à présent, les parlementaires, représentants légitimes de la souveraineté populaire, ont décidé de ne pas changer la loi concernant l'avortement, particulièrement en ce qui concerne les deux hypothèses [d'interruption autorisée de la grossesse] ».[532] Il a insisté sur la fonction de législateur négatif qui incombe au Tribunal fédéral suprême, affirmant que la Cour ne peut qu'abroger des normes incompatibles avec la Constitution. D'après lui, la Cour ne pouvait pas utiliser l'interprétation conforme pour exercer les compétences du législateur et créer des nouvelles normes générales et abstraites *ex novo*, puisque le pouvoir judiciaire n'était pas légitimé par le vote populaire.

Outre la primauté du législateur dans la mise à jour du code pénal, le juge Lewandowski a affirmé que, dans l'exercice de l'interprétation conforme à la Constitution, le juge constitutionnel ne pouvait pas braver une disposition littérale du texte de la loi, ni contrer la « volonté manifeste » du législateur, en se substituant à celui-ci. D'après lui, l'emploi de la technique d'interprétation conforme ne pourrait jamais aboutir à un résultat *contra legem*, en particulier quand le texte légal est clair et évident. Il a signalé, enfin, que deux propositions de loi étaient à l'époque soumises à l'appréciation du Congrès national, et qu'il revenait donc au pouvoir législatif de proposer une solution normative pour la question.

---

[532] Tribunal fédéral suprême. ADPF 54. *Op. cit.*, p. 241.

Le juge Cezar Peluso, à son tour, a insisté sur l'existence des dispositions législatives disposant sur le cas d'espèce, ce qui exclurait toute liberté de choix, reconnaissant par ailleurs le droit à la vie pour le fœtus anencéphale. D'après lui, il appartiendrait à la société civile de demander au législateur une mise à jour de la législation pénale, le Congrès national étant le seul organe compétent pour édicter des nouvelles normes concernant le sujet.[533]

Malgré ces deux opinions contraires, la Cour s'écarte expressément de la conception kelsénienne selon laquelle le juge constitutionnel ne serait qu'un législateur négatif. En effet, deux juges, Gilmar Mendes et Celso de Mello, ont reconnu expressément au Tribunal la possibilité de rendre des décisions interprétatives additives,[534] indiquant des précédents où ladite technique aurait déjà été adoptée. Selon le juge Mendes, le Tribunal devrait « se débarrasser du dogme vétuste du législateur négatif » pour se mettre en phase avec les cours constitutionnelles européennes, notamment celle de l'Italie, dont il cite la jurisprudence comme source d'inspiration.[535]Le droit comparé a été ainsi la source d'autorité qui a légitimé le Tribunal fédéral suprême à ajouter une nouvelle hypothèse d'autorisation d'avortement, non prévue par le code pénal. Par ailleurs, le juge Mendesa a ordonné que le ministère de la Santé règlemente le diagnostic d'anencéphalie. Dans l'intervalle, celle-ci devait être attestée par deux expertises médicales « produites par deux médecins distincts, selon des techniques actuelles et suffisamment sûres. »

Le rôle et la responsabilité du pouvoir législatif ont été aussi objets de débats au sein de la Cour. Le juge Celso de Melloa observé que le législateur, sous l'influence d'un groupe parlementaire religieux, avait jusque-là refusé de reconnaître le droit des femmes à l'interruption volontaire de grossesse en cas d'anencéphalie du fœtus. Il incomberait donc au Tribunal d'exercer une fonction « contre-majoritaire », typique du pouvoir judiciaire, pour empêcher la sujétion d'un groupe minoritaire à la majorité, dans le contexte de l'État démocratique de droit.[536] Le législateur, par son retard, est devenu ainsi indirectement le responsable de la décision de la Cour dans ce cas d'espèce.

---

[533] *Ibid.*, p. 411.

[534] Le concept de décision interprétative additive, employé par les juges Mendes et Mello, trouve sa définition dans les travaux de Thierry di Manno. Selon di Manno, « les arrêts additifs ne se contentent pas de sanctionner les omissions, ils s'emploient également à les réparer », ayant « un '*profil reconstructif*' qui tend à introduire, de manière positive, la partie normative manquante pour rendre la disposition conforme à la Constitution ». Di Manno, Thierry. *Le juge constitutionnel et la technique des décisions « interprétatives » en France et en Italie*. Paris : Ed. Economica, 1997, p. 239. D'après Louis Favoreu, ces décisions sont appelées « décisions de conformité sous réserve d'interprétation constructives », car « le juge ajoute au texte ce qui lui manque pour être conforme, sous couleur de l'interpréter ». Cf. Louis Favoreu. *La Constitution et son juge*. Paris : Ed. Economica, 2014, p. 202.

[535] Tribunal fédéral suprême. ADPF 54. *Op. cit*, p. 302.

[536] *Ibid.*, p. 360.

Finalement, la Cour a adopté une conception extrêmement large de l'omission inconstitutionnelle pour justifier sa décision interprétative additive, notamment dans les prises de position des juges Luiz Fux, Gilmar Mendes et Rosa Weber. Selon la juge Rosa Weber, il fallait interpréter l'article 128 de façon à mettre à jour la lettre de la loi, compte tenu du fait que le législateur de 1940, année de la promulgation du code pénal, ne disposait pas des moyens technologiques pour diagnostiquer l'anencéphalie. La Cour serait donc censée actualiser la volonté du législateur de façon à l'adapter « aux possibilités actuelles du système ». [537]. Le juge Gilmar Mendes, à son tour, a reconnu expressément l'omission législative en cause, qu'il a considérée « incompatible avec l'esprit du code pénal et la Constitution de 1988 ».[538]

En somme, considérant l'indétermination de l'article 5, qui consacre le droit à la vie sans le définir, le Tribunal fédéral suprême a abandonné la subsomption comme technique de concrétisation du droit et s'est servi de la pondération des principes pour rendre une décision interprétative additive, qui ajoute une nouvelle hypothèse d'autorisation de l'avortement à l'article 128 du code pénal brésilien. Cela s'est fait en s'écartant expressément de la conception kelsénienne du législateur négatif, pour pallier une omission inconstitutionnelle du législateur, en dépit des propositions de loi existantes au sein du Congrès national et donner le maximum possible de force normative aux principes constitutionnels de la dignité de la personne humaine et de légalité, ainsi qu'au droit à la santé de la femme enceinte.

B. L'utilisation des menottes

Comme vu précédemment, l'édiction des synthèses de jurisprudence contraignantes est une compétence innovatrice octroyée au Tribunal fédéral suprême par l'amendement à la Constitution n° 45, du 30 décembre 2004.[539] Destinés à résoudre le problème de surcharge qui empêchait le bon fonctionnement de la justice constitutionnelle depuis des décennies, ces synthèses constituent un résumé des positions jurisprudentielles adoptées par la Cour, qui ont un effet contraignant pour la puissance publique ainsi que pour les juges et tribunaux ordinaires. Création originale qui rapproche le

---

[537] *Ibid.*, p. 123.

[538] *Ibid.*, p. 295.

[539] L'article 103-A, introduit par l'amendement à la Constitution n° 45, accorde au Tribunal fédéral suprême la compétence pour adopter, par majorité de deux tiers de ses membres, des synthèses de jurisprudence qui, dès leur publication dans la presse officielle, auront un effet contraignant sur l'administration et le pouvoir judiciaire dans son ensemble, aux trois niveaux de la fédération (Union, États fédérés et communes). L'édiction des synthèses contraignantes est soumise aux conditions suivantes : a) l'existence de décisions réitérées ; b) avoir pour objectif la validité, l'interprétation et l'efficacité des normes déterminées sur lesquelles il y a une controverse actuelle au sein du pouvoir judiciaire ou de l'administration ; c) cette controverse doit causer une grave insécurité juridique et une importante multiplication des procès devant la Cour.

système brésilien du *common law*, l'institution des synthèses contraignantes par la réforme constitutionnelle de 2004 a eu pour objectif de mettre fin aux procès répétitifs qui arrivaient à la Cour dans le cadre du contrôle diffus de constitutionnalité.[540]

Un des plus controversées de ces synthèses est la n° 11, concernant l'emploi des menottes par la police. Au niveau législatif, l'utilisation de menottes est prévue par la loi 7210, du 11 juillet 1984, disposant sur le régime d'application des peines. L'article 199 de ladite loi impose la promulgation d'un décret réglementant le sujet, qui n'a pourtant jamais été édicté par le pouvoir exécutif.

Le 13 août 2008, le Tribunal fédéral suprême a édicté la synthèse contraignante n° 11, ainsi rédigée : « l'utilisation des menottes n'est licite qu'en cas de résistance [aux forces de l'ordre] ou de soupçon fondé de fuite [du détenu], ainsi que de danger à l'intégrité physique de soi-même ou d'autrui , de la part du détenu ou des tiers, [l'utilisation étant] justifiée par écrit, sous peine de responsabilité disciplinaire, civile et pénale de l'agent ou de l'autorité publique, ainsi que de nullité de la détention [provisoire] ou de l'acte procédural concerné, et de responsabilité civile de l'État ».

D'après la presse, l'édiction de ladite synthèse contraignante était liée à la mise en garde à vue, au mois de juillet 2008, du banquier Daniel Dantas et de l'ancien maire de la ville de São Paulo, Celso Pitta, impliqués dans un scandale de corruption. A l'occasion de leur détention, les deux portaient des menottes devant les caméras et les photographes de la presse, ce qui avait valu d'intenses critiques à l'action de la police fédérale, notamment de la part du président de la République Luiz Inácio Lula da Silva.[541]

En dépit de l'omission évidente du pouvoir exécutif dans l'édiction du décret réglementaire ordonné par la loi, le Tribunal a cherché ailleurs son fondement et s'est appuyé sur l'affaire *habeas corpus* n° 91952, du 07 août 2008, pour rédiger la synthèse contraignante n° 11. Dans l'affaire en question, un accusé d'homicide avait été présenté devant le tribunal du jury portant des menottes durant toute la durée de la séance de jugement. La Cour a considéré alors que cela aurait influencé le jury de façon négative et a annulé le verdict condamnatoire.[542] L'édiction d'un précédent contraignant sur le sujet a donc été proposé par le juge Marco Aurélio, avec pour fondement normatif l'obligation de respect à l'intégrité physique et morale du détenu imposée par l'article 5, XLIX de la Constitution de 1988, ainsi qu'à la dignité humaine prévue par son article premier et l'interdiction de

---

[540] Cf. Première partie, Titre 1, Chapitre 2, Section 2.

[541] Costa, José Luis. « Uso de algemas em audiência divide o Judiciário ». *Zero Hora* [en ligne]. 15 juillet 2014. Disponible sur http://zh.clicrbs.com.br/rs/noticias/noticia/2014/07/uso-de-algemas-em-audiencia-divide-o-judiciario-4551299.html. (Consulté le 10/08/2014).

[542] Tribunal fédéral suprême. HC 91.952, Diário da Justiça Eletrônico, vol. 241, 19/12/2008.

traitement inhumain ou dégradant prévue par l'article 5, III.[543] Le juge Aurélio a invoqué aussi, en tant que fondement normatif, le code de procédure pénale, « interprété téléologiquement », le code de procédure pénale militaire et la loi n° 4898du 09 décembre 1965, disposant sur l'abus d'autorité par les agents publics, sans pour autant préciser une disposition de loi spécifique. Le texte de la synthèse contraignante a été débattu en séance plénière du Tribunal le 13 août 2008, plusieurs versions étant proposées jusqu'à ce que la Cour parvienne à la formulation définitive.[544]

Tout d'abord, la Cour a cherché à établir une rédaction restrictive qui puisse englober toutes les hypothèses de l'utilisation licite des menottes, ne laissant pas d'ouverture au pouvoir discrétionnaire de l'autorité publique. Le juge Cezar Peluso a proposé que la rédaction initiale, « il est licite… », soit substituée par la formulation « il n'est licite d'utiliser des menottes que… », de façon à confirmer l'utilisation des menottes comme cas exceptionnel.

Ensuite, la Cour s'est montrée très concernée par le respect de son autorité et a tenté de l'assurer en établissant, de forme très détaillée, les conséquences de la violation de la synthèse contraignante par les autorités publiques. D'après le juge Menezes Direito, il était « stupéfiant » qu'un simple commissaire de police puisse méconnaître une décision du plus haut tribunal brésilien, raison pour laquelle il fallait fixer les conséquences de la synthèse contraignante concernant la sphère pénale, aussi bien que la responsabilité civile de l'État dans ce cas d'espèce. Selon le juge Eros Grau, l'emploi des menottes ne pouvait pas être considéré comme un acte discrétionnaire, mais devait être un acte d'application encadré par des paramètres normatifs. Suite à un intense débat, de nouvelles rédactions ont encore été esquissées pour inclure la responsabilité administrative et pénale de l'agent public, ainsi que la nullité de la mise en garde à vue et des actes de procédure impliqués et de la responsabilité civile de l'État.[545]

---

543 « Article premier. La République fédérative du Brésil, formée de l'union indissoluble des États, des communes et du district fédéral, constitue un État démocratique de droit et a pour fondements : (…) III - la dignité de la personne humaine ; (…) »
« Art. 5, III - nul ne peut être soumis à la torture ou à un traitement inhumain ou dégradant. »
« Art. 5, XLIX - le droit des détenus au respect de leur intégrité physique et morale est garanti ».

544 Tribunal fédéral suprême. Débats concernant la rédaction de l'énoncé contraignant n° 11 [en ligne]. Disponible sur : http://www.stf.jus.br/arquivo/cms/jurisprudenciaSumulaVinculante/anexo/DJE_11.11.2008.pdf (consulté le 11/08/2014).

545 Malgré les efforts du Tribunal fédéral suprême pour sauvegarder son autorité face aux agents publics, l'efficacité de l'énoncé contraignant n° 11 reste sujette à question. En effet, d'après le représentant du Mouvement national des droits de l'homme, Gilson Cardoso, l'emploi des menottes par la police est resté discriminatoire, notamment à l'égard des détenus pauvres, noirs et dans les bidonvilles de la périphérie des villes brésiliennes. Cf. Éboli, Evandro, et Carolina Brígido. « Algemas seletivas ». *O Globo*. 14 décembre 2011, sect. O País.

Invité à se manifester, le procureur général de la République, chef du ministère public fédéral,[546] a rappelé à la Cour que l'article 474, § 3 du code de procédure pénale interdisait déjà l'emploi de menottes pendant les séances délibératives du tribunal du jury, « sauf si cela est absolument nécessaire à l'ordre des travaux, à la sécurité des témoins ou à l'intégrité physique des [personnes] présentes ». Le chef du parquet s'est montré par ailleurs réservé à l'égard de l'application pratique du précédent contraignant, car celui-ci pouvait bouleverser le travail légitime des forces de l'ordre, qui avaient besoin d'employer régulièrement des menottes. La Cour n'a néanmoins pas pris ses considérations en compte.[547]

Le juge Gilmar Mendes a ajouté encore d'autres fondements à l'édiction de la synthèse contraignante. D'après lui, l'exposition publique des détenus en menottes méconnaissait le principe constitutionnel de la présomption d'innocence, prévu par l'article 5, LXI de la Constitution de 1988. Il a rappelé qu'il incombait au ministère public de protéger les droits de l'homme et d'agir contre ce type d'abus.[548] Finalement, le juge Menezes Direito a invoqué comme ultime fondement l'article 5, X, selon lequel « l'intimité, la vie privée, l'honneur et l'image des personnes sont inviolables ; le droit à l'indemnisation des dommages matériels ou moraux [étant] assuré en cas de violation ».

Une fois édictée, la synthèse contraignante n° 11 a fait l'objet d'intenses critiques, et en premier lieu de la part du ministre de la Justice de l'époque, Tarso Genro. Selon le ministre, la synthèse exposait en effet à des risques non seulement les forces de l'ordre mais aussi le détenu lui-même.[549] Une partie de la communauté juridique s'est aussi élevée contre la nouvelle règle, à tel point qu'Oscar Vilhena Vieira, professeur à la Fondation Getúlio Vargas, a parlé d'une « suprémocratie ». D'après Vieira, le développement de la justice constitutionnelle, phénomène mondial, a été encore plus

---

[546] Le chef du parquet fédéral siège en permanence devant le Tribunal fédéral suprême, en tant que « gardien de la loi » (*custos legis*). D'après l'article 103 de la Constitution de 1988, « le procureur général de la République doit être préalablement entendu dans les actions en inconstitutionnalité et dans tous les procès de la compétence du Tribunal fédéral suprême ».

[547] En 2009, le procureur général de la République, Roberto Gurgel, a demandé au tribunal la révocation de l'énoncé contraignant n° 11. Selon Gurgel, le tribunal avait outrepassé ses compétences en créant une condition pour l'utilisation des menottes non prévue par la loi. Cf. « Gurgel defende as algemas ». *Correio Braziliense*. 4 novembre 2009, sect. Política.

[548] Le juge Gilmar Mendes a été particulièrement engagé dans la défense de l'énoncé contraignant n° 11. Il a déclaré à la presse être « fier d'avoir combattu un État policier », car là « où la police devient un pouvoir, il n'existe pas de démocratie ». Cf. « Mendes se diz « orgulhoso » por ter combatido Estado policial ». *Folha de São Paulo*. 10 février 2010, sect. Brasil. Il faut souligner que le juge Mendes a été accusé de favoriser le banquier Daniel Dantas (dont la garde à vue a précédé de quelques semaines l'édiction de l'énoncé contraignant n° 11), avec qui il aurait des rapports d'amitié. Cf. Lírio, Sérgio. « Sem Gilmar Mendes, Daniel Dantas não conseguiria reverter o jogo ». *Carta Capital* [en ligne], 10 janvier 2014. Disponible sur http://www.cartacapital.com.br/politica/livro-fala-do-papel-de-gilmar-mendes-na-anulacao-da-condenacao-de-daniel-dantas-9455.html (consulté le 11/08/2014).

[549] Cf. « Ministro critica o Supremo e oposição ». *Jornal do Brasil*. 29 avril 2009, sect. País.

significatif au Brésil, le Tribunal fédéral suprême profitant d'une concentration progressive du pouvoir face aux autres institutions brésiliennes, dans le contexte d'une Constitution longue et détaillée. À cet égard, le précédent contraignant n° 11 confirmait la suprématie du Tribunal, dans la mesure où il avait été édicté à partir d'un petit nombre de cas, dont celui de l'exposition publique de banquiers et politiciens en menottes avant leur jugement.[550]

Avec la synthèse de jurisprudence n° 11, le Tribunal fédéral suprême a concrétisé les conditions pour l'élaboration des précédents contraignants, accroissant ainsi d'autant son pouvoir normatif. D'abord, parce que le texte constitutionnel exige des décisions réitérées avant l'édiction d'un précédent, ce qui n'a pas été le cas. La Cour a interprété de façon extrêmement libre cette condition et s'est fondée, dans ses débats, exclusivement sur un seul *habeas corpus*, n'invoquant, lors de la publication officielle du précédent, que trois autres affaires – deux d'entre elles, contrairement à la position adoptée, permettant l'emploi des menottes. Par ailleurs, il n'y a eu ni controverse sur le sujet dans les tribunaux ordinaires ni multiplication des procès, car la Cour a édicté la synthèse contraignante n° 11 en ne prenant pas en considération les conditions explicites posées par l'article 103-A de la Constitution de 1988.

Par ailleurs, la Cour a délibérément ignoré la disposition du code de procédure pénale qui disposait sur le sujet, ainsi que la compétence réglementaire du pouvoir exécutif établie par l'article 199 de la loi 7210, du 11 juillet 1984. Le Tribunal a donc expressément choisi d'édicter une synthèse contraignante *contra legem* et lui a donné une rédaction prospective, tout en précisant des conditions pour l'utilisation des menottes, non établies par le législateur et non fondées sur une jurisprudence solide.

C. La démarcation de la réserve indigène « Raposa-Serra do Sol »

La Constitution de 1988 consacre la protection la plus élevée aux peuples indigènes de l'histoire républicaine du Brésil. Ses articles 231 et 232 reconnaissent aux indigènes leur « organisation sociale, costumes, langues, croyances et traditions, ainsi que leurs droits originaires sur les terres qu'ils occupent traditionnellement », attribuant à l'Union, entité fédérative nationale, le devoir de démarquer celles-ci. Pour la première fois dans une Constitution brésilienne, les terres indigènes sont définies et leur destination est précisée, de façon à assurer l'usufruit permanent de leurs richesses aux communautés concernées.

Au niveau législatif et réglementaire, depuis 1988, ces dispositions constitutionnelles n'ont jamais fait l'objet de lois précisant leurs conditions d'application. Leur mise en œuvre est donc faite à partir des normes

---

[550] Vilhena Vieira, Oscar. « Supremocracia ». *Revista Direito GV* 4 [en ligne], n° 2, juillet 2008. Disponible sur http://www.scielo.br/scielo.php?pid=S1808-24322008000200005&script=sci_arttext (consulté 11/08/2014).

promulguées dans le cadre de la Constitution antérieure : la loi nº 6001 du 19 décembre 1973, surnommée « statut des indiens », et le Décret nº 1775 du 8 janvier 1996, disposant sur la procédure administrative de démarcation des terres indigènes.[551] Compte tenu du grand intervalle de temps qui sépare les normes concernées, ainsi que de la quasi absence de mise à jour de la législation après l'entrée en vigueur de la Constitution de 1988, le cadre normatif est assez hétérogène, voire contradictoire. En effet, les dispositions légales et règlementaires ne reflètent pas strictement les dispositions constitutionnelles qui devraient leur servir de fondement, et plusieurs lois exigées par la Constitution concernant la question indigène n'ont pas été édictées par le pouvoir législatif. L'état actuel du système juridique brésilien contribue ainsi à une forte indétermination normative sur laquelle joue le Tribunal fédéral suprême pour traiter la question indigène.[552]

Il existe actuellement 462 terres indigènes au Brésil, soit 12,2% du territoire national, la plupart d'entre elles situées dans la région amazonienne.[553] La démarcation de ces terres est de la compétence d'un organe relevant du pouvoir exécutif fédéral, la fondation nationale de l'indien (Funai). Dans les années 1990 notamment, le gouvernement fédéral a mené une politique intensive de démarcation des réserves indigènes, dans le cadre de l'accomplissement de l'obligation constitutionnelle de démarcation établie par l'article 231.

Le 15 avril 2005, le président de la République a homologué par décret la démarcation de la terre indigène Raposa-Serra do Sol, située au nord-est de l'Etat fédéré de Roraima, à la frontière avec le Venezuela et le Guyana. D'une superficie continue de 1.743.089 hectares, couvrant 8% du territoire de Roraima et peuplée d'environ 15000 indigènes appartenant aux ethnies *ingarikó*, *makuxi*, *patamona*, *taurepang* et *wapixana*, l'homologation de l'immense réserve a entraîné l'expulsion de la population non indigène habitant des villages et possédant des fermes dans ses limites. Cette expulsion a particulièrement touché des grands propriétaires cultivateurs de

---

[551] De nos jours, l'article 19 de la Loi nº 6001, du 19 décembre 1973, dispose que les réserves indigènes seront démarquées sur initiative de l'organe fédéral d'assistance aux indiens, selon une procédure établie par un décret d'application. D'après l'article précité, la démarcation administrative sera homologuée par le président de la République et inscrite au livre du service du patrimoine de l'Union. Le décret d'application nº 1.775, du 8 janvier 1996, fixe à son tour une procédure de démarcation.

[552] La problématique de l'absence d'un cadre normatif cohérent a fait l'objet de discussion entre un groupe parlementaire et le juge rapporteur de l'affaire Raposa-Serra do Sol. « Frente Parlamentar discute demarcação de terras indígenas com ministro Roberto Barroso » [en ligne]. Disponible sur http://www.stf.jus.br/portal/cms/verNoticiaDetalhe.asp?idConteudo=247845&caixaBusca=N (consulté le 18 septembre 2014).

[553] Fundação Nacional do Índio. « Terras indígenas: o que é? ». *Fundação Nacional do Índio* [en ligne]. Disponible sur http://www.funai.gov.br/index.php/nossas-acoes/demarcacao-de-terras-indigenas (consulté le 3 septembre 2014).

riz, activité économique générant 10% du revenu de Roraima.[554] En raison de son impact sur la vie sociale et économique de Roraima, la création de la réserve *Raposa-Serra do Sol* a provoqué, depuis le début de sa procédure de démarcation, en 1977, une forte opposition, notamment de la part des autorités publiques locales et de la population non indigène, aussi bien que d'une partie des groupes indigènes concernés.[555]

Dans ce contexte, le 20 mai 2005, le sénateur Augusto Botelho a intenté une action populaire[556] devant le Tribunal fédéral suprême pour contester la démarcation de la terre indigène Raposa-Serra do Sol, telle qu'elle avait été envisagée par le gouvernement fédéral. Le requérant a attaqué la démarcation en surface continue de ladite réserve, demandant son annulation ainsi que celle de son homologation par le président de la République. D'après lui, la procédure de démarcation aurait méconnu les conditions imposées par la législation et les travaux anthropologiques pour déterminer la présence indigène dans le territoire démarqué auraient été insuffisants et frauduleux. En outre, le requérant a allégué que la démarcation aurait des effets désastreux sur l'économie et la société de Roraima et se heurterait aux intérêts et à la souveraineté nationaux. Il a prôné ainsi une démarcation en « îlots » communicables, chacun correspondant à une ethnie comprise dans la réserve. En définitive selon lui, la démarcation méconnaîtrait le principe de proportionnalité.

Le Tribunal fédéral suprême a jugé d'emblée l'affaire recevable et a affirmé sa compétence en se fondant sur l'article 102, I, f de la Constitution de 1988, selon lequel la Cour est compétente pour « juger les causes et conflits opposant l'Union et les États [fédérés] ». L'affaire s'inscrit ainsi parmi les compétences non liées au contrôle de constitutionnalité, le Tribunal fonctionnant comme une juridiction ordinaire, soumise aux limites de l'autorité de la chose jugée, imposées par la législation procédurale.[557]

---

[554] « The Amazon's Indian wars ». *The Economist* [en ligne], 30 novembre 1999. Disponible sur http://www.economist.com/node/2352267 (consulté le 03/09/2014).

[555] Dans son ensemble, la politique brésilienne de démarcation des terres indigènes a fait l'objet d'intenses critiques de la part de la doctrine juridique étrangère, qui signale le manque d'engagement du gouvernement brésilien dans la protection des droits des minorités indigènes au Brésil. Cf. Valenta, Lisa. « Disconnect : the 1988 Brazilian Constitution, customary international law, and indigenous land rights in Northern Brazil ». *Texas International Law Journal*, n° 38, 2003, p. 643.

[556] L'action populaire est définie par l'article 5, LXXIII de la Constitution de 1988 : « tout citoyen peut légitimement intenter une action populaire aux fins d'annulation d'un acte lésant le patrimoine public, celui d'une entité à laquelle l'État participe, la morale administrative, l'environnement ou le patrimoine historique ou culturel ; l'auteur de l'action est, sauf mauvaise foi avérée, dispensé des frais judiciaires et dépens du procès. »

[557] Comme on l'a vu précédemment (Première partie, Titre, 2, Chapitre 1, section 1), en qualité de juridiction ordinaire, le Tribunal fédéral suprême est tenu de respecter les limites de l'autorité de la chose jugée, qui n'est valable que pour les parties du procès et que pour la question litigieuse effectivement tranchée. Il est donc interdit à la Cour soit de donner à sa décision un caractère général et abstrait, soit de décider en dehors des limites de la question posée par les parties (décision *ultra* ou *extra petita*).

Dans une très longue décision (653 pages),[558] le Tribunal fédéral suprême a créé un véritable statut des communautés indigènes, juridiquement innovant en plusieurs de ses dimensions, et qui va bien au-delà de la Constitution et de la législation applicable. L'opinion du rapporteur, adoptée à la majorité, est divisée en deux parties dont la première établit des règles générales concernant toutes les démarcations, tandis que la deuxième s'occupe de statuer sur le cas spécifique de la terre indigène Raposa-Serra do Sol. L'idée centrale qui inspire l'arrêt est celle d'assurer une protection maximale aux groupes indigènes brésiliens. Compte tenu de l'indétermination et des contradictions du cadre normatif en vigueur, la Cour a fait preuve d'une grande liberté dans sa concrétisation des dispositions constitutionnelles, légales et règlementaires, et a créé un régime privilégié de protection aux populations autochtones. Cette liberté a pourtant été exercée au prix d'une incursion du Tribunal fédéral suprême dans la sphère des compétences des pouvoirs législatif et exécutif.

En premier lieu, la Cour a établi la régularité de la démarcation, affirmant que la démarche procédurale relative au statut des indigènes et la règlementation du décret afférant avaient été dûment respectées. De la même manière, elle a affirmé que la participation des parties intéressées (propriétaires de terres, communautés indigènes, État fédéré de Roraima, communes concernées) avait été normalement assurée et que les principes du contradictoire et de la garantie d'une défense pleine et entière avaient été respectés. D'après le rapporteur, la démarcation en surface continue était la seule possible, la démarcation en « îlots » avait donc été écartée. La Cour a ensuite déclaré la nullité des titres de propriété privée relatifs à la terre indigène Raposa-Serra do Sol.

Une fois la régularité de la démarcation reconnue, la Cour a passé à l'établissement du régime juridique des indiens, en référence aux dispositions de la Constitution de 1988. Le rapporteur a d'abord précisé que le terme « indien », utilisé par l'article 231, englobait les communautés indigènes en voie d'acculturation, comme c'était le cas des communautés concernées, et a établi ensuite la souveraineté nationale sur les réserves indigènes, celles-ci constituant des biens publics fédéraux d'après l'article 20, XI. En tant que telles, les terres indigènes sont soumises au contrôle de l'Union, ne constituant pas des entités fédératives ni des territoires étrangers enclavés dans le Brésil. Les indiens sont ainsi considérés comme des citoyens brésiliens, et leurs terres comme des parties du territoire national.[559]

---

[558] Compte tenu de l'importance de l'affaire, la Cour tente d'assurer l'acceptation de sa décision en adoptant un style encore plus recherché que celui habituellement en usage dans ses arrêts. L'opinion du rapporteur s'étend à elle seule sur 88 pages ! L'adage *imperatoria brevitas* ne s'applique décidément pas aux tribunaux brésiliens.

[559] La Cour est attentive à refuser expressément toute possibilité d'indépendance aux communautés indigènes et à leurs terres. D'après le rapporteur, l'emploi du terme « terres » par les dispositions constitutionnelles concernées a un sens strictement socio-culturel, tout

Dans un style littéraire et très recherché, le rapporteur a affirmé que la démarcation des terres indigènes était « un chapitre avancé » d'un nouveau « constitutionnalisme fraternel », ayant pour finalité « clairement fraternelle ou solidaire » de garantir « l'égalité civile-morale » des minorités historiquement soumises à des préjugés. Cette nouvelle ère serait ainsi, affirme le rapporteur, « compensatoire de ces désavantages historiques, et mises en œuvre par des mécanismes d'action affirmative (...) [compte tenu de la disposition de l'] alinéa I de l'article 3 [qui inscrit parmi les objectifs de la République fédérative du Brésil de] 'construire une société libre, juste et solidaire' ». Le rapporteur a récusé ainsi le « faux antagonisme entre question indigène et développement », affirmant le droit fondamental des indigènes à conserver leur identité culturelle.

Le cadre interprétatif instauré par les dispositions constitutionnelles et légales applicables au cas d'espèce est néanmoins largement dépassé par le Tribunal fédéral suprême. D'abord parce que, sans que le texte constitutionnel ne le prévoie, la Cour a établi la démarcation des terres indigènes comme compétence propre du pouvoir exécutif de l'Union. En effet, l'article 231 dispose qu'il appartient « à *l'Union* de démarquer ces [terres], de les protéger et de faire respecter tous leurs biens » (italique ajouté), ce qui permettrait au législateur d'attribuer cette compétence à n'importe quel des trois pouvoirs étatiques. En ce sens, l'article 19 de la loi n° 6001, de 1973, dispose qu'il incombe au pouvoir exécutif fédéral de démarquer les terres indigènes, dans les termes d'un décret réglementaire. La Cour a procédé par raisonnement *a contrario* pour exclure la compétence du pouvoir législatif : tant que la Constitution ne prévoit pas une compétence expresse du législateur à participer à la démarcation, celle-ci appartiendrait au pouvoir exécutif.[560] La contradiction est flagrante, puisque la Constitution ne prévoit pas non plus une telle compétence du pouvoir exécutif. Pour résoudre cette incohérence, la Cour a invoqué une hypothétique compétence intrinsèque ou « naturelle » du pouvoir exécutif, sans aucun fondement ni dans le droit positif ni dans la doctrine juridique. Du point de vue du rapporteur, la démarcation porterait sur des « tâches empiriques et concrètes » (le placement des limites physiques) qui seraient « d'attributions propres, spécifiques, naturelles du pouvoir exécutif de l'Union, agissant par ses organes de l'administration directe ou indirecte ». La Cour s'est écartée ainsi du système d'attribution expresse des compétences, adopté par la

---

sens politique qui permettrait une revendication d'indépendance ou de reconnaissance internationale étant exclu.

[560] D'après le rapporteur, les compétences du Congrès national en matière de populations indigènes s'épuiseraient dans les articles 49, XVI (« autoriser, sur les terres indiennes, l'exploitation des ressources hydriques, ainsi que la prospection et l'exploitation des ressources minérales ») et 231, § 5 (« Il est interdit de déplacer les groupes indiens de leurs terres sauf, ad *referendum* du Congrès national, en cas de catastrophe ou d'épidémie faisant courir des risques à leur population ou, après délibération du Congrès national, dans l'intérêt de la souveraineté nationale; en toute hypothèse, leur retour immédiat est garanti dès lors que cesse le risque ») de la Constitution de 1988.

Constitution de 1988 et a rendu une décision qui élargit les compétences du pouvoir exécutif, tout en empêchant le Congrès national de disposer sur le sujet au moyen d'une loi.

La décision d'attribuer la compétence de démarcation des terres indigènes au pouvoir exécutif peut être reliée au fait que le Congrès national était perçu à l'époque comme une institution défavorable à la démarcation en surface continue adoptée par le pouvoir exécutif fédéral. En effet, deux commissions parlementaires spéciales du Sénat et de la Chambre des députés s'étaient déjà prononcées contre la démarcation continue de la Raposa-Serra do Sol. Ces commissions avaient notamment proposé la réduction de 30% de la surface de la réserve, de façon à exclure des villages, un parc national et des propriétés productives, entre autres.[561] Une fois la compétence du pouvoir exécutif établie par le Tribunal fédéral suprême, le pouvoir législatif a réagi en proposant des amendements à la Constitution pour inclure dans ses compétences celle de se prononcer sur toute démarcation, propositions qui restent cependant encore dépendantes de leur examen.[562]

En deuxième lieu, toujours sans que le texte constitutionnel ni la loi ne le prévoient, la Cour a déterminé la date par rapport à laquelle la présence indigène devrait être vérifiée comme condition préalable des démarcations. Celle-ci a été fixée au 5 octobre 1988, date de la promulgation de la Constitution. D'après le rapporteur, « la Constitution a adopté une date assurée : la date de sa promulgation elle-même comme référence pour la reconnaissance des droits des indiens aux terres qu'ils occupent de façon traditionnelle. Terres qu'ils *occupent*, attention, et non celles qu'ils pourraient venir à occuper. Ni les terres occupées à d'autres époques, sans continuité suffisante pour atteindre le terme du 5 octobre 1988 ». Le rapporteur a affecté ainsi à la date de la promulgation de la Constitution le caractère de limite objective qui a pour fonction d'empêcher soit la multiplication frauduleuse des villages indigènes sur un territoire donné, soit le phénomène inverse, l'expulsion des communautés indigènes de leurs terres pour éviter une démarcation future.

En troisième lieu, la Cour a redéfini le régime de protection des réserves naturelles, en ignorant les dispositions constitutionnelles et légales concernant l'environnement, de façon à permettre la démarcation de la Raposa-Serra do Sol par superposition de son territoire à celui du parc

---

[561] Cf. « Congresso Nacional aprova alteração na demarcação da reserva Raposa Serra do Sol ». *Hora do Povo* [en ligne]. http://www.horadopovo.com.br/2004/abril/30-04-04/pag2a.htm (consulté le 9 septembre 2014).

[562] Voir, *exempli gratia*, la proposition d'amendement à la Constitution n° 215, de 2000, qui soumet au Congrès national les démarcations des terres indigènes, y compris celles déjà effectués par le pouvoir exécutif. Cf. Martins, Renata. « Entenda a PEC que muda as regras de demarcação de terras indígenas » [en ligne]. *Empresa Brasil de Comunicação.* http://www.ebc.com.br/noticias/politica/2013/10/pec-215-enteda-a-proposta-muda-a-demarcacao-das-terras-indigenas (consulté le 9 septembre 2014.).

national du Mont Roraima.[563] En effet, les réserves naturelles et les terres indigènes jouissent de régimes distincts. Selon l'article 225, III de la Constitution, toute utilisation menaçant les caractéristiques pour lesquelles une réserve naturelle a été déclarée zone protégée est interdite. En outre, la loi n° 9985 du 18 juillet de 2000, impose aux parcs nationaux un régime restreint de visites et de recherches, ce qui exclurait sa superposition avec une réserve indigène dont l'usufruit est exclusif des indiens. Le décret n° 97887, du 28 juin 1989, à son tour, subordonne le parc national du Mont Roraima à l'autorité de l'Institut brésilien de l'environnement et des ressources naturelles renouvelables (Ibama), tandis que les terres indigènes sont placées sous l'autorité de la Fondation nationale des indiens (Funai) par la loi n° 5371, du 5 décembre 1967. D'après le rapporteur, « c'est l'environnement qui est au service des indiens et non le contraire ». Ainsi, la Cour établit la primauté des droits des indigènes sur le régime de gestion des réserves naturelles, en dépit des dispositions constitutionnelles et légales qui placent ces dernières sous un régime de protection plus restrictif et subordonné à une autorité administrative distincte.

En quatrième lieu, compte tenu de l'inexistence de dispositions législatives sur le sujet, la Cour a établi le régime d'utilisation des terres indigènes par les non-indigènes et le pouvoir public. D'après le rapporteur, l'usufruit exclusif des réserves par la population indigène n'exclut pas l'entrée des personnes non indigènes ni l'installation des équipements publics tels que routes, « équipements technologiques » et bâtiments destinés aux services publics. Ces activités sont permises à condition d'être soumises à la direction de l'Union (notamment la Fondation nationale de l'indien, Funai) et au contrôle du ministère public, ainsi qu'à l'appréciation des populations indigènes concernées. La Cour a fixé ainsi des restrictions à l'usufruit exclusif des terres indigènes par les communautés concernées, en méconnaissance de l'article 231, § 6 de la Constitution, qui impose l'édiction d'une loi organique sur le sujet par le pouvoir législatif.

En cinquième lieu, la Cour a établi la compatibilité de la superposition des terres indigènes et de la « zone de frontière » de 150 kilomètres au long des frontières terrestres, telle qu'elle se trouve définie par l'article 20, § 2 de la Constitution.[564] Cela s'est fait en méconnaissant expressément ledit article, qui dispose que l'occupation et l'utilisation de la « zone de frontière » seront régis par une loi édictée par le Congrès national – la compétence pour disposer sur le sujet appartenant donc au pouvoir législatif. En statuant que l'occupation indigène n'est pas incompatible avec la défense du territoire national, le Tribunal a réaffirmé le caractère obligatoire de la présence des

[563] Le parc national du Mont Roraima a été créé par le décret n° 97887, du 28 juin 1989, avant l'homologation de la démarcation de la Raposa-Serra do Sol. Il couvre une superficie de 116000 hectares, et inclut la partie brésilienne du mont Roraima.

[564] D'après l'article 20, § 2, « une bande n'excédant pas 150 kilomètres au long des frontières terrestres est désignée comme 'zone de frontière' et considérée comme fondamentale pour la défense du territoire national ; son occupation et son utilisation sont régies par la loi. »

forces de l'ordre, notamment la police fédérale, ainsi que de l'armée dans les réserves, pour protéger les frontières et assurer l'intégrité du territoire.

Enfin la Cour a fait inclure dans le dispositif de la décision 19 les conditions à respecter en cas de démarcation des terres indigènes, proposées par le juge Menezes Direito et adoptées par la majorité de la Cour. Ces conditions sont innovatrices dans un double sens : d'abord, parce que quelques-unes d'entre elles dépassent largement le cadre normatif posé par la Constitution et la législation applicable, et ensuite parce qu'elles représentent un jugement *extra petita*, puisque ce qui est demandé par le requérant n'est que l'annulation tout court de la démarcation de la Raposa-Serra du Sol telle que l'a proposée le pouvoir exécutif fédéral, à savoir en surface continue et non en « îlots ». Il faut souligner que, l'action populaire étant une procédure de juridiction ordinaire, non liée au contrôle de constitutionnalité, le Tribunal fédéral suprême est tenu de respecter les limites du litige posées par les parties, en observance du principe dispositif. Allant néanmoins au-delà des possibilités prévues par le système – recevoir ou rejeter la sollicitation du demandeur –, la Cour a dégagé un ensemble des normes destinées à régir les démarcations et les a fait inclure dans le dispositif. Par ailleurs, la Cour a rédigé ces normes dans des termes généraux, comme si elles étaient expressément destinées à disposer non seulement sur le cas d'espèce, mais aussi sur n'importe quelles réserves indigènes. En effet, les juges ont démontré à plusieurs reprises avoir conscience d'établir des conditions générales pour les démarcations à venir. Ce caractère général a été établi par la Cour avant même la publication de l'arrêt : dans un communiqué de presse issu le 19 mars 2009, peu après le jugement, le Tribunal a affirmé que lesdites conditions s'imposaient à « tous les territoires de l'Union occupés par des indiens ». [565]

Si une partie des conditions fixées par le dispositif n'a fait que reproduire des dispositions constitutionnelles et légales ou des conditions déjà imposées par l'avis du rapporteur, une autre partie, de son côté, a introduit encore plus d'innovation dans la décision en concrétisant avec une grande liberté la législation applicable. Le Tribunal a donc poussé encore plus loin la création d'un régime normatif spécial pour les terres indigènes, à l'écart de la participation des pouvoirs législatif et exécutif. C'est ainsi que la Cour a décidé de subordonner le secteur de Raposa-Serra do Sol , superposé au parc national du Mont Roraima, à l'autorité et à la gestion de l'Institut Chico Mendes[566] et non à la Fondation nationale de l'indien (ce qui est contraire à l'usufruit exclusif des terres indigènes par les communautés concernées,

---

[565] Tribunal fédéral suprême. « STF impõe 19 condições para demarcação de terras indígenas » [en ligne]. http://www.stf.jus.br/portal/cms/verNoticiaDetalhe.asp?idConteudo=105036&caixaBusca=N (consulté le 17 septembre 2014).

[566] L'institut Chico Mendes est un organe lié au ministère de l'environnement, chargé d'exécuter la politique du système national des unités de conservation (les réserves naturelles).

prescrit par l'article 231 de la Constitution et la loi n° 6001, de 1973), tout en imposant la participation des communautés indigènes à la gestion dudit secteur (ce qui va à l'encontre du régime spécial de gestion des réserves naturelles, d'après la loi n° 9985, de 2000). La Cour a ainsi attribué des compétences aux organes de l'administration publique, compétences elles-mêmes du ressort du pouvoir exécutif.[567] En outre, le Tribunal a affirmé la liberté de circulation des non-indigènes dans la Raposa-Serra do Sol en interdisant le paiement de tarifs ou de sommes quelconques à titre de droit d'entrée, en l'absence de l'existence de toute stipulation légale. Une interdiction semblable a été imposée en cas d'utilisation des équipements publics (routes, lignes de transmission d'électricité etc.) situés dans les limites de la terre indigène. Autre innovation importante, le dispositif a interdit l'élargissement des terres indigènes déjà démarquées. Cela a eu un impact direct sur la politique indigéniste de l'Union, dans la mesure où la Fondation nationale de l'indien (Funai) a tenté à plusieurs reprises d'élargir des réserves indigènes dans plusieurs États fédérés, dont les territoires en viendraient à englober des propriétés privées et causeraient des nouvelles expulsions, au détriment de la sécurité juridique. Finalement, le dispositif a rendu obligatoire la participation des États fédérés et des communes concernés à la procédure de démarcation, alors que le décret d'application ne prévoit cela que comme une possibilité.

Il faut souligner que, tout au long des séances du jugement, la Cour s'est montrée consciente de la répercussion générale et du caractère innovateur de sa décision pour l'ordre juridique brésilien. De fait, le juge Marco Aurélio a affirmé que l'arrêt aurait des conséquences sur 227 terres indigènes en voie de démarcation. Par ailleurs, le rapporteur a exprimé le souci de ne pas rendre un jugement *extra petita,* dans la mesure où ce qui était demandé par le requérant se limitait à l'annulation de la démarcation de la Raposa-Serra do Sol telle qu'elle était proposée par le pouvoir exécutif fédéral. Le juge Joaquim Barbosa, à son tour, a souligné que les conditions imposées par le dispositif dépassaient les dispositions constitutionnelles applicables – son opinion est le seul contraire à celle du rapporteur. En outre, le procureur général de la République, chef du ministère public fédéral, a interrogé le Tribunal sur l'outrepassement éventuel de compétence, parce que les conditions imposées par le dispositif n'étaient pas l'objet du litige et n'avaient pas fait l'objet d'une procédure contradictoire. L'ensemble de la Cour a pourtant choisi de ne pas prendre en compte ces arguments, et le jugement a été rendu en incluant les conditions innovatrices en question. La Cour a néanmoins exprimé son malaise à propos des innovations apportées au cadre normatif concerné : le rapporteur a signalé que la fixation des conditions dans le dispositif régissant la procédure de démarcation constituait une technique « en principe, étrange », mais s'est néanmoins

[567] D'après l'article 84 de la Constitution de 1988, il incombe au président de la République de disposer sur l'organisation et le fonctionnement de l'administration fédérale.

montré favorable à une telle stratégie, compte tenu « de l'importance du cas » soumis à l'appréciation du Tribunal.

Les conditions de la décision dans l'affaire Raposa-Serra do Sol ont été perçues, après que celle-ci a été rendue, comme des normes générales et, en tant que telles, imposées à l'ensemble de l'administration fédérale au moyen d'un arrêté. L'Avocature générale de l'Union,[568] organe chargé des activités de conseil et de cabinet juridique du pouvoir exécutif, a pris l'arrêté n°303 du 16 juillet 2012, pour généraliser à toutes les démarcations de réserves indigènes les 19 conditions imposées par l'arrêt du Tribunal fédéral suprême, confirmant par-là son caractère de norme générale imposable aux organes exerçant la fonction de conseil juridique de l'administration.

Pour autant, trois ans après la décision dans l'affaire Raposa-Serra do Sol, le Tribunal fédéral suprême a choisi d'en nier le caractère général et abstrait, statuant que les 19 conditions imposées dans le dispositif ne s'appliquaient qu'à l'affaire elle-même. Dans l'affaire RCL n° 15051 du 13 décembre 2012, la Cour a ainsi refusé d'appliquer l'arrêt Raposa-Serra do Sol à la démarcation de la terre indigène Barra Velha, affirmant que « l'effet contraignant d'un *leading case*, propre à un système de *common law*, ne s'applique pas *a priori* à notre système juridique ». D'après la Cour, « le précédent ne sert, dans le système brésilien, que comme élément d'orientation pour la solution des cas soumis à la Cour. C'est un point de départ et non un point d'arrivée ».[569] En outre, l'arrêt Raposa-Serra do Sola été l'objet d'un recours destiné à éclaircir des omissions et des contradictions dans son texte (*embargos de declaração*), à propos duquel la Cour a statué, en 2014 : « la décision rendue en action populaire est dépourvue d'effet contraignant. En leurs termes, les fondements adoptés par la Cour ne s'étendent pas, de forme automatique, à d'autres affaires dans lesquelles une question similaire est discutée. Il n'en reste pas moins que la décision [dans l'affaire Raposa-Serra do Sol] possède une force morale et persuasive propre à une décision de la plus haute cour de justice du pays, imposant un devoir d'argumentation plus important quand il s'agit de dépasser les raisons adoptées [dans le cas d'espèce]. »[570] La Cour a donc attribué une portée limitée à sa décision, tout en réaffirmant l'autorité supérieure de ses motifs.

Au vu de ces décisions divergentes, la position du Tribunal fédéral suprême demeure néanmoins ambiguë. En effet, le 16 septembre 2014, la Cour a appliqué les conditions de l'affaire Raposa-Serra do Sol à la

---

[568] « L'Avocature générale de l'Union est l'institution qui, soit directement, soit par le biais d'un organe qui lui est rattaché, représente l'Union judiciairement et extra-judiciairement ; il lui appartient, selon les termes de la loi organique qui dispose sur son organisation et son fonctionnement, d'exercer les activités de conseil et de cabinet juridique du pouvoir exécutif » (Constitution de 1988, art. 121).

[569] Tribunal fédéral suprême. RCL 15.051 [en ligne]. Disponible sur : http://www.stf.jus.br/portal/processo/verProcessoPeca.asp?id=116442410&tipoApp=.pdf (consulté le 16 septembre 2014).

[570] Tribunal fédéral suprême. PET 3.388 ED. Diário da Justiça Eletrônico, vol. 23, 04.02.2014.

démarcation de la réserve indigène Guyraroká, dans l'État fédéré de Mato Grosso do Sul. Suivant l'opinion du juge Celso de Mello, adoptée par la Cour, l'arrêt Raposa-Serra do Sol a fixé des normes applicables à toutes les démarcations et non seulement à la terre indigène concernée, ce qui lui confère une portée générale.[571] De la même manière, les conditions en question ont été appliquées à la réserve indigène Kayabi, bien que dans le cadre d'une décision provisoire, par le juge Luiz Fux le 06 novembre 2013.[572] Dans l'État fédéré du Maranhão, la Cour a interdit l'élargissement de la réserve indigène Porquinhos le 30 septembre 2014.[573] La Cour a donc conféré une portée générale à l'arrêt Raposa-Serra do Sol à plusieurs reprises.

L'arrêt Raposa-Serra do Sol reste un cas important de création de normes générales et abstraites par le Tribunal fédéral suprême. Confrontée à un cadre normatif indéterminé et parfois contradictoire, la Cour a opté pour dégager *ex novo,* directement de la Constitution, un régime permanent de démarcation et d'utilisation des terres indigènes, l'appliquant désormais à d'autres démarcations. Rédigé dans des termes généraux, ledit arrêt a dépassé le cadre normatif constitutionnel, légal et règlementaire, et a ignoré les limites de la chose jugée concernant les parties et la question litigieuse, la jugeant *extra petita.* Il en a résulté que la décision a fixé des conditions non prévues par les normes légales et règlementaires applicables, sans intervention des pouvoirs législatif et exécutif.

D. La « verticalisation » des alliances préélectorales au sein de la fédération

La législation électorale brésilienne permet aux partis politiques de faire des alliances préélectorales. L'article 6 de la Loi n° 9504 du 30 septembre 1997, autorise les partis politiques à faire des alliances préélectorales, dans la même circonscription électorale, pour les élections majoritaires, pour les proportionnelles ou pour les deux.[574] C'est en se fondant sur cet article 6, que

---

571 Tribunal fédéral suprême. « 2ª Turma aplica critérios do caso Raposa Serra do Sol e afasta posse de terra indígena em MS » [en ligne]. Disponible sur : http://www.stf.jus.br/portal/cms/verNoticiaDetalhe.asp?idConteudo=275291 (consulté le 18 septembre 2014).

572 Tribunal fédéral suprême. « Decisão suspende registro imobiliário da área indígena Kayabi » [en ligne]. Disponible sur : http://www.stf.jus.br/portal/cms/verNoticiaDetalhe.asp?idConteudo=252935&caixaBusca=N (consulté le 18 septembre 2014).

573 Tribunal fédéral suprême. « 2ª Turma do STF anula portaria do MJ que ampliou terra indígena no MA » [en ligne]. Disponible sur : http://www.stf.jus.br/portal/cms/verNoticiaDetalhe.asp?idConteudo=276407&tip=UN (consulté le 1 octobre 2014).

574 Le Brésil adopte à la fois les systèmes de scrutin proportionnel et majoritaire dans ses élections. Le président de la République, les sénateurs, les gouverneurs des États fédérés et les maires des communes sont élus au scrutin majoritaire (Constitution de 1988, articles 28, 29, 46, et 77), tandis que les députés fédéraux et les députés locaux sont élus au scrutin

le Tribunal supérieur électoral[575] a pris l'arrêté n° 20993 du 26 février 2002,[576] réglementant les élections générales de 2002, dont l'article 4, § 1 qui a créé ce que la doctrine juridique brésilienne a appelé la « verticalisation » des alliances préélectorales. D'après ladite disposition réglementaire, les partis politiques présentant, isolément ou en alliance, un candidat aux élections présidentielles ont l'interdiction de faire des alliances pour les élections parlementaires fédérales et pour les élections au niveau des États fédérés, avec des partis présentant, eux aussi, des candidats distincts aux élections présidentielles. Autrement dit, les alliances faites pour les élections présidentielles devraient obligatoirement se reproduire aux élections législatives pour le Congrès national, ainsi qu'aux élections locales. La cour électorale a ainsi créé, pour les élections générales de 2002, une obligation de symétrie entre les alliances préélectorales à deux niveaux de la fédération brésilienne : fédéral (président de la République, députés et sénateurs fédéraux) et États fédérés (gouverneur et députés locaux).

Cette obligation de symétrie a été une innovation dans le système juridique brésilien, dans la mesure où la loi électorale (loi n° 9504 du 30 septembre 1997) qui lui sert de fondement ne dispose pas sur ce sujet précis. Comme justification pour son arrêté, le Tribunal supérieur électoral a fait appel au « caractère national » des partis politiques imposé par l'article 17, I de la Constitution,[577] tout en donnant à cette disposition constitutionnelle une interprétation fort créative. La cour électorale a ainsi forgé le concept de « théorie des ensembles » pour décider que la circonscription électorale pour les élections présidentielles – le territoire du pays – engloberait et subordonnerait celles des États fédérés, employées pour fixer les limites des alliances aux élections législatives et locales.[578] Consécutivement, les

---

proportionnel (Constitution de 1988, article 45). Les élections pour les pouvoirs exécutif et législatif fédéral ont lieu en même temps que celles pour les pouvoirs exécutif et législatif des États fédérés (Loi n° 9504 de 1997). Les élections locales pour les pouvoirs exécutif et législatif des communes, à leur tour, sont décalées de deux ans par rapport aux élections générales. La législature et le mandat du pouvoir exécutif ont une durée de quatre ans aux trois niveaux de la fédération brésilienne (Constitution de 1988, article 44).

[575] Le Tribunal supérieur électoral est la plus haute juridiction en matière électorale au Brésil, ayant des compétences de cassation sur les Tribunaux électoraux régionaux (Constitution de 1988, articles 118 et 119). Il intègre l'ensemble des tribunaux supérieurs, qui englobe aussi le Tribunal supérieur du travail, le Tribunal supérieur militaire et le Tribunal supérieur de justice. Il faut souligner que, des sept juges du Tribunal supérieur électoral, trois sont originaires du Tribunal fédéral suprême et élus pour un mandat biennal. Le Tribunal supérieur électoral statue en dernier ressort et ses décisions ne font l'objet d'appel au Tribunal fédéral suprême que si elles concernent une question constitutionnelle.

[576] D'après l'article 23, IX du code électoral, le Tribunal supérieur électoral est compétent pour prendre des arrêtés destinés à assurer la bonne exécution de la législation électorale.

[577] « Art. 17. La création, la fusion, l'incorporation et la dissolution des partis politiques sont libres, sous réserve du respect de la souveraineté nationale, du régime démocratique, du pluripartisme, des droits fondamentaux de la personne humaine et de l'observation des principes suivants : I - le caractère national ; (...) »

[578] Selon l'article 86 du code électoral brésilien, pour les élections présidentielles la circonscription électorale est le territoire du pays ; pour les élections fédérales et au niveau

alliances préélectorales conclues pour les élections présidentielles devraient nécessairement se reproduire au niveau des élections dans les États fédérés, les alliances dites « asymétriques » étant dorénavant interdites. Néanmoins, cette décision n'a pas été prise sans controverse : le juge Sepúlveda Pertence s'est opposé à la verticalisation car, selon son opinion, le fait que les élections présidentielles ont lieu à la même date que les élections législatives et locales n'implique pas leur interdépendance ou subordination, d'autant plus que le territoire du pays n'englobe pas les territoires des États fédérés. D'après le juge Pertence, le législateur aurait forcement dû donner une autre rédaction à l'article 6 de la loi n° 9504 du 30 septembre 1997, s'il voulait créer une telle obligation de symétrie, qui signifierait « une restriction à la liberté d'action des partis politiques ». Il ne s'agirait donc pas « d'interprétation, mais bien d'une innovation. L'acte normatif [l'arrêté en question] établit une interdiction non prévue par la loi, ce qui méconnait le principe constitutionnel de légalité ('nul ne peut être contraint à faire ou empêché de faire quoi que ce soit si ce n'est en vertu de la loi') ».

Dès son entrée en vigueur, l'arrêté n° 20993 a suscité une vive polémique dans les milieux juridiques brésiliens. En effet, l'interprétation donnée en 2002 par la cour électorale à la disposition législative concernant les alliances préélectorales a divergé de celle déjà adoptée pour les élections générales de 1998 – l'interprétation antérieure soulignant la liberté inconditionnelle d'association des partis politiques pour les élections présidentielles, législatives et locales. En outre, cette innovation n'a été mise en vigueur que sept mois avant l'élection de 2002, alors que l'article 16 de la Constitution de 1988 détermine qu'aucune modification du processus électoral « ne s'applique aux élections réalisées dans les 12 mois suivant son entrée en vigueur » (principe d'annualité électorale).

Dans ce contexte, le Parti communiste du Brésil, le Parti libéral, le Parti des travailleurs, le Parti socialiste brésilien et le Parti du front libéral ont engagé devant le Tribunal fédéral suprême les actions directes en inconstitutionnalité ADI n° 2626 et 2628 pour demander la déclaration de non-conformité à la Constitution de l'arrêté n° 20993 du 26 février 2002.[579] D'après les requérants, cet arrêté aurait méconnu le principe de l'annualité électorale[580] ainsi que l'autonomie des partis politiques garantis par la Constitution de 1988.[581] Par ailleurs, le Tribunal supérieur électoral aurait empiété sur la compétence du pouvoir législatif pour légiférer sur le droit

des États fédérés, la circonscription est le territoire de chaque État fédéré ; et pour les élections communales, le territoire de chaque commune.

579 Tribunal fédéral suprême. ADI 2.626. Diário da Justiça 05/03/2004, p. 13; ADI 2.628, Diário da Justiça 05/03/2004, p. 13.

580 « Art. 16. Toute loi modifiant le processus électoral entre en vigueur à la date de sa publication ; elle ne s'applique pas aux élections réalisées dans les 12 mois suivant son entrée en vigueur. »

581 « Art. 17 § 1. L'autonomie est garantie aux partis politiques dans la définition de leur structure interne, de leur organisation et de leur fonctionnement ; leurs statuts doivent établir des normes de fidélité et de discipline interne. »

électoral, [582] tout en violant le principe de légalité [583] et le principe de proportionnalité. Selon les requérants, le Tribunal supérieur électoral aurait dépassé les limites de son pouvoir règlementaire en édictant une norme générale et abstraite non prévue par la loi électorale.

Une fois saisi, au lieu de décider sur le fond, le Tribunal fédéral suprême a résolu de déclarer les deux affaires non recevables, validant ainsi la création *ex novo* d'une norme générale et abstraite par le Tribunal supérieur électoral. Les décisions ont été rendues à une majorité de sept voix contre quatre, après une intense polémique qui a opposé les juges du Tribunal suprême. La Cour a d'abord opéré un revirement de jurisprudence, de façon à justifier ses décisions dans le cas d'espèce. En règle générale, la Cour n'accepte pas de contrôler la conformité des normes réglementaires – y compris les arrêtés – à la Constitution. Une telle violation de la Constitution est considérée comme « indirecte » ou « médiate », dans la mesure où il faudrait commencer par confronter la norme réglementaire à la loi qui lui sert de fondement avant de décider sur sa constitutionnalité.[584] En revanche, dans des situations spécifiques, la Cour a accepté à plusieurs reprises de contrôler la constitutionnalité des arrêtés pris par les tribunaux électoraux en se fondant sur le constat de violation du principe de légalité et d'usurpation de la compétence législative du Congrès national. [585] Malgré cette jurisprudence favorable, la Cour a considéré les affaires non recevables en fonction du caractère secondaire de la norme contrôlée. Il faut souligner que, parmi les onze juges décidant les affaires, il n'y a eu que le juge Nelson Jobim pour chercher à contrer la jurisprudence de la Cour, en esquissant une distinction entre les cas d'espèce et les décisions préalables. Ce revirement de jurisprudence a donc été effectué sans que la Cour ne présente de justification suffisamment solide.

En outre, la Cour a effectué un revirement de jurisprudence aussi en ce qui concerne l'interprétation des limites de la compétence législative du Congrès national pour légiférer sur le droit électoral, prévue dans l'article 22, I de la Constitution. En effet, dans l'action directe en inconstitutionnalité ADI 1407 MC, la Cour a confirmé la compétence du Congrès national pour édicter des lois concernant spécifiquement les alliances préélectorales. D'après la Cour, cette compétence ne méconnaîtrait pas l'autonomie des partis politiques reconnue par l'article 17, § 1 de la Constitution.

---

[582] « Art. 22. Il appartient exclusivement à l'Union de légiférer sur : I - le droit (...) électoral (...); »

[583] « Art. 5, II - Nul ne peut être contraint à faire ou empêché de faire quoi que ce soit si ce n'est en vertu de la loi. »

[584] Les décisions en ce sens sont multiples, cf. Tribunal fédéral suprême. ADI 2.714, Diário da Justiça 27/02/2004, p. 20 ; ADI 2.065, Diário da Justiça 04/06/2004, p. 28 ; AI 733.508 AgR, Diário da Justiça Eletrônico 172, 03/09/2013 ; AI 742.258, Diário da Justiça Eletrônico 85, 03/05/2012 ; RE 597.194, Diário da Justiça Eletrônico 175, 13/09/2011.

[585] Cf. *exempli gratia* Tribunal fédéral suprême. ADI 1.710, Diário da Justiça 03/09/1999, p. 25 ; ADI 2.280, Diário da Justiça 24/11/2006, p. 60 ; ADI 2.275, Diário da Justiça 13/09/2002, p. 63.

Le débat au sein de la Cour a tourné autour de deux thèses opposées. D'un côté, le rapporteur a considéré les affaires ADI n° 2626 et 2628 recevables en invoquant la jurisprudence de la Cour selon laquelle il serait possible de contrôler les arrêtés des cours électorales en cas de méconnaissance du principe de légalité et de la compétence législative du Congrès national. Selon le juge Sydney Sanches, rapporteur, la compétence octroyée par la loi électorale au Tribunal supérieur électoral pour prendre des arrêts se limite à la bonne exécution de la loi, et se trouve par conséquent subordonnée à la Constitution et à la loi. La cour électorale ne peut donc pas colmater les lacunes de la loi, notamment dans le cas d'un « silence éloquent » de celle-ci – même si les juges ont un certain degré de créativité dans l'interprétation. Le rapporteur déclare alors l'inconstitutionnalité *ex tunc* de la norme contrôlée, suivi dans ses conclusions par les juges Ilmar Galvão, Sepúlveda Pertence et Marco Aurélio.

Mais d'un autre côté, le juge Ellen Gracie a jugé les affaires irrecevables, compte tenu du caractère secondaire de la norme contrôlée, en ignorant la jurisprudence préalable de la Cour qui permettrait d'en décider autrement. Le juge Gracie a par ailleurs considéré que la Constitution ne disposait ni sur les alliances préélectorales ni sur l'extension des circonscriptions électorales, raison pour laquelle les deux actions directes en inconstitutionnalité manqueraient de fondement. Il a été suivi dans ses conclusions par la majorité de la Cour, les juges Moreira Alves, Neri da Silveira, Celso de Mello, Carlos Velloso, Maurício Corrêa et Nelson Jobim. En se refusant à juger, le Tribunal fédéral suprême a ainsi validé la création *ex novo* d'une norme générale et abstraite par le Tribunal supérieur électoral, tout en décidant en contradiction avec sa jurisprudence préalable, sans offrir de justification solide.

E. L'interdiction du népotisme dans l'administration

La pratique du recrutement de parents pour l'exercice de fonctions publiques, communément dénommée népotisme, est un problème à la fois grave et ancien au Brésil. Durement attaqué par la presse, qui le considère comme une « plaie incontrôlée » et « séculière » du pays,[586] le népotisme est profondément enraciné dans la tradition administrative brésilienne. De fait, dans un courrier qu'il adresse le 1er mai 1500 à Dom Manuel, roi du Portugal, où il fait le récit de la découverte des terres brésiliennes par Pedro Álvares Cabral, le scribe Pero Vaz de Caminha demande déjà une charge de

[586] Marques, Carlos José. « Chasse au népotisme ». *IstoÉ*. 27 août 2008, sect. Editorial. Selon Marques, « utilisée depuis des siècles par les pouvoirs exécutif, législatif et judiciaire, le recrutement de parents pour occuper des postes de confiance s'est converti en une plaie incontrôlée, coûteuse et injuste pour l'immense majorité des citoyens qui paient des impôts et ne bénéficient pas du même privilège de jouir d'un emploi garanti, indépendamment de leurs aptitudes personnelles ». Cf. aussi « Népotisme ». *Correio Braziliense*. 15 février 2006, sect. Editorial.

ce type pour l'un de ses parents : « Je sollicite de votre bienveillance qu'elle me fasse la grande faveur de mander de l'île de São Tomé, mon gendre, Jorge Dozoiro, ce pour quoi je serai infiniment reconnaissant »[587]. La pratique est manifestement solidement ancrée dans la mentalité nationale : une enquête réalisée en 2008 par l'université de Brasilia à la demande de la commission de l'éthique publique, organe rattaché à la présidence de la République, a montré que 50,3% des citoyens brésiliens interrogés, emploieraient des parents à eux, s'ils le pouvaient.[588]

Au niveau fédéral, le népotisme s'est particulièrement répandu au sein du Congrès national : d'après le *Diário Catarinense* (*Quotidien de Santa Catarina*), « le Sénat fédéral a recruté, entre 2003 et 2007, au moins 35 parents de 19 parlementaires. Épouses, cousins et neveux ont été nommés à des postes contractuels, pour lesquels il n'est pas nécessaire de passer un concours de recrutement public ». [589]Néanmoins, le pouvoir législatif fédéral a pris diverses initiatives pour combattre cette pratique, notamment par le biais de la présentation d'innombrables propositions législatives destinées à prohiber la nomination de parents jusqu'au troisième degré à des postes contractuels et de confiance de l'administration publique, directe ou indirecte,[590] au nombre desquelles les propositions d'amendement à la Constitution n° 334 de 1996; n° 101 de 1999; n° 558 de 1997; n° 542de 2002; n° 193 de 2003 et n° 128 de 2003. Le traitement extrêmement lent de ces propositions, durant toute la période, a montré le désintérêt – pour ne pas parler de résistance – des parlementaires à l'égard de l'adoption de cette innovation éthique, contribuant à la dégradation de l'image du Congrès national dans une partie de l'opinion publique brésilienne.

C'est dans ce contexte que le Tribunal suprême a édité le 29 août 2008 la synthèse de jurisprudence contraignante n° 13 qui prohibe le népotisme dans l'administration publique, à toutes les échelles de la fédération brésilienne. Le texte dispose : « La nomination d'un conjoint, compagnon ou parent en ligne directe, collatérale ou par affinité, jusqu'au troisième degré inclus, de l'autorité à laquelle revient le pouvoir de nommer ou d'un agent de la même entité juridique investie d'une fonction de direction, de responsabilité sectorielle ou de conseiller, à un emploi contractuel ou de confiance, ou, encore, à une fonction rémunérée par l'administration publique directe et indirecte au sein de l'un quelconque des pouvoirs de l'Union, des États

[587] Pardellas, Sérgio. « La fin du népotisme ». *IstoÉ*. 27 août 2008, sect. Editorial.

[588] Sander, Letícia. « 50% des brésiliens tolèrent le népotisme, révèle une enquête ». *Folha de São Paulo*. 5 novembre 2008, sect. Brasil. Pour le professeur Ricardo Caldas, réalisateur de l'enquête, « si on pouvait résumer toute cette enquête en une phrase, je dirais que la société brésilienne ne sait pas séparer le public du privé. La société civile autant que les fonctionnaires eux-mêmes légitiment le népotisme. " *Ibid.*

[589] « Le népotisme est pratique courante au congrès ». *Diário Catarinense*. 21 août 2007, sect. Política.

[590] « Le népotisme dans le service public ». *Estado de São Paulo*. 24 mai 2008, sect. Editorial.

fédérés, du district fédéral et des municipalités, y compris tout ajustement basé sur des désignations réciproques, viole la Constitution fédérale ».[591]

Dès sa publication, le nouveau précédent a donné lieu à polémiques : le juge Gilmar Mendes, qui présidait la Cour suprême à l'époque, a immédiatement déclaré dans la presse qu'il prévoyait des « tensions » dans l'application du texte : « Il y aura assurément des situations, des nuances, parce qu'il est très difficile de prendre en compte, dans un précédent, tous les cas et toutes les situations. On va avoir, sans aucun doute, des tensions au moment d'appliquer la synthèse de jurisprudence, et on pourra alors tirer les leçons de la confrontation à cette réalité, qui est assez complexe. »[592]

La réaction à la nouvelle mesure, du Congrès national et de secteurs de l'administration publique, a été immédiate. Roberto Requião, alors gouverneur du Paraná, et Cesar Maia, maire de Rio de Janeiro, ont annoncé leur décision de contourner l'ordre stipulé par la synthèse contraignante, en transformant en secrétariats (exclus de fait du champ d'incidence de la synthèse) les postes occupés par leurs parents.[593] À la Chambre des députés, les candidats à l'élection à la présidence de l'assemblée cette année-là, ont promis de soumettre à nouveau à discussion la teneur de la synthèse pour en atténuer le radicalisme qu'ils jugeaient excessif. Pour le député Ciro Nogueira, « l'idéal est que la Chambre traite de ce thème. Légiférer est notre rôle ». Le député Milton Monti, de son côté, a argumenté que c'était le Congrès national qui était l'organe compétent pour légiférer en la matière : « c'est la Chambre qui doit règlementer cette question constitutionnelle. Ce n'est qu'ainsi que la règle sera élaborée par celui auquel il incombe réellement de remplir ce rôle », a-t-il affirmé. Le premier secrétaire, Osmar Serraglio, a soutenu que le département juridique de la chambre devait juger les actions mettant en cause pour le pouvoir judiciaire certaines situations vécues par les parlementaires, notamment parce que, selon lui, des parents qui occupaient des postes dans le service public, mais dont le nom n'avait pas été indiqué par les députés ou sénateurs, auraient dû renoncer à leurs fonctions.[594] Le ministère public fédéral, pour sa part, a ouvert une investigation civile publique[595] pour enquêter sur les cas de népotisme au

---

[591] *Diário da Justiça Eletrônico* (*Bulletin électronique de la justice)* 162, 29/08/2008.

[592] Guibu, Fábio. « Mendes prévoit des tensions autour de l'adoption du précédent qui prohibe le népotisme ». *Folha de São Paulo*. 23 août 2008, sect. Brasil.

[593] « Le Tribunal suprême a dans sa ligne de mire les résistants à la fin du népotisme ». *Estado de São Paulo*. 2 novembre 2008, sect. Nacional.

[594] Torres, Izabelle. « Népotisme soft pour gagner des votes ». *Correio Braziliense*. 18 novembre 2008, sect. Política.

[595] Dans le droit brésilien, l'investigation civile publique est une procédure d'enquête administrative à la disposition du ministère public pour réunir des pièces à conviction dans le but d'intenter des actions judiciaires, notamment l'action civile publique (action destinée à prévenir ou punir des dommages à des intérêts diffus et collectifs, tels que l'environnement, le patrimoine public et l'ordre économique). Elle est prévue par les articles 8 et 9 de la loi n° 7347de 1985.

Congrès national et dans les instances du pouvoir exécutif fédéral.[596] Les réactions à la synthèse contraignante ont ainsi provoqué une forte tension entre le Tribunal fédéral suprême et les autres pouvoirs de l'Union et des États fédérés. Et la réplique de la Cour a également été énergique : les tentatives de contourner la nouvelle règle ont été considérées comme « un camouflet pour le Tribunal fédéral suprême » par ses juges.[597] Néanmoins, le conflit avec le Congrès national n'a été, au bout du compte, que rhétorique : le Sénat et la Chambre des députés se sont rangés aux prescriptions de la nouvelle synthèse contraignante, démettant, respectivement, 86 et 102 agents qui entretenaient des liens de parenté avec des parlementaires.[598] Jusqu'à aujourd'hui, aucune proposition législative relative au népotisme n'a été approuvée par le pouvoir législatif fédéral.

En édictant la synthèse contraignante n° 13, le Tribunal fédéral suprême a innové l'ordonnancement juridique brésilien en plusieurs de ses dimensions. En premier lieu, la Cour a joué sur l'extrême indétermination normative du principe de moralité, établi par l'article 37 de la Constitution de 1988,[599] pour le concrétiser de façon à créer une nouvelle règle extraite directement de la Constitution, sans interférence du pouvoir législatif. Les débats qui ont eu lieu pour l'élaboration et l'approbation de la synthèse de jurisprudence n° 13 montrent que la Cour a opté pour l'adoption d'une application directe du principe de moralité, de manière à faire de la prohibition du népotisme une obligation indépendante de son anticipation par un texte de loi. De fait, la première formulation de l'énoncé du précédent, proposée par le juge Ricardo Lewandowski, dispose que la prohibition du népotisme dans l'administration publique est « indépendante de la loi, et découle directement des principes contenus dans l'article 37, *caput*, de la Constitution fédérale ».[600] D'après le juge Menezes Direito, s'exprimant lors des mêmes débats, le népotisme serait inclus dans le chapeau de l'article 37, « au sein du principe de moralité, (...) il est indépendant d'une loi formelle, il découle directement de la Constitution » [601] . Deux des postulats fondamentaux du néo constitutionnalisme – l'application directe de la Constitution et la force

---

[596] « Une mesure provisoire instaure une procédure d'investigation pour enquêter sur le népotisme au sein des trois pouvoirs ». *O Popular*. 24 octobre 2008, sect. Política.

[597] « Le Tribunal suprême a dans sa ligne de mire les résistants à la fin du népotisme ». *Estado de São Paulo*. *Op. cit.*

[598] « La Chambre démet 102 agents pour népotisme ». *Folha de São Paulo*. 31 octobre 2008, sect. Brasil.

[599] « Art. 37. L'administration publique de chacun des pouvoirs de l'Union, des États [fédérés], du District fédéral et des Communes, tant directe qu'indirecte ou sous régime de fondation, obéit aux principes de légalité, d'impersonnalité, de moralité, de publicité, (…). »

[600] Tribunal fédéral suprême. Débats sur la synthèse de jurisprudence contraignante n° 13. Diário da Justiça Eletrônico 214, 12/11/2008. Disponible sur: http://www.stf.jus.br/arquivo/cms/jurisprudenciaSumulaVinculante/anexo/DJE_11.11.2008.pdf (consulté le 2 décembre 2014).

[601] *Ibid.*

contraignante des principes – ont ainsi été utilisés pour justifier la publication de la nouvelle synthèse contraignante.

En outre, le Tribunal a innové dans la concrétisation même du principe de moralité, étant donné que celui-ci n'avait pas été employé jusqu'alors pour fonder une prohibition du népotisme par la doctrine juridique. Traditionnellement, la définition doctrinale du principe en question consiste à affirmer que l'administrateur public a l'obligation d'observer non seulement la stricte légalité, mais aussi « les principes éthiques du raisonnable et du juste ».[602] L'un des auteurs les plus traditionnels du droit administratif brésilien, Hely Lopes Meirelles, cite Maurice Hauriou pour définir la moralité administrative comme étant « une morale juridique, entendue comme un ensemble de règles de conduite, tirées de la discipline administrative ».[603] Pour Maria Sylvia Zanella di Pietro, autre auteure de référence dans le domaine du droit administratif brésilien, il y a violation de la moralité administrative quand le contenu d'un acte administratif « contrarie le sens commun de l'honnêteté, de la droiture, de l'équilibre, de la justice, du respect de la dignité de l'être humain, de la bonne foi, du travail et de l'éthique des institutions ».[604] Comme on le voit, la moralité administrative est conçue de façon large, autorisant un nombre non limité de concrétisations possibles par les tribunaux. Le Tribunal suprême a joué sur l'extrême indétermination de cette formulation, tant dans la Constitution que dans la doctrine juridique, pour en dériver une nouvelle prohibition non décidée par le Congrès national.

En second lieu, la synthèse contraignante n° 13 constitue également une innovation normative, dans la mesure où elle se fonde sur la validation par le Tribunal fédéral suprême, d'une règlementation autonome, traditionnellement récusée dans le système juridique brésilien.[605] En effet, les principaux précédents invoqués par l'édition de la synthèse de jurisprudence n° 13, sont deux décisions prises lors d'une unique action jugée devant le Tribunal suprême et intentée pour contester la résolution n° 7, du 18 octobre 2005,[606] du Conseil national de justice[607], qui interdit la pratique du

[602] Moraes, Alexandre de. *Direito constitucional.* São Paulo: Atlas, 2001, p. 301.
[603] *Apud* Moraes, Alexandre de. *Direito constitucional. Op. cit.* p. 301.
[604] *Ibid.*
[605] Contrairement à la France, où l'article 37 de la Constitution de 1958 attribue la compétence pour édicter des règlementations autonomes au président de la République, au Brésil les règlementations et leurs équivalents, les décrets, correspondent normalement à des actes normatifs secondaires, et qui à ce titre ne peuvent être édictés que fondés sur la loi (article 84, IV de la Constitution de 1988).
Dans le cas spécifique du Conseil national de justice, l'article 103-B, § 4, I lui attribue la compétence de prendre des « actes règlementaires ».
[606] L'article 2° de la résolution n° 7du 18 octobre 2005, interdit le népotisme dans tous les organes du pouvoir judiciaire, le définissant comme l'exercice d'une responsabilité contractuelle ou d'une fonction rémunérée par un conjoint, compagnon ou parent en ligne directe, collatérale ou par alliance, jusqu'au troisième degré, des magistrats et fonctionnaires titulaires d'un poste de direction ou de conseil. L'article en question inclut l'interdiction d'effectuer des nominations « dans des circonstances qui ont le caractère d'un

népotisme exclusivement dans le champ du pouvoir judiciaire de l'Union et des États fédérés.[608] Dans l'action directe en constitutionnalité n° 12, mesure conservatoire [609] de 2006 et dans l'action directe en constitutionnalité n° 12 de 2008,[610] le Tribunal a reconnu expressément la résolution n° 7 de 2005, prise par un organe administratif du pouvoir judiciaire, comme définissant un acte normatif primaire (parce qu'il tire sa force normative directement de la Constitution et non de la loi),[611] général (dans la mesure où il exprime des normes prohibitives d'actions administratives standards), impersonnel (il n'y a pas, dans son texte, d'indication de personnes spécifiques) et abstrait (il constitue une norme d'efficacité temporelle ouverte, qui établit une prohibition de forme permanente), le jugeant quoi qu'il en soit conforme à la Constitution. Le Tribunal suprême a notamment décidé que le Conseil national de justice avait compétence pour prendre des actes normatifs primaires – en pleine contradiction avec le texte de l'article 103-B de la Constitution,[612] qui prévoit seulement l'édition d' « actes règlementaires » par le conseil en question. Le Tribunal suprême a considéré que la résolution n° 7 attribuait une « densité normative » adéquate aux principes constitutionnels d'impersonnalité, d'efficience, d'égalité et de moralité prévus dans l'article 37 de la Constitution, se fondant ainsi *directement* sur le texte constitutionnel.

---

accommodement pour contourner la règle de la clause antérieure en invoquant la réciprocité des nominations ou désignations ».

607 Le Conseil national de justice, directement subordonné au Tribunal fédéral suprême, est l'organe supérieur de surveillance du pouvoir judiciaire de l'Union et des États fédérés, auquel revient « le contrôle des actes administratifs et financiers du pouvoir judiciaire et de l'accomplissement des obligations professionnelles des juges », suivant les termes de l'article 103-B de la Constitution de 1988. Au nombre de ses compétences, sont incluses celle d' « adopter des actes règlementaires », comme celle de « veiller à l'observation de l'article 37 », qui de son côté instaure le principe de moralité.

608 Étant un État fédéral, le Brésil possède un pouvoir judiciaire au niveau fédéral et des pouvoirs judiciaires dans chacun des États fédérés. L'article 125 de la Constitution de 1988 octroie aux États fédérés la compétence pour organiser leur propre justice. La répartition fédérale du pouvoir judiciaire a depuis été nuancée par le Tribunal fédéral suprême, qui a décidé que le pouvoir judiciaire brésilien avait un caractère national (et donc unitaire) et dépendait d'une législation unique. Cf. Tribunal fédéral suprême. ADI 3.367. Diário da Justiça 17/03/2006, p. 04.

609 Tribunal fédéral suprême. ADI 12 MC, *Diário da Justiça* 01/09/2006, p. 15.

610 Tribunal fédéral suprême. ADI 12, *Diário da Justiça Eletrônico* 237, 18/02/2009.

611 Au Brésil, les actes normatifs primaires sont expressément énumérés par la Constitution dans l'article 59 : amendements à la Constitution, lois complémentaires, mesures provisoires, décrets législatifs et résolutions du congrès. Ces actes tiennent leur force normative directement de la Constitution, se différenciant ainsi des actes secondaires, tels que les règlements et décrets, qui tirent leur validité de la loi.

612 « Art. 103-B § 4. Il revient au conseil de contrôler l'activité administrative et financière du pouvoir judiciaire et la réalisation des obligations professionnelles des juges, et il lui incombe à ce titre, entre autres, par-delà d'autres attributions qui lui ont été conférées par le statut de la magistrature, de: I - veiller à l'autonomie du pouvoir judiciaire et au respect du statut de la magistrature, et *prendre à cette fin des actes règlementaires* dans le domaine de sa compétence , ou recommander des mesures;» (italique ajouté).

Il vaut la peine de souligner que la Cour suprême a fondé sa décision sur des éléments non explicités dans les dispositions constitutionnelles applicables, en invoquant une compétence implicite et des principes extra-juridiques. Dans l'action directe en constitutionnalité n° 12, mesure conservatoire de 2006, le juge rapporteur, Ayres Britto, a expressément réfuté l'allégation selon laquelle le Tribunal suprême violerait le principe de légalité établi par l'article 5, II de la Constitution qui impose la loi comme instrument nécessaire pour la création de droits et obligations.[613] D'après l'opinion du rapporteur, l'article 103-B aurait octroyé *implicitement* une compétence législative primaire au Conseil national de justice, ouvrant une exception au principe de légalité.[614] Pour le juge Gilmar Mendes, la Constitution – et pas seulement la loi – émet des injonctions normatives obligatoires pour l'administration publique, et peut le faire sous forme de règles et de principes. Ces derniers seraient donc les fondements de la prohibition du népotisme, créée par le Conseil national de justice, dispensant de la nécessité d'édicter une loi formelle en la matière. D'après Mendes, « l'indétermination sémantique des principes de moralité et d'impersonnalité ne peut constituer un obstacle à la détermination de la règle de prohibition du népotisme ».[615] Suivant le rapporteur dans son opinion, le juge Mendes reconnaît également l'existence de compétences normatives *implicites* attribuées au Conseil national de justice. Pour le juge Celso de Mello, la déclaration de constitutionnalité de la résolution n° 7 de 2005, n'a rien fait d'autre que de « préserver la force normative de la Constitution de la République résultant de l'incontestable suprématie, formelle et matérielle, dont sont revêtues les normes constitutionnelles, dont l'intégrité, l'efficacité et l'applicabilité, pour cette raison même, doivent être valorisées, compte tenu de leur préséance, de leur autorité et de leur position hiérarchique ». Mello fonde la décision de la Cour sur des critères expressément non normatifs, en invoquant des « valeurs de caractère suprapositif » telles que les « principes éthiques et l'esprit lui-même qui informent et donnent sens et raison à la loi fondamentale de l'État ».[616]

La décision conservatoire de considérer constitutionnelle la résolution n° 7 de 2005, n'a néanmoins pas été prise sans polémique. Le juge Marco Aurélio s'est opposé à l'opinion de la majorité, affirmant qu'il n'existait pas d'attribution de compétence normative générale au Conseil national de justice, qui l'autorisât à se substituer au Congrès national. Son opinion n'a cependant pas prévalu, et le Tribunal a validé la prohibition du népotisme divulguée par règlement, d'abord par une décision conservatoire (ADI 12

---

613 Comme on l'a déjà vu antérieurement, le principe constitutionnel de légalité consacre la loi édictée par le pouvoir législatif comme source principale des droits et obligations dans le système juridique brésilien. L'article 5, II de la Constitution dispose : « personne ne sera obligé de faire ou d'arrêter de faire quelque chose, si ce n'est en vertu de la loi ».

614 Tribunal fédéral suprême. ADI 12 MC. *Op. cit.*, opinion du juge Ayres Britto.

615 Tribunal fédéral suprême. ADI 12 MC. *Op. cit.*, opinion du juge Gilmar Mendes.

616 Tribunal fédéral suprême. ADI 12 MC. *Op. cit.*, opinion du juge Celso de Mello.

MC de 2006), et finalement par une décision de mérite (ADI 12 de 2008). Par la suite, la Cour a utilisé ces deux précédents comme fondements pour étendre la prohibition du népotisme bien au-delà du champ du pouvoir judiciaire.[617]

En troisième lieu, la synthèse contraignante n° 13 a innové dans le système juridique brésilien parce qu'elle a contrarié frontalement une disposition législative, en se substituant à celle-ci. L'article 117, VIII de la loi n° 8112 du 11 décembre 1990 (statut des fonctionnaires civils de l'Union) interdit à tous les fonctionnaires fédéraux de « maintenir sous leur autorité directe, sur des postes ou des fonctions de confiance, un conjoint, un compagnon ou un parent jusqu'au second degré civil ». Se trouvent donc ainsi exclus de la prohibition légale, tous les agents des services publics soumis à des régimes divers, tels que le président de la République, les députés et sénateurs fédéraux, gouverneurs d'États fédérés, maires, membres de la magistrature et du ministère public.[618] Le texte de loi ne s'applique pas non plus aux États fédérés et aux municipalités, étant donné que, en référence au régime fédératif adopté par la Constitution de 1998, il revient à ces derniers de disposer sur leur organisation administrative, prérogative découlant de leur autonomie face au gouvernement central. L'application de la loi n° 8112 de 1990, est par conséquent de portée exclusivement fédérale. En dépit de l'existence d'une disposition législative en la matière, le Tribunal suprême a décidé de rédiger l'énoncé du précédent contraignant n° 13 en étendant et en détaillant tout à la fois son contenu. Allant bien plus loin que le texte législatif, le Tribunal a étendu l'interdiction du népotisme à l'administration publique, directe et indirecte,[619] inclu les autorités non

[617] Outre les actions directes en constitutionnalité citées, le Tribunal fédéral suprême a également reconnu la constitutionnalité de la résolution n° 7 de 2005, du Conseil national de justice dans le cadre du recours extraordinaire n° 579951 de 2008. Dans cette décision, la Cour a expressément affirmé qu'il n'était pas nécessaire d'édicter une loi pour établir la prohibition du népotisme dans le pouvoir judiciaire. Cf. Tribunal fédéral suprême. RE 579.951. *Diário da Justiça Eletrônico* 202, 24/10/2008.

[618] Au Brésil, on compte diverses catégories de fonctionnaires qui jouissent d'un régime normatif spécial et ne sont pas assujettis à la loi générale qui régit le statut des fonctionnaires civils (loi n° 8112 du 11/12/1009). Ce sont lesdits « agents politiques », suivant l'expression de Hely Lopes Meirelles, qui occupent des fonctions hiérarchiquement supérieures dans l'administration publique et agissent au nom de l'État. On peut citer comme exemples : les députés et sénateurs fédéraux, les députés des États fédérés, les conseillers municipaux, le président de la République, les gouverneurs d'États fédérés, maires et membres de la magistrature et du ministère public.

[619] Au Brésil, l'administration publique de l'Union et des États fédérés est divisée en deux ordres, direct et indirect, selon le degré de décentralisation au regard du pouvoir central, et cela aux trois échelles de la fédération (Union, États fédérés et municipalités). « L'administration directe est celle qui est composée des organes publics liés directement au pouvoir central, fédéral, des États fédérés ou municipal. (...) L'administration indirecte [de son côté] est constituée d'entités qui détiennent une personnalité juridique propre, un patrimoine et une autonomie administrative et dont les dépenses sont imputées à un budget propre. (...) ». « Administração Pública » [en ligne]. In : Wikipedia. Disponible sur :

visées par le régime juridique général des fonctionnaires civils et décidé quels rapports de parenté (direct, collatéral et par alliance) et à quel degré (jusqu'au troisième degré) seraient compris dans la nouvelle prohibition. En outre, le Tribunal a élargi la prohibition aux États fédérés et municipalités, qui avaient jusque-là joui d'une autonomie pour légiférer sur leur propre organisation administrative. Enfin, la Cour a inclus la prohibition desdites nominations croisées, non prévues par la loi, pour empêcher que les autorités ou fonctionnaires nomment réciproquement des parents des uns et des autres, dans une tentative de contourner la prohibition. Une ample gamme de détails a ainsi été décidée par le Tribunal suprême, avec pour seule assise le principe de moralité, dont la formulation indéterminée n'avait autorisé, jusque-là, aucun organe du pouvoir judiciaire à pratiquer une interprétation similaire.

Les débats qui ont conduit à la rédaction de la synthèse contraignante n° 13 montrent l'innovation adoptée par la Cour dans la concrétisation de l'article 37 de la Constitution. À les reprendre, on se rend compte que les juges se sont mis d'accord pour affirmer que la prohibition du népotisme découlait directement du principe de moralité, évoqué sommairement par l'article 37. Ils ont aussi expressément affirmé vouloir étendre la prohibition pour y inclure toutes les formes de parenté et non seulement celles de nature consanguine. Ils ont décidé d'exclure du texte le terme « népotisme », le considérant trop vague, et se sont attachés à définir la prohibition de façon très minutieuse, de manière à occasionner le nombre le plus réduit possible de doutes et de réclamations relatifs à son application. Le juge, auteur de la proposition, Ricardo Lewandowski, a pressé les membres du Tribunal suprême d'approuver rapidement l'énoncé, compte tenu de l' « importance de la matière et de l'enjeu politique et social du thème », montrant que le Tribunal a été sensible et a répondu à l'appel de pans entiers de la presse et de la société. [620]

Confrontés à l'existence d'une loi fédérale déjà en vigueur en la matière, les juges ont choisi, même dans ces conditions, d'édicter la synthèse contraignante, argumentant que « le fait que la prohibition découle directement de la Constitution n'invalidait pas la possibilité d'une législation spécifique sur le thème ».[621] Ils ont soutenu, de cette façon, la possibilité de la coexistence de synthèses de jurisprudence contraignantes et de nouvelles lois sur la question, pointant un problème resté irrésolu depuis la création des synthèses contraignantes par l'amendement constitutionnel n° 45 de 2004. De fait, les synthèses contraignantes n'obligent pas le pouvoir législatif, qui est libre d'édicter des lois sur les thèmes réglementés par ces synthèses.

---

http://pt.wikipedia.org/wiki/Administra%C3%A7%C3%A3o_p%C3%BAblica#Administra.C3.A7.C3.A3o_direta_e_indireta (consulté le 03/12/2014).

[620] Tribunal fédéral suprême. Débats sur l'énoncé contraignant de jurisprudence n° 13. Diário da Justiça Eletrônico 214, 12/11/2008. Disponible sur : http://www.stf.jus.br/arquivo/cms/jurisprudenciaSumulaVinculante/anexo/DJE_11.11.2008.pdf (consulté le 2 décembre 2014).

[621] *Ibid.*

Toutefois, on ne sait pas encore si, une fois qu'elle est promulguée, une loi révoque une synthèse contraignante qui dispose sur le même objet, ou si, comme le suggèrent les juges du Tribunal suprême dans le cadre des débats sur la synthèse n° 13, les deux textes seront maintenus en vigueur simultanément. Il faut souligner que la synthèse contraignante et les autres actes normatifs édictés par les trois pouvoirs possèdent des logiques d'abrogation distinctes : alors que les actes normatifs en général (lois, décrets etc.) sont abrogés par d'autres textes équivalents qui leur succèdent dans le temps, suivant le principe *lex posterior derogat priori*, les synthèses contraignantes ne sont abrogées que par décision du Tribunal suprême lui-même, dans les termes de l'article 103-A de la Constitution. La question n'a pas encore été soulevée devant le Tribunal, et demeure ouverte dans le système juridique brésilien. C'est la pratique seule qui montrera quelle est la solution du problème. Ce qui est indubitable, c'est que la synthèse contraignante constitue nécessairement le produit d'une interprétation itérativement affectée par le Tribunal suprême à une disposition normative (législative ou constitutionnelle), et ne peut, pour cette raison même, signifier une interprétation *contra legem*. La solution adoptée par le Tribunal suprême a néanmoins conduit au résultat contradictoire d'une coexistence entre une loi et une synthèse contraignante, simultanément en vigueur, et mettant en place des dispositions diverses et conflictuelles.

En conclusion, on se rend compte que le Tribunal suprême a pris clairement le parti d'outrepasser les limites de la loi en vigueur, invoquant pour ce faire un principe constitutionnel vague, dont la définition doctrinale n'avait jamais prévu une prohibition du népotisme. À cette fin, le Tribunal a recouru à deux postulats du néo constitutionnalisme, la force normative des principes et l'application directe de la Constitution, rejetant ainsi la primauté du Congrès national dans la régulation de la Constitution de 1988.

§ 2. Le contrôle des omissions législatives inconstitutionnelles

Comme on l'a déjà vu antérieurement,[622] la Constitution de 1988 a donné au Tribunal fédéral suprême, pour la première fois dans l'histoire du Brésil, compétence pour déclarer l'inconstitutionnalité de l'omission des pouvoirs législatif et exécutif. Cette compétence s'exerce par le biais de deux actions : l'action directe d'inconstitutionnalité, dans le cadre du contrôle de constitutionnalité abstrait et l'ordonnance d'injonction, dans le cadre du contrôle concret. Une fois qu'une action directe d'inconstitutionnalité par omission a été déclarée valide, le Tribunal a la prérogative de la notifier au pouvoir compétent, sans toutefois se substituer à celui-ci pour suppléer à l'omission reconnue, suivant les termes de l'article 103, § 2 de la

---

[622] Cf. Première partie, Titre 1, Chapitre 2, Section 2, § 1.

Constitution. [623] Pour sa part, la déclaration d'inconstitutionnalité par omission dans l'ordonnance d'injonction, ne voit pas ses conséquences régulées par le texte constitutionnel, et la loi nécessaire à sa règlementation n'a pas été édictée à ce jour par le Congrès national.[624] L'inaction du pouvoir législatif qui, après plus de deux décennies écoulées depuis la promulgation de la Constitution de 1988, n'a jamais régulé le nouvel instrument juridique, a été déterminante dans la reconfiguration de l'équilibre du pouvoir entre le Tribunal fédéral suprême et les pouvoirs législatif et exécutif. Ce vide normatif a dégagé un large espace à la créativité du Tribunal tout au long des années d'application pratique de cet instrument. De fait, le Tribunal a concrétisé l'article 5, LXXI[625] de la Constitution, qui a créé l'ordonnance d'injonction, étendant par-là progressivement les limites de sa compétence, et occupant ainsi un espace toujours plus important face aux autres pouvoirs.

Dès le début, le Tribunal suprême a décidé que l'article 5, LXXI était auto-applicable, rendant ainsi possible l'utilisation immédiate de l'ordonnance d'injonction, sans qu'une loi de régulation de sa procédure soit édictée.[626] Durant les premières années de validité de la Constitution de 1988, le Tribunal a fait preuve de déférence à l'égard des autres pouvoirs, refusant de suppléer aux omissions déclarées inconstitutionnelles dans le cadre d'une ordonnance d'injonction. C'est ainsi que, dans l'ordonnance

---

[623] L'article 103, § 2 dispose : « Lorsque l'inconstitutionnalité est déclarée par défaut de mesures devant rendre effective une norme constitutionnelle, il en est donné connaissance au pouvoir compétent pour qu'il prenne les mesures nécessaires ; lorsqu'il s'agit d'un organe administratif, il est tenu de le faire dans un délai de trente jours. » La jurisprudence du Tribunal fédéral suprême est ferme au sens où elle n'accepte pas le recours par la Cour elle-même à la déclaration d'inconstitutionnalité par omission en lieu et place de l'action directe d'inconstitutionnalité. Dans l'action directe d'inconstitutionnalité par omission n° 1458, mesure conservatoire de 1996, le Tribunal suprême a décidé : « La justification de l'action directe d'inconstitutionnalité par omission, importante pour la reconnaissance judiciaire d'une inertie du pouvoir public, ne confère uniquement au Tribunal fédéral suprême que le pouvoir d'aviser le législateur en défaut pour qu'il adopte les mesures nécessaires à la concrétisation du texte constitutionnel. Compte tenu des limites elles-mêmes assignées par la charte politique en matière d'inconstitutionnalité par omission (Constitution fédérale, art. 103, § 2), le Tribunal fédéral ne dispose néanmoins pas de la prérogative d'adresser des instructions normatives qui aient pour objectif de suppléer à l'inactivité de l'organe législatif défaillant. » Tribunal fédéral suprême, ADI 1.458 MC, Diário da Justiça 20/09/1996, p. 34.531.

[624] Diverses propositions législatives circulent à la Chambre des députés, qui ont pour objectif de réglementer l'ordonnance d'injonction. À titre d'exemple, citons le projet de loi (PL) n° 6128 de 2009 ; le PL n° 6839 de 2006 ; le PL 3153 de 2000 ; le PL n° 1469 de 1996 ; le PL n° 6002 de 1990 ; et le PL 4679de 1990.

[625] « Art. 5, LXXI – l'ordonnance d'injonction est accordée dès lors que le défaut de norme règlementaire rend impossible l'exercice des droits et prérogatives inhérents à la nationalité, la souveraineté et la citoyenneté ».

[626] Tribunal fédéral suprême. MI 107 QO, *Diário da Justiça* 21/09/1990, p. 9.782. Dans ce délibéré, le tribunal a décidé: « La nature de cette ordonnance étant ainsi déterminée, c'est elle qui, relevant de la compétence de cette Cour – explicitement définie par l'article, 102, I, « q » – est auto-applicable, dans la mesure où sa mise en œuvre ne dépend pas de la norme juridique qui la règlemente, y compris pour ce qui concerne la procédure, sachant qu'est applicable par analogie la procédure de l'ordonnance de sûreté, le cas échéant ».

d'injonction nº 107 question d'ordre, la Cour a fixé l'interprétation qui sera confortée dans les années ultérieures, en décidant que l'ordonnance d'injonction ne pourrait pas suppléer à l'omission inconstitutionnelle des pouvoirs législatif et exécutif. D'après le point de vue du rapporteur, le juge Moreira Alves, le Tribunal suprême n'aurait pas les conditions techniques pour suppléer à l'omission, ce qui pourrait néanmoins conduire à une situation de *non liquet*,[627] inadmissible dans le droit brésilien. Pour Alves, « la Constitution est partie de la prémisse que, compte tenu de la validation de l'action directe [d'inconstitutionnalité par omission] ou de l'ordonnance d'injonction, le pouvoir compétent, une fois déclaré l'inconstitutionnalité de son omission, ne persisterait pas dans son attitude d'omission. Et, à tort ou à raison, on s'est contenté de cette efficacité. Il n'est pas donné au Tribunal fédéral suprême, auquel incombe principalement la garde de la Constitution, de déconsidérer cette efficacité, sans le moindre appui d'éléments interprétatifs solides (...) ». Se rendant à l'avis du rapporteur, le Tribunal suprême a alors établi une stricte équivalence entre l'ordonnance d'injonction et l'action directe d'inconstitutionnalité par omission, en ne leur attribuant à toutes les deux que la fonction de notifier le fait au pouvoir compétent déclaré en état d'omission.[628]

Cette orientation a été confirmée par l'ordonnance d'injonction nº 168 de 1990, dans les termes de la décision suivante du Tribunal : « L'ordonnance d'injonction n'autorise pas le judiciaire à suppléer à une omission législative ou règlementaire, en édictant l'acte normatif omis, et elle lui permet encore moins d'ordonner d'emblée un acte concret qui donne satisfaction au droit réclamé ».[629] Dans l'ordonnance d'injonction nº 284 de 1992, la Cour a également décidé: « Le nouveau *writ* constitutionnel, consacré par l'art. 5, LXXI de la Charte fédérale, n'est pas destiné à constituer un droit nouveau, ni à conférer au pouvoir judiciaire l'exercice anormal de fonctions normatives qui lui sont institutionnellement étrangères. L'ordonnance d'injonction n'est pas un avatar constitutionnel des fonctions politico-juridiques attribuées aux organes étatiques en état d'infraction. Le caractère exceptionnel même de ce nouvel instrument juridique impose au judiciaire le devoir de stricte observance du principe de division fonctionnelle du pouvoir ».[630] La séparation des pouvoirs a ainsi été concrétisée comme prohibition faite au pouvoir judiciaire de suppléer, par une ordonnance d'injonction, à l'omission constitutionnelle des autres pouvoirs.

Cette position initiale de déférence à l'égard du législateur a été graduellement abandonnée par la Cour suprême, qui en est venue à

---

[627] Du latin *non liquere,* « ce n'est pas clair ». Dans le droit brésilien, le principe de l'interdiction du *non liquet* correspond à la notion française du déni de justice. L'article 126 du code de procédure civile brésilien impose au juge l'obligation de trancher le litige, même si la loi est obscure ou lacuneuse.

[628] Tribunal fédéral suprême. MI 107 QO. *Diário da Justiça* 21/09/1990, p. 9.782.

[629] Tribunal fédéral suprême. MI 168. *Diário da Justiça* 20/04/1990, p. 3.047.

[630] Tribunal fédéral suprême. MI 204. *Diário de Justiça* 26/06/1992, p. 10.103.

considérer que l'ordonnance d'injonction constituait un instrument adéquat pour suppléer à l'omission inconstitutionnelle, sans que cela implique violation de la séparation des pouvoirs. Deux faits ont joué un rôle capital dans ce revirement de jurisprudence : la déclaration de l'omission du Congrès national dans l'édition de lois concédant le bénéfice d'un régime de retraite spécial aux fonctionnaires (A), et disposant par ailleurs aussi sur le droit de grève de ces mêmes fonctionnaires (B).

A. Le droit à la retraite prévu par l'article 40, § 4

L'article 40, § 4, III de la Constitution détermine l'édition par le Congrès national d'une loi complémentaire[631] prévoyant un régime spécial de retraite pour les fonctionnaires dont les activités sont préjudiciables à leur santé et à leur intégrité physique.[632] Comme la loi en question n'a pas été promulguée, une fonctionnaire du ministère de la Santé, infirmière à Belo Horizonte, a obtenu du Tribunal fédéral suprême l'ordonnance d'injonction n° 721 de 2007, pour requérir que soit suppléé à la lacune normative et autorisé son droit à retraite, après plus de vingt-cinq ans de service, pour cause d'exercice professionnel en milieu considéré comme insalubre.[633] Donnant suite à l'action, le Tribunal suprême a reconnu l'omission du Congrès national et concédé à la requérante le droit à une retraite spéciale, déterminant que lui soit appliqué le régime général de retraite de la sécurité sociale.

La décision du Tribunal suprême est innovatrice dans le système juridique brésilien sur plusieurs points. Le Tribunal a abandonné sa position initiale de déférence à l'égard du pouvoir législatif et a décidé de concéder à la requérante le droit postulé, même en l'absence de la loi complémentaire expressément exigée par l'article 44 de la Constitution. Au plan procédural, la réforme de la jurisprudence antérieure de la Cour s'est faite en prenant appui sur l'attribution d'un caractère impératif[634] à l'ordonnance

---

[631] La loi complémentaire, qui correspond à un des actes normatifs primaires dans le droit brésilien, est adoptée à la majorité absolue par chacune des chambres du Congrès national, son édition se faisant dans l'hypothèse où la Constitution l'exige expressément.

[632] « Art. 40 § 4. Est interdite l'adoption de pré-requis et critères différenciés pour la concession de la retraite aux ayants-droit définis par le régime duquel traite cet article, exception faite, aux termes des lois complémentaires, des fonctionnaires dans les cas suivants :
I - handicapés ;
II –exerçant des activités à risques ;
III - dont les activités sont exercées dans des conditions spéciales dommageables pour la santé ou l'intégrité physique. »

[633] Tribunal fédéral suprême. MI 721. *Diário da Justiça* 30/11/2007, p. 29.

[634] D'après la doctrine juridique brésilienne, une action judiciaire a un caractère impératif (*mandamental*) quand son dispositif comporte un *ordre,* adressé à la partie déboutée, déterminant la réalisation d'une conduite ou son annulation, ou encore une abstention d'agir. Son objet immédiat est donc l'imposition d'un ordre ou une injonction. Un exemple en est fourni par l'ordonnance de sûreté, concédée pour « protéger le droit incontestable et juste, non garanti par habeas *corpus* ou *habeas data*, quand le responsable de l'illégalité ou de l'abus de

d'injonction,[635] qui rendrait alors possible au Tribunal suprême d'ordonner et d'exiger leur mise en œuvre par les autorités publiques. Comme fondement de la décision, le juge rapporteur a invoqué l'article 5, § 1 de la Constitution,[636] qui attribue une applicabilité immédiate à des normes définitoires de droits et garanties fondamentaux, raison pour laquelle l'ordonnance d'injonction serait immédiatement opérationnelle.

Le mérite du Tribunal suprême est d'avoir agi avec une relative déférence à l'égard du pouvoir législatif. En effet, quoiqu'il ait concédé à la partie requérante du litige le droit réclamé, il a cherché à le fonder sur une loi déjà promulguée qui régulait le régime général des plans et bénéfices de la sécurité sociale (loi n° 8213 du 24 juillet 1991), non applicable aux fonctionnaires.[637] En ce sens, le Tribunal a cherché à valoriser les choix politiques faits antérieurement par le législatif, de manière à empiéter le moins possible sur le champ des compétences discrétionnaires de ce pouvoir. En outre, le Tribunal a circonscrit l'effet de la décision au cas concret soumis au jugement, évitant d'attribuer des effets généraux à la chose jugée. Suivant les termes du rapporteur, le juge Marco Aurélio, « il ne faut pas confondre l'intervention relative au jugement de l'ordonnance d'injonction, avec l'activité du législatif. En résumé, avec cette action, le judiciaire ne lance pas, dans l'ordre juridique, un précepte abstrait. (...) Le prononcé du jugement a force de loi entre les parties, comme tout prononcé dans un procès de droits subjectifs et demeure même, comme tel, suspendu à une condition résolutoire, à savoir la décision de suppléer à la lacune de la

---

pouvoir est l'autorité publique ou un agent d'une personne juridique dans l'exercice des attributions du pouvoir public ».
(Constitution, art. 5, LXIX). Étymologiquement, l'action impérative est similaire au mandamus du droit anglo-saxon – ordre donné par un tribunal à un tribunal inférieur, une corporation ou une autorité publique, pour réaliser ou cesser de réaliser une action spécifique. Pour une définition en anglais, cf. cf. Garner, Bryan A., éd. *Black's Law Dictionary*. 7e éd. Saint Paul, 1999.

[635] Dans l'ordonnance d'injonction n° 721de 2007, le Tribunal a décidé : « Conformément à la disposition de l'incise LXXI de l'article 5 de la Constitution fédérale, il sera concédé une ordonnance d'injonction en cas de nécessité pour l'exercice des droits et libertés constitutionnels et des prérogatives inhérentes à la nationalité, la souveraineté et la citoyenneté. Il s'agit d'une action de nature impérative et non pas simplement d'une déclaration d'omission. La procédure de déclaration n'est pas sujette à annulation, mais prémisse d'un ordre qui doit être formalisé. » Tribunal fédéral suprême. MI 721. *Diário da Justiça* 30/11/2007, p. 29.

[636] « Art. 5, § 1. Les normes qui définissent les droits et les garanties fondamentaux sont d'application immédiate. »

[637] L'analogie qui a permis de concéder le régime de retraite spécial à la requérante n'est pas parfaite. La loi n° 8213 du 24 juillet 1991, est une loi ordinaire, alors que la loi exigée par la Constitution pour règlementer le régime de retraite spécial des fonctionnaires est une loi complémentaire, dont le quorum d'approbation est supérieur (majorité absolue) à celui d'une loi ordinaire (majorité simple). Le degré de consensus parlementaire exigé par la Constitution pour réguler le régime de retraite spécial des fonctionnaires est donc supérieur, et les deux normes ne sont pas équivalentes.

règlementation par qui de droit, le pouvoir législatif en l'occurrence ».[638] Le rapporteur a qualifié de « timidité » et d' « excès de zèle » la jurisprudence initiale du Tribunal suprême, qui n'attribuait pour fin à l'ordonnance d'injonction que de notifier le pouvoir déclaré en omission, par respect pour la séparation des pouvoirs. D'après le rapporteur, « il est temps de se rendre compte de la frustration engendrée par la position initiale, qui a ramené l'ordonnance d'injonction à une action simplement déclarative d'un acte d'omission, avec pour résultat quelque chose qui n'intéresse pas, en soi, pour ce qui touche à la prestation juridictionnelle au citoyen, telle qu'elle figure dans l'incise LXXI de l'article 5 de la Constitution fédérale. (...) On fait appel au judiciaire, pensant bénéficier de la suprématie de la loi fondamentale, prestation juridictionnelle qui éloigne les conséquences néfastes de l'inertie du législateur ». Le rapporteur appelle alors la Cour à modifier son orientation jurisprudentielle initiale pour donner une nouvelle configuration à la séparation des pouvoirs.[639]

Il faut souligner que le Tribunal suprême n'a pas adopté la position intermédiaire, qui aurait consisté à fixer au pouvoir législatif un délai pour qu'il édicte la loi exigée par la Constitution, mais qu'il est allé au-delà en concédant à un requérant le droit réclamé sur la base d'une loi déjà existante et appliquée par analogie. D'après le juge Eros Grau, décider que l'ordonnance d'injonction ne serait qu'une action déclaratoire équivaudrait à émettre une décision inefficace, en sollicitant inutilement le pouvoir législatif de s'acquitter de son devoir d'édicter la loi exigée par la Constitution. Le juge Grau a rejeté l'allégation selon laquelle le pouvoir judiciaire serait en train de légiférer, puisque celui-ci ne formulerait la norme manquante qu'à titre seulement supplétif. En outre, la séparation des pouvoirs serait bien celle qui a été concrètement consacrée par la Constitution de 1988, qui prévoit, en se basant sur Montesquieu, l'ordonnance d'injonction, et non la formulation abstraite de la séparation des pouvoirs consacrée par la théorie constitutionnelle. Il n'y aurait pas, selon le juge Grau, de séparation des pouvoirs résultant du droit naturel, et il reviendrait au judiciaire non seulement le pouvoir, mais également le devoir de suppléer à l'omission de norme exigée par la Constitution.

Dans une décision subséquente, l'ordonnance d'injonction n° 758 de 2008, le Tribunal suprême s'est montré hésitant face à la possibilité d'être accusé de légiférer et de prendre la place du Congrès national. Les juges ont cherché, dans leurs différents points de vue, à exclure cette possibilité et à justifier la décision prise par la Cour. De fait, le juge Ayres Britto a appelé le Congrès national à prendre toutes ses responsabilités et a mis en avant l'omission réitérée de celui-ci, en observant que la Constitution de 1988 compléterait bientôt vingt ans sans que la loi complémentaire en question ait été édictée. Le juge Gilmar Mendes a suggéré que, même en suppléant à

---

[638] Tribunal fédéral suprême. MI 721. *Op. cit.* Opinion du juge rapporteur Marco Aurélio.
[639] *Ibid.*

l'omission, le Tribunal suprême devrait le notifier au Congrès national, et le juge rapporteur, Marco Aurélio, a observé que, en procédant ainsi, le Tribunal suprême éviterait l'accusation d'être en train de légiférer. Le juge Gilmar Mendes a souligné que les effets de la décision seraient exclusivement *inter partes*, et qu'ils valaient uniquement pour le cas concret soumis à jugement, alléguant que la notification au Congrès national serait importante y compris à des fins statistiques. Enfin, le juge Mendes a insisté sur le fait que les critères appliqués figuraient déjà dans la loi en vigueur, et affirmé que le Tribunal suprême serait en train de « collaborer » avec le Congrès national.[640] La Cour a cherché, de cette manière, à justifier son revirement de jurisprudence et sa nouvelle prise de position sur la production normative du Congrès national.

Une fois rendues, les décisions n° MI 721 de 2007 et MI 758 de 2008, ont provoqué une rapide judiciarisation de la question, et le nombre des ordonnances d'injonction en la matière a crû exponentiellement au Tribunal suprême.[641] La Cour a étendu le pourvoi contre l'omission constitutionnelle par le biais d'une autre incise de l' art. 40, § 4, ordonnant l'application de la loi générale des plans et bénéfices de la sécurité sociale au cas de mise à la retraite pour cause de handicap physique (art. 40, § 4, I)[642] – ce qui exige également l'édition d'une loi complémentaire par la Congrès national, publiée elle-même seulement en 2013. Par ailleurs, l'application aux fonctionnaires de la loi du secteur privé a suscité une série de questions accessoires, qui ont été tranchées par le Tribunal suprême sans aucune manifestation du pouvoir législatif. A été décidé par ce biais que le président de la République devait nécessairement être inclus dans le procès ; que la loi complémentaire prévue par la Constitution avait un caractère national, et s'appliquait aux États fédérés et aux municipalités ; que le litisconsortium entre les États fédérés, le District fédéral et les municipalités ou organismes de sécurité social n'était pas nécessaire ; que les fonctionnaires déjà à la retraite ne pourraient pas utiliser l'ordonnance d'injonction pour promouvoir l'annulation ou la concession du régime de retraite spécial. Le Tribunal suprême a alors créé, par jurisprudence, un régime normatif détaillé applicable à la retraite spéciale des fonctionnaires.

Dans le but d'attribuer un effet général à l'orientation jurisprudentielle adoptée et, ainsi, de réduire le flux croissant des procès soumis au Tribunal suprême, a été éditée la synthèse de jurisprudence contraignante n° 33, dont

---

[640] Tribunal fédéral suprême. MI 758, *Diário da Justiça Eletrônico* 182, 26/09/2008.

[641] D'après le juge Teori Zavascki, de 2005 a 2013, le Tribunal fédéral suprême a reçu 5219 ordonnances d'injonctions, dont 4892, soit 94%, avaient pour objet l'article 40, § 4 de la Constitution. Tribunal fédéral suprême. Débats pour la création de la synthèse de jurisprudence contraignante n° 33 [en ligne]. Disponible sur http://www.stf.jus.br/arquivo/cms/jurisprudenciaSumulaVinculante/anexo/PSV_45.pdf (consulté le 7 décembre 2014).

[642] Cf. *exempli gratia* Tribunal fédéral suprême. MI 4.625 AgR, *Diário da Justiça Eletrônico* 228, 20/11/2014; MI 6.392 AgR, Diário da Justiça Eletrônico 228, 20/11/2014.

le texte dispose « s'appliquent au fonctionnaire, le cas échéant, les règles du régime général de la sécurité sociale relatives à la modalité spéciale de retraite dont traite l'art. 40, § 4, incise

III de la Constitution fédérale, et ceci jusqu'à l'édition d'une loi complémentaire spécifique ». L'orientation jurisprudentielle en est ainsi venue à avoir une efficacité contraignante pour le pouvoir judiciaire et l'administration publique. Au cours des débats qui ont conduit à l'approbation de la synthèse contraignante, les juges se sont montrés préoccupés par le fait que le Tribunal suprême était en train de se transformer en une « cour de sécurité sociale », ou « un département du ministère de la Planification ». Suite à une proposition du juge Teori Zavascki, la Cour en est venue à envisager la possibilité de se conférer une efficacité *erga omnes* pour les décisions relatives à des ordonnances d'injonction, ce qui correspondrait à une avancée encore plus osée dans sa jurisprudence. Cette orientation, néanmoins, n'a pas été adoptée, et c'est une position plus modérée qui a prévalu.[643]

En conclusion, on peut dire que le Tribunal fédéral suprême a évolué d'une position de déférence absolue vis-à-vis du Congrès national, vers une attitude plus innovatrice face à l'omission inconstitutionnelle du pouvoir législatif, puisqu'il en est venu à suppléer à l'omission de ce dernier dans la réglementation de la Constitution. Il n'a pas attendu l'édition d'une loi réglementant le procès d'ordonnance d'injonction, mais a appliqué par analogie la loi de l'ordonnance de sûreté pour imprimer une efficacité maximale à un instrument juridique nouveau dans le droit brésilien, dont la doctrine juridique ne prenait pas encore exactement en compte les effets et la procédure. En agissant ainsi, le Tribunal suprême a mené son action avec prudence, évitant de créer un dispositif règlementaire *ex novo* pour la retraite spéciale et s'est basé, au contraire, sur la législation en vigueur, applicable à une autre catégorie de travailleurs, bien que le document normatif retenu comme modèle ne fût pas la loi complémentaire. La Cour suprême s'est montrée, de cette façon, relativement déférente à l'égard du congrès, mais n'en n'a pas moins suppléé à l'omission inconstitutionnelle en se substituant à celui-ci.

B. Le droit de grève des fonctionnaires

L'article 37, VII de la Constitution de 1988 reconnaît le droit de grève aux fonctionnaires civils, tout en conditionnant néanmoins son exercice aux termes et limites fixés dans une « loi spécifique », à édicter par le pouvoir législatif. [644] L'exigence de loi spécifique obéit à la systématique de la Constitution de 1988, qui instaure un traitement différencié et spécifique pour l'administration publique et ses fonctionnaires – la section II de son

[643] *Ibid.*

[644] « Art. 37, VII - le droit de grève sera exercé dans les termes et limites définis par une loi spécifique ».

chapitre VII, titre III étant exclusivement dédiée aux fonctionnaires.[645] Comme cette loi spécifique n'a pas été promulguée, plusieurs entités syndicales ont introduit en justice diverses ordonnances d'injonction demandant au Tribunal suprême de déclarer l'inconstitutionnalité de l'omission du Congrès national et de permettre l'exercice du droit de grève. De la même manière que pour le régime de retraite spécial, envisagé dans le point précédent, la Cour suprême a pris des positions innovatrices, donnant suite à des actions pour suppléer à l'omission constitutionnelle et autoriser le droit de grève aux fonctionnaires civils. La Cour a en particulier rendu des décisions maximalistes,[646] amplifiant au maximum l'extension des amendements et les dispositifs pour englober des questions qui n'étaient pas même incluses dans la demande. L'absence de loi régulant l'ordonnance d'injonction, pour ce qui concerne notamment la procédure et ses effets, a offert un terrain fécond à la créativité du Tribunal suprême, qui s'est servi du nouvel instrument pour reconfigurer la séparation des pouvoirs au Brésil à partir des années 2000.

Initialement, la politique jurisprudentielle du Tribunal suprême a été d'absolue déférence vis-à-vis du pouvoir législatif, se refusant à suppléer à une omission et se limitant à ordonner la notification du Congrès national, en cas d'inertie législative. De fait, dans l'ordonnance d'injonction n° 20 de 1994,[647] requise par la Confédération des fonctionnaires du Brésil, la Cour suprême a défini la disposition constitutionnelle qui a reconnu le droit de grève des fonctionnaires civils comme étant une norme d'efficacité limitée[648]

---

[645] La Constitution de 1988 est, sur ce point, extrêmement prolixe, disposant largement et minutieusement sur les fonctionnaires – inclusivement sur l'accès et le pourvoiement d'emplois et de fonctions publics, la formation des serviteurs, leur rémunération, l'exercice et la perte d'un poste, la retraite et sur beaucoup d'autres sujets. C'est aux fonctionnaires civils que sont consacrés les articles 39 à 41, qui regroupent un total de 36 énoncés normatifs hautement détaillés.

[646] D'après Cass R. Sunstein, les juges peuvent être minimalistes sur deux plans: (a) quand ils tendent à proférer des décisions de forme *restrictive* et non extensive, pour ne résoudre qu'une controverse autour d'un unique cas soumis à leur appréciation et non pas d'un nombre varié, sans aborder les problèmes corrélatifs, et évitant les risques de décisions prématurées sur des questions difficiles ; et (b) quand ils tendent à décider de forme *superficielle* et non profonde, privilégiant des arguments qui ne prennent pas position sur les problèmes les plus fondamentaux du droit et de la politique, et s'en tiennent à une formulation théorique modeste. Sunstein, Cass R. « Testing minimalism : a reply ». *Michigan Law Review*, octobre 2005. Sur le concept de minimalisme, cf. Sunstein, Cass R. « Beyond judicial minimalism ». *Tulsa Law Review,* Summer 2008. Par contraste, le Tribunal fédéral suprême décide fréquemment de façon extensive et profonde, impliquant des constructions théoriques complexes développées sur des centaines de pages de motifs extrêmement longs. En plus, la Cour suprême amplifie sensiblement le champ normatif de ses jugements pour embrasser toutes sortes de questions collatérales. Le Tribunal suprême cherche en particulier à anticiper les conséquences futures de ses décisions collégiales en rédigeant les motifs de manière aussi détaillée que possible. En ce sens, on peut affirmer que le Tribunal fédéral suprême a été maximaliste dans ses décisions relatives à la grève des fonctionnaires, entre autres.

[647] Tribunal fédéral suprême. MI 20, *Diário da Justiça* 22/11/1996, p. 45.690.

[648] Sur la question des normes à l'efficacité limitée, cf. Première partie, Titre 2, Chapitre 1, Section 2, § 1.

– qui donc ne produit pas ses effets avant la nécessaire réglementation législative –, affirmant que l'exercice de ce droit était impossible avant la promulgation de la loi exigée par la Constitution. Pour la Cour, « la seule attribution constitutionnelle du droit de grève ne suffit pas – compte tenu de l'absence de l'auto-applicabilité de la norme constante de l'art.37, VII de la Constitution – pour justifier son exercice immédiat ». Il faut souligner que, dans son commentaire, le rapporteur, le juge Celso de Mello, a considéré inapplicable aux fonctionnaires la loi qui régule le droit de grève dans le secteur privé (loi n° 7783 de 1989). Seul le juge Carlos Velloso a proposé de fixer d'emblée les conditions de l'exercice du droit de grève, mais il a été mis en minorité sur ce point.

Dans le même sens, le Tribunal suprême n'a pris acte des ordonnances d'injonctions n° 438 de 1994,[649] n° 585 de 2002[650] et n° 485 de 2002,[651] que pour notifier au Congrès national l'omission législative, se refusant du même coup à la suppléer. Dans l'ordonnance d'injonction n° 485de 2002, le Tribunal a été plus précis sur l'inapplicabilité aux fonctionnaires de la loi régissant la grève dans le secteur privé : « ne peut pas être reçue, néanmoins, la demande que, en l'absence de législation permanente, soit appliquée aux fonctionnaires publics la loi 7783/89, étant donné que c'est seulement 'quand la loi a été omise' qu'il reviendra au juge de décider une question 'en accord avec l'analogie, les coutumes et les principes généraux du droit' (loi d'introduction au code civil, article4). En cas d'examen, l'hypothèse n'est pas celle de l'existence de la loi omise, mais de l'absence de législation spécifique pour réguler les données pertinentes, concernant l'exercice du droit de grève par les fonctionnaires ». Le Tribunal suprême a ainsi expressément récusé l'emploi de l'analogie pour suppléer à l'absence de la loi requise par la Constitution.

Cette politique jurisprudentielle intégralement déférente a été radicalement altérée par les ordonnances d'injonction n° 670, n° 708 et n° 712, toutes de 2008.[652] Ignorant l'instruction constitutionnelle qui oblige à l'édition d'une loi « spécifique », le Tribunal a inversé sa jurisprudence et décidé à partir de ce moment de viabiliser l'exercice du droit réclamé, par le biais de l'application de la loi régissant la grève dans le secteur privé (loi n° 7783 du 28 juin 1989) aux fonctionnaires publics civils. La nouvelle orientation a ainsi été relativement déférente à l'égard du Congrès national, puisqu'elle a cherché à valoriser les choix législatifs déjà réalisés et mis en œuvre. Néanmoins, dans le MI670 de 2008, le Tribunal a indiqué, que son omission avait déjà été notifiée au Congrès national de nombreuses fois, sans que la loi exigée par la Constitution ait été promulguée, ce qui pourrait

[649] Tribunal fédéral suprême. MI 438, *Diário da Justiça* 16/06/1995, p. 18.267.
[650] Tribunal fédéral suprême. MI 585. *Diário da Justiça* 02/08/2002, p. 59.
[651] Tribunal fédéral suprême. MI 485. *Diário da Justiça* 23/08/2002, p. 71.
[652] Tribunal fédéral suprême. MI 670, *Diário da Justiça Eletrônico* 206, 31/10/2008; MI 708, *Diário da Justiça Eletrônico* 206, 31/10/2008; MI 712, *Diário da Justiça Eletrônico* 206, 31/10/2008.

caractériser dorénavant « une omission de justice typique ».[653] La Cour s'est mise ainsi en position de refuser de pactiser avec l'inconstitutionnalité persistante du Congrès national, notamment parce que « l'absence de paramètres de contrôle des abus commis dans le déclenchement de ce type spécifique de mouvement de grève a contribué à ce que l'exercice légitime des droits constitutionnels soit tenu à distance par une véritable 'loi de la jungle' ».[654] C'est en se fondant sur ces considérations d'ordre politique, que le Tribunal suprême est allé chercher dans le droit comparé, et non dans l'ordre juridique en vigueur au Brésil, un support pour la nouvelle politique jurisprudentielle adoptée. En effet, dans l'amendement à la résolution collégiale, la Cour suprême cite notamment l'Allemagne et l'Italie comme étant des pays où « on admet que le pouvoir judiciaire adopte des mesures normatives comme alternative légitime pour dépasser des omissions inconstitutionnelles, sans que la protection judiciaire effective des droits fondamentaux se présente comme une offense au modèle de la séparation des pouvoirs ».[655] Dans un langage osé, la Cour a affirmé qu'il n'était pas possible d'« attribuer extensivement au législateur le dernier mot sur la concession, ou non, du droit de grève aux fonctionnaires civils, sous peine de vider le droit fondamental positif. Une telle prémisse, cependant, n'empêche pas que, dans l'avenir, le législateur confère de nouveaux contours à l'adéquation de la configuration disciplinaire de ce droit constitutionnel ».[656]

Il faut relever qu'en l'absence de disposition relative à ce sujet, la Cour suprême s'est arrogée le rôle de déterminer quel délai serait considéré comme « raisonnable » pour que le Congrès national légifère, et elle s'est attribuée par-là une large marge de manœuvre face aux omissions des autres pouvoirs. Le Tribunal a ainsi développé une politique jurisprudentielle qui a exploité le critère de la « raisonnabilité » pour caractériser l'inertie de l'omission inconstitutionnelle, dans les cas où le texte constitutionnel ne fixait pas de délai spécifique.[657]

Dans le domaine du droit substantiel, la Cour a ordonné l'application aux fonctionnaires des dispositions légales concernant l'arrêt des dénommées « activités essentielles »[658] – pour lesquelles « les syndicats, les employeurs

---

653 Tribunal fédéral suprême. MI 670. *Op. cit.*

654 *Ibid.*

655 *Ibid.*

656 *Ibid.*

657 Dans le MI 361 de 1994, la Cour a décidé : « Inertie législative : exigence et caractérisation : critère de raisonnabilité. Le retard – qui est présupposé par la déclaration d'inconstitutionnalité par omission législative –, doit être reconnu, dans chaque cas, quand, compte tenu du temps écoulé depuis la promulgation de la norme constitutionnelle invoquée et de la pertinence de la matière, on doit considérer dépassé le *délai raisonnable* pour l'édition de l'acte législatif nécessaire à l'effectivité de la loi fondamentale ». Tribunal fédéral suprême. MI 361, *Diário da Justiça* 17/06/1994, p. 15.707 (italique ajouté).

658 Comme exemples d'activités essentielles, on peut citer, entre autres, l'assistance médicale et hospitalière, les transports publics, la captation et le traitement des eaux d'égouts et des détritus, le contrôle du trafic aérien et les services de télécommunication.

et les salariés sont obligés, d'un commun accord, de garantir durant la grève les services indispensables à la satisfaction des nécessités absolues de la collectivité » (articles 9 à 11 de la loi n° 7783 du 28 juin 1989). Pour justifier cette décision, le Tribunal suprême a développé un principe implicite, celui de la « continuité des services publics », sur la base duquel il a affirmé qu'il était obligatoire que ces services fonctionnent et répondent aux besoins de la population même en période de grève. Comme fondement normatif du principe en question, la Cour suprême a invoqué l'article 9, § 1 de la Constitution, qui dispose : « La loi définira les services et activités essentiels et disposera sur la prise en compte des nécessités absolues de la communauté », disposition que le Tribunal suprême a concrétisée de forme extrêmement élargie.[659]

La décision du MI 670 de 2008, n'a néanmoins pas été prise sans une âpre polémique au sein du Tribunal. En tant que rapporteur, le juge Mauricio Corrêa, a pris position contre la concession de l'ordonnance, soutenant qu'elle empiétait sur la compétence du pouvoir législatif. Dans son argumentaire, le juge a affirmé : « il se trouve que le pouvoir judiciaire ne peut pas, dans les limites spécifiques de l'ordonnance d'injonction, garantir au demandeur le droit de grève. S'il agissait ainsi, il se substituerait au législateur ordinaire et extrapolerait son champ de compétence prévu dans la Constitution ».[660] Le juge Ricardo Lewandowski, de son côté, a affirmé que la Cour ne pouvait pas « formellement publier des règlements pour réguler telle ou telle situation, ou adopter un document normatif valable pour être appliqué dans diverses situations ». Le juge Lewandowski a notamment récusé l'application par analogie de la loi régissant la grève dans le secteur privé, considérant que « en empruntant l'efficacité *erga omnes* à une telle décision, (...) je pense que cette Cour suprême s'intromettrait abusivement dans la sphère de compétence que la Grande Charte réserve exclusivement aux représentants de la souveraineté populaire, élus par le suffrage universel, direct et secret. (...) En procédant ainsi, le Tribunal suprême aurait recouru à une analogie qui le conduirait, inévitablement, à une aporie de transposition difficile, voire impossible ».[661] Dans le MI 712 de 2008, jugé aussi à cette occasion, le juge Sepúlveda Pertence a affirmé que l'application de la loi de grève du secteur privé constituerait une « forme abrégée de législation »,

[659] En plus de s'éloigner du sens littéral du texte, la concrétisation de la disposition constitutionnelle réalisée par la Cour suprême peut être mise en question parce que le paragraphe concerné vise les salariés du secteur privé, et non pas les fonctionnaires, régis par l'article 37 de la Constitution et soumis à un régime de droit public.

[660] Tribunal fédéral suprême. MI 670. *Op. cit.* Opinion du juge rapporteur, Maurício Corrêa.

[661] Tribunal fédéral suprême. MI 670. *Op. cit.* Opinion du juge Ricardo Lewandowski. Il faut noter que le juge Lewandowski s'est paradoxalement décidé pour la concession de l'ordonnance d'injonction afin de permettre l'exercice du droit de grève aux demandeurs, policiers civils de l'État de Espírito Santo.

dans la mesure où la loi en question disposait « expressément qu'elle ne s'appliquait pas aux fonctionnaires».[662]

Le Tribunal suprême a néanmoins préféré retenir l'interprétation proposée par le juge Gilmar Mendes, qui a été nommé rapporteur de l'affaire. Dans son opinion, le juge Mendes a soutenu qu'il « semblait juste de déterminer une intervention plus décisive de cette Cour dans le cas de la règlementation du droit des grève des fonctionnaires », en se fondant sur des considérations d'ordre politique et sociologique. D'après le juge Mendes, les excès commis par les grévistes[663] justifieraient l'intervention du Tribunal pour suppléer à l'omission législative, vu que « la non-régulation du droit de grève a abouti à favoriser l'émergence d'un cadre sauvage aux conséquences néfastes pour l'État de droit. (...) Dans cette situation, je ne vois plus comment justifier l'inertie législative et l'absence d'effet des décisions de cette Cour ».[664] Mendes a nié au Congrès national le pouvoir de décider quand édicter la loi exigée par la Constitution, affirmant qu'« on ne pouvait simplement considérer que la reconnaissance de l'exercice du droit de grève aux fonctionnaires civils devait être absolument et exclusivement soumise au jugement de son opportunité et de sa convenance par le pouvoir législatif ».[665] Affirmant que son intention n'était pas que le Tribunal suprême assumât un rôle de législateur positif, le juge Mendes a paradoxalement défendu le dépassement de la thèse kelsenienne du « législateur négatif », figure correspondant à la prononciation de sentences additionnelles ou modificatives par la Cour suprême, avec l'idée que les critères requis fussent extraits du système juridique en vigueur.

Pour défendre la nouvelle politique jurisprudentielle adoptée, le juge Celso de Mello a déclaré que l'interprétation restrictive antérieure, qui ne déterminait que la seule notification de l'autorité en état d'inertie, ne pouvait plus prévaloir « sous peine de rendre stérile la très importante fonction juridico-politique pour laquelle avait été créée l'ordonnance d'injonction », à savoir : empêcher « que la Constitution soit dégradée à l'inadmissible condition subalterne d'un statut subordonné à la volonté ordinaire du législateur commun ».[666] Le juge Mello a par ailleurs employé un langage emphatique et émotionnel, pour réprouver durement l'omission du législateur – qu'il a considérée comme un « problème des plus sérieux » et une « pathologie constitutionnelle » « d'une gravité politico-juridique majeure », à l'origine d'une « perte de prestige de la Constitution elle-

---

[662] Tribunal fédéral suprême. MI 712. *Diário da Justiça Eletrônico* 206, 31/10/2008, opinion du juge Sepúlveda Pertence.

[663] Le juge Gilmar Mendes cite les cas des grèves des contrôleurs aériens, ainsi que ceux des fonctionnaires du pouvoir judiciaire de l'État de São Paulo et des experts de l'institut national de sécurité sociale comme exemples de grèves qui ont provoqué des « dommages irréparables à une proportion significative de la population dépendante de ces services publics. Tribunal fédéral suprême. MI 670. *Op. cit.* Opinion du juge Gilmar Mendes.

[664] Tribunal fédéral suprême. MI 670. *Op. cit.* Opinion du juge Gilmar Mendes.

[665] Tribunal fédéral suprême. MI 670. *Op. cit.* Opinion du juge Gilmar Mendes.

[666] Tribunal fédéral suprême. MI 670. *Op. cit.* Opinion du juge Celso de Mello.

même » et traduisant « une attitude inacceptable de manque de respect pour l'autorité » de cette dernière. [667] Pour sa part, la juge Carmem Lúcia a qualifié l'omission du Congrès national de « fraude à la Constitution ».[668]

Dans le domaine du droit processuel, le Tribunal suprême a fixé des critères de compétence juridictionnelle, quoique de forme « provisoire et extensible », pour permettre l'« appréciation de litiges de grève [669] qui surviennent entre le pouvoir public et les fonctionnaires statutaires ».[670] À cet égard, la Cour a ordonné l'application, par analogie, de la loi n° 7701 du 21 décembre 1988, qui dispose à propos de la compétence des tribunaux du travail,[671] aux conflits de grève des fonctionnaires civils. La législation processuelle destinée à résoudre judiciairement les conflits du travail dans le secteur privé, en est ainsi venue à réguler les grèves dans l'administration publique – en dépit de la compétence privative du Congrès national de légiférer sur le droit processuel (article 22, I de la Constitution). Tout un ensemble de compétences attribuées aux tribunaux du travail a de la sorte été transféré à un autre ordre du pouvoir judiciaire de l'Union,[672] comprenant les Tribunaux régionaux fédéraux [673] et le Tribunal supérieur de justice,[674] ainsi qu'aux pouvoirs judiciaires des États fédérés, par l'intermédiaire de leurs

---

[667] *Ibid.*

[668] Tribunal fédéral suprême. MI 670. *Op. cit.* Opinion du juge Carmem Lúcia.

[669] Au Brésil, les litiges sont des actions judiciaires jugées devant les tribunaux du travail pour résoudre les conflits collectifs entre les parties qui composent la relation de travail. Elles sont destinées à solutionner des contentieux du travail qui n'ont pas pu être résolus dans le cadre d'une négociation directe entre salariés et employeurs.

[670] Au Brésil, un statutaire travaille pour une administration en ayant le statut de fonctionnaire, par opposition à un contractuel. Il est soumis au régime spécial du statut des fonctionnaires civils de l'Union (loi n° 8112 de 1990), d'où le nom.

[671] Organes intégrant le pouvoir judiciaire de l'Union, les tribunaux du travail constituent une des justices spécialisées au Brésil. En tant que tels, ils sont compétents pour juger les litiges liés aux relations de travail dans le secteur privé. Les conflits qui touchent les fonctionnaires civils et militaires, sont, de leur côté, de la compétence de la justice fédérale, dans le cas des fonctionnaires de l'Union, ou des justices des États fédérés, dans le cas des fonctionnaires des États fédérés.

[672] Dans le contexte de l'État fédéral brésilien, l'Union et les États fédérés possèdent chacun leur propre pouvoir judiciaire. Il y a ainsi un pouvoir judiciaire fédéral et un pouvoir judiciaire dans chacune des unités fédérées, qui sont autonomes pour les organiser, aux termes de l'art. 125 de la Constitution de 1988.

[673] Les Tribunaux régionaux fédéraux sont les tribunaux d'appel au sein du pouvoir judiciaire fédéral, et possèdent une compétence générale de révision des décisions proférées par les juges fédéraux de premier degré. Actuellement, ils sont au nombre de cinq, dont les sièges se trouvent à Brasilia, Rio de Janeiro, São Paulo, Recife et Porto Alegre. Ensemble, les Tribunaux régionaux fédéraux et les juges fédéraux constituent la dénommée justice fédérale commune, qui est compétente pour juger les actions dont l'Union et ses entités sont parties prenantes.

[674] Le Tribunal supérieur de justice est un des tribunaux supérieurs de la hiérarchie judiciaire brésilienne. Son domaine de juridiction recouvrant toutes les causes non incluses dans la compétence des justices spécialisées (du travail, électorale et militaire), il est doué d'une compétence de cassation des décisions proférées par les tribunaux d'appel fédéraux et locaux. Il décide exclusivement en matière de droit.

tribunaux de justice. Pour défendre sa décision, le juge Gilmar Mendes a affirmé la possibilité, dans ce cas, d' « une interprétation large de la Constitution », de manière à donner au texte constitutionnel la plus grande effectivité possible, tout en respectant la volonté du pouvoir constituant. Le principe de la force normative, thèse centrale du néo constitutionnalisme, a ainsi été utilisé pour justifier une décision du Tribunal suprême. [675]

Les nouvelles compétences attribuées par le Tribunal fédéral suprême à la justice fédérale et à celle des États fédérés, ont dans le même temps permis un élargissement des compétences normatives du pouvoir judiciaire, au détriment de la compétence du pouvoir législatif et de l'initiative privative du chef du pouvoir exécutif, pour les lois qui disposent sur les fonctionnaires publics civils, aux échelles fédérale et des États fédérés.[676] En effet, à partir du MI 670 de 2008, les tribunaux fédéraux et des États fédérés sont devenus compétents pour appliquer un régime de grève plus sévère, « en accord avec les particularités de chaque cas concret et en référence à la sollicitation de l'entité ou de l'organe légitime », dès lors que sont touchés des services publics qu'ils considèrent « essentiels ».[677] En d'autres termes, il incomberait dorénavant au pouvoir judiciaire de décider quelles activités seraient considérées essentielles dans le secteur public, même si celles-ci n'étaient pas prévues dans la loi de grève du secteur privé – elle-même appliquée par analogie. Suivant l'amendement MI 670, « le système de judiciarisation du droit de grève des fonctionnaires civils est conçu de manière ouverte pour que d'autres activités soient soumises à un régime identique. Par la complexité et la variété des services publics et activités stratégiques typiques de l'État, il y a d'autres services publics, dont le caractère essentiel n'est pas considéré par le protocole des arts. 9 à 11 de la loi n° 7783/1989. En référence à la finalité de cette décision, l'énonciation du régime fixé par les arts. 9 à 11 de la loi n° 7783/1989 n'a qu'une fonction d'exemplification (*numerus apertus*) ». L'attribution au pouvoir judiciaire de la compétence de création *ex novo* de normes générales et abstraites, sans intermédiation du Congrès national, est évidente. En procédant ainsi, le Tribunal suprême a établi une politique jurisprudentielle clairement destinée à empêcher qu'à l'avenir, il soit nécessaire de juger une ordonnance d'injonction à chaque fois que commence un mouvement de grève dans le pays. Dans le MI n° 712 de 2008, la Cour suprême a examiné précisément cette question et manifesté sa crainte de transformer le Tribunal en une « immense justice du

---

[675] Tribunal fédéral suprême. MI 670. *Op. cit.* Opinion du juge Gilmar Mendes.

[676] Aux termes de l'art. 61, II, c, de la Constitution de 1988, le président de la République a un pouvoir d'initiative privative pour les lois qui disposent sur les fonctionnaires et leur régime juridique. De la même manière, dans les États fédérés, cette initiative privative appartient au gouverneur, chef du pouvoir exécutif local. Il faut souligner que le Tribunal fédéral suprême a jugé constitutionnelle l'édition par le gouverneur de l'État d'un décret règlementant l'exercice du droit de grève par les fonctionnaires des États fédérés. Cf. Tribunal fédéral suprême. ADI 1.696, *Diário da Justiça* 14/06/2002, p. 126.

[677] Tribunal fédéral suprême. MI 670. *Op. cit.* Opinion du juge Gilmar Mendes.

travail ».[678] La solution adoptée a ainsi évité de surcharger le Tribunal par des ordonnances d'injonctions successives et répétées.

L'octroi de cette compétence au pouvoir judiciaire a eu des conséquences pour la jurisprudence du Tribunal fédéral suprême, en permettant la prononciation d'une décision qui a dépassé, de loin, le cadre normatif applicable. En effet, l'année suivante, la Cour suprême a jugé la réclamation n° 6568 de 2009,[679] qui avait pour objet la définition de la justice compétente pour juger la grève des policiers civils de l'État de São Paulo : la justice des États fédérés ou celle du travail, appartenant à l'Union.[680] Dans un choix de rédaction des plus maximalistes, le Tribunal suprême n'a pas seulement reconnu la prohibition du droit de grève pour les policiers civils,[681] mais il a aussi présenté dans le résumé un *obiter dictum* comme faisant partie intégrante de la décision, pour interdire l'exercice de la grève à toute une série de catégories de fonctionnaires. D'après le résumé, « au nombre des services publics, il y en a quelques-uns auxquels la cohésion sociale impose d'être assurés pleinement, dans leur totalité. Les activités dont dépendent le maintien de l'ordre public et de la sécurité publique, l'administration de la justice – où se trouvent les corps de l'État dont les membres exercent des activités qui ne peuvent pas être déléguées, y compris celles du recouvrement des impôts – et la santé publique ne sont pas incluses dans la liste des fonctionnaires bénéficiaires de ce droit ». [682] Pour justifier sa décision, le rapporteur, le juge Eros Grau, a invoqué le droit comparé,[683]

---

[678] Tribunal fédéral suprême. MI 712. *Diário da Justiça Eletrônico* 206, 31/10/2008.

[679] La réclamation est une action de justice mise à disposition des justiciables, avec pour objectif de garantir l'autorité des décisions du Tribunal fédéral suprême. Aux termes de l'article 102, I, *l* de la Constitution de 1988, il revient au Tribunal fédéral suprême de juger la « réclamation pour la préservation de sa compétence et la garantie de l'autorité de ses décisions ». Le tribunal détient ainsi un instrument constitutionnel pour garantir l'exécution de ses jugements et faire prévaloir ses politiques jurisprudentielles.

[680] Tribunal fédéral suprême. Rcl 6.568. *Diário da Justiça Eletrônico* 181, 25/09/2009.

[681] La décision de reconnaître la prohibition du droit de grève pour les policiers civils a été *ultra petita*, dépassant les limites de la réclamation jugée (dont l'objet était la définition de la branche du pouvoir judiciaire compétente pour juger le litige du travail).

[682] Tribunal fédéral suprême. Rcl 6.568. *Op. cit.*

[683] L'abondante utilisation de précédents étrangers par le Tribunal suprême se fait fréquemment en qualité d' « élément d'une 'comparaison confortative' ou 'probatoire' », autrement dit comme argument persuasif pour en extraire l'autorité nécessaire qui donnera consistance intellectuelle à la justification de la chose jugée. Les risques, néanmoins, sont importants et bien réels : le tribunal paraît quelquefois tomber dans un néocolonialisme juridique qui, au lieu de promouvoir un dialogue entre cours, donne lieu à une circulation unilatérale entre pays considérés « importants » (notamment l'Allemagne et les États-Unis) et le Brésil. Par ailleurs, il n'est pas rare que la liberté excessive laissée à l'appréciation des juges de la Cour conduise à des choix de solutions qui servent plus leurs convictions personnelles, au détriment des choix effectués par le législateur, ou même, à leur absence, comme le démontre le cas analysé. En définitive, n'est pas exclu le mauvais usage pur et simple de précédents étrangers, employés hors de leur contexte ou de façon partielle. Cf. Groppi, Tania. « Le recours aux précédents étrangers par les juges constitutionnels ». In *La motivation des décisions des cours suprêmes et cours constitutionnelles*. Bruxelles : Bruylant, 2012, p. 47-60.

l'Italie, l'Espagne et la France étant des pays où le droit de grève serait interdit à certaines catégories de fonctionnaires, et, de façon inédite, il a recouru à la *Summa Theologica* de Saint Thomas d'Aquin et à sa « doctrine du double effet » – à savoir, à des références absolument extra-normatives.[684]

Il faut finalement noter une divergence au sein de la Cour suprême, à propos des effets de l'ordonnance d'injonction dans le droit brésilien. Pour le juge Gilmar Mendes, dans le MI 670 de 2008, ceux-ci seraient *erga omnes*, évitant par-là que le Tribunal ait à rediscuter la même question juridique plusieurs fois. Les juges Ricardo Lewandowski, Ayres Britto, Joaquim Barbosa et Carmem Lúcia, de leur côté, ont expressément défendu l'idée que le jugement produit des effets *inter partes*, exclusivement.[685] Cette impasse a néanmoins été résolue par le transfert au pouvoir fédéral du jugement des litiges collectifs du secteur public, conformément à ce qu'on a déjà vu plus haut. Dans le cadre d'une démarche on ne peut plus créative, le Tribunal suprême en a appelé au pouvoir judiciaire fédéral et des États fédérés, quoique temporairement, pour la solution d'une question qui devait être présentée par le pouvoir législatif, à l'initiative privative du chef du pouvoir exécutif, au niveau fédéral et à celui des États fédérés. En procédant ainsi, le Tribunal suprême a évité d'être interpellé à chaque fois qu'une catégorie de fonctionnaires décide de faire grève, et a transféré la responsabilité de la décision aux tribunaux ordinaires.

La décision proférée dans l'ordonnance 670 de 2008, a été suivie de deux arrêts subséquents jugés à la même date : le MI 708 de 2008,[686] dont le rapporteur a également été le juge Gilmar Mendes, et qui comporte exactement le même résumé, et le MI 712 de 2008,[687] dont le rapporteur a été le juge Eros Grau.[688] Observons que, dans ce dernier cas, le Tribunal suprême a expressément rejeté l'accusation d'empiéter sur la sphère du pouvoir législatif, argumentant que « le pouvoir judiciaire est lié par le pouvoir-devoir de formuler, dans le cadre de l'ordonnance d'injonction, la norme règlementaire manquante dans l'ordonnancement juridique». [689] D'après le rapporteur, en fonction des caractéristiques propres du régime juridique du service public, la loi qui régule la grève dans le secteur privé ne

---

[684] Allant dans le même sens que la Rcl 6568 de 2009, le Tribunal a également nié aux policiers civils le droit de grève dans le MI 774de 2014. Cf. Tribunal fédéral suprême, MI 774, *Diário da Justiça Eletrônico* 125, 27/06/2014.

[685] Tribunal fédéral suprême. MI 670. *Op. cit.*

[686] Tribunal fédéral suprême. MI 708. *Diário da Justiça Eletrônico* 206, 31/10/2008.

[687] Tribunal fédéral suprême. MI 712. *Diário da Justiça Eletrônico* 206, 31/10/2008.

[688] On doit noter que la rédaction des dispositifs des MI 670 et 708 de 2008, est techniquement imparfaite, et qu'elle provoque des doutes sur la compréhension et l'exécution de son instruction normative. En effet, ces deux décisions déterminent l'application des lois n° 7783 de 1989, et n° 7701 de 1988, dans leur résumé, mais incluent seulement la première d'entre elles dans leur dispositif. Ceci étant, les arrêts en question incluent implicitement les motifs dans la partie dispositif, mais ils le font cependant d'une forme contraire à la bonne technique, avec un préjudice évident pour la logique et la normativité de ces décisions.

[689] *Ibid.*

serait pas suffisante, imposant donc au Tribunal de délimiter des paramètres normatifs supplémentaires. Il n'y aurait pas, poursuit le rapporteur, de séparation des pouvoirs provenant du droit naturel, mais cette séparation correspondrait en vérité à celle qui est concrètement consacrée par le droit constitutionnel positif brésilien – qui prévoit l'ordonnance d'injonction et autoriserait, par là même, le Tribunal suprême à suppléer à l'omission. Toujours d'après le rapporteur, le Tribunal suprême aurait la compétence de définir la norme manquante, en décidant aussi sur la continuité de la prestation de services publics aussi longtemps que dure la grève. Enfin, la Cour a connu et jugé recevable le MI 712 de 2008, pour ordonner l'application par analogie de la loi régissant la grève dans le secteur privé,[690] et a ainsi suppléé à l'omission législative du Congrès national.[691]

En conclusion, on a vu, dans le jugement d'omission inconstitutionnelle relatif à la grève des fonctionnaires civils, une nette altération de la posture de déférence adoptée par la Cour suprême dans les premières années d'entrée en vigueur de la Constitution de 1988. En l'absence d'une loi disposant sur la procédure et les effets de l'ordonnance d'injonction, le Tribunal a graduellement amplifié ses pouvoirs face au Congrès national et en est venu à suppléer directement à l'omission de celui-ci. Quoique la Cour suprême se soit montrée consciente de son rôle créatif et innovateur, elle a toujours cherché à rejeter une accusation possible de « législation positive », tenant un discours fondé avant tout sur des considérations d'ordre politique, sur le droit comparé et même sur la philosophie. Tout au long de la décade 2000, le Tribunal suprême en est venu à réduire le pouvoir discrétionnaire du pouvoir législatif dans l'édition des lois, de la même manière qu'il a aussi cherché à imprimer la plus grande efficacité possible au texte constitutionnel à travers l'élaboration de normes provisoires, au nom de son attachement à la réglementation infraconstitutionnelle. Cela a été fait, moyennant l'emploi extrêmement créatif d'analogies, fréquemment imparfaites et âprement débattues au sein de la Cour, ainsi que par le biais du transfert au Judiciaire fédéral des conflits issus des relations statutaires qui régissent les fonctionnaires. Le Tribunal suprême s'est ainsi montré relativement déférent en proposant l'application analogique de décisions législatives antérieures, exprimées dans la loi sur la grève qui régit le secteur privé et dans celle qui porte sur les compétences de la justice du travail. Par ailleurs, dans le cadre d'un empiètement net sur la compétence du pouvoir législatif, le Tribunal suprême a octroyé au pouvoir judiciaire fédéral et à celui des États fédérés, la prérogative de définir quels services publics devaient être considérés essentiels, tout en leur imposant un régime de grève plus sévère.

[690] Cf. loi n° 7.783, de 1989.
[691] *Ibid.*

§ 3. Le Tribunal en tant que pouvoir constituant dérivé

Étant rigide, la Constitution de 1988 prévoit une procédure plus difficile pour son altération, disposant sur le pouvoir constituant dérivé dans son article 60.[692] Il revient alors exclusivement au Congrès national d'apprécier et de promulguer les amendements constitutionnels, par le biais d'une procédure spécifique et plus ardue, qui inclut notamment l'exigence de deux votes dans chacune de ses deux chambres ainsi qu'une approbation par un quorum des trois-cinquièmes des députés et sénateurs. En conséquence, la Constitution se trouve au sommet de la hiérarchie normative du système juridique brésilien et au fondement de la validité de toutes les autres normes juridiques. En outre, les pouvoirs de l'État ne sont valides que parce qu'ils sont constitués par elle, et par elle distribués de manière équilibrée.

Cette compétence du Congrès national est néanmoins tempérée par une limitation importante : le pouvoir législatif ne peut pas introduire d'altérations dans le texte constitutionnel qui tendent[693] à abolir la fédération, la démocratie, la séparation des pouvoirs et les droits et garanties individuels, aux termes de l'article 60, § 4. En établissant quatre clauses d'éternité (ou d'intangibilité), la Constitution de 1988 trace des limites extrêmement amples pour le contrôle de constitutionnalité, permettant que le Tribunal fédéral suprême vérifie même la conformité au texte de la Constitution des amendements constitutionnels promulgués par le pouvoir

---

[692] « Art. 60. La Constitution peut être amendée sur proposition : I - d'un tiers au moins des membres de la Chambre des députés ou du Sénat fédéral ; II - du président de la République; III - de plus de la moitié des assemblées législatives des unités de la fédération, chacune se prononçant à la majorité relative de ses membres.

Paragraphe premier. La Constitution ne peut être amendée tant que l'intervention fédérale, l'état de défense ou l'état de siège sont en vigueur.

§ 2. La proposition est discutée et votée en deux tours dans chacune des chambres du Congrès national et est considérée comme adoptée si elle recueille, en chacune des deux, les trois cinquièmes des voix de leurs membres respectifs.

§ 3. L'amendement à la Constitution est promulgué par les bureaux de la Chambre des députés et du Sénat fédéral, sous son numéro d'ordre respectif.

§ 4. Ne peut être objet de délibération une proposition d'amendement qui tend à abolir : I - la forme fédérative de l'État ; II - le suffrage direct, secret, universel et périodique ; III - la séparation des pouvoirs ; IV - les droits et les garanties individuels.

§ 5. La teneur d'une proposition d'amendement rejetée ou tenue pour nulle ne peut faire l'objet d'une nouvelle proposition au cours de la même session législative. »

[693] Rappelons que le § 4 de l'article 60 emploie l'expression « tendant à abolir » les clauses d'éternité, ce qui confère un haut degré d'indétermination au texte et, consécutivement, accorde une vaste liberté interprétative au Tribunal fédéral pour déterminer ce que désigne cette « tendance ». Cherchant à établir des paramètres rationnels pour cette liberté, la Cour a décidé que l'article 60, § 4 ne protège que le « noyau essentiel » des principes qui y sont énumérés. Dans l'action directe en inconstitutionnalité n° 2024 de 2007, la Cour a affirmé : « les limitations matérielles du pouvoir constituant de réforme, que l'article 60, § 4 de la loi fondamentale énumère, ne signifient pas l'intangibilité littérale de la discipline correspondante dans la Constitution originelle, mais seulement la protection du noyau essentiel des principes et instruments dont elles assurent la préservation ». Tribunal fédéral suprême. ADI 2024, *Diário da Justiça Eletrônico* 42, 22/06/2007.

législatif fédéral.[694] Néanmoins, dans la conception brésilienne de la séparation des pouvoirs, la souveraineté du Parlement est sujette à une manifestation originelle de souveraineté populaire à l'assemblée constituante, y compris dans le cadre du procès de réforme de la Constitution.[695]

Le monopole du Congrès national dans le procès de réforme de la Constitution a été durant toute cette période mis à l'épreuve par le Tribunal fédéral suprême en trois occasions distinctes, quand la Cour, par le biais de concrétisations qui sont allées au-delà du cadre normatif applicable, a introduit de nouvelles normes non prévues par le texte constitutionnel. Au cours des années 2000, la Cour suprême a considéré prohibée la prison civile du dépositaire infidèle, malgré une disposition constitutionnelle qui l'autorise expressément (A), comme elle a aussi ordonné l'application de la loi d'union stable et du mariage lui-même des couples homosexuels, en contradiction avec une disposition constitutionnelle expresse (B) et a déterminé la fidélité des parlementaires à leur parti politique, sans que la Constitution l'ait prévue (C).

A. La prison civile du dépositaire infidèle

L'article 5, LXVII[696] de la Constitution de 1988 prohibe la prison pour dettes,[697] l'autorisant néanmoins dans deux cas exprès : l'insolvabilité volontaire et inexcusable d'une dette alimentaire[698] et le dépositaire

---

[694] Le contrôle de constitutionnalité des amendements constitutionnels est pratique courante dans l'histoire constitutionnelle brésilienne. Depuis l'entrée en vigueur de la Constitution de 1988, le Tribunal fédéral suprême a déjá contrôlé la constitutionnalité de divers amendements constitutionnels Cf. e. g. Tribunal fédéral suprême. ADI 4.435, *Diário da Justiça Eletrônico* 251, 19/12/2013; ADI 2.356 MC, *Diário da Justiça Eletrônico* 94, 18/05/2011; ADI 336, *Diário da Justiça Eletrônico* 173, 16/09/2010; ADI 2.135 MC, *Diário da Justiça Eletrônico* 41, 06/03/2008; MS 24.875, *Diário da Justiça* 06/10/2006, p. 33; ADI 3.685, *Diário da Justiça* 10/08/2006, p. 19; ADI 3.472 MC, *Diário da Justiça* 24/06/2005, p. 5; ADI 3.367, *Diário da Justiça* 17/03/2006, p. 4.

[695] La doctrine juridique brésilienne divise les limitations matérielles (c'est-à-dire de fond) à la compétence de reforme de la Constitution en deux catégories : les limitations explicites, énumérées par § 4 de l'article 60, et les limitations implicitesconcernant le titulaire du pouvoir constituant, le titulaire du pouvoir réformateur et le procès lui-même d'amendement constitutionnel. Ceci étant, un amendement qui cherche à altérer les règles de réforme du texte constitutionnel sera considéré inconstitutionnel, par exigence logique : si le Congrès national pouvait altérer le procès d'amendement constitutionnel, il ne servirait à rien d'établir la rigidité de la Constitution. Silva, José Afonso da. *Curso de direito constitucional positivo.* 36 éd. São Paulo : Malheiros, 2013, p. 70.

[696] « Art. 5, LXVII - il ne peut y avoir d'emprisonnement civil pour dettes, sauf en cas de refus volontaire et inexcusable d'exécuter une obligation alimentaire ou d'abus dans l'usage d'un dépôt. »

[697] Le droit brésilien prévoit la prison civile comme mesure dont la finalité est d'obliger le débiteur à satisfaire à une obligation qu'il ne revient qu'à lui d'exécuter. Cet emprisonnement n'a donc pas une nature de peine, mais définit seulement une mesure coercitive.

[698] Dans le droit brésilien, la dette alimentaire est celle qui est déterminée par une sentence judiciaire lors d'une action sur les aliments. Aux termes de l'article 733, § 1 du code du

infidèle.[699]Conformément à cette disposition constitutionnelle, l'article 652 du code civil de 2002, détermine que le dépositaire qui ne restitue pas le bien déposé au moment exigé « sera intimé à le faire à travers un emprisonnement n'excédant pas un an et à s'acquitter des préjudices ».[700] À la fin de la décennie 2000, le Tribunal fédéral suprême a néanmoins déclaré l'inadmissibilité de la prison civile du dépositaire infidèle, malgré l'autorisation constitutionnelle expresse et légale. Comme fondement de sa décision, la Cour a invoqué la Convention américaine des droits de l'homme (pacte de San José du Costa Rica) et le Pacte international sur les droits civils et politiques – dont les textes ne permettent que la prison pour dette alimentaire –, leur attribuant une hiérarchie normative supérieure à celle des lois pour déroger par ce biais au code civil.

En premier lieu, la décision sur l'inadmissibilité de la prison civile du dépositaire infidèle a été innovatrice parce qu'elle a attribué à des traités internationaux relatifs aux droits de l'homme, une hiérarchie supra législative, inexistante dans le système brésilien, en arguant de l'omission du texte constitutionnel en la matière. L'article 59[701] de la Constitution de 1988 énumère les actes normatifs primaires dans l'ordonnancement juridique brésilien, sans mentionner les traités internationaux. Ceux-ci sont conclus par le président de la République et incorporés au droit interne par le biais d'un décret présidentiel, après approbation par le Congrès national, dans les termes des articles 84, VIII e 49, I de la Constitution. Le texte constitutionnel est omis, néanmoins, si on prend en compte la position hiérarchique des traités internationaux dans le droit interne, raison pour laquelle le Tribunal suprême a décidé, dans le recours extraordinaire n° 80004 de 1977, que ceux-ci ont une position hiérarchique équivalente à la loi ordinaire.[702] Pour ce qui concerne en particulier les traités internationaux dans le domaine des droits de l'homme, la Constitution prévoit deux possibilités : les considérer comme implicitement intégrés aux clauses

---

procès civil, si le débiteur ne paie pas, ni ne s'excuse, le juge d'exécution pourra décréter une peine de prison d'un à trois mois.

[699] En droit brésilien, on appelle dépositaire infidèle celui qui, lié par un contrat de dépôt, se défait de la chose qui lui a été confiée. Le dépositaire infidèle, concept d'ordre civil, peut être en partie rapproché, en droit français, de la figure de l'abus de confiance prévue dans l'article 341-1 du code pénal.

[700] Le code civil brésilien de 2002 reprend dans cet article le texte de l'article 1287 du code civil révoqué de 1916. Outre le code civil, le décret-loi n° 911 du 1er décembre 1969, autorise la prison civile du dépositaire infidèle en cas de contrat d'aliénation fiduciaire.

[701] « Art. 59. La procédure législative comprend l'élaboration : I - des amendements à la Constitution ; II - des lois complémentaires [lois organiques] ; III - des lois ordinaires ; IV - des lois déléguées [ordonnances] ; V - des mesures provisoires ; VI - des décrets législatifs ; VII - des résolutions. »

[702] Tribunal fédéral suprême. RE 80.004, *Diário da Justiça* 29/12/1977, p. 9433. Consécutivement à cette décision, les traités internationaux qui sont entrés en rapport de contrariété avec des lois postérieures, ont été considérés abrogés par ces dernières, au plan du droit interne brésilien, suivant le principe lex *posterior derogat priori*.

d'éternité et, en cette qualité, intouchables (art. 5, § 2),[703] ou leur attribuer expressément une position hiérarchique constitutionnelle, sous réserve de leur approbation sur la base du même quorum et de la même procédure que pour les amendements constitutionnels (art. 5, § 3).[704] Le droit positif brésilien possède donc une norme spécifique en la matière, et il n'existe pas, dans ce cas particulier, de vide normatif.

À partir de 2008 néanmoins, le Tribunal a modifié sa politique jurisprudentielle pour attribuer une hiérarchie supérieure à la loi, mais inférieure à la Constitution, aux traités internationaux en matière de droits de l'homme, se livrant à cet égard à une concrétisation qui ne trouve aucun point d'appui dans le cadre normatif applicable. En effet, aucune disposition constitutionnelle ou législative ne permet de justifier l'attribution d'une telle position hiérarchique supra législative aux traités, dans la mesure où l'ordonnancement juridique brésilien est structuré et obéit à un échelonnement commandé par la Constitution suivie des actes normatifs primaires (lois complémentaires, lois ordinaires, décrets législatifs etc.) puis des actes normatifs secondaires (décrets, règlements, arrêtés etc.). Les raisons de la nouvelle orientation du Tribunal suprême peuvent être appréciées dans les précédents recours extraordinaires n° 349703 de 2008,[705] et l'*habeas corpus* n° 90450 de 2008.[706]

Initialement, la Cour suprême s'est réclamée du droit comparé pour fonder sa décision : suivant l'opinion majoritaire du RE 349703 de 2008, le Brésil ferait partie de la communauté des États constitutionnels qui s'influencent mutuellement parce qu'ils sont plus ouverts au droit étranger,[707] et au sein desquels la protection des droits de l'homme prend une place toujours plus significative. À titre d'exemples, on pourrait citer les ordres juridiques de pays tels que l'Allemagne, l'Italie, le Portugal, l'Espagne, le Paraguay et l'Argentine. Une mention spéciale est faite à l'article 25 de la Loi fondamentale de l'Allemagne, d'après laquelle les normes générales du droit international public prévalent sur les lois internes de ce pays, et à l'article 55 de la Constitution française. Cette ouverture sur l'extérieur aurait été également adoptée par la Constitution de 1988, dont le

[703] « Art. 5 § 2. Les droits et les garanties inscrits dans la présente Constitution n'en excluent pas d'autres qui découlent du régime et des principes qu'elle adopte ou des traités internationaux desquels la République fédérative du Brésil est partie. »

[704] « Art. 5, § 3. Les traités et conventions internationaux sur les droits de l'homme qui ont été approuvés, dans chaque chambre du Congrès national, par un vote à deux tours et trois_cinquièmes des voix de leurs membres respectifs, sont équivalents à des amendements constitutionnels. »

[705] Tribunal fédéral suprême. RE 349.703. *Diário da Justiça Eletrônico* 104, 05/06/2009.

[706] Tribunal fédéral suprême. HC 90.450. *Diário da Justiça Eletrônico*, 025, 06/02/2009. Il faut souligner que les deux accords collégiaux cités, le sont à titre d'exemples de la jurisprudence du Tribunal suprême en la matière, dans la mesure où il en existe de nombreux autres qui vont dans le même sens.

[707] Un « État constitutionnel coopératif », selon l'expression de Peter Häberle.

texte prévoit l'intégration du Brésil à l'Amérique latine (art. 4),[708] la possibilité de l'inclusion de nouveaux droits fondamentaux découlant de traités internationaux ratifiés par le Brésil (art. 5, § 2),[709] la possibilité d'attribuer un statut constitutionnel aux traités internationaux sur les droits de l'homme (art. 5, § 3)[710] et la soumission du Brésil au Tribunal pénal international (art. 5, § 4).[711] Pour la Cour suprême, néanmoins, cet ensemble de facteurs indiquerait « une tendance contemporaine du constitutionnalisme mondial à révérer les normes internationales destinées à la protection de l'être humain, raison pour laquelle « la jurisprudence du Tribunal fédéral suprême, sans l'ombre d'un doute, [devrait faire] l'objet d'un réexamen critique », qui tienne compte de l' « anachronisme » de la thèse qui affirme le statut de loi ordinaire des traités internationaux.[712] Les Constitutions des États étrangers et les dispositions normatives génériques de la Constitution de 1988 fondent ainsi la création d'une nouvelle catégorie normative, « supra législative », jusqu'alors inexistante dans l'ordre juridique brésilien.

Le second fondement auquel a recouru la Cour suprême a été le principe de préférence pour la norme la plus favorable comme règle herméneutique. Dans l'*habeas corpus* n° 90450 de 2008, le Tribunal suprême a décidé que privilégier la norme la plus favorable serait le critère qui devait régir l'interprétation des normes par le pouvoir judiciaire. Dans un langage vibrant et émotionnel, la Cour a affirmé : « Les magistrats et tribunaux, dans l'exercice de leur activité interprétative, et spécialement celle afférente aux traités internationaux sur les droits de l'homme, doivent observer un principe herméneutique de base, tel que celui qui est dans l'article 29 de la convention américaine des droits de l'homme,[713] consistant à attribuer la primauté à la norme qui se révèle la plus favorable à la personne humaine, en vue de la faire bénéficier de la plus ample protection juridique. Le pouvoir judiciaire, dans ce procès herméneutique qui privilégie le critère de la norme la plus favorable (qui peut être tant celle prévue dans le traité international que celle que l'on estime positive dans le droit interne de l'État) , devra tirer l'efficacité maximale des déclarations internationales et proclamations

---

[708] « Art. 4, paragraphe unique. La République fédérative du Brésil recherche l'intégration économique, politique, sociale et culturelle des peuples d'Amérique latine en vue de la formation d'une collectivité latino-américaine de nations. »

[709] « Art. 5 § 2. Les droits et les garanties inscrits dans la présente Constitution n'en excluent pas d'autres qui découlent du régime et des principes qu'elle adopte ou des traités internationaux desquels la République fédérative du Brésil est partie ».

[710] « Art. 5, § 3. Les traités et conventions internationaux sur les droits de l'homme qui ont été approuvés, au sein de chaque chambre du Congrès national, en deux tours de vote par trois cinquièmes de leurs membres respectifs, seront équivalents à des amendements constitutionnels. »

[711] « Art. 5 § 4. Le Brésil se soumet à la juridiction du tribunal pénal international, à la création duquel il a donné son adhésion. »

[712] Tribunal fédéral suprême. RE 349.703. *Op. cit.*, opinion du juge Gilmar Mendes.

[713] Il faut souligner que l'article 29 de la Convention ne prévoit pas un principe qui oblige au choix de la règle la plus favorable dans l'interprétation des traités sur les droits de l'homme. L'affirmation de la Cour suprême n'est donc pas juste.

constitutionnelles des droits, comme étant une façon de viabiliser l'accès des individus et des groupes sociaux, notamment les plus vulnérables, aux systèmes institutionnalisés de protection des droits fondamentaux de la personne humaine, sous peine que la liberté, la tolérance et le respect à l'égard de l'altérité humaine deviennent des paroles vaines. »[714] Loin d'invoquer le droit positif brésilien, le Tribunal suprême se fonde sur des « prémisses axiologiques » qui attribuent une valeur supérieure de nature « éthico-juridique » aux traités internationaux relatifs aux droits de l'homme, pour « construire » une nouvelle hiérarchie normative jusqu'alors inexistante.

Finalement la Cour suprême a conclu que les traités internationaux portant sur les droits de l'homme « ont pour propriété de pouvoir paralyser l'efficacité juridique de n'importe quelle discipline normative infraconstitutionnelle avec laquelle ils entrent en conflit », y compris le code civil et son aval à l'emprisonnement du dépositaire infidèle. Cette orientation a été reprise dans de nombreuses décisions postérieures, et dans le précédent *habeas corpus* n° 87585 de 2008, le Tribunal a précisé que l'adhésion du Brésil au Pacte de San José du Costa Rica « a impliqué la dérogation aux normes strictement législatives afférentes à l'emprisonnement du dépositaire infidèle ».[715] Cette politique jurisprudentielle a été finalement consolidée dans la synthèse de jurisprudence contraignante n° 25, qui dispose que « est illicite l'emprisonnement civil du dépositaire infidèle, quelle que soit la modalité du dépôt », et qui a ainsi acquis un effet contraignant pour le pouvoir judiciaire et l'administration publique.

Il faut observer que la Cour suprême n'a expressément pas adopté les deux solutions possibles selon le droit constitutionnel en vigueur, pour privilégier les traités internationaux en matière de droit de l'homme, à savoir : les considérer comme intégrant les clauses d'éternité (art. 5, § 2 de la Constitution), ou attendre que ceux-ci soient approuvés comme amendements à la Constitution, en référence à l'appréciation du Congrès national (art. 5, § 3). En effet, dans l'*habeas corpus* n° 87585 de 2008, le juge Gilmar Mendes a affirmé que considérer ces traités comme ayant *status* constitutionnel (art. 5, § 2) entraînerait une « atomisation des normes constitutionnelles », ce qui exposerait au risque d'insécurité juridique dans le procès de contrôle de constitutionnalité – l'identification de la norme de contrôle devenant toujours plus difficile.[716] Le Tribunal suprême a ainsi préféré les potentialités ouvertes par l'existence d'une troisième voie à une hiérarchie « supralégislative » des traités, sans fondement dans le droit positif.

En second lieu, la déclaration de l'inadmissibilité de l'emprisonnement du dépositaire infidèle a innové dans l'ordonnancement juridique brésilien,

[714] Tribunal fédéral suprême. HC 90.450. *Op. cit.*
[715] Tribunal fédéral suprême. HC 87.585, *Diário da Justiça Eletrônico* 118, 26/06/2009.
[716] *Ibid*, opinion du juge Gilmar Mendes.

parce que la décision a été prise par le biais d'un revirement radical de jurisprudence, étant donné que le Tribunal suprême avait déjà consacré une politique jurisprudentielle en considérant comme constitutionnel l'emprisonnement civil du dépositaire infidèle. De fait, durant les vingt premières années qui ont suivi l'entrée en vigueur de la Constitution de 1988, le Tribunal suprême a élaboré une solide politique jurisprudentielle, affirmant que l'adhésion brésilienne à la Convention américaine des droits de l'homme,[717] dont l'article 7, VII n'autorisait que l'emprisonnement pour manquement à l'obligation alimentaire, n'empêchait pas l'emprisonnement civil du dépositaire infidèle, puisque celui-ci était explicitement prévu dans la Constitution elle-même. Dans le précédent *habeas corpus* n° 72131 de 1995,[718] la Cour a décidé que les traités internationaux relatifs aux droits de l'homme avaient un statut hiérarchique de loi ordinaire, une fois qu'ils étaient intégrés au droit interne brésilien, et que, pour cette raison, ils ne pouvaient pas déroger à l'autorisation constitutionnelle d'emprisonnement du dépositaire infidèle. Le Tribunal a confirmé la supériorité du pouvoir constituant originel sur les normes du droit international : dans son argumentaire, le juge Mauricio Corrêa a affirmé qu'élever la convention américaine au rang hiérarchique d'amendement constitutionnel serait « minimiser le concept lui-même de souveraineté de l'État-peuple tel qu'il est élaboré dans la Constitution ». D'après le juge Celso de Mello, le Pacte de San José de Costa Rica n'engagerait pas le pouvoir constituant originel, qui pourrait toujours disposer de façon différente dans son propre texte constitutionnel. En outre, l'article5, § 2[719] de la Constitution brésilienne, qui permet d'inclure dans le même article 5 de nouveaux droits et les garanties fondamentales qui découlent des traités internationaux ratifiés par le Brésil, ne s'appliquerait pas dans le cas de l'emprisonnement civil du dépositaire infidèle, puisqu'il existait déjà une autorisation constitutionnelle expresse à cette fin. Le juge Mello a affirmé que « l'ordre constitutionnel en vigueur au Brésil ne peut pas souffrir d'interprétation qui conduise à la reconnaissance du fait que, sous l'effet de la convention internationale, lui serait interdite la possibilité d'exercer, au plan interne, la compétence institutionnelle qui lui a été attribuée par la Constitution de la République elle-même.(...) À cet égard, on ne peut pas faire abstraction de la Constitution, sans porter manifestement atteinte au prestige de la norme qui en émane, pour conférer, sans raison juridique, valeur de précédent à une convention internationale ». [720] La décision n'a néanmoins pas été unanime : en qualité de rapporteur, le juge Marco Aurélio a soutenu que l'incorporation de la Convention au droit

---

[717] Pacte de San José du Costa Rica. Le pacte mentionné a été incorporé au droit interne brésilien par le décret n° 678, du 6 novembre de 1992, du président de la republique.

[718] Tribunal fédéral suprême. HC 72.131, *Diário da Justiça* 01/08/2003, p. 103.

[719] « Art. 5, § 2. Les droits et les garanties inscrits dans la présente Constitution n'en excluent pas d'autres qui découlent du régime et des principes qu'elle adopte ou des traités internationaux desquels la République fédérative du Brésil est partie. »

[720] Tribunal fédéral suprême. HC 72.131, *op. cit.*

interne brésilien avait révoqué les lois permettant l'emprisonnement du dépositaire infidèle, raison pour laquelle il serait désormais même impossible que le législateur les reprenne à nouveau. Sa thèse n'a néanmoins pas été acceptée et la Cour a affirmé la constitutionnalité de l'emprisonnement du dépositaire infidèle, même face à la Convention américaine sur les droits de l'homme. Cette politique jurisprudentielle a alors été réaffirmée dans de nombreuses décisions, comme par exemple les recours extraordinaires n° 206086, de 1997 et n° 206482 de 2003 ainsi que les *habeas corpus* n° 72131 de 2003 et n° 81319 de 2005.[721] En dépit de cette orientation initiale, à partir de 2008, le Tribunal suprême a modifié son point de vue pour adopter une position diamétralement opposée, sans altération des textes normatifs applicables qui autorisent ce changement.

Il faut observer que le Tribunal suprême a cherché à justifier son revirement jurisprudentiel, en réfutant une éventuelle accusation d'incohérence que pourrait lui valoir le fait de défendre un changement constitutionnel réalisé par la justice constitutionnelle. De fait, l'opinion majoritaire a affirmé dans le recours extraordinaire n° 349703 de 2008, que « l'évolution jurisprudentielle a toujours caractérisé quelque juridiction de nature constitutionnelle que ce soit. L'affirmation du changement constitutionnel n'implique pas la reconnaissance par la Cour suprême d'une erreur ou d'un malentendu interprétatif du texte constitutionnel dans des jugements antérieurs. La Cour reconnaît et réaffirme, au contraire, la nécessité de l'adaptation continue et graduelle des sens possibles de la lettre de la Constitution aux changements observés dans une société qui, comme la société actuelle, est marquée par la complexité et le pluralisme ».[722] Cette prise de position a été réitérée depuis dans d'autres arrêts, tels que l'*Habeas Corpus* n° 96772 de 2009, lorsque le Tribunal suprême a ainsi affirmé que « l'interprétation du juge [est] un instrument juridique adéquat au changement informel de la Constitution ».[723] La Cour s'est ainsi attribué la compétence d'actualiser le sens du texte constitutionnel par la voie interprétative, au détriment de sa modification formelle par le pouvoir législatif qui possède la compétence de l'amender.

Profondément créative, la décision d'attribuer une position hiérarchique supralégislative aux traités internationaux portant sur les droits de l'homme, a corrélativement entraîné divers problèmes pour l'ordonnancement juridique brésilien. En effet, il n'y a pas de position hiérarchique intermédiaire entre la

---

[721] Tribunal fédéral suprême. RE 206.086, *Diário de Justiça* 07/02/1997, p. 1369; RE 206.482, *Diário da Justiça* 05/09/2003, p. 32; HC 72.131, *Diário da Justiça* 01/08/2003, p. 103; HC 81.319, *Diário da Justiça* 19/08/2005, p. 5. Dans le même sens, cf. e.g. RHC 72119, *Diário da Justiça* 11/04/1997, p. 12218; HC 74822, *Diário da Justiça* 11/04/1997, p. 12191; RE 179991, *Diário da Justiça* 06/03/1998, p. 18; RE 209733, *Diário da Justiça* 20/03/1998, p. 20; RE 215724, *Diário da Justiça* 17/04/1998, p. 20; RE 228503, *Diário da Justiça* 04/09/1998, p. 23.

[722] Tribunal fédéral suprême. RE 349.703. *Op. cit.*, opinion du juge Gilmar Mendes.

[723] Tribunal fédéral suprême. HC 96.772. *Diário da Justiça Eletrônico* 157, 21/08/2009.

Constitution et la loi qui soit prévue par le système juridique, celle-ci ayant été créée *ex novo* par le Tribunal suprême avec pour base essentielle les dispositions normatives de pays étrangers – notamment les constitutions de l'Allemagne et de la France, qui possèdent des normes positives à ce sujet. Le Tribunal suprême s'est ainsi inspiré du droit comparé et de dispositions génériques de la Constitution de 1988 pour introduire, à travers un paralogisme, une nouvelle figure normative, inconnue dans le système juridique brésilien. En outre, la solution trouvée par le Tribunal a ignoré la décision du pouvoir constituant qui a déterminé les mécanismes de référence pour privilégier les traités internationaux en matière de droits de l'homme : les soumettre à l'approbation du Congrès national comme amendements constitutionnels, conformément à l'article 5, § 3, ou les considérer comme inclus dans les clauses d'éternité, aux termes de l'article5, § 2 de la Constitution. Par ailleurs, aucun changement dans les textes normatifs n'a justifié le revirement de jurisprudence effectué, étant donné que ni la Constitution, ni le code civil n'ont été modifiés pour créer une nouvelle catégorie supralégislative de normes. Ce n'est que la volonté du Tribunal suprême de reformuler et d'actualiser le cadre normatif applicable qui explique l'interdiction de l'emprisonnement civil du dépositaire infidèle, et cela en violation expresse de la compétence du Congrès national pour réformer la Constitution (art. 60 de la Constitution) et pour légiférer sur le droit civil (art. 22, I).

La conséquence la plus grave, néanmoins, concerne l'altération informelle du procès même de production normative par le Parlement. De fait, le Tribunal suprême a prohibé, en pratique, que le Congrès national délibère, au niveau législatif ordinaire, sur quelque point que ce soit prévu dans un traité international ratifié par le Brésil, en exigeant que soit édicté dorénavant un amendement constitutionnel pour réaliser le moindre changement en rapport avec ce point dans le droit positif interne. Cette exigence a introduit une innovation significative dans le procès législatif fédéral, sans que la Constitution n'ait été formellement amendée, et a ainsi simultanément constitué une interférence directe dans l'exercice du pouvoir constituant dérivé et de la compétence législative ordinaire du Congrès national. En optant pour cette décision, le Tribunal suprême a empiété sur le domaine de compétences du pouvoir législatif et a dépassé le cadre normatif applicable, redessinant une nouvelle fois la séparation des pouvoirs telle qu'elle était conçue jusqu'alors au Brésil.

B. L'extension de l'union stable et du mariage aux couples homosexuels

L'extension du droit au mariage aux couples homosexuels a fait l'objet des polémiques les plus acerbes au sein de la société brésilienne durant les dernières décennies.[724] Un sondage a révélé que 55% de la population du

[724]Pour les questions juridiques liées à la protection du mariage homosexuel dans le droit brésilien, cf. Dias, Maria Berenice, Matos, Ana Carla Harmatiuk *et al. Diversidade sexual e direito homoafetivo*. São Paulo: Revista dos Tribunais, 2011 ; Januário Júnior, Aparecido.

pays était contre le mariage entre personnes du même sexe, et que ce rejet atteignait 77% parmi les brésiliens d'obédience évangéliste. [725] L'homophobie est un grave problème national : d'après le journal *O Estado de São Paulo,* toutes les heures, un homosexuel est victime d'un acte de violence au Brésil. En 2011, le secrétariat des droits de l'homme de la présidence de la République a enregistré 1159 cas d'agressions contre des homosexuels. En 2014, un recensement a fait apparaître qu'entre janvier et octobre les actes de discrimination contre les gays, lesbiennes, travestis et transsexuels avaient fait l'objet de plus de 6500 dépôts de plaintes et dénonciations, et que ce nombre avait augmenté de 460% dans les quatre dernières années. [726] Suivant le groupe Gay de la Bahia, importante organisation de défense des droits des homosexuels, l'homophobie a été à l'origine de 216 assassinats entre janvier et septembre 2014.[727]

Au Congrès national, diverses propositions législatives circulent depuis de longues années, sans aucune perspective de consensus politique qui permette leur approbation. En 2011, ont été soumises au Congrès national 26 propositions de loi liées aux homosexuels, favorables ou opposées, la première d'entre elles ayant été présentée en 1995. [728] L'hésitation parlementaire, voire la franche hostilité à traiter des questions relatives aux homosexuels s'est tout particulièrement manifestée à l'occasion de la création du Front parlementaire de défense de la famille brésilienne, qui a reçu l'appui de 472 des 513 députés et de 75 des 81 sénateurs. Son président, le sénateur évangéliste Magno Malta, s'est farouchement opposé à l'approbation du projet de loi de la Chambre n° 122 de 2006, qui criminalise l'homophobie au Brésil. La reconnaissance de l'égalité des droits aux homosexuels demeure donc bloquée par une impasse parlementaire, du fait surtout de l'opposition persistante des députés et sénateurs chrétiens (catholiques et protestants).

Au niveau du pouvoir judiciaire, tout au long des années 2000, les tribunaux brésiliens se sont divisés en deux groupes opposés, certains reconnaissant l'union stable pour les couples homosexuels, d'autres leur niant ce droit. Au nombre de ceux qui ont reconnu l'union en question, se

---

Homoconjulgalidade e justiça : da possibilidade jurídica do casamento homoafetivo à igualdade virtual? *Revista jurídica Unigran*, v. 14, n. 27, p. 203-220, jan./juin 2012.

[725] Di Cunto, Raphael. « Le rejet du mariage gay atteint 77% parmi les évangélistes ». *Valor Econômico.* 1 août 2011, sect. Política, p. A6.

[726] Maciel, Edgard. « Toutes les heures, un gay est victime de violence au Brésil ; les dénonciations augmentent de 460% ». *Estado de São Paulo.* 21 novembre 2014, sect. Metrópole, p. A14.

[727] Bacelar, Carina, Rafael Galdo, et Michelle Miranda. « Au Brésil, l'homophobie a tué au moins 216 personnes en 2014 ». *O Globo.* 30 septembre 2014, sect. País, p. 3.

[728] Guerreiro, Gabriela, et Larissa Guimarães. « Des projets pro-gays caducs et un congrès qui fait son auto-critique ». *Folha de São Paulo.* 7 mai 2011, sect. Quotidiano, p. C8.

trouvent les Tribunaux de justice[729] de l'Acre, de Rio Grande du Sud, de Rio de Janeiro et du Paraná. Parmi les adversaires de l'union entre personnes du même sexe, on peut citer les Tribunaux de justice du District fédéral, de Santa Catarina et de la Bahia. Une même loi fédérale (Loi n° 9278 du 10 mai 1996,[730] qui dispose sur l'union stable entre un homme et une femme[731]), était ainsi appliquée de façon différente sur le territoire national.

C'est dans ce contexte d'impasse législative et de controverse judiciaire que le gouverneur[732] de l'État de Rio de Janeiro a déposé devant le Tribunal fédéral une plainte pour non-exécution du précepte fondamental n° 132 de 2011,[733] qui vise à étendre aux couples homosexuels les bénéfices concédés par le statut des fonctionnaires civils de l'État de Rio de Janeiro aux couples homosexuels en union stable. Suivant l'exposé du gouverneur, le refus d'attribuer l'égalité des droits aux couples homosexuels violerait les principes constitutionnels d'égalité,[734] de liberté,[735]de dignité de la personne humaine,[736] de sécurité juridique[737] et, finalement aussi, le principe de raisonnabilité ou de proportionnalité.[738]-[739] La ADPF n° 132de 2011, a été jugée conjointement à l'action directe en inconstitutionnalité n° 4277 de 2011,[740] qui a le même objet : l'interprétation conforme à la Constitution du statut des fonctionnaires civils de l'État de Rio de Janeiro, ainsi que de l'article 1723 du code civil brésilien, qui reconnaît comme entité familiale l'union stable d'un homme et d'une femme exclusivement.

---

[729] Le Tribunal de justice est le tribunal d'appel du pouvoir judiciaire de chacun des États fédérés et du District fédéral, au sein de la fédération brésilienne. Il est l'organe au sommet de l'organisation judiciaire locale.

[730] Au Brésil, l'union stable entre un homme et une femme est reconnue et protégée par la Constitution dans son article 226, § 3, qui dispose : « Au regard de la protection de l'État, l'union stable entre l'homme et la femme est reconnue comme une entité familiale ; la loi doit faciliter sa conversion en mariage ». L'union stable entre un homme et une femme a été règlementée par la loi n° 9278 du 10 mai 1996.

[731] L'union stable du droit brésilien correspond, globalement, au pacte civil de solidarité (Pacs) du droit français. La loi brésilienne, néanmoins, restreint expressément l'application de l'union stable aux couples hétérosexuels.

[732] Dans la structure fédérale adoptée au Brésil, le gouverneur est le chef du pouvoir exécutif d'un État fédéré. Il est habilité à juger les actions de contrôle concentré de constitutionnalité.

[733] Tribunal fédéral suprême. ADPF 132. *Diário de Justiça Eletrônico* 198, 14/10/2011.

[734]« Le législateur et l'interprète ne peuvent conférer un traitement différencié à des personnes et des situations substantiellement égales ».

[735] « L'autonomie personnelle se manifeste dans la possibilité de choisir librement son orientation sexuelle ».

[736]« Tous les projets personnels et collectifs de vie, dès lors qu'ils sont raisonnables, méritent respect, considération et reconnaissance ».

[737] « L'incertitude sur la reconnaissance de l'union homoaffective provoque une insécurité juridique, autant pour les personnes directement concernées que pour la société en général ».

[738]« L'imposition de restrictions, sans motifs justifiés, dans la promotion de biens juridiques de la même catégorie constitue un exemple type de préjugé ou d'autoritarisme moral. »

[739] Tribunal fédéral suprême. ADPF 132. *Op. cit.*

[740] Tribunal fédéral suprême. ADI 4.277, *Diário da Justiça Eletrônico* 198, 14/10/2011.

En dépit de la clarté de la formulation de l'article 226 de la Constitution[741] et de l'article 1723 du code civil,[742] les deux ne reconnaissant exclusivement que l'union stable entre un homme et une femme, le Tribunal suprême a retenu une interprétation conforme à la Constitution qui l'a amené à formuler une décision interprétative additive,[743] et qui a étendu aux couples homosexuels la protection expressément octroyée par le texte constitutionnel et la loi à l'union stable formée par des couples hétérosexuels. Pour atteindre cet objectif, le Tribunal n'a pas tenu compte de la disposition constitutionnelle spécifique en la matière et il est allé chercher dans les principes plus généraux de la Constitution le fondement de sa décision, leur donnant ainsi une ampleur de concrétisation extrêmement large. La décision a été prise à l'unanimité, mais chacun des juges de la Cour a présenté des opinions très développées, appuyées sur des arguments à la fois communs et individuellement distincts, l'ensemble s'étendant sur un total de 274 pages. L'effort discursif du Tribunal suprême pour s'opposer au sens littéral de la Constitution a été intense. Il a mobilisé des arguments de nature certes purement normative, mais aussi et surtout philosophique, historique, sociologique, et en provenance du droit comparé. Et il a employé pour ce faire un langage exubérant et à forte charge émotionnelle, de manière à garantir aussi largement que possible l'acceptation de sa décision, mettant un soin particulier à réfuter toute accusation d'activisme juridictionnel.

Dans l'exposé de ses motifs, le Tribunal suprême a justifié sa décision, en invoquant premièrement des principes constitutionnels corrélés, fortement indéterminés, mais dont la formulation n'incluait pas la protection des relations homoaffectives, et en leur attribuant délibérément une signification qui allait au-delà du sens du texte. De fait, le rapporteur de la ADPF 132, le juge Ayres Britto, a fondé son opinion sur la prohibition de la distinction

---

[741] « Article 226, § 3. Au regard de la protection de l'État, l'union stable entre l'homme et la femme est reconnue comme une entité familiale ; la loi doit faciliter sa conversion en mariage ».

[742] « Art. 1723. Est reconnue comme entité familiale l'union stable entre l'homme et lafemme, sous la forme d'une vie commune, continue et durable, établie avec comme objectif la constitution d'une famille ».

[743] Le concept de décision interprétative additive trouve sa définition dans les travaux de Thierry di Manno. Selon cet auteur, les arrêts additifs, classés parmi les décisions manipulatives, « procèdent à la *transformation* de la signification de la loi sans toucher à sa formulation textuelle ». D'après di Manno, « les arrêts additifs ne se contentent pas de sanctionner les omissions, ils s'emploient également à les réparer », ayant « un '*profil reconstructif*' qui tend à introduire, de manière positive, la partie normative manquante pour rendre la disposition conforme à la Constitution ». Di Manno, Thierry. *Le juge constitutionnel et la technique des décisions « interprétatives » en France et en Italie*. Paris : Ed. Economica, 1997, p. 239. D'après Louis Favoreu, ces décisions sont appelées « décisions de conformité sous réserve d'interprétation constructives », car « le juge ajoute au texte ce qui lui manque pour être conforme, sous couleur de l'interpréter ». Cf. Louis Favoreu. *La Constitution et son juge*. Paris : Ed. Economica, 2014, p. 202.

entre sexes (art. 3, IV), [744]sur les principes essentiels du pluralisme politique (art. 1, V)[745] et de la dignité de la personne humaine (art. 1, III),[746] ainsi que sur les droits fondamentaux à l'intimité et à la vie privée.[747] Pour le juge Britto, l'orientation sexuelle est l'« émanation du principe de la dignité de la personne humaine » en tant que « puissant facteur d'affirmation et d'élévation personnelles », et la libre expression de la sexualité est protégée par les droits à l'intimité et à la privacité, qui correspondent à des normes auto-applicables selon l' art. 5, § 1, [748] et donc indépendantes de l'intervention du pouvoir législatif. Le rapporteur a conféré à la prohibition de la discrimination basée sur le genre des personnes une concrétisation particulièrement large : d'après lui « la forclusion de tout préjugé basé sur la constitution masculine ou féminine des personnes a aussi des incidences sur la possibilité de l'usage concret de la sexualité dont elles sont nécessairement porteuses. Il en ressort qu'il est autant prohibé de discriminer les personnes en raison de leur appartenance au genre masculin ou féminin qu'en fonction de leur préférence sexuelle respective ». De là vient que le « droit des homoaffectifs à un traitement isonomique à celui des hétéroaffectifs » serait implicite dans le texte constitutionnel.[749] Le juge Luiz Fux, à son tour, a considéré l'homosexualité comme un élément intégrant de la personnalité de l'individu, en l'identifiant au concept de capacité juridique et l'inscrivant à la racine des droits de la personnalité, au même titre que le droit à l'identité propre.[750] Pour la Juge Carmem Lúcia, il s'imposerait d'interpréter l'art.226, § 3suivant l'« esprit » de la Constitution, de façon à inclure l'union stable homoaffective. La juge a également invoqué comme fondement de son point de vue des dispositions constitutionnelles plus générales telles que le principe de l'égalité et de la protection de l'intimité, et a proposé une interprétation extensive du principe du pluralisme politique (art. 1er, IV) qui inclut également le pluralisme social.[751] Le juge Gilmar Mendes, de son côté, a expressément reconnu que la Constitution de 1988 ne protégeait que l'union hétérosexuelle, mais a invoqué d'autres droits

---

[744] « Art. 3. Les objectifs fondamentaux de la République fédérative du Brésil sont les suivants : (...) IV - promouvoir le bien de tous, sans préjugés d'origine, de race, de sexe, de couleur, d'âge ou toute autre forme de discrimination. »

[745] « Article premier. La République fédérative du Brésil, formée de l'union indissoluble des États, des communes et du district fédéral, constitue un État démocratique de droit et a pour fondements : (...) V - le pluralisme politique. »

[746] « Article premier. La République fédérative du Brésil, formée de l'union indissoluble des États, des communes et du district fédéral, constitue un État démocratique de droit et a pour fondements : (...) III - la dignité de la personne humaine ; (...) »

[747] « Art. 5, X - l'intimité, la vie privée, l'honneur et l'image des personnes sont inviolables ; le droit à l'indemnisation des dommages matériels ou moraux assuré en cas de violation ; »

[748] « Art. 5, Paragraphe premier. Les normes qui définissent les droits et les garanties fondamentaux sont d'application immédiate. »

[749] Tribunal fédéral suprême. ADPF 132. *Op. cit.* Opinion du rapporteur, juge Ayres Britto.

[750] Tribunal fédéral suprême. ADPF 132. *Op. cit.* Opinion du juge Luiz Fux.

[751] Tribunal fédéral suprême. ADPF 132. *Op. cit.* Opinion du juge Carmem Lúcia.

fondamentaux prévus par elle « qui justifient et justifieraient la création d'un modèle de protection juridique des relations [homoaffectives] existantes, basé sur le principe d'égalité, le principe de liberté et d'auto développement, ainsi que sur le principe de non-discrimination pour raison d'option sexuelle. De-là découle donc un devoir de protection ».[752] C'est dans le même sens que le juge Celso de Mello a affirmé : « Je comprends que l'extension aux unions homoaffectives du même régime juridique que celui applicable à l'union stable entre personnes d'un genre distinct, est justifié et légitimé par l'incidence directe, entre autres, des principes constitutionnels d'égalité, de liberté, de dignité, de sûreté juridique et du postulat constitutionnel implicite qui consacre le droit à la recherche du bonheur, principes qui en eux-mêmes configurent (...) les fondements autonomes et suffisants aptes à conférer un support légitimateur à la qualification des conjugalités entre personnes du même sexe comme étant une catégorie du genre entité familiale ».[753]

L'effort argumentatif est tel que le Tribunal suprême va même jusqu'à employer les normes de constitutions étrangères avec pour objectif de justifier la reconnaissance des unions stables entre personnes du même sexe. De fait, le juge Celso de Mello infère de la Constitution de 1988 un principe implicite de « recherche du bonheur », propre au droit nord-américain parce qu'inscrit dans la Constitution de ce pays : « Le droit à la recherche du bonheur – qui se montre gravement atteint, quand le Congrès national, influencé par des courants majoritaires, omet dans la formulation des mesures destinées à assurer aux groupes minoritaires la jouissance des droits fondamentaux – représente une dérivation du principe de la dignité de la personne humaine, et vaut à ce titre comme l'un des plus significatifs postulats constitutionnels implicites, dont les racines plongent, historiquement, dans la propre déclaration d'indépendance des États-Unis d'Amérique, du 4 juillet 1776 ». D'après le juge Mello, le droit comparé autoriserait à voir dans la Constitution brésilienne le principe mentionné de « recherche du bonheur », puisqu'il aurait déjà été adopté, en qualité de norme positive, dans les constitutions du Japon (art. 13), de la France (préambule) et du Bhoutan (préambule).

En second lieu, le Tribunal suprême a attribué au concept de famille un sens plus large que celui reconnu dans le texte constitutionnel, de manière à englober les couples homoaffectifs. Après avoir constaté que l'article 226[754] reconnaît expressément, au-delà de la famille scellée par le mariage, celle qui est basée sur l'union stable d'un homme et d'une femme, et celle qui

[752] Tribunal fédéral suprême. ADPF 132. *Op. cit.* Opinion du juge Gilmar Mendes.

[753] Tribunal fédéral suprême. ADPF 132. *Op. cit.* Opinion du juge Celso de Mello.

[754] « Art. 226. La famille, base de la société, bénéficie d'une protection spéciale de l'État. (…)

§ 3. Au regard de la protection de l'État, l'union stable entre l'homme et la femme est reconnue comme une entité familiale ; la loi doit faciliter sa conversion en mariage.

§ 4. Par entité familiale s'entend également la communauté formée par l'un quelconque des parents et ses descendants. (…) »

n'est constituée que par l'un des parents (famille monoparentale), la Cour suprême a conceptualisé la famille comme un « fait culturel et spirituel (...) non nécessairement fait biologique », instaurant une « interprétation non réductionniste » du texte constitutionnel, qui a dépassé son sens littéral. Cette amplification conceptuelle a été justifiée par le recours à un langage intensément émotionnel et non technique, qui a mis en avant la nature essentielle de la famille, en tant qu'entité « amoureuse et protectrice de ses membres respectifs », « apogée de l'intégration communautaire », « espace idéal des relations humaines de caractère privé les plus durables, affectives, solidaires ou spiritualisées », « base de la société (...), stable, affective, solidaire et spirituellement structurée », allant jusqu'à la considérer, dans un véritable excès rhétorique, comme « la patrie amplifiée » ».[755] Dans l'entente du rapporteur, la Constitution ne pourrait purement et simplement pas contenir « un discours charriant ouvertement des préjugés ou homophonique », sous peine de manquer de cohérence en qualité de système normatif.[756] Il faut souligner que, quoiqu'il n'ait pas utilisé une méthode d'interprétation systématique ou systémique, le rapporteur a expressément écarté le fait que, dans de nombreuses dispositions, la Constitution mentionne la famille comme étant composée par un homme et une femme, à l'instar des articles 226 et 183.[757]

La caractérisation de la famille comme base d'une interprétation élargie des dispositions constitutionnelles applicables, alliée à un langage chargé d'éléments émotionnels, a également été utilisée par d'autres juges de la Cour suprême. Ainsi, le juge Luiz Fux a affirmé que l'élément caractéristique de la famille est l'amour, et qu'il n'y avait pas de différence ontologique entre les unions homoaffectives et hétéroaffectives : « ce qui fait une famille, c'est avant tout l'amour – non pas une simple affection entre individus, mais le véritable amour familial, qui établit des relations d'affection, d'assistance et d'appui réciproques entre les membres du groupe. Ce qui fait une famille, c'est la communion, l'existence d'un projet collectif, permanent et durable de vie commune. Ce qui fait une famille, c'est l'identité, la certitude de ses membres sur l'existence d'un lien inébranlable qui les unit et les identifie les uns face aux autres et chacun d'entre eux face à la société ».[758] Le discours ostensiblement émotionnel a ainsi prévalu sur les arguments de nature technique et strictement normatifs, internes au système juridique brésilien.

---

[755] Tribunal fédéral suprême. ADPF 132. *Op. cit.* Opinion du rapporteur, juge Ayres Britto.
[756] *Ibid.*
[757] « Art. 183. Celui qui exerce sans opposition la possession d'une zone urbaine n'excédant pas 250 mètres carrés pendant cinq années ininterrompues en l'utilisant pour son habitation ou celle de sa famille en acquiert la propriété dès lors qu'il n'est pas propriétaire d'un autre immeuble urbain ou rural. Paragraphe premier. Le titre de pleine propriété et la concession de l'usage du terrain reviennent *à l'homme, à la femme* ou conjointement aux deux, indépendamment de leur étatcivil » (italique ajouté).
[758] Tribunal fédéral suprême. ADPF 132. *Op. cit.* Opinion du juge Luiz Fux.

En troisième lieu, les juges ont mobilisé des arguments d'ordre politique et sociologique pour plaider la reconnaissance par le Tribunal d'une évolution sociale des coutumes qui avait intégré au concept de famille l'union de personnes du même sexe, en dépit de l'inexistence d'une norme positive promulguée en la matière par le pouvoir législatif. Cette évolution sociétale rendrait donc « impératif » que le Tribunal suprême édicte une norme à ce sujet, qui rende équivalentes les unions stables homosexuelles et hétérosexuelles. Le Tribunal a ainsi fait ouvertement le choix de défendre une interprétation actualisée des textes normatifs applicables, sans intervention du législateur. C'est en ce sens que le juge Luiz Fux a pris acte du fait que les unions stables homosexuelles étaient déjà reconnues au niveau administratif fédéral par la sécurité sociale et les finances publiques, comme au niveau d'une série d'États fédérés. D'après Fux, « la vérité est que le monde a changé. La société a changé et, dans les dernières années, s'est progressivement amplifiée l'acceptation des partenariats homosexuels constitués avec l'objectif d'une formation d'entités familiales. (...) Le moment est donc venu d'adopter une interprétation de la Constitution et des lois (...) qui rende ces changements compatibles avec le moment historique présentement vécu et avec l'état actuel de la société ». Abondant dans le même sens, le juge Ricardo Lewandowski a déclaré qu'il était impératif de concéder un traitement juridique à la nouvelle réalité sociale, affirmant que « on ne pouvait pas (...) échapper à l'évidence que l'union homosexuelle est, de nos jours, une réalité qui correspond à un constat empirique élémentaire, et qui exige un cadre juridique adéquat, étant donné qu'elle entraîne des droits et des obligations qui ne peuvent rester en marge de la protection de l'État, bien qu'il n'y ait aucune norme spécifique pour les garantir ».[759] La Cour suprême, en l'occurrence, défend la nécessité de l'incorporation de cette évolution des mœurs par le biais de l'abandon du paradigme positiviste de la séparation du droit et de la morale. Le juge Marco Aurélio a en effet affirmé : « la science du droit moralement aseptisé telle que l'a ficelée Hans Kelsen – la dénommée théorie pure du droit – a débouché sur une obédience aveugle à une loi injuste, et l'histoire a déjà révélé le risque d'une telle orientation. Le droit, en tant que fruit de la culture humaine, ne peut pas prétendre à la pureté des sciences naturelles, bien qu'il lui revienne de viser à la plus grande objectivité et rationalité possibles ». Cette confluence entre droit et morale légitimerait donc la promotion active par le Tribunal suprême d'un changement sociétal important, qui contourne une impasse significative au sein du Congrès national.

En quatrième lieu, il faut retenir que le Tribunal suprême a déclaré que le Congrès national était « en omission » de protection des intérêts des couples homosexuels, bien qu'il ne s'agisse pas d'une action directe d'inconstitutionnalité par omission ou d'une ordonnance d'injonction, uniques actions destinées à contrôler une omission inconstitutionnelle. Le

[759] Tribunal fédéral suprême. ADPF 132. *Op. cit.* Opinion du juge Ricardo Lewandowski.

Tribunal a ainsi clairement outrepassé les limites de l'action pour laquelle il avait été requis, qui ne permettait pas la déclaration d'inconstitutionnalité par omission, en se réclamant de l'allégation de l'omission législative pour justifier l'édition d'une décision procédurale additive. D'après le juge Gilmar Mendes, « l'absence d'une réglementation législative un tant soit peu structurée [reconnaissant les unions homosexuelles stables] durant toute cette période [depuis l'entrée en vigueur de la Constitution de 1988] signifie l'insuffisance de la protection des citoyens qui veulent défendre leurs droits fondamentaux et ceux qui découlent d'une union homoaffective ».[760] Pour le juge Luiz Fux, le déficit de reconnaissance législative de l'union stable de personnes du même sexe, compromettrait la sûreté juridique des relations sociales, risque qui rendrait impérative la reconnaissance en question. D'après le juge L. Fux, « les unions homoaffectives, dès lors qu'elles correspondront à des unions stables entre homosexuels, permettront à des personnes homosexuelles de planifier leurs vies en accord avec les normes juridiques en vigueur, prérogative attendue d'un ordre juridique attaché à la protection des droits fondamentaux, comme l'est le brésilien ».[761] Le juge Lewandowski, à son tour, a explicitement proposé que soit provisoirement suppléé à une omission supposée du pouvoir constituant originaire, qui n'aurait pas régulé la matière à l'époque de la promulgation de la Constitution : « Ainsi, bien loin que le texte constitutionnel ait été catégorique en disposant que l'union stable est celle qui est formée par des personnes de sexe différent, une telle clause ne signifie pas que l'union homoaffective publique, continue et durable, ne puisse être identifiée à une unité familiale apte à mériter la protection de l'État, sachant que la catégorie citée dans l'art. 226 n'a qu'une valeur illustrative, sans compter que cette reconnaissance peut être conçue comme un hommage aux valeurs et principes de base du texte constitutionnel. L'intention (...) n'est pas, évidemment, de substituer une autre volonté, arbitrairement choisie, à celle du constituant, mais seulement, considérant l'existence d'un vide normatif, de chercher à régir une réalité sociale qui dépasse cette volonté, encore que de forme provisoire, c'est-à-dire jusqu'à ce que le Parlement lui donne le traitement législatif adéquat. »[762] Ce « vide normatif » a finalement servi de justification au Tribunal suprême pour suppléer directement à l'omission législative alléguée, à travers l'application directe des principes constitutionnels. Le juge Marco Aurélio a affirmé en ce sens que le retard législatif « indique le manque de volonté collective à propos de la tutelle juridique des unions homoaffectives. (...) La solution, quelle que soit sa nature, ne dépend pas du législateur, parce qu'elle découle directement des droits fondamentaux, et tout particulièrement du droit à la dignité de la personne humaine (...) ».[763]

[760] Tribunal fédéral suprême. ADPF 132. *Op. cit.* Opinion du juge Gilmar Mendes.
[761] Tribunal fédéral suprême. ADPF 132. *Op. cit.* Opinion du juge Luiz Fux.
[762] Tribunal fédéral suprême. ADPF 132. *Op. cit.* Opinion du juge Ricardo Lewandowski.
[763] Tribunal fédéral suprême. ADPF 132. *Op. cit.* Opinion du juge Marco Aurélio.

En outre, l'allégation d'omission du pouvoir législatif est associée par le juge Gilmar Mendes à un « devoir de protection » qu'il déduit du texte constitutionnel conçu comme un tout, créant par là même pour le Congrès national une obligation inédite de légiférer en faveur de la reconnaissance des unions de personne du même sexe, obligation entièrement dégagée par le Tribunal suprême, à partir de dispositions constitutionnelles génériques, en contradiction avec l'article 226. D'après Mendes, « par-delà les politiques publiques contre un éventuel traitement indigne subi par un homosexuel, l'État doit adopter des actions pour créer une législation propre qui promeuve la dignité de la personne humaine, sans aucune discrimination pour orientation sexuelle ».[764] Consécutivement, le Tribunal a créé *ex novo* une nouvelle catégorie d'union stable, allant au-delà de ces politiques pour prescrire au pouvoir législatif sa conduite à venir, en se fondant pour cela sur des raisons de nature normative, philosophique et sociétale. Cette prescription est particulièrement évidente dans l'argumentaire du juge Gilmar Mendes, qui a affirmé : « Je souligne que la décision du Tribunal suprême ne signifie pas une objection à l'intervention du pouvoir législatif. Au contraire, notre décision doit être comprise comme une exigence de régulation de l'union homoaffective, impliquée par la nécessité de concrétiser le devoir de protection des droits fondamentaux correspondant à ce rapport juridique. Il s'agit d'une incitation institutionnelle à réguler, de fait, les situations les plus diverses qui touchent à l'union de personnes du même sexe ». Suivant Mendes, aussi longtemps que durera le retard législatif, le Tribunal sera habilité à combler le vide normatif : « Il existe un type d'inertie législative, lié à un devoir de protection des droits fondamentaux élémentaires, de ceux des minorités en particulier. C'est ce devoir qui réclame, en l'occurrence, l'intervention de la Cour ». Le jugement discrétionnaire lui-même du pouvoir législatif, relatif à l'opportunité et à l'objet de l'acte législatif, a ainsi été accaparé par le Tribunal suprême, non seulement sans que la Constitution en établisse les termes, mais même contre la lettre du texte constitutionnel.

Dans la même perspective, le juge Celso de Mello a identifié une obligation de légiférer qui s'imposerait au Congrès national, de façon à protéger les couples de même sexe. La décision du Tribunal suprême équivaudrait alors à une invitation à agir adressée au pouvoir législatif. Le juge Mello a affirmé : « Le pouvoir législatif, à partir d'aujourd'hui, et de ce jugement, doit prendre position et réglementer les situations dans lesquelles l'application de la décision de la Cour suprême serait également justifiée du point de vue constitutionnel. Il faut donc voir dans la décision de la Cour un appel au pouvoir législatif d'assumer cette tâche, qu'il ne s'est apparemment pas senti jusqu'à maintenant porté à exercer, et de réglementer cette harmonisation ».[765] De façon similaire, les juges Cezar Peluso, Gilmar

[764] Tribunal fédéral suprême. ADPF 132. *Op. cit.* Opinion du juge Gilmar Mendes.
[765] Tribunal fédéral suprême. ADPF 132. *Op. cit.* Opinion du juge Celso de Mello.

Mendes et Ayres Britto ont présenté la décision du Tribunal fédéral suprême comme ouvrant la voie pour que le Congrès national légifère, écartant le moindre doute sur la constitutionnalité d'une future mesure législative qui reconnaisse l'union stable de couples homosexuels.

En cinquième lieu, relevons que le Tribunal suprême a réalisé un intense effort rhétorique pour démarquer la configuration d'une situation de « vide normatif » – en dépit de la prévision expresse de l'article 226, § 3 – dans le cadre de laquelle pourrait être inférée, à partir d'autres principes constitutionnels généraux, la reconnaissance de l'union stable homosexuelle. En effet, la Cour suprême s'est refusée à voir dans l'absence de prévision des unions homosexuelles un « silence éloquent » de la Constitution, qui empêcherait sa reconnaissance par la législation. D'après le juge rapporteur, Ayres Britto, le « silence de la Constitution » sur l'orientation sexuelle, équivaudrait à la permission de la libre expression de celle-ci, parce que, en référence à une citation de Hans Kelsen, ce qui n'est pas prohibé ou obligatoire, est permis. Le rapporteur a affirmé : « Le silence normatif agit ici avec un respect absolu envers quelque chose qui, chez les animaux en général et les êtres humains en particulier, se définit comme instinctif et correspondant à la nature même des choses », parce que la 'préférence' ou l'orientation' est inscrite dans cette modalité instinctive de l'être de chacune des personnes naturelles ».[766] La sexualité serait alors exercée comme un « droit incontestable ». Le juge Celso de Mello s'est exprimé dans le même sens : « Je ne spécule pas non plus sur l'existence, dans le texte normatif de la Constitution, d'une lacune volontaire ou consciente relative aux unions entre personnes du même sexe(...), de caractère axiologique, et dont la constatation rendrait évidente l'existence d'un 'silence éloquent', capable de compromettre l'interprétation exposée dans le présent vote, à savoir que l'union stable homoaffective est constitutionnellement qualifiée comme étant une entité familiale (art. 226, § 3) ».

Paradoxalement, cette conception du « silence constitutionnel » a été adoptée en dépit du fait que la Cour suprême a reconnu que l'Assemblée constituante de 1987 avait débattu du thème et rejeté délibérément la reconnaissance de l'union entre personnes du même sexe. Dans son opinion, le juge Ricardo Lewandowski a pris acte que « lors des discussions qui ont eu lieu à l'Assemblée constituante, la question du genre de l'union stable a été amplement débattue, quand a été voté le dispositif concerné [article 226, § 3], et a débouché on ne peut plus clairement sur la conclusion que l'union stable recouvrait, uniquement et exclusivement, des personnes de sexe distinct ». L'histoire parlementaire a pourtant montré, sans le moindre doute, que l'article 226 n'était pas destiné à inclure les unions stables de couples homosexuels, mais le Tribunal suprême a préféré ignorer ce fait. Pour le juge Lewandowski, la Cour serait face à une nouvelle forme d'entité familiale, non prévue par l'article 226, mais qui pourrait être « déduite d'une lecture

---

[766] *Ibid.*

systématique du texte constitutionnel et, surtout, face à la nécessité de concrétiser les principes de dignité de la personne humaine, d'égalité, de liberté, de préservation de l'intimité et de non- discrimination pour cause d'orientation sexuelle, tous principes applicables aux situations analysées ». Le nouveau statut de la famille homoaffective serait ainsi justifié par des dispositions générales du texte constitutionnel, en dépit de prévisions discordantes formulées au sein des dispositions spécifiques.

En sixième lieu, il faut observer que la Cour suprême a mis en avant sa fonction d'opposition à l'esprit majoritaire, en apparaissant expressément en position de contrepoids de la volonté populaire explicite au Congrès national. Dans cette perspective, elle s'est expressément recommandée de la thèse élaborée par Alexander Bickel dans son œuvre « The Least Dangerous Branch ».[767] Pour le juge Celso de Mello, les courants majoritaires de l'opinion représentés au Parlement, s'opposent aux unions stables homosexuelles, et c'est au Tribunal suprême qu'il revient alors de faire contrepoids et d'affronter, si nécessaire, le Congrès national : « Le pouvoir législatif, assurément influencé par des valeurs et des sentiments prégnants dans la société brésilienne, s'est montré opposé à la qualification de l'union stable homoaffective comme entité familiale, et à la nécessité de l'adéquation de l'ordonnancement juridique national à cette réalité émergente des pratiques et coutumes sociales. Une telle situation finit par générer les conditions d'une soumission des groupes minoritaires à la volonté hégémonique de la majorité, compromettant gravement le degré même de légitimité démocratique attribuée à l'institution parlementaire pour la réduire ». Il incomberait donc au Tribunal suprême d'exercer sa fonction d'opposition à l'esprit majoritaire pour préserver « l'intangibilité des droits, intérêts et valeurs qui identifient les groupes minoritaires exposés à des situations de vulnérabilité juridique, social, économique ou politique et qui, sous l'effet de ces situations, deviennent objet d'intolérance, de persécution, de discrimination et d'une injuste exclusion ». D'après Mello, « l'essence démocratique de tout régime de gouvernement repose sur l'existence d'une indispensable harmonie entre la 'majority rule' et les'minority rights'. (...) Pour que le régime démocratique ne se réduise pas à une catégorie politico-juridique purement conceptuelle ou uniquement formelle, il est nécessaire d'assurer aux minorités, notamment au plan juridictionnel, lorsque celui-ci s'impose, la plénitude des moyens qui leur permet d'exercer effectivement les droits fondamentaux qui sont garantis à tous ».

Enfin, mais le fait n'est pas pour autant moins important, la Cour suprême a expressément reconnu l'innovation que représentait la reconnaissance de l'union stable homosexuelle pour l'ordre constitutionnel brésilien et s'est manifestée en faveur de son activisme juridictionnel. Cette posture activiste du Tribunal a été particulièrement adoptée par le juge

[767] Bickel, Alexander M. *The least dangerous branch : the Supreme Court at the bar of politics*. New Haven : Yale University Press, 1986.

Gilmar Mendes, véhément défenseur du dépassement du dogme du législateur négatif, comme l'atteste notamment cette déclaration : «Il n'y a aucun doute qu'ici le Tribunal est en train d'assumer un rôle [de législateur positif], bien que provisoirement, au cas où le législateur lui-même viendrait à se manifester, mais il est indéniable que le Tribunal donne en ce moment une réponse de caractère positif ». Pour Mendes, le rôle de législateur positif du Tribunal suprême serait justifié dans l'hypothèse de la production d'une norme destinée à la protection de minorités dont les revendications ne sont pas prises en compte par le système de représentation politique : « si le système, d'une manière ou d'une autre, ne réussit pas à fournir cette réponse [à une demande de protection d'une minorité] et si le judiciaire est appelé, d'une manière ou d'une autre, à se substituer à son propre système politique, il est évident que la réponse ne pourra qu'être de caractère positif».[768] À cet égard, le droit comparé a également été exploité par le juge Mendes comme fondement de la décision de la Cour: « il est vrai que le Tribunal est déjà en train de se délivrer du dogme vétuste du législateur négatif, rejoignant ainsi l'orientation jurisprudentielle des décisions interprétatives à efficacité additive, dont la progression est aujourd'hui la plus nette et qui a déjà été adoptée par les principales cours constitutionnelles du monde». Même reconnaissant que « l'interprétation conforme [requise dans la ADPF n° 132] peut avoir les conséquences les plus étendues sur divers systèmes normatifs de l'ordonnancement juridique brésilien », Mendes réaffirme être « un critique des plus féroces de cet argument dont nous nous réclamons parfois : à savoir que nous ne pouvons pas faire ceci ou cela, sous prétexte que nous serions en train de nous comporter comme un législateur positif ou quelque chose d'équivalent ». Par son adhésion à de telles considérations, le Tribunal suprême a délibérément choisi d'adopter une posture audacieuse face au Parlement, concrétisant directement la Constitution, en prenant le contrepied de la lettre même de celle-ci, de manière à réaliser une avancée législative et sociale, sans que l'impasse parlementaire en la matière ait été résolue au sein du Congrès national.

Dans la même perspective, le juge Celso de Mello a lui aussi, défendu la posture activiste de la Cour, valorisant ouvertement la prééminence du Tribunal fédéral suprême dans la concrétisation de la Constitution, et dans les cas d'omission des autres pouvoirs notamment. Selon Mello, « le Tribunal fédéral suprême, quand il supplée aux omissions inconstitutionnelles des organes de l'État et qu'il adopte des mesures en vue de restaurer la Constitution violée par l'inertie des pouvoirs étatiques, ne fait rien d'autre que remplir sa mission constitutionnelle et démontrer, par ce geste, le respect inconditionnel qu'il voue à l'autorité de la Loi fondamentale de la République. Les pratiques d'activisme juridictionnel, quoique modérément mises en œuvre par la Cour suprême, à des moments exceptionnels, deviennent une nécessité institutionnelle, quand les organes

[768] Tribunal fédéral suprême. ADPF 132. *Op. cit.* Opinion du juge Gilmar Mendes.

du pouvoir public sont sujets à omission ou tardent excessivement à s'acquitter des obligations qui sont les leurs, et cela d'autant plus si on a présent à l'esprit que le pouvoir judiciaire ne peut s'en tenir à une position de pure passivité, face à des comportements d'État qui heurtent la Constitution. » Le fondement de l'activisme du Tribunal se trouverait, d'après Mello, dans une extension substantielle des pouvoirs concédés au pouvoir judiciaire par la Constitution de 1988, qui l'autorise à intervenir sur des questions de société, sans l'intermédiation du pouvoir législatif: « cette prééminence du pouvoir judiciaire, renforcée par le monopole du dernier mot dont dispose le Tribunal suprême en matière constitutionnelle (...), ne représente rien de plus que le résultat d'une amplification significative des fonctions institutionnelles conférées au pouvoir judiciaire lui-même par la Constitution en vigueur, et qui a converti les juges et tribunaux en arbitres des conflits qui surgissent dans le champ social et l'arène politique, au vu du rôle majeur qui leur a été affecté, notamment à cette Cour suprême, en matière de juridiction constitutionnelle ». Le Tribunal a ainsi affirmé sa légitimité à prendre la décision qui étend aux homosexuels le droit à l'union stable, décision « qui représente une avancée historique dans le processus d'affirmation et de consolidation des droits de la minorité homosexuelle dans notre pays ».

En somme, avec l'action en violation d'un précepte fondamental n° 132 et l'action directe en inconstitutionnalité n° 4277, les deux datant de 2011, le Tribunal fédéral suprême a délibérément choisi de promouvoir une avancée sociétale reconnaissant l'union stable des personnes du même sexe. Ce faisant, le Tribunal a négligé la lettre expresse de la Constitution, qui protège exclusivement l'union stable hétérosexuelle, puisqu'il est allé puiser le fondement de sa décision dans les principes constitutionnels plus généraux, dont la formulation est très indéterminée – prohibition de la discrimination par le sexe, dignité de la personne humaine et protection de l'intimité et de la vie privée. Pour justifier sa décision, le Tribunal n'a pas seulement invoqué des raisons strictement normatives, mais il a employé un langage fortement émotionnel et non technique, basé sur des considérations sociologiques, philosophiques et de droit comparé, extérieures au système juridique brésilien. La Cour suprême s'est avant tout montrée clairement consciente qu'elle adoptait une posture activiste, en se substituant au Congrès national, qu'elle considérait en situation d'omission face au devoir de légiférer construit par la Cour elle-même, et elle a cherché à justifier son activisme en le reliant à l'évolution des mœurs et à la nécessité de protéger les minorités. Ne se limitant pas à créer une nouvelle catégorie d'union stable, le Tribunal suprême a prescrit au pouvoir législatif une conduite à venir, introduisant pour le Parlement un devoir de légiférer non prévu par le texte constitutionnel. Plus important encore, est le fait que le Tribunal a effectué une interprétation conforme à la Constitution paradoxalement contraire à l'art. 226, § 3, sans que le texte constitutionnel ait été formellement altéré, et s'est substitué ainsi au Congrès national, en qualité de titulaire du pouvoir constituant dérivé.

C. L'obligation de fidélité des élus envers les partis politiques

Dans le cadre de la Constitution de 1988, le système juridique brésilien n'a jamais possédé des dispositions constitutionnelles ni législatives imposant la fidélité des élus à leurs partis politiques – c'est-à-dire l'affiliation obligatoire des parlementaires, pendant toute la durée de leur mandat, au même parti politique que celui au nom duquel ils ont été élus. Faute de norme positive, les députés et sénateurs étaient donc libres de changer de parti politique à leur gré, tout au cours de la législature. À titre d'exemple, dans la courte période du 1er février au 27 septembre 2007, au cours de la 53ème législature, 34 députés ont changé de parti, ce qui a été considéré comme un symptôme d'une importante faiblesse des partis et donc d'une crise du système politique brésilien.[769] Au niveau législatif, compte tenu de la compétence exclusive du pouvoir législatif fédéral pour légiférer sur le droit électoral, une proposition de loi organique avait été déposée au Congrès national en 2007 pour fixer les conditions dans lesquelles un tel changement serait permis, proposition qui n'avait pas été jusque-là approuvée par les chambres.[770] Ce cadre normatif a radicalement changé en 2007, par le biais de l'action conjointe du Tribunal fédéral suprême et du Tribunal supérieur électoral,[771] qui ont imposé aux députés, par des arrêts et des arrêtés autonomes, l'obligation de fidélité à leur parti politique d'origine, sous peine d'être déchus de leurs mandats.

A l'origine de ce changement se trouve la consultation n° 1398 du Tribunal supérieur électoral. Le 27 mars 2007, en réponse à une

---

[769] Cf. Roma, Celso. « Um diagnóstico da migração interpartidária na Câmara ». *Folha de São Paulo*. 3 octobre 2007, sect. Editorial. La classe politique brésilienne a été accusée à plusieurs reprises de faire preuve de laxisme face à la nécessité d'une reforme du système électoral brésilien imposant la fidélité aux partis politiques. D'après Fernando Filgueiras, chercheur à l'Université de Minas Gerais, cette hésitation parlementaire à aborder le problème serait à l'origine d'une judiciarisation de la question politique et d'une influence répandue de l'opinion publique sur les décisions des tribunaux. Le pouvoir judiciaire serait ainsi un acteur central dans la consolidation de la démocratie orchestrée par la Constitution de 1988. Cf. Filgueiras, Fernando. « Corrupção, judicialização e república ». *Valor Econômico*. 17 décembre 2007, sect. Opinião.

[770] Proposition de loi organique n° 35, de 2007. Cf. Roma, Celso. « Um diagnóstico da migração interpartidária na Câmara ». *Op. cit.*

[771] Le Tribunal supérieur électoral est la plus haute juridiction en matière électorale au Brésil, ayant des compétences de cassation sur les Tribunaux électoraux régionaux. Il intègre l'ensemble des tribunaux supérieurs, qui englobe aussi le Tribunal supérieur du travail, le Tribunal supérieur militaire et le Tribunal supérieur de justice. Il faut souligner que, parmi les sept juges du Tribunal supérieur électoral, trois sont originaires du Tribunal fédéral suprême, et élus pour un mandat biennal. Le Tribunal supérieur électoral statue en dernier ressort et ses décisions ne font l'objet d'appel au Tribunal fédéral suprême que si elles concernent une question constitutionnelle.

consultation[772] formulée par le Parti du front libéral, le Tribunal supérieur électoral a décidé que « les partis politiques et ses associations ont le droit de conserver les postes [de député au Congrès national] obtenus par le système électoral proportionnel, en cas de demande d'annulation d'affiliation ou de transfert de l'élu à un autre parti politique ». Aux députés qui changent de parti a été donc imposée la sanction de déchéance de mandat.

Faute de disposition législative expresse sur le sujet, la cour électorale a fait appel aux postulats du néo constitutionnalisme pour appliquer directement des principes constitutionnels ouverts aux cas d'espèce. Selon le rapporteur, juge César Asfor Rocha, la « vieille herméneutique » a été dépassée et les principes constitutionnels auraient, de nos jours, suffisamment de force normative pour être appliqués directement à la résolution d'une controverse. Par ailleurs, il a affirmé qu'il incombe aux tribunaux d'effectuer une interprétation téléologique des dispositions constitutionnelles, afin de permettre le dépassement du paradigme positiviste traditionnel, qu'il a considéré comme « trompeur ». La cour électorale a donc fondé sa décision sur le principe de la moralité administrative, qu'elle a concrétisé avec une grande liberté interprétative, pour interdire l'utilisation d'une prérogative publique (le mandat électoral, expression de la souveraineté populaire) au bénéfice d'une personne privée (l'élu). De fait, il faut souligner que la Constitution de 1988 ne fait que mentionner le principe de la moralité administrative dans son article 37,[773] ce qui laisse entièrement la responsabilité de sa définition à la doctrine juridique et à la jurisprudence des tribunaux. La très forte indétermination de ce principe est donc à la source de la grande liberté interprétative de la cour électorale. Par ailleurs, la cour électorale a trouvé que l'exercice des candidatures se fait nécessairement au moyen d'un parti politique, compte tenu du fait que la Constitution de 1988 impose l'affiliation à un parti comme condition de la candidature à un mandat. Par conséquent, la cour électorale a considéré le mandat électif dans le système proportionnel comme appartenant au parti politique et non à l'élu, tout en interdisant le changement de parti sous peine de déchéance du dit mandat.

Cette réponse à la consultation n'est pourtant pas allée sans polémique : le juge Marcelo Ribeiro a formulé une opinion divergente, déclarant qu' « il n'y a aucune norme, ni dans la Constitution ni dans la loi », qui détermine la perte du mandat d'un parlementaire dans le cas d'espèce concerné. Il s'est montré par ailleurs étonné que la cour électorale ne dégage un tel principe

[772] L'article 23, XII du code électoral (loi n° 4.737, du 15 juillet 1965) habilite le Tribunal supérieur électoral à répondre à des consultations en matière électorale, formulées par des autorités ayant une juridiction fédérale ou par des organes nationaux des partis politiques. Cette procédure est donc non juridictionnelle (il n'y a pas de litige, ni de parties, ni de contradictoire) et non contraignante.

[773] Le principe de la moralité administrative est à peine mentionné par l'article 37 de la Constitution de 1988. Sa définition est donc entièrement donnée par la doctrine et la jurisprudence.

que très tardivement, 19 ans après la promulgation de la Constitution de 1988. De la même manière, le juge Ayres Britto a signalé que les causes de déchéance de mandat sont déjà énumérées *numerus clausus* par l'article 55 de la Constitution, et que celui-ci n'inclut pas l'infidélité au parti politique. Néanmoins, la cour électorale a choisi de considérer l'exigence de fidélité au parti comme une « règle implicite » dans la Constitution, dérivée de la prééminence qu'on y trouve donnée aux partis politiques en tant que condition pour l'exercice des droits politiques.

Après que la cour électorale a émis sa décision en réponse à la consultation, le président de la Chambre des députés en a refusé l'application, la consultation du Tribunal supérieur électoral n'étant pas contraignante, et justifié son refus par le fait que la déchéance de mandat pour infidélité au parti politique n'était pas prévue dans la Constitution de 1988. Le parti populaire socialiste, le parti de la social-démocratie brésilienne et le parti des démocrates ont donc intenté trois ordonnances de sûreté [774](*mandados de segurança*) contre le président de la chambre des députés auprès du Tribunal fédéral suprême, demandant l'application de la consultation n° 1398 du 27 mars 2007 pour déclarer la déchéance des mandats des députés qui avaient quitté leur parti d'appartenance.[775] Dans trois longues décisions,[776] rendues conjointement, le Tribunal a confirmé l'obligation de fidélité des élus à leur parti politique d'origine, tout en ajoutant de nouvelles règles non prévues ni par la Constitution, ni par l'ensemble de la législation électorale. Ces décisions sont innovatrices par rapport à l'ordre juridique positif sous plusieurs aspects.

C'est premièrement parce qu'en validant la réponse donnée par le Tribunal supérieur électoral à la consultation n° 1398, le Tribunal fédéral suprême a ajouté à la liste de l'article 55 un nouveau motif de déchéance de mandat non prévu par la Constitution, tout en donnant une portée générale à sa décision. En outre, la Cour a refusé d'appliquer l'article 17, § 1 du texte constitutionnel, qui consacre l'autonomie des partis politiques et leur attribue la compétence d'établir, par leurs règlements internes (statuts), « des normes de *fidélité* et de discipline interne »[777] (italique ajouté). À cet égard, la Cour a par ailleurs donné une interprétation extrêmement large au système électoral proportionnel, dont la formulation par l'article 45 de la Constitution est très

[774] L'ordonnance de sûreté est une procédure contentieuse destinée à protéger un droit individuel ou collectif contre un abus de pouvoir. Elle est définie par l'article 5, LXIX de la Constitution de 1988. L'ordonnance de sûreté s'inscrit dans les compétences nonliées au contrôle de constitutionnalité du Tribunal fédéral suprême, et elle est donc soumise aux limites de l'autorité de la chose jugée en ce qui concerne les parties et l'objet du litige.

[775] Tribunal fédéral suprême. MS 26.602, Diário da Justiça Eletrônico vol. 197, 17/10/2008 ; MS 26.603, Diário da Justiça Eletrônico vol. 241, 19/12/2008 ; MS 26.604, Diário da Justiça Eletrônico vol. 187, 03/10/2008.

[776] Ces décisions comptent 234, 348 et 335 pages.

[777] « Art. 17 § 1. L'autonomie est garantie aux partis politiques dans la définition de leur structure interne, de leur organisation et de leur fonctionnement ; leurs statuts doivent établir des normes de *fidélité* et de discipline interne » (italique ajouté).

indéterminée, sa définition et mise en œuvre se faisant jusque-là entièrement par des lois et amendements édictés par le pouvoir législatif. Le Tribunal a donc établi un nouveau motif de déchéance de mandat sans l'intervention du pouvoir législatif, auquel appartient la compétence de légiférer sur le droit électoral et d'amender la Constitution, selon les articles 20, I et 60 de la Constitution de 1988.

Dès le début, la Cour s'est montrée consciente du caractère innovateur de ses décisions. En effet, le juge César Peluso a reconnu expressément l'absence de disposition constitutionnelle obligeant à la fidélité aux partis, fait qu'il a cependant considéré comme « sans importance».[778] De même, le juge Eros Grau, a admis que ce n'est que par « la transformation du sens de l'énoncé de la Constitution, sans que le texte soit altéré dans sa rédaction », que les affaires seraient recevables – c'est-à-dire par une « mutation constitutionnelle » qui conduirait à « l'admission d'une nouvelle hypothèse de déchéance de mandat ». D'après le juge Grau, cette mutation constitutionnelle serait inadmissible et contraire au droit positif, raison pour laquelle il a rejeté la demande des requérants.[779] L'ensemble de la Cour a néanmoins choisi de confirmer l'obligation de fidélité aux partis politiques dans les trois ordonnances de sûreté, en réitérant les conclusions du Tribunal supérieur électoral. Les justifications invoquées sont multiples.

Comme fondement normatif principal, la Cour a invoqué l'article 45 de la Constitution, qui dispose que « la Chambre des députés se compose de représentants du peuple élus au *scrutin proportionnel* »[780] (italique ajouté), aussi bien que l'article 14, § 3°, V, qui impose l'affiliation à un parti politique comme condition d'éligibilité, [781] pour statuer que la fidélité parlementaire est une norme implicite de la Constitution de 1988. Interprétant le sens de l'expression « scrutin proportionnel » de façon très large, la Cour a affirmé qu' « au Brésil, l'élection des députés se fait par le système de représentation proportionnelle au moyen des listes ouvertes uninominales. (…) [Dans le système proportionnel,] l'électeur n'exerce sa liberté de choix que parmi les candidats inscrits par le parti politique, ceux-ci étant donc tenus de suivre le programme du parti qu'ils ont choisi. (…) La fidélité au parti politique est le corollaire juridico-logique [*sic*] nécessaire du système constitutionnel [brésilien] en vigueur, et n'a pas besoin d'être explicitement exprimée ». La Cour a reconnu que le changement de parti « en tant que cause de déchéance du mandat n'est pas prévu expressément par la Constitution », statuant tout de même que chaque parti politique a le

---

[778] Tribunal fédéral suprême. MS 26.602, *Op. cit.*

[779] *Ibid.*

[780] « Art. 45. La Chambre des députés se compose de représentants du peuple élus au *scrutin proportionnel* dans chaque État, chaque territoire et dans le district fédéral. » (italiqueajouté)

[781] « Art. 14 § 3. Sont conditions d'éligibilité, selon les termes de la loi : I - la nationalité brésilienne ; II - le plein exercice des droits politiques ; III - l'inscription sur les listes électorales ; IV - le fait d'avoir son domicile électoral dans la circonscription ; V - *l'appartenance à un parti* ; » (italique ajouté).

droit de garder le nombre des sièges obtenus à chaque élection proportionnelle.[782] Par ailleurs, le Tribunal a donné un sens très large à l'exigence d'affiliation à un parti politique comme condition de la candidature à un mandat politique. D'après le juge Cezar Peluso, « il ne s'agit pas [de l'exigence] d'une affiliation à n'importe quel parti politique, mais à celui pour lequel le candidat, en adhérant au programme respectif, se présentera aux élections. Une interprétation différente aboutirait à vider complètement de son sens la fonction systémique-représentative [*sic*] des partis et de l'exigence constitutionnelle elle-même », tout en la réduisant à un « formalisme stérile ». [783]

Pour justifier l'inférence d'une norme implicite dans la Constitution, le Tribunal a fait appel aux postulats du néo constitutionnalisme, notamment à ceux de la force normative des principes et de leur distinction par rapport aux normes. Après avoir reconnu l'omission du texte constitutionnel relatif à la fidélité parlementaire, le juge Ayres Britto a affirmé que « dans ce modèle de science juridique ou de science du droit qu'est le post-positivisme, les principes sont des normes. Le mot norme est devenu un genre qui se divise en principes et règles », les premiers étant des « super-normes [*sic*], les normes les plus importantes du droit positif, notamment de la Constitution ». En tant que tels, les principes occupent une position centrale dans l'ordre juridique, sont dotés d'auto-applicabilité, et sont donc susceptibles d'être appliqués pour résoudre des problèmes concrets. D'après le juge Britto, il serait possible d'extraire des normes à partir des principes, pour résoudre des controverses concrètes. La Cour serait donc légitimée à trouver dans la Constitution des normes concrètes qui établissent la fidélité parlementaire sans que cela ne représente une violation de la séparation des pouvoirs.

La deuxième grande innovation provient du fait que la Cour a introduit l'obligation de fidélité partisane des élus dans l'ordre juridique brésilien au moyen d'un revirement radical de jurisprudence. En effet, le Tribunal supérieur électoral aussi bien que le Tribunal fédéral suprême avaient déjà à l'époque des décisions antérieures statuant que l'élu par le système proportionnel avait effectivement le droit de changer de parti. C'est ainsi que dans l'affaire MS 20927 du 11 octobre 1989, le Tribunal fédéral suprême avait statué que l'amendement n° 25 de 1985, à la Constitution de 1967, avait abrogé l'exigence de fidélité parlementaire, et que cette condition n'existait donc plus dans le cadre de la Constitution de 1988. D'après le juge Moreira Alves, rapporteur de l'affaire, « si la Constitution [de 1988] n'impose pas la déchéance de mandat au député qui, élu par le système proportionnel, change de parti, cela veut dire que, en dépit du fait que la Constitution confère une valeur accrue aux partis politiques, elle n'a pas voulu les protéger au moyen de l'adoption de la sanction de déchéance de mandat, pour empêcher la réduction de la représentation d'un parti politique

[782] Tribunal fédéral suprême. MS 26.604. *Op. cit.*
[783] Tribunal fédéral suprême. MS 26.602. *Op. cit.*

au Parlement. Si c'était le cas, il suffirait d'inclure une telle hypothèse parmi les causes de déchéance de mandat de l'article 55 [de la Constitution de 1988] ». [784] Dans le même ordre d'idées, d'après le juge Sepúlveda Pertence, il ne serait pas possible d'inférer la fidélité parlementaire à partir du texte de la Constitution, étant donné que l'article 55 établit une énumération *numerus clausus* des causes de déchéance de mandat. Avec les affaires MS 26602, 26603 et 26604, la Cour a innové dans sa jurisprudence pour prendre une position directement opposée à celle adoptée quelques années plus tôt concernant le même objet, tout en inversant littéralement la justification utilisée dans l'arrêt précédent.

Pour justifier ce revirement de jurisprudence, la Cour fait appel à des considérations d'ordre politique, notamment sur l'état général de la représentation politique au Brésil. D'après le juge Gilmar Mendes, le système électoral brésilien traversait une grave crise, ce qui rendait « évident, pour tous, le besoin de réviser les règles actuelles concernant la fidélité parlementaire, (...) par le biais de la jurisprudence de la Cour elle-même ». Pour le juge Mendes, le changement de parti par l'élu représentait une « nette violation de la volonté de l'électeur et une falsification du modèle de représentation populaire par la voie d'une démocratie des partis », d'où « l'impérieuse nécessité d'une révision de la jurisprudence du Tribunal fédéral suprême ». [785] Selon le juge Cezar Peluso, l'inexistence, dans le système juridique brésilien, de l'obligation de fidélité parlementaire serait à l'origine de la faiblesse des partis politiques, introduisant « le mensonge comme principe de la pratique démocratique » et nuisant « à l'éthique en tant que fondement de l'action politique [au Brésil] ». Cela justifierait alors la reconnaissance, par la Cour, d'une « exigence constitutionnelle de fidélité parlementaire » pour « guérir » la « maladie » qui atteint le système électoral brésilien. [786] D'après le juge Celso de Mello, l'infidélité parlementaire « subvertit les fondements des institutions, offense le sens de la responsabilité politique, exprime un geste de déloyauté vis-à-vis des partis politiques d'origine [pour lesquels le député a été élu], met en danger le modèle de représentation populaire et fraude la volonté souveraine des citoyens électeurs, tout en introduisant des facteurs de déstabilisation dans la pratique du pouvoir (...) ». [787] Par le biais d'un langage très émotionnel, éloigné des considérations strictement normatives, la Cour s'est ainsi placée en position d'élaborer une véritable politique publique destinée à résoudre une question de société que la Cour elle-même juge répréhensible sur ce point, et ceci sans l'intervention du pouvoir législatif.

La troisième innovation tient à ce que la Cour a fixé la date à partir de laquelle l'obligation de fidélité aux partis était désormais applicable, décidant ainsi de son entrée en vigueur – et des effets de sa propre décision –

[784] Tribunal fédéral suprême. MS 20.927. Diário da Justiça, 15/04/1994, p. 8.061.
[785] Tribunal fédéral suprême. MS 26.604. *Op. cit.*
[786] Tribunal fédéral suprême. MS 26.602. *Op. cit.*
[787] Tribunal fédéral suprême. MS 26.603. *Op. cit.*

sans que la loi ne le prévoie. Concerné par l'instabilité provoquée par le revirement de jurisprudence qu'il a opéré, le Tribunal a fait appel au principe de la « sécurité juridique », et notamment à la nécessité d'éviter des surprises pour les citoyens, pour statuer que l'obligation de fidélité des élus ne prendrait effet qu'à dater de la réponse du Tribunal supérieur électoral à la consultation n° 1398, soit le 27 mars 2007 – la date étant antérieure au jugement rendu. D'après le Tribunal suprême, « des raisons de sécurité juridique » s'imposent « aussi dans le cas d'un revirement de jurisprudence », de façon à ne pas causer des « frayeurs » aux citoyens, en particulier quand « il n'y a pas eu de changement au plan de la législation applicable ».[788] Il faut souligner que la modulation temporelle des effets d'une décision du Tribunal n'est prévue par la loi que pour les actions directes du contrôle concentré de constitutionnalité ; la modulation effectuée par le Tribunal en ordonnance de sûreté n'a donc pas de fondement normatif.

La quatrième innovation correspond à l'établissement par la Cour non seulement de la sanction de déchéance de mandat pour infidélité parlementaire, mais aussi d'exceptions à cette nouvelle norme. La Cour a en effet statué que la déchéance du mandat ne doit être imposée aux parlementaires qu'en cas de « changement de parti qui n'est pas justifiable au regard de la préservation de la volonté de l'électeur [exprimée] au moment du vote ». En conséquence, « quelques exceptions doivent (…) être ménagées, compte tenu de la nécessité de protéger la relation entre l'électeur et l'élu, ainsi que les principes constitutionnels de la liberté d'association et de conscience ». La Cour en est donc venue à recenser, de façon non exhaustive, les motifs qui autorisent le changement de parti : le changement d'orientation politique par un parti donné et une éventuelle persécution d'un élu au sein du même parti sont ainsi érigés en explications qui soustraient le parlementaire infidèle à la sanction de déchéance du mandat.[789] Selon le juge Cezar Peluso, l'établissement de ces exceptions se justifie par le besoin de préserver « le vote de l'électeur, donné, dans notre système, non seulement à la personne [du candidat], mais aussi au parti qui l'accueille. Il s'agit de protéger la confiance faite par l'électeur aux propositions et aux idées [d'un parti donné], dont l'expression est à la racine du système représentatif proportionnel ».[790]

Comme les exceptions à la clause de la fidélité parlementaire n'ont pas été fixées de façon exhaustive, la Cour a ensuite ordonné au Tribunal supérieur électoral d'édicter une norme réglementaire disposant sur « tous les aspects qui découlent de l'adoption de cette nouvelle règle de la fidélité [parlementaire] (…), compte tenu de la nécessité de lui donner une orientation uniforme pour tout le [territoire du] pays ». Le Tribunal supérieur électoral a donc pris l'arrêté n° 22610 du 25 octobre 2007, qui délimite

[788] Tribunal fédéral suprême. MS 26.604. *Op. cit.*
[789] Tribunal fédéral suprême. MS 26.602. *Op. cit.*
[790] *Ibid.*

quatre situations dans lesquelles serait permis un changement de mandat, dites hypothèses « de juste cause »,[791] ainsi que des normes relatives à la compétence des cours électorales pour juger les justifications associées à la juste cause, et la procédure de justification elle-même. Or, selon l'article 23, XVIII du code électoral, la cour électorale n'est habilitée qu'à « prendre des mesures destinées à l'exécution de la *législation* électorale » (italique ajouté), les règlements autonomes n'étant autorisés ni par la loi ni par la Constitution. La cour électorale a ainsi établi un ensemble de règles concernant la fidélité parlementaire, fondées directement sur une décision de justice et non sur la législation électorale, par le biais d'un arrêté autonome.

Une fois entré en vigueur, l'arrêté nº 22610 a été lui-même attaqué devant le Tribunal fédéral suprême par le Parti social-chrétien, qui a demandé une déclaration de non-conformité à la Constitution dans l'affaire ADI 3999 du 12 novembre 2008.[792] Selon le PSC, ledit arrêté méconnaîtrait l'exigence de l'édiction d'une loi organique pour disposer sur les compétences des tribunaux électoraux, imposée par l'article 121[793] de la Constitution, ainsi que la compétence du Congrès national pour légiférer sur le droit électoral, établie par l'article 22, I.[794] En outre, l'arrêté aurait empiété sur les compétences du pouvoir législatif, en violation de la séparation des pouvoirs garantie par les articles 2 et 60 de la Constitution.[795] Dans sa décision, le Tribunal a rejeté la demande du requérant en se fondant sur des considérations pragmatiques, puisqu'il a statué qu' « il ne ferait pas sens que la Cour reconnaisse l'existence d'un droit constitutionnel sans prévoir un instrument pour assurer [son exécution]. » Selon la Cour, l'arrêté en question a été pris dans « un contexte exceptionnel et transitoire, uniquement comme un mécanisme pour sauvegarder l'observance de la fidélité [parlementaire] jusqu'à ce que le pouvoir législatif, organe légitimé [habilité à légiférer sur le sujet], ne se prononce ». La décision a été rendue en dépit de l'opinion dissidente du juge Eros Graus, qui avait accepté la sollicitation du requérant et déclaré l'inconstitutionnalité de l'arrêté en question pour violation de la compétence du pouvoir législatif. Selon le juge Grau, le Tribunal supérieur électoral n'était pas habilité à faire valoir des actes règlementaires autonomes. La position de la Cour a été donc ambigüe : elle a à la fois

[791] Ces hypothèses sont : I) l'incorporation ou fusion des partis ; II) la création d'un nouveau parti ; III) le changement substantiel ou détournement réitéré du programme du parti ; IV) une grave discrimination personnelle.

[792] Tribunal fédéral suprême. ADI 3.999. Diário da Justiça Eletrônico, vol. 71, 17/04/2009.

[793] « Art. 121. Une loi complémentaire dispose sur l'organisation et la compétence des tribunaux, des juges du droit et des conseils électoraux. »

[794] « Art. 22. Il appartient exclusivement à l'Union de légiférer sur : I - le droit civil, commercial, pénal, procédural, *électoral*, agraire, maritime, aéronautique, de l'espace et du travail ; » (italique ajouté).

[795] « Art. 2. Les pouvoirs de l'Union, mutuellement indépendants et en harmonie, sont le législatif, l'exécutif et le judiciaire. »

« Art. 60 § 4. Ne peut être objet de délibération une proposition d'amendement qui tend à abolir : (…) III - la séparation des pouvoirs ».

reconnu la compétence du pouvoir législatif dans le cas d'espèce et admis l'édiction des normes sur le sujet par le Tribunal fédéral électoral, tout en renforçant l'autorité de ses décisions.

Enfin, la Cour a aussi formalisé les conséquences de l'infidélité parlementaire en disposant sur les effets des actes pratiqués par les parlementaires qui ont changé de parti avant que les décisions en question ne soient rendues. Le Tribunal a considéré les actes concernés comme étant valides, pour éviter les risques d'annulation des lois votées et adoptées avec la participation des parlementaires infidèles. La Cour a invoqué ses propres précédents pour justifier sa décision en faisant référence à la théorie de « l'investiture apparente ». Selon cette théorie, déclinée par la Cour elle-même à partir du principe constitutionnel de la sécurité juridique, les actes pratiqués par un fonctionnaire dont l'investiture a été invalidée sont valides et produisent des effets pour le futur, constituant un exercice *de facto* de la fonction publique.[796] Avec une grande liberté interprétative, le Tribunal a joué sur une analogie entre les fonctionnaires et les députés pour construire une solution relativement créative, de façon à éviter l'annulation des actes administratifs et de la législation qui est entrée en vigueur avec la participation de députés qui ont perdu leur mandat.

La création de la notion de fidélité parlementaire par le Tribunal fédéral suprême a eu des conséquences pour le système juridique brésilien qui dépassent les limites des ordonnances de sûreté décidées en 2007. La Cour a en effet été saisie dans les années suivantes pour décider de l'application concrète de ses décisions, ce qui l'a obligée à développer encore de nouvelles règles pour régir les aspects pratiques de la fidélité parlementaire. Ainsi, la Cour a dû statuer sur la nomination des suppléants dans le cas de décès d'un député qui avait changé de parti, dans l'affaire MS 27938 du 11 mars 2010. Faute d'une loi qui dispose sur le sujet, le Tribunal fédéral suprême a dû procéder à une construction de plus en plus complexe de la notion de fidélité parlementaire, dérivée de l'institution par des décisions de justice.

En somme, par sa jurisprudence, le Tribunal fédéral suprême a établi un véritable statut de la fidélité parlementaire non prévu expressément ni par la Constitution ni par la législation électorale. En concrétisant d'une façon très élargie la disposition constitutionnelle qui consacre le système électoral proportionnel au Brésil, la Cour a ajouté une nouvelle hypothèse de déchéance du mandat parlementaire à l'article 55, au détriment de la compétence législative du Congrès national et de l'exercice de son pouvoir constituant dérivé. Appelé à se prononcer sur la constitutionnalité de cette création, le Tribunal a choisi de renforcer son autorité et de déclarer la conformité des normes règlementaires concernant la déclaration de déchéance de mandat, ainsi que de la procédure devant les cours électorales. Pour justifier ses décisions, la Cour a fait appel à un postulat fondamental du

[796] Tribunal fédéral suprême. MS 26.603. *Op. cit.*

néo constitutionnalisme : la force normative des principes et la possibilité de leur application directe dans la résolution des controverses. La primauté du pouvoir législatif dans la mise en œuvre de la Constitution, au moyen des normes générales et abstraites, a été ainsi mise en question, et le Tribunal fédéral suprême a pu renforcer et élargir sa nouvelle place au sein de la séparation des pouvoirs conçue dans le cadre de la Constitution de 1988.

SECTION 2. LE JUGEMENT DU LÉGISLATEUR MIS EN QUESTION

Gardien de la Constitution, et désigné en tant que tel par celle-ci, le Tribunal fédéral suprême n'a pas hésité à affirmer catégoriquement sa supériorité sur les autres pouvoirs. C'est en ce sens que le Tribunal a proclamé à diverses reprises qu'il était une cour contraposée à la volonté de la majorité, douée d'une fonction de contrepoids aux pouvoirs constitués, notamment pour la protection des minorités.[797] Conférer le maximum d'efficacité possible aux principes et règles constitutionnels a également été entendu comme la mission principale du Tribunal fédéral suprême, étant donné que « la force normative de la Constitution (...) traduit, dans notre système politico-institutionnel, une valeur qui ne peut cesser de prévaloir et d'être respectée par cette Cour suprême ».[798] La jurisprudence du Tribunal doit jouer, par conséquent, une fonction capitale dans le système juridique brésilien, et sa prise en compte est obligatoire pour les pouvoirs constitués. La Cour suprême s'attribue ainsi, selon ses propres termes, « le monopole du dernier mot en matière d'exégèse des normes positives dans le texte de la loi fondamentale ». Suivant le Tribunal fédéral, « il est nécessaire de ne pas perdre de vue que l'exercice de la juridiction constitutionnelle par cette Cour suprême a pour objectif de préserver la suprématie de la Constitution, ce qui met en évidence la dimension essentiellement politique dans laquelle s'inscrit l'activité institutionnelle du Tribunal fédéral suprême (...), car c'est le processus d'investigation constitutionnelle qui localise la grande prérogative, qui est celle de cette Cour, de prendre des décisions, en dernière instance, sur la substance elle-même du pouvoir ».[799]

La position catégorique assumée par la Cour suprême a eu pour conséquence la plus importante de questionner la capacité des pouvoirs législatif et exécutif à remplir leurs fonctions sur la base d'un jugement

---

[797] Tribunal fédéral suprême. RE 477.554 Agr. *Diário da Justiça Eletrônico* 164, 26/08/2011. « Il incombe, pour cette raison même, au Tribunal fédéral suprême, en qualité de gardien institutionnel de la Constitution (ce qui lui confère « le monopole du dernier mot » en matière d'interprétation constitutionnelle), de se contraposer à la majorité, afin de dispenser une protection effective aux minorités contre d'éventuels excès (ou omissions) de la majorité, parce que personne, pas même les groupes majoritaires, ne peut se superposer à l'autorité hiérarchico-normative et aux principes supérieurs consacrés par la loi fondamentale de l'État. »

[798] Tribunal fédéral suprême. AI 733.387. *Diário da Justiça Eletrônico* 22, 01/02/2013.

[799] *Ibid.*

propre d'opportunité et de convenance politique. Interprètes de la Constitution à égalité de conditions avec le Tribunal fédéral suprême,[800] le Congrès national et la présidence de la République ont vu leurs jugements politiques questionnés en trois occasions importantes. La Cour suprême a ainsi recouru au principe de raisonnabilité, inspiré du droit nord-américain, et de proportionnalité, importé du droit allemand, pour démentir le Congrès national et la présidence de la République, sans que les présupposés théoriques de ces principes doctrinaux soient pris en compte pour garantir la rationalité des jugements du Tribunal lui-même (§ 1). La Cour suprême a également rejeté les réponses apportées par le Congrès national à sa jurisprudence, en déclarant non conformes à la Constitution les innovations législatives destinées à réagir à quelques-unes de ses décisions (§ 2). Enfin, en certaines occasions, le Tribunal suprême a fixé un délai pour que le Congrès national légifère, en dépit du fait que la Constitution ne prévoit pas d'alternative de ce type (§ 3).

§ 1. Le contrôle de proportionnalité et de raisonnabilité de la législation

Le Tribunal fédéral suprême adopte depuis des décennies les principes de raisonnabilité et de proportionnalité comme justifications de ses décisions, considérant ceux-ci équivalents ou synonymes. [801] Inspirés respectivement du droit nord-américain et du droit allemand, les deux principes ont été intégrés par le Tribunal suprême avec comme objectif principal de fourbir la rationalité de ses propres décisions, pour ce qui concerne, avant tout mais non exclusivement, le contrôle des actes législatifs qui ont une incidence sur les droits fondamentaux ou leur affectent des limitations. Cette intégration, réalisée par le biais d'une construction exclusivement jurisprudentielle, s'inscrit dans le contexte d'une longue tradition brésilienne d'utilisation du droit comparé pour fonder des décisions de justice, dans le domaine de la justice constitutionnelle en particulier. [802]

---

[800] Le fait que les pouvoirs législatif, exécutif et judiciaire, conduisent la concrétisation de la Constitution à égalité de conditions, a déjà été rapporté par Hans Kelsen. L'auteur spécifie à propos du pouvoir législatif : « La législation est création de droit mais, si nous tenons compte de la Constitution, nous voyons bien qu'elle est aussi application du droit. *Tout acte législatif où sont observées les dispositions de la constitution équivaut à une application de la constitution* » (italique ajouté). Kelsen, Hans. *Théorie générale du droit et de l'État*. Paris : LGDJ, 1997, p. 187.

[801] Affirmant l'utilisation indistincte des principes de raisonnabilité et de proportionnalité comme synonymes dans la pratique jurisprudentielle du Tribunal suprême, cf. Silva, Virgílio Afonso da. « O proporcional e o razoável ». *Revista dos Tribunais*, 2002, vol. 798, pp. 23-50.

[802] L'utilisation du droit comparé par le Tribunal fédéral suprême est fréquente. Elle a pour principale fonction de renforcer l'autorité des décisions du Tribunal et d'accroître la force persuasive de ce dernier. L'importation des modèles américain et allemand se vérifie avant tout dans la conception de l'architecture institutionnelle brésilienne, dans le cas de la référence américaine, et dans l'emprunt de constructions jurisprudentielles et doctrinales à

Dans leur essence, la raisonnabilité et la proportionnalité affirment la suprématie de la Constitution sur l'ouvrage du législateur, et configurent un instrument qui permet au Tribunal suprême de vérifier la relation entre les fins visées et les moyens employés par le Parlement dans l'édition de mesures législatives. Dans leurs pays d'origine, chacun de ces principes a connu un développement historique graduel qui a permis d'édifier des « étapes » ou des « tests » d'évaluation de la raisonnabilité ou de la proportionnalité, sur la base de formulations théoriques précises et quelquefois complexes, qui affectent un fondement argumentatif rationnel aux décisions des tribunaux respectifs.

Aux États-Unis, pays d'origine du principe de raisonnabilité dans le droit brésilien, c'est une construction progressive jurisprudentielle du *due process of law* qui a donné à cette clause constitutionnelle un contenu substantiel (*substantive due process of law*) et permis à la Cour suprême de contrôler la raisonnabilité de la législation.[803] Ce contrôle a été particulièrement marquant dans la période du *New Deal*, quand la Cour suprême a activement exploité le concept de *substantive due process* pour invalider la législation de nature sociale édictée par le Congrès américain.[804] Dans ce pays, le jugement sur la constitutionnalité d'une norme juridique se caractérise par l'emploi de « tests » qui traduisent un degré plus ou moins grand de déférence de la Cour suprême à l'égard des décisions prises par les autres pouvoirs, et qui peuvent éventuellement impliquer comme conséquence une invalidation des actes gouvernementaux.[805] Les droits des citoyens américains peuvent être ainsi qualifiés de « fondamentaux », et les lois qui leur sont incidentes font l'objet d'un test plus strict de constitutionnalité

---

l'Allemagne. Cf. Le Quinio, Alexis, Guy Canivet, et Didier Ribes. *Recherche sur la circulation des solutions juridiques : le recours au droit comparé par les juridictions constitutionnelles*. Clermont-Ferrand : Fondation Varenne, 2011.

[803] Hawley, Joshua D. « The intellectual origins of (modern) substantive due process ». *Texas Law Review,* 2014, vol. 93, p. 275.

[804] De fait, comme l'observe Henry Rose, la Cour suprême a jusqu'en 1937 déclaré réitérativement comme étant inconstitutionnelle la législation d'orientation sociale approuvée par le Congrès américain, en raison d'une violation de la raisonnabilité dérivée du principe de *substantive due process of law*. Rose, Henry. « Retrospective on justice and the poor in the United States in the twentieth century ». *Loyola University of Chicago Law Journal*, 2005, vol. 36, Winter 2005, p. 591.

[805] Bien qu'ils soient d'emploi courant dans la jurisprudence nord-américaine, les dénommés *standards of review* sont objets de critiques dans la doctrine juridique de ce pays. Adam Lamparello voit dans ces standards « la doctrine intellectuellement la plus malhonnête de l'histoire de la Cour suprême des Etats-Unis », notamment parce qu'ils ont été élaborés en l'absence de tout support dans le texte de la Constitution américaine. Lamparello, Adam. « Taking the 'substance' out of substantive due process and returning lawmaking to the federal and state legislatures ». *South Carolina Law Review* 63. Winter 2011, pp. 285-337. L'insatisfaction à l'égard des *standards of review* se retrouve au sein même de la Cour suprême : plusieurs de ses juges ont déjà ouvertement critiqué ce système, et la Cour a renoncé à l'employer dans un certain nombre de cas. Cf. Shaman, Jeffrey M. « Cracks in the structure : the coming breakdown of the levels of scrutiny ». *Ohio State Law Journal*, 1984, vol. 45, pp. 161-83.

(*strict scrutiny*), qui conduit fréquemment à l'invalidation de la loi soumise au contrôle,[806] à moins que les droits en question soient classés comme non fondamentaux, et soient en conséquence soumis à un test de constitutionnalité plus simple, uniquement basé sur la rationalité (*rational basis test*) et qui, dans la plupart des cas, permet la déclaration de constitutionnalité de la loi contrôlée.[807]Le test le plus strict exige que la loi contrôlée soit conçue de forme précise et pensée pour servir une raison d'État importante et nécessaire, alors que le test de simple rationalité permet que la loi soit déclarée conforme à la Constitution si la discrimination qu'elle opère n'est que « rationnellement liée à une raison d'État légitime ».[808] La doctrine juridique américaine fait référence à l'existence d'un troisième test, intermédiaire entre les deux premiers (*intermediate scrutiny*) et développé durant la présidence du juge Warren E. Burger (1969-1986), aux termes duquel la Cour suprême déclare constitutionnels les actes normatifs, si ceux-ci ont été substantiellement associés à une importante raison gouvernementale. [809] D'après Michael H. Shapiro, « les paramètres de contrôle de la constitutionnalité [*standards of review*] sont des méta-arguments constitutionnels qui nous amènent à rechercher et appliquer des hiérarchies de valeurs constitutionnelles. Ils sont donc (entre autres choses) des instruments de classification (...) destinés à regrouper des relations juridiques (droits, immunités etc.) en catégories qui requièrent différents degrés de justification, de la part du gouvernement, pour les restreindre ou les modifier ».[810] La logique du système de justice constitutionnel américain prévoit, de cette manière, une échelle décroissante de déférence de la Cour suprême à l'égard des décisions prises par les autres pouvoirs : selon le degré et le type de discrimination ou de restriction à l'encontre des droits formalisés par les actes gouvernementaux, ceux-ci sont considérés comme potentiellement attentatoires aux droits fondamentaux et soumis à un contrôle toujours plus renforcé, suivant des procédures argumentatives

---

[806] Jackson, Jeffrey D. « Putting rationality back into the rational basis test : saving substantive due process and redeeming the promise of the ninth amendment ». *University of Richmond Law Review,* vol. 45, janvier 2011, pp. 491-548.

[807]*Ibid.* Pour ce qui concerne les tests employés par la Cour suprême américaine, cf. e.g. Bourke, Nancy. « Comment : heeding the equal protection clause in the case of State v. Limon and in other instances of discriminatory Romeo and Juliet statues ». *Widener Law Review*, 2006, vol. 12, p. 613 ; Preiser, Peter. « Rediscovering a coherent rationale for substantive due process ». *Marquette Law Review*, 2003, vol. 87, Fall 2003, p. 1 ; Shapiro, Michael H. « Constitutional adjudication and standards of review under pressure from biological technologies ». *Helth Matrix : Journal of Law-Medicine*, 2001, vol. 11, Summer 2001, p. 351.

[808] Lamparello, Adam. « Taking the 'substance' out of substantive due process and returning lawmaking to the federal and state legislatures ». *South Carolina Law Review* 63. Winter 2011, pp. 285-337.

[809] Shaman, Jeffrey M. « Cracks in the structure : the coming breakdown of the levels of scrutiny ». *Ohio State Law Journal*, 1984, vol. 45, pp. 161-83.

[810] Shapiro, Michael H. « Constitutional adjudication and standards of review under pressure from biological technologies ». *Op. cit.*

claires et préétablies. Cette hiérarchie de droits et justifications est expressément utilisée par la Cour suprême, qui s'oblige à analyser minutieusement tous les arguments favorables et contraires à l'invalidation de la norme, pour les rejeter ou les accepter, justification à l'appui. Ce processus analytique et argumentatif attribue de la rationalité, garantit de l'intelligibilité et – c'est le plus important – renforce la légitimité de la décision adoptée par la Cour suprême face aux justiciables.

Pour ce qui concerne le principe de proportionnalité, en référence à la formulation ternaire utilisée par le Tribunal fédéral suprême sous le régime de la Constitution de 1988, celui-ci a été développé par la Cour constitutionnelle allemande, sous l'appellation de *Verhältnismässigkeitsprinzip*. Ce principe a pour objectif d'« apprécier la compatibilité de la loi [et d'autres mesures gouvernementales] avec les fins constitutionnellement prévues », autorisant ainsi à exercer une censure sur l'adéquation (*Geeignetheit*) et la nécessité (*Erforderlichkeit*) des actes du pouvoir public. [811] À l'instar de la technique de contrôle de la constitutionnalité, la vérification de la proportionnalité consiste en l'application d'un test qui articule trois étapes de base, clairement établies par la jurisprudence de la Cour constitutionnelle allemande et bien consolidées au sein de la doctrine juridique. En premier lieu, la Cour suprême vérifie l'« adéquation », cherchant à déterminer si la mesure gouvernementale est rationnellement liée à une raison gouvernementale légitime. En second lieu, on vérifie la « nécessité », afin d'établir si le pouvoir public a utilisé la mesure la moins restrictive pour atteindre ses objectifs, de manière à s'assurer que l'État n'impose pas de restrictions supérieures à celles que nécessite un droit, au service de ses fins. Une analyse des mesures alternatives possibles, capables de promouvoir la fin visée, s'impose en conséquence à la Cour constitutionnelle. Enfin, la Cour vérifie la « proportionnalité au sens strict », pour savoir si le bénéfice de la mesure adoptée pour promouvoir l'intérêt public légitime est plus grand que la charge imposée à l'individu.[812] Comme les tests développés par la Cour suprême américaine, la méthode de vérification de la proportionnalité conçue par la Cour constitutionnelle allemande permet d'examiner l'adéquation des actes gouvernementaux à la Constitution du pays, d'une façon rationnelle, préétablie, connue des opérateurs du droit et légitimatrice face à l'opinion publique. Par-dessus tout, ces méthodes sont destinées à contrôler le procès décisionnel de ces tribunaux de manière à éviter, ou du moins à minimiser, le

[811] Ferreira Mendes, Gilmar. « O princípio da proporcionalidade na jurisprudência do Supremo Tribunal Federal: novas leituras ». *Diálogo Jurídico* [en ligne], 2001, vol. 1, n° 5, août 2001. Disponible sur http://www.direitopublico.com.br/pdf_5/dialogo-juridico-05-agosto-2001-gilmar-mendes.pdf (consulté le 15/01/2015).

[812] Kelso, R. Randall. « United States standards of review versus the international standard of proportionality : convergence and symmetry ». *Ohio Northern University Law Review*, 2013.

risque de décisions arbitraires ou de type casuistique, uniquement inspirées par les préférences personnelles des juges.[813]

L'examen de la jurisprudence du Tribunal fédéral suprême montre néanmoins que, fréquemment, ces constructions théoriques ne sont pas utilisées de façon rationnelle par la Cour suprême. En effet, il s'avère que la rationalité et la proportionnalité constituent une ressource purement rhétorique, sans caractère systématique, visant seulement à justifier une décision qui se substitue à celle déjà prise par les autres pouvoirs ou par le judiciaire lui-même dans ses instances inférieures. La rationalité et la prévisibilité de ces mécanismes décisionnels se perdent ainsi dans le pur volontarisme des juges, au détriment tant de l'obligation constitutionnelle du Tribunal suprême de fonder ses décisions,[814] que de l'autonomie des pouvoirs législatif, exécutif et judiciaire pour exercer légitimement leurs compétences. Cinq cas concrets, sélectionnés parmi les actions directes du contrôle concentré de constitutionnalité qui invoquent les principes en question au fondement de leurs décisions, permettent de démontrer cette affirmation.[815] On constate en outre que l'utilisation rhétorique mentionnée ci-dessus, survient autant dans les actions par lesquelles le Tribunal suprême reconnaît la violation des principes de proportionnalité et / ou de raisonnabilité, que dans les actions où il la nie.

Le premier groupe d'actions inclut celles dans lesquelles le Tribunal accepte l'allégation de violation des principes de proportionnalité et / ou de raisonnabilité, et où il déclare donc la norme contrôlée non conforme à la

---

[813] Les Cours suprêmes des États-Unis et d'Allemagne ne sont pas les seules à employer des concepts comme la rationalité et la proportionnalité. Le droit français et le belge, par exemple, invoquent également la proportionnalité comme critère de mesure de la constitutionnalité des actes gouvernementaux. Cf. Albert, Jean-Luc. « Le principe de proportionnalité en droit constitutionnel français ». In : Le principe de proportionnalité en droit belge et en droit français. Liège : A.S.B.L. Editions du Jeune Barreau de Liège, 1995, pp. 103-23 ; Goesel-Le Bihan, Valérie. « Le contrôle de proportionnalité exercé par le Conseil constitutionnel ». *Cahier du Conseil constitutionnel* [en ligne], 2007, n° 22- juin 2007. Disponible sur http://www.conseil-constitutionnel.fr/conseil-constitutionnel/francais/nouveaux-cahiers-du-conseil/cahier-n-22/le-controle-de-proportionnalite-exerce-par-le-conseil-constitutionnel.50709.html (consulté le 15/01/2015) ; Lewalle, Paul. « Le principe de proportionnalité dans le droit administratif belge ». In : Le principe de proportionnalité en droit belge et en droit français. Liège : A.S.B.L. Editions du Jeune Barreau de Liège, 1995, pp. 23-84.

[814] Suivant l'article 93, IX de la Constitution, « tous les jugements des organes du pouvoir judiciaire sont publics et toutes leurs décisions sont motivées, sous peine de nullité (...) ». Cette obligation de fondement entraîne l'inadmissibilité des décisions arbitraires.

[815] Le grand nombre de décisions du Tribunal fédéral suprême qui emploient la proportionnalité et/ou la rationalité comme fondement de leurs contenus, empêche une étude exhaustive de chacune d'entre elles. De fait, une recherche sur la base de données de la jurisprudence du Tribunal a fait apparaître 343 décisions pertinentes (recherche effectuée le 21 janvier 2105). La méthodologie retenue, dans ces conditions, correspond alors à celle de l'étude de cas, qui se concentre sur les exemples représentatifs de la thèse objet de la démonstration.

Constitution. Ce groupe est constitué par les actions directes en inconstitutionnalité n° 855 de 2008 et n° 3649 de 2014.

L'action directe d'inconstitutionnalité n° 855 de 2008,[816] mérite d'être mise en avant pour la répercussion qu'elle a eue dans la doctrine juridique brésilienne.[817] Dans cette action, a été accusée de violer le principe de la constitutionnalité, une loi de l'État du Paraná qui déterminait la pesée des bouteilles de gaz, au moment de la vente et en présence du consommateur. En cas de différence avec le poids spécifié sur la bouteille fournie ou de l'existence de résidus dans la bouteille récupérée par le fournisseur, la loi obligeait à un abattement sur le prix exigé. Le Tribunal a alors déclaré la loi non conforme à la Constitution, après un âpre débat, et le juge Gilmar Mendes a rédigé l'opinion majoritaire de la Cour. Lors de son intervention durant le jugement, Mendes a affirmé la compétence du Tribunal pour faire jouer le jugement de proportionnalité – ce qui, à son avis, constituerait un facteur de tension entre la juridiction constitutionnelle et la démocratie, mais non pas un empiètement sur la compétence du pouvoir législatif. D'après lui, le principe de la réserve de la loi, et consécutivement la compétence du pouvoir législatif pour édicter des normes générales et abstraites, serait conditionné au principe de la proportionnalité, lui-même dérivé « de la conformité du procès législatif dans son acception substantielle ». Bien que l'adéquation de la mesure législative ait été débattue, les membres du Tribunal suprême n'ont, à aucun moment de leur délibération, réalisé le test requis, pour évaluer systématiquement et réflexivement l'adéquation, la nécessité et la proportionnalité au sens strict de la loi contrôlée. Au contraire, les juges n'ont invoqué que rhétoriquement le principe de proportionnalité pour se substituer alors au jugement du législateur de l'État concerné, et déclarer l'inconstitutionnalité de la mesure.

Il faut noter que le juge Eros Grau a exprimé sa préoccupation au sujet d'un empiètement possible de la compétence du pouvoir législatif, dès lors que le Tribunal se substituerait à celui-ci dans le jugement d'adéquation de la mesure législative adoptée. Grau a en l'occurrence déclaré : « Nous avons compétence pour apprécier la constitutionnalité de la loi, mais non pas si elle est bonne ou mauvaise. Et, indépendamment d'être bonne ou mauvaise, si elle ne viole pas la Constitution, l'unique manière pour nous de nous opposer à elle, serait de nous porter candidats et de participer au pouvoir législatif (...) On aboutit réellement à la conclusion que cette Cour peut faire ce qu'elle entend à propos de la proportionnalité. (...) Mais nous ne sommes pas ici pour contrôler la proportionnalité des lois. Si nous le faisions, nous corrigerions le législateur ». Le juge Grau a mis en cause la compétence du Tribunal pour apprécier la proportionnalité, en affirmant que celle-ci n'était

---

816 Tribunal fédéral suprême. ADI n° 855. *Diário da Justiça Eletrônico* 59, 27/03/2009.

817 cf. Silva, Virgílio Afonso da. « O proporcional e o razoável ». *Revista dos Tribunais*, 2002, vol. 798, pp. 23-50. Virgílio Afonso da Silva choisit l'affaire ADI n° 855, de 2008, comme exemple d'application non technique et purememt rhétorique du principe de proportionnalité par le tribunal fédéral.

pas expressément prévue dans la Constitution – « si le texte normatif n'enfreint pas de précepte constitutionnel, il ne nous incombe effectivement pas d'affirmer que celui-ci est en conflit avec la Constitution », a-t-il dit. C'est l'opinion du juge Gilmar Mendes qui a cependant prévalu, et le Tribunal a fini par déclarer inconstitutionnelle la loi locale objet de l'action.

L'action directe en inconstitutionnalité n° 3649 de 2014,[818] a, pour sa part, argumenté l'inconstitutionnalité d'une loi de l'État de Rio de Janeiro (loi locale n° 4599, du 27 septembre 2005) qui autorisait le recrutement, sans concours, de personnel au sein de l'administration locale, pour répondre aux « nécessités temporaires d'un besoin public exceptionnel ». Le Tribunal suprême a, en l'occurrence, déclaré l'inconstitutionnalité de la loi en question, stipulant que : « est inconstitutionnelle la loi qui, de forme vague, admet le contrat temporaire pour des activités d'éducation publique, de santé publique, ainsi que pour le système pénitentiaire et l'assistance à l'enfance et à l'adolescence, sans que soit démontrée la nécessité temporaire sous-jacente ».[819] Pour éviter un vide juridique pour l'État fédéré, la Cour suprême a modulé temporellement les effets de la décision, en autorisant la préservation des contrats conclus jusque-là. D'après le Tribunal suprême, l'annulation *ex tunc*[820] de cette loi empêcherait l'État de Rio de Janeiro de recruter le personnel nécessaire à l'exécution d'actions destinées à combattre, par exemple, les effets de « tragédies brutales de la nature » ou d' « épidémies », raison pour laquelle étaient maintenus les effets antérieurs de la loi locale en question. Comme fondement de cette modulation temporelle, le Tribunal a invoqué le principe de « proportionnalité / raisonnabilité », mentionnant de manière sommaire qu'il « n'appartient pas à la proportionnalité, surtout si l'on prend en considération les principes adjacents de nécessité, adéquation et proportionnalité au sens strict, d'invalider complètement le contrat temporaire au sein d'une entité de la fédération, dans l'hypothèse où il est possible d'interpréter le texte normatif dans un sens qui occasionne moins de sacrifices à l'intérêt collectif ».[821] À aucun moment, un juge, quel qu'il soit, n'a analysé de façon systématique – ne serait-ce que superficiellement – les aspects liés à l'examen de la proportionnalité, pour chercher à identifier une corrélation acceptable entre les moyens retenus et les fins visées par le pouvoir législatif.

Le second groupe d'actions inclut celles à travers lesquelles le Tribunal suprême rejette l'allégation de violation des principes de proportionnalité et / ou raisonnabilité, déclarant que la norme contrôlée est conforme à la Constitution. Ce groupe est composé des actions déclaratoires de constitutionnalité n° 9 de 2001 et n° 5 de 2007, ainsi que de l'action en violation d'un précepte fondamental n° 186 de 2012.

---

[818] Tribunal fédéral suprême. ADI 3.649. *Diário da Justiça Eletrônico* 213, 30/10/2014.
[819] *Ibid.*
[820] C'est-à-dire, rétroactive.
[821] Tribunal fédéral suprême. ADI 3.649. *Op. cit.* Opinion du juge rapporteur, Luiz Fux.

Dans l'action déclaratoire de constitutionnalité n° 9 de 2001,[822] le Tribunal fédéral suprême a déclaré la constitutionnalité de la mesure provisoire n° 2152-2 du 1er juin 2001, qui instaure un programme d'économie d'énergie électrique basé sur l'imposition de quotas de consommation et la progressivité des tarifs appliqués aux usagers. Dans son argumentaire, le juge Néri da Silveira, rapporteur du cas, a considéré disproportionnées et déraisonnables les mesures adoptées par la norme contrôlée, en affirmant sans autre forme de procès que « en l'espèce, il paraît sans conteste possible, disproportionné et déraisonnable d'imposer une authentique peine pécuniaire qui peut atteindre 200% de la valeur du tarif, à qui, pour des raisons non éclaircies, dépasse à un certain moment la limite établie pour la consommation électrique ».[823] Le Tribunal a cependant choisi d'adopter une position contraire, en considérant constitutionnelle la mesure provisoire, et en ne faisant qu'une brève mention aux principes de raisonnabilité et de proportionnalité. C'est ainsi que le juge Carlos Velloso a affirmé que le programme d'économie d'énergie créé par la norme contrôlée avait l'appui de la population et que, donc, les mesures adoptées par le pouvoir exécutif dans la mesure provisoire « n'étaient ni déraisonnables, ni disproportionnées ». En fin de compte, la Cour a considéré que n'ont pas été « négligés les principes de proportionnalité et raisonnabilité, au sein d'une démarche attachée aux droits des consommateurs en général, et dans l'adoption de mesures qui permettent que tous continuent à utiliser, modérément, une énergie qui se présente incontestablement en quantité limitée ».[824]Il n'y a rien d'autre qui soit venu fonder la décision du Tribunal suprême, en dehors de ces très brèves références – dénuées de toute analyse – à la proportionnalité et à la raisonnabilité.

Par ailleurs, dans l'action déclaratoire de constitutionnalité n° 5 de 2007,[825] le Tribunal suprême a déclaré constitutionnelle la loi 9504 du 10 décembre 1997, qui interdit le recouvrement d'émoluments pour l'immatriculation d'une naissance à l'état civil, une attestation de décès, pour la certification originale de ces actes et, dans le cas des personnes reconnues pauvres, pour toutes les certifications. Le corps du texte de la décision ne contient qu'une brève allusion à la proportionnalité et à la raisonnabilité, faite au sein de son argumentaire par le juge Marco Aurélio, selon lequel ces principes seraient « naturellement compris dans la Constitution fédérale » et devraient être pris en compte.[826] Paradoxalement, le Tribunal suprême a néanmoins expressément déclaré comme étant proportionnelle la gratuité instaurée par la loi contrôlée, et il a stipulé: « ne heurte pas le principe de la proportionnalité, une loi qui exempte les 'reconnus pauvres' du paiement des émoluments dus au titre de l'émission

[822] Tribunal fédéral suprême. ADC 9. *Diário da Justiça*, 23/04/2004, p. 6.
[823]*Ibid.* Opinion du juge Néri da Silveira, rapporteur.
[824] Tribunal fédéral suprême. ADC 9. *Op. cit.*
[825] Tribunal fédéral suprême. ADC 5. *Diário da Justiça Eletrônico* 117, 05/10/2007.
[826]*Ibid*, opinion du juge Marco Aurélio.

de l'attestation civile de naissance ou de décès, comme des certifications originales respectives ».[827] À nouveau, aucune analyse – même superficielle – de la proportionnalité ou de la raisonnabilité n'a été réalisée par la Cour suprême.

Enfin, dans l'action en violation d'un précepte fondamental n° 186 de 2012, [828] le Tribunal fédéral suprême a considéré constitutionnelle l'institution de quotas raciaux pour l'entrée des étudiants à l'Université de Brasilia, comme politique de discrimination positive. Dans sa décision, l'une des plus importantes jamais prononcées par le Tribunal suprême depuis l'entrée en vigueur de la Constitution de 1988, le juge rapporteur, Ricardo Lewandowski, sans analyser en détail et argumenter les composantes du principe de proportionnalité, a considéré proportionnelle la mesure adoptée, en affirmant sans détour que « dans le cas de l'Université de Brasilia, le fait de réserver 20% de ses places à des étudiants noirs et un 'petit nombre' d'entre elles à des 'indiens de tous les États fédérés brésiliens', pour une période de 10 ans, constitue une résolution adéquate et proportionnée à l'atteinte des desiderata mentionnés [de promotion de l'égalité matérielle]. Dit d'une autre manière, la politique affirmative adoptée par l'UnB [Université de Brasilia] ne se montre pas disproportionnée ou déraisonnable, et se décline, sous ce même angle, comme compatible avec les valeurs et principes de la Constitution ».[829] Dans le long arrêt (233 pages), gorgé d'abondantes références à la doctrine juridique et au droit comparé, aucun des juges ne justifie rationnellement cette décision en référence à la proportionnalité. En outre, la Cour ne questionne pas même le choix discrétionnaire du pourcentage de 20% affecté à la constitution d'un contingent de places réservées aux noirs et indigènes, même si noirs et mulâtres composent plus de 50% de la population brésilienne,[830] ni ne discute l'adoption de politiques alternatives, telles que l'adoption de critères socio-économiques plutôt que raciaux.

Pour conclure, il s'avère que le Tribunal fédéral suprême use des principes de proportionnalité et de raisonnabilité de manière déconnectée de leur formulation conceptuelle et de leur finalité argumentative, les transformant en simples artifices rhétoriques pour justifier des décisions qui, pour ce qui concerne spécifiquement les principes cités, se fondent sur des prémisses purement volontaristes. En procédant ainsi, le Tribunal fédéral se substitue sans raison aux autres pouvoirs, faisant obstacle à leurs capacités d'exercer leurs compétences en conformité avec leurs attributions constitutionnelles, et cherche à présenter ses décisions, de façon trompeuse, comme reposant sur une justification rationnelle et un fondement normatif incorporés au texte de la Constitution.

---

[827] Tribunal fédéral suprême. ADC 5. *Op. cit.*

[828] Tribunal fédéral suprême. ADPF 186. *Diário da Justiça Eletrônico* 205, 20/10/2014.

[829] *Ibid.* Opinion du juge rapporteur, Ricardo Lewandowski.

[830] D'après l'Institut brésilien de géographie et statistique, suivant une référence citée par le juge Luiz Fux.

§ 2. Le contrôle de constitutionnalité des réponses législatives aux décisions du Tribunal

La Constitution de 1988 est la norme fondamentale du système juridique brésilien et elle est, en tant que telle, au fondement de la validité de toutes les normes juridiques produites au sein de ce système. Cette hiérarchie se traduit par un échelonnement normatif, que la Constitution elle-même prévoit en énumérant les normes juridiques primaires à l'article 59, et en inscrivant les normes juridiques secondaires dans les compétences qu'elle attribue au pouvoir exécutif (article 84, IV). En vertu du principe de légalité adopté par l'article 5, II, la loi[831] est la source primaire des droits et obligations, et le pouvoir législatif l'organe compétent pour l'édicter, aux termes de l'article 48.

Dans l'exercice de leurs compétences, les pouvoirs de l'État concrétisent la Constitution, en produisant chacun les normes juridiques qui leur sont propres : lois, décrets ou jugements, pour ce qui concerne leurs attributions typiques.[832] Comme l'affirme Hans Kelsen, chaque acte de production normatif vaut alors, en même temps, comme application de la norme supérieure plus générale et comme création d'une norme inférieure plus particulière – à chaque échelon de la pyramide normative, augmente le degré d'application et diminue la liberté de création.[833] À l'heure actuelle, le Tribunal fédéral suprême et le Congrès national mettent concrètement tous les deux directement en œuvre la Constitution, et se trouvent ainsi au même niveau hiérarchique de production normative. Arthur Dyèvre indique à cet égard que « l'activité normative du juge constitutionnel est de même nature que celle du législateur démocratique. Le Parlement et le juge constitutionnel se situent en effet au même niveau de la chaîne normative : tant par rapport au pouvoir constituant (tous deux ont pour fonction de concrétiser la Constitution) que par rapport aux autres organes (la fonction de ces organes est de concrétiser la production normative du Parlement et du juge constitutionnel). De par sa fonction, le juge constitutionnel est ainsi un co-législateur ».[834] C'est en ce sens que Kelsen, en une formule capitale pour la théorie du droit au XXème siècle, présente le juge constitutionnel comme le

---

[831] La loi est ici entendue au sens large d'acte normatif général et abstrait.

[832] Comme on l'a déjà vu, la Constitution de 1988 prévoit également l'attribution de fonctions atypiques à chaque pouvoir, comme moyens de contrôle et d'actions réciproques, constituant un mécanisme de freins et contrepoids (*checks and balances*) caractéristique de la conception brésilienne de la séparation des pouvoirs.

[833] Kelsen, Hans. « La Garantie Juridictionnelle de La Constitution (la Justice Constitutionnelle). » *Revue Du Droit Public et de Science Politique En France et À l'Étranger*, 1928, p. 197–257.

[834] Dyèvre, Arthur. « L'activisme juridictionnel en droit constitutionnel comparé : France, États-Unis, Allemagne. » Thèse de doctorat, Université Paris I Panthéon-Sorbonne, 2008.

« législateur négatif », dont la fonction est de retirer du monde juridique les actes normatifs non conformes à la Constitution, en les annulant.[835]

Quis custodiet ipsos custodes ?[836] La réponse à cette question est dans les mains du pouvoir constituant. En effet, l'égalité des positions entre le judiciaire et le législatif connaît une limite : en sa qualité de pouvoir constituant dérivé, il appartient au Congrès national de réformer la Constitution et de la modifier pour contredire une décision du Tribunal fédéral suprême. C'est au pouvoir législatif que revient alors le droit au « dernier mot », en qualité de représentant élu de la souveraineté populaire. Comme l'observe Louis Favoreu, « [le pouvoir constituant] peut, s'il le veut, contredire le juge constitutionnel et renverser sa jurisprudence. Il a, en effet, le dernier mot : ce qui est parfaitement démocratique ».[837] Il faut souligner qu'au Brésil, ce dernier mot est tempéré par l'existence de quatre clauses d'éternité (art. 60, § 4), et, consécutivement, par la possibilité d'un ample contrôle de constitutionnalité des amendements constitutionnels par le Tribunal suprême. En règle générale, néanmoins, la compétence de bonne conformation finale du texte constitutionnel reste aux mains du Congrès national, par le biais de l'exercice de sa compétence d'amendement.

Ce pouvoir du Congrès national, d'avoir le dernier mot sur l'ordonnancement juridique, a cependant été mis en question par le Tribunal fédéral suprême en au moins deux occasions importantes : la déclaration d'inconstitutionnalité de la loi n° 10628 du 24 décembre 2002, et l'élaboration d'une interprétation conforme à la Constitution dans le cadre de l'amendement constitutionnel n° 52 de 2006. En ces deux occasions, la Cour s'est recommandée d'interprétations manifestement très larges de dispositions constitutionnelles hautement indéterminées pour censurer la réponse parlementaire à ses décisions, revendiquant ainsi la place d'interprète ultime, voire exclusif, de la Constitution, au détriment du Congrès national.

La déclaration d'inconstitutionnalité de la loi n° 10628 du 24 décembre 2002, est directement liée à l'annulation de la synthèse de jurisprudence n° 394 du Tribunal fédéral suprême – Question d'ordre, de 1999, raison pour laquelle il est nécessaire de revenir sur cette décision et ses conséquences.

Il est de tradition dans le droit brésilien que le Tribunal fédéral suprême édicte des notes de synthèse de jurisprudence, appelées *súmulas,*[838] contenant les résumés des politiques jurisprudentielles adoptées par la Cour dans des décisions réitérées. Ces notes constituent ainsi une synthèse de la

---

[835] Kelsen, Hans, and Stanley L. Paulson. *Théorie générale du droit et de l'État*. Translated by Béatrice Laroche and Valérie Faure. 1 vol. La Pensée juridique. Paris : LGDJ ; [Bruxelles], France, Belgique : Bruylant, 1997.

[836] Qui contrôlera alors le gardien ?

[837] Favoreu, Louis. *La Constitution et Son Juge*. Paris : Economica, 2014, p. 161.

[838] Le terme tire son origine du latin summula, qui signifie synthèse ou résumé. Techniquement, chacun des énoncés se dénomme *verbete,* et leur somme forme la *súmula* de jurisprudence du Tribunal fédéral suprême.

jurisprudence du Tribunal, sans caractère contraignant,[839] énoncée d'une façon directe et claire, et servent à orienter les décisions futures prises autant par le Tribunal suprême lui-même que par les autres juges et tribunaux du pouvoir judiciaire brésilien.[840]

C'est dans ces conditions, et en se fondant sur la Constitution de 1946, que le Tribunal suprême fédéral a édicté en 1964 la synthèse de jurisprudence nº 394, dont le texte dispose : « le délit commis dans l'exercice d'une fonction publique relève d'une juridiction spéciale, attachée à la prérogative de la fonction, même si l'enquête ou l'action pénale ont été initiées postérieurement à la cessation de cet exercice ». En d'autres termes, les fonctionnaires qui auraient commis un délit dans l'exercice de leurs fonctions, continueraient à être jugés par des tribunaux spécialement désignés à cette fin, même après avoir cessé d'exercer leur fonction publique. La synthèse nº 394 a néanmoins déterminé la prorogation dans le temps de l'instance dite de « jugement privilégié », procédure dont bénéficient certaines autorités, en raison du poste qu'elles occupent ou du mandat qu'elles exercent, « *ratione muneris* », et qui leur permet d'être jugées par les cours les plus hautes dans la hiérarchie judiciaire brésilienne. Le bénéfice de l'instance de jugement privilégié, instance traditionnelle dans le droit constitutionnel brésilien[841]est attribué par la Constitution elle-même à certaines autorités, suivant la haute dignité de leurs fonctions, dans le but exclusif de garantir le bon exercice de la charge publique ou du mandat électif, sans pour autant que cela constitue le privilège personnel du titulaire de la fonction.[842] Il soustrait ces autorités à la compétence des juges ordinaires de première instance qui autrement les jugeraient, si elles n'exerçaient pas la fonction en question. En l'occurrence, le pouvoir

---

[839] Il faut souligner que ces synthèses – qui ne prennent leur origine que dans la tradition juridique brésilienne – ne se confondent absolument pas avec les synthèses contraignantes prévues par l'article 103-4 de la Constitution de 1988, dont les énoncés, une fois approuvés par les deux tiers des juges du Tribunal suprême, ont un effet contraignant (force de loi) pour les tribunaux et l'administration publique.

[840] Comme exemples de synthèses édictées par le Tribunal suprême, on peut citer : « L'administration publique peut déclarer la nullité de ses propres actes » (*súmula* 346), ou « Il est de la compétence de la municipalité de fixer les horaires de fonctionnement des établissements commerciaux » (*súmula* 645).

[841] L'instance de jugement privilégié a été initialement instituée dans le droit brésilien au moment de la fondation même du pays, après son émancipation du Portugal, par la Constitution impériale de 1824, dont l'article 47, I attribue au Sénat impérial la compétence exclusive de juger les délits commis par les membres de la famille impériale, les ministres d'État, conseillers d'État, sénateurs et députés. L'institution est ainsi aussi ancienne que le pays lui-même, et profondément ancrée dans la culture juridique brésilienne.

[842] La nature juridique de l'instance de jugement privilégié dans le droit brésilien se trouve bien explicitée dans l'argumentaire du juge Victor Nunes, relatif au pourvoi n° 473 de 1964: « la juridiction spéciale, prérogative de certaines fonctions publiques, est réellement instituée non dans l'intérêt de la personne qui occupe la fonction, mais dans l'intérêt public de son bon exercice, c'est-à-dire d'un exercice qui jouisse d'un haut degré d'indépendance et confère la certitude que les actes seront jugés avec toutes les garanties nécessaires et une totale impartialité. ». Tribunal fédéral suprême. RCL 473. Diario da Justiça 19/11/1964, p. 4.179.

constituant originaire a estimé que les tribunaux de rang hiérarchique supérieur ont plus de latitude pour juger les titulaires de fonctions publiques déterminées, dans la mesure où elles peuvent résister aux pressions aussi bien adverses que favorables à l'accusé. C'est en référence à l'instance de jugement privilégié, par exemple, que le président de la République et les membres du Congrès national sont jugés directement par le Tribunal fédéral suprême et non par les juges de première instance, dans l'hypothèse où ils auraient commis un délit. [843] C'est sous l'effet d'une construction exclusivement jurisprudentielle du Tribunal suprême, formulée dans la synthèse n° 394, que la compétence de cette instance a été maintenue pour juger des infractions commises dans l'exercice d'une charge ou d'un mandat, y compris quand l'autorité avait cessé de l'occuper.

En 1999, néanmoins, le Tribunal suprême a accompli une volte-face jurisprudentielle radicale, en révoquant dans l'enquête n° 687 Question d'ordre,[844] la synthèse n° 394. La volte-face est d'autant plus importante qu'elle contrarie une politique jurisprudentielle déjà confortée par le Tribunal suprême de justice de l'Empire, donc dans le cadre de la Constitution monarchique de 1824, par une décision en date du 25 janvier 1842, et qui était demeurée inchangée depuis, durant toute l'histoire constitutionnelle brésilienne.[845] Suivant la nouvelle position adoptée par la Cour suprême, la Constitution de 1988 n'aurait pas été compatible avec la thèse de la synthèse de jurisprudence en question, dans la mesure où le nouveau texte constitutionnel n'avait pas *expressément* prévu l'attribution d'une instance de jugement privilégié aux ex-titulaires de charges publiques ou de mandats électifs, tels que les anciens présidents de la République, députés et sénateurs. Pour le Tribunal suprême, « la Constitution n'est pas explicite sur la question de l'attribution d'une telle prérogative de juridiction privilégiée aux autorités et mandataires qui, pour une raison ou une autre, ont cessé d'exercer leur charge ou mandat. (...) Les prérogatives de la juridiction privilégiée, de par le fait même du privilège que, d'une certaine manière, elles confèrent, ne doivent pas être interprétées de manière élargie, dans le cadre d'une Constitution qui veut traiter de manière égale les citoyens ordinaires et les titulaires de charges et de mandats ».[846] À cet argument textuel, la Cour en a ajouté un autre, de politique judiciaire, en avançant que la validité de ladite synthèse de jurisprudence déboucherait sur une accumulation de procès extrêmement complexes et laborieux, et qui pourrait provoquer une situation de surcharge du Tribunal suprême lui-même, l'empêchant de bien développer ses fonctions constitutionnelles.[847]

---

[843] Article 102, I, *b* de la Constitution de 1988.
[844] Tribunal fédéral suprême. INQ 687 QO. *Diario da Justiça* 09/11/2001, p. 44.
[845] La mention de cette décision du Tribunal suprême se trouve dans l'argumentaire du Juge Ministro Sepúlveda Pertence, dans l'affaire INQ 687 QO. *Op. cit.*
[846] Tribunal fédéral suprême. INQ 687 QO. *Op. cit.*
[847] D'après le juge rapporteur, Sydney Sanches, au cas où la synthèse n'aurait pas été annulée, « le jour serait venu où le tribunal ne serait plus en mesure de prendre en compte les

Suite à l'annulation de la synthèse n° 394, les actions en cours contre les autorités des États fédérés, pour des infractions commises dans l'exercice de leurs fonctions, ont été transférées aux juges de première instance, dès lors qu'a cessé l'exercice des charges et mandats respectifs, mettant ainsi fin au jugement privilégié.[848]

En réaction à cette nouvelle position du Tribunal suprême fédéral, le Congrès national a édicté la loi n° 10628 du 24 décembre 2002, qui rétablit la prorogation de l'instance de jugement privilégié sous une forme identique à celle consacrée par la synthèse annulée. Pour ce faire, le Congrès a exercé sa compétence réservée pour légiférer sur le droit pénal, conformément à l'article 22 de la Constitution de 1988. Le texte de loi n° 10628 reformule l'article 84 du code de procédure pénale et détermine dans cette nouvelle version que « la compétence spéciale attachée à la prérogative de la fonction et relative aux actes administratifs de l'agent, prévaut même si l'enquête ou l'action judiciaire ont été entamées après la cessation de la fonction publique ». Les travaux parlementaires autour de la proposition législative d'où est issue la nouvelle loi, qui a pour auteur le député Bonifacio de Andrada, montrent que l'objectif du texte était le même que celui de la synthèse de jurisprudence révoquée, puisqu'il y est affirmé que la prorogation de l'instance de jugement privilégié « est une implication logique et de bon sens en faveur du citoyen qui a exercé des fonctions publiques et qui requiert des garanties pour tout ce qu'il a pu faire durant cet exercice, et doit donc être traité et jugé comme s'il était encore en fonction ».[849] Pour le député Andrada, il ne s'agissait pas de « rétablir l'intégralité de la teneur de l'énoncé de la synthèse n° 394, mais seulement et uniquement (...) de recouvrer son principe de base, sans aucun doute déjà enraciné dans le constitutionnalisme, et qui assure, pour garantir la tranquillité de l'exercice d'une charge ou d'un mandat, la prérogative de l'instance de jugement privilégié au-delà de la cessation de l'exercice professionnel, exclusivement pour un délit commis dans l'exercice d'une charge publique ou dans le but de l'exercer ».[850] Le député Andrada a aussi invoqué, comme fondement de la proposition de loi, l'opinion divergente du juge Sepúlveda Pertence dans l'enquête n° 687 – question d'ordre de 1999,

---

compétences explicites avec le minimum d'efficience, d'efficacité et de diligence que l'on est en droit d'attendre d'une Cour suprême ».

[848] L'annulation de la synthèse de jurisprudence n° 394 ne s'est pas faite sans une vive polémique au sein même du Tribunal suprême. Le juge Sepúlveda Pertence, en particulier, a présenté un argumentaire divergent dans l'affaire INQ 687 QO, où il affirme que, comme la nouvelle Constitution de 1988 n'a introduit aucune disposition invalidant ladite synthèse, cela signifiait qu'elle avait voulu maintenir la même signification et « la même compréhension téléologique » de la prorogation de l'instance de jugement privilégié, en prenant notamment en considération l'ancienneté (approximativement 150 ans) de cette politique jurisprudentielle adoptée par la Cour.

[849] Chambre des députés. Proposition de loi n° 6295 de 2002. *Diario da Camara dos Deputados*, 05/04/2002, p. 13.600.

[850] *Ibid.*

qui s'opposait à l'annulation de la synthèse n° 394. D'après le juge Pertence, la prorogation de l'instance de jugement privilégié constituerait une protection de l'exercice de la charge et non un privilège de son titulaire, en le faisant bénéficier d'une immunité contre les procès arbitraires, raison pour laquelle cette prorogation méritait d'être maintenue.

Une fois promulguée, la loi n° 10628 de 2002, a fait l'objet de deux actions directes en inconstitutionnalité auprès du Tribunal fédéral suprême, qui ont été jugées conjointement : l'ADI n° 2797, introduite par l'Association nationale des membres du ministère public et l'ADI n° 2860, présentée par l'Association des magistrats brésiliens. À cette occasion, la Cour suprême a déclaré inconstitutionnelle la prorogation de l'instance de jugement privilégié, élevant sa construction purement jurisprudentielle au même niveau hiérarchique que le texte constitutionnel et retirant au Congrès national la compétence de légiférer en la matière par une loi ordinaire. De fait, il faut souligner que, autant la disposition de la synthèse n° 394 que la nouvelle politique jurisprudentielle adoptée par le Tribunal suprême, énoncent des normes qui n'ont pas le moindre fondement explicite dans aucun article de quelque Constitution brésilienne que ce soit – dont les textes se limitent à établir l'instance de jugement privilégié, sans prévoir sa durée. En déclarant l'inconstitutionnalité de la loi n° 10628 de 2002, le Tribunal suprême fédéral s'est présenté comme interprète « exclusif » de la Constitution, au détriment de la compétence du Congrès national pour réaliser cette même tâche. Et il n'y a pas que cela : la Cour suprême est allée au-delà du sens des dispositions constitutionnelles applicables[851] – d'une omission absolue en la matière – pour fixer *ex novo* une limite temporelle à la prérogative de l'instance de jugement privilégié, en interdisant au Congrès national la possibilité de disposer sur le sujet par le biais d'une loi, et en justifiant sa décision par la prétendue « exclusivité » de sa compétence pour interpréter la Constitution.

Considérant que la loi n° 10628 de 2002, constituait une réaction législative à l'annulation de la synthèse de jurisprudence n° 394, le Tribunal a adressé une acerbe critique au pouvoir législatif, en statuant sur l'action directe d'inconstitutionnalité n° 2797, de 2005 : « La loi ordinaire ne peut prétendre imposer, comme étant son objet immédiat, une interprétation de la Constitution : la question est de l'ordre de l'inconstitutionnalité formelle, et à ce titre incidente à toute norme de rang inférieur qui se propose de donner l'interprétation d'une norme de hiérarchie supérieure ». Au regard de cette décision, le fait que le Congrès national ait divergé de la jurisprudence du Tribunal suprême a conféré à ce dernier des « raisons de haute politique institutionnelle pour rejeter l'usurpation par le législateur de sa mission d'interprète ultime de la loi fondamentale ». Suivant les termes de la Cour,

[851] D'innombrables dispositions de la Constitution de 1988 établissent l'instance de jugement privilégié pour les diverses autorités publiques. Aucune d'elles ne fixe le terme de l'instance de jugement privilégié ni ne dispose sur quelque détail que ce soit relatif à sa durée.

« admettre que la loi ordinaire puisse altérer la lecture de la Constitution par le Tribunal suprême signifierait que l'interprétation constitutionnelle de la Cour serait sujette à l'approbation du législateur, autrement dit que la Constitution – telle que l'entend l'organe qu'elle-même a instauré comme gardien de sa suprématie –, et que la compréhension correcte de la loi suprême seraient conditionnées à l'entente qu'en a cet autre organe constitué, le législateur ordinaire, qui est, au contraire, soumis aux prescriptions de cette Cour ».

L'opinion majoritaire de la Cour suprême, rédigée par le juge rapporteur Sepúlveda Pertence, a présenté le Tribunal suprême comme l'auteur d'une « interprétation directe et *exclusive* » de la Constitution, et conféré par là-même à cette création jurisprudentielle, élaborée en l'absence de tout fondement explicité au sein du texte constitutionnel, le statut de norme constitutionnelle, non modifiable par la loi ordinaire.[852] Le rapporteur a déclaré: « autant que la synthèse n° 394 elle-même qu'elle a annulée, la décision du Tribunal en INQ n° 687 est issue d'une interprétation *directe et exclusive* de la Constitution ». Pour le Tribunal suprême, la loi ordinaire n'est pas un instrument normatif « habilité à modifier la jurisprudence résolue par le Tribunal fédéral suprême, qui est fondée directement et exclusivement sur l'interprétation de la Constitution de la République ».[853] Il n'a guère importé à la Cour que son interprétation n'ait pas l'appui exprès de la Constitution, mais constitue une création exclusivement jurisprudentielle.

Le Tribunal suprême a paradoxalement reconnu que son interprétation de la Constitution ne liait pas le Congrès national, affirmant qu' « il est vrai que la Constitution n'a pas attribué à l'interprétation constitutionnelle du Tribunal suprême l'effet de lier le pouvoir législatif, pour ce qui concerne au moins le contrôle abstrait de constitutionnalité, alors que les appréciations du Tribunal auront en revanche un effet contraignant pour les « autres organes du pouvoir judiciaire et du pouvoir exécutif ». Il est encore moins question de songer à une dépendance du législatif à l'égard des décisions du Tribunal suprême qui appliquent directement la Constitution aux faits : contrairement aux décisions proférées dans le domaine du contrôle abstrait des normes, il s'agit de résolutions collégiales qui alimentent des décisions typiquement juridictionnelles, dont l'empan est restreint aux parties ». En contradiction néanmoins avec ces propos, la Cour suprême a conclu que « la question est qu'il n'est pas donné aux lois ordinaires d'imposer une interprétation déterminée de la Constitution », et a ainsi retiré au Congrès national la possibilité de légiférer sur des matières interprétées par le Tribunal suprême, bien que la Constitution fasse preuve d'omission sur le thème et que la norme adoptée soit une création purement jurisprudentielle. Pour le Tribunal suprême « quand (...) la loi ordinaire (ou l'acte de gouvernement) prétendent altérer la lecture de la Constitution par l'organe de la juridiction

[852] Tribunal fédéral suprême. ADI 2.797. *Diario da Justiça* 19/12/2006 p. 37.
[853] *Ibid.*

constitutionnelle, rien ne peut soustraire à celui-ci son pouvoir-devoir d'opposer son veto à l'usurpation de son rôle ».[854]

Dans un geste osé, la Cour suprême s'est octroyée le pouvoir de construire jurisprudentiellement sa propre compétence comme un *pouvoir implicite*[855], par le moyen de son activité interprétative, niant ainsi au congrès la possibilité de disposer en la matière par une loi ordinaire. D'après le juge Celso de Mello, le Tribunal aurait le « pouvoir implicite » de « conférer, par le biais d'une interprétation judiciaire (et non législative), une efficacité réelle au contenu et à l'exercice de la compétence constitutionnelle en question, si l'on considère les attributions qui sont celles du Tribunal fédéral suprême (...) ». L'existence de ce pouvoir implicite « parce qu'il est propre au processus d'interprétation constitutionnelle, et notamment à celle qui est du ressort du pouvoir judiciaire, ne légitime pas la possibilité pour le Congrès national de formuler dans le cadre de ses fonctions, et en référence à l'utilisation de la théorie des pouvoirs implicites ou dérivés, des lois ordinaires interprétatives de la Constitution de la République elle-même ».[856]

La décision prise par le Tribunal suprême dans l'ADI n° 2797 de 2005, n'a pas été pour autant paisible, et encore moins unanime. Le Tribunal a été conscient qu'il excluait la possibilité pour le Congrès national d'interpréter, à égalité, le texte constitutionnel, comme le démontre l'argumentaire divergent du juge Eros Grau. D'après Grau, le congrès serait de fait titulaire de la prérogative d'interpréter la Constitution, parce que « tout acte législatif implique l'interprétation de la Constitution par celui qui légifère. (...) Consécutivement, dans la mesure où le législateur est également l'interprète authentique de la Constitution, il n'y a pas, en l'occurrence, d'inconstitutionnalité formelle. Et il ne fait pas de doute que le pouvoir législatif n'est pas lié par le devoir de ne pas légiférer, parce que cette Cour a conféré telle ou telle interprétation à la Constitution ».[857] Le juge Grau a aussi fait appel à la doctrine juridique américaine, citant Loewenstein, pour qui « une importante limitation du pouvoir du Tribunal suprême tient à la possibilité que le Congrès révoque postérieurement, par le biais d'une loi corrective, les effets d'une décision déterminée. (...) Les corrections des décisions du Tribunal suprême par des lois postérieures sont très fréquentes, en sorte qu'on peut parler d'un jeu d'échec entre le congrès et le Tribunal, où le mouvement du congrès met le Tribunal échec et mat.(...) Restreindre la faculté du pouvoir législatif d'intervenir comme interprète de la Constitution, nous conduirait à supposer que nos bras, comme des arbres –

[854] *Ibid.*

[855] Le juge Celso de Mello a cité Rui Barbosa, grand juriste brésilien du XIXème siècle, pour invoquer la doctrine juridique nord-américaine des pouvoirs implicites, selon laquelle, quand la Constitution confère à un organe une fonction, elle lui confère aussi nécessairement les moyens efficaces pour la réaliser, même s'ils ne sont pas explicités dans le texte. Tribunal fédéral suprême. ADI 2797. *Diario da Justiça* 19/12/2006 p. 37.

[856] Tribunal fédéral suprême. ADI 2797. *Diario da Justiça* 19/12/2006 p. 37.

[857] *Ibid.*

selon la métaphore de Loewenstein – touchent au ciel. »[858] Reconnaissant au Tribunal suprême le « pouvoir d'empêcher » l'existence de lois inconstitutionnelles, le juge Grau refuse au même Tribunal l'exclusivité du « pouvoir de statuer », autrement dit d'ordonner par lui-même (en l'occurrence créer par sa démarche interprétative), et insiste sur le pouvoir du Congrès national de s'opposer à une interprétation de la Constitution élaborée par le Tribunal. En d'autres termes, le juge Grau reconnaît que la norme de prorogation de l'instance de jugement privilégié a été créée jurisprudentiellement, de manière implicite, et constitue une innovation dans l'ordre juridique brésilien, qui ne prend pas expressément appui sur le texte constitutionnel. Pour cette raison, il pourrait parfaitement revenir au pouvoir législatif, en l'absence de disposition constitutionnelle à ce sujet, de diverger de l'interprétation donnée à la Constitution par le Tribunal suprême, et donc d'édicter un arrêt législatif qui contredise la jurisprudence de la Cour. Concluant son argumentaire, le juge Grau a insisté sur la nécessité de concevoir la prorogation de l'instance de jugement privilégié, non comme un privilège personnel de l'occupant de la charge, mais dans l'intérêt public du bon développement de la fonction par quelqu'un de protégé –traitant « inégalement les inégaux ».[859]

Le juge Gilmar Mendes a également argumenté en faveur de la déclaration de constitutionnalité de la loi n° 10628 de 2002, et du pouvoir du Congrès d'interpréter la Constitution sur un pied d'égalité avec le Tribunal fédéral suprême. Pour Mendes, loin de constituer une compétence exclusive du Tribunal suprême, l'interprétation de la Constitution devrait se faire en conjonction avec les autres acteurs juridiques, sociaux et politiques, et tenir compte des changements de contexte dans lequel de telles interprétations auraient été réalisées. Le pouvoir législatif serait donc entièrement légitimé à interpréter la Constitution, dans l'exercice de sa compétence législative. Il a commenté son vote en affirmant : « je pense qu'il n'est pas possible d'admettre que le législateur ordinaire ait sa liberté totalement paralysée par les déclarations de constitutionnalité ou d'inconstitutionnalité du Tribunal. Il est d'ailleurs adéquat et prudent que de tels actes législatifs soient appréciés à neuf à partir d'un contexte institutionnel déterminé. Il faut rappeler que, si d'un côté la Constitution attribue au Tribunal fédéral suprême la tâche de veiller à l'intégrité de l'ordre juridico-constitutionnel, d'un autre côté, elle détermine que son texte relève d'une *société ouverte d'interprètes* (citant Peter Häberle, qui évoque une « société ouverte des interprètes de la Constitution »[860]), qui peuvent, en fonction des changements historico-

[858] *Ibid.*
[859] *Ibid.*
[860] Le juriste allemand Peter Häberle a exercé une grande influence sur le droit constitutionnel brésilien, particulièrement par le biais de son ouvrage : « Herméneutique constitutionnelle : la société ouverte des interprètes de la Constitution : contribution à une interprétation pluraliste et 'procédurale' de la Constitution ». Sa thèse, suivant laquelle la Constitution n'est pas seulement du ressort des participants formels du jeu politique, tels qu'ils sont institués par la

culturels, faire montre d'alternatives plurielles d'interprétation ». Pour Mendes, loin de se constituer en interprète unique de la Constitution, le Tribunal devrait respecter l'ouverture de ce procès interprétatif à d'autre agents de l'État – et au nombre d'entre eux le Congrès national – sachant que « cette prise en compte est cruciale pour que le rôle du Tribunal fédéral suprême soit ouvert non seulement aux changements législatifs, mais aussi et surtout à la façon dont cette législation doit être interprétée à la lumière d'innovations ou de changements sociaux, historiques et culturels. (...) Il n'est à cet égard pas possible de présumer l'inconstitutionnalité des dispositifs attaqués simplement parce qu'ils contrarient le « dernier mot » donné par le Tribunal fédéral suprême sur le thème. Ce que je veux souligner, au contraire, c'est le fait que, si le législateur (ré)active, crée ou régule cette matière constitutionnelle suivant des modalités très diverses, le « dialogue » ou le débat institutionnels doivent continuer. Dans la suite de son argumentaire, Mendes a affirmé qu'il n'y avait aucune « exigence de discipline constitutionnelle explicitée sur ce thème », raison pour laquelle « le législateur ordinaire (...) n'a fait qu'opter pour la discipline qui concrétisait le mieux l'institution de la prérogative de l'instance de jugement privilégiée constitutionnellement prévue ». Pour le juge Mendes, néanmoins, le procès d'interprétation constitutionnelle est clairement réalisé sur un pied d'égalité par les pouvoirs législatif et judiciaire, et constitue bien plus un dialogue institutionnel qu'un monopole de la Cour suprême au détriment de la souveraineté populaire représentée au Parlement.

Les argumentations du juge Grau et du juge Gilmar Mendes, adoptées également par la juge Ellen Gracie, n'auront néanmoins pas été suffisantes pour convaincre la majorité du Tribunal suprême, qui a malgré tout décidé de déclarer inconstitutionnelle la prorogation de l'instance de jugement privilégiée contenue dans la loi n° 10628 de 2002, et qui s'est ainsi présenté comme l'interprète exclusif de la Constitution au détriment du Congrès national.

Le second exemple de mise en question d'un jugement du Congrès national par le Tribunal fédéral suprême, et d'interférence de sa part dans une réponse législative à sa jurisprudence, correspond à l'élaboration d'une interprétation conforme à la Constitution de l'amendement constitutionnel n° 52 de 2006. Le Tribunal a en l'occurrence censuré une manifestation du pouvoir constituant dérivé lui-même, en fondant sa décision sur l'inférence d'une clause d'éternité non explicite au sein du texte constitutionnel.

Constitution, mais de l'ensemble élargi des acteurs juridiques et sociaux, est largement acceptée par la communauté juridique brésilienne, y compris au sein du Tribunal fédéral suprême. Cf. MENDES, Gilmar Ferreira. « Hommage à la doctrine de Peter Häberle et son influence au Brésil » [en ligne].
Disponible sur : http://www.stf.jus.br/repositorio/cms/portalStfInternacional/portalStfAgenda_pt_br/anexo/Homenagem_a_Peter_Haberle__Pronunciamento__3_1.pdf (consulté le 20 février 2015).

Comme déjà mentionné antérieurement, en 2004 le Tribunal fédéral suprême a considéré obligatoire, sans aucune prescription constitutionnelle ou législative expresse en la matière, la « verticalisation » des alliances pré-électorales entre partis sur tout le territoire national.[861] Aux termes des actions directes en inconstitutionnalité n° 2626 e n° 2628 de 2004,[862] la Cour suprême a jugé constitutionnelle l'exigence – imposée *ex novo* par le Tribunal supérieur électoral – que les alliances pré-électorales conclues au niveau des élections présidentielles dussent être obligatoirement reproduites dans le cadre des élections législatives pour le Congrès national et des élections locales dans les États fédérés.

En réaction à cette création prétorienne, le Congrès national a édicté l'amendement constitutionnel n° 52 de 2006, qui a modifié l'article 17 de la Constitution de 1988, pour révoquer l'« obligation d'homologation entre les candidatures au plan national, des États fédérés, du District fédéral ou des municipalités », obligation qui correspond exactement à la dite « verticalisation » créée par le Tribunal fédéral suprême et par le Tribunal supérieur électoral. Les travaux parlementaires montrent que contredire la norme créée par le Tribunal suprême a précisément été l'objectif du nouvel amendement constitutionnel. Conformément à la justification incluse dans la proposition d'amendement constitutionnel n° 4 de 2002, qui a débouché sur l'amendement constitutionnel n° 52 de 2006, l'attribution par la Constitution d'un « caractère national » à des partis politiques ne rendrait pas obligatoire la verticalisation des alliances pré-électorales au niveau de la fédération et des États fédérés, l'interprétation du Tribunal fédéral suprême apparaissant ainsi comme « une erreur ». C'est en ce sens que la justification du sénateur Bernardo Cabral, qui figure dans la proposition d'amendement à la Constitution n° 4 de 2002, souligne que « la Constitution brésilienne, en établissant que les partis doivent avoir un caractère national, veut signifier que les organisations politiques s'organisent et interviennent au Brésil sur tout le territoire national, et ne se structurent pas comme des partis purement régionaux. L'expression 'caractère national' implique que la loi infraconstitutionnelle exige qu'un parti politique ait des directoires régionaux dans pour le moins neuf États fédérés. Et c'est cela que stipule la loi organique des partis. Supposer que, par cette expression, le pouvoir constituant avait en vue de déterminer impérativement la verticalisation nationale des alliances pour chaque évènement électoral, est une erreur. C'est pourquoi, afin de dissiper les doutes et de garantir le plein respect de l'autonomie des partis dans l'adoption par chacun d'eux de ses propres critères de choix de ses alliances électorales au niveau national comme à

[861] Cf. Seconde partie, Titre 1, Chapitre 1, Section 2, § 1.
[862] Tribunal fédéral suprême. ADI 2.626. *Diário da Justiça* 05/03/2004, p. 13; ADI 2.628, *Diário da Justiça* 05/03/2004, p. 13.

celui des États fédérés et des municipalités, nous présentons l'amendement constitutionnel qui rend ce principe plus explicite et sans équivoque ».[863]

Une fois promulgué, l'amendement constitutionnel n° 52 de 2006, a été l'objet de l'action directe en inconstitutionnalité n° 3685,[864] intentée par le conseil fédéral de l'Ordre des avocats du Brésil. À cette occasion, le Tribunal fédéral suprême a jugé que l'application du nouveau texte constitutionnel aux élections générales qui auraient lieu à moins de sept mois de l'entrée en vigueur de l'amendement en question, violait une clause d'éternité implicite et était, en conséquence, inconstitutionnelle. Les arguments employés par le Tribunal suprême pour justifier cette décision ont été multiples, et se sont appuyés principalement sur trois idées centrales : l'acceptation du contrôle de constitutionnalité des amendements constitutionnels et la création de la possibilité d'une interprétation conforme à la Constitution de ces mêmes amendements ; l'extension du terme « loi » de l'article 16 de la Constitution afin qu'il englobe aussi les amendements constitutionnels ; et la création, par voie prétorienne, d'un droit fondamental à l'« antériorité électorale » et à une « procédure législative régulière », appliquée alors comme clause d'éternité implicite.

En premier lieu, il faut ici rappeler que le contrôle de constitutionnalité des amendements constitutionnels existe au Brésil en fonction de la stipulation par l'article 60 de la Constitution de quatre clauses d'éternité. Il peut donc exister, dans l'ordre juridique brésilien, des amendements constitutionnels inconstitutionnels. Cela étant, le Congrès national, dans l'exercice de son pouvoir constituant dérivé, ne pourra pas tendre à modifier la fédération, la démocratie (le vote direct, secret, universel et périodique), la séparation des pouvoirs et les droits fondamentaux. Pour ce qui concerne en particulier les droits fondamentaux, le § 2 de l'article 5 statue que ceux-ci ne sont pas épuisés par l'énumération contenue dans le texte constitutionnel, les juges et tribunaux pouvant inférer de nouveaux droits du régime et des principes adoptés par la Constitution, ou par des traités internationaux dont la République fédérative du Brésil est partie prenante. La liste est, à cet égard, extensible.

Dans ce contexte, la Cour suprême a interprété de manière large la loi ordinaire qui lui reconnaissait la compétence d'effectuer des interprétations conformes à la Constitution, de façon à ce que cette loi recouvre également les manifestations du pouvoir constituant dérivé – créant en l'occurrence la possibilité de réaliser, conformément à la Constitution, jusqu'à des interprétations des amendements constitutionnels eux-mêmes, et non pas seulement des normes infraconstitutionnelles. De fait, le paragraphe unique de l'article 28 de la loi n° 9868 du 10 novembre 1999, ne prévoit que de

[863] Sénat fédéral. Proposition d'amendement à la Constitution n° 4 de 2002. *Diario do Senado Federal*, 28/02/2002, p. 977-8.

[864] Tribunal fédéral suprême. ADI 3.685. *Diario da Justiça* 10/08/2006, p. 19.

forme laconique l'interprétation conforme,[865] lui affectant une efficacité contraignante, sans néanmoins la définir. Comme en d'autres occasions, le Tribunal suprême a fait jouer une forte proportion de créativité, en se recommandant de l'indétermination du texte concrétisé pour attribuer un sens substantiellement élargi à l'instrument de l'interprétation conforme. Il en est résulté une augmentation considérable des possibilités d'interférence de la Cour suprême dans les dispositions normatives édictées par le Congrès national.

En second lieu, le Tribunal fédéral suprême a amplifié le sens qui est celui du terme « loi » dans l'article 16[866] de la Constitution, pour y inclure les amendements constitutionnels, en les soumettant à ce que la Cour suprême elle-même a appelé le « principe de l'antériorité électorale »,[867] entendu comme clause d'éternité implicite. Cette opération interprétative a permis à la Cour suprême d'appliquer le principe en question, y compris aux amendements constitutionnels, restreignant ainsi délibérément l'exercice du pouvoir constituant dérivé par le Congrès national. En effet, l'article 16 dispose que « la loi qui modifie le processus électoral entrera en vigueur à la date de sa publication, et ne s'applique pas à l'élection qui a lieu jusque dans l'intervalle d'un an à compter de la date de son entrée en vigueur ».[868] Son texte n'a pour autant pas inclus, à la lettre, les amendements constitutionnels. Ce dispositif s'insère dans un contexte qui a vu le Congrès national édicter une série de lois successives, qui régulaient chacune une élection spécifique, telles que la loi n° 8713 du 30 septembre 1993, pour les élections de 1994 ; la loi n° 9100 du 29 septembre 1995, pour les élections de 1996 ; et la loi n° 9504 du 30 septembre 1997, pour les élections suivantes. Dans le but de justifier que le texte recouvre également les amendements constitutionnels, la Cour suprême a établi une équivalence entre ces lois et les autres modalités des normes juridiques (lois ordinaires et lois complémentaires), en s'exprimant ainsi dans l'opinion majoritaire, rédigée par la juge Ellen Gracie : « en outre, si les amendements constitutionnels (...) sont des

[865] « Art. 28, Paragraphe unique. La déclaration de constitutionnalité ou d'inconstitutionnalité, y compris l'interprétation conforme à la Constitution et la déclaration partielle d'inconstitutionnalité sans réduction de texte, est dotée d'efficacité contre tous les organes du pouvoir, et d'un effet contraignant vis-à-vis des organes du pouvoir judiciaire et de l'administration publique fédérale, des États fédérés et des municipalités ».

[866] L'article 16 dispose : « Toute loi modifiant le processus électoral entre en vigueur à la date de sa publication ; elle ne s'applique pas aux élections réalisées dans les 12 mois suivant son entrée en vigueur ».

[867] L'article 16 de la Constitution établit le principe de l'antériorité électorale, selon lequel toute loi modifiant le processus électoral ne s'applique pas aux élections réalisées dans les 12 mois suivant son entrée en vigueur. Il a pour but d'empêcher une modification subite ou inattendue du processus électoral par le législateur.

[868] Selon le Tribunal fédéral suprême lui-même, la disposition de l'article 16 est destinée à empêcher « la surprise de l'interférence dans la corrélation des forces politiques, dans l'équilibre des positions des partis et candidats, dans les éléments du débat et de la compétition, ainsi que la rupture de l'isonomie ». Tribunal fédéral suprême. ADI 3.685. *Op. cit.* Opinion du rapporteur, juge Ellen Gracie.

produits générés au cours du procès législatif, ils peuvent aussi, avec des effets beaucoup plus graves, servir comme instruments d'abus et de manœuvres capables de déstabiliser la normalité ou la légitimité même du procès électoral. Force est donc de conclure, qu'en termes d'impact sur le contexte dynamique d'une élection qui se rapproche, il importe peu que le changement se fasse par amendement, loi complémentaire ou loi ordinaire, puisque l'équation des forces politiques qui se reporteraient, dans le cadre règlementaire de certaines normes, sur le soutien à la victoire de telle ou telle candidature possible, pourra souffrir une reformulation complète, pour une raison indépendante de la volonté populaire ».[869] Venant en appui à cette conception élargie du terme de « loi », le juge Cezar Peluso a argumenté que le sens du texte concrétisé « incite à comprendre le sens du vocable *loi* au sens large et générique de norme juridique de tout type, dans le champ d'extension de laquelle entrent aussi bien les lois constitutionnelles que les lois infraconstitutionnelles. Seule cette extension logico-normative est capable de garantir le primat de la sécurité et de la certitude juridique, puisqu'il n'y aurait aucun sens à distinguer entre normes constitutionnelles et normes subalternes face au *ratio juris* qui est d'attribuer une certaine stabilité au processus électoral ».[870] Le Tribunal fédéral suprême a ainsi rejeté l'exclusion du principe de l'antériorité électorale dans le cas de l'amendement constitutionnel, étant donné que « par ce raisonnement, à chaque tentative de contournement d'une norme antimanœuvrière, il sera toujours possible de renoncer à l'élaboration de l'amendement constitutionnel, jusqu'à ce que le principe consacré par le constituant originel soit complètement annulé ».[871]

En troisième lieu, et dans le cadre également d'une concrétisation amplement extensive du sens du texte, la Cour suprême a conféré au principe de l'antériorité électorale de l'article 16 le *status* d'un droit fondamental implicite, connexe à celui de sécurité juridique, dans la mesure où, dans l'entendement du Tribunal suprême, il reconnaîtrait aux citoyens « le droit de recevoir de l'État, le degré de sécurité et de certitude juridiques nécessaires contre les changements brutaux de règles inhérents à la compétition électorale ».[872] Au fondement de cette inférence, le Tribunal fédéral a invoqué l'article 5, § 2 de la Constitution de 1988, selon lequel les droits fondamentaux exprimés dans la Constitution « n'en excluent pas d'autres qui découlent du régime et des principes adoptés par elle, ou des traités internationaux dont la République fédérative du Brésil est partie prenante ». Comme l'a observé le juge Gilmar Mendes dans son opinion concurrente, le pouvoir constituant de 1988, en établissant les limites du procès de révision constitutionnelle, « a laissé à la charge de l'interprète constitutionnel la tâche de délimiter les principes qui configureraient

---

[869] Tribunal fédéral suprême. ADI 3.685. *Op. cit.* Opinion du rapporteur, juge Ellen Gracie.
[870] Tribunal fédéral suprême. ADI 3.685. *Op. cit.* Opinion du juge Cezar Peluso.
[871] Tribunal fédéral suprême. ADI 3.685. *Op. cit.* Opinion du rapporteur, juge Ellen Gracie.
[872] *Ibid.*

l'identité matérielle de la Constitution, en définissant dans l'article 60, § 4, un ensemble relativement ouvert de clauses d'immutabilité ».[873] D'après le juge Mendes, « il n'y a pas besoin de beaucoup d'effort herméneutique pour attester que, à ce niveau (des droits fondamentaux), sont inclus les droits politiques et leurs garanties, exprimés au chapitre IV du titre II de la Constitution. Le titre II de la Constitution condense ce qui pourrait s'appeler le *noyau constitutionnel de la citoyenneté,* en disposant sur les droits fondamentaux dans leur triple configuration de droits civils, sociaux et politiques. (...) L'article 16 de la Constitution, en conditionnant la modification législative du processus électoral à la règle de l'annualité, constitue une garantie fondamentale du plein exercice des droits politiques. Les restrictions à cette règle déclinées dans le sillage d'une réforme constitutionnelle, ne seront valides que dans la mesure où elles n'affectent ou n'annulent pas l'exercice des droits fondamentaux qui conforment la citoyenneté politique».[874] D'après aussi le juge Celso de Mello, « le Congrès national ne détient pas le pouvoir, ni l'autorité pour, sous prétexte de réformer le texte constitutionnel, détruire la Constitution elle-même, en défiant frontalement l'ensemble des valeurs qui informent et nourrissent substantiellement la déclaration des droits, au nombre desquels se distingue, en référence à sa signification historique, politique et sociale, la nécessaire observation, par l'État, de la garantie de base de l'antériorité électorale ».[875] C'est ainsi que, les droits fondamentaux de l'article 5 correspondant à l'une des clauses d'éternité prévues par l'article 60, § 4, le Tribunal fédéral suprême a eu la possibilité de déclarer inconstitutionnelle l'application de l'amendement constitutionnel n° 52 de 2006, aux élections qui se réaliseraient à moins d'un an de son entrée en vigueur, au nom dudit principe de l'antériorité électorale.

En outre, la Cour suprême a extrait du cadre normatif applicable, une nouvelle fois sur la base d'une interprétation élargie, et sans aucun appui exprès sur le texte, un « droit à une procédure législative régulière » – notion qu'elle a associée à la conformité substantielle[876] de la procédure législative (*substantive due process of law*, emprunté au droit nord-américain), et qui correspond également à une construction purement jurisprudentielle. Conformément à l'argumentaire du juge Gilmar Mendes, « est garantie au citoyen-électeur par la Constitution de 1988, la conformité du procès électoral, autrement dit le droit à un résultat des élections qui soit la conséquence d'un procès électoral intègre, protégé contre les fraudes et les malversations, et régi par un système de règles qui concrétise, le droit fondamental au vote, dans son efficacité maximale ».[877] Ce droit a également

---

[873] Tribunal fédéral suprême. ADI 3.685. *Op. cit.* Opinion du juge Gilmar Mendes.
[874] *Ibid.*
[875] Tribunal fédéral suprême. ADI 3.685. *Op. cit.* Opinion du juge Celso de Mello.
[876] C'est-à-dire l'application régulière d'un droit quant aux règles de fond, par opposition aux règles procédurales (*procedural due process of law*).
[877] Tribunal fédéral suprême. ADI 3.685. *Op. cit.* Opinion du juge Gilmar Mendes.

été utilisé comme fondement pour déclarer l'inconstitutionnalité de l'application immédiate de l'amendement constitutionnel n° 52 de 2006.

Sur ce plan, il convient d'observer que le Tribunal fédéral s'est refusé à choisir une concrétisation de la Constitution qui privilégiât l'autonomie des partis politiques – et, consécutivement, le respect du pouvoir législatif en qualité d'expression majeure de la démocratie représentative adoptée par la Constitution de 1988 – dans la formation des alliances pré-électorales, expressément reconnue par l'article 17, § 1[878] de la Constitution. La Cour suprême a, en effet, préféré, au contraire, privilégier la notion de protection du citoyen-électeur, en ne faisant que l'inférer du texte constitutionnel. Le refus de cette interprétation plus favorable aux partis politiques et au système représentatif est perceptible dans l'opinion du juge Gilmar Mendes, suivant lequel une amplification possible de l'autonomie des partis pour les élections qui suivent, ne pourrait « être séparée du contexte institutionnel à partir duquel le procès électoral se développe dans le pays ». Selon Mendes, une interprétation du « complexe normatif constitutionnel » a montré l'existence d'« une série de normes constitutionnelles garantes de réalités institutionnelles qui ne font pas l'objet d'une définition expresse dans les limites du texte de la Constitution ». L'application de l'amendement constitutionnel n° 52 de 2006, aux élections de 2006 violerait ainsi le principe de la proportionnalité au sens strict, dans la mesure où elle affecterait les possibilités de stratégies d'articulation politique des partis selon des règles préétablies. L'application immédiate de l'amendement en question aurait ainsi pour résultat la violation, et non la protection, de l'autonomie des partis, d'après Mendes. Comme en d'autres occasions, cet emploi du principe de proportionnalité s'est produit sans aucune analyse rationnelle et sans faire appel au test en trois étapes, tel qu'il a été créé par la Cour constitutionnelle allemande, en sorte qu'il n'est que l'expression du volontarisme du Tribunal suprême.

Il faut enfin souligner que la délibération du Tribunal fédéral relative à l'action directe d'inconstitutionnalité n° 3685 de 2006, n'a pas été unanime, puisqu'elle a compté avec les opinions divergentes des juges Sepúlveda Pertence et Marco Aurélio. Le juge Pertence, notamment, n'a pas considéré l'article 16 de la Constitution comme une clause d'éternité, et a alerté sur les dangers d'une transposition juridique du *due process of law* du droit nord-américain à l'ordonnancement juridique brésilien. En effet, a indiqué le juge Pertence, la Cour suprême des États-Unis n'a jamais utilisé le *due process of law* pour contrôler la constitutionnalité des amendements à la Constitution. De tels amendements seraient un instrument légitime pour contredire les décisions prises par le Tribunal fédéral suprême ou le Tribunal supérieur

[878] « Art. 17 § 1° Est garantie aux partis politiques l'autonomie dans la définition de leur structure interne, organisation et fonctionnement, et *dans l'adoption des critères de choix et des modalités de leurs alliances électorales,* sans obligation de lien entre les candidatures au niveau national, des États fédérés, du District fédéral et des municipalités, leurs statuts devant établir les normes de discipline et de fidélité partisane. »

électoral, et ils constitueraient une réponse du pouvoir législatif approuvée par une majorité démocratique qualifiée (trois cinquièmes du Parlement, deux tours de votes) dans le plein exercice du « jeu démocratique ».[879] Cette interprétation a néanmoins été rejetée par la majorité du Tribunal fédéral.

On constate en somme que le Tribunal fédéral suprême a imposé des limites assez étroites au pouvoir du congrès de détenir le dernier mot sur l'ordonnancement juridique brésilien. Se recommandant en permanence de créations purement jurisprudentielles, sans appui exprès sur le texte constitutionnel, la Cour suprême est allée jusqu'à se présenter comme l'interprète exclusif de la Constitution de 1988, contrôlant les réponses législatives à ses décisions, y compris en tant que manifestations du pouvoir constituant dérivé. La tension entre la démocratie et la suprématie de la Constitution a atteint son comble en ces occasions, et le Tribunal fédéral n'a pas hésité à créer une véritable asymétrie entre les interprètes authentiques de la Constitution, en se plaçant lui-même au premier rang d'entre eux.

§ 3. La fixation des délais pour l'édiction des mesures législatives

Comme on l'a déjà vu dans la première partie de ce travail, la Constitution de 1988 a innové dans l'histoire du constitutionnalisme brésilien, en reconnaissant pour la première fois l'existence de l'omission inconstitutionnelle, inspirée surtout de l'article 283 de la Constitution du Portugal.[880] Cette innovation conceptuelle a été notamment due au constat que de nombreuses dispositions constitutionnelles dépendent de l'édition de déterminations normatives infraconstitutionnelles, qui les pourvoient d'une pleine efficacité, que ce soit suite à une exigence constitutionnelle expresse, ou à une construction doctrinale. Par conséquent, il faudrait alors créer les moyens juridiques d'exiger des pouvoirs publics la complète réalisation des objectifs visés par le texte constitutionnel. En effet, divers articles de la Constitution prescrivent l'édition de lois qui leur confèrent les moyens de leur application, en usant d'expressions telles que « aux termes de la loi » (art. 5°, VII), « dans la forme de la loi » (art. 5°, VI), ou « la loi garantira » (art. 5°, XXIX), entre autres. D'un autre côté, la doctrine juridique brésilienne a élaboré une riche classification des dispositions constitutionnelles suivant leur degré d'applicabilité, dont le meilleur exemple est l'œuvre de José Afonso da Silva, déjà cité, qui développe l'idée de l'efficacité conditionnelle de parties du texte constitutionnel et de la nécessité de son développement par des lois complémentaires et ordinaires.[881]

C'est ainsi qu'ont été créés par l'Assemblée constituante de 1987 ces deux instruments qui permettent au Tribunal fédéral suprême de contrôler

---

[879] Tribunal fédéral suprême. ADI 3.685. *Op. cit.* Opinion du juge Sepúlveda Pertence.
[880] Cf. Première partie, Titre 1, Chapitre 2, Section 2, § 1.
[881] Cf. Première partie, Titre 2, Chapitre 1, Section 2, § 1.

l'inconstitutionnalité des omissions des pouvoirs législatif et exécutif : l'action directe en inconstitutionnalité par omission, dans le contrôle abstrait et l'ordonnance d'injonction, dans le contrôle concret. On a vu, de la même manière, que l'ordonnance d'injonction en particulier a été un vecteur d'expression important de l'activisme du Tribunal suprême, qui a construit une politique jurisprudentielle l'autorisant à suppléer l'omission législative, dans des cas déterminés, sans intervention du pouvoir législatif.[882] Cette expansion du champ d'intervention du Tribunal fédéral est fondamentalement due au fait que la Constitution s'est contentée d'instituer l'action concernée, sans la définir, et que le Congrès national n'a jamais édité de loi qui la réglemente, rendant ainsi possible la créativité du pouvoir judiciaire, au détriment des compétences du pouvoir législatif, comme principale instance représentative de la souveraineté populaire.

L'indétermination et l'omission du texte constitutionnel sur les effets de la déclaration d'inconstitutionnalité par omission ont fourni l'occasion d'un autre mouvement d'expansion du Tribunal fédéral suprême dans le domaine traditionnellement réservé au pouvoir législatif. Il s'agit en l'occurrence de la fixation des délais de légifération du Congrès national, en dépit de l'absence de détermination constitutionnelle expresse en ce sens. De fait, l'unique disposition constitutionnelle explicitée en la matière n'attribue au Tribunal fédéral suprême que la compétence de notifier au pouvoir législatif les actions directes en inconstitutionnalité par omission (article 103, § 2[883]), sans que soit prévus par le pouvoir judiciaire de délais pour l'édition de déterminations normatives. D'un autre côté, en règle générale, le droit d'initiative relative aux lois et autres normes du système juridique brésilien, appartient aux pouvoirs législatif et exécutif, un droit de proposition seulement marginal étant attribué aux organes supérieurs du pouvoir judiciaire.[884] Mais, dans la tradition constitutionnelle brésilienne, c'est au Congrès national qu'il revient de juger de l'opportunité du moment de légiférer, prérogative essentielle de son indépendance face aux autres pouvoirs. Néanmoins, le Tribunal fédéral suprême a cherché, par le biais de sa jurisprudence, à interférer dans cette autonomie.

Comme en d'autres occasions, cette nouvelle politique jurisprudentielle de la Cour suprême a été construite progressivement, évoluant d'une posture plus déférente vers une autre, plus activiste, en relation au Congrès national. Suivant la jurisprudence qui a prévalu dans les premières années de

---

[882] Cf. Seconde partie, Titre 1, Chapitre 1, Section 1, § 2.

[883] « Art. 103, § 2. Lorsque l'inconstitutionnalité de mesures devant rendre effective une norme constitutionnelle est déclarée par défaut, il en est donné connaissance au pouvoir compétent pour qu'il prenne les mesures nécessaires ; lorsqu'il s'agit d'un organe administratif, il est tenu de le faire dans un délai de trente jours. »

[884] Il y a peu de cas dans lesquels l'initiative législative est attribuée aux organes du pouvoir judiciaire dans la Constitution de 1988. Revient par exemple au Tribunal fédéral suprême, en qualité d'organe au sommet du pouvoir judiciaire national, l'initiative de la loi complémentaire qui établit le statut de la magistrature et définit le régime juridique des juges et tribunaux sur tout le territoire brésilien (article 93 de la Constitution de 1988).

l'application de la Constitution de 1988, il apparaît que le Tribunal fédéral suprême estimait qu'il n'y avait pas à fixer de délai à l'édition par le législateur des normes requises par la Constitution, et il faisait ainsi preuve de déférence à l'égard du Congrès national. Concernant l'ordonnance d'injonction en particulier, le Tribunal fédéral a considéré qu'il ne lui revenait pas de prendre quelque initiative que ce soit, autre que la simple notification du pouvoir compétent, se refusant de suppléer à l'omission déclarée.[885] En l'absence de stipulation constitutionnelle, la caractérisation du retard législatif, propre à la déclaration d'inconstitutionnalité par omission, devrait être vérifiée individuellement dans chaque cas concret, dès lors que la Cour suprême jugerait que le « délai raisonnable », écoulé depuis la promulgation de la Constitution, aurait été dépassé par le pouvoir législatif. C'est en ce sens que le Tribunal fédéral a décidé, dans le cas de l'ordonnance d'injonction n° 361 de 1994, que « le retard – que présuppose la déclaration d'inconstitutionnalité de l'omission législative – doit être reconnu, dans chaque situation, quand, compte tenu du temps passé depuis la promulgation de la norme constitutionnelle invoquée et de la pertinence de la matière, on doit considérer comme étant dépassé le délai raisonnable pour l'édition de l'acte législatif nécessaire à l'accomplissement de la loi fondamentale ; une fois épuisé le temps raisonnable, ni l'inexistence de délai constitutionnel pour la mise en œuvre du devoir de législation, ni l'évocation de projets de lois en attente pour s'en acquitter, ne peuvent annuler l'évidence de l'inconstitutionnalité de l'omission persistante de légifération ».[886] En outre, dans le cadre de l'ordonnance d'injonction n° 470de 1995, la Cour suprême a décidé que « ne s'imposait pas la prescription d'un délai pour que le Congrès national suppléât à l'omission qui le mettait lui-même en cause », sauf si « le pouvoir public lui-même, au-delà de son devoir d'édicter le dispositif normatif manquant, était aussi le sujet passif de la relation de droit matériel émergent du précepte constitutionnel en question ».[887]

En dépit de cette déférence initiale, le Tribunal fédéral suprême a adressé une critique très sévère au pouvoir législatif, en le rendant responsable d'une érosion supposée de la force normative du texte constitutionnel, et en l'accusant de déprécier l'autorité de la Constitution. La Cour suprême a ainsi statué que « le pouvoir public – quand il s'abstient de remplir, totalement ou partiellement, le devoir de légiférer que lui impose la clause constitutionnelle, à caractère exécutoire – contrevient, par ce comportement négatif, à l'intégrité elle-même de la loi fondamentale, et stimule, au sein de l'État, le phénomène préoccupant d'érosion de la conscience constitutionnelle (...). L'inertie de l'État à s'acquitter des obligations

---

[885] Cf. Tribunal fédéral suprême. MI 107 QO. *Diário da Justiça* 21/09/1990, p. 9.782.

[886] Tribunal fédéral suprême. MI 361. *Diario da Justiça* 17/06/1994, p. 15.707.

[887] Tribunal fédéral suprême. MI 470. *Diario da Justiça* 29/06/2001, p. 35. Dans le même sens, cf. MI 472, *Diario da Justiça* 02/03/2001, p. 3 ; MI 542, *Diario da Justiça* 28/06/2001, p. 89 ; MI 584, *Diario da Justiça* 22/02/2002, p. 36.

constitutionnelles traduit un geste inacceptable de déconsidération à l'égard de l'autorité de la Constitution, et configure par cela-même un comportement qui doit être évité. C'est que rien ne se révèle plus nocif, dangereux et illégitime que d'élaborer une Constitution sans la volonté de la faire appliquer intégralement, ou bien de ne l'exécuter qu'avec l'intention accessoire de ne la faire jouer que sur les points qui s'avèrent correspondre aux besoins et aux desseins des gouvernants, au détriment des intérêts de la majorité des citoyens ».[888] À sa déférence initiale, le Tribunal fédéral suprême a ainsi opposé une âpre réprimande au Congrès national, sachant que d'innombrables déclarations d'inconstitutionnalité avaient déjà été faites par la Cour, sans que le pouvoir législatif ait fait montre de la moindre initiative pour y suppléer.[889] Le Tribunal s'est néanmoins montré pragmatique et a reconnu l'inutilité de fixer des délais, compte tenu de l'impossibilité d'imposer une sanction efficace au Congrès national, au cas où ils ne seraient pas respectés. C'est en ce sens que, dans l'ordonnance d'injonction n° 361 de 1994, la Cour suprême a stipulé qu'il ne convenait pas de « fixer de délai pour le comblement de l'omission constitutionnelle quand – dans la mesure où l'État n'est pas le sujet passif du droit constitutionnel hypothéqué dans son exercice par l'absence de norme régulatrice (...) – il n'était pas possible de sanctionner les conséquences de sa perpétuation au-delà du terme final assigné à sa prorogation ».[890]

La politique jurisprudentielle déférente a été abandonnée dans une série de décisions à partir des années 1990, dont la première fut l'ordonnance d'injonction n° 232 de 1991.[891] Dans ce jugement, le Tribunal fédéral a déclaré le retard du Congrès national à règlementer l'article 195, § 7 de la Constitution, et il a fixé un délai de six mois pour que le Congrès adopte les mesures législatives qu'imposaient l'accomplissement de son obligation constitutionnelle. Mais le Tribunal ne s'en est pas tenu à cela. Il est allé au-delà, en établissant une sanction en cas de non-respect de sa décision : si le Congrès national ne légiférait pas dans le délai fixé, le titulaire en viendrait à jouir directement du droit prévu dans l'art. 195, § 7, dont le texte déterminait une exemption d'impôt.[892] En procédant ainsi, la Cour a opéré une modification de sa jurisprudence qui, jusqu'alors, considérait qu'il ne lui incombait pas de satisfaire le droit de l'impétrant de l'ordonnance d'injonction – et a posé ainsi une stricte équivalence entre celui-ci et l'action

[888] Tribunal fédéral suprême. MI 542. *Op. cit.*
[889] Comme exemple, on peut mentionner les déclarations réitérées d'inconstitutionnalité par omission du Congrès national pour n'avoir pas édicté de loi complémentaire réglementant la fixation des taux d'intérêts réels à 12%, aux termes de l'article 192, § 3 de la Constitution. En l'occurrence, le Congrès national a laissé passer plus de douze années sans que la loi complémentaire concernée soit promulguée. Cf. MI 587, de 2001 ; MI 588, de 2001 ; RE 217.880, de 1997 ; RE 211.995, de 1997, RE 283.027, de 2002, entre autres.
[890] Cf. Tribunal fédéral suprême. MI 361. *Diario da Justiça* 17/06/1994, p. 15.707.
[891] Tribunal fédéral suprême. MI 232. *Diario da Justiça* 27/03/1992, p. 3.800.
[892] « Art. 195, § 7. Les entités bénéficiant de l'assistance sociale qui répondent aux exigences établies par la loi sont exemptées des cotisations de sécurité sociale ».

directe en inconstitutionnalité par omission (qui implique seulement et exclusivement la notification au pouvoir compétent). A été ainsi retenu un régime intermédiaire qui ne permet pas au Tribunal fédéral suprême de réglementer directement la jouissance du droit constitutionnellement prévu pour l'impétrant, mais impose un délai de législation au Congrès national, au-delà du terme de l'application directe de la norme constitutionnelle en question, sans restriction. Comme l'a observé le juge Moreira Alves dans son argumentaire, la solution adoptée avait la vertu de ne pas impliquer d'« intervention législative » de la part du Tribunal suprême, garantissant ainsi sa cohérence avec la jurisprudence consolidée jusqu'alors par la Cour.[893] Le Tribunal est apparu de cette manière enclin à interpréter de forme restrictive ses compétences vis-à-vis du Congrès national, évitant d'édicter lui-même la norme requise pour le cas concret.

Un autre épisode de la fixation d'un délai de législation au Congrès national s'est joué dans l'ordonnance d'injonction n° 283 de 1991.[894] Le cas concernait l'indemnité due, sous la forme d'une loi qui devait être promulguée dans le délai d'un an, aux ex-militaires empêchés d'exercer une activité professionnelle dans la vie civile, à la suite d'une interdiction imposée par le ministère de l'Aéronautique durant la dictature militaire initiée en 1964. Dans cette décision, le Tribunal a déclaré l'inconstitutionnalité par omission et assigné un délai de 45 jours au Congrès national pour approuver la loi requise, mais de 15 jours pour la sanction présidentielle. En outre, il a été collégialement établi, comme sanction en cas de non-respect du délai fixé, la possibilité pour le titulaire du droit lésé par l'omission constitutionnelle, d'obtenir une indemnisation dans le cadre d'une action en dommages et pertes contre l'Union, auprès de la justice ordinaire de première instance.

Une nouvelle fois, la Cour suprême a réaffirmé la détermination de sa jurisprudence à ne pas occuper la sphère du pouvoir législatif en édictant la norme juridique requise par la Constitution, mais elle a montré que ce cas servirait exemplairement à une « exploitation constructive » – c'est-à-dire innovante et créative – de nouvelles solutions dans l'hypothèse spécifique d'un « législateur récalcitrant à régler le retard déclaré par le Tribunal ».[895] Selon les termes de l'opinion majoritaire de la Cour, rédigée par le juge rapporteur, Sepúlveda Pertence, il est déclaré : « comme (...) la persistance de l'omission législative pourrait provoquer une irréparable frustration de la jouissance attendue par l'impétrant de la prestation que lui doit l'Union, il faut le protéger, dans toute la mesure du possible, des risques du retard ». Si le Congrès national devait persister dans l'omission, la Cour a décidé que la Constitution en viendrait à s'appliquer directement au cas concret, et qu'il incomberait aux juges de première instance de fixer le montant de

[893] Tribunal fédéral suprême. MI 232. *Op. cit.* Opinion du juge rapporteur Moreira Alves.
[894] Tribunal fédéral suprême. MI 283. *Diario da Justiça* 14/11/1991, p. 16.355.
[895] *Ibid.*

l'indemnité due. Pour le Tribunal, la fixation d'un délai pour légiférer préserverait le caractère discrétionnaire des attributions du Congrès national pour définir le *contenu,* mais non pas l'*opportunité*, de la loi à promulguer, et respecterait ainsi la séparation des pouvoirs : « il me semble que S. Excellence n'impose pas que le Congrès agisse de telle ou telle manière », a affirmé le juge Sydney Sanches.

En outre, le transfert de compétence relative aux indemnisations aux juges de première instance aurait pour avantage supplémentaire d'éviter que le Tribunal fédéral suprême soit surchargé de décisions répétitives sur le même sujet. Il vaut la peine de souligner que le juge Marco Aurélio a défendu l'idée que le Tribunal fédéral fixe d'emblée « les paramètres de la réparation conçue par le texte constitutionnel », sans qu'il soit nécessaire d'adresser le citoyen au juge de première instance. Sa position a été néanmoins rejetée par la Cour, principalement parce que le collège de ses membres craignait d'être submergé par le grand nombre d'actions requérant la concrétisation, au cas par cas, de chacune des innombrables dispositions constitutionnelles qui impliquent une règlementation infraconstitutionnelle. La crainte était en somme de se transformer indirectement en un tribunal ordinaire de première instance pour les ordonnances d'injonction – fonction pour laquelle la Cour suprême n'était évidemment pas structurée, et qui n'était évidemment pas son objectif institutionnel. En référence à ces fondements, pragmatiques et conséquentialistes, le Tribunal fédéral a ratifié le délai mentionné plus haut, et assujetti l'Union à la responsabilité civile, auprès de la première instance de juridiction de la justice ordinaire, au cas où la loi ne serait pas promulguée à temps. Cette décision a été réitérée dans l'ordonnance d'injonction n° 283 de 1991.[896]

L'ordonnance d'injonction n° 670 de 2007, a été une autre décision dans laquelle le Tribunal fédéral suprême a fixé un délai de législation au Congrès national. Le Tribunal a en l'occurrence déclaré l'inconstitutionnalité par omission pour cause de non-édition de la loi qui règlemente le droit de grève des fonctionnaires du secteur civil, comme l'exige l'article 37, VII de la Constitution de 1988. Indiquant qu'elle avait déjà reconnu antérieurement à plusieurs reprises ladite inconstitutionnalité, et soulignant la récalcitrance du pouvoir législatif à l'égard de l'omission inconstitutionnelle, la Cour a considéré qu'« il n'est pas possible d'attribuer amplement au législateur le dernier mot sur la concession, ou non, du droit de grève aux fonctionnaires civils, sous peine de vider de sens la positivité du droit fondamental ». Elle a ensuite appliqué à ce cas d'espèce, les lois qui règlementent le droit de grève dans le secteur privé (loi n° 7701 de 1988 et loi n° 7783 de 1989), et fixé un délai de soixante jours pour que le Congrès national approuve la loi en la matière. Cette décision a été réitérée dans l'ordonnance d'injonction n° 708 de 2007.[897] Il faut préciser que le Tribunal s'est montré conscient de la

[896] Tribunal fédéral suprême. MI 283. *Diario da Justiça*, 14/11/1991, p. 16.355.
[897] Tribunal fédéral suprême. MI 708. *Diario da Justiça Eletrônico* 206, 31/10/2008.

possible inutilité d'affecter un délai au pouvoir législatif. De fait, dans l'ordonnance d'injonction n° 670 de 2007, le juge Joaquim Barbosa a reconnu qu'une telle mesure n'aurait même pas un « effet pédagogique », compte tenu de l'impossibilité d'imposer une sanction au Congrès national en cas de non-respect de ses attendus. La Cour suprême a malgré tout fixé un délai, en tablant sur l'effet persuasif de sa décision sur le législateur.

Enfin, le Tribunal fédéral suprême a notifié un délai au législateur dans diverses actions d'inconstitutionnalité liées au devoir du Congrès d'édicter une loi complémentaire qui dispose sur la création de nouvelles municipalités brésiliennes.[898] L'amendement constitutionnel n° 15 a modifié la rédaction de l'article 18, § 4 de la Constitution et entraîné, en 1996, l'édition d'une loi complémentaire définissant la période durant laquelle devaient être traités la création, l'incorporation, le démembrement et la fusion de municipalités. Plus de dix années après, le Congrès national n'avait toujours pas approuvé la loi en question alors que, pourtant, diverses municipalités avaient été créées. Pour cette raison, le Tribunal fédéral a déclaré l'inconstitutionnalité de l'omission du Parlement, fixant alors un « délai raisonnable » de 18 mois pour qu'il s'acquitte de son devoir constitutionnel de législation, et ordonnant que la loi promulguée dispose sur les municipalités créées de forme inconstitutionnelle. Dans l'action directe en inconstitutionnalité n° 3682 de 2007,[899] en particulier, le Tribunal suprême a adressé au Congrès national une dure critique en stipulant que « les singularités de l'activité parlementaire qui affectent, inexorablement, la procédure législative, ne justifiaient aucunement une conduite manifestement négligente ou insouciante des chambres législatives, une telle conduite pouvant faire courir des risques à l'ordre constitutionnel lui-même ». La Cour suprême s'est montrée néanmoins hésitante et a paradoxalement nié qu'elle assignait un délai au législateur. En effet, la présentation de la décision dispose qu'« il ne s'agit pas d'imposer un délai à l'activité législative du Congrès national, mais simplement de fixer un paramètre temporel raisonnable, en relation avec le délai de 24 mois déterminé par le Tribunal dans les affaires ADI n°s 2240, 3316, 3489 et 3689 pour que les lois des États fédérés qui créent des municipalités ou redéfinissent leurs limites territoriales demeurent valides, jusqu'à ce que la loi complémentaire fédérale soit promulguée et prenne en compte les réalités de ces municipalités ».[900] Il faut finalement noter que ce n'est qu'en 2013 que le Congrès national a approuvé la loi complémentaire requise par la Constitution (proposition de loi complémentaire n° 98 de 2002, du Sénat fédéral), mais la présidente de la République y a intégralement mit son veto.

---

[898] En ce sens, cf. Tribunal fédéral suprême. ADI 2.240, *Diário da Justiça* 03/08/2007, p. 29; ADI 3.316, *Diário da Justiça* 29/06/2007, p. 21; ADI 3.489, *Diário da Justiça* 03/08/2007, p. 29; ADI 3.689, *Diário da Justiça* 29/06/2007, p. 22.

[899] Tribunal fédéral suprême. ADI 3.682. *Diário da Justiça* 06/09/2007, p. 37.

[900] *Ibid.*

La question reste donc, jusqu'à aujourd'hui, dénuée de la solution normative réclamée.

En conclusion, on constate que, face au laconisme du texte constitutionnel sur les effets de la déclaration d'inconstitutionnalité par omission, le Tribunal fédéral suprême a construit une politique jurisprudentielle expansive de ses propres pouvoirs, et en est venu à notifier au pouvoir législatif des délais requis pour l'exercice de sa compétence législative, sans que cela soit autorisé par la Constitution. Ayant choisi de privilégier le critère de l'amplification de la force normative de la Constitution – postulat central du néo constitutionnalisme –, la Cour suprême a cherché à interférer dans le jugement d'opportunité du Congrès national, voyant dans cette option une forme de garantie de réalisation concrète des dispositions de la Constitution de 1988. Bien qu'elle eût reconnu « les singularités de l'activité parlementaire qui affectent, inexorablement, le procès législatif » – ne pas légiférer peut résulter d'une décision délibérée du Parlement, et le consensus pour l'approbation de mesures législatives peut être difficile ou impossible à atteindre –, la Cour suprême a entendu que de telles contraintes ne justifiaient pas la persistante omission du législateur dans d'innombrables cas. Cette stratégie s'est néanmoins révélée improductive, parce que, comme l'a reconnu le Tribunal fédéral lui-même, l'imposition de sanctions au législateur qui ne respecte pas les délais fixés, est apparue impraticable face à l'indépendance que la Constitution assure à chacun des pouvoirs.

CHAPITRE 2

Le gouvernement par l'administration publique mis en question

Il est de tradition dans le droit brésilien que le pouvoir public s'acquitte de ses fonctions par le biais d'actes administratifs, dans le cadre des compétences exécutives qui lui sont attribuées par la Constitution. C'est en ce sens que le texte constitutionnel en vigueur a reconnu, dans son article 84, au président de la République, chef du gouvernement et de l'État, le pouvoir d'exercer la direction supérieure de l'administration fédérale et d'adopter des normes juridiques secondaires pour le bon accomplissement de la loi.[901] Cette activité normative s'exerce par deux voies distinctes : elle peut être soit conditionnée –quand aucune marge d'appréciation subjective n'est donnée à l'administrateur, le contenu de l'acte étant ordonné par la loi – ou discrétionnaire – dès lors que la faculté est laissée à l'agent public de porter un jugement de valeur sur la convenance et l'opportunité de la pratique de l'acte en question. Autrement dit, c'est en fonction de l'indétermination du texte normatif, qui livre différentes possibilités d'interprétation, ou de la prévision par la loi elle-même, que l'administrateur pourra juger subjectivement de l'occasion et de la manière de conduire une action gouvernementale déterminée. Dans le système juridique brésilien, cependant, le dénommé mérite administratif définit, dans les termes du spécialiste consacré du droit administratif, Celso Antonio Bandeira de Mello, « le champ de liberté présupposé par la loi et qui effectivement en vient à émerger dans le cas concret, qui permet à l'administrateur, en fonction des critères de convenance et d'opportunité, de décider entre deux ou plusieurs solutions recevables pour la situation concernée, en référence aux attendus exacts de la finalité législative, et compte tenu de l'impossibilité d'identifier

[901] « Art. 84. Il appartient exclusivement au président de la République : (...) II - d'exercer, avec l'assistance des ministres d'État, la direction supérieure de l'administration fédérale ; (...) IV - de sanctionner, promulguer et faire publier les lois, ainsi que de prendre les décrets et règlements visant à leur fidèle exécution ; »

objectivement laquelle d'entre elles serait uniquement adéquate ».[902] Constituant de la compétence exclusive de l'administration, le mérite administratif est placé hors du contrôle du pouvoir judiciaire, qui ne peut en tant que tel se substituer au jugement du pouvoir public sur la convenance et l'opportunité de l'acte administratif pratique. Cette intangibilité est largement reconnue par le pouvoir judiciaire lui-même, et la jurisprudence du Tribunal fédéral suprême est ferme sur ce point au sens où elle nie aux tribunaux la possibilité d'une ingérence dans le mérite administratif, sauf dans l'hypothèse de l'illégalité ou de l'abus de pouvoir.[903]

L'autonomie de décision de l'administration sur l'opportunité et la convenance de l'exercice de ses compétences a été néanmoins mise à l'épreuve par le Tribunal fédéral suprême, notamment non seulement par le biais d'une ingérence directe dans les questions relatives à la réalisation de politiques publiques en matière d'éducation et de santé (Section 1), mais aussi par l'élaboration d'une politique jurisprudentielle qui lui a permis d'imposer des restrictions au budget fédéral, traditionnellement réservé à la sphère des pouvoirs législatif et exécutif (Section 2).

SECTION 1. LA CONCRÉTISATION DES DROITS-CRÉANCES EN TANT QUE DROITS SUBJECTIFS ET LA FORMULATION DES POLITIQUES PUBLIQUES

La reconnaissance de la force normative de la Constitution, à partir de l'apparition de la Constitution de 1988 et de l'adoption des postulats du néo constitutionnalisme, a opéré un changement de paradigme qui a profondément influencé la relation entre le Tribunal fédéral suprême et les pouvoirs exécutif et législatif. La justiciabilité des droits-créances, reconnue par la doctrine juridique et la jurisprudence dans le nouveau régime constitutionnel, a permis à la population de s'adresser aux tribunaux pour réclamer la réalisation de droits tels que le droit à la vie (article 5, *caput*),[904] à la santé (article 196)[905] et à l'éducation (article 205).[906] Le pays a ainsi

[902] Bandeira de Mello, Celso Antonio. *Curso de direito administrativo.* 11e éd. São Paulo: Malheiros, 1999, p. 635.

[903] Cf. Tribunal fédéral suprême. RE 636.686. *Diário da Justiça Eletrônico* 160, 16/08/2013; ARE 737.035, *Diário da Justiça Eletrônico* 96, 22/05/2013; ARE 650.718, *Diário da Justiça Eletrônico* 126, 28/06/2012; AI 789.053, *Diário da Justiça Eletrônico* 119, 19/06/2012.

[904] « Art. 5. Tous sont égaux devant la loi ; est garantie à tout Brésilien et à tout étranger résidant au Brésil l'inviolabilité du droit *à la vie*, à la liberté, à l'égalité, à la sûreté et à la propriété, (…) » (italique ajouté).

[905] « Art. 196. La santé est le droit de tous et un devoir de l'État, garanti par des politiques sociales et économiques qui visent à réduire les risques de maladies et d'autres accidents et à assurer l'accès universel et égalitaire aux actions et services visant à l'améliorer, la protéger et la recouvrer. »

[906] « Art. 205. L'éducation est un droit de tous et un devoir de l'État et de la famille ; elle est promue et encouragée avec la collaboration de la société, en recherchant le plein

vécu un phénomène de judiciarisation des questions liées à la concrétisation des droits-créances – évolution critiquée par une partie de la doctrine juridique, qui a mis l'accent sur l'intervention excessive dans la sphère du pouvoir exécutif et sur le manque de légitimité démocratique du pouvoir judiciaire. [907] Cette judiciarisation a encore été plus encouragée, si on considère que l'article 5, XXXV de la Constitution de 1988 consacre le principe de protection judiciaire, qui détermine l'impossibilité d'empêcher le contrôle judiciaire de la lésion ou de la menace au droit, y compris pour les actes des pouvoirs exécutif et législatif.

La formulation hautement indéterminée des dispositions constitutionnelles qui consacrent les droits-créances, alliée très souvent à l'insuffisance ou à l'omission du cadre législatif infraconstitutionnel applicable, a permis une reformulation de la conception traditionnelle du constitutionnalisme brésilien, relative à la séparation des pouvoirs, centrée sur l'attribution d'un jugement d'opportunité et de convenance à l'administration publique. C'est ainsi qu'est née une interférence croissante du pouvoir judiciaire comme un tout, et du Tribunal fédéral suprême en particulier, dans les actions et programmes du gouvernement conduits par le pouvoir exécutif, et qu'on s'est aussi dispensé de l'intermédiation législative pour l'effectuation de ces droits.

Cette nouvelle orientation a été particulièrement nette à deux occasions, impliquant, l'une la concrétisation du droit à la santé (§ 1) et l'autre, celle des droits à l'éducation, à la sécurité et à l'aide juridique gratuite. (§ 2).

§ 1. La concrétisation du droit à la santé

De manière analogue à ce qui se produit en France avec la Constitution du 4 octobre 1958, la doctrine juridique brésilienne reconnaît dans la Constitution de 1988 la prévision desdits droits-créances, ou droits de statut positif, qui impliquent une action de l'État sous la forme d'une prestation due à ses titulaires. Comme le note en France Cécile Rapoport, « la notion de droit-créance renvoie à l'une des typologies des droits fondamentaux qui, distinguant les 'droits-créances' des 'droits-libertés', tend à mettre en avant le rôle joué par l'État pour en garantir l'existence. En effet, on considère schématiquement que les 'droits-libertés' supposent une abstention de l'État, celui-ci ne devant pas entraver l'exercice des libertés (individuelles ou collectives) alors que les 'droits-créances', *'droit de statuts positifs'* impliquent au contraire une action de l'État sous la forme d'une prestation. Les droits-créances, *'confèrent à leur titulaire, non pas un pouvoir de libre*

---

développement de la personne, sa préparation à l'exercice de la souveraineté et sa qualification pour le travail. »

[907] Barroso, Luis Roberto. « Da falta de efetividade à judicialização excessiva. Direito à saúde, fornecimento gratuito de medicamentos e parâmetros para a atuação judicial. » *Revista Jurídica Unijus* 1, n° 1 (1998) : 12-38.

option et de libre action, mais une créance contre la société, tenue de lui fournir, pour y satisfaire, des prestations positives impliquant la création de services publics' ».[908] Comme le note Laurence Gay, la concrétisation de ces droits relève particulièrement de la compétence du pouvoir législatif, car « le texte fondamental proclame un droit mais ce droit n'existera éventuellement que dans le cadre de la loi ».[909]

De façon similaire, au Brésil, la doctrine juridique reconnaît unanimement l'existence de ces droits, et des constitutionnalistes réputés comme Uadi Lammêgo Bulos font ressortir l'adoption par l'ordre constitutionnel brésilien, de droits dits « de seconde génération », et qui comprennent « les droits sociaux, économiques et culturels, lesquels visent à assurer le bien-être et l'égalité, et imposent à l'État une *prestation positive*».[910] D'autres auteurs adoptent aussi ce concept comme base du droit constitutionnel positif, et focalisent la consécration constitutionnelle de droits-créances, qui exigent que l'État « agisse pour atténuer les inégalités et instaure ainsi des modèles pour la société future » afin de créer une « égalité effective et solidaire entre tous les membres de la société politique ».[911]

Historiquement, la première Constitution brésilienne qui a pris en considération les droits-créances a été celle de 1934, en incluant un titre relatif à l'ordre économique et social, sous l'influence de la Constitution allemande de Weimar de 1919. Cette inclusion a perduré dans les Constitutions suivantes et atteint son point d'orgue dans la Constitution de 1988, dont le texte prévoit une vaste palette de droits qui recouvrent, entre autres, des thèmes tels que l'éducation, la culture, la santé, l'alimentation, le travail, le logement, les loisirs, la sûreté, la sécurité sociale, la protection de la maternité, de l'enfance et des personnes âgées, ainsi que l'assistance aux plus démunis. Dans leur grande majorité, ces droits ont été insérés dans le titre correspondant aux droits fondamentaux, et sont ainsi protégés par une clause d'éternité, leur restriction ou leur révocation étant impossible (art. 60, § 4, IV).[912] En plus, on estime que approximativement 70% des dispositions

---

[908] Rapoport, Cécile. « L'opposabilité des « droits-créances » constitutionnels en droit public français ». *Association française de droit constitutionnel* [en ligne]. Disponible sur : http://www.droitconstitutionnel.org/congresParis/comC8/RapoportTXT.pdf. (Consulté le 27 février 2015).

[909] Gay, Laurence. « La notion de « droits–créances » à l'épreuve du contrôle de constitutionnalité ». *Cahiers du Conseil constitutionnel* [en ligne], n° 16, juin 2004. Disponible sur http://www.conseil-constitutionnel.fr/conseil-constitutionnel/francais/nouveaux-cahiers-du-conseil/cahier-n-16/la-notion-de-droits-creances-a-l-epreuve-du-controle-de-constitutionnalite.51982.html. (Consulté le 10 mars 2015).

[910] Bulos, Uadi Lammêgo. *Curso de direito constitucional.* 4. éd. São Paulo: Saraiva, 2009, p. 430-1.

[911] Mendes, Gilmar Ferreira, Inocêncio Mártires Coelho, et Paulo Gustavo Gonet Branco. *Curso de direito constitucional.* 4. éd. São Paulo : Saraiva, 2009, p. 291.

[912] La protection des droits-créances par la clause d'éternité n'est pas consensuelle, et une partie de la doctrine brésilienne nie à de tels droits le statut d'immutabilité qui résulte pour eux de l'article 60 de la Constitution de 1988. Cf. *exempli gratia* Gebran Neto, João Pedro. *A*

normatives du titre VII (« De l'ordre économique et financier ») et 60% du titre VIII (« De l'ordre social ») de la Constitution de 1988 concernent les politiques publiques, desquelles dépend l'implantation des droits-créances.[913] Le contraste avec le système juridique français est flagrant, étant donné que, dans son cas, l'appareil doctrinal ne reconnaît que huit droits-créances prévus par la Constitution de 1958.

Soucieuse d'assurer sa propre efficacité, et en outre portée par l'enthousiasme du retour à la démocratie après une longue dictature militaire, la Constitution de 1988 a déterminé dans son article 5, § 1 que les normes définitoires des droits fondamentaux auraient une application immédiate. Cette détermination a consacré, au plan normatif, la conception selon laquelle les dispositions constitutionnelles constituent de véritables normes juridiques, dotées d'impérativité, et a renforcé la thèse qui voit la Constitution comme un programme purement politique – un simple « conseil » pour le législateur. La disposition a causé quelque perplexité, dans la mesure où la Constitution elle-même conditionne toute une série de ces droits à l'édition de lois de règlementation, ce qui a conduit la doctrine juridique à affirmer que, suivant les cas, de telles normes seraient en vérité d'application médiate ou indirecte, leur application intégrale dépendant effectivement d'une règlementation infraconstitutionnelle.[914] Dans le cas particulier des droits-créances, la doctrine juridique brésilienne a établi une classification qui distingue entre droits créances originels et dérivés, les premiers pouvant faire l'objet d'une réclamation immédiate, même en cas

---

aplicação imediata dos direitos e garantias individuais : a busca de uma exegese emancipatória. São Paulo: Revista dos Tribunais, 2002, p. 153; Bueno Magano, Otávio. « Revisão Constitucional ». *Cadernos de Direito Constitucional e Ciência Política* 2, n° 7, juin 1994, p. 108-12; Ferreira Filho, Manoel Gonçalves. « Significação e alcance das cláusulas petreas ». *Cadernos de direito constitucional e ciência política* 3, n° 13, out/dez 1995, p. 5-10.

[913] Belém, Bruno Moraes Faria Monteiro. « A reserva do financeiramente possível no conteúdo normativo dos direitos sociais e o constitucionalismo de cooperação ». *Revista de Direito Administrativo e Constitucional*, n° 45, juillet 2011, p. 229-247.

[914] Cf. Silva, José Afonso da. *Curso de direito constitucional positivo.* 36 éd. São Paulo : Malheiros, 2013, p. 182. Selon Elival da Silva Ramos, « la Constitution du Brésil du 5 octobre 1988, inspirée par ce qui est disposé dans l'article 18, n 1, de la Constitution portugaise de 1976, a établi, dans son article 5e, § 1er, que 'les normes qui définissent les droits et garanties fondamentaux s'appliquent immédiatement'. Il n'y a pas de doutes sur l'intention du Constituant brésilien d'attribuer aux normes des droits fondamentaux un statut distinct concernant l'efficacité, de façon à éviter la dissociation entre le texte constitutionnel et son implémentation. Cependant, (...) on ne peut pas extraire du § 1er, de l'article 5e, de la Constitution brésilienne la conséquence d'avoir éliminé l'existence de normes de droits fondamentaux d'efficacité limitée (...). » Ramos, Elival da Silva. « Contrôle juridictionnel de politiques publiques : l'effectivation des droits sociaux sous la Constitution brésilienne de 1988. » *Rutgers School of Law.* Disponible sur http://camlaw.rutgers.edu/statecon/workshop11greece07/workshop13/Ramos.pdf. (Consulté le 3 mars 2015).

d'absence de norme de règlementation, alors que les seconds ne pourraient se réaliser sans une règlementation préalable.[915]

Par-delà même cette distinction, la concrétisation des droites créances, durant les premières années de l'entrée en vigueur de la Constitution de 1988, a été sujette à une stricte interprétation du principe de la séparation des pouvoirs. En accord avec cette conception, incomberait à l'administration, l'exécution des services publics nécessaires à la réalisation des droits-créances, dans le cadre de l'élaboration de politiques dépendant, dans la plupart des situations, de la planification administrative, ainsi que du dispositif budgétaire qui leur alloue les ressources nécessaires, par le biais de l'intervention législative. Comme l'indique le constitutionnaliste brésilien Clémerson Merle Clève, la concrétisation des droits-créances est toujours progressive (ils ne sont pas susceptibles d'une réalisation intégrale) et dépend « de l'environnement social dans lequel ils s'insèrent, du degré de richesse de la société et de l'efficience comme de l'élasticité des mécanismes d'expropriation (de la société, par l'État) et d'allocation (justice distributive) des ressources. Mais plus que cela, la réalisation de ces droits présuppose l'existence d'une charpente budgétaire bien élaborée, conçue comme le mécanisme à travers lequel l'État gère les ressources publiques et ordonne les priorités de dépense, en fonction de la prévision de recette ».[916] Le constitutionnaliste Paulo Gustavo Gonet Branco affirme, dans l'un des manuels brésiliens les plus connus de droit constitutionnel, qu'il incombe prioritairement au pouvoir législatif de concrétiser les droits-créances, pour répondre à une exigence du régime démocratique : « car la satisfaction de ces droits est principalement laissée, dans un régime démocratique, à l'entendement du législateur. Il ne revient pas, en principe, au judiciaire d'extraire les droits subjectifs des normes constitutionnelles qui traitent de droits primitivement non identifiés à des droits-créances. Le droit subjectif présuppose que les prestations matérielles aient déjà été précisées et délimitées – tâche qui est propre à l'organe politique, et non au judiciaire ».[917] De son côté aussi, le professeur de droit constitutionnel de l'Université de São Paulo, Elival da Silva Ramos, refuse au pouvoir judiciaire la compétence de concrétiser directement les dispositions constitutionnelles programmatiques relatives aux droits-créances. Pour cet auteur, l'intervention du pouvoir judiciaire visant directement la tutelle des droits-créances, serait inadmissible, « puisque les normes qui les véhiculent ne contiennent pas les éléments qui leur donnent un modelage total, qui doit être complété par la discipline de niveau infraconstitutionnel. (…) En d'autres mots, la question de leur implémentation ne peut pas se résoudre en pleine autonomie par le droit et ses instruments, mais implique, outre la

---

915 Clève, Cléverson Merlin. « A eficácia dos direitos fundamentais sociais ». *Revista de direito constitucional e internacional*, n° 54, mars 2006, p. 28-39.

916 *Ibid.*

917 Mendes, Gilmar Ferreira, Inocêncio Mártires Coelho, et Paulo Gustavo Gonet Branco. *Curso de direito constitucional.* 4. ed. São Paulo : Saraiva, 2009, p. 295.

concrétisation législative, l'exercice de la fonction de gouvernement (choix de politiques publiques), de la fonction administrative, soit en ce qui concerne la pratique des actes administratifs, soit en ce qui concerne l'action matérielle de l'administration, l'allocation et les dépenses de ressources financières, toutes ces actions présupposent l'existence de conditions socio-économiques favorables à leur développement. »[918]

Cette conception classique de la concrétisation des droits-créances a été progressivement modifiée par le pouvoir judiciaire dans sa totalité et par le Tribunal fédéral suprême en particulier, qui en est venu à interférer directement dans l'élaboration des politiques publiques par l'administration, au sein des trois sphères de la fédération brésilienne, ordonnant des actions administratives sans qu'aucune intervention législative ne soit exigée et, surtout, au détriment de l'autonomie de décision et disposition en la matière des pouvoirs exécutif et législatif. La première manifestation importante de cette interférence a été l'élaboration et l'exécution de politiques publiques de santé : dans de très nombreuses décisions, le Tribunal suprême a ordonné directement la réalisation d'actions de santé spécifiques et précises par les pouvoirs publics de l'Union, des États fédérés et des municipalités. Les raisons au fondement de cette politique jurisprudentielle de la Cour suprême sont multiples et seront examinées dans ce qui suit.

En premier lieu, il faut noter que le Tribunal fédéral suprême a explicitement considéré que l'intervention du pouvoir judiciaire dans la formulation des politiques publiques de santé ne constituait pas une interférence dans l'autonomie des pouvoirs législatifs et exécutifs, ni une violation de la séparation des pouvoirs. À cet égard, la Cour suprême a décidé que « le pouvoir judiciaire pouvait déterminer, dans des situations exceptionnelles, que l'administration publique adopte des mesures concrètes, médiatrices de droits constitutionnellement reconnus comme essentiels, comme c'est le cas de la santé , devoir de l'État, sans que cela ne configure une violation du principe de la séparation des pouvoirs ».[919] En d'autres termes, le Tribunal suprême a établi que « reconnaître la légitimité du pouvoir judiciaire pour déterminer la concrétisation de politiques publiques constitutionnellement prévues, quand il y aurait omission de l'administration publique, ne configurait pas une violation du principe de la séparation des pouvoirs, étant donné qu'il ne s'agissait pas de l'ingérence illégitime d'un pouvoir dans un autre ».[920] Affirmant la possibilité d'un contrôle des actes administratifs par le pouvoir judiciaire, la Cour suprême a statué que

---

[918] Ramos, Elival da Silva. « Contrôle juridictionnel de politiques publiques : l'effectivation des droits sociaux sous la Constitution brésilienne de 1988. » *Rutgers School of Law*. Disponible sur http://camlaw.rutgers.edu/statecon/workshop11greece07/workshop13/Ramos.pdf. (Consulté le 3 mars 2015).

[919] Tribunal fédéral suprême. RE 762.242. *Diário da Justiça Eletrônico* 248, 16/12/2013.

[920] Tribunal fédéral suprême. RE 820.910 AgR, *Diário da Justiça Eletrônico* 171, 04/09/2014. Dans le même sens, AI 810.864 AgR, *Diário da Justiça Eletrônico* 21, 02/02/2015.

« l'examen par le pouvoir judiciaire d'un acte administratif tenu pour illégal ou abusif, ne violait pas le principe de la séparation des pouvoirs ».[921] Dans le même sens, le Tribunal fédéral a décidé que l'autonomie du pouvoir exécutif n'était pas atteinte, parce qu'il « est possible pour le pouvoir judiciaire de déterminer l'implantation par l'État, en cas de manquement à sa mission, des politiques publiques constitutionnellement prévues, sans qu'il y ait par là ingérence dans des questions qui engagent le pouvoir discrétionnaire du pouvoir exécutif ».[922] L'intervention du pouvoir judiciaire est alors considérée comme légitime pour faire que soit rempli le devoir de l'État de fournir des services de santé à la population, étant donné que, selon le Tribunal fédéral, « il incombe à l'État, dans toutes ses sphères, de prêter assistance à la santé de la population, comme le détermine l'art. 196 de la Constitution fédérale, sachant que l'absence supposée de ressources budgétaires ne peut valoir comme excuse à la négligence de cet impératif d'action ».[923]

En outre, la Cour suprême a expressément restreint la liberté des pouvoirs exécutif et législatif dans la formulation et l'exécution des politiques publiques relatives aux droits-créances fondamentaux. Dans l'un de ses arrêts les plus importants, le Tribunal suprême a décidé que « bien que la formulation et l'exécution des politiques publiques dépendent d'options politiques à la charge de ceux qui, par délégation populaire, en ont reçu l'investiture dans un mandat électif, il faut reconnaître que, dans ce domaine, ni la liberté de conformation du législateur, ni l'action du pouvoir exécutif ne se révèlent absolues. De fait, si ces pouvoirs d'État ont agi de façon déraisonnable ou sont intervenus dans l'intention manifeste de neutraliser, en la compromettant, l'efficacité des droits sociaux, économiques et culturels, et ont affecté, consécutivement à une injustifiable inertie de l'État ou à un comportement gouvernemental abusif, ce noyau intangible et consubstantiel à un ensemble de conditions minimales nécessaires à une existence digne et essentielles à la propre survie de l'individu, alors, oui, sera justifiée, comme on l'a précédemment mis en avant – et même pour des raisons fondées sur un impératif éthico-juridique – , la possibilité de l'intervention du pouvoir judiciaire, afin de viabiliser pour tous l'accès à des biens dont la jouissance leur a été injustement refusée par l'État ».[924]

En second lieu, le Tribunal fédéral suprême a affirmé l'applicabilité directe des normes constitutionnelles programmatiques qui prévoient le droit à la santé, en leur conférant une exigibilité immédiate, indépendante de l'intervention du législateur et du jugement de convenance et d'opportunité du pouvoir exécutif. Cela étant, la Cour suprême a statué que

[921] Tribunal fédéral suprême. RE 429.903, *Diário da Justiça Eletrônico* 156 14/08/2014.
[922] Tribunal fédéral suprême. AI 734.487 AgR, *Diário da Justiça Eletrônico* 154, 20-08-2010.
[923] Tribunal fédéral suprême. RE 762.242. *Op. cit.*
[924] Tribunal fédéral suprême. ADPF 45 MC. *Diário da Justiça* 04/05/2004. Disponible sur http://www.stf.jus.br/arquivo/informativo/documento/informativo345.htm (Consulté le 03 mars 2015).

« l'interprétation de la norme programmatique ne peut pas la transformer en promesse constitutionnelle inconséquente. Le caractère programmatique de la règle inscrite dans l'art. 196 de la Charte politique [dont le texte prévoit génériquement le droit à la santé] – qui a pour destinataires toutes les entités politiques qui composent, au plan institutionnel, l'organisation fédérative de l'État brésilien – ne peut se convertir en une promesse constitutionnelle inconséquente, sous peine de voir le pouvoir public, faussant les justes attentes déposées en lui par la collectivité, substituer, de manière illégitime, la réalisation de son irrécusable devoir, par un geste irresponsable d'infidélité gouvernementale à ce que détermine la loi fondamentale de l'État elle-même ».[925] Le Tribunal fédéral a donc rejeté la conception traditionnelle dans le droit brésilien, selon laquelle les normes programmatiques (dénommées par la doctrine juridique, d'efficacité limitée et d'application médiate) dépendraient de l'intervention législative pour obtenir leur complète applicabilité – thèse adoptée, cela mérite d'être souligné, dans d'innombrables jugements du Tribunal suprême lui-même .[926]

En troisième lieu, la Cour a adopté une conception expansive de sa compétence pour contrôler l'omission inconstitutionnelle du pouvoir public, s'autorisant à censurer cette omission, y compris en lieu et place du contrôle diffus, hors donc du cadre constitutionnel qui prévoit l'action directe d'inconstitutionnalité par omission (dans le contrôle concentré) et l'ordonnance d'injonction (dans le contrôle diffus) comme instruments de ce contrôle. Pour justifier cette position, le Tribunal fédéral a mis l'accent sur le devoir de l'État d'instaurer et d'exécuter les politiques publiques destinées à la protection de la santé de la population, et dont l'absence caractériserait une omission constitutionnelle à laquelle le pouvoir judiciaire pourrait suppléer. C'est en ce sens que la Cour suprême a statué que : « le droit public subjectif à la santé représente une prérogative juridique inaliénable assurée à la généralité des personnes par la Constitution de la République elle-même (art. 196). Il traduit un bien juridique constitutionnellement protégé, à l'intégrité duquel le pouvoir public doit veiller, de manière responsable, et auquel il incombe de formuler – et d'implanter – les politiques sociales et économiques idoines pour garantir, aux citoyens,

[925] Tribunal fédéral suprême. RE 271.286 AgR, *Diário da Justiça* 24/11/2000 p. 101. Dans le même sens, RE 393.175 AgR, *Diário da Justiça* 02/02/2007, p. 140.

[926] Concernant les décisions qui déclarent les normes constitutionnelles comme étant d'une efficacité limitée, et donc non autoapplicables en l'absence d'une réglementation infraconstitutionnelle, cf. *exempli gratia* AI 485.742 AgR, *Diário da Justiça Eletrônico* 176, 11/09/2014 (déclarant non autoapplicable l'article 202, *caput* de la Constitution) ; RE 490.934 ED, *Diário da Justiça Eletrônico* 158, 18/08/2014 (déclarant non autoapplicable l'article 192, § 3 de la Constitution) ; AI 545.642 AgR-EDv-AgR-deuxième, *Diário da Justiça Eletrônico* 60, 27/03/2014 (declarant non autoapplicable l'article 201, § 3 de la Constitution) ; AI 628.009 AgR, *Diário da Justiça Eletrônico* 233, 27/11/2013 (declarant non autoapplicable les §§ 1 et 2 de l'article 202 de la Constitution) ; RE 583.785 AgR, *Diário de Justiça Eletrônico* 35, 22/02/2013 (déclarant non autoapplicable l'article 37, XI de la Constitution).

l'accès universel et égalitaire à l'assistance pharmaceutique et médico-hospitalière. – Le droit à la santé, au-delà de sa qualification comme droit fondamental acquis à toutes les personnes – représente la conséquence constitutionnelle indissociable du droit à la vie. Le pouvoir public, quelle que soit la sphère institutionnelle de son action à l'échelle de l'organisation fédérative brésilienne, ne peut se montrer indifférent au problème de la santé de la population, sous peine de verser, même si c'est sous l'effet d'une condamnable omission, dans un grave comportement inconstitutionnel. »[927] La suppléance de l'omission inconstitutionnelle a fini alors par être prise en charge par le Tribunal fédéral lui-même, qui a déterminé la réalisation d'actions concrètes dans le domaine de la santé publique ou qui, dans la plupart des cas, a confirmé cette détermination quand elle a été stipulée par les tribunaux ordinaires.

Les actions de santé publique ordonnées par le Tribunal suprême ou confirmées par celui-, quand elles avaient été déterminées par des tribunaux inférieurs, sont variées, mais les cas les plus fréquents incluent la fourniture obligatoire de médicaments par l'État aux personnes démunies. La Cour suprême a ainsi reconnu la validité des programmes de fourniture gratuite de médicaments en cas de traitement médical du VIH, et affirmé que de tels programmes représentent, « en réalisant leur objectif, un geste déférent et solidaire de valorisation de la vie et de la santé des personnes, et en particulier de celles qui n'ont rien et ne possèdent rien, si ce n'est la conscience de leur propre humanité et de leur essentielle dignité ». [928]La détermination par le pouvoir judiciaire de la distribution d'autres médicaments a également été validée par le Tribunal fédéral suprême. C'est le cas de ceux nécessaires au traitement de la schizophrénie paranoïde et du symptôme maniaco-dépressif chronique,[929] ainsi que du Zavesca, utilisé pour le traitement de la maladie de Gaucher,[930] et de médicaments expérimentaux qui n'appartenaient pas encore à la liste de l'agence nationale de Vigilance sanitaire.[931] La Cour suprême a aussi confirmé par détermination de justice la réalisation d'opérations chirurgicales, [932] de distributions de couches jetables, [933] d'améliorations de l'accueil de femmes enceintes dans les maternités publiques des États fédérés,[934] d'augmentations du nombre de lits dans les unités de soins intensifs des hôpitaux,[935] de paiements de traitement dans des hôpitaux privés en cas d'urgence et d'absence de lits dans le secteur

[927] Tribunal fédéral suprême. RE 393.175 AgR, Diário da Justiça 02/02/2007, p. 140. Dans le même sens, STA 223 AgR, Diário da Justiça Eletrônico 70, 09/04/2014.
[928] Tribunal fédéral suprême. RE 271.286 AgR, *Diário da Justiça* 24/11/2000, p. 101.
[929] Tribunal fédéral suprême. RE 393.175 AgR, *Diário da Justiça* 02/02/2007, p. 140.
[930] Tribunal fédéral suprême. STA 175 AgR, *Diário da Justiça Eletrônico* 76, 30/04/2010.
[931] Tribunal fédéral suprême. AI 824946 ED, *Diário da Justiça Eletrônico* 182, 17/09/2013.
[932] Tribunal fédéral suprême. AI 550530 AgR, *Diário da Justiça Eletrônico* 161, 16/08/2012.
[933] Tribunal fédéral suprême. AI 810864 AgR, *Diário da Justiça Eletrônico* 21, 02/02/2015.
[934] Tribunal fédéral suprême. RE 581.352 AgR, *Diário da Justiça Eletrônico* 230, 22/11/2013.
[935] ARE 740.800 AgR, Diário da Justiça Eletrônico 244, 12/12/2013.

public[936] et de manutention du réseau d'assistance sanitaire à l'enfant et à l'adolescent.[937] Il vaut la peine de préciser que le Tribunal fédéral est même allé jusqu'à autoriser la fixation d'astreintes au pouvoir public, comme manière d'obliger à l'exécution des déterminations de justice dans le champ de la santé, démontrant ainsi toute sa préoccupation pour la maximisation de l'efficacité des décisions du pouvoir judiciaire.[938]

En quatrième lieu, le Tribunal fédéral suprême a rejeté les considérations relatives à la capacité financière des États fédérés et au manque de programmation budgétaire pour exécuter les actions administratives ordonnées par le pouvoir judiciaire. De cette façon, la Cour suprême a substantiellement restreint l'autonomie du pouvoir exécutif et éliminé la participation du pouvoir législatif aux décisions relatives à l'allocation des ressources de l'État, effectuée par le biais du vote de la loi budgétaire. À cet égard, la Cour suprême a affirmé que « pour ce qui est des limites budgétaires qui concernent la partie requérante [c'est-à-dire l'administration publique], il est rappelé que, sauf motif objectivement mesurable, on ne peut se soustraire à l'accomplissement de ses responsabilités constitutionnelles ».[939] Dans le cadre d'une rude critique adressée au pouvoir exécutif, le Tribunal fédéral en est venu à affirmer que l'administration publique commettrait une fraude à la Constitution, stipulant qu'il n'est pas licite que le pouvoir public crée un « obstacle artificiel qui révèle – à partir d'une manipulation indue de son activité financière et/ou politico-administrative – l'intention illégitime, arbitraire et condamnable de frauder, frustrer et rendre inviable l'instauration et la préservation de conditions matérielles minimales d'existence en faveur des personnes et des citoyens ».[940] Le Tribunal fédéral suprême s'est alors octroyé la tâche de choisir entre respecter les possibilités financières de l'État, qu'il a qualifiées de question « secondaire », ou privilégier « le respect irréductible de la vie et de la santé humaines », sans néanmoins aborder la question de sa légitimité démocratique pour le faire. Au lieu de cela, la Cour suprême a réaffirmé son rôle de « gardien de la supériorité de la Constitution de la République », auquel s'imposait le devoir de faire prévaloir les droits fondamentaux, au nombre desquels le droit à la santé.[941]

Enfin, pour justifier ses décisions, le Tribunal fédéral suprême a rejeté l'application du principe de réserve du possible (*Vorbehalt des Möglichen*), élaboré par la doctrine constitutionnelle allemande, révélant ainsi, une nouvelle fois, la profonde influence du droit comparé sur ses processus

---

[936] Tribunal fédéral suprême. ARE 727.864 AgR, *Diário da Justiça Eletrônico* 223, 13/11/2014.

[937] Tribunal fédéral suprême. ARE 745.745 AgR. *Diário da Justiça Eletrônico* 250, 19/12/2014.

[938] Tribunal fédéral suprême. RE 581352 AgR. *Diário da Justiça Eletrônico* 230, 22/11/2013.

[939] Tribunal fédéral suprême. RE 820.910. *Diário da Justiça Eletrônico* 171, 04/09/2014.

[940] *Ibid.*

[941] STA 223 AgR, *Diário da Justiça Eletrônico* 70, 09/04/2014.

délibératifs. Le principe de la réserve du possible a été développé par la Cour constitutionnelle allemande (*Bundesverfassungsgericht*) dans le cas dénommé « *numerus clausus* » (BverfGE n.o 33, S. 333). Fernando Borges Mânica explique ainsi l'origine de cet outil : « Dans ce cas, la Cour suprême allemande a analysé la demande d'arbitrage judiciaire introduite par des étudiants qui n'avaient pas été admis dans des facultés de médecine de Hambourg et de Munich, sous l'effet de la politique de limitation du nombre de places dans les cursus supérieurs, adoptée par l'Allemagne en 1960. La revendication se fondait sur l'article 12 de la loi fondamentale de cet État, suivant lequel 'tous les allemands ont le droit de choisir librement leur profession, leur lieu de travail et leur centre de formation'. Dans sa décision sur la question, le Tribunal constitutionnel a estimé que le droit à une créance positive – dans ce cas l'augmentation du nombre de places dans les universités – *était sujet à la clause de réserve du possible, au sens de ce qu'un individu peut espérer, de manière rationnelle, de la société.* Autrement dit, l'argumentation adoptée se réfère à la raisonnabilité de la revendication. Selon l'analyse de Ingo Sarlet, le tribunal allemand a considéré que *'(...) la créance réclamée devait correspondre à ce que l'individu pouvait raisonnablement exiger de la société, de telle sorte que, même en disposant de la quantité de ressources nécessaires et en ayant le pouvoir d'en disposer, on ne peut parler d'une obligation de créance que si elle se tient dans les limites du raisonnable' »*.[942] Cela étant, pour le Tribunal fédéral suprême, la réalisation du droit à la santé ne peut donc être sujette à la réserve du possible : l'invocation de cette clause serait exclue chaque fois qu'elle pourrait compromettre le noyau de base des droits qui constituent le « minimum vital » –soit l'ensemble des conditions matérielles de base capables de garantir une existence digne.[943]La Cour suprême a du même coup écarté les risques d'une éventuelle désorganisation des finances publiques, qui serait principalement occasionnés par l'exécution désordonnée et aléatoire de décisions de justice d'un coût élevé pour les coffres publics.

Il faut rappeler que le Tribunal fédéral suprême a fait preuve de déférence à l'égard des autres pouvoirs dans pour le moins un cas important lié au droit à la santé. Dans une décision monocratique de suspension de tutelle anticipée n° 185 de 2007, la juge Ellen Gracie, alors présidente de la Cour suprême, a suspendu l'ordre du Tribunal régional fédéral de la 4ème région,

[942] Mânica, Fernando Borges. « Teoria da reserva do possível: direitos fundamentais prestações e a intervenção do Poder Judiciário na implementação de políticas públicas. » *Revista Eletrônica de Direito Administrativo Econômico*, n° 25, fev-abr 2011. Disponible sur http://www.direitodoestado.com/revista/REDAE-25-ABRIL-2011-FERNANDO-BORGES-MANICA.pdf, (consulté le 02 mars 2015).

[943] Tribunal fédéral suprême. STA 223 AgR, *Diário da Justiça Eletrônico* 70, 09/04/2014. Dans le même sens, ARE 727.864 AgR, *Diário da Justiça Eletrônico* 223, 13/11/2014; ARE 745.745 AgR, *Diário da Justiça Eletrônico* 250, 19/12/2014; RE 581.352 AgR, Diário da Justiça Eletrônico 230, 22/11/2013; ADPF 45 MC, Diário da Justiça 04/05/2004.

qui déterminait que le système unique de santé (système brésilien de santé public) réalisât une intervention chirurgicale de réattribution sexuelle (changement de sexe) pour des transsexuels. À cette occasion, la juge a affirmé qu'était caractérisée une « grave lésion à l'ordre public », dans la mesure où l'acte questionné aurait un impact sur le budget fédéral et les finances publiques. Par ailleurs, la réalisation des opérations chirurgicales concernées entraînerait des redistributions de budgets destinés à d'autres politiques publiques de santé. Ce fait, d'après la juge, « causera certainement des problèmes d'allocation des ressources publiques indispensables au financement du système unique de santé au plan national ».[944] On voit donc que la juge a exactement adopté, dans ce cas, les arguments que la Cour suprême a rejetés dans les autres situations impliquant le droit à la santé, sans que sa décision justifie ou même aborde spécifiquement cette divergence avec la politique jurisprudentielle dominante.

§ 2. La concrétisation du droit à l'éducation

Un deuxième cas important d'interférence du Tribunal fédéral suprême dans l'autonomie des autres pouvoirs pour élaborer et exécuter leurs politiques publiques, concerne le droit à l'éducation établi dans l'article 205 de la Constitution de 1988 qui dispose: « L'éducation est un droit de tous et un devoir de l'‘État et de la famille ; elle est promue et encouragée avec la collaboration de la société, en recherchant le plein développement de la personne, sa préparation à l'exercice de la souveraineté et sa qualification pour le travail. » La politique jurisprudentielle élaborée par la Cour suprême dans le cas du droit à l'éducation, se tient dans un rapport de proximité significatif à celle appliquée au droit à la santé, les deux droits-créances possédant des caractéristiques semblables et une formulation constitutionnelle fortement indéterminée.

Il faut premièrement souligner que le Tribunal fédéral suprême a, comme dans le cas du droit à la santé, expressément affirmé la compétence du pouvoir judiciaire à déterminer l'implantation de politiques publiques d'éducation par le pouvoir exécutif, sans que cela induise une violation de la séparation des pouvoirs. À cet égard la Cour suprême a mis l'accent sur le fait que « les deux cercles du Tribunal fédéral suprême convergent pour estimer qu'il est possible au judiciaire, dans des situations exceptionnelles, de déterminer que le pouvoir exécutif implante des politiques publiques pour garantir les droits constitutionnellement reconnus, à l'exemple du droit

[944] « STF suspende decisão sobre inclusão de cirurgia de mudança de sexo no SUS ». *Supremo Tribunal Federal*, 12 décembre 2007.
Disponible sur
http://www.stf.jus.br/portal/cms/verNoticiaDetalhe.asp?idConteudo=79721&caixaBusca=N. (Consulté le 10 mars 2015).

d'accès à l'éducation fondamentale, sans que cela implique une mise à mal du principe de la séparation des pouvoirs ».[945]

Deuxièmement, en référence à une conception fortement restrictive de l'administration, le Tribunal fédéral a expressément exclu l'exercice du pouvoir discrétionnaire du pouvoir exécutif dans l'élaboration et l'exécution des politiques publiques en matière d'éducation, dans des hypothèses déterminées. En effet, dans une décision relative à l'accueil en crèche ou en structure préscolaire d'enfants jusqu`à cinq ans, la Cour suprême a décidé que « l'éducation de la première enfance, dans la mesure où elle vaut comme droit fondamental pour tout enfant, *ne s'expose pas, lors de son procès de concrétisation, à l'évaluation purement discrétionnaire de l'administration publique, et n'est pas subordonnée à des raisons de pur pragmatisme gouvernemental.* Les municipalités, qui interviendront prioritairement au niveau de l'enseignement fondamental et de l'éducation préscolaire (art. 211, § 2°), ne pourront se dispenser du mandat constitutionnel, juridiquement contraignant, qui leur a été attribué par l'art. 208, IV de la Loi fondamentale de la République, et qui représente un *facteur de limitation de la compétence discrétionnaire politico-administrative des entités municipales,* dont les options, pour ce qui concerne l'accueil des enfants en crèche (art. 208, IV), ne peuvent s'exercer au risque de menacer, en se réclamant d'un jugement de simple convenance ou de pure opportunité, l'efficacité de ce discours prégnant d'orientation sociale. »[946]

Soucieux d'assurer l'efficacité des décisions de justice, le Tribunal fédéral a une nouvelle fois autorisé l'imposition d'astreintes,[947] outil de nature civile, en cas de non- exécution d'ordres judiciaires qui auraient fixé des mesures à prendre dans les domaines des politiques publiques de l'éducation. D'après le Tribunal suprême, « il n'existe pas d'obstacle juridico-processuel à l'utilisation, contre les entités de droit public, de l'amende comminatoire prévue au § 5° de l' art. 461 du CPC [code de procédure civile]. L'« astreinte » – qui est dotée d'une fonction coercitive – a pour finalité spécifique d'obliger légitimement le débiteur, même s'il s'agit du pouvoir public, à s'acquitter de la prescription, telle que la définit la sentence ».[948] Cette politique jurisprudentielle est donc fortement restrictive, puisque le pouvoir exécutif se voit non seulement empêché d'exercer son jugement sur la convenance et l'opportunité des actions gouvernementales,

---

[945] Tribunal fédéral suprême. ARE 761.127 AgR, *Diário da Justiça Eletrônico*158, 18/08/2014.

[946] Tribunal fédéral suprême. ARE 639.337 AgR, *Diário da Justiça* 177, 15/09/2011 (italique ajouté). Dans le même sens, cf. RE 603.575 AgR, *Diário da Justiça Eletrônico* 086, 14/05/2010; RE 464.143 AgR, *Diário da Justiça Eletrônico* 030, 19/02/2010; RE 594.018 AgR, *Diário da Justiça Eletrônico* 148, 07/08/2009.

[947] D'après l'article 645 du code du procès civil, les astreintes correspondent à une amende pour chaque jour de retard dans l'exécution d'une obligation, fixée par le juge.

[948] Tribunal fédéral suprême. ARE 639.337 AgR. *Op. cit.*

mais qu'il peut aussi être obligé à agir sous l'effet de l'imposition d'une astreinte par le pouvoir judiciaire.

Il faut souligner ici que le Tribunal fédéral suprême a reconnu les difficultés de l'élaboration et de l'exécution des politiques publiques prévues par la Constitution, étant donné que ces tâches impliquent, règlementairement, des choix discrétionnaires complexes, fondés sur la liberté du législateur et sur le jugement de convenance et d'opportunité du pouvoir exécutif. Face à l'étroitesse des ressources publiques, il revient à l'administration de trancher les conflits entre les diverses nécessités de la population, par la détermination de priorités d'action. Le Tribunal fédéral a néanmoins récusé, comme dans le cas de l'application du droit à la santé, l'application du principe de la « réserve du [financièrement] possible », et imposé comme limite à la compétence discrétionnaire de l'administration, la préservation d'un «minimum existentiel » indispensable à une vie digne, que le Tribunal fédéral lui-même a défini de manière assez large. Pour le Tribunal suprême, ce « minimum existentiel », inféré du principe constitutionnel de la dignité de la personne humaine, « comprend un ensemble de prérogatives dont la concrétisation est en mesure de garantir des conditions d'existence digne, qui assurent à la personne un accès effectif au droit général à la liberté, comme aussi à des prestations positives de la part de l'État, qui viabilisent la pleine jouissance des droits sociaux de base, tels que le droit à l'éducation le droit de l'enfant et de l'adolescent à la protection intégrale, le droit à la santé, le droit à l'assistance sociale, le droit au logement, le droit à l'alimentation et le droit à la sécurité ».[949]

Au devoir de sauvegarde du « minimum existentiel », le Tribunal suprême a ajouté le principe de la « prohibition de la régression » comme fondement de son interférence dans les politiques publiques de santé. « En conséquence de ce principe », a déclaré la Cour, « l'État, après avoir reconnu les droits-créances, assume le devoir non seulement de les rendre effectifs, mais encore s'oblige, sous peine de transgression du texte constitutionnel, à les préserver, en s'abstenant de frustrer – par leur suppression totale ou partielle – les droits sociaux déjà concrétisés ». Par le biais de cette construction jurisprudentielle complexe, le Tribunal suprême a légitimé son intervention dans le champ jusqu'alors de la compétence exclusive de l'administration publique, et s'est substitué, purement et simplement, aux autres pouvoirs dans la tâche de concrétiser la Constitution.

Troisièmement, la Cour suprême a fondé sa condamnation du pouvoir exécutif, en référence au contrôle diffus de constitutionnalité, sur l'omission inconstitutionnelle de l'administration, qui autoriserait le pouvoir judiciaire à décider et ordonner l'exécution de politiques publiques d'éducation. Suivant le Tribunal fédéral, « bien que, primitivement, la prérogative de la formulation et de l'exécution des politiques publiques soit du ressort des pouvoirs législatif et exécutif, il est néanmoins possible au pouvoir judiciaire

---

[949] *Ibid.*

de déterminer, quoique dans des situations exceptionnelles, en l'occurrence dans l'hypothèse des politiques publiques définies par la Constitution elle-même, qu'elles soient implantées par des organes d'État en rupture de paiement, dont l'omission – parce qu'elle caractérise la non-exécution de charges politico-juridiques qui leur sont affectées à titre impératif – est susceptible de compromettre l'efficacité et l'intégrité des droits sociaux et culturels doués d'une assise constitutionnelle ».[950] Le Tribunal fédéral a ainsi étendu le concept d'inconstitutionnalité par omission pour permettre son contrôle, même en dehors des instruments prévus par la Constitution – l'action directe d'inconstitutionnalité par omission et l'ordonnance d'injonction.

Dans ce contexte, la Cour suprême a encore adressé une nouvelle et dure critique au pouvoir exécutif pour ce qu'elle a qualifié de « geste inacceptable d'irrespect à l'égard de la Constitution », qui entraînerait une préoccupante « érosion de la conscience constitutionnelle » en n'implantant pas les politiques de réalisation du droit constitutionnel à l'éducation. D'après le Tribunal fédéral, l'omission des pouvoirs publics serait la cause qui légitimerait l'interférence des tribunaux dans la sphère du pouvoir exécutif, car « l'intervention du pouvoir judiciaire, en matière d'implantation de politiques gouvernementales prévues et déterminées par le texte constitutionnel, notamment dans le secteur de l'éducation préscolaire (...), a pour objet de neutraliser les effets dommageables et pervers qui, provoqués par l'omission de l'État, ne font rien d'autre que traduire une inacceptable insulte aux droits de base que la Constitution de la République elle-même assure à la globalité des personnes ».[951]

Enfin, force est de constater que, bien que le Tribunal fédéral suprême ait affirmé que l'intervention du pouvoir judiciaire dans la formulation des politiques publiques d'éducation relevait d'une situation « exceptionnelle » ou d'« urgence »,[952] une telle ingérence des tribunaux a été en vérité fréquente et ample. De fait, les décisions du Tribunal suprême se sont étendues à un grand nombre d'événements, enjoignant toujours de nouvelles actions au pouvoir public, aux trois échelles de la fédération brésilienne : l'obligation des municipalités de pourvoir à l'accueil en crèche ou en structure préscolaire des enfants jusqu'à l'âge de cinq ans, sous peine d'une amende quotidienne pour chaque enfant non accepté ;[953] l'obligation de transport scolaire des élèves du réseau public d'enseignement ;[954] la détermination du recrutement de professeurs pour le réseau scolaire

[950] Tribunal fédéral suprême. RE 410.715 AgR, *Diário da Justiça* 03/02/2006, p. 76.
[951] Tribunal fédéral suprême. ARE 639.337 AgR. *Op. cit.*
[952] Tribunal fédéral suprême. ARE 845.392 AgR, *Diário da Justiça Eletrônico* 21, 02/02/2015; RE 594.018 AgR, *Diário da Justiça Eletrônico* 148, 07/08/2009; RE 595.595 AgR, *Diário da Justiça Eletrônico* 99, 29/05/2009.
[953] Tribunal fédéral suprême. ARE 639.337 AgR, *Diário da Justiça Eletrônico* 177, 15/09/2011.
[954] Tribunal fédéral suprême. RE 603.575 AgR, *Diário da Justiça Eletrônico* 86, 14/05/2010.

public;[955] la détermination de l'ouverture de places dans les établissements d'éducation de la première enfance ;[956] la détermination de la construction de nouvelles écoles en fonction de la détérioration des équipements déjà existant ;[957] et la réalisation de transfert d'étudiants entre universités, en dépit de la garantie constitutionnelle de l'autonomie universitaire.[958]

§ 3. La concrétisation des droits à la sécurité et à l'aide juridique gratuite

Les politiques jurisprudentielles instaurées par le Tribunal fédéral suprême et relatives aux droits-créances en matière de santé et d'éducation, ont été graduellement étendues aux autres domaines et ont progressivement amplifié l'ingérence du pouvoir judiciaire et du Tribunal fédéral lui-même dans de nouvelles matières, bien que de forme moins fréquente. Dans la grande majorité des cas, ces décisions ne jugent pas même le mérite, considérant non recevables et rejetant *in limine*, laconiquement, les recours extraordinaires, estimés contraires aux politiques jurisprudentielles établies par le Tribunal fédéral. Pour cette raison, il n'est pas possible de spécifier précisément quelles politiques le Tribunal fédéral a ordonnées ou discutées, celles-ci n'étant pas mentionnées dans les décisions. Néanmoins, il est possible d'identifier les cas dans lesquels la Cour suprême a établi explicitement la possibilité de l'interférence du pouvoir judiciaire dans la formulation de politiques de sécurité publique,[959] incluant, par exemple, la détermination judiciaire du détachement obligatoire de policiers pour garantir la sécurité dans des établissements de placement de mineurs qui ont enfreint la loi.[960] Dans une décision particulièrement éloquente dans le domaine du droit à la sécurité, le Tribunal fédéral a réaffirmé l'applicabilité directe et immédiate des normes constitutionnelles programmatiques: « c'est la fonction institutionnelle du pouvoir judiciaire de déterminer l'implantation de politiques publiques, quand les organes d'État compétents, en ne s'acquittant pas des charges politico-juridiques qui leur incombent, en viennent à menacer, par un tel comportement, l'efficacité et l'intégrité des droits individuels et/ou collectifs dotés d'une assise constitutionnelle, bien qu'ils dérivent de clauses revêtues de contenus pragmatiques ».[961]

---

[955] Tribunal fédéral suprême. RE 594.018 AgR, *Diário da Justiça Eletrônico* 148, 07/08/2009.
[956] Tribunal fédéral suprême. RE 595.595 AgR, *Diário da Justiça Eletrônico* 99, 29/05/2009.
[957] Tribunal fédéral suprême. ARE 761.127 AgR. *Diário da Justiça Eletrônico* 158, 18/08/2014.
[958] Tribunal fédéral suprême. RE 362.074 AgR, *Diário da Justiça* 22/04/2005 p. 13.
[959] Cf. Tribunal fédéral suprême. RE 768.825 AgR, *Diário da Justiça Eletrônico* 161, 21/08/2014; RE 628.159 AgR, *Diário da Justiça Eletrônico*, 15/08/2013; RE 559.646 AgR, *Diário da Justiça Eletrônico* 120, 24/06/2011; RE 559.646 AgR, *Diário da Justiça Eletrônico* 120, 24/06/2011.
[960] Tribunal fédéral suprême. AI 810.410 AgR, *Diário da Justiça Eletrônico* 154, 08/08/2013.
[961] Tribunal fédéral suprême. RE 367.432 AgR. *Diário da Justiça Eletrônico* 086, 14/05/2010.

Il faut signaler que dans un cas le Tribunal fédéral s'est montré expressément déférent à l'égard des autres pouvoirs, se refusant à interférer dans l'établissement des politiques publiques liées à l'environnement. Il s'agit de l'action directe en inconstitutionnalité nº 4029 de 2012, dans le cadre de laquelle le Tribunal fédéral a jugé la constitutionnalité de la loi nº 11516 de 2007, qui a créé l'Institut Chico Mendes de conservation de la biodiversité (ICMBio). L'association nationale des fonctionnaires de l'Institut brésilien de l'environnement (Ibama), à l'origine de l'action, a allégué devant le Tribunal fédéral que la création de l'ICMBio affaiblirait la protection de l'environnement, étant inutile, disproportionnée et inefficace, dans la mesure où existait déjà une autre institution (l'Ibama) dédiée aux questions d'environnement. Dans une attitude de déférence directe au pouvoir exécutif, le Tribunal fédéral suprême a décidé qu' « il ne convenait pas que l'instance prétorienne suprême discute l'implantation de politiques publiques, autant parce qu'elle ne possède pas les connaissances nécessaires pour stipuler l'ingénierie administrative indispensable au succès d'un modèle de gestion de l'environnement, que parce que cet espace n'était pas représenté par la Constitution comme un objet de débat à propos de ce type de questions ». La Cour suprême a ainsi admis son inadéquation en tant qu'instance de discussion et d'établissement des politiques publiques.

L'ingérence du pouvoir judiciaire dans la formulation des politiques publiques a encore été reconnue comme licite dans deux autres hypothèses : au plan du droit à un environnement équilibré, consacré par l'article 225[962] de la Constitution,[963] ainsi que dans le cadre de la détermination de la fourniture d'une assistance juridique gratuite par l'État, à travers la création du Défenseur public, comme organe constitutionnellement compétent pour représenter en justice les personnes démunies (article 134 de la Constitution).[964][965] Dans ce dernier cas, le Tribunal fédéral en est venu à confirmer les décisions judiciaires qui condamnaient les États fédérés du Paraná, Ceará, Piauí et Maranhão, à créer et installer la Défenderie publique dans quelques-unes de leurs collectivités, quoique cette tâche impliquât la création d'organes et de charges publics, qui sont de la compétence

---

[962] « Art. 225. Chacun a droit à un environnement écologiquement équilibré, bien à l'usage commun du peuple et essentiel à une saine qualité de vie ; le devoir de le défendre et de le préserver au bénéfice des générations présentes et futures incombe à la puissance publique et à la collectivité. »

[963] Cf. Tribunal fédéral suprême. RE 658.171 AgR, *Diário da Justiça Eletrônico* 079, 28/04/2014; RE 563.144 AgR, *Diário da Justiça eletrônico* 069, 15/04/2013; RE 417.408 AgR, *Diário da Justiça Eletrônico* 081, 26/04/2012; RE 367.432 AgR, *Diário da Justiça Eletrônico* 086, 14/05/2010.

[964] « Art. 134. La Défenderie publique est une institution essentielle à la fonction juridictionnelle de l'Etat ; il lui appartient d'assurer le conseil juridique et la défense des indigents à tous les degrés, conformément à l'article 5, LXXIV ci-dessus. »

[965] Tribunal fédéral suprême. AI 739.151 AgR. *Diário da Justiça Eletrônico* 112, 11/06/2014.

exclusive du pouvoir exécutif de chaque État de la fédération.[966] Dans toutes ces situations, le Tribunal fédéral suprême a fermement réitéré que la concrétisation directe des droits-créances par le pouvoir judiciaire ne constituait pas une violation de la séparation des pouvoirs – principe qui ne pouvait être invoqué pour excuser l'omission de l'accomplissement des devoirs constitutionnels de l'administration.

En conclusion, on perçoit donc que le Tribunal fédéral suprême a effectivement dissocié la concrétisation de quelques droits-créances des mécanismes qui, classiquement, assurent l'autonomie du pouvoir exécutif dans le choix de son programme de gouvernement (ledit « mérite administratif ») et garantissent la légitimité démocratique de ce même programme par le biais du vote, par le Parlement, des lois budgétaires. L'option du Tribunal fédéral est progressivement devenue celle de privilégier l'exécution effective du devoir constitutionnel de réaliser des actions dans des champs spécifiques des politiques publiques, bien que cette détermination constitutionnelle ait été formulée de façon extrêmement large et indéterminée, rendant nécessaire une réglementation infraconstitutionnelle. En effet, le Tribunal fédéral a contredit expressément la traditionnelle distinction entre normes auto-applicables et normes non auto-applicables ou programmatiques, abondamment employée dans sa propre jurisprudence, et a opté pour l'attribution de l'applicabilité directe et immédiate à des formulations normatives qui dépendaient clairement d'une règlementation infraconstitutionnelle et de décisions discrétionnaires de l'administration.

En outre, cette nouvelle politique jurisprudentielle a expressément exclu les considérations relatives aux coûts de l'implantation des droits-créances, dans le cadre d'un processus de forte réduction de l'autonomie décisionnelle des acteurs politiques au sein de la démocratie brésilienne. La conception selon laquelle les pouvoirs exécutif et législatif auraient la priorité dans la réalisation des droits-créances attribués par la Constitution, a de certaine manière été relativisée, voire complètement écartée. En procédant ainsi, le Tribunal fédéral a choisi de rattacher au pouvoir judiciaire la tâche de concrétiser la Constitution, pour ce qui concerne ces droits, en se réclamant du raisonnement qu'il importait de reconnaître, à savoir suppléer et même sanctionner l'omission des autres pouvoirs dans l'exercice de leurs compétences constitutionnelles.

Néanmoins, la suppléance de cette omission ne s'est pas faite par les voies spécifiques consacrées par la Constitution de 1988 – l'action directe d'inconstitutionnalité pour omission et l'ordonnance d'injonction –, mais par la voie du contrôle diffus de constitutionnalité, dans le cadre d'une procédure innovante qui a cherché à imprimer un maximum d'efficacité au

---

[966] Tribunal fédéral suprême. AI 598.212 ED, *Diário da Justiça Eletrônico* 077, 24/04/2014; RE 763.667 AgR, *Diário da Justiça Eletrônico* 246, 13/12/2013; AI 739.151 AgR, *Diário da Justiça Eletrônico* 112, 11/06/2014; AI 835.956 AgR, Diário da Justiça Eletrônico 125, 01/07/2013.

texte constitutionnel, comme le préconise le néo constitutionnalisme. La Cour suprême a de la sorte rejeté le concept plus traditionnel qui requiert une action conjointe des trois pouvoirs pour l'exécution de la norme constitutionnelle, donnant ainsi un nouvel aspect à la conception brésilienne de la séparation des pouvoirs.[967]

SECTION 2. LES CONTRAINTES IMPOSÉES AU BUDGET DE L'ÉTAT

Dans le cadre de la prestation de services publics qui lui incombe par détermination constitutionnelle, l'État brésilien est subordonné à l'ordonnancement légal de ses dépenses, réalisé par le biais du budget public. Le système brésilien de planification et budgétisation est fondé sur trois lois, prévues dans l'article 165[968] de la Constitution de 1988 : le plan pluriannuel (PPA), la loi de directives budgétaires (LDO) et le budget annuel (loi budgétaire annuelle, LOA). Le plan pluriannuel, instrument de planification à moyen terme, contient les objectifs de dépense de l'administration pour une période de quatre ans « qui va, dans le cas de l'Union, du début de la deuxième année du mandat présidentiel à la fin de la première année du mandat présidentiel suivant ».[969] La loi de directives budgétaires, de son côté, oriente l'élaboration du budget annuel et fixe les objectifs et les priorités de l'administration publique à respecter dans la loi budgétaire annuelle. Cette dernière, pour sa part, procède à l'estimation des recettes qui seront encaissées au cours de l'exercice suivant et, en se basant sur elles, fixe les dépenses à engager pour le même exercice.[970]

Relevant de l'initiative privative du président de la République, ces trois titres normatifs sont présentés au pouvoir législatif, qui les apprécie et les approuve (avec des amendements, dans des conditions déterminées), suivant

---

[967] D'après Elival da Silva Ramos, "Il est certain que cet activisme judiciaire, contenu encore, mais que s'épanouit de façon préoccupante, a rapport avec au moins deux facteurs : d'un côté, des dysfonctions du système politique, qui n'a pas la compétence de traiter les revendications légitimes qui se présentent, et de les relier à des programmes de gouvernement consistants qui, élaborés de manière transparente et participative, puissent leur répondre, dans la mesure où la croissance économique le permet ; de l'autre côté, la culture nationale, imbue d'un volontarisme inconséquent et formaliste, qui simplifie le cadre complexe d'un pays en quête du développement et qui, pour cause de cette simplification et de la formation majoritaire de ses dirigeants, recherche parmi les outils juridiques les solutions pour toutes les déficiences de la société. » Ramos, Elival da Silva. « Contrôle juridictionnel de politiques publiques : l'effectivation des droits sociaux sous la Constitution brésilienne de 1988 ». *Op. cit.*

[968] « Art. 165. Des lois à l'initiative de l'exécutif établissent : I - le plan pluriannuel ; II - les directives budgétaires ; III - les budgets annuels. (…) »

[969] Graça, Luis Otávio Barroso da. « Controle Jurisdicional do Processo Legislativo Orçamentário ». *Senado Federal* [en ligne]. Disponible sur http://www12.senado.gov.br/publicacoes/estudos-legislativos/tipos-de-estudos/outras-publicacoes/agenda-legislativa/capitulo-15-controle-jurisdicional-do-processo-legislativo-orcamentario. (Consulté le 10 mars 2015).

[970] *Ibid.*

une procédure spécifique fixée en norme interne du Congrès national, la résolution n° 1 de 2006. Par essence, les lois budgétaires ont comme un de leurs objectifs centraux de conférer une légitimité démocratique à l'allocation et à l'emploi des ressources financières de l'État, en provenance du paiement des impôts par les citoyens. Dans un contexte de ressources dans la plupart des cas restreintes, il incombe au pouvoir exécutif, dans le cadre de la proposition de lois budgétaires, et au pouvoir législatif, par son vote, de choisir les politiques publiques qui seront mises en œuvre par l'État, et de quelle façon, répondant par-là non seulement aux programmes politiques sur la base desquels ils ont été élus, mais aussi aux prescriptions du texte constitutionnel. La tâche est particulièrement ardue dans le contexte d'une Constitution longue et minutieuse, qui établit comme objectifs de l'État brésilien des réalisations aussi amples et complexes que « construire une société libre, juste et solidaire, garantir le développement national, éradiquer la pauvreté et la marginalisation et réduire les inégalités sociales et régionales » et encore « promouvoir le bien de tous, sans préjugés d'origine, race, sexe, couleur, âge, ou de quelque autre forme de discrimination » (art. 3). Dans de telles conditions, les lois budgétaires se révèlent être une pièce fondamentale pour l'État, puisqu'elles concrétisent des choix politiques qui cherchent à répondre à la volonté expresse des urnes.

Pour ce qui concerne particulièrement le pouvoir judiciaire, celui-ci est habilité par l'article 99[971] de la Constitution, tant au niveau fédéral qu'à celui des États fédérés, à présenter aux pouvoirs législatifs respectifs sa proposition budgétaire comme composante de l'autonomie financière qui lui est constitutionnellement assurée. Il revient ainsi au président du Tribunal fédéral suprême, conjointement avec les présidents des tribunaux supérieures, l'initiative de présenter au Congrès national la proposition budgétaire du pouvoir judiciaire de l'Union. L'élaboration du budget demeure, cependant, en grande partie l'expression d'un dialogue institutionnel entre les pouvoirs exécutif et législatif, avec la participation uniquement sectorielle et restreinte du pouvoir judiciaire.

Tout au long des presque trois décennies d'application de la Constitution de 1988, cette participation du Tribunal fédéral suprême à l'élaboration et à l'application des lois budgétaires, s'est néanmoins graduellement accrue. Comme le Tribunal fédéral suprême est le gardien de la Constitution, suivant la disposition expresse de l'article 102, et que celle-ci dispose sur une myriade de thèmes dont la concrétisation s'effectue par le biais d'actions de

---

[971] « Art. 99. L'autonomie administrative et financière est garantie au pouvoir judiciaire. Paragraphe premier. Les tribunaux élaborent leurs propositions budgétaires dans le respect des limites stipulées conjointement avec les autres pouvoirs dans la loi de directives budgétaires. § 2. La proposition, les autres tribunaux intéressés entendus, est transmise : I - dans la sphère fédérale, par les présidents du Tribunal fédéral suprême et des tribunaux supérieurs, avec l'approbation des tribunaux respectifs ; II - dans la sphère de chaque État fédéré et dans celle du District fédéral et des Territoires, par les présidents des Tribunaux de justice, avec l'approbation des tribunaux respectifs. »

l'État, ordonnées par le budget, il s'en est suivi que la Cour suprême a parrainé une interférence du pouvoir judiciaire toujours plus prononcée dans le champ des compétences autonomes des pouvoirs exécutif et législatif. Partant d'une politique jurisprudentielle initialement déférente, le Tribunal fédéral suprême en est venu à exercer un contrôle toujours plus actif sur le budget fédéral (§ 1) et a autorisé l'imposition judiciaire de mesures contraignantes au pouvoir exécutif, sous la forme de la rétention de fonds publics pour l'exécution de politiques publiques ordonnées par le pouvoir judiciaire lui-même (§ 2).

§ 1. Le contrôle de constitutionnalité du budget fédéral

Jusqu'à la seconde moitié de la décennie 2000, la politique jurisprudentielle du Tribunal fédéral suprême a été celle de la déférence aux pouvoirs exécutifs et législatifs, dans la mesure où la Cour se récusait à contrôler la constitutionnalité des dispositions normatives budgétaires. Le Tribunal fédéral invoquait à cet égard une politique jurisprudentielle solidement établie et déjà ancienne, qui excluait du contrôle concentré de constitutionnalité lesdites lois formelles à effets concrets. De fait, la Cour suprême a considéré les lois budgétaires, ainsi que leurs modifications postérieures, comme des exemples paradigmatiques de lois, équivalant à des actes administratifs d'autorisation, à effets concrets et limités. De telles lois, d'après le tribunal fédéral, ne disposent pas de l' « abstraction, de la généralité et de l'impersonnalité » qui constituent les réquisits nécessaires des normes soumises au contrôle concentré de constitutionnalité, et expriment, au-delà d'une « norme individuelle multiple, c'est-à-dire qui impose à des destinataires déterminés (...) une certaine conduite individualisée et unique ».[972] Les lois budgétaires, cependant, ne configurent qu' « une destination de ressources, prévue dans la loi formelle, mais de nature et à effets politico-administratifs concrets »,[973] qui « s'épuisent avec la proposition et le vote du budget fiscal »[974] et qui, en tant que telles, sont exclues du contrôle abstrait de constitutionnalité.[975]

Néanmoins, à compter de 2008, le Tribunal fédéral suprême a abandonné cette politique jurisprudentielle, et en est venu à admettre expressément le contrôle de constitutionnalité des lois budgétaires. L'arrêt le plus

---

[972] Tribunal fédéral suprême. ADI 1716, *Diário da Justiça* 27/03/1998, p. 2. Dans le même sens, cf. ADI 2057 MC, *Diário da Justiça* 31/03/2000, p. 50; ADI 2100, *Diário da Justiça* 01/06/2001, p. 76; ADI 2484 MC, *Diário da Justiça* 14/11/2003, p. 11; ADI 3652, *Diário da Justiça* 16/03/2007, p. 20.

[973] Tribunal fédéral suprême. ADI 1640 QO, *Diário da Justiça* 03/04/1998, p. 1.

[974] Tribunal fédéral suprême. ADI 2535 MC, *Diário da Justiça* 21/11/2003, p. 7.

[975] Cette politique jurisprudentielle a néanmoins connu une exception : dans l'ADI 2.925, de 2003, la Cour suprême a reconnu à la loi budgétaire un degré suffisant d'abstraction et de généralité pour la soumettre au contrôle abstrait de constitutionnalité. Cf. Tribunal fédéral suprême. ADI 2925, *Diário da Justiça* 04/03/2005, p. 10.

remarquable a été, en l'espèce, l'action directe en inconstitutionnalité n° 4048, mesure préventive de 2008.[976] Le Parti social-démocrate brésilien a saisi le Tribunal pour déclarer l'inconstitutionnalité de la mesure provisoire n° 405 de 2007, édictée par le président de la République pour ouvrir une ligne de crédits budgétaires extraordinaires[977] en faveur de la justice électorale et de divers organes du pouvoir exécutif. La décision de la Cour a été que les dépenses ne configuraient pas une situation d'imprévisibilité et d'urgence, réquisits établis par le § 3 de l'article 167[978] de la Constitution pour l'ouverture de crédits extraordinaires. Pour parvenir à cette conclusion, la Cour a considéré que ledit paragraphe avait une densité normative suffisante pour établir une définition précise de l'imprévisibilité et de l'urgence, étant donné que le texte mentionnait des exemples de « guerre, bouleversement interne et catastrophe publique ». La Cour suprême a ainsi porté son jugement au point nodal non seulement des compétences du pouvoir exécutif, qui comprend précisément le jugement d'opportunité et de convenance relatif à la sollicitation de l'ouverture de crédits extraordinaires, mais aussi du pouvoir législatif, qui décide si de tels crédits sont motivés par des dépenses imprévisibles et urgentes (il faut préciser que la mesure provisoire en question avait déjà été approuvée et transformée en loi par le Congrès national).

L'opinion majoritaire du Tribunal a été rédigée par le rapporteur du cas, le juge Gilmar Mendes. Pour le juge Mendes, la politique jurisprudentielle adoptée jusque-là, qui consistait à récuser le contrôle abstrait de lois formelles à effets concrets, devait être repensée, étant donné qu'elle excluait de l'appréciation du Tribunal suprême un nombre significatif de lois et affaiblissait la suprématie de la Constitution. Le juge Mendes a ainsi explicitement défendu l'amplification du champ d'intervention de la Cour suprême, dans le but d'y inclure une matière qui jusque-là avait été laissée à la compétence discrétionnaire exclusive des pouvoirs législatif et exécutif. Observant que le contrôle abstrait de constitutionnalité n'était possible que dans quelques cas seulement, le juge Mendes a fait ressortir que beaucoup d'actes normatifs « pourront difficilement être soumis à un contrôle de légitimité dans le cadre de la juridiction ordinaire ». Selon lui, « si la Constitution soumet la loi à un procès de contrôle abstrait, y compris parce que la procédure correspond à un moyen pertinent d'innovation dans l'ordre juridique et à un instrument adéquat de concrétisation de l'ordre

---

[976] Tribunal fédéral suprême. ADI 4.048 MC, *Diário da Justiça Eletrônico* 157, 22/08/2008.

[977] Les crédits extraordinaires sont une modalité de crédits budgétaires additionnels (autorisations de dépenses non comptabilisées ou dotées de forme insuffisante dans la loi budgétaire annuelle) et se destinent à couvrir des dépenses urgentes et imprévues, telles que celles qui découlent d'une guerre, d'un bouleversement interne ou d'une catastrophe publique (article 167, § 3 de la Constitution de 1988).

[978] « Article 167, § 3. L'ouverture de crédits extraordinaires n'est admise que pour faire face à des dépenses imprévisibles et urgentes, telles que celles résultant d'une guerre, de bouleversements internes ou de catastrophes publiques, conformément aux dispositions de l'article 62 ci-dessus. »

constitutionnel, il ne paraît pas recevable que l'interprète affaiblisse cette garantie de la Constitution, en exemptant du contrôle abstrait des normes un nombre élevé d'actes approuvés sous forme de loi ». Le juge Mendes a alors conclu que le Tribunal fédéral suprême« n'était pas sur la bonne voie en considérant que les lois à effet concret ne se prêtent pas au contrôle abstrait de normes ».[979] En conséquence la Cour a statué que dorénavant serait possible le contrôle abstrait de constitutionnalité de toute et quelque norme budgétaire que ce soit, et elle a rédigé sa décision en lui donnant un tour maximaliste, de façon à recouvrir jusqu'à y compris la diversité des normes de la catégorie mesure provisoire, contrôlée dans l'action directe en question.

Analysant la norme de référence (l'article 167, § 3), le rapporteur a conclu que, bien qu'il s'agisse d'une norme indéterminée, la Constitution lui a octroyé une « densité normative » suffisante (c'est-à-dire une détermination sémantique) par la mention dans le texte des termes « guerre », « bouleversement interne » et « catastrophe publique ». Le juge Mendes a affirmé à cet égard : « en d'autres mots, les termes *imprévisibles* et *urgentes,* en tant que signes linguistiques de nature indéterminée, sont délimités sémantiquement, quoique partiellement, par le texte constitutionnel lui-même ».[980] Dans ces conditions, le contrôle du jugement de convenance et d'opportunité du pouvoir exécutif par le Tribunal serait possible. Analysant concrètement, à son tour, la mesure provisoire mise en cause dans l'action directe, le rapporteur a conclu que « les crédits ouverts sont destinés à alimenter des dépenses courantes, qui ne sont pas qualifiées par l'imprévisibilité ou l'urgence », raison pour laquelle il a considéré inconstitutionnelle la mesure provisoire contrôlée, et a déclaré recevable la mesure préventive.[981]

Les juges Carmem Lúcia, Carlos Ayres Britto, Marco Aurélio, Eros Grau et Celso de Mello se sont rangés à l'opinion du rapporteur. Ce dernier, en particulier, a caractérisé un acte du président de la République comme relevant d'un « exercice abusif de la prérogative extraordinaire de légiférer [par des mesures provisoires] », car « le pouvoir discrétionnaire gouvernemental, dans des situations anomales d'excès de pouvoir ou dans des conditions inacceptables d'abus institutionnel manifeste, ne peut ignorer le principe de la suprématie de la Constitution, ni méconnaître les postulats qui dérivent du système consacré par notre ordonnancement constitutionnel ».[982] L'opinion du juge Mello s'insère dans un contexte dans lequel les présidents de la République qui se sont succédé depuis la promulgation de la Constitution de 1988, ont excessivement recouru à des mesures provisoires – conçues originellement pour n'être employées qu'à

---

[979] Tribunal fédéral suprême. ADI 4.048 MC. *Op. cit.*
[980] *Ibid.*
[981] *Ibid.*
[982] *Ibid.*

titre exceptionnel et en cas d'urgence.[983] Une telle situation, de l'avis du Juge Mello, faisait courir des risques à la séparation des pouvoirs et affirmait la supériorité de fait du pouvoir exécutif sur le pouvoir législatif dans la production des normes juridiques, générant ainsi de profondes distorsions dans les relations politiques entre ces deux pouvoirs. Pour le juge Mello, cet excès présidentiel a usurpé des attributions qui n'étaient pas propres à la fonction, manqué de respect à la Constitution et porté atteinte « aux libertés civiles, aux franchises démocratiques et aux paramètres dont la stricte observance doit conditionner l'exercice du pouvoir d'État ».[984] En plus, d'après lui, l'abus d'édition de mesures provisoires aurait instauré au Brésil un « véritable césarisme gouvernemental en matière législative », au détriment de la séparation des pouvoirs : depuis la promulgation de la Constitution de 1988 jusqu'à la date du jugement (2008), les présidents de la République ont légiféré par mesures provisoires deux fois plus que le Congrès national lui-même. Dans cette logique, c'est réellement l'excès de pouvoir du président de la République que la Cour a cherché à contrôler, pour rétablir l'équilibre entre l'exécutif et le législatif qui avait été rompu par l'édition effrénée de mesures provisoires. La Cour suprême s'est ainsi présentée comme fidèle à la balance institutionnelle brésilienne, récusant implicitement l'accusation d'invasion de la sphère de compétences des autres pouvoirs. Cette décision a été réitérée, sur les mêmes bases, dans l'action directe en inconstitutionnalité n° 4049 de 2008.[985]

La décision du Tribunal fédéral suprême dans l'affaire ADI n° 4048 de 2008, n'a pourtant pas été prise à l'unanimité, et a été le fruit d'un débat intense au sein du collège ministériel. De fait, les membres du Tribunal fédéral se sont montrés conscients que ce qui était en jeu, dans ce jugement, c'était la définition des limites de l'action du Tribunal fédéral suprême face aux autres pouvoirs. Plusieurs juges ont ainsi présenté des opinions divergentes, qui soutenaient que le Tribunal suprême n'avait pas compétence pour interférer dans les compétences politiques des pouvoirs législatif et exécutif. Il faut mettre en avant ici l'opinion du juge Joaquim Barbosa, qui a expressément récusé la compétence du Tribunal suprême à se prononcer sur les réquisits d'imprévisibilité et d'urgence. Pour le juge Barbosa, cette compétence appartient au pouvoir législatif : « dans une République délibérative [comme le Brésil], le mérite de la prise de décisions cruciales

[983] Les mesures provisoires sont des normes juridiques qui ont force de loi, édictées par le président de la République en cas de nécessité et d'urgence. Elles ont une efficacité immédiate et une validité de 60 jours, et ne sont prorogeables qu'une fois pour une durée égale (article 62 de la Constitution de 1988). Elles sont inspirées des *decreti-legge* de la Constitution italienne. Une fois édictées, elles sont soumises au Congrès national pour appréciation et éventuelle conversion en loi. Les mesures provisoires constituent une exception à la compétence législative du Congrès national, en autorisant le président de la République à mettre en œuvre des dispositions normatives, sans débat parlementaire préliminaire à leur sujet.

[984] Tribunal fédéral suprême. ADI 4.048 MC. *Op. cit.*

[985] Tribunal fédéral suprême. ADI 4049 MC, *Diário da Justiça Eletrônico* 084, p. 08/05/2009.

revient au Congrès national. Par ailleurs, l'avocat général de l'Union (…) a informé que le Congrès national a déjà approuvé cette mesure provisoire. Je ne vois pas comment le Tribunal fédéral suprême pourrait se substituer au Congrès national à titre préventif pour rejeter une mesure provisoire que le Congrès a déjà approuvée. Je ne vois pas comment. (…) Le Congrès national a déjà approuvé [et converti en loi] la mesure provisoire. La discussion est close ».[986]

Pour le juge Ricardo Lewandowski, également, l'édition de mesures provisoires serait un acte éminemment politique, du ressort du président de la République et du Congrès national, à propos duquel l'intervention du Tribunal fédéral suprême ne pourrait être qu'exceptionnelle. D'après le juge Lewandowski, « l'édition de mesures provisoires (…) est un acte de gouvernement, qui se caractérise par son ample pouvoir discrétionnaire. Autrement dit, c'est la volonté de l'exécutif conjointe à la volonté du Parlement qui seule apprécie ces critères d'urgence, opportunité, nécessité, impossibilité de prévision, imprévisibilité, etc. Le judiciaire, qui est un fiscalisateur, un facteur d'équilibre entre ces deux pouvoirs éminemment politiques, (…) n'interfère seulement que dans des moments exceptionnels de tératologie, d'abus et d'irrationalité absolue ».

De son côté, le juge Cezar Peluso a attribué au Congrès national – et non au Tribunal fédéral suprême – la tâche de modifier le système en vigueur, où prévaut l'exercice discrétionnaire des pouvoirs législatifs et exécutif. Le juge Peluso a fait sienne l'interprétation minoritaire en affirmant de la décision sur l'imprévisibilité et l'urgence prévue dans l'article 167, § 3 qu'elle relevait d'un « jugement (…) typique de l'administration publique : savoir si les actes étaient ou non nécessaires », constituait exclusivement un « acte typique de gouvernement ». Pour lui, s'il y avait crise du modèle consacré par la Constitution de 1988, la solution incomberait au Congrès national, dans la mesure où « il s'agit d'une crise politique, dont la responsabilité pèse sur les épaules du Congrès national, qui doit par conséquent en assumer toutes les conséquences politiques et pratiques, parce que du haut de son pouvoir de délibération il avait estimé jusqu'alors ne pas devoir modifier le modèle ». Le juge Peluso a été net en affirmant que l'expansion du champ d'action du Tribunal suprême entraînerait une violation de la séparation des pouvoirs : « nous ne pouvons assumer une telle responsabilité – et, dans le cas présent, il me semble effectivement que le principe de la séparation [des pouvoirs] est touché – , parce que, d'une manière ou d'une autre, nous empièterions sur la compétence spécifique, autant du président de la République que du Congrès national, d'examiner la convenance de la libération, ou non, d'un crédit extraordinaire(…) Y compris parce que (…) il s'agit ici d'un acte typique de gouvernement . (…) C'est le gouvernement qui décide sur le sujet. Et qui, s'il décide mal, en répond devant les autres

[986]*Ibid.*

instances, (…) et non devant le Cour suprême ».[987] Le juge Peluso a en particulier attiré l'attention sur le fait que la politique jurisprudentielle solidement établie par la Cour suprême, ne permettait pas que le Tribunal suprême juge les réquisits d'urgence et de nécessité relatifs à l'édition de mesures provisoires[988] – ce qui serait en contradiction flagrante avec l'opinion du Juge Gilmar Mendes, adoptée par la majorité du collège du tribunal.

Enfin, la juge Ellen Gracie a affirmé que l'emploi des expressions exemplifiées par l'article 167, § 3 (« guerre, bouleversement interne ou catastrophe publique ») ne signifiait pas que la Constitution avait « fermé toutes les possibilités à l'exercice de la prérogative contenue dans ce dispositif face à d'*autres circonstances* qui, bien que urgentes et imprévisibles, pourraient aussi être affrontées, avant que le pays soit conduit à ces situations extrêmes de chaos, conflits et crises, bien souvent irrémédiables ».[989] L'opinion majoritaire du Tribunal fédéral s'est ainsi opposée à l'argument que la norme de référence serait suffisamment déterminée au regard du cas concret, pour fournir un critère efficace de contrôle de la constitutionnalité de la mesure provisoire incriminée.

En conclusion, on retiendra que le Tribunal fédéral a modifié, à une étroite majorité et après un intense débat, sa politique jurisprudentielle, pour affirmer la possibilité du contrôle abstrait de constitutionnalité de normes juridiques budgétaires. En procédant ainsi, le Tribunal suprême a délibérément choisi d'élargir son champ d'action face aux autres pouvoirs, en invoquant la suprématie de la Constitution et sa fonction de gardien de la Constitution comme justification de la nouvelle position institutionnelle qu'il s'attribuait, au détriment des arguments associés á la séparation des pouvoirs. Le Tribunal fédéral s'est en particulier autorisé à revoir les critères politiques qui ont été au fondement de la prise de décision du Congrès national et du président de la République, malgré l'indétermination de la norme de référence, et il a ainsi sensiblement réduit l'autonomie de l'exercice de leur jugement d'opportunité et de convenance dans l'allocation de ressources et l'exécution des politiques publiques.

Malgré cela, une proportion significative des membres de la Cour suprême a plaidé pour une attitude déférente à l'égard des compétences des autres pouvoirs, se refusant à exercer son jugement de convenance et d'opportunité, autant à propos de l'ouverture de crédits supplémentaires que de l'édition de mesures provisoires. La minorité a également soutenu un

---

[987] *Ibid.*

[988] Le Tribunal fédéral suprême possédait à cette époque une politique jurisprudentielle affirmant qu'il ne lui revenait pas de juger de l'existence de l'urgence et de la nécessité déterminées par le pouvoir exécutif, comme condition pour l'éditions de mesures provisoires. Cf. *exempli gratia* Tribunal fédéral suprême. ADI 2.150, *Diário da Justiça* 29/11/2002, p. 18; ADI 2.527 MC, *Diário da Justiça Eletrônico* 147, 23/11/2007; ADI 1.667 MC, *Diário da Justiça* 21/11/1997, p. 60586.

[989] Tribunal fédéral suprême. ADI 4.048 MC. *Op. cit.* (Italique ajouté).

modèle institutionnel, au sein duquel il reviendrait au pouvoir législatif – et non au Tribunal fédéral – de changer le système normatif qui, suivant l'évaluation du collège prétorien, souffrait de graves dysfonctionnements (l'édition abusive de mesures provisoires). L'argument central en vient alors à être relié à des considérations de légitimité démocratique de la Cour suprême, composée de membres non élus, face au pouvoir législatif. L'opinion minoritaire du Tribunal fédéral a ainsi cherché à préserver le rôle central du Congrès national comme instrument d'expression de la volonté populaire, et soutenu l'idée que la modification du système en vigueur se fasse par le biais d'un amendement constitutionnel et non par l'intervention du pouvoir judiciaire, privilégiant ainsi le processus formel de changement du texte constitutionnel.[990] Cette vision déférente n'a cependant finalement pas prévalu.

§ 2. La mise sous séquestre des fonds publics pour l'exécution des programmes gouvernementaux ordonnés par le pouvoir judiciaire

Comme on l'a vu antérieurement, le Tribunal fédéral suprême a développé des politiques jurisprudentielles qui, à partir de l'application directe de dispositions constitutionnelles hautement indéterminées, ordonnent à l'État la concrétisation des droits-créances tels que les droits à la santé et à l'éducation, entre autres.[991] Cette concrétisation se réalise de diverses manières, qui incluent la distribution gratuite de médicaments par les organismes du système unique de santé, la fourniture de transport scolaire et l'amélioration des établissements scolaires, y compris sous peine du paiement d'astreintes (amende pour retard). En s'attribuant la tâche de concrétiser directement les droits-créances, on a vu que le Tribunal fédéral suprême s'est substitué au jugement de convenance et d'opportunité de l'administration, reportant sur le pouvoir judiciaire la compétence de concevoir et de déterminer les politiques publiques. Parallèlement à ce registre des politiques publiques, l'expansion du champ d'action du Tribunal fédéral suprême s'est traduite directement, quoique de façon timide, dans les termes d'une zone importante du fonctionnement de l'administration publique : la systématicité du paiement par l'État des dettes provenant de condamnations judiciaires.

En règle générale, au Brésil, les condamnations imposées à l'État (Union, États fédérés et municipalités, ainsi que leurs autarchies et les fondations publiques) par le pouvoir judiciaire, sont exécutées par un commandement à

[990] Il faut signaler que l'initiative de modifier la Constitution pour éviter l'édition abusive de mesures provisoires a été prise par le Congrès national. L'amendement constitutionnel n° 32 de 2001, a été précisément promulgué avec l'objectif de restreindre la compétence présidentielle en la matière, par l'imposition de nombreuses limitations au pouvoir exécutif, au nombre desquelles la plus importante a été celle d'interdire la réédition réitérée de mesures provisoires.

[991] Cf. Seconde partie, Titre 1, Chapitre 2, Section 1.

payer, désigné : « *precatório* ». Prévues par l'article 100[992] de la Constitution de 1988, ces sommations correspondent à des réquisitions de paiement adressées par le pouvoir judiciaire à l'administration publique, après une condamnation définitive en justice. Elles peuvent être de deux types : de nature alimentaire[993] ou de nature commune.[994] Les réquisitions alimentaires ont préséance sur les communes pour le paiement. Les condamnations à des montants réduits (jusqu'à soixante salaires minima au plan fédéral) ne font pas l'objet d'une sommation, mais de réquisitions associées à un délai de 60 jours pour leur règlement, à compter de l'intimation au débiteur. Suivant la logique adoptée par la Constitution, ces sommations visent à permettre à l'administration de planifier et de prévoir ses dépenses, dans la mesure où celles-ci sont réglées dans l'ordre de leur présentation, et doivent être incluses dans le budget public : les sommations judiciaires reçues jusqu'au 1er juillet sont transformées en sommations incluses dans la proposition budgétaire de l'année suivante. Concrétisant l'article 100 de la Constitution, le Tribunal fédéral suprême a établi une politique jurisprudentielle n'autorisant la réquisition des ressources que dans le cas de rupture de l'ordre d'acquittement des sommations.[995]

Néanmoins, dans une série de décisions, la Cour suprême a introduit une nouvelle exception à la systématicité constitutionnelle des commandements de paiement et des réquisitions de montants réduits : la réalisation de politiques publiques déterminées par le pouvoir judiciaire lui-même. Les décisions de la Cour suprême en la matière peuvent être réparties en deux groupes. Dans un premier groupe, le Tribunal fédéral s'est refusé à décider du mérite des recours, alléguant simplement que la décision en la matière, prise dans les décisions objets du recours, ne violait aucune des résolutions antérieures du collège de ses membres.[996]

Dans un second groupe, néanmoins, la Cour suprême a adopté une politique maximaliste,[997] rédigeant des décisions de manière à confirmer la

---

[992] L'article 100 dispose : "les paiements dus par les Finances fédérales, subfédérales ou municipales en vertu d'une sentence judiciaire sont effectués exclusivement dans l'ordre chronologique de présentation des injonctions de payer et sous les rubriques respectives ; la désignation de cas ou de personnes dans les dotations budgétaires et les crédits additionnels ouverts à cette fin est interdite".

[993] Impliquant des décisions sur les salaires, pensions, retraites et ressources similaires.

[994] Supposant des décisions sur d'autres questions, telles que des indemnisations pour dommages, les impôts etc.

[995] Cf. Tribunal fédéral suprême. ADI 1.662, *Diário da Justiça* 19/09/2003, p. 14; AI 690.640 AgR, *Diário da Justiça Eletrônico* 160, 15/08/2013; Rcl 1.270, Diário da Justiça 16/04/2004, p. 54.

[996] Cf. Tribunal fédéral suprême. Rcl 3.982, *Diário da Justiça Eletrônico* 162, 14/12/2007; Rcl 4632 AgR, *Diário da Justiça Eletrônico* 230, 30/11/2010.

[997] Comme déjà vu antérieurement, les décisions maximalistes sont extensives (quant aux cas décidés) et non restrictives, ainsi que profondes (quant à la matière décidée) et non superficielles. Cf. Sunstein, Cass R. « Testing minimalism : a reply ». *Michigan Law Review*, octobre 2005 ; Sunstein, Cass R. « Beyond judicial minimalism ». *Tulsa Law Review*, Summer 2008.

possibilité de la mise sous séquestre des fonds publics pour garantir l'exécution des politiques publiques ordonnées par le propre pouvoir judiciaire, y compris quand la Cour elle-même n'avait pas jugé le mérite de la cause. Le principal précédent dans ce cas a été le recours interne dans le cadre de la plainte n° 597182 de 2006, par lequel le Tribunal fédéral a autorisé la mise sous séquestre de fonds publics, pour que soit répondu à la détermination judiciaire adressée au système public de santé de fournir des médicaments, et où il affirme qu'une telle mise sous séquestre ne violait pas la systématicité constitutionnelle des paiements par le biais de commandements (*precatórios*).[998] Cette décision a été répétée dans onze résolutions collégiales ultérieures, faisant jurisprudence en la matière.[999] Deux autres décisions, en particulier, ont adopté explicitement cette même concrétisation : dans le recours interne à la plainte 553712 de 2009,[1000] le Tribunal a expressément affirmé la « possibilité de bloquer des valeurs pour assurer la fourniture gratuite de médicaments à des personnes démunies », ainsi que l'inapplicabilité de l'article 100 de la Constitution à l'hypothèse de la mise sous séquestre de fonds publics pour l'exécution de politiques publiques déterminées par le propre pouvoir judiciaire. C'est dans le même sens qu'est allée la décision de la Cour suprême quand, dans le cadre du recours interne à la plainte n° 700543 de 2010,[1001] elle a déclaré que « la jurisprudence prédominante du Tribunal fédéral, en déterminant judiciairement la fourniture de médicaments, par les entités de la fédération, à des patients nécessiteux, sous peine de réquisition des fonds publics, ne contrarie pas le sens de l'article 100, § 2 de la Constitution de la République ».

On voit ainsi que le Tribunal fédéral suprême a développé une ample politique jurisprudentielle destinée à renforcer son rôle en particulier, et celui du pouvoir judiciaire en général, face aux autres pouvoirs, pour tout ce qui touche à la concrétisation de la Constitution de 1988. Suivant la Cour suprême, la concrétisation directe de la Constitution par les juges et tribunaux est une possibilité réelle, et le pouvoir judiciaire est doté des instruments, tels que les astreintes et la mise sous séquestre des fonds publics, capables d'obliger l'administration à donner suite à ses décisions qui élaborent et déterminent l'exécution de politiques publiques. La

---

[998] Tribunal fédéral suprême. AI 597182 AgR, *Diário da Justiça* 06/11/2006, p. 42.

[999] Cf. Tribunal fédéral suprême. RE 554.828 AgR, *Diário da Justiça Eletrônico* 088, 16/05/2008; RE 555.037 AgR, *Diário da Justiça Eletrônico* 088, 16/05/2008; RE 549700 AgR, *Diário da Justiça Eletrônico* 031, 22/02/2008; RE 542.164 AgR, *Diário da Justiça Eletrônico* 018, 01/02/2008; RE 549.653 AgR, *Diário da Justiça Eletrônico* 018, 01/02/2008; RE 552.011 AgR, *Diário da Justiça Eletrônico* 018, 01/02/2008; RE 553.193 AgR, *Diário da Justiça Eletrônico* 018, 01/02/2008; RE 552.933 AgR, *Diário da Justiça Eletrônico* 157, 07/12/2007; RE 549.695 AgR, *Diário da Justiça* 07/12/2007, p. 91; RE 549.697 AgR, *Diário da Justiça Eletrônico* 152, 30/11/2007; AI 605.529 AgR, *Diário da Justiça* 06/11/2006, p. 44.

[1000] Tribunal fédéral suprême. AI 553.712 AgR, *Diário da Justiça Eletrônico* 104, 05/06/2009.

[1001] Tribunal fédéral suprême. AI 700543 AgR, *Diário da Justiça Eletrônico* 179, 24/09/2010.

préoccupation de l'efficacité des dispositions constitutionnelles s'ajoute ainsi à l'auto-attribution d'outils capables de garantir l'autorité de ses propres décisions, au détriment de l'autonomie des pouvoirs législatif et exécutif. Ces derniers, de leur côté, ont vu leur jugement de convenance et d'opportunité restreint et, dans quelques cas, être conditionné à une véritable supervision des tribunaux. Cette nouvelle posture, progressivement assumée par le Tribunal fédéral suprême, au fil de plus de deux décennies d'application de la Constitution de 1988, contraste fortement avec la doctrine juridique, fréquemment adoptée par la Cour suprême elle-même, selon laquelle et en référence au principe de la légalité, la primauté de la concrétisation et de la règlementation de la Constitution, revient au pouvoir législatif.

TITRE 2

L'activisme comme stratégie : l'action du Tribunal fédéral suprême dans la sphère de l'autonomie des pouvoirs

La conception brésilienne de la séparation des pouvoirs consacrée par la Constitution de 1988 possède deux caractéristiques centrales, qui ont été déjà présentées :[1002] premièrement, l'attribution à chacun des pouvoirs législatif, exécutif et judiciaire, de compétences réservées, fondées sur l'identification et la distinction des fonctions d'État ; et, deuxièmement, la création d'une sphère d'autonomie organique qui assure à chaque pouvoir l'exercice indépendant de ses propres fonctions. En tant que norme constitutionnelle positive,[1003] la séparation des pouvoirs se traduit concrètement en une structure institutionnelle, configurée par un ensemble de normes et mécanismes qui visent à délimiter et contrôler l'exercice du pouvoir de l'État.[1004]

Les dispositions normatives qui, au Brésil, établissent l'indépendance organique de chaque pouvoir ont été d'emblée soumises au Tribunal fédéral suprême, en qualité de gardien de la Constitution, lequel a, sans hésitation, affirmé la compétence du pouvoir judiciaire à contrôler la légalité et la constitutionnalité des actes du pouvoir public, même émanant d'autres

---

[1002] Cf. Première partie, Titre 1, Chapitre 1, Section 1, § 1.

[1003] Article 2 de la Constitution de 1988.

[1004] Il faut remarquer que le concept selon lequel la séparation des pouvoirs se traduit simultanément par la spécialisation des fonctions et l'indépendance de chacun des pouvoirs outrepasse les frontières du système brésilien et se retrouve également dans la doctrine brésilienne et française. Quant au pouvoir judiciaire en particulier, la conception doctrinale dominante « veut que les organes de la fonction juridictionnelle répondent à la règle de la spécialisation et de l'indépendance pour que la fin ultime du principe, de la préservation des libertés, soit assurée » Boucobza, Isabelle. La fonction juridictionnelle : contribution à une analyse des débats doctrinaux en France et en Italie. Paris : Dalloz, 2005, p. 18. De même, maître Xavier Boissy constate une corrélation entre le principe et sa mise en œuvre normative, car « (...) un État constitutionnel structuré 'à la libérale' implique aussi la logistique institutionnelle (organes) et fonctionnelle (compétences) du pouvoir, qui en constitue la garantie structurelle, en quelque sorte ». Boissy, Xavier. La séparation des pouvoirs, œuvre jurisprudentielle. Bruxelles, Brulant, 2003, p. 39.

pouvoirs. La Cour suprême a développé à cet égard une politique juridictionnelle consolidée, affirmant que « l'examen de la légalité des actes administratifs par le pouvoir judiciaire ne porte pas atteinte au principe de la séparation des pouvoirs »,[1005] ou que « le contrôle exercé par le pouvoir judiciaire sur des actes administratifs tenus pour abusifs ou illégaux ne heurte pas le principe de la séparation des pouvoirs ».[1006] La Cour suprême a également catégoriquement affirmé sa fonction de gardien de la Constitution et, à ce titre, de garante de l'intégrité du système politique, de la protection des libertés publiques, de la stabilité de l'ordonnancement normatif de l'État, de la sûreté des relations juridiques et de la légitimité des institutions de la République.[1007] Malgré cela, le Tribunal a reconnu l'existence de domaines de prohibition de l'ingérence du pouvoir judiciaire, tels que par exemple le jugement du bien-fondé effectué par le Congrès national pour approuver une loi,[1008] ou le jugement de convenance et d'opportunité exercé par le président de la République pour édicter une mesure provisoire.[1009] Ceux-ci constituent, selon la doctrine brésilienne, lesdits actes de gouvernement, qui engagent le pouvoir de décision discrétionnaire propre des organes constitutionnels suprêmes de l'État brésilien.[1010] La fonction de contrôle du pouvoir judiciaire se présente ainsi à la fois comme autorisée et limitée par l'ordonnancement juridique brésilien.

Exprimées par des énoncés qui, dans la plupart des cas, possèdent un haut degré d'indétermination sémantique, les dispositions normatives relatives à l'indépendance des trois pouvoirs ont conféré au Tribunal fédéral suprême une grande marge de liberté pour leur concrétisation et favorisé des politiques juridictionnelles plus ou moins interventionnistes face aux autres pouvoirs. Comme l'a déjà démontré le professeur Arthur Dyèvre dans sa thèse sur l'activisme juridictionnel en droit comparé, c'est grâce à l'indétermination normative que, « à l'instar du Parlement, le juge constitutionnel dispose d'un large pouvoir discrétionnaire et il lui est permis de l'utiliser de façon plus ou moins interventionniste vis-à-vis des autres organes ».[1011] Dans le même sens, C. Neal Tate souligne, dans son ouvrage

---

[1005] Tribunal fédéral suprême. ARE 858.081 AgR, *Diário da Justiça Eletrônico* 051,17/03/2015.

[1006]Tribunal fédéral suprême. AI 410.544 AgR, *Diário da Justiça Eletrônico* 051,17/03/2015.

[1007]Tribunal fédéral suprême. ADI 2.010 MC, *Diário da Justiça* 12/04/2002, p. 51.

[1008] Cf. *exempli gratia* Tribunal fédéral suprême. RE 829.226 AgR, *Diário da Justiça Eletrônico* 043,06/03/2015 : « Le pouvoir judiciaire n'a pas compétence pour interférer dans les choix faits par le pouvoir législatif à propos du durcissement de la sentence appliquée à ceux qui pratiquent des crimes déterminés, sous peine de heurter le principe de la séparation des pouvoirs ».

[1009] Cf. *exempli gratia* Tribunal fédéral suprême. RE 700.160 AgR, *Diário da Justiça Eletrônico* 081, 30/04/2014 : » L'analyse des présupposés d'opportunité et d'urgence pour l'édition de mesures provisoires est du ressort discrétionnaire du chef du pouvoir exécutif ».

[1010]Silva, José Afonso da. *Curso de direito constitucional positivo. Op. cit.*, p. 109.

[1011]Dyèvre, Arthur. « L'activisme juridictionnel en droit constitutionnel comparé : France, États-Unis, Allemagne ». Thèse de doctorat, Université Paris I Panthéon-Sorbonne, 2008, p. 462.

sur l'expansion du pouvoir judiciaire dans le monde contemporain, que « des juges activistes, on attend par définition qu'ils profitent de chaque occasion pour user de leur pouvoir décisionnaire afin d'étendre les valeurs des politiques qui leur sont chères ».[1012] Dans le cas du Tribunal suprême brésilien, des politiques jurisprudentielles ouvertement interventionnistes ont été élaborées en relation à la délimitation de l'autonomie des pouvoirs législatif et exécutif (Chapitre 1), ainsi qu'au pouvoir judiciaire en général et à l'amplitude de la juridiction du Tribunal suprême lui-même (Chapitre 2).

[1012]Tate, Chester Neal, et Torbjörn Vallinder, éd. *The Global expansion of judicial power*. New York: New York University Press, 1995, p. 34.

CHAPITRE 1

La délimitation de l'autonomie du pouvoir législatif et de l'exécutif

Bon nombre des compétences constitutionnelles qui assurent l'indépendance des pouvoirs législatif et exécutif ont été soumises au contrôle du Tribunal fédéral suprême depuis l'entrée en vigueur de la Constitution de 1988, et celui-ci a assumé un rôle actif dans la définition de la consistance concrète de cette indépendance. Deux grands groupes de politiques juridictionnelles élaborées par la Cour suprême ont tout particulièrement signifié une intervention marquante dans la sphère d'autonomie des autres pouvoirs : d'une part, les restrictions imposées aux deux chambres du Congrès national, pour ce qui concerne leur autogouvernement et l'interprétation de leurs régimes internes ainsi que de leurs propres prérogatives constitutionnelles (Section 1), et d'autre part l'ingérence croissante dans le jugement du bien-fondé appartenant au président de la République pour l'édition de mesures provisoires (Section 2). Appelée à se prononcer sur les limites de l'autonomie des autres pouvoirs, la Cour suprême a décidé d'adopter à leur sujet une position restrictive, en se substituant aux concrétisations réalisées par le Congrès national et le président de la République.

SECTION 1. LE LÉGISLATIF ET SON AUTOGOUVERNEMENT : LE DOMAINE INTANGIBLE DE LA « QUESTION INTERNA CORPORIS »

La Constitution de 1988 a institué de très nombreuses garanties d'indépendance pour le pouvoir législatif. Le Congrès national a reçu des compétences qui assurent l'autonomie de sa gestion interne, protège ses membres des influences externes et créent une sphère de prérogatives où toute interférence des autres pouvoirs est prohibée. Un des éléments centraux de cette indépendance est la réglementation du fonctionnement interne des chambres du Congrès national. Celui-ci est ainsi doué de la compétence réservée pour disposer sur sa propre organisation, son fonctionnement, ses propres services administratifs et sa police interne. L'expression majeure de l'indépendance des chambres législatives, réside dans le fait que chacune d'elles peut édicter son régime interne, dont les normes composent ledit droit parlementaire, et élire ses organes directeurs – les bureaux de la Chambre des députés, du Sénat fédéral et du Congrès national. La question salariale n'a pas été laissée de côté : il revient au Congrès national de fixer la rémunération des députés et sénateurs, comme lui revient en propre l'initiative d'une loi pour déterminer le salaire de ses personnels. La Constitution a spécifiquement établi l'indépendance du pouvoir législatif en autorisant celui-ci à intervenir activement dans la défense de sa propre compétence, et en lui reconnaissant la prérogative constitutionnelle d' « œuvrer à la préservation de sa compétence législative face à l'attribution normative des autres pouvoirs ».

En complément de cette attribution constitutionnelle de compétences réservées, la jurisprudence du Tribunal fédéral suprême a élaboré et développé le concept d'« acte *interna corporis* » pour caractériser les actions du Parlement incluses dans la sphère réservée du pouvoir législatif, et relevant exclusivement de délibérations parlementaires, hors d'atteinte donc du pouvoir judiciaire.[1013] Le concept est ancien dans la jurisprudence de la Cour suprême, puisque c'est de 1966 que date le premier arrêt recensé dans la banque de données de la jurisprudence du Tribunal fédéral suprême et qui traite une résolution parlementaire comme un acte *interna corporis*.[1014]

Au cours des décennies suivantes, et au fil de différentes Constitutions, le Tribunal suprême a jugé, au titre des matières *interna corporis,* de multiples aspects de l'activité parlementaire, et développé une politique jurisprudentielle globale qui a exclu de l'appréciation judiciaire, *exempli gratia :* la pondération des faits et l'évaluation des preuves effectuées par le pouvoir législatif municipal pour décréter l'*impeachment*[1015] du maire; [1016] le jugement du président du Sénat fédéral sur la pertinence de la fusion de propositions législatives en cas d'analogie ou de connexion;[1017] le jugement du président du Congrès national sur la soumission de propositions d'amendement constitutionnel à l'appréciation parlementaire et son inclusion

---

[1013] La notion d'inviolabilité de l'acte *interna corporis* en tant que gage d'indépendance du pouvoir législatif vis-à-vis du pouvoir judiciaire est aussi reconnue en Italie sous la dénomination d' *«* insindacabilità degli *interna corporis acta ».* Cf. Modugno, Franco. In tema di regolamenti parlamentari e di controllo sugli « interna corporis acta » delle Camere. In *Scritti in onore di Gaspare Ambrosini* [en ligne].
Milano : A. Giuffrè, 1970, p. 1309-1398. Disponible sur
http://documenti.camera.it/bpr/494_testo.pdf (Consulté le 02/02/2016).

[1014]Tribunal fédéral suprême. RE 57.684, *Diário da Justiça* 24/06/1966, p. 2.264.

[1015]Au Brésil, l'*impeachment* est la procédure constitutionnelle prévue pour la destitution du chef du pouvoir exécutif par le Congrès national, les assemblées législatives des Etats fédérés et les conseils municipaux. À l'échelle fédérale, elle est régulée par les articles 85 et 86 de la Constitution de 1988, et par la loi nº 1.079, de 1950.

[1016]Tribunal fédéral suprême. RE 86.797, *Diário da Justiça*, 01/06/1979, p. 4.314.

[1017]Tribunal fédéral suprême. MS 20.247, *Diário da Justiça* 21/11/1980, p. 9.805.

à l'ordre du jour ;[1018] la forme de nomination et détachement des membres des commissions parlementaires d'enquête ;[1019] le jugement du président du Sénat fédéral sur l'augmentation des places mises au concours public pour un emploi interne au Sénat, et consécutivement la classification et la nomination des candidats;[1020] la délibération du président de la Chambre des députés sur la composition de commissions et la répartition du temps de parole en plénier ;[1021] le jugement de bien-fondé des conseils municipaux, relatif au décret de perte de mandat d'un conseiller, pour transgression du decorum parlementaire ;[1022] le traitement des amendements à la Constitution au sein des chambres du Congrès national ;[1023] la décision relative à la réalisation d'un plaidoyer oral, à la tribune du Parlement, par l'avocat d'un parlementaire accusé, sujet à un procès de cassation de mandat ;[1024] la décision du président de la Chambre des députés d'attribuer (ou non) le régime de traitement en urgence d'une proposition législative ;[1025] l'acte du président de la Chambre des députés, délibératif de l'inscription d'un parlementaire candidat à la fonction de troisième secrétaire de la Chambre;[1026] la décision sur la validité de la présentation d'un amendement adjoint à une proposition d'amendement à la Constitution ;[1027] le jugement du Sénat fédéral sur le cadre des conditions nécessaires à l'installation d'une commission parlementaire d'enquête ;[1028] la décision sur les commissions qui seront entendues au cours du procès d'adoption d'une proposition législative déterminée ; [1029] la régularité des amendements rédactionnels présentés à propos d'une proposition législative ;[1030] la décision du président de la Chambre des députés qui détermine l'archivage de la demande d'instauration de l'*impeachment* pour cause de responsabilité pénale contre le président de la République ;[1031] et, finalement, le traitement systématique des recours internes adressés à l'assemblée plénière de la Chambre des députés.[1032] Dans la jurisprudence de la Cour suprême, ce qui apparaît avant tout, comme garantie majeure de l'autonomie du pouvoir législatif, ce sont les innombrables décisions qui ont affirmé que l'interprétation de ses

[1018]Tribunal fédéral suprême. MS 20.464, *Diário da Justiça* 07/12/1984, p. 20.987.
Tribunal fédéral suprême. MS 20.464, *Diário da Justiça* 07/12/1984, p. 20.987.
[1020]Tribunal fédéral suprême. MS 20.514, *Diário da Justiça* 18/10/1985, p. 18.453.
[1021]Tribunal fédéral suprême. MS 20.509, *Diário da Justiça* 14/11/1985, p. 20.567.
[1022]Tribunal fédéral suprême. RE 113.314, *Diário da Justiça* 21/10/1988, p. 27.317.
[1023]Tribunal fédéral suprême. SS 327 AgR, *Diário da Justiça* 05/06/1992, p. 8.427.
[1024]Tribunal fédéral suprême. MS 21.360, *Diário da Justiça* 23/04/1993, p. 6.922.
[1025]Tribunal fédéral suprême. MS 21.374, *Diário da Justiça.* 02/10/1992, p. 16.843.
Tribunal fédéral suprême. MS 21.374, *Diário da Justiça.* 02/10/1992, p. 16.843.
[1027]Tribunal fédéral suprême. MS 22.503, *Diário de Justiça* 06/06/1997, p. 24.872.
[1028]Tribunal fédéral suprême. MS 22.494, *Diário da Justiça* 27/06/1997, p. 30.238.
[1029]Tribunal fédéral suprême. ADI 2.038, *Diário da Justiça* 25/02/2000, p. 51.
[1030]Tribunal fédéral suprême. ADC 3, *Diário da Justiça* 09/05/2003, p. 43.
[1031]Tribunal fédéral suprême. MS 26.062 AgR, *Diário da Justiça Eletrônico* 060,04/04/2008; MS 33.558, *Diário da Justiça Eletrônico* 04/05/2015.
[1032]Tribunal fédéral suprême. MS 25.588 AgR, *Diário da Justiça Eletrônico* 084,08/05/2009.

régimes internes était du ressort exclusif du Congrès national et constituait ainsi une matière *interna corporis* par excellence.[1033]

Cette politique jurisprudentielle, en tant que dispositif de protection de l'indépendance du Congrès national, n'a jamais été inconditionnelle : en 1968 déjà, une décision de la Cour suprême a formalisé l'idée que l'argument de l'acte *interna corporis* pouvait être écarté quand la controverse soumise à jugement concerne un droit subjectif, même si sa nature est publique.[1034] L'entrée en vigueur de la Constitution de 1988 a néanmoins marqué un important tournant jurisprudentiel de la Cour suprême, avec une augmentation substantielle des décisions qui restreignent l'autonomie des chambres du Congrès national, et l'imposition d'un contrôle judiciaire chaque fois plus profond des actes internes du pouvoir législatif. La Cour suprême s'est ainsi substituée au Congrès national pour les concrétisations des normes internes du droit parlementaire, abandonnant sa politique de déférence initiale. En guise de justification, le tribunal s'est fondé sur des dispositions normatives, extérieures au droit parlementaire, imposant ainsi au Congrès national d'obéir, dans ses processus internes, aux dispositions constitutionnelles et légales, de nature pénale et procédurale notamment, applicables aux procès judiciaires en général. Cette nouvelle orientation jurisprudentielle s'est tout particulièrement manifestée dans trois situations : l'imposition de restrictions au pouvoir disciplinaire du conseil d'éthique, fondées sur les garanties constitutionnelles du procès pénal (§ 1) ; le contrôle préventif de constitutionnalité de l'admissibilité des propositions d'amendement à la Constitution (§ 2) et les restrictions imposées aux commissions parlementaires d'enquête (§ 3).

§ 1. La restriction des pouvoirs disciplinaires des conseils parlementaires d'éthique par les garanties constitutionnelles de la procédure pénale

Les conseils d'éthique et de *decorum* parlementaire sont des organes disciplinaires de la structure institutionnelle de la Chambre des députés et du Sénat fédéral, auxquels il incombe de veiller à l'observance des normes relatives au *decorum* et à l'éthique parlementaire au sein de chacune des deux chambres. Leur objectif principal est de préserver la dignité du mandat parlementaire. Ils sont constitués par un nombre restreint de parlementaires (21 membres pour la Chambre des députés et 15 membres au Sénat), avec leurs suppléants respectifs, élus pour un mandat de deux ans. L'une de leurs attributions les plus importantes est l'application de pénalités aux parlementaires membres des deux chambres en question, suivant une

---

[1033]Tribunal fédéral suprême. MS 20.471, *Diário da Justiça*22/02/1985, p. 1.589; MS 20.509, Diário da Justiça, 14/11/1985, p. 20.567; MS 21.754,*Diário da Justiça* 21/02/1997, p. 2.829; MS 23.388,*Diário da Justiça* 20/04/2001, p. 105.

[1034] Tribunal fédéral suprême. RE 60.422, *Diário da Justiça* 18/10/1968, p. 4.263.

graduation qui peut aller jusqu'à la perte du mandat électif par la cassation en tant que sanction la plus grave.

Dans les deux chambres du Parlement, les travaux des conseils d'éthique sont régis par des règlements parlementaires propres, qui disposent sur la procédure à adopter au sein des procès disciplinaires, conformément aux codes d'éthique et régimes internes respectifs. Ils s'appliquent également aux dispositions constitutionnelles qui réglementent le statut des membres du Congrès national, et notamment l'article 55, qui dispose sur les causes de la perte du mandat parlementaire. Aux premiers rangs d'entre elles figure la rupture du decorum parlementaire, qui est caractérisée par l'abus des prérogatives accordées à un membre du Congrès national ou la perception d'avantages indus, en plus des autres motifs établis par les régimes internes. La création et l'action des conseils d'éthique s'inscrivent dans la tradition du constitutionnalisme brésilien de réserver aux organes suprêmes de l'État la conduite des procès disciplinaires contre leurs propres membres, et correspondent à une composante de l'indépendance de chacun des pouvoirs d'État.[1035] Comme on l'a déjà vu antérieurement, le Tribunal suprême a développé une solide politique jurisprudentielle, affirmant que l'interprétation des règlements parlementaires, parmi lesquels appartiennent ceux des conseils d'éthique, est de la compétence réservée au pouvoir législatif.

L'indépendance des chambres du Parlement en ce qui concerne les procès disciplinaires, a néanmoins souffert d'une restriction substantielle de la part du tribunal fédéral suprême, quand celui-ci a transposé aux procédures internes du Congrès national l'application de dispositions normatives de nature processuelle pénale, jamais utilisée jusque-là dans le cadre parlementaire. Le cas à l'origine de l'établissement de cette nouvelle orientation du Tribunal suprême, a été le jugement par le conseil d'éthique de la Chambre des députés, de députés associés audit « scandale du mensalão », épisode de l'histoire récente du Brésil, qui a révélé l'implication de très nombreux membres de la classe politique dans un cartel d'achats de votes au moment des délibérations parlementaires, entre 2005 et 2006. Le cas a inclus à titre de protagonistes divers membres du gouvernement du président de la République de l'époque, Luiz Inácio Lula da Silva, qui ont fait l'objet de l'action pénale nº 470 de 2012,[1036] devant le Tribunal suprême.

Au cours du procès disciplinaire de cassation, concomitant à l'action pénale citée, le député qu'était alors José Dirceu a contesté devant le Tribunal fédéral suprême l'ordre de l'audition des témoins établi par le conseil d'éthique de la Chambre, et donné ainsi origine à l'ordonnance de

[1035] Dans le même sens, par exemple, il revient aux tribunaux de conduire les procès disciplinaires contre leurs propres membres et contre les juges qui leur sont subordonnés, par le biais de leurs commissions d'arbitrage internes (article 96, I, *b* de la Constitution de 1988) ou du conseil national de justice (article 103-B, § 4).

[1036] Tribunal fédéral suprême. AP 470, *Diário da Justiça Eletrônico* 074,22/04/2013.

sûreté n° 25647, mesure préventive de 2005.[1037] Par le biais de cette action, le Tribunal a décidé que l'audience de témoins de la défense était inconstitutionnelle quand elle avait lieu avant celle des témoins de l'accusation, ce fait constituant une présomption de préjudice pour le député José Dirceu, qui entraîne l'annulation de la déposition. C'est ainsi que la Cour suprême a en conséquence ordonné la suppression de l'une des dépositions faites au conseil, ainsi que la suppression de toute mention de celle-ci dans les actes du procès de cassation. Au fondement de sa décision, la Cour suprême a invoqué les principes constitutionnels du procès légal correspondant[1038] (*due process of law*) et la procédure contradictoire,[1039]pour déterminer que l'ordre du (contre)-interrogatoire des témoins est celui fixé par le code de procédure pénale.

La décision, adoptée à une courte majorité, ne l'a cependant pas été sans conflit, et a même été l'objet d'une vive polémique au sein de la Cour suprême. D'entrée de jeu, le rapporteur, le Juge Ayres Britto, a récusé dans son opinion la nullité des dépositions, arguant que l'établissement d'un ordre d'audition des témoins, conformément à la détermination de l'article 401 du code de procédure pénale, présupposait le pouvoir de les convoquer impérativement et de fixer la date et l'heure de la déposition – pouvoir que ne possédait pas le conseil d'éthique. Le rapporteur a abondé dans le sens de l'argumentation de la Chambre des députés, selon laquelle le pouvoir de convocation impérative n'est attribué en propre qu'aux juges et tribunaux, le conseil d'éthique ne possédant que la prérogative d'adresser de simples invitations aux personnes disposées à intervenir comme « témoins »[1040] dans le procès de cassation – invitations qui peuvent être récusées sans la moindre conséquence pour les personnes pressenties. En l'absence de convocation impérative, les témoins pourraient ajourner indéfiniment le terme du procès de cassation par le simple fait de leur non-apparition, avec pour conséquence le dépassement du délai de prescription règlementaire de 90 jours pour la conclusion du procès. En outre, le rapporteur a reconnu le procès de cassation comme étant de nature politico-disciplinaire et échappant par-là au domaine des garanties constitutionnelles et légales propres de la procédure pénale, et a souligné qu'il n'a pas en l'occurrence été préjudiciable à la défense du député José Dirceu.[1041] Allant dans le même sens, le juge Joaquim Barbosa n'a pas noté la caractérisation de l'existence d'un préjudice pour l'accusé, ajoutant que le tribunal était en train de tenter d'imposer au

---

[1037]Tribunal fédéral suprême. MS 25.647 MC, *Diário da Justiça* 15/12/2006, p. 82.

[1038] « Art. 5, LIV - nul ne peut être privé de liberté sans que la procédure légale ait été respectée ».

[1039] « Art. 5, LV - la procédure contradictoire et le droit de défense pleine et entière sont garantis aux parties à un procès judiciaire ou administratif et aux accusés en général, ainsi que les moyens et ressources qui y sont nécessaires ».

[1040]Le rapporteur a mis le terme « témoins » entre guillemets, rappelant qu'il ne s'agit pas de témoins, puisque le code d'éthique n'emploie pas le terme.

[1041] Le principe « pas de nullité sans grief » est d'un usage fréquent en droit brésilien, et prévu en tant que tel dans l'article 563 du code de procédure pénale.

Parlement, dans le cadre d'un « procès éminemment politique », une procédure « byzantine » propre aux tribunaux judiciaires. Pour le juge Barbosa, « dans la majorité écrasante des démocraties, une question comme celle-ci, surtout discutée comme ici avec une telle parcimonie processuelle, ne serait jamais discutée par une Cour suprême ou constitutionnelle ».[1042] Le juge Eros Grau, à son tour, a souligné que l'article 12 du règlement du conseil d'éthique prévoit les formalités nécessaires à l'audience des témoins, mais n'inclut pas un ordre particulier, invalidant ainsi l'invocation d'un précepte normatif qui ne s'applique qu'aux procédures judiciaires. Il s'agit, suivant l'opinion du juge Grau, d'un acte *interna corporis* proprement dit, et cela particulièrement parce que le règlement ne prévoit pas l'application subsidiaire des règles du procès civil et du procès pénal à la procédure de perte de mandat. Si la Constitution garantit à l'accusé les droits à une ample défense et à la procédure contradictoire, ceux-ci auraient été respectés par le conseil d'éthique, qui a donné au député Dirceu l'opportunité de contredire les dépositions des témoins de l'accusation.[1043]

La divergence entre les juges a été inaugurée par le juge Cezar Peluzo qui, exprimant la position majoritaire dans la Cour, a fini par être nommé rapporteur de la rédaction de l'arrêté, après un intense débat avec le rapporteur primitif, le juge Ayres Britto. Pour le juge Peluso, la procédure de perte de mandat engagée contre le député José Dirceu était irrégulière, parce qu'elle violait le principe de la procédure en bonne et due forme (*due process of law*), garanti par le Constitution de 1988 en son article 5, LIV. L'invocation de la doctrine de l'acte *interna corporis* serait par conséquent possible seulement quand ne serait pas impliqué le procès légal requis, en qualité de fondement d'ordre constitutionnel suffisant pour déclarer la nullité de la procédure en cause. En outre, le principe du contradictoire (article 5, LV) implique la possibilité d'une réaction réelle et effective de l'accusé contre la preuve produite par l'accusation, ce qui ne s'est pas vérifié dans le cas en question. Ces deux principes autoriseraient ainsi une analogie avec le procès pénal, entraînant alors la nullité des témoignages recueillis en dehors de cet ordre. L'analogie avec le procès pénal est explicite, comme on le voit dans ce passage de l'opinion du Juge Peluso : « le contradictoire dans le procès pénal présuppose toujours l'innocence de l'accusé ; et la preuve qu'il produit est une preuve en relation aux accusations et aux preuves de l'accusation qui ont été avancées ».[1044] Écartant le fait que le conseil d'éthique ne pourrait pas fixer la date et l'heure, ni convoquer impérativement les témoins, le juge Peluso a estimé qu'il y avait eu préjudice « présumé » ou « potentiel » pour le député Dirceu, étant donné que la preuve produite en dépit de l'ordre d'audience prescrit des témoins, pouvait influer sur la décision finale du procès de cassation – qui à ce

[1042] Tribunal fédéral suprême. MS 25.647 MC. *Op. cit.*
[1043] Il faut noter que le juge Eros Grau a postérieurement modifié son vote, adhérant à la position collégiale devenue majoritaire.
[1044] Tribunal fédéral suprême. MS 25.647 MC. *Op. cit.*

moment-là n'avait pas encore été jugé par la réunion plénière de la Chambre des députés.[1045] Le juge Celso de Mello, pour sa part, a mis en avant que l'exercice du *judicial review* ne constituait pas une violation de l'indépendance du Parlement ou de la séparation des pouvoirs : « la discrétion des corps législatifs n'est pas justifiée quand elle s'exerce en discordance avec les limites établies par le statut constitutionnel, puisque les activités des pouvoirs de l'État sont soumises aux contraintes rigides que leur impose la Constitution de la République, et cela tout particulièrement dans l'hypothèse de l'application d'une sanction punitive telle que le décret de perte du mandat parlementaire ».[1046] Pour le juge Mello, même les actes politiques du Congrès national ne sont pas dispensés de contrôle judiciaire, point de vue qui traduit une conception extrêmement large du contrôle que peut exercer le pouvoir judiciaire sur le pouvoir législatif. La force normative de la Constitution et des lois de la République, a-t-il affirmé, ne peut pas être neutralisée par des dispositions de régimes propres, ni par le caractère *interna corporis* d'actes qui transgressent des droits et garanties assurés par la Constitution, dans la mesure où « la nature politique des actes parlementaires ne suffit pas, en elle-même, à les soustraire à la sphère du contrôle juridictionnel, [...] car aucun pouvoir de la République n'a la légitimité de manquer de respect à la Constitution ou de porter atteinte aux droits publics et privés de ses citoyens ».[1047] Parmi les opinions des ministres de la Cour, celle du juge Mello est ainsi celle qui adopte la vision la plus expansive du rôle du Tribunal fédéral suprême face au pouvoir législatif, en se réclamant avant tout de l'application directe de principes constitutionnels (sans l'intermédiation de la règlementation du droit parlementaire) qui, jusqu'alors, n'avaient pas été utilisés dans un procès de perte du mandat parlementaire.

On voit, en conclusion, que, face à l'omission des dispositions normatives internes de la Chambre des députés en la matière, et considérant des principes constitutionnels de formulation hautement indéterminée (*due process of law* et contradictoire), dont la définition a été entièrement laissée à la discrétion du collège juridictionnel, le Tribunal fédéral suprême a décidé d'abandonner la doctrine des actes *interna corporis*, qui garantit au Congrès national l'interprétation de ses propres règlements parlementaires, pour imposer l'application du code de procédure pénale relatif à l'ordre d'audience des témoins dans les procès criminels. La Cour est allée ainsi bien au-delà du cadre normatif applicable, pour restreindre l'autonomie de gestion interne des affaires du Parlement. Le Tribunal fédéral a délibérément

[1045] Il est bon de signaler que la procédure de cassation de mandat se conclut au conseil d'éthique par l'élaboration d'un avis recommandant ou non la cassation. Cet avis sera envoyé au plénier de la Chambre des députés, à qui il revient de décider souverainement et à titre définitif. Le conseil d'éthique n'a donc pas compétence pour prendre la décision finale sur le procès.

[1046] Tribunal fédéral suprême. MS 25.647 MC. *Op. cit.*

[1047] *Ibid.*

ignoré les considérations d'ordre pratique, et notamment le fait que la Chambre des députés n'avait pas le pouvoir de convoquer impérativement les témoins, ce qui lui rendait impossible l'établissement d'un ordre de passage de ces mêmes témoins. En agissant ainsi, la Cour suprême a attribué à la procédure de perte de mandat une indéniable orientation de nature processuelle pénale, plutôt que politico-disciplinaire, se substituant à la Chambre des députés dans la concrétisation des dispositions constitutionnelles et régimentaires applicables. Confrontée aux multiples possibilités de concrétisation qui privilégient à un degré plus ou moins grand l'indépendance du pouvoir législatif, la Cour suprême a choisi de la restreindre, amplifiant par conséquent ses possibilités de contrôle et d'interférence dans les actes internes des deux chambres du Congrès national.

§ 2. Le contrôle préventif de constitutionnalité des amendements à la Constitution

Le contrôle brésilien de constitutionnalité est exercé exclusivement *a posteriori*. À cet égard, le Tribunal fédéral suprême a décidé que « le contrôle juridictionnel de constitutionnalité matérielle des projets de loi (contrôle préventif de normes en cours de formation) n'est pas admis dans le système brésilien ».[1048] D'après le Tribunal, « l'intervention prématurée du judiciaire dans le domaine juridique et politique des actes normatifs en cours de formation au Parlement, outre le fait d'universaliser un système de contrôle préventif non admis par la Constitution, soustrairait aux autres pouvoirs de la République, sans justification plausible, la prérogative constitutionnelle qui est la leur de mettre en débat et d'améliorer les projets, y compris pour réparer leurs éventuels vices d'inconstitutionnalité ».[1049] La Cour a ainsi clairement reconnu la compétence réservée du Congrès national pour délibérer préventivement (avant la promulgation) de la constitutionnalité et du bien-fondé des propositions législatives qui lui sont soumises. Cette position, très déférente à l'égard du pouvoir législatif, est corroborée par la doctrine judiciaire, comme le montrent les manuels du

[1048]Tribunal fédéral suprême. MS 32.033, *Diário da Justiça Eletrônico* 033, 18/02/2014.
[1049]*Ibid.* Dans le même sens, cf. MS 24.138, *Diário da Justiça* 14/03/2003, p. 28.

professeur Alexandre de Moraes,[1050] du professeur Uadi Lammêgo Bulos[1051] et du juge et professeur Gilmar Ferreira Mendes.[1052]

Cette politique jurisprudentielle a néanmoins fait l'objet d'une importante exception : le Tribunal fédéral suprême, en qualité de gardien de la Constitution, a accepté de prendre connaissance d'actions mettant en cause la constitutionnalité d'actes de la procédure législative pratiquée par le Congrès national, antérieurs par conséquent à l'entrée en vigueur des lois et d'autres actes normatifs. En ce sens, la Cour suprême a décidé que « la Constitution fédérale, en affectant des règles au processus législatif, permet le contrôle judiciaire de sa régularité », sachant qu'il s'agit d'une « exception à la jurisprudence du Tribunal fédéral suprême relative à l'impossibilité de contrôle juridictionnelle en matière *interna corporis* ».[1053] Le contrôle juridictionnel exercé par la Cour suprême apparaît ainsi strictement procédural, puisqu'il concerne exclusivement le traitement des propositions législatives examinées par le Parlement, à l'exclusion de tout jugement sur leur bien-fondé, leur contenu matériel et leur opportunité. Conformément à cette politique jurisprudentielle, la Cour suprême a accepté d'examiner, *exempli gratia*, la régularité procédurale du traitement des projets de loi,[1054] des mesures provisoires,[1055] de l'appréciation par le congrès des véto présidentiels,[1056] du vote et de la rédaction finale des propositions d'amendement à la Constitution[1057] et de la préservation du droit à l'initiative législative du Tribunal des comptes de l'Union.[1058] Adoptant une position restrictive, le Tribunal suprême n'a reconnu aux parlementaires que l'initiative de le saisir pour analyser la régularité de ce que lui-même a dénommé la « procédure législative régulière » ou « procédure législative en

---

[1050] « Dans le droit constitutionnel brésilien, en règle générale, c'est le contrôle répressif de constitutionnalité, judiciaire ou juridique, qui a été adopté ». Moraes, Alexandre de. *Direito constitucional.* São Paulo : Atlas, 2001, p. 563.

[1051] « Seuls les actes conclus, promulgués ou publiés, et non pas de simples ébauches, propositions ou projets de lois en cours d'élaboration, sont sujets au contrôle abstrait. Dans le cas contraire, on admettrait au Brésil un contrôle juridictionnel préventif des normes, hypothèse que la Constitution de 1988 ne valide pas ». Bulos, Uadi Lammêgo. *Curso de direito constitucional.* 4. éd. São Paulo: Saraiva, 2009, p. 150.

[1052] « Le contrôle abstrait des normes présuppose, également dans l'ordre juridique brésilien, l'existence formelle de la loi ou de l'acte normatif après la conclusion définitive du procès législatif ». Mendes, Gilmar Ferreira, Inocêncio Mártires Coelho, et Paulo Gustavo Gonet Branco. *Curso de direito constitucional.* 4. ed. São Paulo: Saraiva, 2009, p. 1.166.

[1053] Tribunal fédéral suprême. ADI 3146, *Diário da Justiça* 19/12/2006, p. 35; MS 24.642, *Diário da Justiça*18/06/2004, p. 45.

[1054] Tribunal fédéral suprême. ADI 2182 MC, *Diário da Justiça* 19/03/2004, p. 16.

[1055] Tribunal fédéral suprême. ADI 3.146, *op. cit.*; ADI 4.029, *Diário da Justiça Eletrônico* 125, 27/06/2012.

[1056] Tribunal fédéral suprême. MS 31.816 MC-AgR, *Diário da Justiça Eletrônico* 088, 13/05/2013.

[1057] Tribunal fédéral suprême. ADI 2.135 MC, *Diário da Justiça Eletrônico* 041, 07/03/2008; ADI 3.472 MC, *Diário da Justiça* 24/06/2005, p. 5; ADI 2.666, *Diário da Justiça* 06/12/2002, p. 51.

[1058] Tribunal fédéral suprême. ADI 789, *Diário da Justiça* 19/12/1994, p. 35.180.

bonne et due forme ».[1059] Cette saisine se fait par le biais de l'ordonnance de sûreté contre des actes des organes directeurs du Congrès national.[1060] Malgré l'affirmation de la possibilité du contrôle de constitutionnalité de la procédure législative, a continué d'être garantie au Parlement une sphère délibérative intangible qui comprend le jugement d'adéquation et d'opportunité, c'est-à-dire le bien-fondé, de nature proprement politique, des propositions et projets de lois soumis à son appréciation, le contrôle de cette constitutionnalité matérielle ne revenant au pouvoir judiciaire qu'après l'entrée en vigueur de la norme contrôlée.

L'exclusivité du Congrès national dans le jugement du bien-fondé des propositions et projets de lois relevant de son appréciation, ainsi que l'exercice du système de contrôle de constitutionnalité exclusivement *a posteriori*, ont néanmoins été mis en cause par le Tribunal fédéral suprême dans une situation spécifique : la décision parlementaire sur l'admissibilité des propositions d'amendement à la Constitution, au début de leur traitement par les chambres législatives. Comme on l'a déjà vu antérieurement, est interdite dans le système brésilien, la délibération parlementaire sur des propositions d'amendements à la Constitution qui « tendent » à abolir, ou à affecter même indirectement, les clauses d'immutabilité prévues dans l'article60, § 4 de la Constitution1988.[1061] Suivant les règlements de la Chambre des députés et du Sénat fédéral, cette décision sur l'admissibilité[1062] revient aux commissions parlementaires, à titre *interna corporis*, juste après la présentation des propositions, pour que soit autorisé leur traitement.[1063] Par la voie interprétative, le Tribunal fédéral suprême allait néanmoins concrétiser ce cadre normatif, imposant alors une restriction sensible à l'indépendance du pouvoir législatif.

Le jugement le plus remarquable qui a marqué cette orientation du Tribunal a été une décision prise avant l'entrée en vigueur de la Constitution de 1988, mais qui a été confirmée par une autre décision dans les années 2000.[1064] Dans l'ordonnance de sûreté n° 20257 de 1980,[1065] la Cour suprême a décidé que le contrôle juridictionnel était justifié « dans les hypothèses où l'interdit constitutionnel porte sur le procès en soi de la loi ou de

---

[1059] Tribunal fédéral suprême. MS 24.642, *Diário da Justiça* 18/06/2004, p. 45; MS 24.041, *Diário da Justiça* 11/04/2003, p. 28.

[1060] Cf. *exempli gratia* Tribunal fédéral suprême. MS 24.642, *Diário da Justiça* 18/06/2004, p. 45; MS 24.138, *Diário da Justiça* 14/03/2003, p. 28; MS 24.041, *Diário da Justiça* 11/04/2003, p. 28; MS 20.471, *Diário da Justiça* 22/02/1985, p. 1.589.

[1061]Sont des clauses immuables, selon l'article 60, § 4 : a) la fédération ; b) la démocratie (le suffrage direct, secret, universel et périodique) ; c) la séparation des pouvoirs ; d) les droits fondamentaux.

[1062] C'est-à-dire, l'adéquation des propositions aux clauses d'immutabilité prévues par l'article 60, § 4 de la Constitution de 1988.

[1063] Cf. article 356 du Règlement du Sénat fédéral et article 202 du Règlement de la Chambre des députés.

[1064]Cf. Tribunal fédéral suprême. MS 24.667 AgR, *Diário da Justiça* 23/04/2004, p. 8.

[1065]Tribunal fédéral suprême. MS 20.257, *Diário da Justiça* 27/02/1981, p. 1.304.

l'amendement [à la Constitution] qui prohibe sa présentation (...) ou sa délibération ». Pour le Tribunal, dans ces cas, la Constitution va jusqu'à interdire que se réalise la délibération parlementaire elle-même, « la prohibant expressément. L'inconstitutionnalité, si elle apparaît, existe déjà *avant que le projet ou la proposition se transforme en loi ou en amendement constitutionnel,* parce que c'est déjà le procès lui-même qui, directement, ne respecte pas la Constitution ».[1066] Le Tribunal fédéral suprême a ramené à lui, de cette façon, la possibilité d'exercer le jugement préalable d'admissibilité des propositions d'amendement à la Constitution, et vidé en conséquence la compétence constitutionnelle et règlementaire du pouvoir législatif et de ses commissions. En d'autres termes, la Cour suprême s'est jugée compétente pour engager le jugement substantif de constitutionnalité de propositions d'amendements à la Constitution soumises à l'appréciation du Parlement, se substituant ainsi à celui-ci et empêchant le traitement de la proposition législative pour cause d'inconstitutionnalité, dans le cadre d'un jugement *a priori*.

La décision, comme en d'autres occasions où la Cour suprême a assumé une posture activiste face au Congrès national, n'a pas été unanime. Le juge Soares Muñoz s'est manifesté contre l'ingérence judiciaire dans la compétence du Congrès national, indiquant que « la visée d'intervention du Tribunal fédéral suprême dans le procès législatif, pour interdire que le Congrès national pratique un acte qui est du ressort de sa compétence privée, c'est-à-dire discute, approuve, ou non, et promulgue un amendement constitutionnel, outrepasse le contrôle que la Constitution fédérale attribue au pouvoir judiciaire. Ce contrôle, pour ce qui concerne la fonction législative, présuppose l'existence de la loi, correctement promulguée. Il ne recouvre pas les actes antérieurs, dans le temps où ils sont en train d'être réalisés, parce que, à ce moment c'est le congrès lui-même qui a en propre le pouvoir d'examen de la conformité, ou non, de l'amendement à la Constitution ».[1067]

L'opinion victorieuse a néanmoins été l'opinion contraire, à savoir celle du juge Moreira Alves, pour qui « l'inconstitutionnalité, dans ce cas, existe déjà avant que le projet ou la proposition de loi se transforment en loi ou en amendement constitutionnel, parce que le procès lui-même manque déjà, directement, de respect à la Constitution. Il incombe au pouvoir judiciaire (...) d'empêcher que la Constitution ne soit pas respectée. En qualité de gardien de la conformité à la Constitution, il est au-dessus des autres pouvoirs, et *on ne peut donc pas parler en cette matière d'indépendance des pouvoirs* ».[1068]

On voit en somme que le Tribunal fédéral suprême a décidé d'intervenir de façon prononcée dans le fonctionnement des délibérations parlementaires

[1066]*Ibid.* (italique ajouté).
[1067]Tribunal fédéral suprême. MS 20.257, *op. cit.*
[1068]*Ibid.*

relatives aux propositions d'amendement à la Constitution, en imposant une restriction à l'indépendance du pouvoir législatif. La Cour suprême s'est permis de s'avancer au cœur de la délibération parlementaire et de se substituer au Congrès national dans l'évaluation de l'admissibilité des propositions d'amendement à la Constitution, par la réalisation d'un contrôle préventif du bien-fondé de la constitutionnalité de la norme encore non promulguée et la non- considération des dispositions des régimes parlementaires applicables au cas en question.

En procédant ainsi, la Cour a empêché que les chambres du Congrès national puissent améliorer les propositions législatives qui leur sont présentées, pour éventuellement remédier à tout vice d'inconstitutionnalité qui d'aventure s'y trouverait. La discussion et le débat parlementaire, propres à la délibération législative dans un régime de démocratie représentative, ont ainsi été bloqués par l'orientation de la décision adoptée par le Tribunal, en faveur d'une judiciarisation de la politique qui retire au champ parlementaire la discussion des thèmes les plus importants pour la société brésilienne. La décision de l'ordonnance de sûreté n° 20257 de 1980, corroborée par l'ordonnance de sûreté n° 2.667 de 2003, établit une nette différence avec les autres décisions de la Cour qui assurent au Parlement une sphère intangible d'indépendance délibérative sur le bien-fondé des propositions qui lui sont soumises, telles que l'ordonnance de sûreté n° 32033 de 2014, cité plus haut, qui néanmoins ne traite pas spécifiquement des propositions d'amendement à la Constitution. La Cour a ainsi délibérément choisi une concrétisation qui l'a autorisée à faire preuve de plus d'interventionnisme face au pouvoir législatif.

§ 3. Les restrictions imposées aux commissions parlementaires d'enquête

Au nombre des fonctions attribuées au Congrès national se trouve la surveillance et le contrôle, qui recouvrent les demandes d'informations adressées au pouvoir exécutif (article 50, § 2 de la Constitution de 1988), la formation de commissions parlementaires d'enquête (article 58, § 3), la surveillance et le contrôle directs des actes du pouvoir exécutif (article 49, X) et la demande comptable de la Chambre des députés au président de la République (article 51, II et 84, XXIV). Depuis la Constitution de 1934, le droit constitutionnel positif brésilien prévoit la possibilité de la création de commissions parlementaires d'enquête (CPI), mécanisme qui a également été adopté par la Constitution de 1988. De telles commissions, créées par la Chambre des députés ou le Sénat fédéral, conjointement ou séparément, ont des pouvoirs d'investigation propres aux autorités judiciaires, et sont destinées à enquêter sur un fait déterminé dans le cadre d'un délai fixé. Leurs conclusions, quand c'est le cas, pourront être acheminées au parquet, pour que celui-ci formalise la responsabilité civile ou criminelle des auteurs d'infraction. Les commissions parlementaires d'enquête sont disciplinées par les Règlements de la Chambre des députés (articles 35 et 37) et du Sénat fédéral (articles 145 à 153), ainsi que par le Règlement du Congrès national (article 21), qui disposent en détail sur leur création, leurs pouvoirs et leur fonctionnement. Elles font aussi l'objet de la loi nº 1579 du 18 de mars 1952. Conformément à l'interprétation du Tribunal suprême, les commissions d'enquête intègrent les mécanismes de freins et contrepoids traditionnels dans le constitutionnalisme brésilien, et constituent un élément fondamental da la conception brésilienne de la séparation des pouvoirs.[1069]

Instruments fréquemment utilisés par le Parlement brésilien, les commissions d'enquête ont été l'une des expressions les plus importantes de la judiciarisation de la politique qui s'est traduite avec une acuité particulière dans le cadre du régime de la Constitution de 1988. De fait, sous l'effet de l'intensité de la contestation du travail de ses commissions soumise au Tribunal suprême, se sont produits au Brésil à la fois un transfert du pouvoir décisionnaire du Congrès national au Tribunal suprême et une dissémination des méthodes de décision propres au pouvoir judiciaire, dans la sphère de délibération du pouvoir législatif – en dehors donc du processus judiciaire à strictement parler.[1070] Les raisons de ce phénomène sont multiples, et le professeur Eduardo Meira Zauli, s'appuyant sur le travail de C. Neal Tate, recense quelques-uns de ces facteurs.[1071] L'existence du système politique démocratique, fondé sur la séparation des pouvoirs et doté d'une charte de droits fondamentaux, a ainsi établi une normalité institutionnelle inexistante durant la dictature militaire, qui a permis un bon fonctionnement des institutions. Le recours aux tribunaux par des groupes d'intérêts et par l'opposition parlementaire, en même temps que la perception négative du Parlement, associés à un sentiment de légitimation des institutions judiciaires, ont aussi créé les conditions d'une augmentation de l'interférence du Tribunal suprême dans la sphère d'indépendance du pouvoir législatif. En outre, la promulgation d'une Constitution hautement programmatique, interprétée suivant une nouvelle herméneutique qui a attribué une force normative accrue aux principes constitutionnels, moyennant la convocation de nouveaux acteurs du contrôle de constitutionnalité, a également conduit à la judiciarisation mentionnée. Il y a notamment eu au Brésil une disposition particulière des juges à s'impliquer dans des controverses politiques qui, autrement, seraient laissées à la discrétion exclusive des pouvoirs exécutif et législatif.[1072]

[1069] Tribunal fédéral suprême. ACO 730, *Diário da Justiça* 11/11/2005, p. 5.

[1070] Cf. Vallinder, Torbjörn. « When the courts go marching in ». In *The global expansion of judicial power*. New York : New York University Press, 1995, p. 13-26.

[1071] Zauli, Eduardo Meira. « Judicialização da política, Poder Judiciário e Comissões Parlamentares de Inquérito no Brasil ». *Revista de Informação Legislativa* 47, nº 185, mars 2010, p 7-25.

[1072] *Ibid.*

Dans ce contexte, le Tribunal fédéral suprême ne s'est pas privé d'exercer sa juridiction même dans des secteurs directement liés à l'indépendance des pouvoirs, pour conduire les travaux des commissions parlementaires. Ce contrôle, à chaque fois plus restrictif, s'est fait par l'intermédiaire d'une altération de la jurisprudence du Tribunal fédéral, dont la position initiale était de déférence au Congrès national, puisqu'il reconnaissait la souveraineté des commissions d'enquête comme étant « le propre pouvoir législatif » en action [1073] et considérait les questions liées à son fonctionnement comme exclusivement politiques.[1074] Par la modification de sa jurisprudence dans le cadre de la Constitution de 1988, la Cour suprême a fait preuve d'activisme vis-à-vis du Congrès national, dans la mesure où, comme l'observe C. N. Tate, « de juges activistes, on peut par définition attendre qu'ils mettent à profit toutes les occasions d'utiliser leur pouvoir décisionnaire pour répandre les valeurs des politiques qui leur sont chères ».[1075] Le Tribunal fédéral a imposé, de cette manière, d'importantes restrictions au Congrès national, en relation à ses compétences d'enquête et de surveillance en matière de réunion de preuves sous secret d'instruction judiciaire par les commissions d'enquête (A), de droits des minorités à l'installation de commissions d'enquête (B) et de contrôle des écoutes téléphoniques ordonnées par les commissions d'enquête (C).

A. La requête de preuves mises sous secret de l'instruction judiciaire par les commissions parlementaires d'enquête

L'article 58, §3 de la Constitution de 1988 a octroyé aux commissions parlementaires d'enquête des « pouvoirs d'investigation propres aux autorités judiciaires ». Il revient ainsi à ces organes, au nombre de leurs attributions, d'ordonner des diligences, de convoquer les témoins et de requérir les services de toute autorité, quelle qu'elle soit, forces de police incluses. La clause, citée *supra,* n'a antérieurement jamais été prévue dans le droit constitutionnel positif brésilien, et a composé une importante innovation de la Constitution de 1988, en ce qui concerne les compétences du pouvoir législatif. Au cours des dernières décennies, son texte a été l'objet d'un lent travail d'élaboration doctrinale et jurisprudentielle, qui a cherché à le développer et à définir son sens, non sans réserver quelques surprises. Comme l'observe le professeur Uadi Lammêgo Bulos, « la clause constitutionnelle 'pouvoirs d'investigation propres des autorités judiciaires' (...) a été une *boîte aux secrets,* d'où ont été extraits les sentiments les plus disparates possibles ».[1076]

[1073]Tribunal fédéral suprême. RHC 32.678, *Diário da Justiça* 17/09/1953.
[1074]Tribunal fédéral suprême. MS 1.959, *Diário da Justiça* 13/08/1953.
[1075]Tate, Chester Neal, et Torbjörn Vallinder, éd. *The Global expansion of judicial power.* New York : New York University Press, 1995, p. 34.
[1076]Bulos, Uadi Lammêgo. *Curso de direito constitucional.* 4. éd. São Paulo: Saraiva, 2009, p. 983.

Malgré l'amplitude de la reconnaissance aux commissions d'enquête des mêmes pouvoirs d'investigation que la magistrature par le texte constitutionnel, leur liberté d'action a été graduellement restreinte par le Tribunal fédéral suprême, qui s'est tout de suite reconnu compétent pour exercer le contrôle judiciaire de l'action de ces organes.[1077] D'après le Tribunal, la doctrine des actes *interna corporis* ne peut pas être invoquée dans ces cas,[1078] et la surveillance judiciaire des commissions d'enquête ne viole pas la séparation des pouvoirs.[1079] Les juges de la Cour suprême ont en particulier affirmé l'assujettissement des commissions d'enquête à la loi en général, en décidant que « les pouvoirs d'investigation attribués aux commissions d'enquête devaient être exercés dans les termes de la légalité. L'observation de la légalité n'est pas seulement fondamentale pour la garantie des libertés individuelles, mais aussi pour l'intégrité propre des fonctions des commissions d'enquête. Celles-ci ne détiennent pas un simple pouvoir d'investigation ; avant cela, elles sont liées par le devoir de l'exécuter, et de le faire dans le respect des paramètres de la légalité. Autrement dit, l'ordre juridique attribue à ces commissions parlementaires le devoir d'enquête, sans néanmoins qu'il excède les limites de la légalité ».[1080] En outre, la Cour suprême a décidé que les commissions d'enquête étaient sujettes aux mêmes limites légales et constitutionnelles que celles imposées à la magistrature, étant donné l'identité de leurs pouvoirs : « si, conformément à l'art. 58, § 3, de la Constitution, les commissions d'enquête parlementaires détiennent le pouvoir d'instruction [*id est*, d'investigation] des autorités judiciaires – et non pas supérieur à celui de ces dernières –, on pourra leur opposer les mêmes limites formelles et substantielles que celles opposables aux juges (...)."[1081]

L'égalité des pouvoirs d'investigation des commissions d'enquête et des autorités judiciaires a été mise en cause par le Tribunal fédéral suprême dans l'ordonnance de sûreté n° 27483, mesure conservatoire de 2008,[1082] qui a porté sur le secret des communications téléphoniques garanti par l'article 5, XII de la Constitution de 1988, et consécutivement sur le secret des procès judiciaires dans le cadre desquels ont été réalisées des écoutes judiciaires.[1083]

[1077] Tribunal fédéral suprême. MS 23.452, *Diário da Justiça* 12/05/2000, p. 20.

[1078] Tribunal fédéral suprême. MS 26.441, *Diário da Justiça Eletrônico* 237,18/12/2009.

[1079] Tribunal fédéral suprême. MS 25.668, *Diário da Justiça* 04/08/2006, p. 27.

[1080] Tribunal fédéral suprême. MS 25.908, décision du juge Eros Grau. *Diário da Justiça* 31/03/2006. Disponible sur http://www.stf.jus.br/arquivo/cms/publicacaopublicacaotematica/anexo/cpi.pdf (consulté le 31 mars 2015).

[1081] Tribunal fédéral suprême. HC 79.244, *Diário da Justiça* 24/03/2000, p. 38.

[1082] Tribunal fédéral suprême. MS 27.483 MC-REF, *Diário da JustiçaEletrônico* 192, 10/10/2008.

[1083] Au Brésil, les communications téléphoniques sont protégées par le secret garanti par l'article 5, XII de la Constitution, sachant qu'il ne peut y avoir d'écoutes téléphoniques qu'ordonnées par le pouvoir judiciaire, « dans les hypothèses et sous la forme que la loi établit à fins d'investigation criminelle ou d'instruction de procès pénal ».

En règle générale, le Tribunal fédéral avait déjà décidé antérieurement que les commissions d'enquête avaient compétence pour rompre le secret téléphonique, à condition que la décision soit adéquatement fondée.[1084] Dans l'affaire MS n° 27483 de 2008, néanmoins, la Cour a nié à une commission d'enquête, le pouvoir de requérir des compagnies téléphoniques, l'envoi d'une liste contenant les ordres judiciaires autorisant les écoutes téléphoniques dans des procès qui étaient sous le secret de l'instruction, [1085] et a ainsi créé une sphère réservée du pouvoir judiciaire, sans que le texte constitutionnel n'opère expressément cette distinction.

Le juge rapporteur Cezar Peluso a rédigé l'opinion de la Cour, affirmant que les commissions d'enquête n'ont aucun ascendant sur le pouvoir judiciaire, et ne peuvent requérir des données protégées par le secret de l'instruction, sous peine de violation de la séparation des pouvoirs. Pour le rapporteur, « les commissions d'enquête parlementaire manquent, *ex autoritate propria*, de pouvoir juridique pour révoquer, casser, partager, ou rompre de quelque autre façon le secret légal et constitutionnellement imposé au pouvoir judiciaire. Cela ressort de la compétence exclusive du pouvoir judiciaire, autrement dit c'est l'objet de la dénommée réserve juridictionnelle, en référence à laquelle le judiciaire n'a pas seulement le premier, mais aussi le dernier mot. (...) [La question du secret de l'instruction de procès en cours] est laissée à l'appréciation exclusive du pouvoir judiciaire, qui ne peut être exercée que par les organes juridictionnels compétents pour les causes respectives – ce qui implique qu'aucun autre organe juridictionnel ne peut rompre ce secret, et que ne le peuvent donc pas non plus, *a fortiori,* les commissions d'enquête ».[1086] Le rapporteur a néanmoins permis que soient transmises les informations qui peuvent aider la commission d'enquête dans ses travaux, et qui n'entraînent pas la rupture du secret constitutionnel, telles que la liste des juges qui ont émis des mandats d'écoute téléphonique, la relation des organes policiers destinataires des ordres de justice, ou encore des organes qui requièrent les écoutes.

La décision, cependant, n'a pas été unanime. Selon le juge Marco Aurélio, empêcher l'accès de la commission d'enquête aux données sollicitées, équivaudrait en premier lieu à la vider complètement de son sens, au regard des objectifs de son installation (à savoir, enquêter sur la

[1084]Tribunal fédéral suprême. MS 23.652, *Diário da Justiça* 16/02/2001, p. 92.

[1085] « Le secret de l'instruction repose sur le maintien sous le sceau du secret des procès judiciaires ou enquêtes policières, qui normalement sont publics par force de loi ou de décision de justice (...). Il ne doit être invoqué que dans des cas exceptionnels, quand est examinée en justice une matière qui implique l'intimité des personnes ou, encore, dans des cas de secrets de communication, fiscaux et de données, prévues dans la Constitution de la République elle-même (articles 5 e 93) ».
Superior Tribunal de Justiça, *Segredo de Justiça: até onde pode ir?* [En ligne]. Disponible sur http://www2.stj.jus.br/portal_stj/publicacao/engine.wsp?tmp.area=398&tmp.texto=99567 (consulté le 31 mars 2015).

[1086]Tribunal fédéral suprême. MS 27.483 MC-REF, *op. cit.*

réalisation d'écoutes téléphoniques clandestines). En second lieu, le Tribunal suprême confèrerait alors une interprétation restrictive à l'article 58, § 3 de la Constitution, générant « un conflit véritablement institutionnel ». D'après le juge Aurélio, adoptant une interprétation contraire à celle du rapporteur, c'est le pouvoir d'investigation des commissions d'enquête qui constitue une exception à la règle du secret téléphonique, et non l'inverse. La négation de l'envoi de données requises équivaudrait ainsi à lier les mains de la commission d'enquête et à empêcher le pouvoir législatif d'accomplir sa compétence constitutionnelle.

En dépit de l'opinion contraire du juge Marco Aurélio, c'est finalement celle du rapporteur qui a prévalu, d'après lequel il ne reviendrait pas aux commissions d'enquête de revoir les écoutes téléphoniques protégées par le secret de l'instruction. Suivant le rapporteur, il ne s'agissait pas de statuer sur l'extension des pouvoirs d'investigation des commissions d'enquête, mais bien sur le « pouvoir de rompre le secret d'instruction judiciaire ».[1087] Le fondement de la décision du rapporteur n'a pas été, dans ces conditions, le manque de pouvoirs de la commission d'enquête pour rompre le secret téléphonique, mais de fait l'incompétence de celle-ci à rompre le secret d'instruction décrété par le pouvoir judiciaire, dans la mesure où ce dernier n'est pas subordonné au pouvoir législatif en raison de la séparation des pouvoirs. La distinction est subtile et n'est pas expressément prévue par le texte constitutionnel, mais elle a servi au Tribunal suprême pour affirmer sa supériorité sur l'activité d'investigation du Congrès national.

Il faut enfin souligner que le Tribunal suprême a élargi à d'autres domaines sa politique restrictive des pouvoirs des commissions d'enquête parlementaires, en créant la doctrine de « réserve de juridiction », selon laquelle certains actes peuvent uniquement être pratiqués par les juges et tribunaux, en toute exclusivité. En effet, la Cour suprême a affirmé que « le postulat de la réserve constitutionnelle de juridiction implique que relève de la sphère décisionnaire unique des magistrats, la pratique d'actes déterminés, dont la réalisation, par l'effet d'une résolution permanente du texte de la Constitution lui-même, ne peut émaner que du juge, et non de tiers, y compris ceux auxquels a éventuellement été attribué l'exercice de 'pouvoirs d'investigation propres aux autorités judiciaires'".[1088] D'après le tribunal, l'ordre de perquisition domiciliaire (article 5, XI), d'interception téléphonique (article 5, XII) et de décret de prison, à l'exception des cas de flagrant délit (article 5, LXI), sont des actes interdits aux commissions d'enquête parlementaires, en l'absence de pouvoirs d'investigation équivalents à ceux du judiciaire, concédés par la Constitution de 1988. Cependant, si de tels pouvoirs sont conférés aux juges et aux tribunaux, et si la Constitution elle-même accorde aux commissions d'enquête des pouvoirs

---

[1087] *Ibid.*

[1088] Tribunal fédéral suprême. MS 23.452, *Diário da Justiça*12/05/2000, p. 20. Dans le même sens, cf. MS 23639, *Diário da Justiça* 16/02/2001, p. 91; HC 107.644, *Diário da Justiça Eletrônico* 200, 17/10/2011; AI 560223 AgR, *Diário da Justiça Eletrônico* 079 29/04/2011.

propres aux autorités judiciaires, il est difficile de comprendre la raison pour laquelle la Cour suprême a résolu d'adopter cette politique jurisprudentielle restrictive. Confronté à des possibilités de concrétisation qui se montreraient plus ou moins déférentes à l'égard du pouvoir législatif, le Tribunal fédéral a choisi de délimiter une aire interdite aux pouvoirs d'investigation du Congrès national et de restreindre l'exercice de sa compétence constitutionnelle.

B. La constitution des commissions parlementaires d'enquête en tant que droit des partis minoritaires

L'article 58, § 3 de la Constitution de 1988 instaure comme une des conditions de création d'une commission d'enquête parlementaire la requête d'un tiers des membres de chacune des chambres du Congrès national. L'installation effective de ces commissions, pour sa part, est régulée par les Règlements de la Chambre et du Sénat. Dans le cas particulier du Sénat, il incombe aux leaders des partis politiques qui y sont représentés d'indiquer les membres qui composeront une commission d'enquête, « garantissant, autant que possible, la participation proportionnelle des représentants des partis ou des blocs parlementaires présents au Sénat fédéral » (article 78 du Règlement du Sénat fédéral). En 2004, un groupe de 39 sénateurs – à savoir donc plus d'un tiers du Sénat fédéral – a sollicité la création d'une CPI pour enquêter sur l'utilisation de maisons de jeu de bingo dans le délit de blanchiment d'argent. Le président du Sénat, aux termes du Règlement du Sénat, a alors demandé aux leaders des partis politiques qu'ils indiquent les membres de la commission qui revenaient à leurs partis respectifs. Les leaders des partis politiques qui composaient la coalition d'appui au gouvernement n'ont délibérément pas indiqué les membres qui étaient de leur ressort, et le président du Sénat s'est refusé à pallier l'omission, par manque exprès de compétence règlementaire pour cela, en un acte avalisé par la commission de constitution et justice de cette chambre. À la suite de cette décision, un groupe de sénateurs a introduit l'ordonnance de sûreté n° 24831 de 2005,[1089] auprès du Tribunal fédéral suprême, avec pour objectif d'obliger judiciairement à l'installation de la commission d'enquête. Dans cette ordonnance, le Tribunal a élaboré une doctrine du « statut des minorités parlementaires », qui allait imposer une restriction importante à l'indépendance du pouvoir législatif. La longue décision de la Cour a été maximaliste [1090] et interventionniste, amplifiant le sens du texte

[1089] Tribunal fédéral suprême. MS 24.831, *Diário da Justiça* 04/08/2006, p. 26. Dans le même sens MS 24.849, *Diário da Justiça* 29/09/2006, p. 35; MS 26.441, *Diário da JustiçaEletrônico* 237,18/12/2009.

[1090] Comme déjà affirmé antérieurement, sur la base du travail de Cass R. Sunstein, les décisions maximalistes visent à résoudre une controverse judiciaire de façon large et non restrictive, autant que profonde et non superficielle. Elles formulent des énoncés dont les décisions cherchent à agir au-delà du cas soumis à l'appréciation de la Cour, et qui élaborent des constructions théoriques complexes prenant position sur les problèmes les plus

constitutionnel au-delà de ce qu'il contient, au détriment de l'autonomie parlementaire de gestion des actes internes du Congrès national.

D'entrée de jeu, le Tribunal fédéral a récusé que la doctrine des actes politiques soit incompatible avec le contrôle juridictionnel de la question qui lui était soumise, affirmant que « en dépit du caractère politique des actes parlementaires, il se révèle légitime d'intervenir judiciairement, toutes les fois que les corps législatifs dépassent les limites tracées par la Constitution, ou exercent leurs attributions institutionnelles en portant atteinte aux droits publics subjectifs imprégnés de qualification constitutionnelle et consacrés, ou non, par les membres du Congrès national ».[1091] L'argument que la controverse se circonscrivait à l'interprétation et à l'application du Règlement du Sénat, et qu'elle était donc de nature *interna corporis*, a ainsi été récusé. La Cour suprême a affirmé sans hésitation sa juridiction sur le cas, précisant que le contrôle judiciaire des actes du pouvoir législatif ne violait pas la séparation des pouvoirs, dans l'hypothèse d'une transgression des droits prévus par la Constitution. Suivant l'opinion du rapporteur, majoritaire au sein du collège, « une décision judiciaire qui restaure l'intégrité de l'ordre juridique et qui rend effectifs les droits garantis par les lois et la propre Constitution de la République, ne peut pas être considérée comme un acte d'interférence dans la sphère du pouvoir législatif », puisque « le contrôle du pouvoir constitue une exigence d'ordre politico-juridique essentielle au régime démocratique ».[1092] L'interférence de la Cour suprême serait ainsi un instrument pour rendre effectif le texte constitutionnel, en lui attribuant un caractère impératif et contraignant, et elle ne constitue pas un empiètement juridictionnel de la sphère relative à « l'opportunité, la convenance, l'utilité ou le succès » de l'acte du président du Sénat.

En outre, l'opinion, sortie victorieuse des débats de la Cour suprême, a considéré que le président du Sénat avait le devoir constitutionnel d'installer une commission d'enquête, même sans avoir la compétence règlementaire pour le faire. Pour justifier sa position, le Tribunal fédéral a considéré que la possibilité constitutionnelle de création d'une CPI imposait directement aux organes directeurs du Sénat le devoir de l'installer, malgré les dispositions réglementaires qui envisagent autrement la forme de composition de ces collèges. Ceci étant, serait configurée une omission inconstitutionnelle du président du Sénat, dans une démarche interprétative qui saisit le concept d'omission inconstitutionnelle dans un sens extrêmement extensif, redevable d'une sanction de la part du Tribunal suprême. Pour la Cour, une fois remplies les conditions constitutionnelles, l'installation d'une commission d'enquête devient obligatoire, et il est interdit à la majorité parlementaire d'empêcher cette installation en s'abstenant d'indiquer les membres à sa

---

fondamentaux du droit. Cf. Sunstein, Cass R. « Testing minimalism : a reply ». *Michigan Law Review*, octobre 2005 ; Sunstein, Cass R. « Beyond judicial minimalism ». *Tulsa Law Review*, Summer 2008.

[1091] Tribunal fédéral suprême. MS 24831, *op. cit.*

[1092] *Ibid.*

charge dans la composition du collège. « La prérogative institutionnelle d'investigation, dévolue au Parlement », a affirmé le rapporteur « (...) ne peut être compromise par le bloc majoritaire existant au Congrès national, qui, par l'effet de son refus intentionnel d'indiquer des membres pour une commission déterminée d'enquête parlementaire (bien qu'il soit fondé sur des raisons de stricte convenance politico-partisane) aboutit, par cet acte d'inertie volontaire, à frustrer et annuler, de façon inacceptable et arbitraire, l'exercice par le législatif (et par les minorités qui l'intègrent) du pouvoir de surveillance et d'investigation du comportement des organes, agents et institutions de l'État, et notamment de ceux qui se structurent dans la sphère organique du pouvoir exécutif ».[1093] Dans ces conditions, le Tribunal fédéral a distingué dans la Constitution de 1988 l'existence d'un « statut constitutionnel des minorités parlementaires », méritant protection juridictionnelle, car « personne ne se superpose, pas même les groupes majoritaires, aux principes supérieurs consacrés par la Constitution de la République ».[1094]

Pour suppléer à l'omission, la Cour a ordonné l'application analogique des Règlements de la Chambre des députés et du Congrès national, dont les articles 28 et 29, respectivement, prévoyaient l'indication des membres des commissions d'enquête en général, par le président de la Chambre, en remplacement des leaders des partis politiques. La solution trouvée a néanmoins créé un nouveau problème, dans la mesure où l'absence de participation des partis de la majorité parlementaire rendrait impossible le respect, au sein des commissions d'enquête, de la représentation des partis politiques qui participent à la chambre en question, comme le détermine la Constitution elle-même (article 58, § 1). En effet, la commission d'enquête ainsi formée ne comprendrait que la participation des partis d'opposition, excluant le groupe parlementaire de la majorité. Malgré cela, la Cour suprême a maintenu sa décision, arguant que cette particularité ne pourrait faire obstacle au « droit subjectif » de la minorité parlementaire à la création de la commission d'enquête.

Comme en tant d'autres occasions, qui ont vu se dessiner un cadre normatif indéterminé ou insuffisant, ouvert à de multiples concrétisations possibles, la décision du Tribunal fédéral suprême n'a pas été unanime, et l'un des juges s'est montré déférent à l'égard du pouvoir législatif. Pour le juge Eros Grau, la Constitution a rendu possible la création de commissions d'enquête parlementaires, mais a laissé au Parlement la décision sur son destin, en le reconnaissant comme l'unique organe compétent pour prendre des décisions sur le fonctionnement desdits collèges. « Si on ne procédait pas ainsi », a précisé la juge Grau, « le pouvoir judiciaire – cette Cour – en viendrait à devoir arbitrer tout et n'importe quel mouvement des forces politiques, et contribuerait par là-même à concrétiser non seulement le droit

[1093] *Ibid.*
[1094] *Ibid.*

à la création des commissions d'enquête, mais aussi à la fluidité de leur fonctionnement ». [1095] L'installation de la commission d'enquête serait uniquement sous la dépendance de ceux qui la requièrent, indépendamment de la présence des membres du groupe de la majorité parlementaire. La question serait alors *interna corporis*. Le juge Grau a cité en ce sens l'ordonnance de sûreté n° 20415 de 1985,[1096] dans laquelle la Cour avait déjà considéré comme une question strictement *interna corporis* la décision relative à la nomination des membres d'une commission d'enquête, en stipulant que « si le Règlement ne prévoit pas exactement comment résoudre la question, il revient à l'organe compétent pour l'interprétation des questions réglementaires, de le faire ». D'un autre côté, le juge Grau a souligné que le régime interne du Sénat n'autorisait pas l'application analogique des Règlements de la Chambre des députés et du Congrès national, et qu'il n'y avait donc pas moyen d'obliger le président du Sénat fédéral à indiquer des membres pour la commission. « Il n'existe pas de norme constitutionnelle qui lui attribue cette responsabilité », a-t-il affirmé, se refusant à admettre que le pouvoir judiciaire en vienne à « donner des ordres au législatif ». L'opinion du juge Eros Grau est demeurée néanmoins minoritaire au sein du collège.

Comme on le constate, le Tribunal fédéral a rendu obligatoire pour le président du Sénat un acte discrétionnaire des directions des partis politiques, à propos duquel il n'y avait aucune prescription d'obligation ni dans le Règlement du Sénat, ni dans la Constitution elle-même. La possibilité constitutionnelle de formation de commissions d'enquête parlementaires est ainsi devenue une obligation imposée par le pouvoir judiciaire. Le fondement invoqué pour une telle concrétisation a été la déclaration de l'omission inconstitutionnelle du président du Sénat, dans une construction qui saisit en un sens très large le concept d'omission inconstitutionnelle, au-delà même des actions appropriées à son contrôle (action directe en inconstitutionnalité par omission et mandat d'injonction). La Cour suprême a appliqué directement la Constitution au cas concret, sans prendre en considération les dispositions réglementaires (mais sans pourtant les déclarer inconstitutionnelles), au détriment de l'indépendance du Parlement pour installer ou non une commission d'enquête parlementaire, suivant la convenance strictement politique et interne de son autogouvernement. Une fois de plus, confrontée à des possibilités de concrétisation qui permettraient d'attribuer plus ou moins d'indépendance au pouvoir législatif, le Tribunal fédéral a choisi de restreindre cette indépendance et d'interférer dans l'économie interne du Congrès national.

[1095] *Ibid.*

[1096] Tribunal fédéral suprême. MS 20.415, *Diário da Justiça* 19/04/1985, p. 5.455.

C. Le contrôle sur la teneur des écoutes téléphoniques ordonnées par les commissions d'enquête

Au titre de détentrices de pouvoirs d'investigation propres aux autorités judiciaires, les commissions d'enquête parlementaires ont compétence constitutionnelle pour lever le secret téléphonique des personnes qui font l'objet d'enquête. En termes pratiques, cette compétence s'identifie à la possibilité d'avoir accès au compte rendu des liaisons téléphoniques réalisées et reçues par une ligne téléphonique déterminée, obtenu d'un opérateur de services téléphoniques.[1097] Au Brésil, le secret téléphonique est considéré comme une émanation de la protection constitutionnelle de l'intimité et de la vie privée, établie par l'article 5, X de la Constitution.[1098] Bien que la Constitution ne dispose pas spécifiquement en la matière, le Tribunal fédéral suprême a développé, au cours des années 2000, une politique jurisprudentielle qui s'est caractérisée par un contrôle intensif des décrets de rupture du secret téléphonique par les commissions d'enquête, et l'évaluation proprement dite du bien-fondé des décisions parlementaires pour les juger justifiées ou non. La Cour a ainsi développé une politique expansive de ses pouvoirs face au pouvoir législatif, annulant fréquemment des décisions relatives à la levée du secret téléphonique et, par ce biais, excluant l'existence d'un domaine discrétionnaire réservé du Parlement.

Un important précédent de cette politique jurisprudentielle a été l'ordonnance de sûreté n° 23452 de 1999.[1099] Dans cette décision, se reconnaissant à nouveau compétent pour contrôler les actes du Congrès national sans que cela n'ait des retombées sur la violation de la séparation des pouvoirs, le Tribunal fédéral suprême a examiné le décret de levée du secret téléphonique d'un avocat par la commission d'enquête du système financier national, exigeant que celle-ci ait une solide justification et ne se fonde pas sur de simples indices, sous peine de nullité. La Cour suprême a statué ainsi : « les commissions d'enquête parlementaires, (...) pour décréter, légitimement, de leur propre autorité, la levée du secret bancaire, du secret fiscal et/ou du secret téléphonique, concernant des personnes sur lesquelles elles enquêtent, doivent démontrer, sur la base d'indices avérés, l'existence concrète d'une cause probable qui légitime la mesure exceptionnelle (rupture de la sphère d'intimité de la personne mise en examen), et justifie la nécessité de son accomplissement, et ceci dans le cadre d'une ample procédure d'investigation des faits concernés qui ont motivé l'instauration de l'enquête parlementaire, sans que cela préjuge d'un contrôle juridictionnel ultérieur des actes de référence (CF, art. 5°, XXXV). Les délibérations de quelque commission d'enquête parlementaire que ce soit, à l'image de ce qui

---

[1097] Pour sa part, l'autorisation d'interception du *contenu* des communications téléphoniques relève de la compétence juridictionnelle réservée et peut seulement être accordée par le pouvoir judiciaire, comme on l'a vu *supra*.

[1098] « L'intimité, la vie privée, l'honneur et l'image des personnes sont inviolables ; le droit à l'indemnisation des dommages matériels ou moraux assuré en cas de violation ».

[1099] Tribunal fédéral suprême. MS 23.452, *Diário da Justiça* 12/05/2000, p. 20.

se passe avec les décisions judiciaires (...), dès lors qu'elles sont dépourvues de motivation, apparaissent versatiles et dénuées d'efficacité juridique, car aucune mesure restrictive de droits ne peut être adoptée par le pouvoir public, sans que l'acte qui la décrète soit adéquatement fondé par l'autorité de l'État ».[1100] Comme fondement de cette décision, le Tribunal suprême a mentionné que le décret de rupture du secret téléphonique par les juges devait être justifié par une exigence constitutionnelle expresse,[1101] raison pour laquelle le même acte, quand il est pratiqué par une CPI, nécessite la même justification.

Il est utile de souligner que le Tribunal suprême a récusé comme fondement la référence de la commission d'enquête à un rapport où figureraient les raisons qui justifieraient la levée du secret téléphonique en cause. D'après la Cour, « la preuve des éléments qui, présents dans une autre pièce documentaire, révèlent les fondements sur lesquels s'est appuyée la décision de l'État » incomberait au Congrès national. Comme la CPI n'a pas présenté un tel document dans le dossier de l'ordonnance de sûreté, le Tribunal fédéral a considéré nulle la levée du secret. En outre, la Cour a refusé que la justification fût produite dans la réplique du Congrès national à l'ordonnance de sûreté présenté par l'avocat, stipulant que « l'existence contemporaine de la motivation constitue le présupposé de la légitimation de l'acte décisionnaire ». En d'autres termes, le déficit de fondement à la levée du secret téléphonique ne peut pas être suppléé ultérieurement, face au pouvoir judiciaire : « la motivation doit être propre et inhérente à la décision (...), car – insiste-t-elle – l'absence de fondement ne peut pas être suppléée *a posteriori* ». La Cour suprême a ainsi choisi une concrétisation défavorable au Congrès national, car elle aurait pu se contenter de requérir que soit jointe au dossier la justification adoptée par le Parlement dans un autre document – un compte rendu de voyage produit par le service de conseil technique de la commission – pour que l'acte soit conçu comme correctement fondé.

La décision de l'ordonnance de sûreté n° 23452 de 1999, a été postérieurement réitérée dans de très nombreux autres arrêts. En effet, dans l'ordonnance de sûreté n° 23619 de 2000,[1102] la Cour a exigé l'existence d'une « *probable cause* » pour le décret de levée du secret téléphonique, en s'inspirant du droit nord-américain pour décréter la nullité de la levée, car « dans un État démocratique de droit, il n'y a pas place pour le pouvoir absolu ».[1103] C'est dans le même sens que vont les ordonnances de sûreté n°

[1100] *Ibid.*

[1101] L'article 93, IX de la Constitution établit l'obligation de fondement pour toutes les décisions du pouvoir judiciaire : « tous les jugements des organes du pouvoir judiciaire sont publics et toutes leurs décisions sont motivées, sous peine de nullité ; la loi peut, si l'intérêt public l'exige, limiter l'assistance, pour certains actes, aux seules parties et à leurs avocats ou seulement à ces derniers ».

[1102] Tribunal fédéral suprême. MS 23.619, *Diário da Justiça* 07/12/2000, p. 7.

[1103] *Ibid.*

23466 de 2000 ;[1104] nº 23480 de 2000 ;[1105] nº 23668 de 2000 ;[1106] nº 24135 de 2002;[1107] et nº 25668 de 2006.[1108]

Dans l'ordonnance de sûreté n° 23964 de 2001,[1109] la Cour suprême a prononcé une de ses décisions les plus restrictives de l'indépendance du Congrès national en matière de rupture du secret téléphonique, appliquée en l'occurrence à la commission mixte d'enquête parlementaire sur le vol de charges. Pour le Tribunal suprême, la commission d'enquête ne pourrait pratiquer un tel acte, « qui expose aux conséquences les plus graves, que si elle justifiait, de manière adéquate, et toujours sur la base de la mention concrète de faits spécifiques, la nécessité de l'adoption de cette mesure exceptionnelle ». Le tribunal s'est permis d'examiner le bien-fondé de l'acte du Congrès national, se substituant à celui-ci dans la question du jugement d'opportunité du décret de levée du secret téléphonique des personnes objets de l'enquête. D'après la Cour, « toute commission d'enquête parlementaire a le pouvoir de décréter la levée du secret inhérent aux registres bancaires, fiscaux et téléphoniques, sous réserve de le faire dans le cadre d'un acte dûment fondé, et qui inclut aussi la référence à des faits concrets qui justifient la configuration de la cause probable, apte à légitimer la mesure exceptionnelle de '*disclosure*' ». La commission ne pourrait donc pas se baser sur « de pures présomptions, ou des références dépourvues 'du support informatif minimal nécessaire', ou encore sur des affirmations vagues et génériques », selon les termes du jugement du Tribunal. La Cour a conclu en décidant que l'acte de rupture du secret ne possédait « aucune base empirique idoine », et qu'il était par conséquent nul. Cette décision a été réitérée, *mutatis mutandis*, dans les ordonnances de sûreté n° 23868 de 2001 ;[1110] n° 23957 de 2001 ;[1111] n° 23960 de 2001 ;[1112] n° 23851 de 2001[1113] n° 23879 de 2001,[1114] qui concernaient les actes de levée du secret téléphonique par la commission d'enquête du football, et également dans l'ordonnance de sûreté n° 24029 de 2002,[1115] relatif à la commission d'enquête du vol de charges.

En dépit de cette jurisprudence restrictive, dans les ordonnances de sûreté nº 23556 de 2000 ;[1116] nº 23639, de 2000[1117] nº 23652, de 2000 ;[1118] nº

[1104]Tribunal fédéral suprême. MS 23.466, *Diário da Justiça* 06/04/2001, p. 70.
[1105]Tribunal fédéral suprême. MS 23480, *Diário da Justiça* 15/09/2000, p. 119.
[1106]Tribunal fédéral suprême. MS 23668, *Diário da Justiça* 24/11/2000, p. 88.
[1107]Tribunal fédéral suprême. MS 24135, *Diário da Justiça* 06/06/2003, p. 32.
[1108]Tribunal fédéral suprême. MS 25668, *Diário da Justiça* 04/08/2006, p. 27.
[1109]Tribunal fédéral suprême. MS 23964, *Diário da Justiça* 21/06/2002, p. 98.
[1110]Tribunal fédéral suprême. MS 23868, *Diário da Justiça* 21/06/2002, p. 98.
[1111]Tribunal fédéral suprême. MS 23957, *Diário da Justiça* 14/12/2001, p. 29.
[1112]Tribunal fédéral suprême. MS 23960, *Diário da Justiça* 16/11/2001, p. 9.
[1113]Tribunal fédéral suprême. MS 23851, *Diário da Justiça* 21/06/2002, p. 98.
[1114]Tribunal fédéral suprême. MS 23879, *Diário da Justiça* 16/11/2001, p. 8.
[1115]Tribunal fédéral suprême. MS 24029, *Diário da Justiça* 22/03/2002, p. 32.
[1116] Tribunal fédéral suprême. MS 23.556, *Diário da Justiça* 07/12/2000, p. 7.
[1117]Tribunal fédéral suprême. MS 23639, *Diário da Justiça* 16/02/2001, p. 91.
[1118]Tribunal fédéral suprême. MS 23652, *Diário da Justiça* 16/02/2001, p. 92.

23554 de 2000 ;[1119] n° 23553 de 2000 ;[1120] n° 24217 de 2002 ;[1121] et n° 24817 de 2005,[1122] la Cour suprême a admis les motifs invoqués par diverses commissions d'enquête pour rompre le secret d'une série de personnes mises en examen et les a jugés licites. En outre, dans l'ordonnance de sûreté n° 23716 de 2001, le Tribunal a adouci la rigueur initiale et permis que l'acte de décret de levée du secret soit moins formel qu'une décision judiciaire. D'après la Cour, il n'est pas nécessaire de « d'exiger que l'acte [de levée du secret téléphonique] compte avec la même structure, le même compte rendu, fondement et dispositif qu'une décision judiciaire ».[1123] La politique jurisprudentielle des actes de la CPI de levée du secret téléphonique a ainsi été tempérée par des décisions qui ont reconnu au Congrès national l'autonomie pour exercer ses pouvoirs d'investigation avec un degré d'indépendance supérieur.

SECTION 2. L'EXÉCUTIF ET SON DROIT D'INITIATIVE : LA LIBERTÉ D'ÉDICTER DES « MESURES PROVISOIRES » PROGRESSIVEMENT ENCADRÉE

Le président de la République, dans le contexte du régime présidentiel en vigueur au Brésil, a reçu les compétences qui lui garantissent la conduite autonome des affaires de l'administration, en qualité à la fois de chef de l'État et de chef du gouvernement. Il exerce ainsi la direction supérieure de l'administration fédérale, et nomme et révoque les ministres d'État. Au plan normatif, le président exerce le pouvoir règlementaire, édictant les décrets et règlements, actes normatifs secondaires, pour l'exécution fidèle des lois. Il dispose encore, par le biais de décrets autonomes, sur l'organisation et le fonctionnement de l'administration fédérale, quand ne sont pas impliquées une augmentation des dépenses, la création ou la suppression d'organismes publics, ainsi que sur l'extinction de fonctions et de charges publiques, quand elles ne sont pas pourvues. En qualité de chef de l'administration fédérale, le président de la République propose au pouvoir législatif, dans le cadre d'un droit réservé d'initiative, les lois qui disposent sur les fonctionnaires fédéraux, le ministère public et le Défenseur public. Dans le cadre d'un mécanisme traditionnel de freins et contrepoids propres au régime républicain brésilien, le président de la République participe aussi au processus législatif en proposant, promulguant et sanctionnant des lois.

La Constitution de 1988 a innové dans l'histoire du constitutionnalisme brésilien, en créant la mesure provisoire, en tant que compétence réservée au

[1119]Tribunal fédéral suprême. MS 23554, *Diário da Justiça* 23/02/2001, p. 83.
[1120]Tribunal fédéral suprême. MS 23553, *Diário da Justiça* 01/03/2002, p. 32.
[1121]Tribunal fédéral suprême. MS 24217, *Diário da Justiça* 18/10/2002, p. 26.
[1122]Tribunal fédéral suprême. MS 24817, *Diário da JustiçaEletrônico* 208, 06/11/2009.
[1123]Tribunal fédéral suprême. MS 23716, *Diário da Justiça* 18/05/2001, p. 434. Dans le même sens, MS 24749, *Diário da Justiça* 05/11/2004, p. 6.

chef du pouvoir exécutif fédéral. Inspirées des *decreti-legge* du droit italien,[1124] ces mesures provisoires permettent au président de la République d'édicter des normes juridiques primaires sans intermédiation immédiate du Parlement. L'article 62 de la Constitution de 1988 dispose que « en cas pertinent et urgent, le président de la République pourra adopter des mesures provisoires, avec force de loi, qui devront être soumises immédiatement au Congrès national ». Dans sa rédaction originale, l'article 62 déterminait que les mesures provisoires perdaient leur efficacité *ab initio,* si elles n'étaient pas transformées en lois par le Parlement dans un délai de 30 jours à compter de leur édition, mais la possibilité de la réédition était omise.

Dans une concrétisation créative du texte constitutionnel, le pouvoir exécutif a initié, juste après l'entrée en vigueur de la Constitution, la pratique de rééditer des mesures provisoires qui n'avaient pas été approuvées dans le délai constitutionnel, créant par là-même un *continuum* normatif caractérisé par l'enchaînement de mesures provisoires rééditées, dont l'effet se prolongeait dans le temps. Ceci étant, le pouvoir exécutif a édicté et réédité un grand nombre de mesures provisoires, provoquant un véritable torrent normatif qui, du point de vue de la doctrine,[1125] compromettait le primat du principe de légalité et le rôle central du pouvoir législatif dans la production normative. À titre seulement d'illustration, entre 1988 et 2007 ont été édictées 1002 mesures provisoires originelles et 5513 rééditions, sur un total de 6515 actes normatifs.[1126] En 2001, l'amendement constitutionnel n° 32 a modifié l'article 62 pour n'autoriser qu'une unique réédition, réduisant drastiquement par-là le nombre de mesures provisoires. Au cours des années 1990, néanmoins, l'emploi démesuré de mesures provisoires par le pouvoir exécutif, allié à l'inertie du Congrès national pour les apprécier, a donné lieu

[1124]D'après l'article 77 de la Constitution italienne, le gouvernement peut, « dans des cas extraordinaires de nécessité et d'urgence », adopter, sous sa responsabilité, des mesures provisoires ayant force de loi. Il doit, « le jour même, les présenter pour leur conversion en loi aux Chambres, lesquelles, même si elles sont dissoutes, sont expressément convoquées et se réunissent dans un délai de cinq jours suivant la convocation. Les décrets perdent d'emblée leur efficacité, s'ils ne sont pas convertis en loi dans les soixante jours suivant leur publication. Toutefois, les Chambres peuvent régler par une loi les rapports juridiques créés sur la base des décrets non convertis. » Cette disposition est à l'origine de l'article 62 de la Constitution de 1988, introduisant dans le présidentialisme brésilien un élément du régime parlementaire.

[1125]Pour Ivo Dantas, par exemple, « la prévision constitutionnelle qui devrait être tenue pour exceptionnelle, en est venue au point, dans le gouvernement actuel, d'engager un procès législatif quotidien, à travers lequel, dans certains cas, même les limitations établies dans le § 4 de l'article 60 de la Constitution ne sont pas prises en compte quand, par exemple, 'les droits et garanties individuels' (inaccessibles par réforme ou amendement constitutionnel) ont été mis en cause par l'édition de mesures provisoires d'une inconstitutionnalité flagrante. » Dantas, Ivo. Aspectos Jurídicos das Medidas Provisórias. 2. éd. Brasília: Consulex, 1991, p. 58.

[1126] Tavares Filho, Newton. Excesso na edição de medidas provisórias. *Câmara dos Deputados* [en ligne], janvier 2008. Disponible sur http://bd.camara.leg.br/bd/handle/bdcamara/1605 (Consulté le 07/04/2015).

à une profonde instabilité dans l'ordonnancement juridique brésilien, qui a vu proliférer un grand nombre d'actes normatifs temporaires.

Dans ce contexte, le Tribunal fédéral suprême a été appelé à se manifester sur la prise en compte des conditions constitutionnelles de « pertinence » et d'« urgence », et il est passé, à cet égard, d'une posture déférente, par laquelle il reconnaissait au pouvoir exécutif la compétence discrétionnaire quasi totale, à une posture plus activiste, créant une politique jurisprudentielle qui lui a permis de se substituer au jugement du président de la République pour déclarer la non-observation des conditions d'édiction de mesures provisoires.

La posture déférente du Tribunal fédéral suprême vis-à-vis du président de la République tire encore son origine du régime de la Constitution de 1967, qui prescrivait qu'il revenait au chef du pouvoir exécutif dictatorial d'édicter des décrets-lois.[1127] De fait, dans le recours extraordinaire n°62739 de 1967, la Cour suprême a décidé que « l'appréciation des cas d'urgence ou d'intérêt public pertinent, à laquelle se réfère l'article 58 de la Constitution de 1967, a un caractère politique, et détermine le caractère discrétionnaire du jugement d'opportunité ou de valeur du président de la République, sauf appréciation contraire et également discrétionnaire du Congrès [national] ».[1128] La doctrine invoquée est celle de l'impossibilité du contrôle des actes politiques et elle laisse alors intégralement aux pouvoirs exécutif et législatif l'exercice du jugement d'opportunité pour l'édition, l'appréciation et l'approbation des décrets-lois. Le rapporteur qui a rédigé l'opinion du Tribunal fédéral a affirmé : « il ne me semble pas douteux que l'appréciation de l''urgence' ou de l''intérêt public pertinent' ait un caractère politique : est urgent et pertinent ce que le président entend comme tel, sauf si le Congrès en vient à exprimer un jugement contraire, pour rejeter le décret-loi. Du coup, il ne peut y avoir de révision judiciaire de ces deux aspects qui sont à la discrétion de l'exécutif, celle-ci ne pouvant être corrigée que par la compétence discrétionnaire du Congrès ».[1129] Dans le même sens, par le biais du recours extraordinaire n° 74096 de 1972, la Cour suprême a décidé que « les présupposés d'urgence et d'intérêt public pertinent échappaient au contrôle du pouvoir judiciaire »,[1130] de la même manière qu'elle a affirmé, dans le recours extraordinaire n° 75935 de 1973, qu'il revenait au pouvoir discrétionnaire de l'exécutif de choisir d'utiliser – ou non – le décret-loi.[1131]

Après l'entrée en vigueur de la Constitution de 1988, le Tribunal fédéral suprême a maintenu sa posture de déférence vis-à-vis des pouvoirs exécutif et législatif, dans le cadre de décisions qui ont touché un point central relatif

---

[1127] Le décret-loi, prévu par la Constitution de 1967, était une figure similaire aux mesures provisoires, mais qui, contrairement à celles-ci, demeurait en vigueur s'il n'était pas voté par le Congrès national dans un délai de soixante jours.

[1128] Tribunal fédéral suprême. RE 62739, *Diário da Justiça* 20/12/1967, p. 4408.

[1129] *Ibid.*

[1130] Tribunal fédéral suprême. RE 74096, *Diário da Justiça* 11/09/1972, p. 5920.

[1131] Tribunal fédéral suprême. RE 75935, *Diário da Justiça* 02/01/1974, p. 14.

à l'indépendance du président de la République et du Congrès national. En effet, la Cour suprême a reconnu comme valide la pratique du pouvoir exécutif de rééditer les mesures provisoires qui n'avaient pas été l'objet d'une délibération parlementaire dans un délai de trente jours, en l'absence de prévision constitutionnelle à ce sujet. Dans l'action directe en inconstitutionnalité n° 1647 de 1998, la Cour suprême a décidé que la réédition de la mesure provisoire, loin de démontrer le manque de pertinence et d'urgence, confirmait ces réquisits, raison pour laquelle la réédition était admissible.[1132]

Au cours des années 1990, néanmoins, le Tribunal fédéral a instauré une politique jurisprudentielle relativement interventionniste vis-à-vis des pouvoirs exécutif et législatif, en considérant que la détermination de l'urgence et de la pertinence étaient des actes politiques, mais en reconnaissant la possibilité du contrôle juridictionnel en cas d'un abus manifeste du pouvoir de légiférer, qui pouvait être établi sur la base d'une évaluation objective. C'est ainsi que dans l'action directe en inconstitutionnalité n° 162, mesure conservatoire de 1989, la Cour suprême a décidé que « les concepts de pertinence et d'urgence auxquels se réfère l'article 62 de la Constitution, en qualité de présupposés de l'édition de mesures provisoires, découlent en principe du jugement discrétionnaire d'opportunité et de valeur du président de la République, mais admettent le contrôle judiciaire de l'excès du pouvoir de légiférer ».[1133] L'acte d'appréciation de l'urgence et de la pertinence a été au départ considéré comme un acte politique et, en tant que tel, *a priori* libre de contrôle juridictionnel de la part du Tribunal suprême, conformément à la décision dans l'action directe en inconstitutionnalité n° 1647 de 1999,[1134] et dans le recours extraordinaire n° 217162 de 1998.[1135] Cependant, dans l'action directe en inconstitutionnalité n° 525, mesure conservatoire de 1991, cette fois, la Cour suprême a reconnu que la possibilité du contrôle juridictionnel soit, en cas d'« abus manifeste, compte tenu du caractère discrétionnaire du jugement politique qui implique [l'édition de mesures provisoires], confiée au pouvoir exécutif, sauf censure du Congrès national ».[1136] La condition de caractérisation de cet abus manifeste a été établie dans les actions directes en inconstitutionnalité n° 1516, mesure conservatoire de 1997 et n° 1717, mesure conservatoire de 1999 : le contrôle juridictionnel sera valide si le manque d'urgence et/ou de pertinence peut être constaté

[1132] Tribunal fédéral suprême. ADI 1647, *Diário da Justiça* 26/03/1999, p1. Dans le même sens, RE 354211, *Diário da Justiça* 22/11/2002, p. 69.
[1133] Tribunal fédéral suprême. ADI 162 MC, *Diário da Justiça* 19/09/1997, p. 45.525.
[1134] Tribunal fédéral suprême. ADI 1647, *Diário da Justiça* 26/03/1999, p. 1.
[1135] Tribunal fédéral suprême. RE 217162, *Diário da Justiça* 26/02/1999, p. 17. Dans le même sens, *exempli gratia* RE 222719, *Diário da Justiça* 26/03/1999, p. 19; RE 226664, Diário da Justiça 28/05/1999, p. 27; RE 229400, *Diário da Justiça* 28/05/1999, p. 27; RE 231086, Diário da Justiça 28/05/1999, p. 28; RE 221.852, *Diário da Justiça* 04/06/1999, p. 26.
[1136] Tribunal fédéral suprême. ADI 525 MC, *Diário da Justiça* 02/04/2004, p. 8.

« objectivement »,[1137] et « non quand il dépend d'une évaluation subjective, strictement politique, par le biais de critères d'opportunité et de convenance, du ressort des pouvoirs exécutif et législatif, qui sont dans de meilleures conditions que le judiciaire pour tirer une conclusion à leur sujet ».[1138]

La politique jurisprudentielle restrictive du Tribunal fédéral suprême a atteint son point d'orgue avec l'action directe en inconstitutionnalité nº 2213, mesure conservatoire de 2002.[1139] Dans ce jugement, la Cour a adressé de dures critiques au pouvoir exécutif, et exprimé sa préoccupation face à l'emploi systématique de mesures provisoires, et par conséquent sur le déséquilibre institutionnel qui en résultait. D'après elle, « l'appropriation institutionnelle croissante du pouvoir de légiférer, de la part des présidents successifs de la République, a suscité de graves préoccupations de nature juridique, du fait que l'utilisation excessive des mesures provisoires a provoqué de profondes distorsions qui se sont projetées sur les relations politiques entre les pouvoirs exécutif et législatif. Rien ne peut justifier l'utilisation abusive de mesures provisoires, qui exposent l'exécutif – en l'absence des raisons constitutionnelles d'urgence, nécessité et pertinence matérielle – à investir illégitimement la plus significative des fonctions qui appartient au Congrès national, et à se convertir, dans le champ communautaire de l'État, en instance de pouvoir hégémonique, affectant ainsi, avec le risque d'un grave préjudice au régime des libertés publiques et de sérieuses conséquences pour le système de '*checks and balances*', la relation d'équilibre qui doit nécessairement exister entre les pouvoirs de la République ». Le Tribunal suprême a alors affirmé la compétence du pouvoir judiciaire pour contrôler ce qu'il avait entendu comme abus du pouvoir exécutif, en indiquant qu'il « revient au pouvoir judiciaire, dans le développement des fonctions qui lui sont inhérentes, d'empêcher que l'exercice compulsif de la compétence extraordinaire d'édicter une mesure provisoire culmine avec l'introduction dans le processus institutionnel brésilien, en matière législative, d'un véritable césarisme gouvernemental, et provoquer ainsi de graves distorsions dans le modèle politique, induisant de sérieux dysfonctionnements qui compromettent l'intégrité du principe constitutionnel de la séparation des pouvoirs ».[1140]

En somme, le Tribunal fédéral a conforté la position selon laquelle « les conditions de pertinence et d'urgence pour l'édition d'une mesure provisoire sont à l'appréciation discrétionnaire du chef du pouvoir exécutif, et ne relèvent pas, sauf dans les cas d'excès de pouvoir, d'un examen par le pouvoir judiciaire ».[1141] Cette politique jurisprudentielle a été modérément

---

[1137] Tribunal fédéral suprême. ADI 1516 MC, *Diário da Justiça* 13/08/1999, p. 4.
[1138] Tribunal fédéral suprême. ADI 1717 MC, *Diário da Justiça* 25/02/2000, p. 50.
[1139] Tribunal fédéral suprême. ADI 2213 MC, *Diário da Justiça* 23/04/2004, p. 7.
[1140] *Ibid.*
[1141] Tribunal fédéral suprême. ADI 2150 MC, *Diário da Justiça* 28/04/2000, p. 71. Dans le même sens, *exempli gratia,* ADI 2150, *Diário da Justiça* 29/11/2002, p. 18; ADI 2527 MC,

interventionniste, notamment parce qu'il a incombé au Tribunal fédéral lui-même de définir ce qu'était un abus du président de la République. Quoique la Cour suprême ait revendiqué une évaluation objective des cas concrets qui lui étaient soumis, le critère qu'elle s'est elle-même imposé pour déterminer l'existence de la pertinence et de l'urgence, reste néanmoins indéterminé. Cette indétermination a permis au Tribunal fédéral de se substituer au président de la République et au Congrès national, réduisant leur indépendance et leur refusant l'exercice d'une compétence réservée, libre d'ingérences judiciaires. L'intervention de la Cour suprême dans le jugement d'urgence et de pertinence a néanmoins entraîné, dans la plupart des cas, la confirmation du jugement rendu par le pouvoir exécutif, et la déférence du tribunal au président de la République a été plus fréquente que son activisme.

Diário da Justiça 23/11/2007, p. 20; RE 550652 AgR, *Diário da JustiçaEletrônico* 029, 12/02/2014; RE 700160 AgR, *Diário da JustiçaEletrônico* 081, 30/04/2014.

CHAPITRE 2

Le Judiciaire et l'ampleur de la juridiction constitutionnelle : l'expansion de l'action du Tribunal concernant le cadre procédural

Comme on l'a vu antérieurement, les fonctions exercées par le Tribunal fédéral suprême sont instituées et délimitées par le droit positif, que ce soit au niveau constitutionnel ou au niveau légal.[1142] À partir des normes générales établies par la Constitution de 1988, et par les articles 101 à 103-A en particulier, l'ordonnancement juridique brésilien établit un cadre normatif pour l'action de la Cour suprême, énoncé notamment dans les codes de procédure et les lois n° 8038 du 28 mai 1990 (recours extraordinaire), n° 9868 du 10 novembre 1999 (action directe en inconstitutionnalité et action déclarative de constitutionnalité) et n° 9882 du 3 décembre 1999 (action en violation d'un précepte fondamental). Une fois ses compétences exercées, l'autorité des décisions du Tribunal fédéral est garantie par l'existence de la réclamation constitutionnelle, procédure juridictionnelle devant la Cour suprême, qui est précisément destinée à protéger sa propre compétence et à consolider l'autorité de ses propres décisions face aux autres pouvoirs et au judiciaire lui-même, selon les termes de l'article 102, I, *l* de la Constitution.[1143]

Consciente du cadre fixé par l'ordonnancement juridique positif, la Cour suprême a néanmoins travaillé activement à l'élaboration de politiques jurisprudentielles qui lui ont donné un degré supérieur de contrôle, non seulement sur l'amplitude de ses propres compétences, mais aussi sur la programmation des jugements, fréquemment sans support explicite de la norme positive, ou en jouant sur l'indétermination de cette dernière.[1144] De

---

[1142]Cf. Première partie, Titre 2, Chapitre 1.

[1143] « Art. 102. La compétence essentielle du Tribunal fédéral suprême est de veiller au respect de la Constitution ; il lui appartient : I - d'instruire le procès et de juger en première instance : (…) l) la réclamation visant à préserver ses compétences et à garantir l'autorité de ses propres décisions. »

[1144] En ce sens, le professeur Guilherme Peña de Moraes a attribué au Tribunal suprême l'exercice d'une véritable fonction législative, qui s'exprime par « la mise en œuvre

cette manière, la Cour suprême a significativement amplifié son autonomie vis-à-vis des pouvoirs législatif et exécutif, responsables de l'introduction, délibération et édition des normes du procès. Cette action du tribunal fédéral, au-delà ou en complément du cadre normatif applicable, s'est traduit de façon plus marquante dans le domaine du procès de contentieux constitutionnel (Section 1) et dans une concentration des pouvoirs vis-à-vis des instances judiciaires ordinaires (Section 2).

SECTION 1. LES INTERFÉRENCES DANS LA PROCÉDURE DU CONTENTIEUX CONSTITUTIONNEL

En qualité de tribunal judiciaire, le Tribunal fédéral suprême est assujetti aux principes et dispositions normatives qui régissent le procès brésilien. En règle générale, il n'intervient que sur réquisition des parties (*ne procedat judex ex officio*), est obligé d'offrir la tutelle juridictionnelle sollicitée (principe de l'irrécusabilité de la juridiction) et décide dans les limites fixées par la demande des parties (principe du dispositif). Ce cadre rigide, qui présuppose un tribunal passif et ne faisant qu'attendre la réglementation de ses activités par le pouvoir législatif, par le moyen de lois processuelles, a été cependant sensiblement altéré par les politiques jurisprudentielles qui se sont développées et ont innové dans le domaine des normes du procès constitutionnel (§ 1), ont redéfini les effets des décisions par-delà le cadre normatif (§ 2) et ont même interféré sur le choix des normes soumises au contrôle de constitutionnalité (§ 3). En agissant ainsi, la Cour suprême a pris elle-même en charge, bien que de manière partielle et ponctuelle, le contrôle de sa propre programmation et action, qu'elle a organisées et normalisées sans l'intermédiaire du pouvoir législatif, en se fondant sur l'indétermination ou l'omission des normes constitutionnelles et légales applicables.

§ 1. Développement et achèvements des normes de procédure

L'action créative du Tribunal fédéral suprême dans le champ des normes processuelles s'est notamment exprimée dans deux domaines : l'interférence dans les conditions d'accès à la juridiction constitutionnelle (a) ainsi que la construction graduelle d'un cadre processuel relatif au contrôle d'omission constitutionnelle (b).

---

complémentaire et le développement de la régulation processuelle constitutionnelle », par l'intermédiaire d'un droit constitutionnel et processuel « ductile ». Moraes, Guilherme Peña. *Justiça constitucional : limites e possibilidades da atividade normativa dos tribunais constitucionais.* São Paulo : Atlas, 2012, p. 65, 166. L'influence du néoconstitutionnalisme est évidente par l'emploi de l'expression « droit ductile », formulée par Gustavo Zagrebelsky. Cf. Zegrebelsky, Gustavo. Le droit en douceur. Aix-en-Provence Paris : Presses universitaires d'Aix-Marseille Economica, 2000.

A. Les interférences dans les conditions d'accès à la juridiction constitutionnelle

Comme on l'a déjà vu antérieurement,[1145] la surcharge de travail a été une constante dans l'histoire du Tribunal fédéral suprême, qui s'est trouvé submergé, dès la promulgation de la Constitution de 1988, par le grand nombre de procès qui lui ont été soumis. En effet, d'un total d'à peine 1807 jugements réalisés en 1940, la Cour suprême est passée au chiffre stupéfiant de 159522 jugements en 2007. Cette situation de crise croissante a conduit à l'élaboration de politiques jurisprudentielles spécifiques avec comme objectif de restreindre l'accès au tribunal fédéral, bien que cela ne soit pas prévu dans les dispositions constitutionnelles et légales applicables. Ces politiques ont eu des incidences sur trois aspects importants du contentieux constitutionnel : les parties du procès, les normes contrôlées et la matière objet des actions jugées.

Pour ce qui touche aux parties du procès, le Tribunal fédéral, sans que la Constitution ou les lois l'aient prévu, en est venu à exiger un rapport de « pertinence thématique » entre les objectifs institutionnels d'instances habilitées à saisir le Tribunal dans le contrôle de constitutionnalité concentré, énumérées à l'article 103 de la Constitution,[1146] et le thème discuté dans les actions jugées en référence à ces objectifs.[1147] Ceci étant, les bureaux des assemblées législatives et des chambres législatives, les gouverneurs d'État fédéré et du District fédéral, les confédérations syndicales et les entités de classe[1148] à échelle nationale se sont vu reconnu le pouvoir de saisir le Tribunal dans le contrôle abstrait de constitutionnalité seulement et seulement quand elles sont en corrélation avec les intérêts des groupes respectifs ou des classes qu'ils représentent. Le Tribunal fédéral a décidé que « le droit de saisine de la confédération syndicale, de l'entité de classe de niveau national, des chambres législatives et des gouverneurs, pour une action directe en inconstitutionnalité, est lié à l'objet de l'action, par la pertinence qui doit exister entre la norme mise en cause et les objectifs de l'auteur de l'action ».[1149] De la même manière, la Cour a statué que « la confédération syndicale et l'entité de classe de niveau national (alinéa IX), comme le gouverneur d'État fédéré (alinéa V) et le bureau de l'assemblée

[1145]Cf. Première partie, Titre 1, Chapitre 2.

[1146]« Art. 103. Peuvent introduire une action en inconstitutionnalité : I - le président de la République ; II - le bureau du Sénat fédéral ; III - le bureau de la Chambre des députés ; IV - le bureau d'une assemblée législative ; V - le gouverneur d'un État ; VI - le procureur général de la République ; VII - le conseil fédéral de l'Ordre des avocats du Brésil ; VIII - tout parti politique ayant une représentation au Congrès national ; IX - toute confédération syndicale ou organisation catégorielle ayant une représentation nationale. »

[1147] Tribunal fédéral suprême. ADI 1157 MC, *Diário da Justiça* 17/11/2006, p. 47.

[1148] Les entités de classe sont des personnes morales de droit privé à but non lucratif, telles que les syndicats et les associations professionnelles.

[1149]Tribunal fédéral suprême. ADI 1507 MC-AgR, *Diário da Justiça* 06/06/1997, p. 24.873.

législative (alinéa IV) ont légitimité[1150] pour introduire une action directe en inconstitutionnalité (article 103), à condition que la norme mise en cause soit en relation pertinente avec les objectifs institutionnels de l'auteur de l'action. »[1151] Une séparation nette a ainsi été introduite, sans aucune prévision constitutionnelle ou légale du fait, entre les agents habilités à saisir la Cour dits universels,[1152] qui ne sont pas tenus de démontrer une relation de congruence entre l'intérêt défendu et leurs objectifs institutionnels, et les agents spéciaux,[1153] assujettis à l'exigence de pertinence thématique. Avec cette politique jurisprudentielle, la Cour suprême a délibérément cherché à empêcher que les agents spéciaux en question discutent de tout et de n'importe quel sujet en matière de contrôle concentré, pour ne pas augmenter encore la charge de travail des juges.

Il faut souligner que l'exigence de pertinence thématique a été instituée en contradiction avec une autre politique jurisprudentielle du Tribunal suprême, qui affirme que les actions directes de contrôle concentré sont de nature objective et ne comportent pas d'examen, par le Tribunal fédéral, de l'existence de l'intérêt à agir de la part des autorités légitimées à les juger. C'est en ce sens que le Tribunal fédéral a décidé que « le contrôle normatif de constitutionnalité se définit comme étant typiquement un *procès de caractère objectif,* à vocation exclusive, théoriquement, de défense de l'harmonie du système constitutionnel. L'instauration de ce procès objectif a pour fonction instrumentale de viabiliser le jugement de validité abstraite de l'acte d'État au regard de la Constitution de la République. L'*examen des relations juridiques concrètes et individuelles constitue une matière juridiquement étrangère au domaine du procès de contrôle concentré de constitutionnalité.* »[1154] En créant une catégorie inédite de légitimés spéciaux pour le contrôle de constitutionnalité, la Cour suprême a opéré un changement important dans sa jurisprudence et inséré une condition de nature subjective (l'intérêt d'agir des parties) dans un procès en règle générale objectif (où l'objet est exclusivement la défense de l'ordre juridique, et non la réparation d'une atteinte à un droit). La finalité pratique de restreindre l'accès au contentieux institutionnel a ainsi prévalu, au préjudice de la cohérence conceptuelle des mécanismes de contrôle concentré au Brésil.

[1150] C'est-à-dire droit de saisine.

[1151] Tribunal fédéral suprême. ADI 1526 QO, *Diário da Justiça* 21/02/1997, p. 2823. Dans le même sens ADI 1519 MC, *Diário da Justiça* 13/12/1996, p. 50.159; ADI 1.096 MC, *Diário da Justiça* 22/09/1995, p. 30.589.

[1152] Tels que, par exemple, le président de la République ou les partis politiques représentés au Congrès national.

[1153] Au nombre desquels les principaux représentants sont les confédérations syndicales et les entités de classe de portée nationale.

[1154] Tribunal fédéral suprême. ADI 2422 AgR, *Diário da JustiçaEletrônico* 213, 30/10/2014 (italique ajouté)

Concernant la norme contrôlée,[1155] le Tribunal suprême – à nouveau sans aucun fondement constitutionnel ou légal – a identifié une série de classes de normes qu'il a exclues du contrôle de constitutionnalité, en fonction de leur nature. Ainsi, dans le cadre d'une vaste et importante politique jurisprudentielle, le Tribunal fédéral a exclu du contrôle les lois et actes normatifs à effets concrets, stipulant que « dans la jurisprudence du STF, ne sont considérés comme objet idoine du contrôle abstrait de constitutionnalité que les actes normatifs dotés de généralité, ce qui exclut ceux qui, malgré leur forme de loi, véhiculent des actes d'effet concret (...) ».[1156] À cet égard, ont été soustraites au contrôle, *exempli gratia*, les lois budgétaires[1157] et les actes législatifs qui réalisent des dons de biens publics à des entités privées.[1158] D'après le Tribunal suprême, n'incombent pas non plus au contrôle de constitutionnalité, les lois préconstitutionnelles, c'est-à-dire celles édictées antérieurement à l'entrée en vigueur de la Constitution de 1988 : « l'action directe en inconstitutionnalité ne se révèle pas être un instrument juridiquement idoine à l'examen de la légitimité constitutionnelle des actes normatifs du pouvoir politique qui ont été édictés antérieurement à la mise en vigueur de la Constitution sous l'égide de laquelle a été instauré le contrôle normatif abstrait ».[1159]

Le Tribunal a aussi exclu du contrôle de constitutionnalité, l'inconstitutionnalité réflexe ou indirecte[1160] ainsi que le contrôle concentré préventif de constitutionnalité de propositions législatives, telles que les projets de loi.[1161] En outre, la Cour suprême a décidé que les actes de nature privée ne pouvaient être objet du contrôle concentré, statuant que « l'action directe d'inconstitutionnalité ne peut être jugée que devant des organes ou institutions de nature publique ».[1162] Lesdites « crises de légalité » – situations de désobéissance aux lois et autres actes normatifs par les autorités administratives – ont aussi été exclues du contrôle : « les crises de légalité,

---

1155 En règle générale, le Tribunal fédéral suprême a affirmé l'incidence du contrôle de constitutionnalité sur les actes normatifs édictés par les trois pouvoirs, indépendamment de leur dénomination (règlements, lois etc.). Tribunal fédéral suprême. ADI 2950 AgR, *Diário da Justiça* 09/02/2007, p. 16. Par ailleurs, le Tribunal exige que de tels actes normatifs aient une généralité abstraite pour être l'objet du contrôle de constitutionnalité. Tribunal fédéral suprême. ADI 2630 AgR, *Diário da JustiçaEletrônico* 217, 05/11/2014.

1156 Tribunal fédéral suprême. ADI 1716, *Diário da Justiça* 27/03/1998, p. 2.

1157 Tribunal fédéral suprême. ADI 2484 MC, *Diário da Justiça* 14/11/2003, p. 11.

1158 Tribunal fédéral suprême. ADI 643, *Diário da Justiça* 03/04/1992, p. 4.289.

1159 Tribunal fédéral suprême. ADI 129, *Diário da Justiça* 28/08/1992, p. 13.450.

1160 Le Tribunal refuse de contrôler la constitutionnalité de façon réflexe ou indirecte quand, pour décider du cas, il est nécessaire de faire un examen des normes infraconstitutionnelles ou de la matière du fait. Tribunal fédéral suprême. AI 822184 AgR, *Diário da JustiçaEletrônico* 089, 08/05/2012. Dans le même sens, ADI 3132, *Diário da Justiça* 09/06/2006, p. 4; ADI 2535 MC, *Diário da Justiça* 21/11/2003, p. 7.

1161 Tribunal fédéral suprême. MS 32033, *Diário da JustiçaEletrônico* 33,18/02/2014. Il faut souligner que la cour accepte le contrôle diffus du processus législatif, cf. MS 24642, *Diário da Justiça* 18/06/2004, p. 45.

1162 Tribunal fédéral suprême. ADI 1434 MC, *Diário da Justiça* 22/11/1996, p. 45.684.

caractérisées par le manquement, de la part de l'autorité administrative, à son devoir juridique de subordination normative à la loi, se révèlent étrangères au contrôle normatif abstrait, dont la finalité se restreint exclusivement à la mesure d'un éventuel non-respect, à partir du moment où il est direct et frontal, des normes inscrites dans la charte politique ».[1163] On voit donc, avec ces exemples, que la Cour suprême a cherché à réduire le champ du contrôle de constitutionnalité exercé par elle, en créant des singularités non prévues dans la Constitution. En effet, le texte constitutionnel n'emploie que des expressions génériques, disposant que le contrôle de constitutionnalité a pour objet « la loi ou l'acte normatif fédéral ou d'État » (dans le contrôle concentré de constitutionnalité : article 101, I),[1164] ou « le traité », « la loi fédérale » et « la loi ou l'acte de gouvernement local » (dans le contrôle diffus de constitutionnalité : article 101, III).[1165]

Pour ce qui touche à la matière discutée dans le contrôle diffus de constitutionnalité, le Tribunal suprême, une nouvelle fois sans prévision constitutionnelle ou légale, [1166] a créé l'exigence de son « pré questionnement » devant les instances ordinaires, comme condition *sine qua non* à l'interposition d'un recours extraordinaire. Un tel recours ne sera ainsi reçu par le Tribunal fédéral qu'au cas où il n'existerait pas de décision préalable de l'instance *a quo* sur la question constitutionnelle qui constitue son objet. En d'autres termes, le contrôle diffus de constitutionnalité ne pourra être exercé par le Tribunal suprême que si les parties en procès ont auparavant plaidé l'inconstitutionnalité devant le juge ou le tribunal ordinaire, et que celui-ci ait explicitement pris une décision à ce sujet. En ce sens, la Cour suprême a décidé que « l'absence d'une appréciation effective du litige constitutionnel, de la part du tribunal dont émane l'arrêt mis en cause, n'autorise pas – compte tenu de l'absence de pré questionnement explicite de la controverse juridique – l'utilisation du recours

[1163]Tribunal fédéral suprême. ADI 264 AgR, *Diário da Justiça* 08/04/1994, p. 7.222.

[1164] « Art. 102. La compétence essentielle du Tribunal fédéral suprême est de veiller au respect de la Constitution ; il lui appartient : I - d'instruire le procès et de juger en première instance : a) les actions directes en inconstitutionnalité des *lois ou actes normatifs fédéraux ou des états fédérés*, ainsi que les actions déclaratoires en constitutionnalité des *lois ou actes normatifs fédéraux ;* » (italique ajouté).

[1165] « Art. 102. La compétence essentielle du Tribunal fédéral suprême est de veiller au respect de la Constitution ; il lui appartient: (...) III - de juger, en recours extraordinaire, les causes qui ont été jugées en premier et en dernier ressort ou en dernier ressort lorsque la décision attaquée : a) enfreint une disposition de la présente Constitution ; b) déclare l'inconstitutionnalité d'un *traité* ou d'une *loi fédérale ;* c) valide une *loi ou un acte de gouvernement local* contestés au regard de la présente Constitution » (italique ajouté).

[1166]L'article 102, III de la Constitution de 1988 ne dispose que sur la compétence du Tribunal fédéral suprême : « juger, par le biais du recours extraordinaire, *les causes décidées en unique ou ultime instance* (…) » (italique ajouté). Il n' existe donc pas de prévision constitutionnelle explicite qui autorise le tribunal à exiger le préquestionnement de la question constitutionnelle dans le recours extraordinaire.

extraordinaire ». [1167] En outre, le Tribunal a affirmé que «le pré questionnement ne résulte pas du fait que la matière ait été plaidé par la partie qui a interposé l'appel [devant l'instance *a quo*]. La configuration présuppose le débat et la décision préalables par le collège, autrement dit l'émission d'une interprétation [par le tribunal interpellé] ». [1168] Cette politique jurisprudentielle a été élaborée à l'époque où la Constitution de 1946 était encore en vigueur, et a fait l'objet de la synthèse de jurisprudence nº 282, qui dispose: « le recours extraordinaire est inadmissible quand la question fédérale [aujourd'hui, constitutionnelle] suscitée n'est pas développée dans la décision attaquée ». Bien qu'elle n'ait pas été créée dans le cadre constitutionnel de 1988, l'exigence du pré questionnement a été maintenue jusqu'à aujourd'hui et constitue un important exemple d'une interprétation créative du Tribunal fédéral suprême qui outrepasse le cadre constitutionnel applicable.

B. La construction du cadre procédural concernant le contrôle de l'omission inconstitutionnelle

Comme on l'a déjà évoqué, la Constitution de 1988 a innové dans l'histoire du constitutionnalisme brésilien en prévoyant pour la première fois le contrôle juridictionnel de l'omission constitutionnelle des pouvoirs politiques.[1169] Ce contrôle s'exerce par l'entremise de l'action directe en inconstitutionnalité par omission, dans le contrôle abstrait, et de l'ordonnance d'injonction, dans le contrôle concret. Le texte constitutionnel ne dispose que de façon générique sur les effets des décisions dans ces actions et, dans le cas de l'ordonnance d'injonction, il y a eu omission sur ce point, laissant ainsi au législateur ordinaire la responsabilité de la promulgation d'une loi régulant cette procédure – loi qui jusqu'ici n'a pas été élaborée. Le cadre normatif applicable est donc marqué du sceau d'un haut degré d'indétermination, ce qui a permis au Tribunal suprême de construire un corps de décisions qui, petit à petit, ont établi les conditions processuelles de fonctionnement concret du contrôle de constitutionnalité de l'omission, notamment *via* l'ordonnance d'injonction. Quant à celui-ci, la Cour suprême a évolué d'une forte déférence à l'égard des pouvoirs législatif et exécutif vers une posture à chaque fois plus interventionniste.

Dès le début de l'entrée en vigueur de la Constitution de 1988, la décision dans l'action directe en inconstitutionnalité par omission n'a pas causé de grands problèmes : l'article 103, § 2 a expressément déterminé que, une fois déclarée l'omission des pouvoirs publics dans cette action, le pouvoir

---

[1167] Cf. *exempli gratia* Tribunal fédéral suprême. ARE 868727 AgR, *Diário da JustiçaEletrônico* 073, 20/04/2015.

[1168] Cf. *exempli gratia*Tribunal fédéral suprême. ARE 840874 AgR, *Diário da JustiçaEletrônico* 072,17/04/2015.

[1169]Cf. Première partie, Titre 1, Chapitre 2, Section 2, § 1.

compétent en soit averti pour qu'il adopte les mesures nécessaires et, s'il s'agit d'un organe administratif, qu'il le fasse dans un délai de trente jours.

S'inspirant de l'article 283 de la Constitution portugaise, le constituant de 1988 a cherché à conserver le concept classique de séparation des pouvoirs, en ne permettant pas que le Tribunal fédéral supplée directement à une omission qui engage le législatif et l'exécutif. En accord avec le texte constitutionnel, le Tribunal suprême a décidé que l'unique mesure appropriée en cas de pourvoi d'une action directe en inconstitutionnalité par omission était la notification au pouvoir compétent pour que soit édictée la norme manquante exigée par le Constitution. À cet égard, la Cour suprême a établi que « le bien-fondé de l'action directe en inconstitutionnalité par omission, impliquant la reconnaissance judiciaire de l'état d'inertie du pouvoir public, confère uniquement au Tribunal fédéral suprême le pouvoir de porter sa défaillance à la connaissance du législateur, pour que celui-ci adopte les mesures nécessaires à la concrétisation du texte constitutionnel. Il ne revient cependant pas au Tribunal fédéral suprême, compte tenu de ses limites propres, fixées par la charte politique, en matière d'inconstitutionnalité par omission (Constitution, art. 103, § 2), de s'arroger la prérogative d'émettre des dispositions normatives avec pour objectif de suppléer à l'inactivité de l'organe législatif défaillant ».[1170] Cette formulation conservatrice de la nouvelle action n'a pas manqué de générer des frustrations au sein de la doctrine brésilienne car, comme l'observe le professeur Uadi Lammêgo Bulos, « au Brésil, le mécanisme [de l'action directe en inconstitutionnalité par omission] n'est pas parvenu à combattre le *silence transgresseur, l'insincérité normative, l'inertie législative, le programmatisme des chartes du dix-neuvième,* responsable du *syndrome de l'ineffectivité des constitutions* ». Et cela parce que le texte constitutionnel est demeuré fidèle à la notion selon laquelle « il ne serait pas donné au judiciaire de se poser en législateur positif, édictant une norme générale pour suppléer à des omissions inconstitutionnelles, comme s'il était lui-même le pouvoir législatif », et parce qu'il considère inacceptable autant la judiciarisation de la politique que la politisation de la justice. D'après le professeur Bulos, donc, « cette instrumentalisation n'a pas une grande importance pratique au Brésil, car le Tribunal suprême (...) n'est pas à même de l'interpréter de façon ouverte et constructive, et dans le cas contraire il affronterait la clause de la séparation des pouvoirs ».[1171]

D'un autre côté, avec l'ordonnance d'injonction, la Cour suprême a eu l'occasion d'étendre de façon marquante son champ d'intervention. La Constitution en effet ne fait que créer l'instrument, mais sans établir quelque paramètre que ce soit pour son fonctionnement, ce qui a occasionné une grande latitude de manœuvre pour l'activité créative du Tribunal fédéral et

---

[1170] Cf. Tribunal fédéral suprême. ADI 1458 MC, *Diário da Justiça* 20/09/1996, p. 34.531. Dans le même sens, ADI 1.439 MC, *Diário da Justiça* 30/05/2003, p. 28.

[1171] Bulos, Uadi Lammêgo. *Curso de direito constitucional.* 4. ed. São Paulo : Saraiva, 2009, p. 250.

un interventionnisme croissant, notamment vis-à-vis du pouvoir législatif. D'emblée, en se fondant sur l'article 5, § 1,[1172] qui considère comme immédiatement applicables les droits fondamentaux, au nombre desquels se trouve l'ordonnance d'injonction, le Tribunal a considéré que cette action était immédiatement opérationnelle après l'entrée en vigueur de la Constitution de 1988, même si la loi régulant sa procédure n'avait pas été édictée.[1173] La Cour suprême a alors résolu de ne pas attendre le Congrès national, autorisant le dépôt des ordonnances d'injonction par tout [et n'importe quel ?] citoyen qui aurait été lésé par l'omission inconstitutionnelle des autres pouvoirs.

Une fois établie l'applicabilité directe de l'ordonnance d'injonction, la Cour suprême a progressivement évolué dans la construction des politiques jurisprudentielles qui ont permis une interférence croissante dans la sphère des autres pouvoirs. Cette évolution s'est manifestée en trois phases (ou thèses) distinctes. Lors des premières années de mise en vigueur de la Constitution de 1988, le Tribunal fédéral a décidé que son verdict en matière de mandat d'injonction ne pourrait que reconnaître le retard du pouvoir législatif et notifier dans la foulée le Congrès national pour que celui-ci édicte la disposition législative nécessaire. Cette position initiale a reçu le nom de « thèse non concrétiste » dans la doctrine brésilienne,[1174] et a été exprimée par la Cour suprême dans l'ordonnance d'injonction n° 107, Question d'ordre de 1989.[1175] En cette occasion, a prévalu l'opinion du juge Moreira Alves, rapporteur du procès, d'après laquelle l'édition d'une disposition normative générale et abstraite serait incompatible avec la séparation des pouvoirs, le principe de légalité (« personne ne sera obligé à faire ou cesser de faire quelque chose, si ce n'est en vertu de la loi » – article 5, II) et la démocratie (car « les décisions politiques desquelles résultent au bout du compte les textes légaux, se subordonnent à un système de freins et contre-freins, desquels participent exclusivement les pouvoirs législatif et exécutif élus directement par le peuple »[1176]). Pour le juge Alves « la Constitution est partie de la prémisse que, confronté au bien-fondé de l'action directe [en inconstitutionnalité par omission] ou de l'ordonnance d'injonction, le pouvoir compétent, une fois que l'inconstitutionnalité de son omission aura été déclarée, ne persistera pas dans son attitude d'omission ».[1177] En d'autres termes, les deux actions constitutionnelles

[1172]« Art. 5, § 1. Les normes qui définissent les droits et les garanties fondamentaux sont d'application immédiate ». L'article 5 définit ainsi l'ordonnance d'injonction : « Art. 5, LXXI – l'ordonnance d'injonction est accordée dès lors que le défaut de norme réglementaire rend impossible l'exercice des droits et prérogatives inhérents à la nationalité, la souveraineté et la citoyenneté ».

[1173]Tribunal fédéral suprême. MI 107 QO, *Diário da Justiça* 21/09/1990, p. 9.782.

[1174]Bulos, Uadi Lammêgo. *Curso de direito constitucional*. 4. éd. São Paulo: Saraiva, 2009, p. 655.

[1175]Tribunal fédéral suprême. MI 107 QO, *op. cit.*

[1176]*Ibid.*

[1177]*Ibid.*

destinées au contrôle de l'omission inconstitutionnelle auraient une force seulement persuasive, et contraindraient – en fonction de l'autorité du jugement du Tribunal suprême – les pouvoirs législatif et exécutif à édicter des dispositions normatives, sans que le pouvoir judiciaire puisse les remplacer. Il a été ainsi instauré une stricte équivalence entre l'action directe en inconstitutionnalité par omission et l'ordonnance d'injonction, au bénéfice de la prévalence des pouvoirs législatif et exécutif dans la règlementation et la mise en œuvre du texte constitutionnel. La position du Tribunal fédéral a donc été d'absolue déférence aux autres pouvoirs, puisqu'il a adopté une conception fortement restrictive de la séparation des pouvoirs, qui a interdit au pouvoir judiciaire, en toute hypothèse, l'édition de la norme manquante requise par la Constitution.

Dans un second moment, au cours des années 1990, le Tribunal a adopté dans quelques cas une deuxième position, moins restrictive, dénommée « thèse concrétiste individuelle intermédiaire ».[1178] C'est ainsi que, dans l'ordonnance d'injonction n° 283 de 1991,[1179] la Cour suprême a dépassé la simple déclaration de retard des pouvoirs compétents et fixé un délai de 45 jours pour que le Congrès national légifère, et de 15 jours pour la sanction du président de la République. Au cas où le délai fixé serait dépassé, sans que la loi exigée ait été promulguée, la Cour a assuré à l'impétrant du mandat d'injonction « la faculté d'obtenir, contre l'Union, par la voie processuelle adéquate, le jugement de liquidation de la condamnation à la réparation constitutionnelle correspondante, pour les pertes et dommages constatés ». La Cour suprême a encore déclaré que « la condamnation une fois prononcée, la résolution de la loi n'affectera pas la chose jugée et l'impétrant ne sera donc pas empêché d'obtenir les bénéfices de la loi postérieure, sur les points qui lui sont les plus favorables ». En d'autres termes, le Tribunal fédéral a permis la satisfaction, à titre concret et individuel, du droit lésé par l'omission inconstitutionnelle des pouvoirs publics, moyennant la poursuite d'actions pour pertes et dommages devant les instances ordinaires du pouvoir judiciaire. Des décisions semblables ont été prononcées dans les ordonnances d'injonction n° 284 de 1992 et n° 232 de 1992.[1180] La solution adoptée a été relativement déférente à l'égard des pouvoirs législatif et exécutif, dans la mesure où elle n'a circonscrit les effets de l'ordonnance d'injonction qu'aux parties en procès, évitant de lui attribuer des effets généraux et abstraits, mais permettant de toute manière la satisfaction du droit lésé. En dépit de cela, cette orientation a eu le mérite d'installer un équilibre plus adéquat entre le principe de la séparation des pouvoirs (puisque le Tribunal fédéral n'a pas édicté de norme générale et abstraite) et la satisfaction du droit des parties, à titre individuel et concret, octroyant

---

[1178]Bulos, Uadi Lammêgo. *Curso de direito constitucional. op. cit.*, p. 655.
[1179]Tribunal fédéral suprême. MI 283, *Diário da Justiça* 14/11/1991, p. 16.355.
[1180] Tribunal fédéral suprême. MI 284, *Diário da Justiça* 26/06/1992, p. 10.103; MI 232, *Diário da Justiça* 27/03/1992, p. 3.800.

ainsi un degré d'efficacité supérieure au mandat d'injonction et au contrôle d'omission inconstitutionnelle.

Enfin, dans un troisième temps, dans le courant cette fois des années 2000, le Tribunal fédéral suprême en est venu à conférer des effets généraux et abstraits à ses décisions en matière d'ordonnance d'injonction, en suppléant directement à l'omission inconstitutionnelle déclarée, et en intervenant ainsi clairement dans le champ du pouvoir législatif. Cette position a été dénommée par la doctrine « thèse concrétiste générale », en référence aux situations où le Tribunal suprême a endossé le rôle de législateur, « pour de cette façon conférer la praticabilité [directe] aux normes constitutionnelles ».[1181] Les décisions qui illustrent cette nouvelle position sont les ordonnances d'injonction n° 670 de 2007,[1182] n° 708de 2007[1183] et n° 712 de 2007.[1184] Dans l'affaire MI n° 708 notamment, de 2007, la Cour suprême a explicitement affirmé avoir dépassé l'orientation initialement adoptée dans le MI n° 107de 1990, dite thèse non concrétiste, signalant que l'omission du Congrès national avait déjà été déclarée antérieurement, à d'autres occasions, sans que le pouvoir législatif édicte la norme exigée par la Constitution. Face à la réticence du Congrès national, le Tribunal fédéral a autorisé la jouissance du droit objet du mandat d'injonction, affirmant que tous les fonctionnaires civils pourraient exercer leur droit de grève, en l'absence de nouvelle édition d'une loi exigée par la Constitution, et en référence à l'application des lois qui régulent la grève des salariés du secteur privé (Loi n° 7783 de 1989 et Loi n° 7701 de 1988). D'après la Cour, « si on prend en considération l'évolution jurisprudentielle du thème devant le STF [Tribunal fédéral suprême], en matière de mandat d'injonction, on ne peut attribuer extensivement au législateur le dernier mot sur la concession, ou non, du droit de grève aux fonctionnaires civils, sous peine de vider de son sens le droit fondamental positif ».[1185] Il faut observer que dans le MI n° 712 de 2007, la Cour a nié péremptoirement qu'elle serait en train d'envahir la sphère du pouvoir législatif, affirmant que « l'argument que la Cour serait en train de légiférer – ce qui serait inconcevable, puisque cela porterait atteinte à l'indépendance et l'harmonie entre les pouvoirs (...) ainsi qu'à la séparation des pouvoirs (...) – est inconsistant ».[1186] Et cela parce son devoir serait de suppléer à l'omission législative : « dans l'ordonnance d'injonction, le pouvoir judiciaire est lié par le devoir-pouvoir de formuler par substitution la norme réglementaire qui manque à l'ordonnancement juridique. Dans l'ordonnance d'injonction, le pouvoir judiciaire ne définit pas la norme de décision, mais énonce le texte normatif qui manquait pour, le cas échéant, rendre viable l'exercice du droit de grève

---

[1181]Bulos, Uadi Lammêgo. *Curso de direito constitucional. op. cit.*, p. 655.
[1182]Tribunal fédéral suprême. MI 670, *Diário da Justiça Eletrônico* 206, 31/10/2008.
[1183]Tribunal fédéral suprême. MI 708, *Diário da JustiçaEletrônico* 206, 31/10/2008.
[1184]Tribunal fédéral suprême. MI 712, *Diário da Justiça Eletrônico* 206, 31/10/2008.
[1185]Tribunal fédéral suprême. MI 708, *op. cit.*
[1186]Tribunal fédéral suprême. MI 712, *op. cit.*

des fonctionnaires ».[1187] Si on prend en considération les conséquences pratiques de ses décisions, on peut néanmoins affirmer que la négation par le Tribunal fédéral de son empiètement des compétences du législatif est demeurée purement rhétorique.

On s'aperçoit en somme que le Tribunal fédéral suprême a abandonné sa posture de déférence initiale, et qu'il en est venu à pallier effectivement l'omission inconstitutionnelle, à titre général et abstrait. En procédant ainsi, la Cour a interféré directement dans la compétence des pouvoirs législatif et exécutif pour réglementer des normes constitutionnelles non directement applicables (d'efficacité limitée et d'applicabilité indirecte). Cette évolution de ses politiques jurisprudentielles a été possible grâce à l'omission du texte constitutionnel sur la procédure et les effets de la décision de l'ordonnance d'injonction, ce qui a donné à la Cour suprême une grande marge de créativité pour construire un cadre progressivement plus interventionniste face aux pouvoirs législatif et exécutif.

§ 2. La redéfinition des effets des décisions au-delà du cadre normatif

Le droit positif brésilien admet l'annulation des effets de la chose jugée des sentences judiciaires, par le biais d'une action spécifique dénommée action « résiliatrice ». L'article 485 du code de procès civil prévoit cette action pour annuler un jugement rendu à caractère définitif,[1188] dans un nombre fixe d'hypothèses qui permettent de constater des problèmes graves qui empêchent le prononcé d'une décision adéquate. Un jugement final peut ainsi être résilié quand il y a eu, *exempli gratia*, collusion entre les parties du procès pour frauder la loi, atteinte à la chose jugée dans un autre jugement ou production d'une preuve mensongère dans une action résiliatrice. Est tout particulièrement possible l'action résiliatrice pour atteinte à une disposition littérale de la loi ou de la Constitution.[1189] L'introduction d'une action résiliatrice a une limite temporelle définie : un délai de deux ans, à compter de la date du jugement final rendu, au-delà de laquelle la décision judiciaire, bien que défectueuse, devient définitive et immuable. On dit à cet égard que la décision résilitatrice est soumise à un délai de « déchéance »[1190] de deux

[1187] *Ibid.*

[1188] Avec le passage en jugement s'épuisent les possibilités de recours (ordinaire ou extraordinaire) contre une sentence judiciaire, qui ne pourra plus être contestée. Elle acquiert ainsi la force de chose jugée, devenant par-là définitive et immutable.

[1189] Excepté si la matière fait l'objet d'une interprétation controversée devant les tribunaux, conformément à la synthèse de jurisprudence n° 343 du Tribunal fédéral suprême : « il ne peut pas être engagé d'action résiliatrice, pour non-respect de la disposition littérale de la loi, quand la décision à résilier est basée sur un texte de loi d'interprétation controversée devant les tribunaux ».

[1190] Dans le droit brésilien, la déchéance est la perte d'un droit pour cause de non-exercice dans le délai prévu par la loi. C'est la perte du droit en lui-même (et non de l'action judiciaire qui le protège, comme dans le cas de la prescription), en raison de l'écoulement du temps.

ans, aux termes de l'article 495 du code de procès civil. Hormis l'engagement d'une action résiliatrice dans le délai légal, les décisions judiciaires ne peuvent être modifiées, pas même par une loi ou un amendement constitutionnel ultérieur, étant donné que la force de la chose jugée est un droit fondamental protégé par l'article 5, XXXVI de la Constitution de 1988.[1191] Elle relève à ce titre de la clause d'éternité de l'article 60, § 4, IV,[1192] qui prohibe la délibération du Congrès national sur des propositions d'amendement à la Constitution qui puissent abolir les droits et garanties individuels.

Dans ce contexte, le Tribunal fédéral suprême a élaboré, à partir des années 2000, une politique jurisprudentielle innovatrice en matière de causes qui autorisent la poursuite en justice d'une action résiliatrice. Sans que le texte normatif le prévoie, le Tribunal fédéral en est venu à autoriser l'introduction en justice d'une action résiliatrice pour atteinte à une disposition littérale de la Constitution, en se fondant sur l'*interprétation* que lui-même a faite du texte constitutionnel, bien que la sentence objet de l'action résiliatrice fût chronologiquement *antérieure* à cette même interprétation. En d'autres termes, si une question constitutionnelle avait été définitivement tranchée par les tribunaux ordinaires et si, dans un délai de deux ans, il y avait eu une altération de la jurisprudence du Tribunal fédéral sur cette même question, il deviendrait possible d'introduire en justice une action résiliatrice pour violation de l'interprétation adoptée par le Tribunal suprême. Cette action serait admissible même si la matière en question faisait l'objet d'une interprétation controversée devant les tribunaux, suspendant ainsi l'application de la synthèse de jurisprudence n° 343. En procédant de la sorte, la Cour suprême a attribué l'efficacité *rétroactive* à ses décisions et politiques jurisprudentielles, [1193] et permis l'annulation rétrospective de l'autorité de la chose jugée, en référence à un droit dont la création est purement prétorienne. Une telle orientation jurisprudentielle a cherché de cette façon à renforcer l'autorité des décisions du Tribunal, les faisant largement prévaloir sur les jugements rendus par les instances ordinaires, au nom de l'affirmation que c'est au Tribunal que revient le dernier mot sur l'interprétation de la Constitution de 1988.

C'est en ce sens que le Tribunal suprême a décidé dans le recours extraordinaire n° 328812 de 2008, que « le maintien de décisions des instances ordinaires qui divergent de l'interprétation adoptée par le Tribunal fédéral suprême se révèle être un affront à la force normative de la Constitution et au principe de l'efficacité maximale de la norme constitutionnelle. L'action résiliatrice pour atteinte à la disposition

[1191] « Art. 5, XXXVI - la loi ne peut porter atteinte aux droits acquis, aux actes juridiques parfaits et à la chose jugée. »

[1192] « Art. 60, § 4. Ne peut être objet de délibération une proposition d'amendement qui tend à abolir : (...) IV - les droits et les garanties individuels. »

[1193] Voir en ce sens, Moraes, Guilherme Peña. *Justiça constitucional: limites e possibilidades da atividade normativa dos tribunais constitucionais.* São Paulo: Atlas, 2012, p. 155.

constitutionnelle peut être introduite même si la décision objet de la résiliation s'est basée sur une interprétation controversée ou *soit antérieure à l'orientation fixée par le Tribunal fédéral suprême* ».[1194] Pour le Juge Gilmar Mendes, rapporteur qui a rédigé l'opinion du collège, le fait que la Cour suprême ait fixé l'« interprétation correcte » d'un texte normatif pour l'ajuster à l'ordre constitutionnel, devrait pouvoir donner lieu à utilisation de l'action résiliatrice. Et cela parce que « s'il incombe principalement au Tribunal fédéral suprême la garde de la Constitution fédérale, il est certain que son interprétation du texte constitutionnel doit être accompagnée par les autres tribunaux, en fonction de l'effet définitif absolu attribué à sa décision (...) Il ne me paraît pas admissible que la Cour suprême accepte de diminuer l'efficacité de ses décisions par le maintien de décisions en désaccord direct avec l'interprétation constitutionnelle formulée ici. (...) [Le] maintien de solutions divergentes, à des instances inférieures, sur un même thème, provoquerait, outre le discrédit du propre contenu de la décision de cette Cour, ultime interprète du texte constitutionnel, une fragilisation de la force normative de la Constitution ».[1195] La Cour suprême a ainsi procédé à une concentration substantielle du pouvoir d'interpréter le texte constitutionnel et réalisé une concrétisation qui va au-delà du cadre normatif applicable, avec pour objectif exprès de renforcer l'autorité de ses décisions vis-à-vis des instances ordinaires du pouvoir judiciaire.

Section 2. La concentration des pouvoirs vis-à-vis des instances ordinaires

En qualité de tribunal judiciaire le plus important, le Tribunal fédéral suprême se situe au sommet de la hiérarchie judiciaire brésilienne. Dans ces conditions, la Cour suprême a le dernier mot sur les questions de constitutionnalité soulevées devant le pouvoir judiciaire dans le contrôle diffus, et tranche en dernière instance les recours extraordinaires. Elle a également le monopole du contrôle concentré de constitutionnalité, décidant de manière abstraite de la conformité des actes normatifs à la Constitution de 1988. Au plan institutionnel, le Tribunal suprême préside le pouvoir judiciaire national (incluant les pouvoirs judiciaires fédéral et de chacun des États fédérés) et il lui revient, entre autres compétences, l'initiative de la loi organique de la magistrature. Le Tribunal fédéral possède – et c'est une particularité notable du système juridique brésilien – un instrument spécifique, dénommé *réclamation,* pour préserver ses compétences et assurer l'autorité de ses décisions et de ses synthèses contraignantes. Prévue dans

[1194] Tribunal fédéral suprême. RE 328812 ED, *Diário da Justiça Eletrônico* 078,02/05/2008 (italique ajouté). Dans le même sens : AI 659048 AgR-d'après *Diário da JustiçaEletrônico* 216,14/11/2011 ; AR 1527, *Diário da JustiçaEletrônico* 050, 09/03/2012; AR 1478, *Diário da Justiça Eletrônico* 022,01/02/2012; RE 596.686 AgR, *Diário da Justiça* 086,14/05/2010.
[1195] Tribunal fédéral suprême. RE 328812 ED, *op. cit.*

l'article 101, 1, *l,* de la Constitution, cette action permet aux justiciables de saisir directement la Cour suprême pour que celle-ci se prononce sur une éventuelle usurpation de ses compétences ou une violation de ses décisions ou synthèses de jurisprudence contraignantes par les tribunaux ordinaires, restaurant leur autorité et obligeant d'obéir à leurs prescriptions. La Cour suprême joue ainsi un rôle renforcé dans le système judiciaire brésilien, tant par l'attribution expresse de l'ordonnancement juridique, que par les politiques jurisprudentielles qui affirment, sans la moindre hésitation, l'autorité de ses jugements comme « dernier mot sur le sens normatif des règles constitutionnelles ».[1196]

En dépit des amples pouvoirs dont il jouit face aux instances judiciaires ordinaires, le Tribunal suprême a, en certaines occasions, assumé jusqu'au paroxysme sa responsabilité de titulaire du dernier mot dans la hiérarchie judiciaire, et concentré alors de façon substantielle le pouvoir de décision qui, autrement, reviendrait au pouvoir judiciaire dans son ensemble. Cette centralisation accentuée s'est manifestée avec une intensité particulière en deux occasions de l'histoire constitutionnelle récente du Brésil : le jugement de l'action qui a statué sur la régularité de la démarcation de la réserve indigène Raposa-Serra do Sol (§ 1) et la concrétisation, par le Tribunal suprême, des conditions d'édition des synthèses de jurisprudence contraignantes (§ 2).

§ 1. La démarcation de la réserve indigène Raposa-Serra do Sol

Comme on l'a déjà vu précédemment,[1197] le Tribunal fédéral suprême a été conduit à statuer sur la régularité de la démarcation du territoire indigène Raposa-Serra do Sol, dans l'État fédéré de Roraima, situé à l'extrémité nord du Brésil. À cette occasion, la Cour suprême a établi, en référence à l'application directe du texte constitutionnel, un inventaire inédit de conditions pour la démarcation des terres indigènes, qui en est venu à réguler toutes les démarcations à partir de ce moment. Au-delà du caractère activiste de sa décision, le Tribunal a réalisé ce jugement en révoquant de très nombreuses actions introduites par des particuliers devant les tribunaux ordinaires, interrompant par là-même la poursuite régulière de ces actions et supprimant diverses instances de jugement. Cette décision a ainsi marqué

[1196] « (...) [étant donné que] le dernier mot sur le sens normatif des règles constitutionnelles revient au Tribunal fédéral suprême, il ne pourra pas y avoir de soumission de ce Tribunal au jugement d'un tribunal hiérarchiquement inférieur, puisque cela conduirait à suspendre l'exercice de la mission principale de gardien de la Constitution ». Tribunal fédéral suprême. RE 599633 AgR-AgR, *Diário da Justiça Eletrônico* 077, 25/04/2013. « Le modèle politico-juridique en vigueur dans notre pays a conféré à la Cour suprême la prérogative singulière de disposer du monopole du dernier mot en matière d'exégèse des normes inscrites dans le texte de la loi fondamentale ». Tribunal fédéral suprême. MS 26603, *Diário da JustiçaEletrônico* 241, 19/12/2008.

[1197] Cf. Seconde partie, Titre 1, Chapitre 1, Section 1, § 1.

une posture de centralisation extrême adoptée par le Tribunal fédéral au détriment de l'exercice de la fonction juridictionnelle du pouvoir judiciaire conçu comme un tout.

À l'origine de la révocation réalisée par le Tribunal suprême, se trouvent les réclamations nº 2833 de 2005[1198] et nº 3331 de 2006,[1199] introduites en justice par le ministère public fédéral contre les juges et tribunaux qui, à ce moment, avaient dans leur champ de compétence de nombreuses actions judiciaires intentées par des particuliers devant le pouvoir judiciaire dans l'État de Roraima et à Brasilia, et qui contestaient la démarcation de Raposa-Serra do Sol. Certaines de ces actions cherchaient à éviter un dommage possible au patrimoine de l'État de Roraima (actions populaires[1200] et actions civiles publiques[1201]), alors que d'autres visaient à rentrer en possession de terres incluses dans les limites de la future réserve indigène (actions de réintégration de propriété).

Dans les réclamations, le ministère public a allégué que la compétence de telles actions relevait en vérité de la compétence du Tribunal fédéral suprême, parce qu'il s'agissait d'un conflit fédéral, argument qui a été accepté par la Cour suprême. En effet, dans la réclamation nº 2833 de 2005, la Cour a décidé qu'il lui incombait de « traiter et juger l'action populaire dont les auteurs respectifs sollicitent, dans l'intention de protéger le patrimoine public de Roraima, la déclaration d'invalidité de l'arrêté nº 820/98, du ministère de la Justice [qui homologue la démarcation de Raposa-Serra do Sol]. Il revient également à cette chambre de justice d'apprécier tous les faits processuels étroitement liés à la démarcation de la réserve indigène en question ».[1202] Une décision semblable a été prise dans la réclamation nº 3331 de 2006. En conséquence, toutes les actions judiciaires représentées devant les instances ordinaires ont été paralysées ou éteintes, le Tribunal suprême devenant désormais la seule instance compétente pour juger la question.

Le Tribunal suprême a statué sur la question en s'appuyant sur l'article 102, I, *f*, qui lui a attribué la compétence pour juger, en première et unique instance, « les causes et conflits entre l'Union et les états ». Au lieu d'opter

---

[1198]Tribunal fédéral suprême. Rcl 2833, *Diário da Justiça*, 05/08/2005, p. 7.

[1199]Tribunal fédéral suprême. Rcl 3331, *Diário da Justiça*, 17/11/2006, p. 48.

[1200] Dans le droit brésilien, l'action populaire est une action judiciaire mise à disposition de tout citoyen pour annuler un acte qui porte atteinte au patrimoine public ou d'une entité de laquelle l'État est partie prenante, à la morale administrative, à l'environnement et au patrimoine historique et culturel (Constitution de 1988, article 5, LXXIII).

[1201]Dans le droit brésilien, l'action civile publique peut être proposée par le ministère public et d'autres entités pour promouvoir la responsabilité civile pour dommages patrimoniaux et moraux causés à l'environnement ; au consommateur ; aux biens et droits de valeur artistique, esthétique, historique, touristique et paysagiste ; à tout autre intérêt diffus ou collectif ; par infraction à l'ordre économique et urbanistique ; à l'honneur et à la dignité de groupes raciaux, ethniques ou religieux ; et au patrimoine public et social (Loi nº 7347, du 24 juillet 1985, article 1º)

[1202]Tribunal fédéral suprême. Rcl 2833, *op. cit.*

pour le sens le plus évident et primaire du texte constitutionnel, selon lequel sa compétence serait pour juger les actions *dont seraient parties prenantes* l'Union et les États fédérés, le Tribunal a choisi de réaliser une concrétisation très extensive, y incluant les actions qui ne font qu'*impliquer les intérêts* de ces entités fédérées, indépendamment des parties prenantes du procès, même si celles-ci sont privées. Une telle concrétisation, qui se situe aux limites de l'ensemble des possibilités offertes par le texte, a été adoptée avec comme finalité expresse d'exclure la compétence décisionnaire de divers juges et tribunaux au sein des instances ordinaires de Roraima et à Brasilia. Compte tenu des alternatives offertes par le texte de 1988, le Tribunal suprême a opté pour une concrétisation fortement centralisatrice, faisant preuve d'un net esprit d'intervention face à la compétence des autres organes juridictionnels impliqués dans le cas. En effet, la Cour suprême a étendu sa compétence de jugement des conflits fédéraux, en s'autorisant à décider discrétionnairement, dans chaque cas concret et suivant l'intérêt en cause, si elle se saisissait du jugement d'actions qui avaient déjà été poursuivies dans les instances ordinaires, et dans lesquelles l'Union ou les États fédérés n'étaient pas même parties prenantes. L'instabilité qui dérive de cette concrétisation est évidente, puisqu'elle sécrète un haut degré de volontarisme de la part du Tribunal suprême et met à l'épreuve le principe du juge naturel.[1203] En d'autres termes, le Tribunal fédéral a réalisé une concrétisation qui lui permet, à tout moment et selon des critères aléatoires et subjectifs, de se saisir de n'importe quel type de procès ou de l'éteindre, dans quelque instance judiciaire ordinaire brésilienne que ce soit, pour peu que soit identifié en eux un intérêt fédératif.

La décision, néanmoins, n'a pas été unanime au sein du Tribunal. Dans la réclamation n° 2833 de 2005, le juge Marco Aurélio a affirmé que le juge naturel de l'action populaire serait celui de première instance, sachant qu'il serait indu de supprimer des instances de jugement. Quant au juge Carlos Velloso, pour lui, les auteurs n'agissaient pas dans l'action populaire en qualité de substitut processuel de l'État fédéré, ce qui corroborait l'opinion du juge Aurélio. Dans la réclamation n° 3331 de 2006, le juge Marco Aurélio a également émis une opinion divergente, ajoutant que l'opinion du rapporteur utilisait « l'argument métajuridique qui n'avait pas d'efficacité supérieure ». Il n'y avait pas dans le conflit, présence d'une unité fédérative contre l'Union, d'après le juge Aurélio, raison pour laquelle le Tribunal fédéral suprême ne serait pas compétent.[1204] Malgré tout, c'est finalement l'opinion du rapporteur qui a prévalu, et la Cour s'est déclarée compétente pour le cas, se saisissant de toutes les actions objet des réclamations. Il faut

[1203] D'après Uadi Lammêgo Bulos, le principe du juge naturel (article 5, LIII de la Constitution de 1988) impose un « juge préconstitué par la loi, autrement dit constitué avant que le fait soit jugé, pour garantir l'impartialité du magistrat, qui ne doit pas savoir, par anticipation, la cause qui lui sera affectée ». Bulos, Uadi Lammêgo. *Curso de Direito Constitucional*, *op. cit.*, p. 573.
[1204] Tribunal fédéral suprême. Rcl 3.331, *op. cit.*

souligner que la saisine alors de la question Raposa-Serra do Sol est en contradiction flagrante avec une autre décision du Tribunal suprême qui affirme expressément n'être pas la cour compétente pour juger les actions populaires,[1205] même contre le président de la République. En effet, le Tribunal fédéral a décidé qu'« il ne disposait pas de la compétence originaire [à savoir, en première et unique instance] pour traiter et juger une action populaire promue contre tout autre organe ou autorité de la République, même si l'acte dont est requis l'invalidation, émane du président de la République, des bureaux de la Chambre des députés ou du Sénat fédéral, ou encore de n'importe lequel des tribunaux supérieurs de l'Union ».[1206]

Bien que dans les réclamations en question ne soient pas mentionnées les raisons socio-politiques sur lesquelles s'est fondée la décision du Tribunal suprême, les informations disponibles sur le contexte de la démarcation de Raposa-Serra do Sol à Roraima, permettent d'affirmer que la Cour a cherché à retirer aux sphères judiciaires ordinaires le pouvoir d'interférer dans la démarcation, étant donné que celles-ci avaient adopté des décisions contraires à la réserve indigène.[1207] En outre, le climat politique et social de Roraima s'était dégradé rapidement, avec des épisodes variés de violence entre populations blanches et indiennes, créant une situation d'urgence qui requérait une solution rapide du problème. En effet, la démarcation a soulevé de grandes protestations à Roraima, et entre 15000 et 20000 personnes ont manifesté à Boa Vista (capitale de cet État fédéré) contre la réserve indigène, en avril 2005.[1208] Consécutivement à ce climat d'instabilité sociale, selon le journal Folha de São Paulo, en 2005 l'armée « a tenu un contingent de 1000 hommes, prêt pour une éventuelle action d'urgence à Roraima ».[1209] Dans le

---

[1205] L'action populaire a pour but l'annulation d'un acte lésant le patrimoine public ou celui d'une entité à laquelle l'État participe, la morale administrative, l'environnement ou le patrimoine historique ou culturel ; l'auteur de l'action est, sauf mauvaise foi avérée, dispensé des frais judiciaires et dépens du procès. Tout citoyen peut légitimement intenter une action populaire devant les tribunaux.

[1206] Tribunal fédéral suprême. Pet 5.191 AgR, *Diário da JustiçaEletrônico* 039, 02/03/2015.

[1207] Cf. *exempli gratia* l'action populaire nº 1999.42.00.000014-7, devant la justice fédérale à Roraima, dans laquelle a été produit un long rapport d'expertise contraire à la démarcation en un territoire continu de la Raposa-Serra do Sol, proposée par la Funai. Il faut souligner que le Tribunal fédéral suprême lui-même a été initialement opposé à la réserve : en janvier 2005, la juge Ellen Gracie a suspendu la validité de l'arrêt du ministère de la Justice qui avait établi une démarcation continue de 1,7 million d'hectares. Cf. « Terra de Conflitos » . *Correio Braziliense*. 1 mai 2005, sect. Brasil.

[1208] « L'homologation d'une réserve indigène par le gouvernement fédéral est vue comme 'annihilation' par la municipalité. Plus de 15000 personnes protestent contre la réserve ». *Folha de São Paulo*. 21 avril 2005, sect. Brasil. Disponible sur http://www1.folha.uol.com.br/fsp/brasil/fc2104200524.htm (consulté le 01/05/2015)

[1209] « Exército prepara mil homens para RR ». *Folha de São Paulo*. 25 avril 2005, sect. Brasil. Disponible sur http://www1.folha.uol.com.br/fsp/brasil/fc2704200507.htm (consulté le 01/05/2015).

sillage des perturbations sociales générées par la démarcation, les indiens de la communauté Flechal ont pris en otage quatre policiers fédéraux.[1210]

Les dirigeants politiques locaux, à leur tour, se sont tenacement opposés à Raposa-Serra do Sol : le gouverneur de Roraima de l'époque, Ottomar Pinto, et le sénateur Mozarildo Cavalcante, entre autres, se sont manifestés avec force contre la démarcation en territoire continu proposée par la Funai.[1211] Les conditions se prêtaient ainsi bien à une intervention des autorités fédérales, qui s'est finalement concrétisée par la saisie de la question par le Tribunal suprême.

En conséquence des décisions prises dans les réclamations mentionnées, l'action populaire a été présentée par le sénateur Augusto Botelho au jugement du Tribunal suprême, dans l'intention de contester la régularité du procès de démarcation de la Raposa-Serra do Sol, qui serait, d'après son auteur, illégal et criblé de vices irrémédiables. Formalisée comme pétition n° 3388 de 2009, l'action a fourni au Tribunal fédéral l'occasion de l'une des plus grandes manifestations de son activisme, telle qu'on la trouve exposée dans le cadre du premier chapitre de cette seconde partie.[1212]

§ 2. La concrétisation des conditions pour l'édiction des précédents contraignants

Comme on l'a vu antérieurement, la réforme constitutionnelle réalisée par l'amendement n° 45 de 2004, a attribué au Tribunal fédéral suprême compétence pour édicter des synthèses de jurisprudence contraignantes.[1213] Celles-ci habilitent la Cour à conférer une efficacité contraignante, pour l'administration et le pouvoir judiciaire, à ses décisions réitérées dans le contrôle diffus de constitutionnalité, dont les effets, en règle générale, sont *inter partes.* Pour bien délimiter les frontières du champ d'action du Tribunal, le Congrès national a imposé un ensemble détaillé de conditions à l'édition des synthèses contraignantes. Ainsi, aux termes de l'article 103-A, § 1, ces énoncés devront être (a) approuvés par les deux tiers des membres du tribunal, (b) après des décisions réitérées en matière constitutionnelle. La synthèse contraignante devra (c) avoir pour objet la validité, l'interprétation et l'efficacité de normes déterminées, à propos desquelles (d) il y a une controverse actuelle entre organes judiciaires ou entre ceux-ci et l'administration publique qui (e) provoque une grave insécurité juridique et (f) une multiplication significative de procès sur une question identique. Le texte constitutionnel témoigne ainsi du soin mis par le Congrès national à

[1210]Maschio, José. « Des hélicoptéres de l'armée ont transporté les otages à Boa Vista. Après 9 jours, les indiens libèrent les agents de la PF à Roraima. » *Folha de São Paulo.* 1 mai 2005, sect. Brasil. Disponible sur
http://www1.folha.uol.com.br/fsp/brasil/fc0105200513.htm (consulté le 28/05/2005).

[1211]« Terra de Conflitos ». *Correio Braziliense.* 1 mai 2005, sect. Brasil.

[1212] Cf. Seconde partie, Titre 1, Chapitre 1, Section 1, § 1.

[1213]Cf. Première partie, Titre 1, Chapitre 2, Section 2, § 2.

établir une limite claire à la nouvelle compétence normative attribuée au Tribunal suprême, de façon à la lier strictement à l'exercice de la fonction juridictionnelle – la synthèse constitue nécessairement un résumé de la politique jurisprudentielle appliquée à des cas concrets –et à préserver le monopole parlementaire de la fonction législative – la synthèse ne contraint pas le législateur. Par ailleurs, bien que le Congrès national ait accepté de tempérer le principe de la séparation des pouvoirs, il l'a fait de manière restrictive, en liant l'édition de synthèses contraignantes spécifiquement et exclusivement à des situations de crise de surcharge judiciaire, dans lesquelles le Tribunal suprême avait à résoudre les problèmes causés par la multiplication des procès et l'insécurité juridique qu'elle générait.

Jusqu'à présent, le Tribunal suprême a utilisé les synthèses contraignantes avec une relative modération – seules 46 ont été éditées dans une période de dix ans.[1214] Néanmoins, il a concrétisé les conditions d'édition de ces synthèses avec une grande liberté, de manière à étendre les frontières de son pouvoir normatif. Un premier signe de manifestation de cette expansion a été l'édition de synthèses contraignantes fondées sur un nombre extrêmement réduit de précédents, sans qu'il y ait une discussion plus ample de la matière synthétisée au regard de la diversité des cas concrets présentés au Tribunal. Or, comme l'observe le juge Gilmar Mendes, « la matière traitée dans la synthèse doit avoir été l'objet de débats et discussions au Tribunal fédéral suprême. Le but est d'obtenir que *la question controversée mûrisse avec la réitération des décisions*. Est empêchée, de cette façon, la possibilité de l'édition d'une synthèse contraignante fondée sur une *décision de justice isolée*. Il est nécessaire qu'elle reflète une jurisprudence du Tribunal suprême, en l'occurrence des jugements réitérés dans le même sens, c'est-à-dire avec la même interprétation ».[1215] Dans quelques cas, cette condition de mûrissement du débat a été estimée remplie par la Cour suprême après quelques décisions seulement : plusieurs synthèses contraignantes ont été édictées après seulement trois ou quatre décisions sur une même matière (synthèses contraignantes n° 1, 3, 5, 11, 18, 20, 22, 32 et 45), et il y a eu un cas de synthèse édictée avec seulement pour fondement un unique précédent (synthèse contraignante n° 28, fondée sur l'affaire ADI n° 1074 de 2007). Outre le fait qu'elle viole les conditions d'édition de ces synthèses, la concrétisation réalisée par le Tribunal suprême révèle la fragilité de ses politiques jurisprudentielles, qui sont formulées sans que la Cour plénière approfondisse le débat sur une question déterminée, au regard de l'énorme diversité des cas concrets qui lui sont présentés. Cette situation est particulièrement grave dans le cas d'un tribunal dont la

---

[1214] Cf. Tribunal fédéral suprême. *Súmulas vinculantes* [en ligne]. Disponible sur http://www.stf.jus.br/portal/cms/verTexto.asp?servico=jurisprudenciaSumulaVinculante&pagina=sumula_001_033 (consulté le 05/05/2015).

[1215] Mendes, Gilmar Ferreira, Inocêncio Mártires Coelho, et Paulo Gustavo Gonet Branco. *Curso de direito constitucional*. 4. éd. São Paulo : Saraiva, 2009, p. 1.010 (italique ajouté).

compétence est très ample et qui juge des dizaines de milliers d'action tous les ans.

Une seconde manifestation de l'expansion de la compétence du Tribunal fédéral suprême a été la transformation de la synthèse contraignante en instrument prospectif, et non rétrospectif. En effet, déjà lors de l'édiction de la première synthèse, la Cour suprême a constaté que le thème de la décision pourrait en venir à déclencher une future explosion de demandes, et s'est ainsi placée dans la seule hypothèse de disposer, *pro futuro,* sur la matière régulée par la loi complémentaire n° 110 de 2001, qui a institué la contribution sociale due par les employeurs dans les cas de licenciement d'un salarié sans juste cause. Le manque des conditions de « grave insécurité juridique » et de « multiplication significative des procès » pour l'édition de la synthèse de jurisprudence est flagrant, puisque les actions qui caractériseraient cette situation n'avaient pas même été introduites en justice – et on ne savait pas si elles le seraient effectivement. En outre, le Tribunal fédéral a interprété ces conditions comme étant applicables à des procès potentiels devant les instances ordinaires, et non devant lui-même, bloquant ainsi toute possibilité de mûrissement du thème par le biais d'une discussion approfondie dans le cadre des multiples actions au sein de l'ensemble des tribunaux du vaste et diversifié territoire brésilien. Cette concrétisation prospective de la synthèse contraignante a eu comme conséquence une forte centralisation des thèmes objets des synthèses contraignantes, dans la mesure où il suffisait, pour cela, que le Tribunal suprême présume qu'une situation de multiplication de procès puisse surgir à l'avenir – simple conjecture qui entraîne la suppression de la discussion au sein du pouvoir judiciaire pris comme un tout, et réprime le dialogue institutionnel et la formation d'une jurisprudence fondée sur la réflexion et le mûrissement des questions juridiques qui y sont traitées.

Finalement, un troisième et dernier signe de l'expansion de la compétence du Tribunal fédéral suprême a été l'édition de synthèses contraignantes sans s'appuyer sur des précédents qui auraient été pertinents pour la résolution de la question juridique traitée. Cela a été le cas de la synthèse contraignante n° 11, qui a fortement restreint l'usage de menottes par la police. Dans cette synthèse sont cités comme précédents, le recours en habeas corpus n° 56465 de 1978 et l'habeas corpus 71195 de 1995, qui autorisent l'usage de menottes au lieu de le limiter, et statuent donc de façon opposée à la synthèse contraignante. Il n'y a que deux des quatre précédents invoqués – les habeas corpus n° 89429, de 2006 et n° 91952 de 2008 – qui se réfèrent directement à la thèse adoptée dans la synthèse, et qui statuent malgré tout, sous une forme bien moins ample et générale que le texte édicté par le Tribunal suprême. L'énoncé de la synthèse contraignante cesse ainsi d'être conditionné par les limites des litiges concrets soumis au Tribunal, suivant le principe du dispositif, ce qui autorise un élargissement considérable de la compétence normative de la Cour. De fait, le Tribunal peut ne se servir d'un thème traité dans ses jugements que comme d'une simple indication initiale pour exercer un pouvoir normatif étendu bien au-delà des frontières de la question controversée objet de la décision de ses arrêts, et transforme ainsi la synthèse contraignante en un instrument d'édition de normes générales et abstraites qui outrepasse largement sa jurisprudence – comme dans le cas de la synthèse contraignante des menottes. On voit donc que la Cour suprême a concrétisé l'article103-A de la Constitution de 1988 de manière à accroître son pouvoir normatif et à étendre sensiblement sa propre autonomie.

CONCLUSION

« *Sed quis custodiet ipsos custodes* ?»
Juvénal, *Satire VI*

Dans le cadre de la Constitution de 1988, l'activité normative du Tribunal fédéral suprême est devenue l'objet d'un intense débat dans la communauté juridique brésilienne. Dans la presse ordinaire[1216]comme dans les travaux doctrinaux spécialisés, [1217] la Cour suprême du Brésil a été accusée d'outrepasser les limites imposées à ses fonctions, en occupant un espace destiné par la Constitution au Congrès national et au président de la République, de concert avec l'administration publique. Le terme d'activisme

---

1216 Cf. *exempli gratia* De Paola, Leonardo Sperb. « O Poder Judiciário e o ativismo judicial ». *Valor Econômico*, 10 mai 2007, sect. Legislação e Tributos ; Basile, Juliano. « STF tem ativismo sem paralelo, diz jurista », *op. cit.;* Dos Santos, Sandro Schmitz. « O ativismo judicial e a segurança jurídica ». *Valor Econômico*, 23 octobre 2007, sect. Legislação e Tributos ; « Ativismo judiciário ». *Folha de São Paulo*, 5 novembre 2007, sect. Éditorial ; Rands, Maurício. « Ativismo judicial: é sempre legítimo? » *Folha de São Paulo*. 14 mai 2008, sect. Tendências / Debates ; Sadek, Ana Tereza Aina. « Ativismo judiciário a pleno vapor ». *O Estado de São Paulo*. 31 août 2008, sect. Aliás ; Timm, Luciano Benetti. « Ativismo judicial e fetichismo constitucional ». *Valor Econômico*. 16 mars 2009, sect. Legislação e Tributos ; Prestes, Cristine. « Ativismo judicial ganha cada vez mais força ». *Valor Econômico*, 30 avril 2009, sect. Eu & ; Basile, Juliano. « Com fórum agrário, amplia-se ativismo judicial sobre o Executivo ». *Valor Econômico*, 12 mai 2009, sect. Política ; « Câmara reage ao ativismo judicial ». *Valor Econômico*, 24 mars 2011, sect. Política ; Junqueira, Caio. « Reação ao ativismo judicial ganha força no Congresso ». *Valor Econômico*, 27 avril 2011, sect. Política ; Vilela, Hugo Otávio T. « O ativismo judicial e o jogo dos três poderes ». *Valor Econômico*, 14 juin 2011, sect. Opinião; Ximenes, Júlia. « Judicialização, ativismo e direito na sociedade contemporânea ». *Correio Braziliense*, 3 novembre 2011, sect. Opinião ; Basile, Juliano. « Rosa Weber defende ativismo judicial ». *Valor Econômico*, 7 décembre 2011, sect. Política ; Da Silva, Carlos Eduardo Lins. « Ativismo judiciário e divisão dos Poderes ». *Folha de São Paulo*, 1 juillet 2012, sect. Opinião - Tendências Debates ; Maneira, Eduardo. « Ativismo judicial e segurança jurídica ». *Valor Econômico*, 14 août 2012, sect. Eu & Investimentos ; Klein, Cristian. « Barroso põe água na fervura do ativismo judicial ». *Valor Econômico*, 27 mai 2013, sect. Política.

1217 Cf. *exempli gratia* Oliveira, Umberto Machado, et Leonardo Fernandes dos Anjos. *Ativismo Judicial*. Curitiba: Juruá, 2010; Ramos, Elival da Silva. *Ativismo judicial : parâmetros dogmáticos*. São Paulo: Saraiva, 2010; *As novas faces do ativismo judicial*. Salvador: JusPodium, 2011; Gueiros Leite, Evandro. « Ativismo judicial ». In *O Judiciário e a Constituição*. São Paulo: Saraiva, 1994, p. 145-67.

juridictionnel s'est répandu dans la littérature juridique brésilienne sous influence américaine, à partir des années 1990 en particulier, et les accusations lancées contre le Tribunal fédéral suprême en sont venues au point qu'un certain nombre de ses juges ont pris publiquement sa défense. Pour l'ancien juge du Tribunal suprême, Carlos Ayres Britto, « l'activisme est au Brésil celui de la Constitution, et non pas celui des juges! », et il a alors souligné l'extension et la minutie de la norme de référence appliquée par la Cour suprême à ses activités judicatrices.[1218] De son côté, le juge Luiz Roberto Barroso, auteur de divers articles sur l'activisme du Tribunal suprême, à l'époque où il était avocat,[1219] en est venu à nier cette thèse, une fois qu'il en a été nommé membre. D'après lui, il n'existe pas « d'épidémie d'activisme judiciaire » en cours dans le pays, puisque la quantité de lois déclarées inconstitutionnelles par le Tribunal suprême est très faible et que, même dans les cas difficiles, le Tribunal a fait preuve de déférence à l'égard du Congrès national. « Par exemple, dans le jugement sur la possibilité de se livrer à des recherches autour de cellules souches embryonnaires, le Tribunal fédéral suprême a maintenu la loi adoptée par le Congrès national. Il n'y a pas de norme règlementaire en matière d'ingérence indue », a-t-il affirmé.[1220] À son tour, le juge Luiz Fux, a rejeté la responsabilité de l'activisme du Tribunal suprême sur l'omission du pouvoir législatif dans l'exercice de ses compétences constitutionnelles, en précisant néanmoins que le pouvoir judiciaire dépendait, quoiqu'il en soit, d'une requête pour agir. Pour le juge Fux, « les moments dénommés activisme judiciaire sont justement caractérisés par la défense des libertés, au nombre desquelles la liberté de la presse, l'égalité des hommes ainsi que toutes les autres garanties permanentes arrachées entre luttes et barricades contre le nazi-fascisme ».

Quant à l'ancien juge José Carlos Moreira Alves, un des plus prestigieux membres du Tribunal fédéral suprême dans l'histoire récente de la Cour, il soutient que la posture du Tribunal fédéral face aux autres pouvoirs aurait clairement changé : « aujourd'hui le STF adopte une position plus politique qu'autrefois », a-t-il affirmé dans un des rares entretiens qu'il a concédés.[1221]

[1218] Oliveira Peter da Silva, Christine. « Les activismes sont nécessaires dans l'état de droits fondamentaux ». *Os Constitucionalistas* [en ligne], 20 décembre 2014. Disponible sur http://www.osconstitucionalistas.com.br/ativismos-sao-necessarios-no-estado-de-direitos-fundamentais (consulté le 02/11/2015).

[1219] Cf. *exempli gratia* Klein, Cristian. « Barroso põe água na fervura do ativismo judicial ». *Valor Econômico*, 27 mai 2013, sect. Política; Barroso, Luís Roberto. « Retrospectiva 2008 - Judicialização, ativismo e legitimidade democrática ». *Revista Eletrônica de Direito do Estado* [en ligne], n° 18, 2009.

[1220] Haidar, Rodrigo. « Il n'y a pas d'épidémie d'activisme judiciaire ». *Os Constitucionalistas* [en ligne], 07 juin 2013. Disponible sur http://www.osconstitucionalistas.com.br/nao-ha-um-surto-de-ativismo-judicial (consulté le 03/11/2015).

[1221] Basile, Juliano. « Le STF est une cour emplie de réalité politique, dit Moreira Alves ». *Os Constitucionalistas* [en ligne], 27 août 2011. Disponible sur http://www.osconstitucionalistas.com.br/o-stf-e-uma-corte-abastada-da-realidade-politica-diz-moreira-alves (consulté le 03/11/2015).

L'action du Tribunal fédéral suprême en est venu ainsi, depuis les années 1990, à être, soit loué par ceux qui y voyaient une avancée pour la démocratie, l'effectivité de la Constitution et la consolidation de l'État de droit post-dictature, soit critiqué par ceux qui le percevaient comme une violation inacceptable du rôle attribué par la Constitution de 1988 au Congrès national et à la présidence de la République dans la mise en œuvre du texte Constitutionnel.

La présente étude a cherché à éclairer le fonctionnement du Tribunal fédéral suprême dans le système juridique brésilien, en identifiant quelques-unes des transformations qui ont affecté la Cour suprême tout au long de l'application, depuis plus de deux décennies, de la Constitution qui a rétabli la démocratie et l'État de droit dans le plus grand pays d'Amérique latine, à la fin des années 1980. La principale constatation est que le Tribunal a abandonné, en diverses occasions, les deux idées centrales qui ont orienté la délimitation de ses fonctions au cours du XXème siècle. En effet, le rôle de tribunal qui décide un cas concret avec des effets strictement *inter partes*,[1222] ainsi que le rôle de législateur négatif qui se limite à déclarer la non-conformité à la Constitution de la législation,[1223] ne correspondent plus à la réalité de l'action de la Cour suprême à partir des années 1990. Comme on l'a vu tout au long de ce travail, le Tribunal suprême a étendu son activité juridictionnelle pour interférer directement dans la sphère de compétences du Congrès national, du président de la République et de l'administration publique, ainsi que dans la sphère d'autonomie institutionnelle des pouvoirs.

Cette extension a pris des formes variées, chacune d'elles étroitement liée aux particularités de la conception brésilienne de la séparation des pouvoirs. C'est ainsi que le Tribunal fédéral, jouant sur une représentation toujours plus élargie de ses compétences, a écarté la médiation du pouvoir législatif dans la mise en œuvre de la Constitution, par la création en pratique de normes générales et abstraites *ex novo,* très souvent au prix d'un dépassement du cadre interprétatif déterminé par la norme de référence, ou même de la réalisation de concrétisations contraires au cadre normatif applicable. Innovation importante, la Cour suprême a mis en cause le gouvernement exercé par l'administration publique, en ordonnant directement la réalisation concrète des droits-créances et en interférant activement dans la formulation des politiques publiques, par des arbitrages sur la convenance et l'opportunité d'actions administratives qui, jusque-là, appartenaient au pouvoir exécutif. Des décisions relatives à l'allocation de ressources publiques, à l'établissement de priorités au sein des actions gouvernementales, au choix des groupes sociaux qui seraient bénéficiaires de ces mêmes actions et aux conséquences futures de ces choix, ont été ainsi

---

[1222] Conception propre au modèle américain, qui a inspiré l'adoption du contrôle diffus de constitutionnalité et les compétences ordinaires attribuées au Tribunal suprême à partir de 1891.

[1223] Conception d'origine européenne, incorporée au système brésilien à partir des années 1960.

prises par le Tribunal suprême, avec pour effet une réduction sensible des capacités des pouvoirs élus à fonctionner comme un lieu de débat public pluriel et un instrument de manifestation de la volonté populaire issue des urnes.

D'un autre côté, au niveau de ses relations institutionnelles avec les autres pouvoirs, le Tribunal fédéral suprême a restreint en diverses occasions l'autonomie et l'autogouvernement du Congrès national, du président de la République en conjonction avec l'administration publique, ainsi que des tribunaux et juges ordinaires. Abandonnant en grande partie la doctrine de déférence à l'égard des actes *interna corporis* de la Chambre des députés et du Sénat, la Cour suprême en est venue à intervenir activement dans la conduite des actes internes du Parlement, réduisant la prérogative de ce dernier à l'exclusivité de l'interprétation de ses propres régimes internes. De façon similaire, le Tribunal fédéral a interféré dans la liberté du pouvoir exécutif de prendre des mesures provisoires, restreignant la marge de jugement du président de la République sur les critères discrétionnaires d'urgence et de pertinence requis par l'édition de ces mesures, établis par la Constitution. De la même manière, dans le domaine d'action du pouvoir judiciaire, le Tribunal suprême a étendu son autorité, en adoptant des politiques jurisprudentielles qui ont créé des normes processuelles relatives au contentieux constitutionnel, non prévues par la loi, et concentrant ses pouvoirs face aux autorités des instances judiciaires ordinaires. Confrontée aux multiples possibilités de concrétisation offertes par le cadre constitutionnel et légal applicable, la Cour suprême a modifié d'innombrables fois les interprétations effectuées par les trois pouvoirs, de façon à réduire leur autonomie ou à amplifier ses propres pouvoirs face à ces derniers.

Un élément central de ce processus de montée en puissance du Tribunal fédéral suprême au cours des dernières décennies, a été la promulgation d'un nouveau texte constitutionnel très extensif et au sein duquel abondent des dispositions hautement indéterminées. La Constitution de 1988 a en particulier consacré une longue liste de droits à prestation publique dans une société encore en voie de développement, imposant par-là une énorme charge de réalisation de ces droits à l'État, dans un cadre général de pénurie des ressources et d'inefficacité de l'État dans l'utilisation de ces dernières. Une comparaison avec d'autres pays illustre bien cette réalité : le Brésil dépense trois fois plus que la Chine *per capita* dans le domaine de la santé, mais a des indicateurs de mortalité infantile et espérance de vie comparables. Le Brésil dépense plus que la Corée du Sud pour l'enseignement universitaire, pourtant la proportion de jeunes Brésiliens inscrits à l'université n'est que de 18%, alors que celle des sud-coréens atteint 82%. Les dépenses liées au système de retraite équivalent à 11% du PIB au Brésil et à 6% du PIB aux États-Unis, alors que la population nord-américaine au-dessus de 60 ans (16% de la population totale) est le double de la brésilienne

(8% de la population totale). [1224] Le Brésilien gagne en moyenne annuellement l'équivalent de 10710 US$ *per capita,* montant inférieur à celui de 44 autres pays plus développés. Si l'on prend comme unité de référence le coefficient de Gini, qui mesure l'inégalité de la distribution des revenus dans 187 pays, seules sept nations présentent une distribution plus mauvaise que celle du Brésil (coefficient de 53,9), suivant les données de l'ONU : Colombie, Bolivie, Honduras, Afrique du Sud, Angola, Haïti et Commores.[1225] Les domaines de l'éducation et de la santé illustrent de la façon la plus claire les difficultés brésiliennes pour transformer en réalité les promesses de la Constitution de 1988 : dans le domaine éducatif, si on prend en compte les 83 pays dont les statistiques sont disponibles, le Brésil oscille entre le 43ème et le 46ème rang de ceux qui assument la plus grande dépense publique *per capita* pour les enseignements primaire, secondaire et supérieur, mais il n'apparaît qu'en 54ème position dans l'indice de développement humain dans ce domaine. En ce qui concerne la santé, si on considère 183 pays, le Brésil est le 65ème pays qui investit le plus dans le domaine, alors qu'il n'occupe néanmoins qu'une modeste 80ème position dans le même indice.[1226] Dans ce contexte, l'appel au pouvoir judiciaire et, par conséquent, au Tribunal fédéral suprême, est devenu un important recours des citoyens pour revendiquer leurs droits, bien souvent au détriment de l'action du Congrès national et du président de la République. Confronté à un cadre normatif ample et fortement indéterminé, dont le texte est formulé de manière plus rhétorique que technique, la Cour suprême a utilisé ses pouvoirs discrétionnaires pour élargir son champ d'intervention vis-à-vis du législateur et de l'administration publique. Le Tribunal fédéral a suivi, de cette façon, une trajectoire assez peu différente de celle tracée par les juges constitutionnels des États-Unis, de France et d'Allemagne, exposée dans la thèse d'Arthur Dyèvre, ce qui autorise à se demander si l'activisme juridictionnel ne serait pas un phénomène qui aurait tendance à se généraliser toujours plus.

Hans Kelsen a alerté sur les dangers de l'emploi d'un langage hautement indéterminé par la Constitution et reconnu que ce recours rhétorique implantait en réalité le pouvoir discrétionnaire de l'interprète et permettait de justifier n'importe quelle règle de droit. Selon lui, des formules rhétoriques telles que « équité », « justice », « liberté », « égalité » et « moralité » « ne recouvrent rien de plus que l'idéologie politique courante dont tout l'ordre

---

[1224] Ministère de la planification, budget et gestion. « Comparaison internationale de dépenses gouvernementales en matière de santé, éducation et retraite » [en ligne]. Disponible sur http://www.planejamento.gov.br/assuntos/orcamento/noticias/comparacao-internacional-de-gastos-governamentais (consulté le 13/11/2015).

[1225] Salek, Silvia. « Apesar de avanços, Brasil continua em baixa em índices globais ». BBC Brasil [en ligne], 28/12/2011.
Disponible sur
http://www.bbc.com/portuguese/noticias/2011/12/111227_brasilrankings_ss.shtml (consulté le 13/11/2015).

[1226] *Folha de S. Paulo.* « Lição malfeita », 13 novembre 2015, sect. Éditorial.

juridique s'efforce de se parer », signifiant uniquement, « à défaut d'une précision de ces valeurs, que le législateur comme les organes d'exécution de la loi sont autorisés à remplir discrétionnairement le domaine qui leur est abandonné par la Constitution et la loi ».[1227] Mais le maître de Vienne a également proposé de limiter le pouvoir du juge constitutionnel à la fonction de législateur négatif, ce qui compensait en grande partie le pouvoir discrétionnaire que lui conférait le texte constitutionnel. Au Brésil, depuis l'entrée en vigueur de la Constitution de 1988, c'est précisément ce paradigme qui a été considéré comme dépassé dans le cadre de l'adoption par le Tribunal fédéral suprême de nouvelles conceptions théoriques qui ont justifié l'extension de son champ d'action. En outre, l'activisme juridictionnel du Tribunal fédéral s'est même manifesté quand le degré d'indétermination normative était faible, comme dans le cas de l'autorisation d'avortement de fœtus anencéphaliques ou de la création de l'union civile homosexuelle.

On a assisté par ailleurs au Brésil à un abandon, graduel et sélectif, d'un paradigme autochtone d'autolimitation du Tribunal, en faveur des propositions théoriques du néo constitutionnalisme. C'est ainsi que la Cour a progressivement privilégié l'attribution de la plus grande force normative possible à la Constitution et l'application directe de principes hautement indéterminés, au détriment de la notion de normes non auto-applicables, traditionnelle dans la doctrine brésilienne. La nouvelle posture du Tribunal fédéral suprême a ainsi mis en échec les dogmes de la primauté du pouvoir législatif dans la concrétisation de la Constitution et de la fonction juridictionnelle comme opération de pure subsomption.[1228] C'est l'acte juridictionnel en lui-même qui s'est trouvé redéfini, et la Cour suprême a revendiqué pour elle-même une fonction ouvertement politique. Le Tribunal suprême a néanmoins continué à mettre rhétoriquement en avant sa fonction de législateur négatif, dans le cadre d'un positionnement ambigu qui tantôt a assumé une intervention plus marquée dans le domaine des autres pouvoirs, tantôt a cherché à cacher son activisme juridictionnel en présentant ses décisions comme fruit d'un strict syllogisme.

Il faut aussi souligner une particularité importante du système constitutionnel brésilien depuis 1988. Il s'agit de la création des actions directes en inconstitutionnalité par omission et de l'ordonnance d'injonction, inspirées de la Constitution portugaise de 1976. La reconnaissance de la possibilité du contrôle de l'omission inconstitutionnelle par le Tribunal fédéral suprême a évolué sur fond d'une conjoncture marquée par la

---

[1227] Kelsen, Hans. « La garantie juridictionnelle de la Constitution (la justice Constitutionnelle) ». *Revue du Droit Public et de Science Politique en France et à l'Étranger*, 1928, 197-257.

[1228] La subsomption est une technique de raisonnement juridique proche du syllogisme, décrivant le cheminement intellectuel qui passe de l'état de fait à la règle de droit. Elle est l'opération intellectuelle permettant d'appliquer la solution générale prévue par une règle de droit à une situation de fait qui en remplit les conditions.

fréquente omission du Congrès national et du pouvoir exécutif à traduire dans le réel les dispositions constitutionnelles en édictant les normes règlementaires requises et en mettant en œuvre des politiques publiques efficaces. Cette situation a été plus d'une fois soulignée par le Tribunal fédéral suprême, qui a adopté dans certains de ses jugements un ton critique dur, voire sévère, à l'égard de l'inertie du législateur et de l'administrateur public. La Cour suprême, néanmoins, ne s'en est pas tenue aux étroites limites établies par la Constitution : jouant y compris sur le fait que la loi de réglementation de l'ordonnance d'injonction n'a jamais été adoptée, elle a construit des politiques jurisprudentielles qui ont autorisé une intervention croissante dans le domaine réservé des autres pouvoirs, sous couvert de leur notifier l'omission inconstitutionnelle. Le Tribunal fédéral est même allé jusqu'à utiliser l'omission inconstitutionnelle comme fondement juridique dans des actions en dehors du cadre du contrôle de constitutionnalité par omission, la transformant en une sorte d'« argument polyvalent » pour justifier des décisions activistes.

Aujourd'hui, l'activisme juridictionnel du Tribunal fédéral suprême peut mettre en cause la plus grande conquête du retour de la démocratie réalisée dans les années 1980, dans la mesure où il soustrait au Congrès national son rôle d'expression majeure de la volonté souveraine de la nation, légitimée par le vote et le mandat représentatif. Il faut rappeler que l'objectif principal de la Constitution de 1988 a été le rétablissement de la démocratie représentative, qui a consacré la Parlement comme pivot de la souveraineté populaire, après des décennies de dictature militaire. Paradoxalement, il s'est trouvé que c'est à un organe judiciaire non élu qu'a souvent été dévolue la fonction de décider comment seraient implantés les droits conférés par la nouvelle Charte, et donc de réaliser des choix relatifs aux ressources financières à mobiliser, aux groupes ou individus bénéficiaires, aux limites de la concrétisation des droits ou même à la nature des normes processuelles applicables dans les contentieux impliquant ces nouveaux droits. La suprématie de la Constitution s'est trouvée mise en cause, non seulement quand le Congrès national et la présidence de la République n'ont pas respecté le texte constitutionnel, mais aussi quand le Tribunal fédéral suprême a transgressé ses limites, au détriment des pouvoirs élus. On ne peut dans ces conditions qu'être d'autant plus sensible à l'alerte de la professeure Jane Reis, de l'Université de l'État de Rio de Janeiro, quand elle rappelle que « concevoir le Suprême [tribunal fédéral] comme l'oracle des meilleures réponses, scelle le risque d'atrophier les organes représentatifs, et de précipiter ainsi dans un cercle vicieux de non-pertinence ».[1229] À cet égard, la tension entre la justice constitutionnelle et la démocratie représentative n'a cessé de croître au Brésil au cours des dernières décennies.

[1229] Nonato, Israel. « Jane Reis : « Le Suprême n'est pas un oracle » ». *Os Constitucionalistas* [en ligne]. Disponible sur http://www.osconstitucionalistas.com.br/jane-reis-o-supremo-nao-e-oraculo (consulté le 16 novembre 2015).

D'un point de vue politique et institutionnel, l'action du Tribunal fédéral suprême a mis en question le mérite et la justification du fonctionnement actuel de la justice constitutionnelle dans le Brésil post-démocratisation. Comme l'observe Arthur Dyèvre à propos de l'action des cours constitutionnelles dans le monde, l'activisme « remet en cause le constitutionnalisme moderne et l'État de droit » et invite à s'interroger « sur l'organisation de la justice constitutionnelle (...) et sur les moyens qui permettraient d'éviter que les juges ne s'écartent du cadre posé par le pouvoir constituant ».[1230] Les formulations constitutionnelles employées pour justifier la configuration institutionnelle et délimiter les fonctions des tribunaux constitutionnels et des cours suprêmes, occupent, en ce sens, une place centrale dans le fonctionnement de la démocratie au Brésil. Profondément ancré dans la tradition historique et constitutionnelle brésilienne, le taux étendu de reconnaissance dont jouit le Tribunal fédéral suprême dans la société brésilienne ne paraît pas permettre un questionnement radical qui conduirait à une extinction de cet organe, laissant par-là au Congrès national et au président de la République toute liberté pour exercer leurs fonctions comme bon leur semble. Une proposition d'extinction pure et simple du contrôle de constitutionnalité par les tribunaux, dans les termes où l'a énoncée le professeur de Harvard Mark Tushnet,[1231] célèbre constitutionnaliste américain, n'aurait probablement aucun écho, ni dans la communauté juridique ni au Parlement brésilien. Il n'en reste pas moins que l'interférence du Tribunal suprême dans les sphères de compétences et d'autonomie institutionnelle des autres pouvoirs a déjà provoqué quelques réactions importantes de la part du pouvoir législatif, qui a cherché à « recalibrer » les compétences de la Cour suprême, en repensant ses fondements politiques et sa raison d'être. De fait, on assiste aujourd'hui au Brésil à un questionnement des mécanismes institutionnels adoptés par les Constitutions brésiliennes pour garantir la légitimité du Tribunal fédéral suprême au sein de la séparation des pouvoirs et de la démocratie représentative.

[1230] Dyèvre, Arthur. « L'activisme juridictionnel en droit Constitutionnel comparé : France, États-Unis, Allemagne ». *Op. cit* p. 487 (italique ajouté).

[1231] Tushnet, Mark. « Abolishing judicial review ». *Constitutional Commentary*, n° 27, 2011, p. 581. Le professeur de Harvard, inspiré par la Constitution du Royaume-Uni des Pays-Bas, propose dans cet article l'amendement suivant à la Constitution américaine : « *The Constitutionality of acts of Congress shall not be reviewed by any court in the United States* ». D'après M. Tushnet, « *The proposed amendment would convert the U.S. Constitution from what British Constitutionalists call a legal Constitution into what they call a political one. Political Constitutionalism rests on, but also contributes to, Constitutionalist sensibilities prevalent in a nation's people and political elites. Importantly, political Constitutionalism operates through politics, and so through the mechanisms we use to organize our politics--the political parties as much as, and ordinarily more than, direct participation of the people in political activities such as demonstrations and politically oriented organizations in civil society* ». Le politique – tel que les manifestations et les organisations de la societé civile – aurait ainsi la primauté sur le juridique.

Dans ce cadre, la réaction législative la plus nette, parce que la plus radicale, a été la proposition d'amendement à la Constitution n° 33 de 2011, du député Nazareno Fonteles, du Parti des travailleurs (PT). Voulant limiter le champ d'action du Tribunal fédéral suprême, la proposition établissait que chaque nouvelle synthèse de jurisprudence contraignante présentée devrait « conserver un strict rapport d'identité aux décisions précédentes, et ne pouvait outrepasser les situations qui avaient motivé sa création ». La synthèse contraignante serait ensuite soumise à l'appréciation du Congrès national, qui devrait la mettre en délibération dans un délai de quatre-vingt-dix jours, avec pour corollaire une claire restriction de l'activité normative de la Cour suprême. Le quorum nécessaire à la déclaration d'inconstitutionnalité par les tribunaux a été également augmenté et porté à quatre cinquièmes des membres. Mais l'innovation la plus importante concernait la manifestation du pouvoir constituant dérivé : les décisions du Tribunal fédéral suprême qui déclareraient non conformes des amendements constitutionnels ne produiraient pas d'effets immédiats, mais devraient être soumises au Congrès national qui, s'il leur était opposé, pourrait les présenter à référendum populaire. Dans la longue justification qui a accompagné la proposition d'amendement, le député auteur a souligné la judiciarisation de la politique et l'activisme juridictionnel qui se sont manifestés au Brésil dans le cadre de la Constitution de 1988, ajoutant que le déplacement du pouvoir vers le Tribunal fédéral suprême au détriment des autorités élues constituait un préjudice pour la démocratie et un risque pour la légitimité démocratique de l'ordre juridique brésilien. Le texte reconnaît, dans l'amendement constitutionnel n° 45, qui a réalisé la réforme du pouvoir judiciaire, un facteur d'intensification de cet activisme, déplorant le recours par le Tribunal fédéral au précédent contraignant comme à un « chèque en blanc » pour dépasser les limites de sa compétence. La solution proposée s'inspire alors du *notwhithstanding clause* (la clause dérogatoire) qui existe au Canada, et qui permet au pouvoir législatif d'édicter des lois même si celles-ci sont en contradiction avec le *Charter of Rights and Freedoms* canadien. L'objectif exprès a alors été de retirer au Tribunal fédéral suprême le dernier mot dans le contrôle de constitutionnalité, contestant « l'argument selon lequel les législateurs seraient moins aptes à traiter des droits de la minorité parce qu'ils seraient assujettis aux pressions de la majorité ». L'initiative du député Nazareno Fonteles n'a finalement pas été adoptée par le Chambre des députés et a été archivée à l'issue de la législature, en 2015. Néanmoins, le dépôt de cette initiative, qui a obtenu le soutien de 219 des 513 membres de la chambre basse, illustre le mécontentement parlementaire face à l'action du Tribunal suprême et constitue l'indicateur d'une réaction du Congrès national aux activités de la Cour suprême.

Dans le même sens, ont surgi à la Chambre des députés, des propositions de décrets législatifs[1232] qui suspendent les effets de quelques-unes des décisions les plus polémiques du Tribunal fédéral suprême. Le fondement normatif invoqué pour ces décrets législatifs a été l'article 49, XI de la Constitution de 1988, qui a attribué au Congrès national la compétence exclusive d'« œuvrer à la préservation de sa compétence législative face à l'attribution normative des autres pouvoirs ». C'est ainsi qu'ont été proposées la révocation de la synthèse contraignante de jurisprudence n° 11, qui réglemente l'usage des menottes;[1233] la suspension de la décision de la Cour suprême qui reconnaît la constitutionnalité d'une manifestation populaire favorable à la décriminalisation de la marijuana ;[1234] la suspension de la décision qui a déclaré comme n'étant pas un crime l'avortement de fœtus anencéphaliques [1235] et la suspension de la décision qui octroie le statut d'entité familiale à l'union entre personnes du même sexe.[1236] Tous ces projets ont cependant été archivés ou retournés à leurs auteurs sur la base d'une décision de la présidence de la Chambre des députés,[1237] dans laquelle le président a affirmé que « le Congrès national ne peut casser une décision judiciaire en se fondant sur le dispositif constitutionnel invoqué, quel que soit le degré de son désaccord avec celle-ci. (...) Une ingérence estimée indue du pouvoir judiciaire dans les prérogatives du pouvoir législatif n'est rectifiable que par l'exercice du pouvoir de légiférer lui-même ou, suivant le cas, de réformer la Constitution ». C'est donc la logique du refus de l'affrontement qui a prévalu, de la part du Parlement, ce qui démontre le grand prestige dont jouit la Cour suprême au sein du pouvoir législatif et la force de l'autorité du juge constitutionnel dans le cadre institutionnel brésilien.

Ainsi, l'initiative parlementaire qui, jusqu'à maintenant, s'est révélée la plus féconde, n'a pas adopté la logique de la confrontation avec le pouvoir judiciaire. Il s'agit des très nombreuses propositions d'amendement à la Constitution qui modifient les critères de la composition et du choix des membres du Tribunal fédéral suprême, et qui sont aujourd'hui en dépôt à la

---

[1232] Les décrets législatifs sont des normes primaires édictées par le Congrès national sur des thèmes relevant de sa compétence exclusive. Prévus par l'article 49 de la Constitution de 1988, ils sont promulgués par le Congrès national lui-même et ne sont pas soumis à la sanction du président de la République.

[1233] Proposition de décret législatif n° 853 de 2008, du député João Campos.

[1234] Proposition de décret législatif n° 312 de 2011, des députés João Campos et Roberto de Lucena.

[1235] Propositions de décret législatif n° 565 de 2012, du député et pasteur évangélique Marco Feliciano, et n° 566 de 2012, des députés Roberto de Lucena, João Campos et Salvador Zimbaldi.

[1236] Propositions de décret législatif n° 325 de 2011 et n° 224 de 2011, du député João Campos et n° 637 de 2012, du député et pasteur Marco Feliciano.

[1237] Cf. Question d'ordre n° 11 de 2011. Au sein du Congrès national, les députés et sénateurs ont le droit de poser des questions, appelées « questions d'ordre », à la présidence de la chambre respective, concernant l'interprétation des règlements parlementaires et leur mise en application.

Chambre des députés et au Sénat fédéral.[1238] Dans leur grande majorité, ces propositions créent un mandat pour les juges du Tribunal fédéral suprême, fixent des conditions plus exigeantes de capacité professionnelle et personnelle pour l'accès à la fonction de juge à la Cour et instaurent une alternance entre le Congrès national, la présidence de la République et le pouvoir judiciaire lui-même pour le choix des juges de la Cour suprême. La logique, donc, a consisté à rapprocher encore plus le système brésilien du modèle européen et à l'éloigner de ses racines nord-américaines, évitant que la composition du Tribunal fédéral soit « congelée » pour de longues périodes ou qu'une grande partie de ses membres soit nommée par un unique parti politique. À ce propos, il faut souligner que le Parti des travailleurs, au pouvoir depuis quatre mandats avec les présidents Lula da Silva et Dilma Rousseff, a déjà nommé treize juges, ce qui a valu à la Cour suprême d'être accusée de favoriser le gouvernement.[1239] La nature politique de l'action du juge constitutionnel se voit ainsi assumée, plus explicitement, avec pour corollaire la tentative de faire jouer, au sein de la Cour suprême et de forme institutionnalisée, une alternance de pouvoir et une diversité de membres qui, aujourd'hui, ne relèvent que du hasard et de la volonté discrétionnaire du président de la République. Reste à savoir si ce réaménagement institutionnel introduira plus de démocratie au sein du Tribunal fédéral suprême, et confortera, par-là même, la légitimité de ses décisions, comme le souhaitent les parlementaires à l'origine des propositions d'amendements citées ci-dessus. Mais cela, seul le temps le dira.

[1238] À la Chambre des députés, les propositions d'amendement à la Constitution n° 95 de 2015 ; n° 90 de 2015 ; n° 55 de 2015 ; n° 342 de 2009 ; n° 434 de 2009 ; n° 393 de 2009 ; n° 566 de 2002 ; n° 161 de 2012 ; n° 143 de 2012 ; n° 378 de 2014 ; n° 473 de 2001 ; n° 275 de 2013 ; n° 17 de 2011 ; n° 484 de 2005 ; n° 441 de 2009 ; n° 449 de 2014 et n° 227 de 2012. Au Sénat fédéral, se trouvent les propositions n° 17 de 2015 ; n° 35 de 2015 ; n° 46 de 2015 ; n° 52 de 2015 ; n° 3, de 2014 ; n° 46 de 2014 ; n° 55 de 2014 ; n° 3 de 2013 ; n° 50 de 2013 ; n° 44 de 2012 ; n° 58 de 2012 ; n° 12 de 2010 ; n° 51 de 2009 ; n° 6 de 2008 ; n° 30 de 2008 ; n° 32 de 2007 ; n° 68 de 2005 et n° 28 de 2002.

[1239] Cf. Castro, Gabriel. « En 2016, le PT aura indiqué dix des onze ministres du STF STF ». *Veja* [en ligne], 27/10/2014, Sect. Brasil. Disponible sur http://veja.abril.com.br/noticia/brasil/em-2016-pt-tera-indicado-10-dos-11-ministros-do-stf/ (consulté le 16/11/2015).

BIBLIOGRAPHIE

Cette bibliographie ne prétend pas être exhaustive. Par ailleurs, elle ne reprend pas l'ensemble des références citées dans les notes de bas de page de cette étude.

OUVRAGES

Ouvrages en français

AKACHA, Nadia. *La Participation du Juge Constitutionnel à la Fonction Législative : Les Techniques de la Juridiction Constitutionnelle*. Saarbrücken : Editions universitaires européennes, 2011.

AMSELEK, Paul. *Interprétation et droit*. Bruxelles : Bruylant, 1995.

ANDERSEN, Robert. *La crise du juge*. Bruxelles : Story-Scientia ; Paris, Belgique : Librairie générale de droit et de jurisprudence, 1990.

ARDANT, Philippe et MATHIEU, Bertrand. *Institutions politiques et droit constitutionnel*. 25· éd. Paris : LGDJ, 2013.

ARNAUD, André-Jean, CERCLE DE SOCIOLOGIE ET NOMOLOGIE JURIDIQUES et RÉSEAU EUROPÉEN DROIT ET SOCIÉTÉ. *Dictionnaire encyclopédique de théorie et de sociologie du droit*. Paris : Librairie générale de droit et de jurisprudence, 1993.

ASSOCIATION HENRI CAPITANT (dir.). *Les droits de tradition civiliste en question, contributions des groupes autres que le groupe français de l'Association Henri Capitant des amis de la culture juridique française : à propos des Rapports « Doing business » de la Banque mondiale*. Paris : Société de législation comparée, 2006.

AVRIL, Pierre et GICQUEL, Jean. *Lexique de droit constitutionnel*. 3· éd. Paris : Presses universitaires de France, 2012.

BAUMERT, Renaud. *La Découverte du juge constitutionnel, entre science et politique : Les controverses doctrinales sur le contrôle de la constitutionnalité des lois ... et allemande de l'entre-deux-guerres*. Clermont-Ferrand : Fondation de Varenne, 2010.

BEAUD, Olivier, PASQUINO, Pasquale (dir.) et CENTRE MARC BLOCH (org.). *La controverse sur « le gardien de la Constitution » et la justice constitutionnelle : Kelsen contre Schmitt.* Paris : Ed. Panthéon-Assas, 2007.

BÉGUIN, Jean-Claude *Le contrôle de la constitutionnalité des lois en République fédérale d'Allemagne.* Paris : Economica, 1982.

BEHRENDT, Christian. *Le juge constitutionnel, un législateur-cadre positif : une analyse comparative en droit français, belge et allemand.* Bruxelles ; Paris : Bruylant ; LGDJ, 2006.

BERNARD-MAUGIRON, Nathalie. *Le politique à l'épreuve du judiciaire : la justice constitutionnelle en Égypte.* Bruxelles : Bruylant ; Le Caire : CEDEJ, 2003.

BIOY, Xavier, HOURQUEBIE, Fabrice (dir.). *Constitutions, justice et démocratie : actes de la journée d'études de Toulouse du 2 octobre 2009.* Paris : L'Harmattan, 2010.

BOBBIO, Norberto. *Essais de théorie du droit : recueil de textes.* Bruxelles ; Paris : Bruylant ; LGDJ, 1998.

BOISSY, Xavier. *La séparation des pouvoirs, œuvre jurisprudentielle : sur la construction de l'État de droit postcommuniste.* Bruxelles : Bruylant, 2003.

BOUCOBZA, Isabelle. *La fonction juridictionnelle. Contribution à une analyse des débats doctrinaux en France et en Italie.* Paris : Dalloz, 2005.

BRONDEL, Sévérine, FOULQUIER, Norbert et HEUSCHLING, Luc (dir.). *Gouvernement des juges et démocratie.* Paris : Publications de la Sorbonne, 2001.

CENTRE D'HISTOIRE DU DROIT ET DE RECHERCHES INTER-NORMATIVES DE PICARDIE et CENTRE UNIVERSITAIRE DE RECHERCHES ADMINISTRATIVES ET POLITIQUES. *La doctrine juridique.* Paris, France : Presses universitaires de France, 1993, 1 vol. Publications du Centre universitaire de recherches administratives et politiques de Picardie, 1993.

COMMAILLE, Jacques et KALUSZYNSKI, Martine (dir.). *La fonction politique de la justice.* Paris : la Découverte, 2007.

GREWE Constance, JOUANJAN Olivier, MAULIN Eric, et al. *La notion de justice constitutionnelle.* Paris : Dalloz, 2005.

CORNU, Gérard. *Vocabulaire juridique.* 8 éd. Paris : Presses universitaires de France, 2000.

DELZANGLES, Béatrice. *Activisme et autolimitation de la Cour européenne des droits de l'homme.* Clermont-Ferrand : Fondation Varenne, 2009.

DERRIEN, Arnaud. *Les juges français de la constitutionnalité : étude sur la construction d'un système contentieux : Conseil constitutionnel, conseil d'État, cour de cassation, trois juges pour une norme.* Athènes : Sakkoulas ; Bruxelles : Bruylant, 2003.

DI MANNO, Thierry. *Le recours au droit comparé par le juge.* Bruxelles : Bruylant, 2014.

DI MANNO, Thierry. *Le juge constitutionnel et la technique des décisions « interprétatives» en France et en Italie.* Paris : Ed. Economica, 1997.

DISANT, Mathieu. *L'autorité de la chose interprétée par le Conseil constitutionnel.* Paris : LGDJ, 2010.

DRAGO, Guillaume. *Contentieux constitutionnel français.* Paris : Presses universitaires de France, 2011.

DRAGO, Guillaume, FRANÇOIS, Bastien et MOLFESSIS, Nicolas (dir.). *La légitimité de la jurisprudence du Conseil constitutionnel : colloque de Rennes, 20 et 21 septembre 1996.* Paris : Economica, 1999.

DREYFUS, Simone et NICOLAS-VULLIERME, Laurence. *La thèse de doctorat et le mémoire : étude méthodologique (sciences juridiques et politiques).* Paris : Editions Cujas, 2000.

FAIRGRIEVE, Duncan et MUIR WATT, Horatia. *Common law et tradition civiliste : convergence ou concurrence.* Paris : Presses universitaires de France, 2006.

FAVOREU, Louis. *La Constitution et son juge.* Paris : Economica, 2014.

FAVOREU, Louis, GAÏA, Patrick, GHEVONTIAN, Richard, et al. *Droit constitutionnel.* 15. éd. Paris : Dalloz, 2013.

FAVOREU, Louis et MASTOR, Wanda. *Les cours constitutionnelles* Paris : Dalloz, 2011.

FREUND, Michael. *Logique et raisonnement.* Paris : Ellipses, 2011.

FROMONT, Michel. *Justice constitutionnelle comparée* Paris : Dalloz, 2013.

GARAPON, Antoine. *Les juges, un pouvoir irresponsable ?* Paris : N. Philippe, 2003.

GARAPON, Antoine. *Le gardien des promesses : le juge et la démocratie.* Paris : O. Jacob, 1996.

GÉRARD, Philippe. *Droit et Démocratie: Réflexions sur la Légitimité du Droit dans la Societé Démocratique.* Bruxelles : Publications des Facultés Universitaires Saint-Louis, 1995.

GOMES, Joaquim B. Barbosa. *La Cour suprême dans le système politique brésilien.* Paris : Librairie générale de droit et de jurisprudence, 1994.

GRZEGORCZYK, Christophe, TROPER, Michel et MICHAUT, Françoise (dir.). *Le positivisme juridique* Paris : LGDJ, 1992.

HAMON, Francis et WIENER, Céline. *La justice constitutionnelle en France et à l'étranger.* Paris : LGDJ-Lextenso, 2011.

HOURQUEBIE, Fabrice, PONTHOREAU, Marie-Claire (dir.). *La motivation des décisions des cours suprêmes et cours constitutionnelles.* Bruxelles : Bruylant, 2012.

JUST, Gustavo. *Interpréter les théories de l'interprétation.* Paris : L'Harmattan, 2005.

KELSEN, Hans. *Théorie pure du droit* Paris : LGDJ ; Bruxelles : Bruylant, 1999.

KELSEN, Hans. *Théorie générale du droit et de l'État.* Traduit par Béatrice LAROCHE et Valérie FAURE. Paris : LGDJ ; Bruxelles : Bruylant, 1997.

KRYNEN, Jacques. *L'emprise contemporaine des juges.* Paris, France : Gallimard, 2012.

LAMBERT, Édouard *Le gouvernement des juges et la lutte contre la législation sociale aux États-Unis: l'expérience américaine du contrôle judiciaire de la constitutionnalité des lois.* 1921 , rééd. Paris : Dalloz, 2005.

LE QUINIO, Alexis. *Recherche sur la circulation des solutions juridiques : le recours au droit comparé par les juridictions constitutionnelles.* Clermont-Ferrand : Fondation Varenne, 2011.

MATHIEU, Bertrand. *Constitution : rien ne bouge et tout change.* Paris : Lextenso, 2013.

OST, François et KERCHOVE, Michel van de. *De la pyramide au réseau? Pour une théorie dialectique du droit.* Bruxelles : Facultés universitaires Saint-Louis, 2002.

PASSAGLIA, Paolo. *Le Juge Constitutionnel et le Législateur: l'Expérience Italienne.* Saarbrücken : Editions universitaires européennes, 2011.

PASSOS MARTINS, Thomas *La Cour suprême du Brésil et l' « État démocratique de droit »: contribution à une théorie de la démocratie réflexive.* Bayonne : Institut universitaire Varenne, 2013.

PESCATORE, Pierre. *La séparation des pouvoirs et l'office du juge, de Montesquieu à Portalis : rapport présenté le 23 nov. 2004 à l'occasion du bicentenaire du code civil.* Bruxelles : Bruylant, 2005.

PFERSMANN, Otto, TIMSIT, Gérard, et al. (dir.). *Raisonnement juridique et interprétation : journée d'étude internationale, 14 juin 1999.* Paris : Publications de la Sorbonne, 2001.

PONTHOREAU, Marie-Claire *Droit(s) constitutionnel(s) comparé(s).* Paris : Economica, 2010.

ROMELAER, Pierre et KALIKA, Michel. *Comment réussir sa thèse? La conduite du projet de doctorat.* Paris : Dunod, 2007.

ROMI, Raphaël. *Méthodologie de la recherche en droit : master et doctorat.* Paris : Litec LexisNexis, 2010.

ROUSSEAU, Dominique. *La justice constitutionnelle en Europe.* Paris : Montchrestien, 1998.

ROUSSEAU, Dominique. *Droit du contentieux constitutionnel.* Paris : Montchrestien, 2010.

SCARPELLI, Uberto. *Qu'est-ce que le positivisme juridique?* Traduit par Colette CLAVREUL. Paris : LGDJ ; Bruxelles : Bruylant, 1996.

TROPER, Michel. *Pour une théorie juridique de l'Etat.* Paris : Presses universitaires de France, 1994.

TROPER, Michel et HAMON, Francis. *Droit constitutionnel.* 32 éd. Paris : L.G.D.J., 2011.

TURPIN, Dominique. *Droit Constitutionnel* Paris : PUF, 1992.

VEDEL, Georges. *Le Conseil constitutionnel vu du Parlement.* Paris : Ellipses, 1997.

VERDUSSEN, Marc. *Les Douze juges : la légitimité de la Cour constitutionnelle*. Bruxelles : Editions Labor, 2004.
VIALA, Alexandre. *Les réserves d'interprétation dans la jurisprudence du Conseil constitutionnel*. Paris : LGDJ, 1999.
VIALLE, Pierre. *La Cour suprême et la représentation politique aux États-Unis : nouvel essai sur le gouvernement des juges*. Paris : Librairie générale de droit et de jurisprudence, 1972.
ZOLLER, Elisabeth. *Droit constitutionnel*. 2· éd. Paris : Presses universitaires de France, 1999.

Ouvrages en portugais

ASSOCIAÇÃO DOS JUÍZES FEDERAIS DO BRASIL. *Anais do Seminário O Supremo Tribunal Federal na História Republicana*. Brasília : Associação dos Juízes Federais do Brasil, 2002.
BALEEIRO, Aliomar. *O Supremo Tribunal Federal, esse outro desconhecido*. Rio de Janeiro : Forense, 1968.
BANDEIRA DE MELLO, Celso Antonio. *Curso de direito administrative*. 11· éd. São Paulo : Malheiros, 1999.
BARROSO, Luís Roberto. *O controle de constitucionalidade no direito brasileiro : exposição sistemática da doutrina e análise crítica da jurisprudência*. São Paulo : Editora Saraiva, 2004.
BARROSO, Luís Roberto. *O novo direito constitucional brasileiro: contribuições para a construção teórica e prática da jurisdição constitucional no Brasil*. Belo Horizonte : Fórum, 2012.
BINENBOJM, Gustavo. *A nova jurisdição constitucional brasileira : legitimidade democrática e instrumentos de realização*. 3. Éd. Rio de Janeiro : Renovar, 2010.
BITTAR, Eduardo C. B. *Metodologia da pesquisa juridical*. 11. éd. São Paulo : Saraiva, 2013.
BITTENCOURT, C. A. Lúcio. *O controle jurisdicional da constitucionalidade das leis*. Brasília : Imprensa Nacional, 1997.
BOBBIO, Norberto. *Teoria do Ordenamento Jurídico*. São Paulo : EDIPRO, 2011.
BOBBIO, Norberto, MORRA, Nello, PUGLIESI, Marcio, et al. *O positivismo jurídico lições de filosofia do direito*. São Paulo : Icone, 2006.
BOECHAT RODRIGUES, Leda. *História do Supremo Tribunal Federal*. Rio de Janeiro : Editora Civilização Brasileira, 1965.
BULOS, Uadi Lammêgo. *Curso de direito constitucional*. 4. éd São Paulo : Saraiva, 2009.
CAMBI, Eduardo. *Neoconstitucionalismo e neoprocessualismo* 2. éd. São Paulo : Revista dos Tribunais, 2011.

CAMPOS, Sérgio Pompeu de Freitas. *Separação dos Poderes na jurisprudência do Supremo Tribunal Federal.* Porto Alegre : Sergio Antonio Fabris Editor, 2007.

CAPPELLETTI, Mauro. *Juizes legisladores ?* Porto Alegre: S. A. Fabris, 1993.

CAPPELLETTI, Mauro et OLIVEIRA, Carlos Alberto Alvaro de. *Juízes irresponsáveis ?* Porto Alegre : S.A. Fabris Editor, 1989.

DANTAS, Ivo. *Aspectos Jurídicos das Medidas Provisórias*. 2. éd. Brasília : Consulex, 1991.

DANTAS, Ivo. *Novo Processo Constitucional Brasileiro*. Curitiba : Juruá, 2010.

DIAS CORRÊA, Oscar. *O Supremo Tribunal Federal, corte constitucional do Brasil.* Rio de Janeiro : Forense, 1987.

DIDIER JR., Fredie, BRAGA, Paula Sarno et OLIVEIRA, Rafael. *Curso de Direito processual civil* Vol 2. 6. éd. Salvador : Editora Podium, 2011.

ELY, John Hart. *Democracia e Desconfiança: Uma Teoria do Controle Judicial de Constitucionalidade*. São Paulo : Martins Fontes, 2010.

FAVOREU, Louis. *As cortes constitucionais*. São Paulo : Landy Editora, 2004.

FELLET, André Luiz Fernandes et al. (dir.) *As novas faces do ativismo judicial*. Salvador : JusPodium, 2011.

FERRARI, Regina Maria Macedo Nery. *Efeitos da declaração de inconstitucionalidade*. 5. éd. São Paulo : Revista dos Tribunais, 2004.

GEBRAN NETO, João Pedro. *A aplicação imediata dos direitos e garantias individuais : a busca de uma exegese emancipatória*. São Paulo : Revista dos Tribunais, 2002.

HECK, Luis Afonso. *Jurisdição constitucional : teoria da nulidade versus teoria da nulificabilidade das leis*. Porto Alegre : Livr. do Advogado, 2008.

KELSEN, Hans. *Jurisdição constitucional.* 2 éd. São Paulo : Martins Fontes, 2007.

KELSEN, Hans. *Teoria pura do direito*. São Paulo : Martins Fontes, 1994.

LARENZ, Karl. *Metodologia da ciência do direito*. 2. éd. Lisboa : Fundação Calouste Gulbenkian, 1978.

LEITE, George Salomão, SARLET, Ingo Wolfgang (dir.). *Jurisdição constitucional, democracia e direitos fundamentais: estudos em homenagem ao Ministro Gilmar Ferreira Mendes*. Salvador : JusPodium, 2012.

MARTINS ALVES JUNIOR, Luis Carlos. *O Supremo Tribunal Federal nas Constituições Brasileiras*. Belo Horizonte : Mandamentos Editora, 2004.

MARTINS, Ives Gandra da Silva et MENDES, Gilmar Ferreira. *Controle concentrado de constitucionalidade.* 2. éd São Paulo : Saraiva, 2005.

MENDES, Conrado Hübner. *Direitos Fundamentais, Separação de Poderes e Deliberação*. São Paulo : Saraiva, 2011.

MENDES, Gilmar Ferreira. *Jurisdição constitucional : o controle abstrato de normas no Brasil e na Alemanha*. São Paulo : Editora Saraiva, 1996.

MENDES, Gilmar Ferreira, COELHO, Inocêncio Mártires et BRANCO, Paulo Gustavo Gonet. *Curso de direito constitucional*. 4. éd. São Paulo : Saraiva, 2009.

MÖLLER, Max. *Teoria geral do neoconstitucionalismo: bases teóricas do neoconstitucionalismo contemporâneo*. Porto Alegre : Livraria do Advogado, 2011.

MORAES, Alexandre de. *Direito constitucional*. São Paulo : Atlas, 2001.

MORAES, Alexandre de. *Jurisdição constitucional e Tribunais Constitucionais: garantia suprema da Constituição*. São Paulo : Atlas, 2000.

MORAES, Guilherme Peña. *Justiça constitucional: limites e possibilidades da atividade normativa dos tribunais constitucionais*. São Paulo : Atlas, 2012.

MÓSCA, Hugo. *O Supremo Tribunal, ontem e hoje*. Brasília : Gráfica Gutemberg, 1986.

NEVES, Daniel Amorim Assumpção. *Ações constitucionais*. São Paulo : Método, 2011.

NOJIRI, Sergio. *Neoconstitucionalismo versus democracia: um olhar positivista*. Curitiba : Juruá, 2012.

OLIVEIRA, Rafael Tomaz. *Decisão judicial e o conceito de princípio* Porto Alegre : Livraria do Advogado, 2008.

OLIVEIRA, Umberto Machado et ANJOS, Leonardo Fernandes dos. *Ativismo Judicial*. Curitiba : Juruá, 2010.

RAMOS, Elival da Silva. *Ativismo judicial : parâmetros dogmáticos*. São Paulo : Saraiva, 2010.

RAMOS, Elival da Silva. *Controle de Constitucionalidade no Brasil: Perspectivas de Evolução*. São Paulo : Saraiva, 2010.

RAMOS TAVARES, André. *Curso de direito constitucional*. 6· éd. São Paulo : Saraiva, 2008.

RAMOS TAVARES, André. *Teoria da justiça constitucional*. São Paulo : Saraiva, 2005.

ROCHA BONFIM, Edson. *Supremo Tribunal Federal: Perfil Histórico*. Rio de Janeiro : Forense, 1979.

SILVA, José Afonso da. *Aplicabilidade das normas constitucionais*. 8· éd São Paulo : Malheiros, 2012.

SILVA, José Afonso da. *Curso de direito constitucional positivo*. 36. éd. São Paulo : Malheiros, 2013.

SOUZA, Marcelo Alves Dias de. *Do precedente judicial à súmula vinculante*. Curitiba : Juruá, 2008.

STRECK, Lênio, TRINDADE, André Karam (dir.).*Garantismo, hermenêutica e (neo)constitucionalismo : um debate com Luigi Ferrajoli*. Porto Alegre : Livraria do Advogado, 2012.

TAVARES, André Ramos (dir.). *Justiça constitucional: pressupostos teóricos e análises concretas*. Belo Horizonte : Fórum, 2007.
VIANNA, Luiz Werneck, CARVALHO, Maria Alice Rezende de, MELO, Manoel Palacios Cunha, et al. *A judicialização da política e das relações sociais no Brasil*. Rio de Janeiro : Renavan, 1999.
VIOTTI DA COSTA, Emília. *O Supremo Tribunal Federal e a Construção da Cidadania*. São Paulo : Ieje, 2001.

Ouvrages en anglais

BELL, John. *Judiciaries within Europe : a comparative review*. Cambridge ; New York : Cambridge University Press, 2006.
BICKEL, Alexander M. *The least dangerous branch : the Supreme Court at the bar of politics*. New Haven : Yale University Press, 1986.
BREWER-CARIAS, Allan-Randolph. *Constitutional courts as positive legislators : a comparative law study*. Cambridge ; New York : Cambridge University Press, 2011.
CONGRÈS INTERNATIONAL DE DROIT COMPARÉ et ACADÉMIE DE DROIT INTERNATIONAL DE LA HAYE. *Convergence of legal systems in the 21st century : general reports delivered at the XVIth International congress of comparative law (Brisbane, Australia, 14-20 July 2002)*. Bruxelles : Bruylant, 2006.
DEL MAR, Maksymilian, TWINING, William Lawrence et GIUDICE, Michael (dir.). *Legal theory and the legal academy* Farnham, Surrey, England ; Burlington, VT, Royaume-Uni : Ashgate, 2010.
FERRERES COMELLA, Víctor. *Constitutional courts and democratic values : a European perspective*. New Haven ; London : Yale University Press, 2009.
GARNER, Bryan A. (dir.). *Black's Law Dictionary*. 7 éd. Saint Paul : [s. n.], 1999.
GERHARDT, Michael J. *The power of precedent*. New York : Oxford University Press, 2008.
GLENN, Patrick H. *Legal traditions of the world : sustainable diversity in law*. Oxford ; New York, Royaume-Uni : Oxford University Press, 2000.
HIRSCHL, Ran. *Towards Juristocracy : The Origins and Consequences of the New Constitutionalism*. Cambridge (Mass); London : Harvard University Press, 2004.
HOLLAND, Kenneth M. *Judicial activism in comparative perspective* New York : St. Martin's Press, 1991.
LEGRAND, Pierre et MUNDAY, Roderick (dir.). *Comparative legal studies : traditions and transitions*. Cambridge ; New York, Royaume-Uni : Cambridge University Press, 2003.
NICOL, Danny. *EC membership and the judicialization of British politics* Oxford : Oxford University Press, 2001.

SATHE, Satyaranjan Purushottam. *Judicial activism in India.* Delhi ; Oxford ; New York [etc.] : Oxford University Press, 2002.

STONE SWEET, Alec *Governing with judges : constitutional politics in Europe* Oxford ; New York (N.Y.) : Oxford University Press, 2000.

TATE, Chester Neal et VALLINDER, Torbjörn (dir.). *The Global expansion of judicial power*New York : New York University Press, 1995.

VANBERG, Georg. *The politics of constitutional review in Germany.* Cambridge : Cambridge University Press, 2009.

VAN HOECKE, Mark (dir.). *Epistemology and methodology of comparative law* Oxford ; Portland (Or.), Royaume-Uni : Hart, 2004.

VINX, Lars. *Hans Kelsen's Pure theory of law : legality and legitimacy.* Oxford ; New York : Oxford University Press, 2007.

WATSON, Alan. *Legal transplants an approach to comparative law.* Athens; London : University of Georgia Press, 1993.

Ouvrages en espagnol

AJA, Eliseo (dir.). *Las tensiones entre el Tribunal Constitucional y el legislador en la Europa actual*Barcelona : Ariel, 1998.

CARBONELL, Miguel et al. (éd.) *Neoconstitucionalismo(s).* 4 éd. Madrid : Editorial Trotta, 2009.

COMANDUCCI, Paolo, AHUMADA, Angeles et GONZALEZ LAGIER, Daniel. *Positivismo juridico y neoconstitucionalismo.* Madrid : Fundacion Coloquio Juridico Europeo, 2009.

GUASTINI, Riccardo. *Estudios sobre la interpretación jurídica.* Traduit par Miguel CARBONELL et Marina GASCÓN. México : Editorial Porrúa, 2001.

LINARES, Sebastián. *La (I) legitimidad democrática del control judicial de las leyes*. Madrid : Marcial Pons, 2008.

PRIETO SANCHIS, Luis. *Ley, principios, derechos.* Madrid : Instituto de Derechos Humanos Bartolomé de las Casas, Universidad Carlos III de Madrid : Dykinson, 1998.

Ouvrage en italien

GAMBARO, Antonio et SACCO, Rodolfo. *Sistemi giuridici comparati* Torino : UTET, 1996.

CHAPITRES DE LIVRE

Chapitres de livre en français

BARBERIS, Mauro. Idéologies de la Constitution - Histoire du constitutionnalisme. Dans : *Traité international de droit constitutionnel.* Vol 1 Paris : Dalloz, 2012, p. 114-141.

BEAUD, Olivier. De quelques particularités de la justice constitutionnelle dans un système fédéral. Dans : *La notion de « justice constitutionnelle ».* Paris : Dalloz, 2005, p. 188, 50.

BOUCOBZA, Isabelle. La fonction juridictionnelle et la production des normes. Dans : *Traité international de droit constitutionnel.* Vol 2 Paris : Dalloz, 2012, p. 705-735.

BRUNET, Pierre. La sécurité juridique, nouvel opium des juges. Dans : *Frontières du droit, critique des droits. Billets d'humeur en l'honneur de Danièle Lochak* [en ligne]. Paris : LGDJ, 2007, p. 247 - 250. [Consulté le 16 mai 2012] Disponible à l'adresse : http://halshs.archives-ouvertes.fr/view_by_stamp.php?&halsid=shkp0rmukgdh6bvqmbbo05hgg7&label=SHS&langue=fr&action_todo=view&id=halshs-00009769&version=2&view=extended_view.

BRUNET, Pierre Le juge constitutionnel est-il un juge comme les autres ? Réflexions méthodologiques sur la justice constitutionnelle. Dans : *La notion de « justice constitutionnelle ».* Paris : Dalloz, 2005, p. 188, 115.

BRUNET, Pierre Remarques critiques sur le constitutionnalisme contemporain. Dans : *Droit et économie. Interférences et interactions. Etudes en l'honneur du professeur Michel Bazex.* Paris : LexisNexis, 2009, p. 51-64.

COSTA, Jean-Paul La Cour européenne des droits de l'homme: Un juge qui gouverne ? Dans : *Études en l'honneur de Gérard Timsit.* Bruxelles : Bruylant, 2004, p. 622.

CRISTOPHE GUSY. Juge constitutionnel et « gardien de la Constitution». Dans : *La notion de « justice constitutionnelle ».* Paris : Dalloz, 2005, p. 188, 161.

DELPÉRÉE, Francis. La légitimité du juge. Dans : *La convergence des systèmes juridiques au 21 siècle.* Bruxelles : Bruylant, 2006, p. 241-264.

FAVOREU, Louis. Crise du juge et contentieux constitutionnel en droit français. Dans : *La crise du juge.* Paris : L.G.D.J., 1990, p. 61-84.

GROPPI, Tania. Le recours aux précédents étrangers par les juges constitutionnels. Dans : *La motivation des décisions des cours suprêmes et cours constitutionnelles.* Bruxelles : Bruylant, 2012, p. 47-60.

GUASTINI, Riccardo. L'interprétation de la Constitution Dans : *Traité international de droit constitutionnel.* Vol 1 Paris : Dalloz, 2012, p. 465-503.

HEUSCHLING, Luc. Justice constitutionnelle et justice ordinaire ; Epistémologie d'une distinction théorique. Dans : *La notion de « justice constitutionnelle »*. Paris : Dalloz, 2005, p. 188, 85.

JEAN-MARIE DENQUIN. Justice constitutionnelle et justice politique. Dans : *La notion de « justice constitutionnelle »*. Paris : Dalloz, 2005, p. 188, 75.

JOUANJAN, Olivier. Aperçu d'une histoire des fonctions de justice constitutionnelle en Allemagne (1815-1933). Dans : *La notion de « justice constitutionnelle »*. Paris : Dalloz, 2005, p. 188, 14.

MAULIN, Eric Aperçu d'une histoire française de la modélisation des formes de justice constitutionnelle Dans : *La notion de « justice constitutionnelle »*. Paris : Dalloz, 2005, p. 188, 137.

NEVES, Marcelo. Utilisation et abus de principes: de la doctrine à la pratique juridico-constitutionnelle brésilienne. Dans : *Droit français et droit brésilien - Perspectives nationales et comparées*. Bruxelles : Bruylant, 2012, p. 1107.

PFERSMANN, Otto. De l'impossibilité du changement de sens de la Constitution. Dans : *L'esprit des institutions, l'équilibre des pouvoirs : mélanges en l'honneur de Pierre Pactet*. Paris : Dalloz, 2003, p. 966.

PFERSMANN, Otto. Le problème des normes paratopiques. Dans : *Droit français et droit brésilien - Perspectives nationales et comparées*. Bruxelles : Bruylant, 2012, p. 557-565.

PFERSMANN, Otto. Le sophisme onomastique: changer au lieu de connaître. L'interprétation de la Constitution. Dans : *L'interprétation constitutionnelle*. Paris : Dalloz, 2005, p. 33-60.

PFERSMANN, Otto. Prolégomènes pour une théorie normativiste de l'État de droit. Dans : *Figures de l'État de droit: le « Rechtsstaat » dans l'histoire intellectuelle et constitutionnelle de l'Allemagne*. Strasbourg : Presses universitaires de Strasbourg, 2001, p. 53-78.

RAYNAND, Philippe. La justice constitutionnelle : une approche philosophique ? Dans : *La notion de « justice constitutionnelle »*. Paris : Dalloz, 2005, p. 188, 3.

TAVARES, Ana Lucia de Lyra. La Constitution brésilienne de 1988: données à l'intention des comparatistes. Dans : *Le droit brésilien d'hier d'aujourd'hui et de demain*. Paris : Société de législation comparée, 2005, p. 327-351.

TROPER, Michel. Le bon usage des spectres: Du gouvernement des juges au gouvernement par les juges. Dans : *Le nouveau constitutionnalisme, Mélanges en l'honneur de Gérard Conac*. Paris : Economica, 2001, p. 49 -65.

VILLALÓN, Pedro Cruz. Juge constitutionnel et fonctions de l'Etat. Dans : *La notion de « justice constitutionnelle »*. Paris : Dalloz, 2005, p. 188, 173.

Chapitres de livre en portugais

ARAUJO, Luiz Alberto David. O acúmulo de poder do Supremo Tribunal Federal e o controle concentrado de constitucionalidade. Dans : *Diálogos constitucionais: direito, neoliberalismo e desenvolvimento em países periféricos*. Rio de Janeiro : Renovar, 2006, p. 333-345.

GUEIROS LEITE, Evandro. Ativismo judicial Dans : *O Judiciário e a Constituição*. São Paulo : Saraiva, 1994, p. 145-167.

QUEIROZ, Cristina M. M. Controle de constitucionalidade : o controle jurisdicional da constitucionalidade. Democracia, poder judicial e justiça constitucional Dans : *Comentários à constituição federal de 1988*. 1e éd Rio de Janeiro : Revista dos Tribunais, 2009, p. 1559-1573.

SARMENTO, Daniel. Constitucionalismo: trajetória histórica e dilemas contemporâneos. Dans : *Jurisdição constitucional, democracia e direitos fundamentais: estudos em homenagem ao Ministro Gilmar Ferreira Mendes*. Salvador : JusPodium, 2012, p. 87-124.

Chapitres de livre en anglais

ARANTES, Rogério B Constitutionalism, the expansion of justice and the judicialization of politics in Brazil. Dans : *The judicialization of politics in Latin America*. New York : Palgrave Macmillan, 2005, p. 231-262.

BREWER-CARÍAS, Allan R. Constitutional courts as positive legislators. Dans : BROWN, Karen B. et SNYDER, David. V. (dir.), *General Reports of the XVIIIth Congress of the International Academy of Comparative Law/Rapports Généraux du XVIIIème Congrès de l'Académie Internationale de Droit Comparé* [en ligne]. Dordrecht ; London : Springer, 2012, p. 716, 549-570.
[Consulté le 11 septembre 2012] Disponible à l'adresse : http://books.google.fr/books/about/General_Reports_of_the_XVIIIth_Congress.html?id=w4wfg5OM8gAC&redir_esc=y.

BRINKS, Daniel M. « Faithful servants of the Regime »: the Brazilian Constitutional Court's role under the 1988 Constitution. Dans : *Courts in Latin America*. New York : Cambridge University Press, 2011, p. 342, 128-153.

HOECKE, Mark van et OST, François. Epistemological perspectives in legal theory. Dans : *Legal Theory and the Legal Academy*. Vol 3 [en ligne] Farnham, Surrey, England ; Burlington, VT : Ashgate, 2010, p. 187-204. [Consulté le 24 octobre 2012] The Library of Essays in Contemporary Legal Theory Disponible à l'adresse : https://biblio.ugent.be/publication/1110240/file/1123912.pdf.

HOECKE, Mark van et WARRINGTON, Mark. Legal Cultures, Legal Paradigms and Legal Doctrine: Towards a new model for Comparative law. Dans : *Legal Theory and the Legal Academy*. Vol 3 [en ligne]

Farnham, Surrey, England ; Burlington, VT : Ashgate, 2010, p. 291-332. [Consulté le 2 novembre 2012] The Library of Essays in Contemporary Legal Theory Disponible à l'adresse : https://biblio.ugent.be/publication/1110231/file/1123915.pdf.

KAPISZEWSKI, Diana. Power broker, policy maker, or rights protector ? Dans : *Courts in Latin America*. New York : Cambridge University Press, 2011, p. 342, 154-186.

VALLINDER, Torbjörn. When the courts go marching in. Dans : *The global expansion of judicial power* New York : New York University Press, 1995, p. 13-26.

Chapitres de livre en espagnol

BANDIERI, Luis Maria. Justicia constitucional y democracia: ¿un mal casamiento? Dans : *Jurisdição constitucional, democracia e direitos fundamentais: estudos em homenagem ao Ministro Gilmar Ferreira Mendes*. Salvador : JusPodium, 2012, p. 333-362.

CARBONELL, Miguel. Neoconstitucionalismo: elementos para una definición. Dans : *20 anos da Constituição brasileira.* São Paulo : Saraiva, 2009, p. 197-208.

GUASTINI, Riccardo. La « constitucionalización » del ordenamiento jurídico: el caso italiano. Dans : *Neoconstitucionalismo(s)*. 4e éd Madrid : Editorial Trotta, 2009, p. 49-73.

ARTICLES DE REVUE

Articles de revue en français

AGUILA, Yann. Cinq questions sur l'interprétation constitutionnelle. *Revue française de droit constitutionnel* 1995, n° 21, p 9-46

BEHRENDT, Christian. Quelques réflexions sur l'activité du juge constitutionnel comme législateur-cadre *Les Nouveaux Cahiers du Conseil Constitutionnel* [en ligne] 2006, Vol. 20 [Consulté le 16 mai 2012] Disponible à l'adresse : http://www.conseil-constitutionnel.fr/conseil-constitutionnel/francais/nouveaux-cahiers-du-conseil/cahier-n-20/quelques-reflexions-sur-l-activite-du-juge-constitutionnel-comme-legislateur-cadre.50642.html.

BERNATCHEZ, Stéphane. Droit et justice constitutionnelle de Habermas à Luhmann. *Canadian Journal of Law and Society* 2006, Vol. 21, n° 2, p. 113-141

CHAZAL, Jean-Pascal Philosophie du droit et théorie du droit, ou l'illusion scientifique. *Archives de philosophie du droit* 2001, Vol 45, p303-333

DE BÉCHILLON, Denys. Le gouvernement des juges: une question à dissoudre. *Recueil Dalloz*. 2002, p 973

DWORKIN, Ronald. Controverse constitutionnelle. *Pouvoirs, revue française d'études constitutionnelles et politiques*. 1991, Vol 59, p 5-16

DYÈVRE, Arthur. Comprendre et analyser l'activité décisionnelle des cours et des tribunaux : l'intérêt de la distinction entre interprétation et concrétisation. *Jus Politicum* [en ligne]. 2010, n° 4 [Consulté le 16 mai 2012] Disponible à l'adresse : http://www.juspoliticum.com/Comprendre-et-analyser-l-activite.html.

FAVOREU, Louis. La légitimité du juge constitutionnel. *Revue internationale de droit comparé* 1994, Vol 46, n° 2, p. 557-581.

GAY, Laurence. La notion de «droits–créances» à l'épreuve du contrôle de constitutionnalité. *Cahiers du Conseil constitutionnel* [en ligne] Juin 2004, n° 16 [Consulté le 10 mars 2015]. Disponible à l'adresse : http://www.conseil-constitutionnel.fr/conseil-constitutionnel/francais/nouveaux-cahiers-du-conseil/cahier-n-16/la-notion-de-droits-creances-a-l-epreuve-du-controle-de-constitutionnalite.51982.html.

GOESEL-LE BIHAN, Valérie. Le contrôle de proportionnalité exercé par le Conseil constitutionnel. *Cahier du Conseil constitutionnel* [en ligne] Juin 2007, n° 22 [Consulté le 15 janvier 2015] Disponible à l'adresse : http://www.conseil-constitutionnel.fr/conseil-constitutionnel/francais/nouveaux-cahiers-du-conseil/cahier-n-22/le-controle-de-proportionnalite-exerce-par-le-conseil-constitutionnel.50709.html.

GOESEL-LE BIHAN, Valérie. Le contrôle de proportionnalité exercé par le Conseil constitutionnel, technique de protection des libertés publiques? *Jus Politicum* [en ligne]. [s. d.], n° 7. [Consulté le 15 janvier 2015] Disponible à l'adresse : http://www.juspoliticum.com/Le-controle-de-proportionnalite.html.

GRAU, Eros Roberto L'evolution du contrôle de constitutionnalité au Brésil. *Nouveaux Cahiers du Conseil Constitutionnel* [en ligne] Décembre 2010, Vol 26 [Consulté le 16 mai 2012] Disponible à l'adresse : http://www.conseil-constitutionnel.fr/conseil-constitutionnel/francais/nouveaux-cahiers-du-conseil/cahier-n-26/l-evolution-du-controle-de-constitutionnalite-au-bresil.51498.html. L'évolution du contrôle de constitutionnalité au Brésil

KELSEN, Hans. La garantie juridictionnelle de la Constitution (la justice constitutionnelle). *Revue du Droit Public et de Science Politique en France et à l'Étranger* 1928, p 197-257

KELSEN, Hans. Qu'est-ce que la théorie pure du Droit? *Droit et Societé* 1992, n° 22, p. 551-568.

MAUS, Didier. Le recours aux précédents étrangers et le dialogue des cours constitutionnelles. *Revue française de droit constitutionnel* 2009, n° 80, p 675-696

MOLFESSIS, Nicolas. L'irrigation du droit par les décisions du Conseil constitutionnel. *Pouvoirs, revue française d'études constitutionnelles et politiques*. Avril 2003, Vol. 105, p. 89-102.

MONTES, Jérôme Le retour du « gouvernement des juges » Analyse comparée de la juridicisation de la vie politique dans la France et en Espagne contemporaines. *Revue de science criminelle* 2002, p 293

OST, François et KERCHOVE, Michel van de. De la pyramide au réseau? Vers un nouveau mode de production du droit? *Revue Interdisciplinaire d'Etudes Juridiques*. 2000, n° 44, p 1-92

OST, François et KERCHOVE, Michel van de. LE«JEU » DE L'INTERPRETATION EN DROIT (Contribution à l'étude de la clôture du langage juridique). *Archives de philosophie du droit* 1982, p. 395

PÉLISSE, Jérôme. *Juridicisation n'est pas judiciarisation : usages et réappropriations du droit dans la conflictualité au travail* [en ligne]. [s. d.]. [Consulté le 13 mars 2014]. Disponible à l'adresse : http://www.afsp.msh-paris.fr/congres2007/ateliers/textes/at15pelisse.pdf.

PFERSMANN, Otto. Contre le néo-réalisme juridique Pour un débat sur l'interprétation. *Revue française de droit constitutionnel* 2002, Vol. n° 52, n° 4, p 789-836

PFERSMANN, Otto. Le droit comparé comme interprétation et comme théorie du droit. *Revue internationale de droit comparé*. 2001, Vol. 53, n° 2, p. 275-288

PFERSMANN, Otto. Normes juridiques et relativisme politique en démocratie. *Cités* 2011, Vol. n° 47-48, n° 3, p 275-281

PFERSMANN, Otto. Une théorie sans objet, une dogmatique sans théorie. En réponse à Michel Troper *Revue française de droit constitutionnel* [s. d.], Vol. 2002/4, n° 52, p759-788

POUILLIEUTE, Antoine. Regard d'un français sur le Tribunal fédéral suprême [en ligne]. *Cahiers du Conseil constitutionnel* [en ligne] Août 2009, n° 26 [Consulté le 26 février 2014] Disponible à l'adresse : http://www.conseil-constitutionnel.fr/conseil-constitutionnel/francais/cahiers-du-conseil/cahier-n-26/regard-d-un-francais-sur-le-tribunal-federal-supreme-stf.51497.html.

ROBLOT-TROIZIER, Agnès Un concept moderne : séparation des pouvoirs et contrôle de la loi. *Pouvoirs, revue française d'études constitutionnelles et politiques* [en ligne]. 2012, Vol. 2012/4, n° 143, p89-103

SABETE, Wagdi. La théorie du droit et le problème de la scientificité: quelques réflexions sur le mythe de l'objectivité de la théorie positiviste. *Archives de philosophie du droit* [en ligne] 1999, Vol 43 [Consulté le 30 mai 2013] Disponible à l'adresse : http://www.philosophie-droit.asso.fr/APDpourweb/216.pdf.

TAVARES, A. L. Lyra. Aspects de l'acclimatation du « Judicial Review » au droit brésilien. *Revue internationale de droit comparé*. 1986, Vol. 38, n° 4, p 1135-1159

TERRÉ, Dominique. Gouvernement des juges et démocratie. *Archives de philosophie du droit*2003, Vol. 47, p 409-425

TIMSIT, Gérard. L'évaluation en science juridique : retour sur une querelle théorique à propos de la notion de gouvernement des juges. *Revue européenne des sciences sociales* Juliet 2007, Vol. XLV, n° 3, p 103-114

TROPER, Michel. Réplique à Otto Pfersmann. *Revue française de droit constitutionnel [*en ligne]. [s. d.], Vol. 2002/2, n° 50, p. 335-353.

VERPEAUX, Michel. Brèves considérations sur l'autorité des décisions du Conseil constitutionnel. *Nouveaux Cahiers du Conseil Constitutionnel* [en ligne] 2011, n° 30 [Consulté le 16 mai 2012] Disponible à l'adresse : http://www.conseil-constitutionnel.fr/conseil-constitutionnel/francais/nouveaux-cahiers-du-conseil/cahier-n-30/breves-considerations-sur-l-autorite-des-decisions-du-conseil-constitutionnel.53152.html.

Articles de revue en portugais

ABELLÁN, Marina Gascón. Os limites da justiça constitucional: a invasão do âmbito político [en ligne]. *Revista Brasileira de Estudos Constitucionais*. Mars 2009, Vol. ano 3, n° 9

ÁVILA, Humberto. Neoconstitucionalismo: entre a ciência do direito e o direito da ciência. *Revista Eletrônica de Direito do Estado* [en ligne] Mars 2009, n° 17 [Consulté le 23 juin 2014] Disponible à l'adresse : http://www.direitodoestado.com/revista/REDE-17-JANEIRO-2009-HUMBERTO%20AVILA.pdf.

BARROSO, Luís Roberto. Da falta de efetividade à judicialização excessiva: direito à saúde, fornecimento gratuito de medicamentos e parâmetros para a atuação judicial [en ligne]. *Interesse Público* [en ligne] Novembre 2007, Vol. 9, n° 46 [consulté le 21 juin 2012] Disponible à l'adresse : http://bdjur.stj.jus.br/dspace/handle/2011/38245.

BARROSO, Luis Roberto. *Judicialização, ativismo judicial e legitimidade democrática* [en ligne] [s. d.] [Consulté le 1 avril 2014] Disponible à l'adresse : http://www.plataformademocratica.org/Publicacoes/12685_Cached.pdf.

BARROSO, Luis Roberto. *Neoconstitucionalismo e constitucionalização do direito (O triunfo tardio do direito constitucional no Brasil)* [en ligne]. [s. d.]. [Consulté le 12 mars 2014]. Disponible à l'adresse : http://jus.com.br/artigos/7547/neoconstitucionalismo-e-constitucionalizacao-do-direito.

BARROSO, Luís Roberto. Retrospectiva 2008 - Judicialização, ativismo e legitimidade democrática [en ligne]. *Revista Eletrônica de Direito do*

Estado [en ligne]. 2009, n° 18 [Consulté le 17 juin 2012] Disponible à l'adresse : http://www.direitodoestado.com.br/rede.asp.

BELÉM, Bruno Moraes Faria Monteiro. A reserva do financeiramente possível no conteúdo normativo dos direitos sociais e o constitucionalismo de cooperação. *Revista de Direito Administrativo e Constitucional*. Juillet 2011, n° 45, p 229-247

BUENO MAGANO, Otávio. Revisão Constitucional. *Cadernos de Direito Constitucional e Ciência Política*. Juin 1994, Vol. 2, n° 7, p 108-112

BURST, Leo. A interpretação conforme a constituição e as sentenças manipulativas. *Revista Direito GV*. Juillet 2009, Vol. 10, p. 507-526.

CLÈVE, Cléverson Merlin. A eficácia dos direitos fundamentais sociais. *Revista de direito constitucional e internacional*Mars 2006, n° 54, p 28-39

DIAS, Gabriel Nogueira. « Legislador negativo » na obra de Hans Kelsen: origem, fundamento e limitações à luz da própria Reine Rechtslehre. *Revista Brasileira de Estudos Constitucionais* [en ligne]. Juillet 2010, Vol Ano 4, n° 15 [Consulté le 10 février 2013] Disponible à l'adresse : http://www.researchgate.net/publication/48347644_Legislador_negativo_na_obra_de_Hans_Kelsen__origem_fundamento_e_limitaes__luz_da_pr pria_Reine_Rechtslehre.

DIMOULIS, Dimitri et LUNARDI, Soraya Gasparetto. O « legislador negativo » no controle judicial de constitucionalidade: reflexões sobre a inaptidão teórica de uma construção. *Revista Brasileira de Estudos Constitucionais*. Juillet 2010, Vol. Ano 4, n° 15 Belo Horizonte, ano 4, n. 15, jul. / ago. 2010.

FALCÃO MAIA, Mario Sergio. A recepção da teoria neoconstitucionalista pelo Supremo Tribunal Federal brasileiro *Revista Internacional de Direito e Cidadania* Octobre 2009, n° 5, p 151-163FERREIRA FILHO, Manoel Gonçalves. Significação e alcance das cláusulas petreas *Cadernos de direito constitucional e ciência política*Out/dez 1995, Vol. 3, n° 13, p 5 - 10GROSS, Alexandre Feliz Atuação do STF na efetivação do direito à saúde no Brasil : perspectivas da judicialização entre escassez e políticas públicas. *Revista do Tribunal Regional Federal da 1ª Região*. Mars 2012, Vol. 24, n° 3, p. 53-69.

HALIS, Denis de Castro. A supremacia judicial em debate: ativismo, fabricação de decisões e democracia. *Direito, Estado e Sociedade* Juin 2004, Vol. 24, p 32-66HENING LEAL, Monica Clarissa. Dworkin x Habermas, uma discussão acerca da legitimidade da jurisdição constitucional entre substancialismo e procedimentalismo: novas perspectivas. *A & C: Revista de Direito Administrativo e Constitucional* [en ligne] Juillet 2004, Vol 4, n° 17 [Consulté le 4 août 2013] Disponible à l'adresse : http://bdjur.stj.jus.br/dspace/handle/2011/30505.

KELSEN, Hans. A garantia jurisdicional da Constituição. *Direito Público* Juillet 2003, n° 1, p. 90-130

MÂNICA, Fernando Borges. Teoria da reserva do possível: direitos fundamentaisprestações e a intervenção do Poder Judiciário na implementação de políticas públicas. *Revista Eletrônica de Direito Administrativo Econômico* [en ligne]. Fev-abr 2011, n° 25 [Consulté le 2 mars 2015]. Disponible à l'adresse : http://www.direitodoestado.com/revista/REDAE-25-ABRIL-2011-FERNANDO-BORGES-MANICA.pdf.

MELLO DO AMARAL JÚNIOR, José Levi. Decreto autônomo: questões polêmicas. *Revista Jurídica Virtual* [en ligne]. Juin 2003, Vol 5, n° 49 [Consulté le 10 février 2014] Disponible à l'adresse : http://www.planalto.gov.br/ccivil_03/revista/Rev_49/.

MENDES, Gilmar Ferreira. O efeito vinculante das decisões do Supremo Tribunal Federal nos processos de controle abstrato de normas. *Revista Jurídica Virtual* [en ligne]. Août 1999, Vol. 1, n° 4. [Consulté le 26 mars 2014]. Disponible à l'adresse : http://www.planalto.gov.br/ccivil_03/revista/Rev_04/efeito_vinculante.htm.

MENDES, Gilmar Ferreira. O princípio da proporcionalidade na jurisprudência do Supremo Tribunal Federal: novas leituras. *Diálogo Jurídico* [en ligne]. Août 2001, Vol 1, n° 5 [Consulté le 15 janvier 2015] Disponible à l'adresse : http://www.direitopublico.com.br/pdf_5/dialogo-juridico-05-agosto-2001-gilmar-mendes.pdf.

POGREBINSCHI, Thamy. Ativismo judicial e direito: considerações sobre o debate contemporâneo. *Direito, Estado e Sociedade*2000, Vol 9, n° 17, p. 121 - 143RAMOS, Carlos Roberto. Origem, conceito, tipos de Constituição, Poder Constituinte e história das Constituições brasileiras *Revista de Informação Legislativa* [en ligne] Mars 1987, Vol. 24, n° 93, p. 65-98

SARMENTO, Daniel. O neoconstitucionalismo no Brasil: riscos e possibilidades. *Revista Brasileira de Estudos Constitucionais*. Mars 2009, n° 9

SILVA, Virgílio Afonso da. Interpretação conforme a constituição: entre a trivialidade e a centralização judicial. *Revista Direito GV*. Juin 2006, Vol. 2, n° 1, p. 191-210.

SILVA, Virgílio Afonso da. O proporcional e o razoável. *Revista dos Tribunais*. 2002, Vol 798, p 23-50

STRECK, Lenio Luiz. Contra o neoconstitucionalismo *Revista Eletrônica da Academia Brasileira de Direito Constitucional* Juin 2011, n° 4, p. 9-27

TAVARES, André Ramos. A inconsistência do Tribunal Constitucional como « legislador negativo » em face de técnicas avançadas de decisão da Justiça Constitucional. *Revista Brasileira de Estudos Constitucionais* [en ligne] Juillet 2010, Vol 4, n 15 [Consulté le 5 janvier 2012] Disponible à l'adresse : http://bdjur.stj.jus.br/dspace/handle/2011/35260.

TAVARES, André Ramos. Perplexidades do novo instituto da súmula vinculante no direito brasileiro. *Revista Eletrônica de Direito do Estado* [en ligne]. [s. d.], n° 11. [Consulté le 27 mars 2014]. Disponible à l'adresse : http://www.direitodoestado.com.br/artigo/andre-ramos-tavares/perplexidades-do-novo-instituto-da-sumula-vinculante-no-direito-brasileiro.

TAVARES FILHO, Newton. A Emenda constitutional n° 45 e a reforma do Poder Judiciário : algumas observações. *Plenarium*Novembre 2005, Vol. 2, n° 2, p. 202-215.

TAYLOR, Matthew M. O Judiciário e as políticas públicas no Brasil. *DADOS – Revista de Ciências Sociais*. 2007, Vol. 50, n° 2, p. 229-257

VILHENA VIEIRA, Oscar. Supremocracia *Revista Direito GV* [en ligne]. Juillet 2008, Vol. 4, n° 2. Disponible à l'adresse : http://www.scielo.br/scielo.php?pid=S1808-24322008000200005&script=sci_arttext.

ZAULI, Eduardo Meira. Judicialização da política, Poder Judiciário e Comissões Parlamentares de Inquérito no Brasil *Revista de Informação Legislativa*. Mars 2010, Vol. 47, n° 185, p. 7-25.

Articles de revue en anglais

ALEXY, Robert. The construction of constitutional rights *Revue française de droit constitutionnel* Juillet 2012, n° 91, p. 465-477.

BOURKE, Nancy. Comment: heeding the equal protection clause in the case of State v. Limon and in other instances of discriminatory Romeo and Juliet statues. *Widener Law Review*. 2006, Vol. 12, p. 613.

CANON, Bradley C. Defining the dimensions of judicial activism. *Judicature*. 1983 1982, Vol. 66, p. 236-247.

DAVIS, Michael H. A governement of judges: an historical re-view. *The American Journal of Comparative Law*. 1987, Vol. 35, n° 3, p. 559-580

FARBER, Daniel A. The Originalism debate: a guide for the perplexed. *Ohio State Law Journal*. 1989 1988, Vol. 49, p. 1085-1106

GRAGLIA, Lino A. Do judges have a policy-making role in the American system of government? *Harvard Journal of Law and Public Policy*. 1994, Vol. 17, p. 119-130.

GREEN, Craig. An intellectual history of judicial activism. *Emory Law Journal*. 2009 2008, Vol. 58, p. 1195-1263.

HAWLEY, Joshua D. The intellectual origins of (modern) substantive due process. *Texas Law Review*. 2014, Vol. 93, p. 275.

JACKSON, Jeffrey D. Putting rationality back into the rational basis test: saving substantive due process and redeeming the promise of the ninth amendment. *University of Richmond Law Review*. Janvier 2011, Vol. 45, p. 491-548.

KELSEN, Hans. Foundations of democracy. *Ethics*. Octobre 1955, Vol. LXVI, n° 1, part II: Foudations of Democracy, p. 1-101.

KELSEN, Hans. Judicial Review of Legislation: A Comparative Study of the Austrian and the American Constitution. *The Journal of Politics*. Mai 1942, Vol. 4, n° 2, p. 183-200.

KELSEN, Hans. Pure Theory of Law, - Its Method and Fundamental Concepts. *Law Quarterly Review*. 1934, Vol. 50, p. 474.

KELSO, R. Randall. United States standards of review versus the international standard of proportionality : convergence and symmetry. *Ohio Northern University Law Review*. 2013.

KMIEC, Keenan D. The origin and current meanings of « judicial activism ». *California Law Review*. 2004, n° 92, p. 1441-1478.

LAMPARELLO, Adam. Taking the « substance » out of substantive due process and return in lawmaking to the federal and state legislatures. *South Carolina Law Review*. 2011, Vol. 63, n° Winter 2011, p. 285-337.

LANDAU, Jack. L. The myth of judicial activism. *Oregon State Bar Bulletin*. Juillet 2010, p. 26-31.

LINDQUIST, Stefanie A. et CROSS, Frank B. The scientific study of judicial activism [en ligne]. *Minnesota Law Review*. [s. d.], Vol. 91, n° 6, p. 1752-1784.

MILLER, Jonathan M. A Typology of Legal Transplants : Using Sociology, Legal History and Argentine Examples to Explain the Transplant Process. *The American Journal of Comparative Law*. Octobre 2003, Vol. 51, n° 4, p. 839-885.

NELKEN, David. *Using the Concept of Legal Culture* [en ligne]. Octobre 2004. [Consulté le 25 juillet 2012]. Disponible à l'adresse : http://escholarship.org/uc/item/7dk1j7hm.

NÍNA JÓNSDÓTTIR, Svandís. Studying judicial activism : a review of quantitative literature. *Stjórnmál og stjórnsýsla*. 2009, Vol. 5, n° 1, p. 159 -179.

PIERDOMINICI, Leonardo. Constitutional Adjudication and the « Dimensions » of Judicial Activism : Legal and Institutional Heuristics. *Sant'Anna Legal Studies (STALS) Research Paper*. 2011, n° 3, p. 1-33.

PREISER, Peter. Rediscovering a coherent rationale for substantive due process. *Marquette Law Review*. 2003, Vol. 87, n° Fall 2003, p. 1.

RODOLFO SACCO. Legal Formants : A Dynamic Approach to Comparative Law (Installment II of II). *The American Journal of Comparative Law*. 1991, Vol. Vol. 39, n° No. 2, p. pp. 343-401.

RODOLFO SACCO. Legal Formants: A Dynamic Approach to Comparative Law (Installment I of II). *The American Journal of Comparative Law*. Winter 1991, Vol. Vol. 39, n° No. 1, p. 1-34.

ROOSEVELT III, Kermit and GARNETT, Richard W. Judicial activism and its critics. *University of Pennsylvania Law Review*. [s. d.], Vol. 155, p. 112.

ROSE, Henry. Retrospective on justice and the poor in the United States in the twentieth century. *Loyola University of Chicago Law Journal*. 2005, Vol. 36, n° Winter 2005, p. 591.

SAUNDERS, Cheryl. The Use and Misuse of Comparative Constitutional Law. *Indiana Journal of Global Legal Studies*. Janvier 2006, Vol. 13, n° 1, p. 37-76.

SCHAUER, Frederick et EISENBERG, Melvin A. Is the Common Law Law? *California Law Review*. Mars 1989, Vol. 77, n° 2, p. 455.

SEGALL, Eric J. Reconceptualizing judicial activism as judicial responsibility : a tale of two justice Kennedys. *Arizona State Law Journal*. Automne 2009, Vol. 41, p. 709-753.

SHAMAN, Jeffrey M. Cracks in the structure: the coming breakdown of the levels of scrutiny. *Ohio State Law Journal*. 1984, Vol. 45, p. 161-183.

SHAPIRO, Michael H. Constitutional adjudication and standards of review under pressure from biological technologies. *Helth Matrix: Journal of Law-Medicine*. 2001, Vol. 11, n° Summer 2001, p. 351.

STONE SWEET, Alec. The Politics of Constitutional Review in France and Europe. *International Journal of Constitutional Law*. Janvier 2007, Vol. 5, n° 1, p. 69-92.

SUNSTEIN, Cass R. Beyond judicial minimalism. *Tulsa Law Review*. 2008, Vol. Summer 2008.

SUNSTEIN, Cass R. Testing minimalism : a reply. *Michigan Law Review*. Octobre 2005.

TROPER, Michel. Constitutional Interpretation. *Israel Law Review*. 2006, Vol. 39, p. 35.

TUSHNET, Mark. Abolishing judicial review. *Constitutional Commentary*. 2011, n° 27, p. 581.

TUSHNET, Mark. Critical legal studies: a political history. *Yale Law Journal*. 1991 1990, Vol. 100, p. 1515-1544.

VALENTA, Lisa. Disconnect: the 1988 Brazilian Constitution, customary international law, and indigenous land rights in Northern Brazil. *Texas International Law Journal*. 2003, n° 38, p. 643.

VOJVODIC, Adriana de Moraes, MACHADO, Ana Mara França et CARDOSO, Evorah Lusci Costa. Writing a novel, chapter one : precedents and decision process in the Brazilian Supreme Court. *Revista Direito GV*. Juin 2009, Vol. 5, n° 1, p. 21-44.

WALDRON, Jeremy. The core case against judicial review. *The Yale Law Journal*. Avril 2006, Vol. 115, n° 6, p. 1346-1406.

WATSON, Alan. Aspects of Reception of Law. *The American Journal of Comparative Law*. 1996, Vol. 44, n° 2, p. 335-351.

WATSON, Alan. Comparative Law and Legal Change. *The Cambridge Law Journal*. 1978, Vol. 37, n° 02, p. 313-336.
WATSON, Alan. From Legal Transplants to Legal Formants. *American Journal of Comparative Law*. 1995, Vol. 43, p. 470.
WATSON, Alan. Law Out of Context. *Edinburgh Law Review*. 2000, Vol. 4, p. 147.

Articles de revue en espagnol

BERNAL CANO, Natalia. El poder creador del juez en la combinacion o mezcla de los procedimientos constitucionales. *Revista Estudios Socio-Jurídicos (Bogotá)*. 2010, Vol. 12, n° 01, p. 11-34.
BERNAL CANO, Natalia. Reflexiones comparativas para un nuevo modelo de justicia constitucional. *Jurídicas*. 2009, n° 6 (julio-diciembre), p. 104-116.
PRIETO SANCHIS, Luis. Neoconstitucionalismos (um catálogo de problemas y argumentos). *Anales de la cátedra Francisco Suárez*. 2010, Vol. 44, p. 461-506.
SEGADO, Francisco Fernández. La justicia constitucional ante el siglo XXI: la progressiva convergencia de los sistemas americano y europeo-kelseniano. *Revista Latino-Americana de Estudos Constitucionais*. Juillet 2004, n° 4, p. 143-208.

ARTICLES DE PRESSE

Articles de presse en portugais

BACELAR, Carina, GALDO, Rafael et MIRANDA, Michelle. No Brasil, homofobia matou ao menos 216 em 2014. *O Globo*. Rio de Janeiro, 30 septembre 2014, p. 3.
BASILE, Juliano. Com fórum agrário, amplia-se ativismo judicial sobre o Executivo. *Valor Econômico*. 12 mai 2009, p. A6.
BASILE, Juliano. Rosa Weber defende ativismo judicial. *Valor Econômico*. 7 décembre 2011, p. A8.
BASILE, Juliano. STF tem ativismo sem paralelo, diz jurista. *Valor Econômico*. São Paulo, 4 novembre 2009, p. A5.
BASILE, Juliano et MAGRO, Maira. Carta gerou cultura de direitos fundamentais. *Valor Econômico*. 4 octobre 2013, p. A16.
COSTA, José Luis. Uso de algemas em audiência divide o Judiciário. *Zero Hora* [en ligne]. Porto Alegre, 15 juillet 2014. [Consulté le 10 août 2014]. Disponible à l'adresse : http://zh.clicrbs.com.br/rs/noticias/noticia/2014/07/uso-de-algemas-em-audiencia-divide-o-judiciario-4551299.html.

DA SILVA, Carlos Eduardo Lins. Ativismo judiciário e divisão dos Poderes. *Folha de São Paulo.* 1 juillet 2012, p. A3.
DE PAOLA, Leonardo Sperb. O Poder Judiciário e o ativismo judicial. *Valor Econômico.* 10 mai 2007, p. E2.
DI CUNTO, Raphael. Rejeição ao casamento gay chega a 77% entre evangélicos. *Valor Econômico.* São Paulo, 1 août 2011, p. A6.
DOS SANTOS, Sandro Schmitz. O ativismo judicial e a segurança jurídica. *Valor Econômico.* 23 octobre 2007, p. E2.
ÉBOLI, Evandro et BRÍGIDO, Carolina. Algemas seletivas. *O Globo.* Rio de Janeiro, 14 décembre 2011, p. 3.
FILGUEIRAS, Fernando. Corrupção, judicialização e república. *Valor Econômico.* São Paulo, 17 décembre 2007, p. A14.
GOMES, Luiz Flávio. STF: ativismo sem precedentes? *O Estado de São Paulo.* 30 mai 2009, p. A2.
GUERREIRO, Gabriela et GUIMARÃES, Larissa. Projetos pró-gays caducam e Congresso ensaia autocrítica. *Folha de São Paulo.* São Paulo, 7 mai 2011, p. C8.
GUIBU, Fábio. Mendes prevê tensão em adoção de súmula que veta nepotismo. *Folha de São Paulo.* São Paulo, 23 août 2008, p. A9.
JUNQUEIRA, Caio. Reação ao ativismo judicial ganha força no Congresso. *Valor Econômico.* 27 avril 2011, p. A6.
KLEIN, Cristian. Barroso põe água na fervura do ativismo judicial. *Valor Econômico.* 27 mai 2013, p. A9.
LÍRIO, Sérgio. « Sem Gilmar Mendes, Daniel Dantas não conseguiria reverter o jogo ». *Carta Capital* [en ligne]. 10 janvier 2014. Disponible à l'adresse : http://www.cartacapital.com.br/politica/livro-fala-do-papel-de-gilmar-mendes-na-anulacao-da-condenacao-de-daniel-dantas-9455.html.
MACIEL, Edgard. A cada hora, um gay sofre violência no Brasil; denúncias crescem 460%. *Estado de São Paulo.* São Paulo, 21 novembre 2014, p. A14.
MANEIRA, Eduardo. Ativismo judicial e segurança jurídica. *Valor Econômico.* 14 août 2012, p. E2.
MARQUES, Carlos José. Caça ao nepotismo. *IstoÉ.* São Paulo, 27 août 2008, p. 19.
MASCHIO, José. Helicópteros do Exército transportaram reféns a Boa Vista. Após 9 dias, índios libertam agentes da PF em Roraima. *Folha de São Paulo* [en ligne]. São Paulo, 1 mai 2005. [Consulté le 28 mai 2005]. Disponible à l'adresse : http://www1.folha.uol.com.br/fsp/brasil/fc0105200513.htm.
PARDELLAS, Sérgio. O fim do nepotismo. *IstoÉ.* São Paulo, 27 août 2008, p. 38.
PRESTES, Cristine. Ativismo judicial ganha cada vez mais força. *Valor Econômico.* 30 avril 2009, p. 12-13.
RANDS, Maurício. Ativismo judicial : é sempre legítimo? *Folha de São Paulo.* São Paulo, 14 mai 2008, p. A3.

ROMA, Celso. Um diagnóstico da migração interpartidária na Câmara. *Folha de São Paulo*. São Paulo, 3 octobre 2007, p. A14.
SADEK, Ana Tereza Aina. Ativismo judiciário a pleno vapor. *O Estado de São Paulo*. São Paulo, 31 août 2008, p. J4.
SANDER, Letícia. 50% dos brasileiros toleram nepotismo, aponta pesquisa. *Folha de São Paulo*. São Paulo, 5 novembre 2008, p. A7.
TIMM, Luciano Benetti. Ativismo judicial e fetichismo constitucional. *Valor Econômico*. São Paulo, 16 mars 2009, p. E2.
TORRES, Izabelle. Nepotismo light para ganhar votos. *Correio Braziliense*. Brasília, 18 novembre 2008, p. 2.
VILELA, Hugo Otávio T. O ativismo judicial e o jogo dos três poderes. *Valor Econômico*. 14 juin 2011, p. A14.
XIMENES, Júlia. Judicialização, ativismo e direito na sociedade contemporânea. *Correio Braziliense*. 3 novembre 2011, p. 23.
Ativismo judiciário. *Folha de São Paulo*. 5 novembre 2007, p. A2.
Câmara afasta 102 servidores por nepotismo. *Folha de São Paulo*. São Paulo, 31 octobre 2008, p. A9.
Câmara reage ao ativismo judicial. *Valor Econômico*. 24 mars 2011, p. A10.
Congresso Nacional aprova alteração na demarcação da reserva Raposa Serra do Sol. *Hora do Povo* [en ligne]. [s. d.]. [Consulté le 9 septembre 2014]. Disponible à l'adresse : http://www.horadopovo.com.br/2004/abril/30-04-04/pag2a.htm.
Exército prepara mil homens para RR. *Folha de São Paulo* [en ligne]. São Paulo, 25 avril 2005. [Consulté le 1 mai 2015]. Disponible à l'adresse : http://www1.folha.uol.com.br/fsp/brasil/fc2704200507.htm.
Gurgel defende as algemas. *Correio Braziliense*. Brasília, 4 novembre 2009, p. 6.
Homologação de reserva indígena pelo governo federal é vista como « aniquilamento » para município. Mais de 15 mil protestam contra reserva. *Folha de São Paulo* [en ligne]. São Paulo, 21 avril 2005. [Consulté le 28 mai 2005]. Disponible à l'adresse : http://www1.folha.uol.com.br/fsp/brasil/fc2104200524.htm.
Mendes se diz « orgulhoso » por ter combatido Estado policial. *Folha de São Paulo*. São Paulo, 10 février 2010, p. A8.
Ministro critica o Supremo e oposição *Jornal do Brasil*. Rio de Janeiro, 29 avril 2009, p. A11.
Ministros do STF criticam proposta de submeter decisões da Corte ao Congresso. *O Estado de São Paulo* [en ligne]. São Paulo, 24 avril 2013 [Consulté le 12 janvier 2013]. Disponible à l'adresse : http://www.estadao.com.br/noticias/nacional,ministros-do-stf-criticam-proposta-de-submeter-decisoes-da-corte-ao-congresso,1025075,0.htm.
MP instaura inquérito para apurar nepotismo nos Poderes. *O Popular*. Goiânia, 24 octobre 2008, p. 11.
Nepotismo *Correio Braziliense*. Brasília, 15 février 2006, p. 18.

Nepotismo é prática comum no Congresso. *Diário Catarinense*. Florianópolis, 21 août 2007

O nepotismo no serviço público. *Estado de São Paulo*. São Paulo, 24 mai 2008, p. A3.

STF mira resistentes ao fim do nepotismo. *Estado de São Paulo*. São Paulo, 2 novembre 2008, p. A12Terra de Conflitos *Correio Braziliense*. Brasília, 1 mai 2005, p. 12

Article de presse en anglais

The Amazon's Indian wars *The Economist* [en ligne]. 30 novembre 1999 [Consulté le 3 septembre 2014]. Disponible à l'adresse : http://www.economist.com/node/2352267.

THÈSES

Thèses en français

BERNAL CANO, Natalia. *Le contrôle de constitutionnalité de la loi sur le recours d'un individu en Allemagne, Belgique et Colombie : Réflexions comparatives pour un nouveau modèle de justice constitutionnelle*. Paris : Université Paris I Panthéon-Sorbonne, 2009.

BERNAL CANO, Natalia. *L' interprétation et le contrôle de la constitutionnalité de la loi : étude comparée des systèmes français et colombien*. Paris : Université Panthéon-Assas, 2002.

COLIN, Jean-Pierre *Le gouvernement des juges dans les Communautés européennes* Nancy : Université de Nancy, 1963.

DAZA, Germán Alfonso López. *La Cour constitutionnelle colombienne : Un nouveau législateur*. Paris : Université Paris II Panthéon-Assas, 2004.

DI MANNO, Thierry. *Le juge constitutionnel et la technique des décisions « interprétatives » en France et en Italie* Thèse de doctorat France : [s. n.], 1996.

DYÈVRE, Arthur. *L' activisme juridictionnel en droit constitutionnel comparé : France, États-Unis, Allemagne*. Thèse de doctorat Paris : Université Paris I Panthéon-Sorbonne, 2008.

JUILLARD, Patrick. *La politique d'autolimitation de la Cour Suprême des Etats-Unis ou une technique méconnue du gouvernement des juges : le refus de juger*. Paris, France, 1966.

MARTINS, Thomas Passos *La Cour suprême du Brésil et l'« État démocratique de droit. Contribution à une théorie de la démocratie réflexive* Montpellier : Université Montpellier I, 2012.

Thèses en portugais

ABBOUD, Georges. *Sentenças interpretativas, coisa julgada e súmula vinculante: alcance e limites dos efeitos vinculante e erga omnes na jurisdição constitucional.* São Paulo : Pontifícia Universidade Católica de São Paulo, 2009.

AZEM, Guilherme Beux Nassif. *Repercussão geral da questão constitucional no recurso extraordinário* [en ligne]. Porto Alegre : Pontifícia Universidade Católica do Rio Grande do Sul, 2008. [Consultée le 4 avril 2014]. Disponible à l'adresse : http://tardis.pucrs.br/dspace/bitstream/10923/2483/1/000404465-Texto%2BParcial-0.pdf.

CASTANHATO, Camila. *O processo histórico do controle de constitucionalidade e as constituições do Brasil* [en ligne]. São Paulo : Pontifícia Universidade Católica de São Paulo, 2006. [Consultée le 4 octobre 2012]. Disponible à l'adresse : http://www.sapientia.pucsp.br//tde_busca/arquivo.php?codArquivo=4191.

LEAL, Saul Tourinho. *Ativismo ou altivez ? O outro lado do Supremo Tribunal Federal* [en ligne]. Brasília : Instituto Brasiliense de Direito Público, 2008. [Consultée le 4 octobre 2014]. Disponible à l'adresse : http://www.idp.edu.br/publicacoes/dissertacoes-mestrado/1066-ativismo-ou-altivez-o-outro-lado-do-supremo-tribunal-federal.

LUNARDI, Soraya Regina Gasparetto. *Direito processual constitucional: problematização de sua autonomia, sua natureza e suas consequências.* São Paulo : Pontifícia Universidade Católica de São Paulo, 2006.

MENEGHETTI, Marco Antonio. *Judicialização da política no Brasil e moderação de poder* [en ligne]. Brasília : Universidade de Brasília, 2008. [Consultée le 4 octobre 2012]. Disponible à l'adresse : http://bdtd.bce.unb.br/tedesimplificado/tde_arquivos/30/TDE-2009-01-09T122550Z-3479/Publico/2008_MarcoAntonioMeneghetti.pdf.

MORALES, Cesar Mecchi. *Originalismo e interpretação constitucional* [en ligne]. São Paulo : Universidade de São Paulo, 2011. [Consultée le 4 octobre 2012]. Disponible à l'adresse : http://www.teses.usp.br/teses/disponiveis/2/2134/tde-16042012-161140/pt-br.php.

PAIXÃO, Leonardo André. *A função política do Supremo Tribunal Federal* [en ligne]. São Paulo : Universidade de São Paulo, 2007. [Consultée le 4 octobre 2012]. Disponible à l'adresse : http://www.teses.usp.br/teses/disponiveis/2/2134/tde-01092007-150125/pt-br.php.

SCHETTINO, José Gomes Riberto Schettino. *Controle judicial de constitucionalidade e ativismo Judicial processual.* Rio de Janeiro : Pontifícia Universidade Católica do Rio de Janeiro, 2008.

SOARES, José de Ribamar Barreiros. *Ativismo Judicial no Brasil: O Supremo Tribunal Federal como arena de deliberação política.* Rio de Janeiro : Universidade do Estado do Rio de Janeiro, 2010.

TASSINARI, Clarissa. *Ativismo judicial: uma análise do Judiciário nas experiências brasileira e norte-americana.* São Leopoldo : Universidade do Vale do Rio dos Sinos, 2012.

VASCONCELOS, Natália Pires de. *O Supremo Tribunal Federal e o Orçamento: Uma Análise do Controle Concentrado de Leis Orçamentárias* [en ligne]. São Paulo : Escola de Formação da Sociedade Brasileira de Direito Público, 2010. [Consultée le 16 mars 2015]. Disponible à l'adresse : http://www.sbdp.org.br/ver_monografia.php?idMono=161.

VERÍSSIMO, Marcos Paulo. *A Judicialização dos conflitos de justiça distributiva no Brasil: o processo judicial no pós-1988* [en ligne]. São Paulo : Universidade de São Paulo, 2006. [Consultée le 14 octobre 2012]. Disponible à l'adresse : http://www.teses.usp.br/teses/disponiveis/2/2137/tde-10042007-153328/pt-br.php.

Thèse en espagnol

BRUST, Léo. *La sentencia constitucional en Brasil* [en ligne]. Salamanca : Universidad de Salamanca, 2011. [Consultée le 17 mai 2012]. Disponible à l'adresse : http://hdl.handle.net/10366/83205.

ARTICLES DE COLLOQUE

Articles de colloque en français

ALBERT, Jean-Luc *Le principe de proportionnalité en droit constitutionnel français.* Liège : A.S.B.L. Editions du Jeune Barreau de Liège, 1995, p. 103-123.

BERGEL, Jean-Louis *Introduction générale* [en ligne] Paris, 29 septembre 2006, p. 12-25. [Consulté le 15 octobre 2014]. Disponible à l'adresse : http://www.senat.fr/colloques/office_du_juge/office_du_juge.pdf.

LEWALLE, Paul. *Le principe de proportionnalité dans le droit administratif belge.* Liège : A.S.B.L. Editions du Jeune Barreau de Liège, 1995, p. 23-84.

BILLETS DE BLOG

Billets de blog en portugais

BASILE, Juliano. O STF é uma corte abastada da realidade política, diz Moreira Alves. Dans : *Os Constitucionalistas* [en ligne]. [s. d.]. [Consulté le 3 novembre 2015]. Disponible à l'adresse : http://www.osconstitucionalistas.com.br/o-stf-e-uma-corte-abastada-da-realidade-politica-diz-moreira-alves.

HAIDAR, Rodrigo. Não há um surto de ativismo judicial. Dans : *Os Constitucionalistas* [en ligne]. [s. d.]. [Consulté le 3 novembre 2015]. Disponible à l'adresse : http://www.osconstitucionalistas.com.br/nao-ha-um-surto-de-ativismo-judicial.

NEVES, Marcelo. O abuso de princípios no Supremo Tribunal Federal. Dans : *Os Constitucionalistas* [en ligne]. 27 octobre 2012. [Consulté le 23 juillet 2014]. Disponible à l'adresse : http://www.osconstitucionalistas.com.br/o-abuso-de-principios-no-supremo-tribunal-federal.

NONATO, Israel. Jane Reis: « O Supremo não é oráculo ». Dans : *Os Constitucionalistas* [en ligne]. [s. d.]. [Consulté le 16 novembre 2015]. Disponible à l'adresse : http://www.osconstitucionalistas.com.br/jane-reis-o-supremo-nao-e-oraculo.

OLIVEIRA PETER DA SILVA, Christine. Ativismos são necessários no Estado de direitos fundamentais. Dans : *Os Constitucionalistas* [en ligne]. 20 décembre 2014. [Consulté le 3 novembre 2015]. Disponible à l'adresse : http://www.osconstitucionalistas.com.br/ativismos-sao-necessarios-no-estado-de-direitos-fundamentais.

ENTRÉES DE DICTIONNAIRE

Entrées de dictionnaire en français

ARNAUD, André-Jean *Due process of law* 2e éd Paris : L.G.D.J., 1993.

CADIET, Loïc. *Jupiter, Hercule, Hermès*. Paris : Presses universitaires de France, 2004, p. 1362.

DEBARD, Thierry. *Gouvernement des juges* 2e éd Paris : Ellipses, 2007.

DEGUERGUE, Maryse. *Jurisprudence* Paris : Presses universitaires de France, 2003, p. 1649.

SALAS, Denis. *Juge* Paris : Presses universitaires de France, 2003, p. 1649.

PAGES WEB

Pages web en français

COMMISSION DE VENISE. Le contrôle de constitutionnalité au Brésil Dans : *Council of Europe Venice Commission* [en ligne]. [s. d.]. [Consultée le 16 mai 2012]. Disponible à l'adresse : http://www.codices.coe.int/NXT/gateway.dll/CODICES/descriptions/fra/ame/bra?fn=document-frame.htm$f=templates$3.0.

OST, François et VAN DE KERCHOVE, Michel. *De la pyramide au réseau ? Vers un nouveau mode de production du droit ?* [en ligne]. [s. d.]. [Consultée le 29 juillet 2014]. Disponible à l'adresse : http://www.google.fr/url?sa=t&rct=j&q=&esrc=s&source=web&cd=1&cad=rja&uact=8&ved=0CCAQFjAA&url=http%3A%2F%2Fxa.yimg.com%2Fkq%2Fgroups%2F19791041%2F1678247567%2Fname%2FostvdkpyIram.pdf&ei=JWjXU9XSBqev0QXT4IDoBg&usg=AFQjCNGH6W8wJVB3pE2W6VmrYkX6CvggLg&sig2=ypJ_L3vBXsqspCMriTt_5g.

RAPOPORT, Cécile. L'opposabilité des « droits-créances » constitutionnels en droit public français Dans : *Association française de droit constitutionnel* [en ligne]. [s. d.]. [Consulté le 27 février 2015]. Disponible à l'adresse : http://www.droitconstitutionnel.org/congresParis/comC8/RapoportTXT.pdf.

Pages web en portugais

BASTOS, Celso Ribeiro. As modernas formas de interpretação constitucional Dans : *Jus Navigandi* [en ligne]. [s. d.] [Consultée le 15 mai 2012]. Disponible à l'adresse : http://jus.com.br/revista/texto/89/as-modernas-formas-de-interpretacao-constitucional.

CASTRO, Gabriel. Em 2016, PT terá indicado dez dos onze ministros do STF. Dans : *Veja* [en ligne]. 27 octobre 2014. [Consultée le 16 novembre 2015]. Disponible à l'adresse : http://veja.abril.com.br/noticia/brasil/em-2016-pt-tera-indicado-10-dos-11-ministros-do-stf/.

CRISTOVAM, José Sérgio da Silva. Algumas considerações acerca do controle jurisdicional do mérito administrativo. Dans : *Jus Navigandi* [en ligne]. Septembre 2005. [Consultée le 27 février 2015]. Disponible à l'adresse : http://jus.com.br/artigos/7258/algumas-consideracoes-acerca-do-controle-jurisdicional-do-merito-administrativo/1.

FUNDAÇÃO NACIONAL DO ÍNDIO. Terras indígenas: o que é? Dans : *Fundação Nacional do Índio* [en ligne]. [s. d.]. [Consultée le 3 septembre 2014]. Disponible à l'adresse : http://www.funai.gov.br/index.php/nossas-acoes/demarcacao-de-terras-indigenas.

GRAÇA, Luis Otávio Barroso da. Controle Jurisdicional do Processo Legislativo Orçamentário. Dans : *Senado Federal* [en ligne]. [s. d.]. [Consultée le 10 mars 2015]. Disponible à l'adresse : http://www12.senado.gov.br/publicacoes/estudos-legislativos/tipos-de-estudos/outras-publicacoes/agenda-legislativa/capitulo-15-controle-jurisdicional-do-processo-legislativo-orcamentario.

MARTINS, Renata. Entenda a PEC que muda as regras de demarcação de terras indígenas Dans : *Empresa Brasil de Comunicação* [en ligne]. [s. d.]. [Consultée le 9 septembre 2014]. Disponible à l'adresse : http://www.ebc.com.br/noticias/politica/2013/10/pec-215-enteda-a-proposta-muda-a-demarcacao-das-terras-indigenas.

RAMOS, Elival da Silva. Contrôle juridictionnel de politiques publiques: l'effectivation des droits sociaux sous la Constitution brésilienne de 1988. Dans : *Rutgers School of Law* [en ligne]. [s. d.]. [Consultée le 3 mars 2015]. Disponible à l'adresse : http://camlaw.rutgers.edu/statecon/workshop11greece07/workshop13/Ramos.pdf.

SALEK, Silvia. Apesar de avanços, Brasil continua em baixa em índices globais. Dans : *BBC* [en ligne]. 28 décembre 2011 [Consultée le 13 novembre 2015]. Disponible à l'adresse : http://www.bbc.com/portuguese/noticias/2011/12/111227_brasilrankings_ss.shtml

SARMENTO, Daniel. O STF não é o centro do constitucionalismo. Dans : *Os Constitucionalistas* [en ligne]. [s. d.]. [Consultée le 21 juillet 2014]. Disponible à l'adresse : http://www.osconstitucionalistas.com.br/o-stf-nao-e-o-centro-do-constitucionalismo.

SETTI, Ricardo. Lula fará sua nona nomeação para o Supremo, que tem 11 ministro. Isto significa riscos para o tribunal ou para a democracia? Dans : *Veja* [en ligne]. 28 septembre 2010 [Consultée le 3 mars 2014]. Disponible à l'adresse : http://veja.abril.com.br/blog/ricardo-setti/politica-cia/lula-fara-sua-nona-nomeacao-para-o-supremo-que-tem-11-ministro-isto-significa-riscos-para-o-tribunal-ou-para-a-democracia/.

TRIBUNAL FÉDÉRAL SUPRÊME Processos Protocolados, Distribuídos e Julgados por classe processual - 1990 a 2013. Dans : *Supremo Tribunal Federal* [en ligne]. [s. d.]. [Consultée le 25 mars 2014]. Disponible à l'adresse : http://www.stf.jus.br/portal/cms/verTexto.asp?servico=estatistica&pagina=pesquisaClasse.

VIANNA, Luiz Werneck. *Poder Judiciário, positivação do direito natural e política* [en ligne]. [s. d.]. [Consultée le 18 juillet 2014]. Disponible à l'adresse : http://bibliotecadigital.fgv.br/ojs/index.php/reh/article/viewFile/2033/1172.

2ª Turma aplica critérios do caso Raposa Serra do Sol e afasta posse de terra indígena em MS. Dans : *Supremo Tribunal Federal* [en ligne]. [s. d.]. [Consultée le 18 septembre 2014]. Disponible à l'adresse : http://www.stf.jus.br/portal/cms/verNoticiaDetalhe.asp?idConteudo=275291.

2ª Turma do STF anula portaria do MJ que ampliou terra indígena no MA. Dans : *Tribunal fédéral suprême* [en ligne]. [s. d.]. [Consultée le 1 octobre 2014]. Disponible à l'adresse : http://www.stf.jus.br/portal/cms/verNoticiaDetalhe.asp?idConteudo=276407&tip=UN.

Decisão suspende registro imobiliário da área indígena Kayabi Dans : *Supremo Tribunal Federal* [en ligne]. [s. d.]. [Consultée le 18 septembre 2014]. Disponible à l'adresse : http://www.stf.jus.br/portal/cms/verNoticiaDetalhe.asp?idConteudo=252935&caixaBusca=N.

Frente Parlamentar discute demarcação de terras indígenas com ministro Roberto Barroso. Dans : *Supremo Tribunal Federal* [en ligne]. [s. d.]. [Consultée le 18 septembre 2014] Disponible à l'adresse : http://www.stf.jus.br/portal/cms/verNoticiaDetalhe.asp?idConteudo=247845&caixaBusca=N.

STF impõe 19 condições para demarcação de terras indígenas Dans : *Supremo Tribunal Federal* [en ligne]. [s. d.]. [Consultée le 17 septembre 2014] Disponible à l'adresse : http://www.stf.jus.br/portal/cms/verNoticiaDetalhe.asp?idConteudo=105036&caixaBusca=N.

STF suspende decisão sobre inclusão de cirurgia de mudança de sexo no SUS Dans : *Supremo Tribunal Federal* [en ligne]. 12 décembre 2007 [Consultée le 10 mars 2015]. Disponible à l'adresse : http://www.stf.jus.br/portal/cms/verNoticiaDetalhe.asp?idConteudo=79721&caixaBusca=N.

Pages web en anglais

DYÈVRE, Arthur. *Making Sense of Judicial Lawmaking: a Theory of Theories of Adjudication* [en ligne]. 2008. [Consultée le 8 juillet 2012]. Disponible à l'adresse : http://cadmus.eui.eu/handle/1814/8510.

Page web en italien

LEAL, Rogério Gesta La responsabilità politica dell'attivismo giudiziario. Aspetti teorico-pratici dell'esperienza brasiliana Dans : *Constituzionalismo.it* [en ligne]. [s. d.]. [Consultée le 16 mai 2012] Disponible à l'adresse : http://www.costituzionalismo.it/articoli/333/.

PRÉSENTATIONS

Présentations en français

DUTHEILLET DE LAMOTHE, Olivier. *L'autorité de l'interprétation constitutionnelle* [en ligne] Université Montesquieu-Bordeaux IV, 15 octobre 2004 [Consultée le 15 mars 2012]. Disponible à l'adresse : http://www.conseil-constitutionnel.fr/conseil-constitutionnel/root/bank_mm/pdf/Conseil/autorite.pdf.

SAMUEL, Xavier. *Les réserves d'interprétation émises par le Conseil constitutionnel* [en ligne]. Paris, France, 2007. [Consultée le 15 mars 2010]. Disponible à l'adresse : http://www.conseil-constitutionnel.fr/conseil-constitutionnel/root/bank_mm/pdf/Conseil/reserves.pdf.

SÉCRETARIAT GÉNÉRAL DU CONSEIL CONSTITUTIONNEL *Les réserves d'interprétation du Conseil constitutionnel* [en ligne]. Paris, 2002 [Consultée le 15 mai 2012] Disponible à l'adresse : http://www.conseil-constitutionnel.fr/conseil-constitutionnel/root/bank_mm/pdf/Conseil/reserves2002.pdf.

SERVICES DU CONSEIL CONSTITUTIONNEL *La portée des décisions du Conseil constitutionnel* [en ligne]. Paris 1998. [Consultée le 15 mai 2012]. Disponible à l'adresse : http://www.conseil-constitutionnel.fr/conseil-constitutionnel/root/bank_mm/pdf/Conseil/portee.pdf.

RAPPORTS

Rapport en portugais

TAVARES FILHO, Newton. *Excesso na edição de medidas provisórias* [en ligne]. [S. l.] : Câmara dos Deputados, janvier 2008. [Consulté le 10 février 2014]. Disponible à l'adresse : http://www2.camara.leg.br/documentos-e-pesquisa/fiquePorDentro/temas/temas-anteriores-desativados-com-texto-da-consultoria/medidas_provisorias/Newton%20Tavares%20Filho.pdf.

TABLE DES DÉCISIONS

Affaires

INDEX THÉMATIQUE

A

B

C

D

E

F

G

I

J

L

M

N

O

P

GLOSSAIRE

Quelques actions et recours devant le Tribunal fédéral suprême cités dans cette étude

Ação declaratória de constitucionalidade (action déclaratoire de constitutionnalité) : action du contrôle concentré, abstrait et *erga omnes*, ayant pour but de juger la constitutionnalité d'une loi fédérale.

Ação direta de inconstitucionalidade (action directe en inconstitutionnalité) : action du contrôle concentré, abstrait et *erga omnes*, ayant pour but de juger l'inconstitutionnalité d'une loi ou d'un acte normatif fédéral ou local.

Arguição de descumprimento de preceito fundamental (action en violation d'un précepte fondamental) : action destinée à éviter ou remédier à la violation d'un principe fondamental de la Constitution résultant d'un acte des pouvoirs publics.

Agravo regimental : recours introduit devant l'assemblée plénière ou les chambres du Tribunal fédéral suprême contre une décision individuelle d'un de ses juges, dans une action ou un recours.

Agravo de instrumento : recours introduit devant le Tribunal fédéral suprême contre la décision du président d'un tribunal ordinaire qui juge non recevable un recours extraordinaire.

Ação Penal (action pénale) : action conduite au nom de la société en vue de réprimer une infraction en application de la loi pénale. Le Tribunal fédéral suprême est compétent pour juger les actions pénales contre les plus hautes autorités de l'État, telles que le président de la République, les membres du Congrès national et les ministres.

Embargos de declaração : recours dans lequel les parties demandent au Tribunal fédéral suprême d'éclaircir une obscurité, de résoudre une contradiction ou combler une omission dans un jugement préalablement rendu par la Cour.

Embargos de divergência : recours introduit devant l'assemblée plénière duTribunal Fédéral suprême contre la décision d'une de ses chambres qui s'écarte de la jurisprudence de l'autre chambre, ou de l'assemblée plénière elle-même, concernant l'interprétation du droit fédéral.

Habeas corpus : action ayant pour objet de protéger la liberté d'aller et venir, menacée par un acte illégal ou un abus de pouvoir.

Intervenção federal (intervention fédérale) : action destinée à autoriser l'intervention de l'Union dans un État fédéré, dans les cas prévus par la Constitution.

Medida cautelar (mesure conservatoire) : mesure qui a pour objet la sauvegarde des droits dont la reconnaissance est, par ailleurs, demandée au Tribunal fédéral suprême, tout en préservant le *statu quo*, tant en fait qu'en droit. Elle est nécessitée par l'urgence et n'est prévue qu'à titre provisoire.

Mandado de injunção (ordonnance d'injonction) : instrument de contrôle de l'omission inconstitutionnelle, l'ordonnance d'injonction est accordée dès lors que le défaut de norme règlementaire rend impossible l'exercice des droits et prérogatives inhérents à la nationalité, la souveraineté et la citoyenneté prévus par la Constitution. Le Tribunal fédéral suprême est compétent pour juger l'ordonnance d'injonction en cas d'omission des plus hautes autorités de l'État, telles que le président de la République et le Congrès national.

Mandado de segurança (ordonnance de sûreté) : action destinée à sauvegarder un droit individuel ou collectif menacé ou violé par un acte illégal ou inconstitutionnel d'une autorité publique.

Petição (pétition) : requête générale devant le Tribunal fédéral suprême, sans classement spécifique.

Questão de ordem : question soumise à l'assemblée plénière du Tribunal fédéral suprême concernant la régularité de la procédure d'une affaire devant la cour.

Reclamação (réclamation) : recours destiné à sauvegarder ou assurer l'exécution des décisions du Tribunal fédéral suprême vis-à-vis des tribunaux ordinaires et de l'administration.

Recurso extraordinário (recours extraordinaire) : recours du contrôle de constitutionnalité diffus, par exception, concret et *inter partes*, mis à disposition de tous les citoyens, ayant pour objet de vérifier la conformité d'une norme juridique à la Constitution.

Recurso ordinário em *habeas corpus* (recours ordinaire en *habeas corpus*) : recours introduit devant le Tribunal fédéral suprême contre une décision de rejet d'un *habeas corpus,* jugé en premier ressort par les tribunaux supérieurs.

Recurso ordinário em mandado de segurança (recours ordinaire en ordonnance de sûreté) : recours introduit devant le Tribunal fédéral suprême contre une décision de rejet d'une ordonnance de sûreté, jugé en premier ressort par les tribunaux supérieurs.

Suspensão de tutela antecipada : suspension, par le Tribunal fédéral suprême, d'une décision provisoire d'un tribunal ordinaire qui anticipe, pour les parties dans le procès, les effets du jugement sur le fond.

TABLE DES MATIÈRES

DROIT

AUX ÉDITIONS L'HARMATTAN

Dernières parutions

REPÈRES DE FISCALITÉ DES PROFESSIONNELS ET DES PARTICULIERS

Rock Dieudonné Landze Mbere

La fiscalité est un système de collecte et de redistribution de richesses fondée sur la contribution des ménages, des professionnels et des entreprises. Pour mieux jouer leur partition et s'orienter dans les affaires, le citoyen et le manager ont besoin des repères de fiscalité. Car, en raison de la contrainte financière, le contentieux fiscal au Congo va progressivement s'intensifier.

(320 p., 33 euros)

ISBN : 978-2-343-18620-7, EAN EBOOK : 9782140131783

LA DÉCENTRALISATION DANS LES PAYS FRANCOPHONES D'AFRIQUE DE L'OUEST

Jean-Luc Pissaloux

Cet ouvrage, constitué de contributions écrites par des universitaires, des experts et/ou des hauts fonctionnaires, démontre parfaitement combien la décentralisation est encore une sorte d'idéal-type à atteindre, et qu'elle est loin d'être une pratique effective, efficiente et efficace dans les pays francophones d'Afrique de l'ouest.

(Coll. Droits Publics, 390 p., 38,5 euros)

ISBN : 978-2-343-18272-8, EAN EBOOK : 9782140131653

L'APPLICATION DU DROIT D'AUTEUR AUX HYPERLIENS

Analyse de droit français et de droit américain

Mickaël Le Borloch

Cet ouvrage propose un travail de fond sur les droits français et américain concernant une problématique peu traitée malgré son importance pour le développement de l'internet et la protection des auteurs : l'application du droit d'auteur aux hyperliens.

(Coll. Le Droit aujourd'hui, 632 p., 49 euros)

ISBN : 978-2-343-16341-3, EAN EBOOK : 9782140131660

LES DYNAMIQUES D'INTÉGRATION EN ZONE FRANC EN LIEN AVEC LA ZONE EURO TOME II

Les nouvelles régulations économiques et/ou l'économie de l'intégration

Thimoté Dongotou

Ce deuxième tome fait des propositions sur les nouvelles dynamiques d'intégration en Afrique. Ainsi la prise en compte des partenariats public-privé (PPP) et des dimensions institutionnelles, sociales et anthropologiques est considérée comme de nouvelles régulations économiques et monétaires en Zone Franc Africaine et en zone euro. L'auteur aborde entre autres les grandes familles institutionnelles en économie ou la macroéconomie historique du courant européen contemporain

(Coll. Études africaines, 348 p., 36 euros)

ISBN : 978-2-343-13844-2, EAN EBOOK : 9782140130915

LE CONSTITUTIONNALISME EN EUROPE DE L'EST ET DANS LE MONDE ARABE

Mohamed Ibrahim Hassan

Préface du Dr Lauréline Fontaine

Bien qu'éloignés dans le temps et l'espace, les mouvements révolutionnaires est-européens de la fin des années 80 et du monde arabe des années 2010 ont en commun le constitutionnalisme qui a été le moyen immédiat de sortir du chaos révolutionnaire. S'il a été le dénominateur commun que les peuples ont utilisé pour instaurer les nouveaux régimes politiques qu'ils souhaitaient démocratiques, la singularité de chaque région et de chaque pays s'est imposée lors de la transition et de l'adoption des nouvelles Constitutions. Mais la démocratie ne se décrète pas. A l'instar de la Pologne ou de la Roumanie, les Etats arabes sont confrontés aux mêmes défis sur le chemin de la démocratisation.

(Coll. Droit comparé, 422 p., 40 euros)

ISBN : 978-2-343-17996-4, EAN EBOOK : 9782140131554

EXPÉRIENCES JURIDIQUES SUR LES DROITS HUMAINS

Marco Alberto Quiroz Vitale, Bassin Sandrine Marie-Thérèse Diringbin

Cet ouvrage collectif offre une contribution au débat sur les droits humains à la lumière des théories et de la méthodologie propres à la sociologie juridique. Parmi les questions analysées : les pratiques traditionnelles violant les droits des filles ; les violations de l'interdiction de torture dans la guerre contre la terreur ; les effets sociojuridiques de la globalisation sur le trafic humain...

(Coll. Harmattan Italia, 184 p., 28 euros)

ISBN : 978-2-336-31872-1, EAN EBOOK : 9782140131776

LA CRIMINALITÉ PHARMACEUTIQUE EN RÉPUBLIQUE DÉMOCRATIQUE DU CONGO

Une véritable menace au droit à la santé

Starmans Bofoe Lokangu

Préface de Mwayila Tshiyembe

Pendant que l'humanité assiste passivement à la criminalité pharmaceutique qui englobe la contrefaçon pharmaceutique, la fabrication et le commerce des médicaments falsifiés, gâtés, périmés, illicites ou de qualité douteuse, les patients mettent leur santé en danger. Comme instrument d'interpellation des autorités politiques et sanitaires, des professionnels de droit et de santé, l'ouvrage démontre qu'il est utopique de croire en l'exercice du droit à la santé en présence d'une criminalité pharmaceutique consacrée et institutionnalisée qui constitue une véritable menace pour lui. L'assainissement du secteur pharmaceutique et la répression dissuasive de pharmacriminels restent des mécanismes correctifs pour juguler ce fléau en RDC.

(Coll. Géopolitique mondiale, 238 p., 25,5 euros)

ISBN : 978-2-343-17537-9, EAN EBOOK : 9782140131448

LES DYNAMIQUES D'INTÉGRATION EN ZONE FRANC EN LIEN AVEC LA ZONE EURO TOME I

Les problèmes et scénarios

Thimoté Dongotou

Dans ce premier tome, Thimoté Dongotou étudie, en relation avec les crises économiques, les dynamiques d'intégration en zone franc à l'heure de l'euro. L'ensemble de l'ouvrage est construit autour de trois parties : la zone franc comme projet d'intégration et de développement économique (approches historiques et évolutives) ; les approches d'intégration par la fiscalité et les règles qui s'y appliquent ; la création monétaire en Zone Franc Africaine (ZFA).

(Coll. Études africaines, 498 p., 45 euros)

ISBN : 978-2-343-13843-5, EAN EBOOK : 9782140130908

COLLECTIVITÉS TERRITORIALES ET CINÉMA

Le droit public local du cinéma

David Chappat

Préface d'Olivier Henrard

À partir des années 1940, l'État a pris en charge la réglementation du cinéma en France pour aboutir à la création du Centre National du Cinéma. Depuis quelques dizaines d'années, c'est au niveau local que se poursuit cet effort. L'aide au cinéma permet de développer une politique culturelle, mais également de soutenir une politique sociale, éducative et surtout économique. Pour cela, une répartition des rôles s'est élaborée entre les différents niveaux de collectivités territoriales et de nombreux dispositifs ont été créés afin de couvrir toutes les activités cinématographiques. Mais la validité de certains mécanismes d'aide a été remise en cause, notamment vis-à-vis du droit européen et national de la concurrence.

(Coll. Droit des collectivités territoriales, 128 p., 14,5 euros)

ISBN : 978-2-343-18334-3, EAN EBOOK : 9782140130885

LA PROTECTION DES DROITS DES MIGRANTS

Interactions entre la protection des droits de l'hommes et la protection diplomatique et consulaire

Arafat Abi

Préface de Khadija Elmadmad

En 2018, respectivement le 10 décembre à Marrakech et le 17 décembre à New York, le Pacte mondial pour des migrations sûres, ordonnées et régulières et le Pacte mondial sur les réfugiés ont été adoptés. Premiers accords du genre, ils remplacent la question des migrations au coeur des défis. En effet, à l'heure de la mondialisation, une évidence est d'actualité : l'augmentation des flux migratoires. Et si les Etats tentent souverainement de gérer ces flux, on ne peut oublier que les droits de l'homme sont au-dessus de toutes considérations. La gestion harmonieuse et efficace des migrations doit donc être globale et prendre en compte à la fois les synergies de développement et la protection des droits des personnes migrantes.

(Coll. Le Droit aujourd'hui, 244 p., 25,5 euros)

ISBN : 978-2-343-18037-3, EAN EBOOK : 9782140130427

LES MUTATIONS CONSTITUTIONNELLES EN AFRIQUE NOIRE FRANCOPHONE

à partir des exemples du Congo, du Bénin et du Sénégal

Aimé Ange Wilfrid Bininga

Préface de Frédéric Joël Aïvo - Avant-propos de Babacar Gueye

Ce livre traite des mutations constitutionnelles dans les États d'Afrique noire francophone depuis le renouveau démocratique des années 1990. Ces mutations se manifestent au moyen de la révision constitutionnelle, des lois et règlements infra-constitutionnels, de l'interprétation des normes, de la pratique des acteurs de la vie politique et institutionnelle, de la suspension et de l'abrogation des constitutions. D'une part, elles favorisent le reflux des promesses démocratiques du début des années 1990 et d'autre part, à contresens de cette tendance, les mutations constitutionnelles participent à l'affirmation de l'irréversibilité de la dynamique démocratique.

(Coll. Harmattan Congo-Brazzaville, 360 p., 37 euros)

ISBN : 978-2-343-18410-4, EAN EBOOK : 9782140129926

SÉCURITÉ INTÉRIEURE : PROXIMITÉ ET GLOBALITÉ

Sous la direction de Franck Durand

Il est devenu nécessaire d'envisager la sécurité intérieure en termes de proximité et de globalité. Ainsi en est-il de la réforme emblématique de la nouvelle majorité : la police de sécurité du quotidien, entre présence au plus proche des citoyens et restauration de l'autorité de l'État sur le terrain. Dans le cadre de cette réforme, l'avenir du garde-champêtre, acteur traditionnel de la sécurité rurale, fait l'objet d'incertitudes. Les risques sociaux et sociétaux, les nouvelles menaces, s'inscrivent eux aussi dans plusieurs dimensions. Les rapports entre les acteurs de la sécurité reposent sur une nécessaire complémentarité. Enfin, la révolution numérique a créé un nouvel espace offrant aux prédateurs un nouveau terrain de chasse : cybercriminalité, cyberconflictualité et cyberguerre.

(Coll. Droit de la sécurité et de la défense, 186 p., 19,5 euros)

ISBN : 978-2-343-18095-3, EAN EBOOK : 9782140129100

DÉFIANCE, DOUTE, INCERTITUDE

Quelle place pour la notion de confiance dans les sociétés modernes ?

Sous la direction de Julie Tribolo

Héritières des Lumières, les sociétés modernes se caractérisent par un niveau de développement scientifique et technique toujours plus poussé. L'on pourrait s'attendre à ce que cette domination sans partage du scientifique rende les sociétés plus résilientes, mieux armées face à l'incertain, mais elle a plutôt abouti au contraire à les rendre intolérantes au doute et allergiques au risque. Dans un contexte de judiciarisation croissante des rapports sociaux, et en l'absence le plus souvent de toute certitude, comment le juge peut-il alors susciter l'adhésion des parties à ses décisions ? La confiance apparaît comme un antidote à l'incertitude.

(Coll. Droit privé et sciences criminelles, 90 p., 13 euros)

ISBN : 978-2-343-18231-5, EAN EBOOK : 9782140128677

AMNISTIE ET DROITS DES VICTIMES EN RÉPUBLIQUE CENTRAFRICAINE

Fleury Fulgence Banale

En début d'année 2019, la République Centrafricaine a amorcé une nouvelle page de son histoire par la signature d'un huitième accord entre « le Gouvernement et les Groupes armés ». Cet accord n'a pas fait mention explicite de l'amnistie car le peuple centrafricain ne veut pas en entendre parler et avait réclamé au forum de Bangui « zéro impunité ». Toutefois, parce que l'amnistie, dans le passé n'a pas fonctionné, faut-il l'exclure des solutions politiques possibles à la crise centrafricaine ? Comment garantir les droits des victimes au regard des expériences antérieures d'amnistie ?

(126 p., 14 euros)

ISBN : 978-2-343-18163-9, EAN EBOOK : 9782140128264

LE DROIT DOUANIER À L'ÉPREUVE DE LA CRIMINALITÉ TRANSNATIONALE ORGANISÉE DANS L'ESPACE CEDEAO

Ndiaga Soumaré

Le droit douanier comporte des mécanismes de lutte contre la fraude qui lui ont permis, jusque-là, de faire face au phénomène de la Criminalité transnationale organisée (CTO) tout en gardant sa spécificité et son autonomie. Mais très vite, les douanes vont se rendre compte que la lutte contre la CTO va devoir impliquer l'intégration d'autres mécanismes juridiques extra-douaniers. Il est devenu primordial de neutraliser l'action des organisations criminelles à travers le renforcement de la surveillance des frontières et la sécurisation du contrôle des opérations commerciales. La finalité, pour les douanes, étant de concilier la protection de la chaîne logistique internationale et la facilitation des échanges commerciaux.

(Coll. Harmattan Sénégal, 406 p., 40 euros)

ISBN : 978-2-343-17842-4, EAN EBOOK : 9782140128714

SELON (QUE) LA JURISPRUDENCE

Kambamutu Matadiwamba

Ce livre procède d'un souci d'équilibre, en livrant au public de quoi juger le travail des magistrats congolais. L'auteur affirme qu'il existe de bonnes et de mauvaises décisions judiciaires, sans oublier des décisions critiquables. Le tout est de savoir s'y retrouver. Hélas, depuis deux décennies, rien ni personne n'arrête la montée de la fièvre, la saturation des jugements acquis moyennant des influences de tout genre.

Academia (Coll. Bibliothèque de droit africain, 292 p., 30 euros)

ISBN : 978-2-8061-0461-8, EAN EBOOK : 9782806110282

NOUVEAU DROIT DE LA RESPONSABILITÉ DE PROTÉGER

Droit international public et régional

Jean-Nazaire Tama

Préface de Christophe Euzet

« Si l'intervention humanitaire constitue effectivement une atteinte inadmissible à la souveraineté, comment devons-nous réagir face à des situations comme celles dont nous avons été témoins au Rwanda ou à Srebrenica, durant des violations flagrantes, massives et systématiques des droits de l'Homme, qui vont à l'encontre de tous les principes sur lesquels est fondée notre condition d'êtres humains ? », s'est interrogé Kofi Annan dans son rapport du Millénaire. L'utilisation intéressée du principe de la responsabilité de protéger par les États l'a dévoyé de son esprit humanitaire. Cet ouvrage révèle et analyse le système international de mise en oeuvre dudit principe sous l'empire de la Charte des Nations Unies, et celui régional établi par l'Union Africaine et la Communauté économique des États de l'Afrique de l'Ouest (CEDEAO).

(Coll. Logiques Juridiques, 362 p., 37 euros)

ISBN : 978-2-343-17098-5, EAN EBOOK : 9782140127830

Structures éditoriales du groupe L'Harmattan

L'Harmattan Italie
Via degli Artisti, 15
10124 Torino
harmattan.italia@gmail.com

L'Harmattan Hongrie
Kossuth l. u. 14-16.
1053 Budapest
harmattan@harmattan.hu

L'Harmattan Sénégal
10 VDN en face Mermoz
BP 45034 Dakar-Fann
senharmattan@gmail.com

L'Harmattan Cameroun
TSINGA/FECAFOOT
BP 11486 Yaoundé
inkoukam@gmail.com

L'Harmattan Burkina Faso
Achille Somé – tengnule@hotmail.fr

L'Harmattan Guinée
Almamya, rue KA 028 OKB Agency
BP 3470 Conakry
harmattanguinee@yahoo.fr

L'Harmattan RDC
185, avenue Nyangwe
Commune de Lingwala – Kinshasa
matangilamusadila@yahoo.fr

L'Harmattan Congo
67, boulevard Denis-Sassou-N'Guesso
BP 2874 Brazzaville
harmattan.congo@yahoo.fr

L'Harmattan Mali
Sirakoro-Meguetana V31
Bamako
syllaka@yahoo.fr

L'Harmattan Togo
Djidjole – Lomé
Maison Amela
face EPP BATOME
ddamela@aol.com

L'Harmattan Côte d'Ivoire
Résidence Karl – Cité des Arts
Abidjan-Cocody
03 BP 1588 Abidjan
espace_harmattan.ci@hotmail.fr

L'Harmattan Algérie
22, rue Moulay-Mohamed
31000 Oran
info2@harmattan-algerie.com

L'Harmattan Maroc
5, rue Ferrane-Kouicha, Talaâ-Elkbira
Chrableyine, Fès-Médine
30000 Fès
harmattan.maroc@gmail.com

Nos librairies en France

Librairie internationale
16, rue des Écoles – 75005 Paris
librairie.internationale@harmattan.fr
01 40 46 79 11
www.librairieharmattan.com

Librairie l'Espace Harmattan
21 bis, rue des Écoles – 75005 Paris
librairie.espace@harmattan.fr
01 43 29 49 42

Lib. sciences humaines & histoire
21, rue des Écoles – 75005 Paris
librairie.sh@harmattan.fr
01 46 34 13 71
www.librairieharmattansh.com

Lib. Méditerranée & Moyen-Orient
7, rue des Carmes – 75005 Paris
librairie.mediterranee@harmattan.fr
01 43 29 71 15

Librairie Le Lucernaire
53, rue Notre-Dame-des-Champs – 75006 Paris
librairie@lucernaire.fr
01 42 22 67 13

www.ingramcontent.com/pod-product-compliance
Lightning Source LLC
LaVergne TN
LVHW021140061026
849535LV00002B/308